Geheimnisvolle Phänomene

Das grosse illustrierte Handbuch des Unerklärlichen

W0213946

MOEWIG

© der deutschsprachigen Ausgabe by
VPM Verlagsunion Pabel Moewig KG, Rastatt
Genehmigte Lizenzausgabe
Title of the Original Edition: The Unexplained
Copyright © Orbis Publishing, London
Printed in Germany 1999
ISBN 3-8118-1269-6

Inhalt

UFOs: So rund wie Untertassen 9

UFOs – die geheimnisvollsten Erscheinungen unserer Zeit 10
Vogel, Flugzeug oder UFO? 12
Was tun, wenn ein UFO auftaucht? 16
Wenn es an handfesten Beweisen fehlt 19
Wer beobachtet wen? 24
Abgestürzte UFOs – Erfindung oder Wirklichkeit? 28
Was geschah in Roswell? 32
Viele Teilchen fügen sich zu einem Ganzen 36
UFO-Kulte 39
Symbole am Himmel 41
Terror in Texas 46
UFO-Opfer 51
Fünf Erklärungsversuche 54
Seltsame Begegnungen 57
Engste Kontakte 61
UFO-Erscheinungen und ihre Auswirkungen 65

Mysteriöse Fabeltiere und geisterhafte Wesen 69

Der sagenhafte feuerspeiende Drachen 71
Was ist aus den Drachen geworden? 76
Der Weg des Drachen 80
Menschen, Mythen oder Monster? 84
Auf den Spuren des Bigfoot 89
Wesen aus dem Nichts? 92
Teile des chinesischen Puzzles 96
Das Geheimnis des Minnesota-Eismenschen 100
Wer war der Minnesota-Eismensch? 104
Gerüchte, Sagen und Legenden 107
Mit Sonargeräten und Echolot 111
Eine seltsame Art Fisch? 115
Die Ungeheuer der Seen Irlands 120
Seeschlangen oder Riesenottern? 125

Reise ohne Wiederkehr 131

Geschichten vom Bermuda-Dreieck 132
Spurlos versunken 137
Das Bermuda-Dreieck unter neuem Blickwinkel 141
Was geschah mit Flug Nr. 19? 144
Der Schrecken der Großen Seen 148
Großer Schwindel um die Großen Seen? 152
Der klassische Fall der „Mary Celeste" 156
Reise ins Ungewisse 160
Das Rätsel des verschwindenden Schiffes 164
Unzureichendes Beweismaterial 168

Unglaubliche Erscheinungen 173

Asche zu Asche 174
Ein unheimliches Feuer 178
Das Geheimnis des menschlichen Scheiterhaufens 182
In Frieden ruhen 186
Leben im Grab 191
Die menschlichen Salamander 195
Herrschaft über das Feuer 198
Feuerprobe 202
Die Stimme ihres Herrn 205
Menschliche Glühwürmchen 210
Elektrisierte Menschen 214
Riten, Recht und Unrecht 218
Das große Geheimnis der Kröten 223
Der Fluch der Hexham-Köpfe 226
Wenn es Fische regnet 230

Das Rätsel von Raum und Zeit 235

Wo die Zeit stillsteht und der Weltraum kollabiert 236
Das Tor zur Unendlichkeit 240
Ein schwarzes Loch entsteht 245
Welt und Zeit 248

Die Zukunft wartet ... 252
Zurück in die Vergangenheit ... 256
Zeit: Die Grenze zur Unendlichkeit ... 260
Zeitreisen ... 264
Der Entwurf für eine Zeitmaschine ... 268
Wenn die Zeit entgleitet ... 273
Der Sprung in die Zukunft ... 277
Undenkliche Zeiten ... 280
Ausflug in die Vergangenheit ... 283
Ein Gefühl für Katastrophen ... 288
Die Zeitgleiter in Frankreich ... 292
Ein Streifzug durch die Zeit ... 295
Zukunftsschock ... 298

Rätselhafte Vergangenheit ... 301

Legende vom versunkenen Atlantis ... 302
Wo lag die Insel Atlantis? ... 306
Die Legende lebt weiter ... 309
Das verlorene Paradies? ... 314
Lemuria – eine glaubhafte Geschichte? ... 318
Das Geheimnis der stehenden Steine ... 322
Die heiligen Schlangen von Amerika ... 327
Schlangenbilder ... 332
Skizzenbuch der Götter ... 336
Äronauten – und nicht Astronauten? ... 340
Das Rätsel der Zeichnungen ... 342
Nazca – das Ende des Weges? ... 346
Erinnerungen an einen fernen Stern? ... 351
Amphibien aus dem Weltall? ... 356
Götter von den Sternen? ... 359
Angesichts des Beweismaterials ... 364

UFOs:
So rund wie Untertassen

UFOs – die geheimnisvollsten Erscheinungen unserer Zeit

Nur unbeirrbare Skeptiker können heute noch die Existenz von UFOs abstreiten. Aber stehen hinter diesen Erscheinungen reale Objekte? Ohne Zweifel gibt es auf diese Frage mehr als nur eine Antwort.

„Sie flogen wie ‚Untertassen', die jemand übers Wasser geschleudert hat." So beschrieb Kenneth Arnold, ein erfahrener amerikanischer Pilot, am 24. Juni 1947 mehrere ungewöhnliche Flugobjekte, die er über den Bergen der amerikanischen Westküste gesichtet hatte. Dieses einprägsame Bild wurde von Journalisten aufgegriffen und haftet, obwohl es nicht immer zutreffend ist, allen UFOs seither an.

Diese scherzhafte Bezeichnung ist mit Schuld daran, daß seriöse Wissenschaftler die UFOs nicht ernst nehmen. Nur wenige haben sich die Mühe gemacht, diese wohl geheimnisvollsten Erscheinungen unserer Zeit näher zu untersuchen. „Unserer Zeit"? Hier setzt die Kontroverse bereits ein: Viele Berichte behaupten, daß UFOs die Menschheit durch ihre gesamte Geschichte begleitet hätten. Die Beweise sind jedoch dürftig. Es steht außer Zweifel, daß das technische Wissen unserer frühesten Vorfahren sehr viel weiter fortgeschritten war, als allgemein angenommen wird. Allerdings stützt das noch lange nicht die Theorie, daß die Erde vor langer Zeit von außerirdischen Wesen besucht wurde.

Fest steht, daß sich in den letzten dreißig Jahren Meldungen über UFO-Erscheinungen gehäuft haben. Es spricht manches dafür, daß diese Tatsache im Zusammenhang mit der beginnenden Erforschung des Weltraums durch den Menschen steht, und diese Verknüpfung wiederum gibt uns vielleicht den Schlüssel zur Erklärung der UFOs in die Hand.

Schätzungen der Gesamtzahl gesichteter UFOs sind bedeutungslos, weil sie so weit auseinanderklaffen; weiter hilft da schon ein Blick in die Materialsammlungen einzelner Forschungsunternehmen. So listete vor kurzem ein französisches Forscherteam mehr als sechshundert wissenschaftlich verbürgte Fälle allein in Frankreich auf. Wie hoch mag dann erst die Dunkelziffer sein? Zu Beginn der siebziger Jahre wurden sämtliche Berichte von UFO-Landungen in ausgewählten Ländern zusammengestellt: auf die USA entfielen 923, auf Spanien 200.

Sind UFOs in dem Sinne wirklich, wie etwa Raumschiffe wirklich sind? Bejahen ließe sich diese Frage am leichtesten dann, wenn man eines solchen Flugobjektes habhaft werden

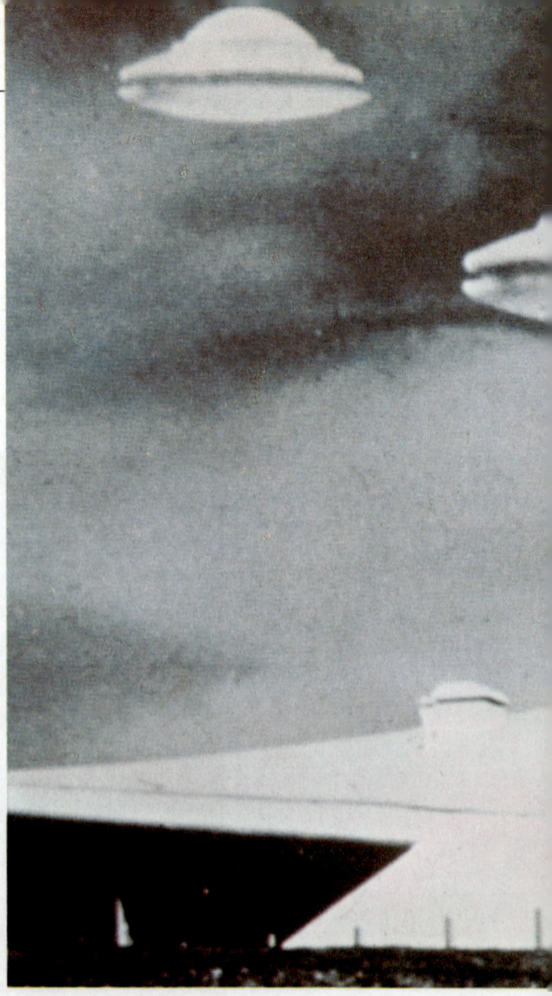

Rechts und unten:
Der amerikanische Autor Kenneth Arnold war der erste, der im Jahre 1952 mit seinem Buch „The Coming of the Saucers" (Die Ankunft der Untertassen) eine damals umfassende Untersuchung über die UFOs veröffentlichte.

könnte. Und hartnäckige Gerüchte wollen wissen, daß einige Länder, vornehmlich die Vereinigten Staaten, tatsächlich im Besitz von UFOs sind, was jedoch abgestritten wird. Obwohl es Zeugen gibt, die dies beschwören, wird es immer Spekulation bleiben. Doch gerade die Frage der Rolle staatlicher Behörden im Zusammenhang mit UFO-Phänomenen ist ein weiterer interessanter Aspekt der UFO-Diskussion.

Wenn es auch kein UFO gibt, das wir anfassen und untersuchen können, existiert eine Menge Material in Form von Fotografien und Filmaufnahmen. Zum größten Teil handelt es sich jedoch um eindeutige Fälschungen. Die Qualität der glaubwürdigen Bilddokumente ist allerdings so schlecht und vieldeutig interpretierbar, daß sie eigentlich nur eine weitere Frage aufwerfen: Wenn UFOs existieren und heutzutage doch so viele Menschen mit Kameras ausgerüstet sind, warum haben wir dann noch keine beweiskräftigeren Aufnahmen?

Für die Realität der UFOs spricht, daß sie offenbar auf irdische Objekte, insbesondere technische Apparaturen, einwirken können. Als sich an einem frühen Novembermorgen 1967 ein Lastkraftwagen und ein Personenwagen auf einer Straße in Hampshire/Südengland einander näherten, fiel bei beiden Fahrzeugen gleichzeitig der Motor aus, als ein großes eiförmiges Objekt zwischen ihnen die Straße kreuzte. Der Vorfall wurde von der Polizei und dann auch vom Verteidigungsministerium untersucht, aber es kam zu keiner offiziellen Stellungnahme. Auch wenn in solchen Fällen die Behörden vor einem Rätsel

Links:
Dieses Foto wurde 1954 in Taormina auf Sizilien aufgenommen. Skeptiker behaupten, bei diesem „Objekt" handelte es sich lediglich um Lentikularwolken oder vielleicht auch nur um Linsenspiegelungen.

Unten:
Eine Aufnahme von Bord des Skylab III aus dem Jahr 1973. Das Objekt drehte sich mehrere Minuten lang um die eigene Achse und verschwand dann. Fast alle Astronauten berichteten von UFOs.

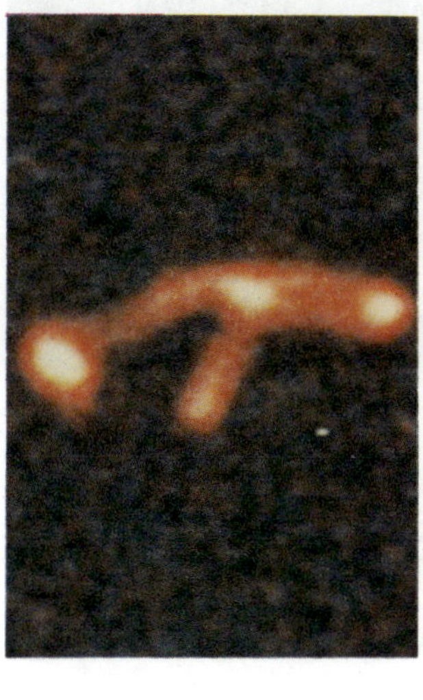

stehen, ergibt sich eine Schlußfolgerung: UFOs haben konkrete Auswirkungen auf irdische Gegenstände, also müssen sie auch konkret existieren.

Wenn UFOs materielle Objekte sind, müssen sie irgendwoher kommen. Als in den vierziger Jahren erstmals in jüngerer Zeit UFOs gesichtet wurden, nahm man an, daß sie irdischen Ursprungs waren. Die Amerikaner hielten sie für eine geheime Erfindung der Sowjetunion, die möglicherweise unter der Mitwirkung bei Kriegsende gefangengenommener deutscher Wissenschaftler entstanden war.

Je mehr Berichte vorlagen, desto klarer wurde jedoch, daß dafür kein Staat auf dieser Erde verantwortlich sein konnte. Als ebenso unplausibel erwiesen sich andere Theorien – weder der lange Zeit als Staat geheimen menschlichen Wissens betrachtete Himalaya noch die Antarktis mit ihren unerforschten Weiten und extremen Klimabedingungen überzeugten als Herkunftsort der Flugobjekte. Durch den Beginn der Erforschung des Weltraums ermutigt, wandten sich die Ufologen nun dem außerirdischen Bereich zu. In dem Maße, wie wir Erdenmenschen uns für außerirdische Welten zu interessieren begannen, erschien es einleuchtender, daß auch andere Zivilisationen in ähnlicher Weise an uns interessiert sein könnten.

Wenn die Zahl der möglichen Orte vom Leben im Universum nahezu unbegrenzt ist, besteht doch nur geringe Wahrscheinlichkeit, daß sich darunter eine Zivilisation befindet, deren Entwicklungsstufe Raumfahrt ermöglicht. Auch das Fehlen stichhaltiger Beweise spricht nicht gerade für die Hypothese vom außerirdischen Ursprung der UFOs. Selbst wenn sie naheliegt, bleibt sie doch Spekulation.

Botschaften aus dem Weltraum?

Es ist sicher, daß UFOs nicht nur in den Bereich der Astronomie und Technik fallen, sondern auch in den der Wissenschaften vom menschlichen Verhalten. Während die Psychologen behaupten, daß es von der psychischen Konstitution abhängt, wie Menschen auf UFOs reagieren, sehen die Soziologen die gleichen Reaktionen in einem größeren gesellschaftlichen Zusammenhang und beziehen sie auf kulturspezifische Denkmuster. Die Anthropologen wiederum stellen Parallelen zu Mythen und tradierten Glaubensmustern her, während die Parapsychologen feststellen, daß UFO-Beobachtungen häufig mit übersinnlichen Phänomenen, wie Prägognition und Poltergeisterscheinungen, einhergehen.

Letzteres gilt besonders für Fälle, in denen die Augenzeugen behaupten, unmittelbar mit UFO-Insassen zusammengetroffen zu sein. Diese werden allgemein als außerirdische Wesen beschrieben und vielfach als Botschafter intergalaktischer Mächte gesehen; ihre Aufgabe sei es, die Menschen zu erforschen, sie vor dem Mißbrauch natürlicher Resourcen zu warnen und ihnen Grußbotschaften aus dem Kosmos zu überbringen. Da nicht nur ein oder zwei, sondern hunderte solcher Fälle aktenkundig wurden, kann man sie wohl kaum als Hirngespinste abtun.

Es ist nahezu sicher, daß UFOs sowohl materielle als auch psychologische Erscheinungen sind. Es geht darum zu begreifen, daß es sie zwar gibt, aber daß sie doch nicht das sind, was sie zu sein scheinen. Dieses grundlegende Paradoxon der UFO-Forschung soll nun anhand einiger klassischer Fallberichte untersucht werden.

Vogel, Flugzeug oder UFO?

Unheimliche Lichter am nächtlichen Himmel, sonderbare silbrige Objekte, die im Sonnenlicht aufblitzen – das sind die Erscheinungen, um die es in UFO-Berichten geht. Oft finden sich jedoch dafür ganz einleuchtende Erklärungen. Woran erkennt man echte UFOs?

Am Nachmittag des 7. Januar 1948 wurde über dem Godman Flughafen im amerikanischen Bundesstaat Kentucky eine sonderbare helle Lichterscheinung festgestellt, die dort mehrere Stunden lang am Himmel zu sehen war. Der Kommandant eines die Region überfliegenden Verbandes von F-51-Jägern, Captain Thomas Mantell, erklärte sich, obgleich eigentlich auf einem Routineflug, bereit, seine Flugzeuge abzuordern, um dem glitzernden Himmelsobjekt nachzuspüren. Bald schon mußten die Piloten umkehren, weil ihre Sauerstoffgeräte für die große Höhe nicht mehr ausreichten. Nur Mantell setzte die Verfolgung fort. Bei sechstausend Metern meldete er ein metallenes Objekt über ihm. Kurze Zeit später fand man die weit verstreuten Trümmer seiner F-51. Einem damaligen Bericht zufolge, der auch bis heute nicht widerlegt werden konnte, wurde Mantell von einem UFO abgeschossen.

Am 31. Dezember 1978 beobachteten zwei Polizeibeamte in der englischen Grafschaft Hertfortshire, starr vor Staunen, wie ein bizarres Flugobjekt lautlos über ihnen dahinglitt. Sein zigarrenförmiger, silbriger Rumpf schien seitlich mit Fenstern bestückt. Hinter sich her zog es schimmernde orangefarbene Bänder. Es schwebte langsam außer Sicht.

Die Polizisten wußten nicht, daß außer ihnen hunderte anderer Menschen, darunter Flugzeugpiloten und Angehörige der Küstenwache, aus vielen Teilen Großbritanniens von dem gleichen Phänomen berichtet hatten. Es wurden Zusammenhänge mit Erscheinungen, die ein Fernsehteam am Vortag an der Küste von Neuseeland aufgenommen hatte, hergestellt. Dieser Film hatte bereits die Weltöffentlichkeit erregt. Auch hier könnte es sich durchaus um ein UFO gehandelt haben.

Allan Hendry, dessen UFO Handbook *ein Standardwerk ist. Es beschäftigt sich mit der Identifizierung von UFOs.*

Unten:
Die Reibungshitze beim Eintauchen in die Erdatmosphäre läßt die von einem Mondausflug zurückkehrende Weltraumkapsel Apollo 11 hell aufglühen. Auch Trümmerteile von Satelliten und anderen Raumfahrzeugen können ähnliche Erscheinungen hervorrufen – die, weil sie so unerwartet auftreten, oft für UFOs gehalten werden.

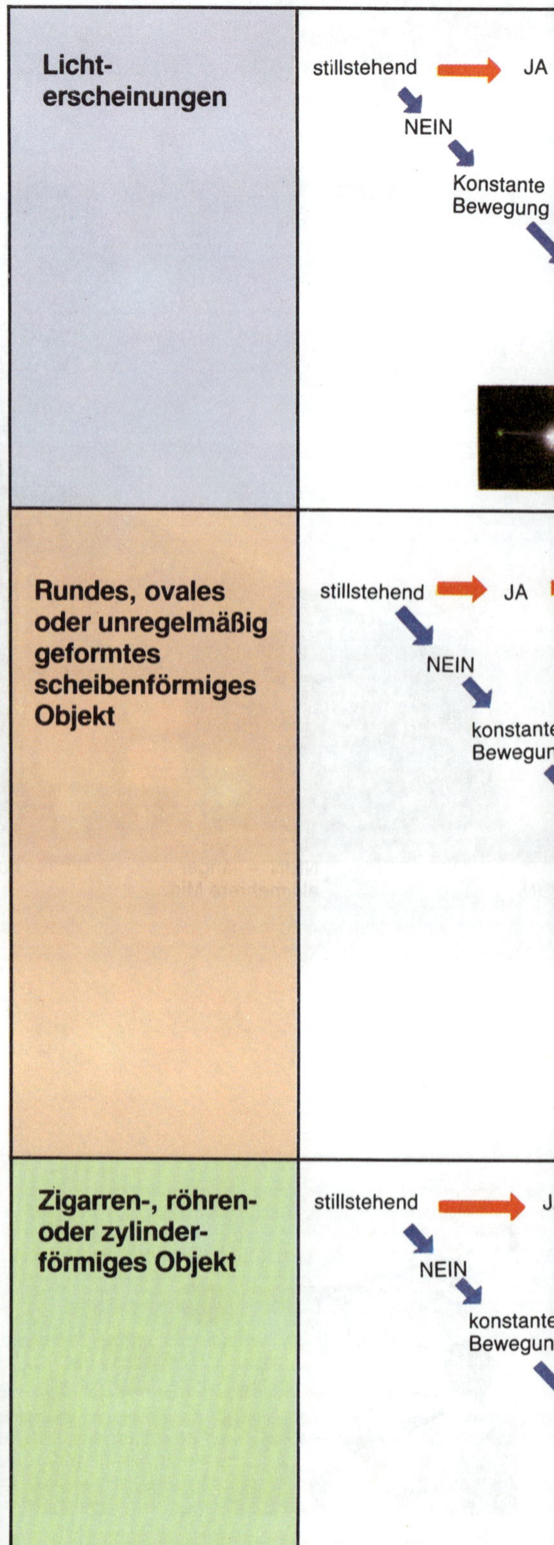

Offenbar kommt es unter bestimmten Bedingungen sehr leicht dazu, ganz normale Flugobjekte für UFOs zu halten, insbesondere dann, wenn sie bei Nacht über menschenlee-

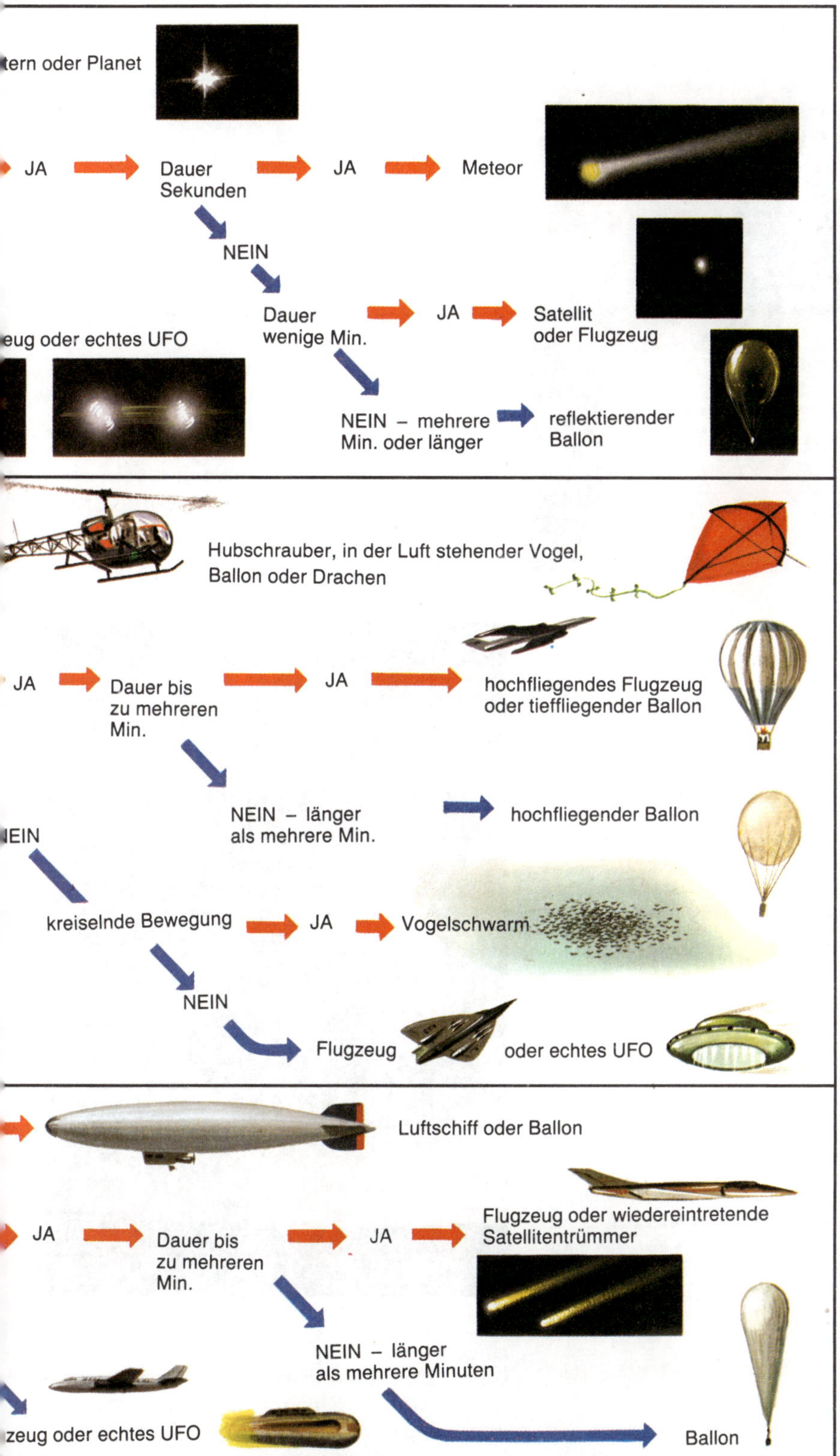

Wenn Sie glauben, ein UFO gesichtet zu haben, vergleichen Sie die Einzelheiten Ihrer Beobachtung mit dieser Tabelle. Sie enthält die drei Hauptkategorien der am häufigsten für UFOs gehaltenen künstlichen und natürlichen Objekte und kann Ihnen bei der Identifizierung helfen.

ren Gegenden gesichtet werden. So gab es zum Beispiel den Fall einer Frau, die sich eine Stunde lang in ihrem Schlafzimmer einschloß und unter dem Bett versteckte, weil sie am Himmel ein Objekt gesichtet hatte, das sie für ein UFO hielt. Es entpuppte sich aber dann als ein Stern.

Der amerikanische Ufologe Allan Hendry berichtet von einem Mann, der durch ein hell erleuchtetes Flugzeug in solche Panik versetzt wurde, daß er in wilder Flucht die Tür seines Nachbarn aus den Angeln brach. So wunderlich diese Geschichten auch klingen mögen, wäre es doch falsch, diese Menschen einfach als Hysteriker abzutun.

So berichtete auch Jimmy Carter 1973, als er noch Gouverneur in Georgia war, von einer strahlenden Lichterscheinung am Himmel. Das Objekt, das seine Farbe wechselte, schwebte lautlos zehn Minuten lang in neunzig Meter Höhe, bevor es sich auf Dachhöhe herabsenkte. Nach verschiedenen Manövern verschwand es wieder. Zwölf weitere Personen bezeugten dieses Vorkommnis. Trotz der „offiziellen" Erklärung, es habe sich um den Planeten Venus gehandelt, hält sich doch hartnäckig die Überzeugung, daß es ein UFO gewesen sei, zumal Carter sich als ehemaliger Marineoffizier am Sternenhimmel sehr gut auskannte und zweifellos in der Lage hätte sein müssen, die Venus zu identifizieren.

Unterscheidungshalber verwendet man die Bezeichnung „echtes UFO" allgemein für Erscheinungen, die sich nicht bei näherer Untersuchung als bekannte Flugobjekte erweisen. Andernfalls spricht man von einem IFO – einem identifizierbaren Flug-Objekt.

Ufologen teilen die UFO-Berichte in verschiedene Kategorien ein, von denen jedoch zwei die wichtigsten sind: die „wenig präzisen" und die „mittel präzisen" Beobachtungen.

Bei den wenig präzisen Beobachtungen, die 45% aller Fälle ausmachen, handelt es sich um Lichterscheinungen oder formlose Phänomene am Himmel, wobei deren Farbe keine große Rolle spielt, meistens ist sie weiß, aber schon durch ein kleines Wölkchen oder Rauchschwaden kann sich die Tönung verändern. Hier einige Anhaltspunkte, wie Sie sich verhalten können, wenn Sie eine unidentifizierte Lichterscheinung am Himmel sichten:

Achten Sie zuerst darauf, ob das Licht auf einer Stelle stehen bleibt oder ob es sich bewegt. Im ersten Fall handelt es sich wahrscheinlich um einen Stern oder Planeten. Gestirne werden am häufigsten für UFOs gehalten. Natürlich stehen sie nicht still, aber sie bewegen sich vom Beobachter aus gesehen so langsam, daß dieser es normalerweise nur im Laufe mehrerer Stunden bemerkt. Zur Sicherheit können Sie eine Sternenkarte zu Rate ziehen.

Die Venus, das hellste Gestirn am Nachthimmel, steht zu bestimmten Jahreszeiten der Erde sehr nahe und bietet sich besonders für Verwechslungen an. Selbst am Tag ist sie für den geschulten Beobachter als heller weißer Fleck wahrnehmbar. Es gibt viele Erklärungen, weshalb Sterne und Planeten nicht als solche erkannt werden. Häufig liegt es an optischen Täuschungen oder dem Phänomen der „Autokinese", die den Eindruck entstehen läßt, als ob Sterne ziellos am Himmel dahinschießen.

Bewegt sich die Lichterscheinung, so gilt es als nächstes festzuhalten, ob sie einer gleichbleibenden Flugbahn folgt, auf- und ab-

schwebt oder plötzlich die Richtung wechselt. Eine gleichbleibende Flugbahn kann auf verschiedene Flugobjekte hindeuten. Genaueres läßt sich gewöhnlich bei Bewertung der Dauer der Erscheinung sagen. Ist diese sehr kurz, kann es sich um einen Meteor handeln, Materieteilchen aus dem Weltraum, die beim Eintreten in die Erdatmosphäre verglühen. Meteore leuchten gewöhnlich für ein bis zwei Sekunden auf und ziehen bei ihrem Flug über den Nachthimmel einen Lichtschweif hinter sich her.

Manchmal handelt es sich um eine größere Menge Materie, die länger braucht, um zu verglühen. In diesem Fall sprechen wir von einem Boliden oder Feuerball. Er leuchtet bis zu zehn Sekunden lang und verursacht ein grollendes oder zischendes Geräusch. Boliden können ebenfalls, wenn auch selten, bei Tage gesichtet und von vielen Menschen über ein relativ großes Gebiet hinweg beobachtet werden. Der Vorgang ähnelt dem Wiedereintreten von Satelliten in die Erdatmosphäre; ebenfalls häufiger Anlaß für Mißdeutungen.

Um die Erde kreisen hunderte von künstlichen Satelliten. Viele davon sind zu klein, als daß wir sie überhaupt sehen könnten, andere jedoch erscheinen mehrere Minuten lang als leuchtende Punkte am Himmel. Beim Wiedereintauchen in die Erdatmosphäre können sie ein spektakuläres Bild abgeben. Die einzelnen Teile leuchten, wenn sie verglühen, in verschiedenen Farben auf und hinterlassen zuweilen über mehrere Minuten sichtbare Lichtspuren in der äußeren Atmosphäre. Es kann sogar vorkommen, daß einzelne Teile unverglüht auf der Erde auftreffen, wie etwa beim amerikanischen Weltraumlabor Skylab, das im Juli 1979 in Westaustralien niederging.

Noch häufiger mit UFOs verwechselt werden jedoch Flugzeuge, deren Beleuchtung vielfältige Effekte am dunklen Himmel auslösen können. Suchscheinwerfer sind oft aus großer Entfernung noch zu sehen. Direkt auf den Beobachter gerichtet, können sie lange Zeit scheinbar still stehen, um dann in bunte Lichtpunkte auseinanderzufallen, wenn die Positionslampen sichtbar werden. Sehr helles, blauweißes, in kurzen Abständen aufblitzendes stroboskopisches Licht wird ebenfalls leicht fehlgedeutet. In vielen Ländern werden Flugzeuge zu Reklamezwecken mit elektronischen Leuchtanzeigen ausgerüstet. Sie fliegen sehr langsam, damit die Werbebotschaft gelesen werden kann. Bestimmte Blickwinkel können dann eine sehr verfremdende Wirkung haben.

Flugzeuge sind, verglichen mit Himmelskörpern, relativ wendig, und für Hubschrauber gilt dies in noch sehr viel höherem Maße. Folglich hat man in solchen Fällen oft den Eindruck, daß die Lichterscheinung nicht einer gleitenden Flugbahn folgt, sondern die Richtung wechselt, ihre Geschwindigkeit verringert und möglicherweise sogar stehen bleibt. Der Wind kann die Motorengeräusche in eine andere Richtung tragen, so daß nur noch ein geisterhaftes Licht am Himmel übrigbleibt.

Die meisten dieser Erscheinungen treten nur bei Nacht auf. Ein anderes Flugobjekt wird jedoch oft bei Tage für ein UFO gehalten – der Ballon. Wetterstationen lassen regelmäßig Ballons aufsteigen, um die Windrichtung festzustellen oder Meßinstrumente in die oberen Luftschichten hineinzutragen. Wenn der Ballon in großer Höhe dahintreibt, reflektiert seine glatte Oberfläche das Sonnenlicht. Von der Erde aus gesehen, kann der silbrige Punkt am Himmel als rundes oder kegelförmiges Flugobjekt erscheinen.

Oben:
Unregelmäßige, unirdisch anmutende Silhouetten gegen das Sonnenlicht lassen sich oft nur schwer als Hubschrauber identifizieren.

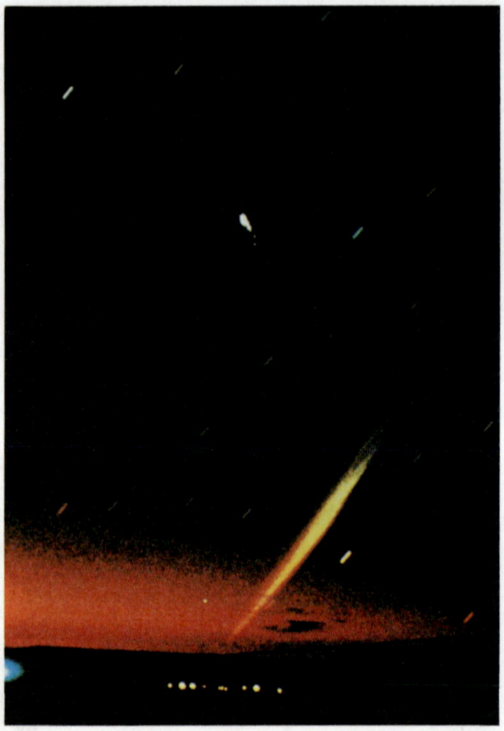

Rechts:
Der spektakuläre Komet Ikeya Seki, der Ende 1965 beobachtet wurde. Überraschend viele Himmelskörper – darunter auch Sterne und Planeten – werden für UFOs gehalten.

es sich dabei tatsächlich um UFOs gehandelt hat. Das von Captain Mantell gejagte Objekt war vermutlich einer der gut dreißig Meter im Durchmesser großen „Skyhook"-Ballons, die die US-Marine damals in geheimen Tests erprobte. Die Luftwaffe wußte nichts von der Existenz dieser Ballons, allerdings läßt sich diese Version bis heute nicht beweisen. Die „offizielle" Lesart, daß es sich bei der vom Boden aus gesichteten Erscheinung um die Venus gehandelt hat, ist in keiner Weise überzeugend.

Zum Erlebnis des Polizisten aus Hertfordshire bietet sich die Erklärung an, daß eine sowjetische Antriebsrakete in dieser Nacht wieder in die Erdatmosphäre eintauchte, und während sie verglühte, auch Nordeuropa überflog. Mit dem neuseeländischen Film hatte dieser Vorfall überhaupt nichts zu tun. Dies alles besagt natürlich nicht, daß bei näherer Untersuchung der geheimnisvollen Phänomene immer identifizierbare Flugobjekte „entlarvt" werden.

Wenn Sie ein Flugobjekt sichten, auf das keine der geschilderten Erklärungen zutrifft, handelt es sich mit großer Wahrscheinlichkeit um ein echtes UFO.

Ganz oben:
Eine der seltenen Lentikularwolken, die die charakteristische Form einer „Fliegenden Untertasse" haben.

Oben:
Ein hochfliegender Drache, der in der Sonne glänzt, ohne daß die Halteschnur sichtbar ist, kann einem UFO sehr ähnlich sehen.

Rechts:
Dieser Meßballon hatte die Aufgabe, in 40 000 Metern Höhe kosmische Strahlungen zu erforschen. Selbst Luftfahrtexperten haben solche Flugobjekte schon falsch eingeordnet.

Bei mittelpräzisen Beobachtungen ist hingegen immer eine deutliche Form erkennbar. Sie treten zwar auch nachts, meistens jedoch am Tage auf. Sie machen 35% aller Fälle aus. Hierbei ist die Bewegung das wichtigste Kriterium. Ein klar umrissenes Objekt, das längere Zeit auf der Stelle schwebt, ist mit einiger Wahrscheinlichkeit kein Flugzeug, höchstens ein außer Hörweite befindlicher Hubschrauber.

Luftschiffe mit ihrer zigarrenförmigen Form werden oft für UFOs gehalten, desgleichen Flugdrachen. Oft bewegen sich die Flugobjekte mit wechselnden Geschwindigkeiten in einer Richtung. Auch hier wird es sich vielfach um ein Flugzeug handeln. Bei grellem Sonnenlicht können Tragflächen und Leitwerk unsichtbar bleiben und nur noch der Rumpf als länglicher oder zylindrischer metallischer Körper erscheinen. Selbst Wolken wurden schon für UFOs gehalten. Ein bestimmter Wolkentypus, die „Lentikularwolke", sieht aus wie eine fliegende Scheibe. Obgleich eine seltene Himmelserscheinung, haben solche langsam dahinziehenden Wolken schon manchen irregeführt.

Vogelschwärme können ebenfalls Verwirrung stiften. Bei Tag kann es vorkommen, daß die reflektierenden Körperunterseiten bestimmter Vogelarten im Sonnenlicht glänzen und als ovale weiße Formen erscheinen, während der obere Körperteil nicht sichtbar ist. Auch das Licht von Straßenlaternen kann am Himmel reflektiert werden.

Natürlich ist es nicht möglich, hier alle Verwechslungsmöglichkeiten aufzuführen. Von NUFON (Northern UFO Network) veröffentlichtes Material umfaßt 29 Hauptkategorien (vergleiche Diagramm), und wir kennen noch weitere hundert Erklärungen für aufgetretene Fehldeutungen.

Die beiden zu Beginn dieses Kapitels erwähnten Fälle sind typisch für UFO-Sichtungen; dennoch ist es wenig wahrscheinlich, daß

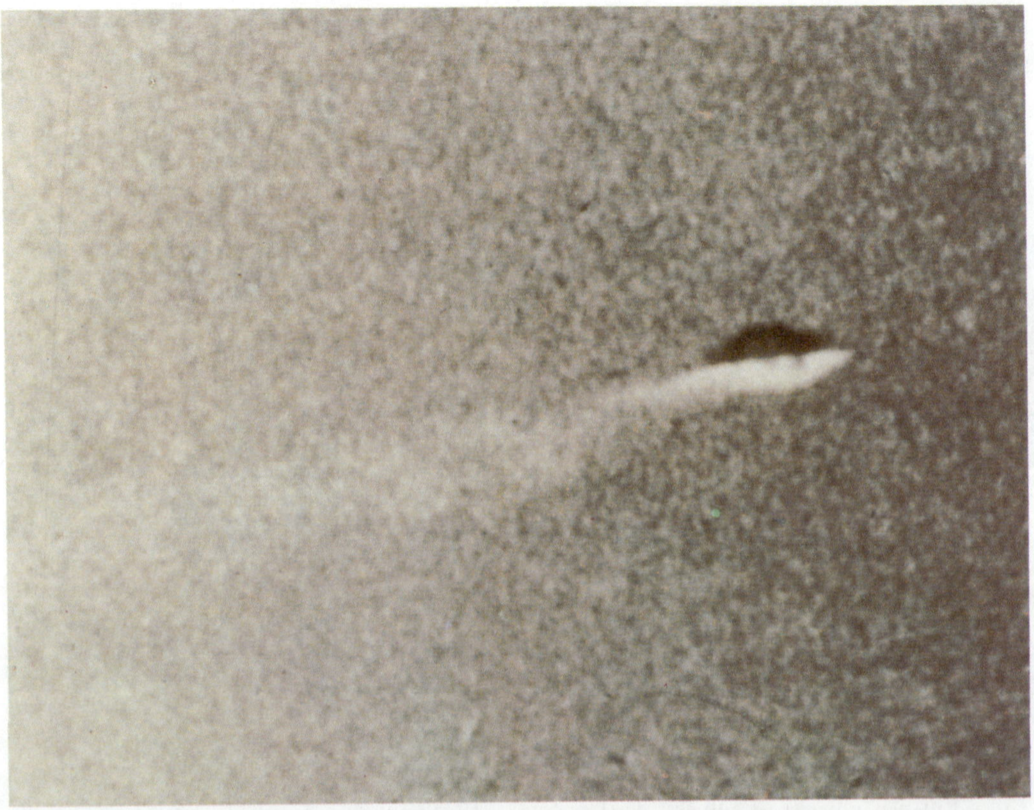

Ein typisches, scheibenförmiges Flugobjekt mit einem Rauchschweif bei Tageslicht.

Unten:
Ein Fall von sogenanntem „Himmelsleuchten“ – Lumineszenzen am Nachthimmel. Ungewöhnlich genug, um für ein UFO gehalten zu werden, beruht das Phänomen in Wirklichkeit auf Atomen, die durch Sonneneinwirkung aufgenommene Energie wieder abstrahlen.

Was tun, wenn ein UFO auftaucht?

Angenommen, Sie entdecken am Himmel ein unbekanntes Flugobjekt. Was ist zu tun?

Im Juli 1978 beobachtete ein Ehepaar in der englischen Stadt Manchester einen leuchtend roten Flugkörper am Himmel, der wie ein Zahnrad aussah. Sie hielten es für ein UFO. Da sie sich Gewißheit verschaffen wollten, wandten sie sich an den Astronomen Patrick Moore, den sie aus dem Fernsehen kannten. Offensichtlich gerieten sie aber an die falsche Adresse, da er kein Ufologe ist und überhaupt nichts von UFOs hält. Er antwortete ihnen, bei der Erscheinung habe es sich vermutlich um einen besonders auffälligen Meteor gehandelt. Die Eheleute gaben sich damit zufrieden, bis sie sechs Monate später zufällig eine Sendung auf dem Bildschirm sahen, in der eine bekannte UFO-Forscherin auftrat.

Nachdem sie ihr die merkwürdigen Beobachtungen mitgeteilt hatten, stellte sich heraus, daß es sich keinesfalls um einen Meteor gehandelt haben konnte, denn dafür war das Objekt viel zu groß, außerdem war es bei Tage mehrere Minuten sichtbar gewesen. Meteore hingegen glühen nur einige Sekunden lang. Das Flugobjekt war also noch immer unidentifiziert, und nur einem Zufall ist es zu verdanken, daß dieser wertvolle Augenzeugenbericht nicht für immer verloren ging.

Zwei Jahre später sichtete der Kriminaloberwachtmeister Norman Collison aus Manchester auf dem Heimweg vom Dienst in den frühen Morgenstunden fast an der gleichen Stelle eine seltsame weiße Scheibe am Himmel. Er meldete diesen Vorfall den – wie er meinte – „zuständigen Behörden". Man teilte ihm kühl mit, daß sein Bericht an das Verteidigungsministerium weitergeleitet worden sei. Aber trotz mehrfachen Nachhakens hörte Norman in dieser Sache nichts mehr. Daraufhin wandte er sich an die Universität Manchester, von der er aber ebenfalls nur ausweichende Antworten erhielt. Als er um die Adresse der nächsten Ufologenvereinigung bat, erklärte man ihm nur: „Ach ... mit denen werden Sie sich doch nicht einlassen wollen."

Dank hartnäckiger Bemühungen gelang es Norman jedoch, mit einer solchen Gruppe in Kontakt zu treten. Die Verbindung mit diesen Forschern entwickelte sich so intensiv, daß er schließlich selbst zu einem eifrigen Ufologen wurde.

Beide Beispiele zeigen, wie wichtig es ist, an wen man sich nach einem UFO-Erlebnis wendet. Was sollte man außerdem tun?

Wenn Sie meinen, ein echtes UFO gesehen zu haben, versuchen Sie, weitere Zeugen zu finden. Diese können vielleicht Ihre Beobachtung erhärten oder auch eine Erklärung dafür liefern, falls es sich doch um ein identifizierbares Flugobjekt handelt.

Wichtig ist es auch festzuhalten, wo genau und unter welchen Umständen das Objekt gesichtet wurde. So können zum Beispiel Hundegebell oder das plötzliche Verstummen der Vögel wichtige Hinweise sein. Wenn Sie eine Kamera zur Hand haben, sollten Sie das Geschehen fotografieren. Viele sind von dem Ereignis so überwältigt, daß sie einfach vergessen, eine Aufnahme zu machen. Wenn es dunkel ist, wählen Sie eine möglichst lange Belichtungszeit, etwa eine Sekunde. Auch wenn das Objekt ziemlich hell erscheint.

Wenn Sie im Auto sitzen, schalten Sie die Zündung und das Radio ein. Aus zahlreichen Berichten geht hervor, daß UFO-Erscheinungen elektrische Anlagen stören können. Es ist also wichtig, darauf zu achten.

Machen Sie noch, während Sie die Erscheinung am Himmel beobachten, rasch ein paar Experimente: Drehen Sie den Kopf hin und her und achten Sie darauf, ob sich dadurch etwas an Ihrer Wahrnehmung ändert. So kommen Sie dem Einwand zuvor, daß es sich lediglich um Partikelchen im Auge handeln würde. Sollte dies zutreffen, so wird sich das „UFO" bewegen, wenn Sie die Blickrichtung wechseln.

Versuchen Sie dann, das UFO durch ihre *Willenskraft* in eine bestimmte Richtung zu lenken! Das mag seltsam klingen, aber es gibt durchaus ernstzunehmende Annahmen, daß UFOs mit übersinnlichen Phänomenen in Zusammenhang stehen. Also müßte es auch möglich sein, sie durch geistige Kräfte zu beeinflussen.

Da UFO-Erscheinungen meist nur kurze Zeit andauern, werden Sie kaum sofort jemanden telefonisch benachrichtigen können. Sinnvoller ist es, die Zeit zu nutzen und sich möglichst viele Einzelheiten einzuprägen. Diese Fähigkeit können Sie erlernen. Sehen Sie sich die UFO-Zeichnung auf der Seite 152 eine Minute lang an. Versuchen Sie am nächsten Tag, diese aus dem Gedächtnis nachzuzeichnen. Wiederholen Sie dieses Experiment mit anderen UFO-Abbildungen in diesem Buch, wobei Sie die Zeit zwischen der Betrachtung der Vorlage und Ihrer Wiedergabe langsam von einer Stunde auf eine Woche verlängern.

Wenn die UFO-Erscheinung wieder verschwunden ist, sollten Sie nicht mit anderen Augenzeugen über Einzelheiten sprechen. Tauschen Sie lediglich Ihre Adressen und Telefonnummern aus, wie Sie das auch bei einem Autounfall tun würden, und einigen Sie sich, wer den Vorgang weitermeldet und an wen. Verabreden Sie schließlich, daß jeder sofort

In den Beschreibungen vieler UFO-Augenzeugen sind die Flugobjekte komplizierte Gebilde und nicht nur einfache „Fliegende Untertassen". Diese Zeichnung zeigt solche Details, die immer wieder genannt werden. Aber an wie viele davon würden Sie sich erinnern können, wenn Sie dieses UFO mit hoher Geschwindigkeit durch die Luft schießen sähen? Versuchen Sie, es nach 24 Stunden aus dem Gedächtnis nachzuzeichnen, und überprüfen Sie, wie viele Einzelheiten Sie sich gemerkt haben.

eine Zeichnung des Flugobjekts anfertigt und es außerdem noch schriftlich fixiert. Daß dies unabhängig voneinander geschieht, ist wichtig, weil man sich sehr leicht unbewußt von den Aussagen anderer beeinflussen läßt.

Wen sollten Sie nun informieren? Überlegen Sie genau, welche der bestehenden Möglichkeiten für Ihren Fall die beste ist. Am naheliegendsten ist natürlich eine Meldung bei der Polizei, die wahrscheinlich pflichtgemäß Ihrem Bericht nachgehen wird. Außer in Frankreich und den USA, wo es bestimmte Standardverfahren für solche Fälle gibt, wird man jedoch nicht viel für Sie tun können.

Obgleich derartige Anzeigen zuweilen auch an das Verteidigungsministerium weitergegeben werden, ist doch eher anzunehmen, daß Ihr Bericht bei der Polizeiwache liegenbleiben wird, da man dort in der Regel solche Meldungen wenig ernst nimmt. Immer sollten Sie jedoch die Polizei benachrichtigen, wenn Sie glauben, daß das von Ihnen gesichtete Flugobjekt gelandet ist. So ließe sich möglicherweise wertvolles Material sichern.

Zweckmäßig ist es auch, den nächsten Flughafen zu benachrichtigen, sei dies ein militärischer oder ein ziviler. Auch hier wird man kaum viel für Sie tun können, solange es Ihre Meldung nicht rechtfertigt, eine „Sondersitzung“ einzuberufen. Das Flughafenpersonal kann Ihnen Auskunft darüber geben, ob sich in der betreffenden Zeit ein Flugzeug in der Gegend befand. Es ist aber kaum sinnvoll, sich zu erkundigen, ob irgend etwas Ungewöhnliches auf dem Radarschirm bemerkt wurde. Selbst wenn dies der Fall wäre, würden Sie es wahrscheinlich nicht erfahren, da wohl das Verteidigungsministerium bereits eigene Nachforschungen eingeleitet hätte.

Dieses unheimliche Licht am nächtlichen Himmel ist eine Bariumwolke, die im Verlauf eines Projekts zur Erforschung der elektrischen und magnetischen Felder der Erde zu Beginn der siebziger Jahre von der NASA in der äußeren Atmosphäre freigesetzt wurde. Organisationen wie die NASA bestreiten meist die Existenz von UFOs, könnten jedoch viel dazu beitragen, ungewöhnliche, aber erklärbare Himmelsphänomene zu identifizieren.

Widerstehen Sie der Versuchung, sich gleich an die Medien zu wenden. Sie werden sich für Ihre Geschichte nur dann interessieren, wenn die Story ihnen in den Kram paßt; das hängt weniger von der Glaubwürdigkeit oder dem Sensationsgehalt Ihrer Beobachtung ab, sondern leider vor allem davon, wie ausgelastet die jeweilige Redaktion ist.

Das Vernünftigste ist es, so schnell wie möglich Verbindung zu einem UFO-Forscher aufzunehmen. Als Spezialist wird er Ihnen helfen können, Ihre Beobachtung so niederzulegen, daß man sie einer wissenschaftlichen Beurteilung unterziehen kann.

Es gibt viele Menschen und Gruppen, die sich mit UFO-Forschung beschäftigen. Einige tun es aus einem fast religiösen Glauben an UFOs und sind deshalb voreingenommen. Andere interessieren sich vor allem für Täuschungen und Fälschungen. Die meisten verfolgen jedoch ein ernsthaftes Interesse und werden sich bemühen, die Echtheit Ihrer Beobachtungen zu beweisen.

Ihr Bericht wird vertraulich behandelt werden, und fast alle Ufologenvereinigungen benutzen Standardformblätter zur Abfassung von Berichten. Man wird Sie sehr wahrscheinlich bitten, ein solches Formular auszufüllen, und Sie eventuell auch fragen, ob Sie sich mit einem Ufologen treffen wollen.

Natürlich ist es im Ernstfall schwer, sich an all diese Ratschläge zu halten. Bei aller Aufregung und sogar Panik sollten Sie Ruhe bewahren. Je mehr gut gesicherte und dokumentierte Fallberichte vorliegen, desto mehr wissen wir über diese so flüchtigen und geheimnisvollen Erscheinungen.

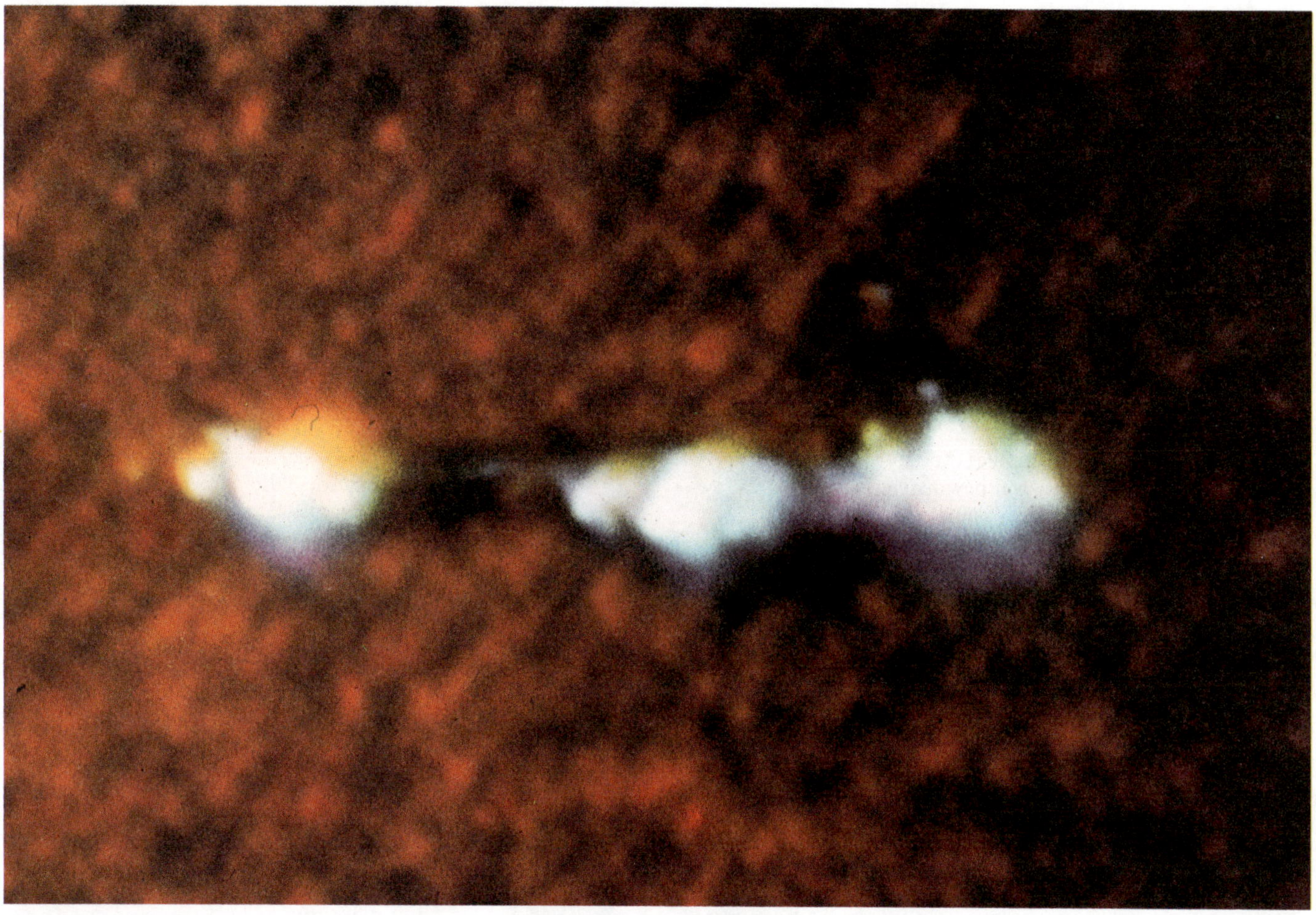

Wenn es an handfesten Beweisen fehlt ...

Durch den Einsatz großer Geldsummen und komplizierter Instrumente wird die UFO-Forschung ein immer vielschichtigeres Unterfangen. An die Stelle von Science-fiction tritt zunehmend wissenschaftliche Arbeit.

Eine seltsame Begegnung mit Autoscheinwerfern? Wohl kaum, obwohl sich vermeintliche UFOs oft als keineswegs außerirdische Objekte entpuppen. Dies ist nur eines von 500 am Berg Montserrat (bei Barcelona) aufgenommenen Fotos, die alle ähnliche Himmelserscheinungen aus der Gegend zeigen.

Die UFO-Forschung basiert überwiegend auf Erfahrungsberichten von Laien. Diese sind häufig sehr vage und können leicht als Halluzinationen, Fehldeutungen oder auch als schlichte Erfindung abgetan werden.

Deshalb wünscht sich natürlich jeder Ufologe die Möglichkeit eines direkteren Zugangs zu seinem Forschungsgegenstand – etwas, das sich sezieren, messen oder analysieren läßt. Ideal wäre es, selbst einmal ein UFO zu sichten; warum erfahren solche Ereignisse nur Menschen, die die Bedeutung gar nicht abzuschätzen wissen? Warum nicht einmal dem Vorsitzenden der Vereinigung britischer UFO-Forscher? Warum entführen die Außerirdischen nicht wenigstens einmal berühmte Ufologen wie Aime Michel oder Dr. J. Allen Hynek, die ein solches Erlebnis wohl am besten auszuwerten wüßten?

Wenn sich solche Träume schon nicht erfüllen, hätte der Ufologe doch gerne wenigstens greifbare Beweise: zum Beispiel das Wrack einer Fliegenden Untertasse oder einige Stücke davon. Aber da auch diese Erwartung sich bisher nicht erfüllt hat, muß sich der Ufologe weiter bescheiden, indem er versucht, Zeugenaussagen mit Hilfe von Radargeräten oder Fotografien zu belegen. Dies ist ein wichtiger Bereich der angewandten Ufologie.

Ein weiterer besteht in der Überprüfung von Hypothesen. Ergeben Analysen von UFO-Berichten, daß ungewöhnliche Flugobjekte besonders häufig an bestimmten Orten zu bestimmten Zeiten oder unter bestimmten meteorologischen Bedingungen auftreten, so sind dies Anhaltspunkte für Hypothesen, die sich überprüfen lassen. Das gleiche gilt, wenn Zeugen angeben, von den Außerirdischen direkt Informationen über deren Herkunft erhalten zu haben. Beispielsweise Schilderungen von Details ihres Heimatplaneten. Wenn es den Astronomen gelänge, einen solchen, bisher unbekannten Planeten zu lokalisieren, so wäre dies, wenn auch noch kein absoluter Beweis, so doch eine gewichtige Erhärtung der Glaubwürdigkeit des Berichts.

Beide Ansätze wurden von den Ufologen, wenn auch nur in geringem Umfang, verfolgt. Da für diesen Zweck keine öffentlichen Mittel zur Verfügung stehen, müssen die meisten Ufologen ihre Forschung selbst finanzieren. Es ist daher nicht verwunderlich, daß solche

Projekte nur in beschränktem Umfang und sporadisch realisiert werden können.

Viele Ufologen nutzen auch die Möglichkeit der Himmelsbeobachtung an erfahrungsgemäß günstigen Punkten und mit besonderen technischen Hilfsmitteln. In Großbritannien werden für solche Aktionen häufig die Berge um Warminster in der Grafschaft Wiltshire gewählt. Im Lauf der Jahre haben Tausende von Menschen die Nacht auf dem Cradle Hill verbracht und den Sternenhimmel beobachtet. Die Ergebnisse waren jedoch, gelinde gesagt, fragwürdig. Selbst wenn echte Phänomene auftraten, gingen sie doch rasch unter in der Masse der Sinnestäuschungen, ausgelöst durch Hubschrauber, Autoscheinwerfer oder gar Taschenlampen und Feuerzeuge anderer auf dem Berg Anwesender – von bewußten Täuschungen ganz zu schweigen.

Das Begrüßungskomitee

Noch weniger effektiv als die Unternehmungen in Warminster war eine *Soirée d'observation,* den das französische *Institut Mondial des Sciences Avancées* im Juni 1982 gemeinsam mit dem bekannten Science-fiction-Autor Jimmy Guieu in einer Burgruine im Elsaß veranstaltete, von der aus Lichterscheinungen gesichtet worden waren. Ein sonderbares Schauspiel. Trotz des strömenden Regens erschienen über fünfzig Personen: Das Barbecue war ein großer Erfolg, ein zum Institut gehörender Hypnotiseur gab eine aufsehenerregende Vorstellung, und bis Mitternacht hatte man etliche Flaschen Wein geleert. „Nur", sagte einer der Teilnehmer später, „die UFOs sind nicht gekommen. Und selbst wenn sie da gewesen wären, hätten wir wir sie wegen des Frühnebels nicht sehen und wegen des lauten Flaschengeklirrs auch nicht hören können."

Zum Glück gibt es jedoch auch ernsthaftere Projekte. Das bisher ehrgeizigste war wohl das von Ray Stanford auf dem Land bei Austin im amerikanischen Bundesstaat Texas organisierte Projekt *Starlight International.* Von 1973 an beschaffte sich Stanford mit seinem Team eine beeindruckende Ausrüstung. Dazu gehörten unter anderem ein Radargerät, das auf einem Turm aufgestellt war und das darunter liegende Tal überwachen konnte, wie eine Reihe von Magnetschreibern, die automatisch ein breites Spektrum ungewöhnlicher Daten aufzuzeichnen vermochten: elektrostatische Phänomene, Temperaturschwankungen, Gravitationsabweichungen, Druckschwankungen und selbst auffällige Geräusche. Außerdem verfügten sie über zwei Anlagen zur Kommunikation mit UFOs. Bei der ersten handelte es sich um einen UFO-Vektor, ein Gerät, das mit Hilfe eines roten Laserstrahls bis zu zweieinhalb Millionen Bits – Informationseinheiten – pro Sekunde in Form von Stimm- oder Videosignalen zu jedem in Sichtweite befindlichen UFO hinauf zu schicken und jede Antwort automatisch aufzuzeichnen vermag. Das zweite bestand aus 91 Scheinwerfern, die so um ein zentrales Blinklicht angeordnet waren, daß damit tausende verschiedener Signalmuster hervorgebracht werden konnten. Diese Anlage sollte dazu dienen, sich mit UFOs in mathematischen oder sonstigen Codes zu verständigen.

Ferner verfügte das Unternehmen noch über das System ARGUS, die Abkürzung für „*a*utomatic *r*ing-up on *g*eolocated *U*FO *s*ightings" (automatisches Warnsystem für Bodensichtungen von UFOs). Diese Anlage gewährleistet, daß die Beobachter sofort informiert werden, wenn die Suchgeräte ein UFO erfassen, damit sie es fotografieren können. Entfernt es sich wieder, stellen die Überwachungsgeräte seinen Kurs fest und alarmieren Beobachter der an der Flugbahn des UFOs liegenden Stützpunkte. Alle Fotografien werden von einem Computer analysiert, um Entfernung, Größe und Höhe des Flugobjekts feststellen zu können.

„Operation Starlight" ist der Traum eines jeden Ufologen. Eine Ausrüstung wie diese im Wert von ungefähr einer halben Million Dollar ist für die meisten Ufologengesellschaften unerschwinglich. Außerdem bleibt die Frage, ob sich die UFOs auch ausgerechnet dort zeigen, wo dieses ganze raffinierte Instrumentarium installiert ist. Immerhin beansprucht das Starlight Team für sich, mehrere beeindruckende Beobachtungen gemacht zu haben.

„Dieses Projekt ist einzigartig auf der Welt", behauptet Stanford. „Wir versuchen, der wissenschaftlichen Welt Beweise vorzulegen, die sie dazu veranlassen sollen, die Ufologie ernst zu nehmen." Den Unterlagen des Projekts

Zwei Männer, deren große Leidenschaft es ist, unbekannte Objekte zu identifizieren: der Franzose Jimmy Guieu (oben) und der Amerikaner Ray Stanfort (rechts), Leiter des Projektes Starlight International. *Neben Stanford steht ein Spezialgerät, das ihn angeblich in die Lage versetzt, mit den UFOs zu kommunizieren. Die Apparatur soll vermittels eines Laserstrahls Bildsignale übermitteln.*

Unten:
Arne Thomassen führte bei Hessdalen in Norwegen Untersuchungen durch und richtet sich auf eine lange Wartezeit ein: UFOs erscheinen nicht immer auf Abruf. Möglicherweise liegt ihre Zurückhaltung daran, daß sie uns beobachten, während wir ihnen auf die Spur zu kommen versuchen. Das lange Warten lohnt sich jedoch, wenn Aufnahmen wie diese (rechts) gelingen. Das Foto vom September 1982 zeigt ein unidentifiziertes Objekt am Himmel über Hessdalen.

nach zu urteilen, rechtfertigen die Ergebnisse bislang keinesfalls den hohen Aufwand an Geld und Zeit; aber dieses ehrgeizige Unterfangen verdient Bewunderung, und wenn das Rätsel der UFOs überhaupt mit den Mitteln der angewandten Ufologie lösbar ist, auch greifbare Erfolge.

Eine ganz andere Methode der Himmelsbeobachtung betreibt der spanische Ufologe Luis Jose Grifol aus Barcelona. Seit Mitte der siebziger Jahre sucht Grifol immer wieder die Berggegend um das Kloster Monserrat auf, von der er glaubt, daß sie wegen ihrer weit zurückreichenden kulturellen und religiösen Tradition auch für UFOs besonders interessant ist. Diese Annahme einmal dahingestellt, hat Grifol doch zwischen 1977 und Ende 82 immerhin 500 Fotos von ungewöhnlichen Himmelserscheinungen allein in dieser Region zusammengetragen.

Grifols Verständigung mit den UFOs

Grifol verläßt sich nicht auf komplizierte Apparaturen, sondern glaubt vielmehr, daß UFOs auf telepathischem Wege mit ihm kommunizieren. Er behauptet, bei den Besatzungsmitgliedern der von ihm fotografierten UFOs handle es sich um „intelligente Wesen aus dem Weltraum", genauer gesagt, von einem Planeten zwischen den Sternen Bellatrix und Riegel im Sternenbild des Orion. Im August 1980 bat Grifol im Beisein von 17 Zeugen seinen außerirdischen Kommunikationspartner um einen Beweis für diese Verbindung, der darin bestehen sollte, daß sie mit ihren UFOs nach seinen Anweisungen bestimmte Manöver ausführten. Grifol behauptet, die Außerirdischen seien dieser Bitte auch 20 Sekunden lang nachgekommen.

Grifol zufolge muß man sich, um in dieser Weise Verbindung aufnehmen zu können, in einer geeigneten geistigen und spirituellen Verfassung befinden, sich von den irdischen Belangen losgelöst und „höheren Dingen" zugewandt haben. Wenn Grifols Beobachtungen auch nicht durch weitere Daten untermauert wurden, verdanken wir ihm doch 500 bemerkenswerte Aufnahmen.

Auch noch andere Regionen sind als UFO-Beobachtungspunkte berühmt. Landeinwärts von Trondheim, in Mittelnorwegen, liegt der dünn bevölkerte Bezirk Hessdalen. Obwohl auf den ersten Blick nichts dafür spricht, weshalb gerade diese Gegend von den UFOs bevorzugt werden sollte, kommen doch seit Dezember 1981 ständig UFO-Meldungen aus diesem Distrikt. Eine solche Konzentration von UFO-Erscheinungen kommt selten vor, und die norwegischen Ufologen nutzten die Gelegenheit.

Ein farbiger Lichtfleck ist sicherlich noch kein überzeugender Beweis für die Existenz eines UFOs. Aber wenn diese Beobachtung x-mal von verschiedenen Zeugen mit ganz unterschiedlichen Methoden aufgezeichnet wird, kann man sie nicht länger ignorieren. Hier ein Beispiel für die vielen unidentifizierten Objekte über dem Berg Montserrat (rechts) und eines für die bei Hessdalen gesichteten Phänomene (unten rechts).

Eins der berühmten UFOs erscheint

Einen typischen Augenzeugenbericht gibt der Bergmann Bjarne Lillevold. Er schildert, was er am 24. September 1982 erlebte:

„Auf dem Heimweg von der Arbeit sahen ein Kumpel und ich ein Licht vor einem der Berge bei Hessdalen. Als wir etwa fünf Kilometer weiter gefahren waren, begann das unbekannte Objekt sich über dem Wald bei Ålen herabzusenken. Als wir Ålen erreichten, schwebte das Ding dicht über den Bäumen. Mein Begleiter, der das berühmte UFO von Hessdalen noch nie gesehen hatte, war sehr aufgeregt. Wir fuhren ins Zentrum von Ålen und erblickten dann ein zweites Objekt, das aus Richtung Hessdalen kam und unterhalb des ersten stehenblieb. Mit meinem Moped fuhr ich weiter nach Hessdalskjølen. Dort sah ich ein weiteres Flugobjekt bei einer Bauernkate. Zuerst glaubte ich, die Kate stünde in Flammen, aber dann bemerkte ich, daß es etwas anderes war. Es sah aus wie ein umgedrehter Weihnachtsbaum und war größer als die ganze Kate. Es schwebte etwa vier Meter über dem Hügel und hatte ein rotes Blinklicht. Außerdem schien über dem ganzen Ding eine merkwürdige ‚Decke' zu liegen. Das Flugobjekt bewegte sich etwa zwanzig Minuten lang wie ein Yo-Yo auf und ab. Wenn es sich dicht über dem Boden befand, verblaßte das Licht, aber auf dem höchsten Punkt war es so hell, daß ich nicht lange hinschauen konnte. Sobald das Licht schwach war, konnte ich durch es hindurchsehen wie durch Glas ..."

Die norwegischen Forscher waren entschlossen, die Gelegenheit zu nutzen, so viele praktische Untersuchungen wie möglich anzustellen. Leif Havik von der norwegischen Ufologenvereinigung sagte: „Um zu Ergebnissen zu gelangen, hätten wir mindestens einen Monat dort bleiben müssen. Mit unseren wenigen aktiven Mitgliedern und unzureichenden Mitteln und ohne jede Unterstützung war das auch so schon das Optimum, was wir tun konnten." Ausgerüstet mit allen auftreibbaren Geräten, vor allem Magnetfeldmessern, Spektralanalysegeräten und Feldstärkemessern, Infrarotkameras und so weiter, unternahm man mehrere Expeditionen in die wild zerklüfteten Berge um Hessdalen. Auch wenn diese Messungen nur enttäuschende Resultate brachten, gelang es doch sieben verschiedenen Fotografen, viele außergewöhnliche Phänomene festzuhalten. Die Aufnahmen ähneln sich alle. Leider sind auf den meisten nur vage Farbflecken erkennbar. Augenzeugen wollen allerdings mehr über die Form dieser Flugobjekte wissen. Ihre Angaben sind jedoch sehr unterschiedlich und reichen von einfachen Rechtecken bis hin zu der klassischen Scheibenform. Auch aus den Aufzeichnungen über die Bewegungen der UFOs ergaben sich bestimmte Muster, so daß man wohl davon ausgehen kann, daß diese Forschungen sich noch als sehr bedeutsam erweisen werden.

Unten:
Der spanische Ufologe Luis José Grifol auf dem Berg Montserrat. Er lehnt die Verwendung komplizierter Apparaturen ab.

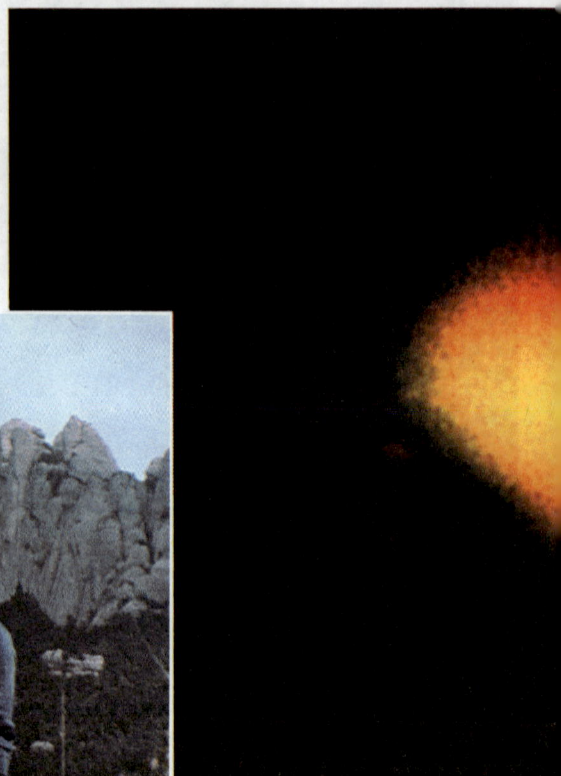

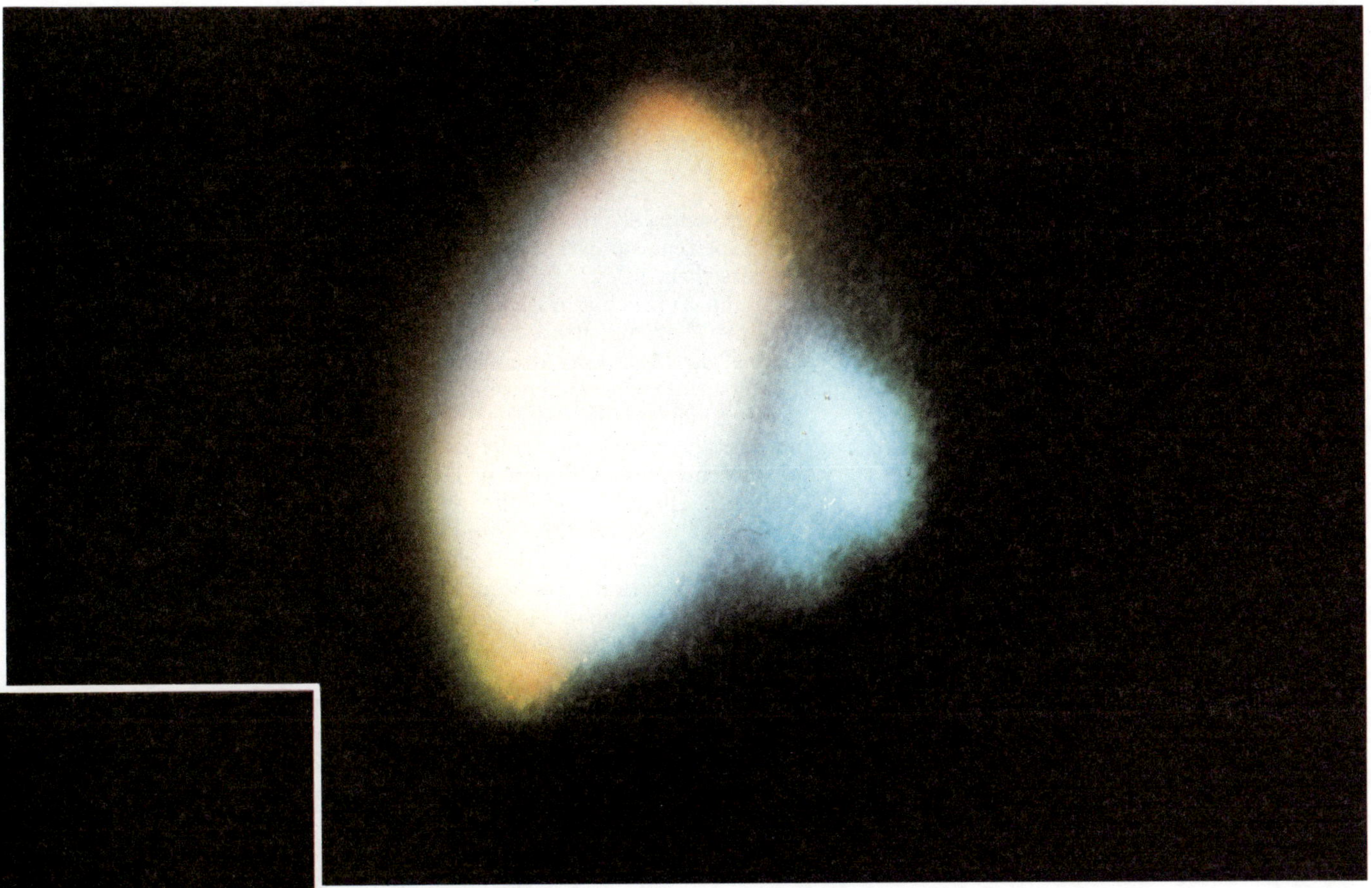

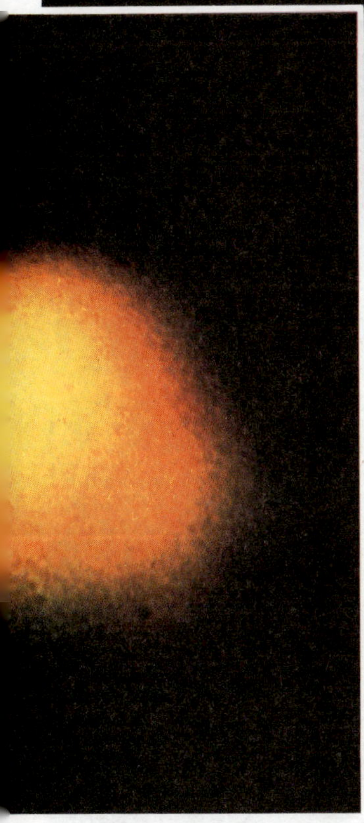

Die norwegischen Forscher hoffen, daß es ihnen zumindest gelingen wird, andere, die mehr Mittel zu ihrer Verfügung haben, durch das gesammelte Material davon zu überzeugen, daß derartige Phänomene erforschenswert sind. Die norwegische Luftwaffe war bislang nicht bereit, solche Projekte zu unterstützen, da derlei Aufgaben nicht in ihren Zuständigkeitsbereich fielen, solange es nicht um kriminelle Handlungen ginge. Die norwegischen Ufologen versuchten zu argumentieren, daß UFOs sehr wohl potentiell gegen die Gesetze verstoßen, indem sie den norwegischen Luftraum verletzen, aber dies überzeugte die Behörden nicht.

Tag, Tageszeit und Himmelsrichtung

Bei alledem häufen sich doch die Beweise für die Existenz von UFOs, und die Forschung wird dies auf Dauer nicht ignorieren können. Aus den Analysen der norwegischen Ufologenvereinigung geht hervor, daß das Auftreten der UFOs nach bestimmten Mustern erfolgt: Die Häufigkeit des Erscheinens schwankt mit der Tageszeit und – aus bislang unerklärlichen Gründen – auch mit dem Datum: Sie häufen sich zwischen dem 15. und dem 25. eines jeden Monats. Merkwürdig ist auch, daß den Berichten zufolge doppelt so viele UFOs von Süden nach Norden flogen wie in umgekehrter Richtung. Dies galt auch für die berühmten „Geisterraketen", die 1946 über Norwegen und anderen skandinavischen Ländern gesichtet wurden. Die wenigen, die aus südlicher Richtung kamen, verleiteten zu der Annahme, daß es sich dabei um militärische Flugkörper handle, die aus den ehemaligen Raketenstützpunkten der Deutschen bei Peenemünde stammten. Dies ist jedoch mit ziemlicher Sicherheit ausgeschlossen.

Leif Havik glaubt ebenso wie der Spanier Grifol, daß die UFOs – oder ihre Lenker – sich sehr wohl der Tatsache bewußt sind, daß sie beobachtet und untersucht werden. Dafür spricht nach Ansicht Haviks die Tatsache, daß die UFOs immer dann verschwinden, wenn er im Begriff ist, sie mit Hilfe von Instrumenten festzuhalten:

„Der Hauptgrund, weshalb ich glaube, daß UFOs irgendeine Form gezielter Steuerung unterliegen, ist folgender: Fünfmal habe ich genau in dem Augenblick ein UFO gesehen, in dem ich auf dem Berg ankam, noch ehe ich Zeit hatte, ein Foto zu schießen. In allen fünf Fällen befand ich mich weniger als 100 Meter von dem von mir gewählten Beobachtungspunkt entfernt."

Trotz der Fülle solcher vager Schilderungen spricht auch vieles dafür, daß UFOs tatsächlich auf die Beobachtungsaktivitäten der Menschen reagieren, und in einigen Fällen gelang es sogar, dieses Phänomen mit Hilfe von Aufzeichnungsgeräten festzuhalten.

Wer beobachtet wen?

Harley Rutledges Recherchen sind Meilensteine der UFO-Forschung und beeinflussen viele wichtige Projekte.

Der Begriff „praktische Ufologie" ist eigentlich ein Widerspruch. Wegen des unklaren und oft paradox erscheinenden Beweismaterials kann dieses Phänomen auf der materiellen Ebene nicht überzeugend erklärt werden. Sind die UFOs deshalb nur als psychisches oder übersinnliches Phänomen begreifbar?

Viele namhafte Ufologen meinen mit dem Franzosen Jacques Vallée, daß das Problem wesentlich komplexer sei. Vallée erklärte 1975 in einem für das amerikanische Luft- und Raumfahrtinstitut verfaßten Artikel: „Das UFO-Phänomen ist Produkt einer Technologie, die physikalische und übersinnliche Erscheinungen auf einen Nenner bringt." Wenn diese Behauptung zutrifft, ist es wohl in Anbetracht der Tatsache, daß die herkömmliche Wissenschaft wesentlich besser auf physikalische als auf übersinnliche Gegenstände eingerichtet ist, das beste, sich vor allem auf die Erforschung des materiellen Aspekts zu konzentrieren.

So dachte auch der an der Southeast Missouri State Universität in Cape Girardeau tätige Physikprofessor Harley Rutledge, als er sich 1973 einer faszinierenden Herausforderung stellte. In der Nähe der Stadt Piedmont, etwa 80 Kilometer vom Cape Girardeau entfernt, hatten viele Augenzeugen unter unterschiedlichsten Bedingungen sich allen Erklärungsmustern entziehenden seltsame Lichterscheinungen gesichtet. Rutledge versammelte ein Team Experten aus verschiedenen Wissenschaftsbereichen, beschaffte sich Überwachungs- und Aufzeichnungsgeräte und machte sich auf den Weg zum Beobachtungsort in der Annahme, daß zwei oder drei Wochenenden zur Untersuchung ausreichen würden.

Doch erst sieben Jahre später wurde der Forschungsbericht veröffentlicht: In nahezu 2000 Stunden sichteten die Experten 178 UFOs, von denen sie allein 157 mit Hilfe ihrer Meßgeräte festgehalten hatten. Das Team kombinierte dabei Beobachtungen mit dem bloßen Auge und Fotografien mit Radaraufzeichnungen und anderen technischen Mitteln, die gleichzeitig von verschiedenen Punkten aus eingesetzt wurden.

Bei den Phänomenen handelte es sich um Lichterscheinungen am Himmel, die zumeist nachts auftraten und entweder keine oder nur eine diffuse Form aufwiesen. Im allgemeinen sind die Ufologen in derartigen Fällen skeptisch, da sich aus bloßen Lichtflecken kaum verwertbare Schlüsse ziehen lassen und häufig Fehldeutungen vorkommen. Während es sich bei einer mit einer Kuppel und Bullaugen ausgestatteten Scheibe um einen normalen Flugkörper oder auch nur um eine Einbildung handeln kann, ist die Herkunft von Lichtflecken ebensogut von Autoscheinwerfern, Meteoriten, Satelliten oder auch nur von Lichtreflektionen durch einen Vogelschwarm möglich.

Der Nachthimmel über Piedmont (unten) und Cape Girardeau (ganz unten). Phänomene, wie die hier gezeigten, veranlaßten Harley Rutledge 1973, seine Untersuchungen aufzunehmen. Bis dahin hatten die Ufologen immer weniger von Lichterscheinungen am Himmel als Beweise für die Existenz von UFOs gehalten, da sie viele Erklärungen zulassen. Rutledges Team verwandte jedoch neue Aufzeichnungstechniken, die bewiesen, daß Erscheinungen wie die beiden hier gezeigten ganz eindeutig nicht natürlichen Ursprungs waren.

Dank der praktisch orientierten Vorgehensweise des Rutledge-Teams, das sich nur mit den Beobachtungsfakten befaßte, konnten solche Fehldeutungen ausgeschlossen werden. Mit der Triangulation-Vermessungstechnik konnten Ort und Flugbahn der Objekte genau festgestellt werden, was bedeutete, daß auch ihre Größe, Flughöhe und Geschwindigkeit exakt berechenbar wurde.

Hier ein typisches Beispiel für diese Technik. Es stammt vom 25. Mai 1973. An diesem Abend befand sich je eine mit Radar und Funkgeräten ausgerüstete Beobachtungsgruppe auf dem Pyle's Mountain (P) und auf dem Mudlick Mountain (M). Zwischen den beiden Punkten lagen etwa 18 km.

Um 21.37 Uhr meldete die Gruppe P eine Lichterscheinung in westlicher Richtung. Die Gruppe M bestätigte dies sofort und begann unverzüglich mit der Ortung.

Um 21.42 Uhr meldete die Gruppe P, daß das Objekt „sich ziemlich langsam am Himmel bewegt, ziemlich hell ist, wie ein Stern erster Ordnung, von gelblich-oranger Farbe". Die Gruppe M berichtete, „wir haben es jetzt genau im Blick".

Um 21.43 Uhr konnte die Position des Objekts exakt berechnet werden. Zwischen 21.43 Uhr und 21.46 Uhr wurden auf diese Weise neun Punkte seiner Flugbahn im Abstand von 15 Sekunden lokalisiert. Eine Berechnung klappte wegen einer Funkstörung nicht, aber die Gruppe bestätigte, daß das Objekt offensichtlich immer noch seinem Kurs folgte.

Die Ergebnisse

Um 21.46 Uhr verlor die Gruppe M das Objekt aus den Augen. Um 21.48 Uhr und 21.50 Uhr erhob die Gruppe P noch weitere Beobachtungsdaten. Da jedoch entsprechende Angaben von dem anderen Team fehlten, ließen sich hieraus lediglich Schlüsse auf die Flugrichtung ziehen.

Insgesamt gelang es, mit dieser Technik das Flugobjekt über einen ungleichmäßigen Kurs von über 25 Kilometern exakt und über noch größere Entfernung weniger genau zu verfolgen. Es ergab sich, daß das Objekt anfangs mit einer Geschwindigkeit von 500 Stundenkilometern flog, um dann nach einem Kurswechsel auf 523 Stundenkilometer zu beschleunigen. Obgleich das zu spärliche Hinweise auf das Wesen des Phänomens sind, lassen sich doch eine ganze Reihe von Erklärungen ausschließen. So entfallen Autoscheinwerfer wegen der Höhe, Vögel können nicht so schnell fliegen, Satelliten nicht so tief, zu einem Meteoriten passen die Kursänderungen nicht.

Rutledges Beobachtungen belegten nicht nur die Existenz solcher Phänomene und entkräfteten die meisten natürlichen Erklärungen, sondern ergaben darüber hinaus, daß die Flugobjekte deutlich auf das Verhalten der Beobachter reagierten. In mindestens 80 Fällen ging

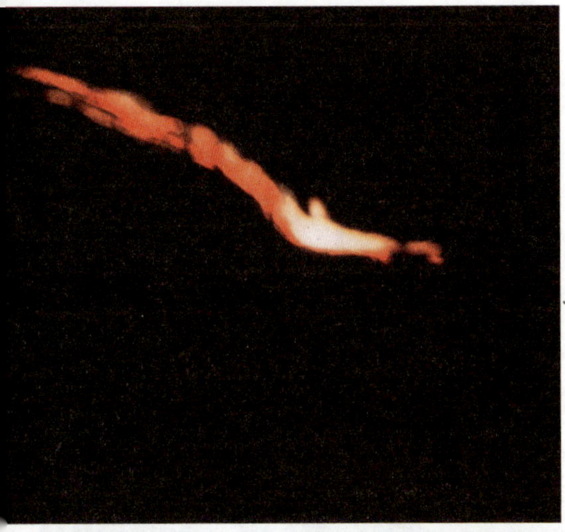

Ganz unten links:
Mit dem Triangulationsverfahren lassen sich die Höhe eines Objekts und seine Entfernung vom Beobachtungspunkt bestimmen. Für diese Berechnung müssen die senkrecht stehenden Winkel A und D und die waagerecht liegenden Winkel B und C gleichzeitig von zwei Beobachtungspunkten am Boden gemessen werden, deren Entfernung (Grundlinie) bekannt ist.

Unten rechts:
Darstellung der Flugbahn eines am 25. Mai 1973 gesichteten UFOs nach den Berechnungen des Rutledge Projekts. *Um 21.43 Uhr war das Objekt von den beiden Beobachtungspunkten Pyle's Mountain und Mudlick Mountain, die 18 Kilometer auseinander lagen, zu sehen. Mit Hilfe der Triangulation ließen sich Höhe und Entfernung des UFOs, und damit seine genaue Position, bestimmen. Zwischen 21.43 Uhr und 21.46 Uhr wurden neun solcher Punkte in Fünfzehn-Sekunden-Intervallen lokalisiert.*

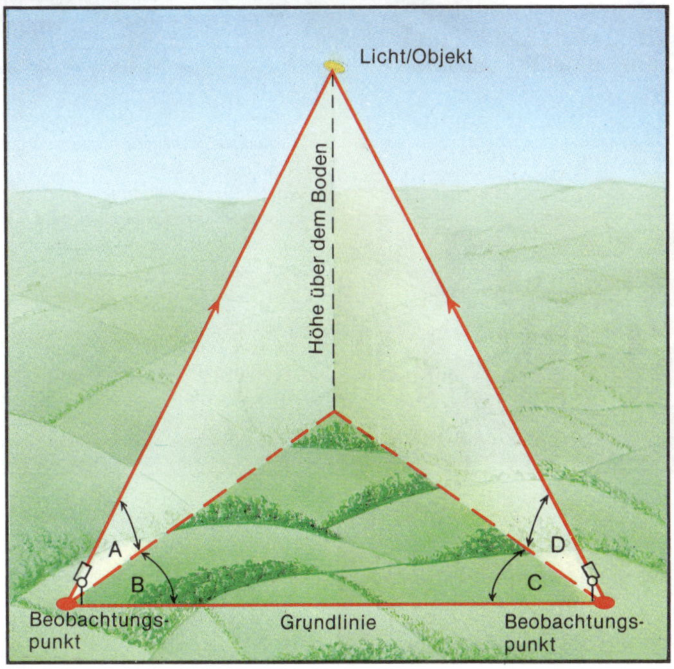

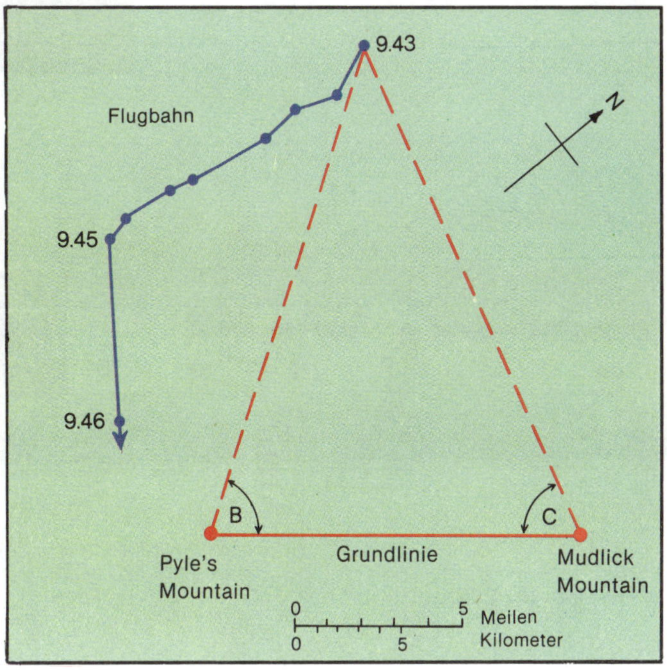

aus seinen Aufzeichnungen eine offensichtliche Parallelität bestimmter Aktivitäten der Beobachter und der Objekte hervor. Dieser Zusammenhang folgte jedoch keinem eindeutigen Muster. Die Objekte reagierten mal in der einen, mal in der anderen Weise. Aber dennoch kann man nicht einfach von Zufall sprechen.

Wer beobachtet wen?

Die Vorkommnisse selbst waren alltäglich. Rutledge blinkte am 21. Juni 1973 ein feststehendes Licht am Himmel an, worauf es sich sofort in Bewegung setzte und offenbar der Beobachtung zu entgehen suchte. Am 20. Juni 1976 richtete er den Lichtstrahl auf ein Objekt, bei dem es sich um einen neuen Stern zu handeln schien, und dieses erlosch sofort. In mehreren Fällen wurde beobachtet, wie „Sterne" stehenblieben, sich in Bewegung setzten oder ihre Bahn änderten, sobald sich eine Kamera auf sie richtete oder Autoscheinwerfer auf- und abblendeten. Anscheinend reagierten Flugobjekte selbst über eine Entfernung von drei oder mehr Kilometern auf die Stimmen der Beobachter, auf den Funkkontakt zwischen den Beobachtungsposten, ja selbst auf die Gedanken der Forscher. Daraus folgt, daß diese Flugobjekte entweder ein bestimmtes Maß an Intelligenz besitzen oder von intelligenten Wesen gesteuert werden. Es deutet ferner darauf hin, daß sie über Mittel verfügen, die Aktivitäten der Beobachter überaus sensibel zu registrieren.

Auch wenn aus diesen Befunden keine voreiligen Schlüsse zu ziehen sind, steht doch außer Zweifel, daß Rutledge und sein Team den Beweis der physikalischen Existenz von UFO-Erscheinungen einen großen Schritt näher gebracht haben.

Harley Rudledge mit seinem tragbaren, batteriebetriebenen Oszilloskop und seinem Spektralanalysegerät.

Auf der anderen Seite ist erstaunlich, wie oft Ufologen es unterlassen, auch nur die nächstliegendsten praktischen Ermittlungen anzustellen. So behauptete der Ufologe Peter Paget 1979 in seinem Werk *The Welsh Triangle*, daß sich auf dem Stack Rock in der walisischen Grafschaft Dyfed eine geheime UFO-Basis befände. Obwohl er in der Gegend nachforschte, unterließ er es, sich die Insel selbst anzusehen und der Wahrheit auf den Grund zu gehen. Vielmehr war es der BBC-Fernsehreporter Brynmore Williams, der sich schließlich ein Boot mietete, um auf Stack Rock zu recherchieren, jedoch mit negativem Ergebnis.

Wer solche sensationellen Behauptungen aufstellt, sollte sie auch möglichst belegen können. Nachdem die britische Ufologen-Vereinigung PROBE bereits bei den „UFO-Nestern" dank ihrer wissenschaftlichen Vorgehensweise zu überzeugenden Ergebnissen gekommen war, gelangte sie 1981 zu der Ansicht, daß es sich bei einem in der Gegend von Warminster gesichteten „UFO" wahrscheinlich um einen

Links:
Rutledges Team baut demonstrativ seine Ausrüstung auf, um die UFOs zu empfangen. Aber diese oder ihre Lenker scheinen sich nicht auf eine Begegnung einlassen zu wollen. Rudledge und sein Team berichten, daß sie sich gelegentlich sogar entfernen würden, sobald die Aufzeichnungsgeräte eingeschaltet sind.

Ballon gehandelt habe. Sie zweifelten zwar nicht an den Aussagen der Augenzeugin, aber ihre Beschreibung deutete darauf hin, daß hier eine natürliche Erklärung durchaus möglich war.

Die Gruppe beschaffte sich deswegen einen Ballon und ließ ihn an einem Faden am „Tatort" fliegen. Die Zeugin sollte diesem Experiment beiwohnen; es wurden auch Fotos aufgenommen. Die Zeugin bestätigte eine verblüffende Übereinstimmung mit ihrem UFO-Erlebnis. Als der Ballon freigelassen wurde und prompt spurlos verschwand, war nach weiteren Untersuchungen und nachfolgenden Tests klar, daß das „UFO" „in Form und Verhalten einem silberroten Ballon aus Plastik-Aluminium-Folie glich, der zuvor von einem westlich von Warminster gelegenen Punkt aus steigen gelassen wurde".

Solche Rekonstruktionen zur Aufklärung von Täuschungen sind zwar bestimmt nicht gerade der positivste Aspekt der praktischen Ufologie, aber doch sehr wichtig, um irreführendes Material auszusondern und herauszufiltern, wodurch sich echte UFO-Phänomene auszeichnen.

Alvon Lawson mit Judy Kendall, die behauptet, an Bord eines UFOs gewesen zu sein. Sie gehört zu den wenigen Entführungsopfern, die sich nicht zu Gurus der Bewegung aufgeschwungen haben und von immer neuen Beobachtungen berichten.

Das spektakulärste Experiment bisher führte wohl der kalifornische Ufologe Professor Alvin Lawson durch. Er verglich die Aussagen von Personen, die sich nur in ihrer Phantasie die Entführung durch ein UFO vorgestellt hatten, mit Berichten von Menschen, die behaupteten, tatsächlich von Außerirdischen entführt worden zu sein. Dabei ergab sich, daß x-beliebige Laien, die nur wenig über UFOs wissen, unter Hypnose durchaus in der Lage sind, sich eine Entführung so vorzustellen, daß sie bis in die Einzelheiten ganz erstaunliche Ähnlichkeit mit den Geschichten angeblicher Entführungsopfer aufweist.

Allerdings, so Lawson, unterscheiden sich beide Gruppen von Versuchspersonen darin, wie sie ihre Geschichten erzählten. Die „echten" Zeugen schienen sehr viel stärker emotional beteiligt. Natürlich lassen sich auch dafür psychologische Erklärungen finden. Obwohl die Ergebnisse des Experiments weder eindeutig dafür noch dagegen sprechen, daß es sich bei den Aussagen der „Entführungsopfer" um reine Phantasien handelt, hat Lawson hier eindeutig ein wichtiges neues Forschungsgebiet eröffnet. Er selbst knüpfte später noch einmal an seine Ergebnisse an, indem er untersuchte, in wieweit es sich bei den Entführungsberichten möglicherweise um den Ausdruck von Erinnerungen an Geburtstraumata handelt.

Rechts:
Handelt es sich hier um ein fremdes Raumschiff oder um ein UFO? Nein, es ist nur ein Ballon über Warminster. Das Foto stammt von der Forschergruppe PROBE, die mit einem Experiment zu beweisen versuchte, daß es sich bei einer angeblichen UFO-Sichtung in Wirklichkeit um einen Ballon gehandelt hatte.

Abgestürzte UFOs – Erfindung oder Wirklichkeit?

Seit der Begriff „Fliegende Untertasse“ im Jahr 1947 geprägt wurde, hat es immer wieder Gerüchte gegeben, daß die US-Regierung Wracks abgestürzter UFOs mit den Überresten ihrer außerirdischen Besatzung in Gewahrsam hielten. So unglaublich diese Vorstellung sein mag, gibt es doch Indizien dafür.

Unmittelbar nachdem im Jahr 1947 die ersten „Fliegenden Untertassen“ gesichtet wurden, begann das Gerücht umzugehen, daß eins der Flugobjekte abgestürzt und in die Hände amerikanischer Wissenschaftler geraten sei. Der Gedanke ist logisch: In Anbetracht der großen Zahl der angeblich gesichteten UFOs war es statistisch ganz plausibel, daß früher oder später eines davon verunglücken oder abgeschossen werden würde.

Diese Argumentation basiert jedoch auf der Annahme, daß es sich bei UFOs um aus greifbarer Materie bestehende Flugobjekte handelt, die durch Fremdeinwirkung oder technisches Versagen Schaden erleiden können. Damals hatte man so gut wie keinen Zweifel daran, daß UFOs solche Flugkörper waren: Ungewiß blieb nur ihre Herkunft.

In Frage gestellt wurde die Mär von den abgestürzten Fliegenden Untertassen paradoxerweise ausgerechnet durch eine Veröffentlichung, die sie eigentlich beweisen sollte. 1950 erschien von dem amerikanischen Schriftsteller Frank Scully das Buch *Behind the flying Saucers.* Es wurde in den USA ebenso wie in Europa zum Bestseller. Aufschlußreich ist, daß der Autor nicht nur Starkolumnist des Showbusinessmagazins *Variety's* war, sondern gleichzeitig auch der Verfasser der Werke *Fun in Bed* (wohlgemerkt kein Sexhandbuch, sondern ein unterhaltendes kleines Brevier für begeisterte Bettfans), *More fun in bed* und *Junior fun in bed.*

Scully behauptete, er habe während seiner schriftstellerischen Tätigkeit einen in der Ölförderung beschäftigten Mann namens Silas Newton in Texas kennengelernt, der ihm wiederum von einem Kollegen, Dr. Gee, erzählt habe. Dieser sollte aus eigener Erfahrung wissen, daß sich im Gewahrsam des amerikanischen Militärs drei UFOs befänden sowie 16 tote Außerirdische, die etwa einen Meter groß wären. Belegmaterial gab es allerdings keines. Die Geschichte beruhte allein auf den Aussagen jenes „Dr. Gee“, der behauptete, von den Behörden als Experte zur Untersuchung der Flugkörper herangezogen worden zu sein.

Das Fehlen von Beweisen hinderte nicht, daß über 60000 Exemplare von Scullys Buch verkauft wurden, hatte jedoch zur Folge, daß es dem Journalisten J. P. Kahn zwei Jahre später leicht fiel, in einem Artikel die Öffentlichkeit davon zu überzeugen, daß es sich bei der Story um ein reines Phantasieprodukt handele. Die Leser übersahen dabei, daß Kahns Darstellung von Übertreibungen und Ungenauigkeiten strotzten: Newton und „Dr. Gee“ waren aber zu Betrügern gestempelt.

Wenn der Mythos von den abgestürzten UFOs später viele Anhänger verlor, so lag das nicht allein an der Fragwürdigkeit von Scullys Geschichte. Die öffentliche Meinung wandte sich davon unabhängig der Vorstellung zu, daß UFOs nicht von Menschenhand stammten, sondern Produkte außerirdischer Technologien seien. So war es plausibel, daß sie auch nicht wie irdische Fluggeräte mit dem Risiko technischen Versagens behaftet waren.

Erst 25 Jahre später lebte der Mythos wieder auf. Im April 1976 erschien im *Official UFO* (damals eine recht ernst genommene Zeitschrift) unter der Überschrift „Was hat es mit den abgestürzten UFOs auf sich“ ein Artikel

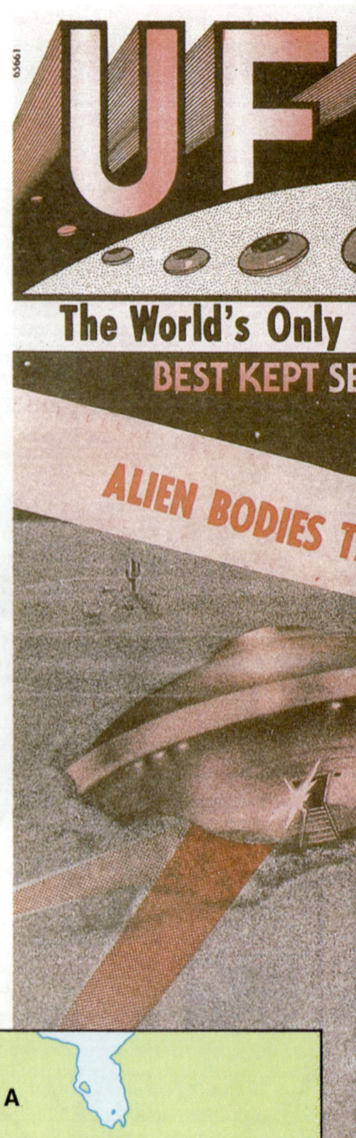

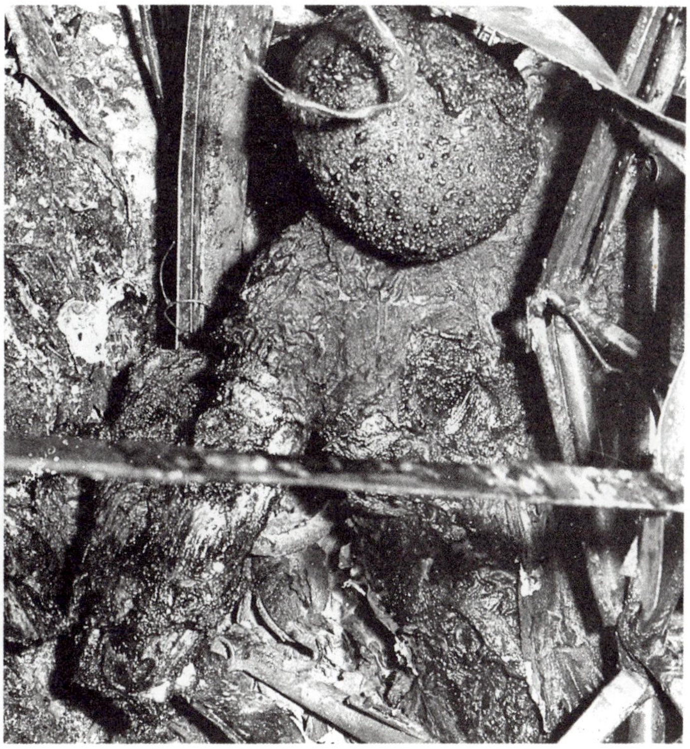

Die angeblich am 7. Juli 1948 aus einem in Neumexiko abgestürzten UFO geborgene Leiche eines Außerirdischen. Verblüffend das recht irdische Brillengestell unterhalb der Schulter des „menschenähnlichen Wesens“.

Titelblatt der amerikanischen UFO-Review *vom August 1979. US-Soldat, der bei einem beschlagnahmten UFO Wache steht. Von solcher Sensationsmache einmal abgesehen, mehren sich die Indizien, daß die US-Streitkräfte abgestürzte UFOs – samt deren außerirdischer Besatzung – zu Untersuchungszwecken in Gewahrsam halten.*

Links:
Die Orte, an denen zwischen 1947 und 1953 angeblich UFO-Wracks gefunden und von der Armee beschlagnahmt wurden – und die damals als militärische Testgelände dienenden Luftwaffenstützpunkte.

des renommierten Ufologen Raymond Fowler. Der Autor lieferte darin spektakuläres neues Beweismaterial: die durch Eid bekräftigte Aussage eines Technikers, er selbst habe am 21. Mai 1953 in Kingman im amerikanischen Bundesstaat Arizona das Wrack eines abgestürzten UFOs untersucht.

Das allgemeine Interesse für die geheimnisvollen Erscheinungen erwachte wieder. Während sich Leonard Stringfield, ebenfalls ein bekannter Experte, durch breit angelegte Nachforschungen um neue Beweise bemühte, konzentrierten sich William Moore, Stanton Friedman und Charles Berlitz auf einen Fall, der weltweite Berühmtheit erlangen sollte: das sogenannte Roswell-Wrack.

Seltsame Leichen

Hier ein kurzer Abriß der Geschehnisse: Am späten Abend des 2. Juli 1947 sah ein vor seinem Haus sitzendes Ehepaar in Roswell/Neumexiko ein glühendes Objekt am Himmel dahinschießen. Am nächsten Morgen fand ein Viehzüchter etwa 120 Kilometer entfernt in der Flugrichtung des Phänomens seltsame Wrackteile auf seinem Weideland, und 250 Kilometer weiter stießen ein Ingenieur und mehrere Archäologen auf die Überreste eines unidentifizierten Fluggerätes und mehrere sonderbare Leichen. Offizielle Stellen erklärten, daß es sich um einen Wetterballon handle. Man hörte nichts mehr von der Angelegenheit – bis Moore Friedman und Berlitz sich ihrer annahmen.

Es gibt eine Fülle ähnlicher Fälle. So deuteten am 7. Juli 1948 in der Nähe von Del Rio/Texas ungewöhnliche Radarbeobachtungen darauf hin, daß ein unidentifiziertes Objekt

Unten:
Eine Fliegende Untertasse kollidiert mit dem Washington Monument. Standfoto aus dem 1956 gedrehten Film Erde gegen Fliegende Untertassen. *Eine noch so hoch entwickelte Technologie kann grundsätzlich UFO-Abstürze nicht verhindern, und so ist es plausibel, daß das Militär großes Interesse zeigt.*

etwa 50 Kilometer jenseits der mexikanischen Grenze abgestürzt sein müsse. Mit Erlaubnis der mexikanischen Regierung begannen US-Truppen mit der Nachforschung. Sie fanden eine metallische Scheibe und die verkohlten Leichen der Besatzung: mehr oder weniger menschenähnliche Wesen von etwa ein Meter fünfzig Größe. Der amerikanische Luftwaffenoberst Whitcomb, der das Objekt ebenfalls auf seinem Radargerät gesichtet hatte und sich unverzüglich mit einem Flugzeug zur Absturzstelle begab, stellte fest, daß inzwischen mexikanische Truppen die Szene beherrschten und das Objekt abschirmten.

Die an diesem Einsatz beteiligten Soldaten waren offensichtlich gewarnt worden, daß es „ihnen leid tun würde“, wenn sie zu irgend jemandem darüber sprächen. Mehrere Jahre

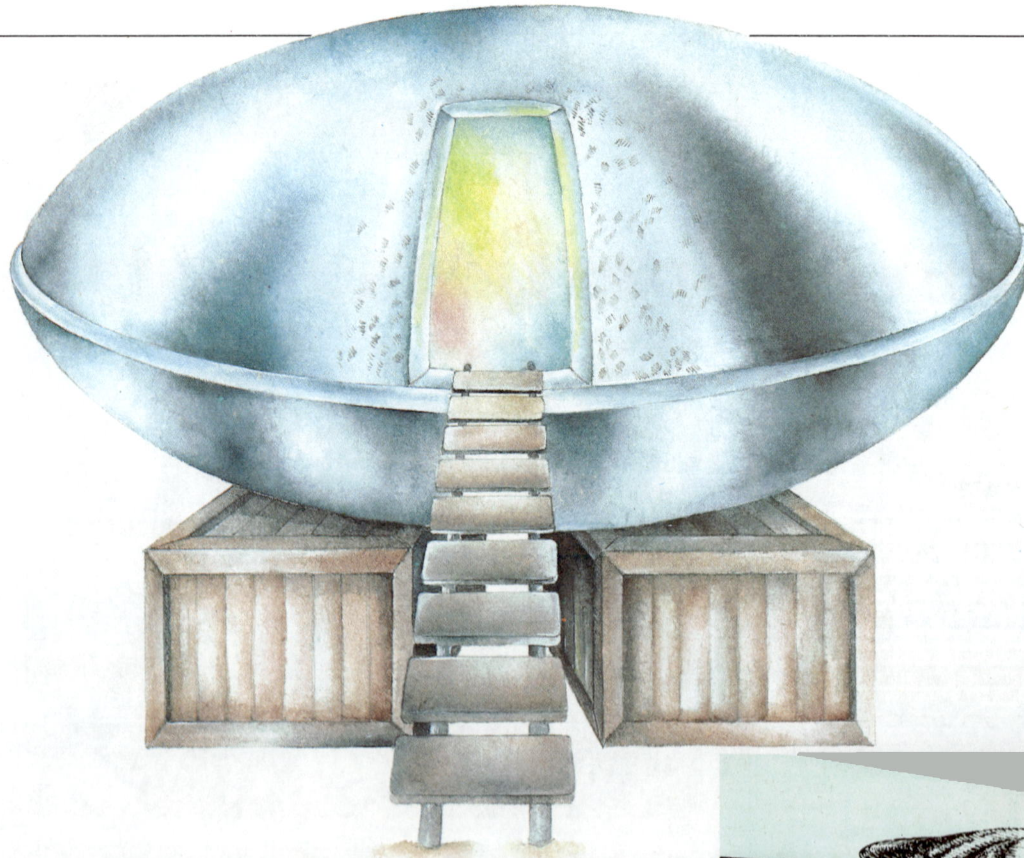

Im Jahr 1953 wurde der Metalloge Daly, der auf dem Luftwaffenstützpunkt Wright Patterson in Ohio tätig war, zu einer geheimen Mission abgeordert, die darin bestand, ein Objekt zu analysieren, bei dem es sich wahrscheinlich um eine Fliegende Untertasse handelte. Nach zweitägiger Untersuchung kam Daly zu dem Schluß, daß das Objekt außerirdischen Ursprungs sein mußte.

später tauchten angebliche Fotos der toten Besatzungsmitglieder des UFOs auf. Sie sind noch immer Gegenstand hitziger Auseinandersetzungen.

Zu einem nicht näher bekannten Zeitpunkt im Jahr 1952 verfolgte ein Radarbeobachter des Luftwaffenstützpunkts Muroc in Kalifornien auf seinem Schirm ein Flugobjekt, das sich mit großer Geschwindigkeit dem Erdboden näherte. Als feststand, daß sich tatsächlich ein Absturz ereignet hatte, wurde er instruiert: „Sie haben nichts gesehen!" Später erfuhr er, daß ein UFO von etwa 16 Metern Durchmesser in einer nahen Wüstenregion gefunden worden war. Es war metallen und weitgehend verglüht. An Bord befanden sich die Leichen etwa ein Meter fünfzig großer Wesen. Das Wrack wurde eine Zeitlang auf dem Stützpunkt behalten und dann angeblich zu einer anderen Luftwaffenbasis in Daayton im Bundesstaat Ohio gebracht. Es gibt stichhaltige Indizien dafür, daß zum fraglichen Zeitpunkt tatsächlich ein größeres Objekt unter Geheimhaltung zu diesem Stützpunkt transportiert worden war.

Mit dem gleichen Vorfall steht vermutlich auch ein Film in Zusammenhang, der im darauf folgenden Frühjahr offenbar auf Veranlassung hoher militärischer Stellen einer ausgewählten Expertengruppe vorgeführt wurde, darunter auch einem Mr. T. E., der als Radarspezialist für die Armee und die Luftwaffe tätig war. Der Fünfminutenstreifen zeigte ein silbernes, scheibenförmiges Objekt, in Wüstensand eingebettet. Auf der Oberseite war eine Kuppel und eine offene Luke zu sehen. In der Nähe des Objekts standen etwa zehn bis fünfzehn Militärangehörige. Mit ihrer Körpergröße verglichen, mußte die Scheibe etwa fünf bis sieben Meter im Durchmesser groß sein. Die Aufnahmen zeigten ferner die Leichen dreier Besatzungsmitglieder: Sie waren klein und menschenähnlich mit übergroßen Köpfen. Die Zuschauer wurden aufgefordert, über den Film nachzudenken, aber niemandem davon zu erzählen. Zwei Wochen später erklärte man ihnen, es habe sich um eine Fälschung gehandelt. Diese Erklärung ist seltsam, da viele Indizien dafür sprechen, daß der Film Offizieren verschiedener Luftwaffenstützpunkte vorgeführt wurde. Außerdem hätte es eines gewaltigen Aufwands an Zeit und Mühe bedurft, um diese Aufnahmen so täuschend echt zu inszenieren.

Fragmentaris

Im Juni 1952 sichteten sechs norwegische Düsenjäger während sommerlicher Manöver über den rauhen und ungastlichen Inseln Spitzbergens Wrackteile in einer Bergregion unweit der Meerenge von Hinlope. Binnen Stunden trafen norwegische Experten mit Hilfe von Kufenflugzeugen am Fundort ein, darunter auch ein Raketenspezialist. Zweifellos hatte man ein Flugzeug oder einen Flugkörper sowjetischer Herkunft erwartet, aber gefunden wurde das Wrack eines scheibenförmigen Flugobjekts mit 46 düsenähnlichen Öffnungen am Rand. Es bestand aus einem unbekannten Metall. Von einer Besatzung war keine Spur zu entdecken.

Der bemerkenswerteste Aspekt dieses Vorfalls ist jedoch wohl der Kommentar des norwegischen zum Generalstab gehörigen Oberst Gernod Darnbyl. Dieser erklärte 1955: „Der Absturz der fliegenden

Unten:
Das Wrack eines in der Wüste von Arizona abgestürzten UFOs wird mit Scheinwerfern abgeleuchtet. Ein Zivilingenieur, der später unter dem Pseudonym „Fritz Werner" von seinen Erlebnissen berichtete, wurde zum Ort des Geschehens gebracht, um die Aufschlaggeschwindigkeit des Objekts zu berechnen. Dabei sah er den Leichnam eines kleinen menschenähnlichen Wesens in einem metallischen Anzug. Im Jahr 1973 gab Werner eine beeidete Erklärung ab, in der er diesen bereits 20 Jahre zurückliegenden Vorfall schilderte.

Das überzeugendste Indiz für diesen Vorgang ist eine mit dem Pseudonym Fritz Werner unterzeichnete beeidete Aussage aus dem Jahr 1973. Die Identität des Zeugen ist bekannt. Werner versichert, daß er an der Untersuchung eines abgestürzten unbekannten Flugobjekts beteiligt war. Als Ingenieur im Dienst der Luftwaffe in der Nähe von Kingman/Arizona tätig, wurde er 1953 gemeinsam mit fünfzehn anderen Mitarbeitern eines Morgens in aller Frühe unter strengen Geheimhaltungsvorkehrungen in einem Bus mit verdunkelten Fenstern fünf Stunden über Land transportiert. Man erklärte ihm und seinen Kollegen, daß ein streng geheimes Fluggerät der Luftwaffe abgestürzt sei und jeder von ihnen diesen Unfall im Rahmen seines jeweiligen Spezialgebietes untersuchen solle.

Werners Beschreibung nach ähnelte das Objekt zwei aufeinandergestülpten tiefen Untertassen von etwa zehn Metern Durchmesser. Es habe aus einem stumpfen silbrigen Metall bestanden und sei durch eine Luke zugänglich gewesen. Seine besondere Aufgabe habe darin gelegen, die Aufschlaggeschwindigkeit des Objekts anhand der Spuren zu rekonstruieren. Er fand weder irgendeine Landevorrichtung, noch Dellen oder Kratzer. In einem Zelt in der Nähe sah er auf einem Tisch ein etwa ein Meter dreißig langes menschenähnliches Wesen liegen. Man verbot den Experten nicht nur, zu irgend jemandem über den Vorfall zu sprechen, sondern auch, ihn unter sich zu diskutieren.

Ein Meteorologe namens Daly, damals ebenfalls im Dienste der Luftwaffe, gibt an, 1953 zu einem ihm unbekannten, aber heißen und sandigen Ort gebracht worden zu sein, um dort die Bauweise eines silbrigen, metallenen Flugkörpers zu untersuchen. Von Besatzungsmitgliedern habe er nichts gesehen, aber er sei zu dem Schluß gelangt, daß das Objekt nicht irdischen Ursprungs sei.

Bedeutsam ist auch die Aussage der Frau eines Wachsoldaten auf dem Wright Patterson Luftwaffenstützpunkt, der auch im Zusammenhang mit den bisher genannten Vorfällen eine Rolle gespielt hatte. Die Frau behauptete, daß etwa zur gleichen Zeit ihr Mann gesehen habe, wie Wissenschaftler die Leichen etwa einen Meter großer menschenähnlicher Wesen mir riesigen Köpfen untersucht hätten.

Eine ebenfalls auf der Wright Patterson Basis beschäftigte Frau, deren Aufgabe es war, sämtliches im Zusammenhang mit UFOs stehende Material, das dem Stützpunkt vorlag, zu katalogisieren, sagte aus, sie habe gesehen, wie die Leichen zweier menschenähnlicher Wesen von etwa ein Meter fünfzig Größe mit überproportionierten Köpfen transportiert worden seien.

Im März 1964 wurde der Absturz eines runden, flachen UFOs am Mount Chitpec in Mexiko gemeldet. Behördenvertreter wollten es in die nächstliegende Stadt, San Cristobal de la Casas, bringen – aber der Häuptling des dort ansässigen Stammes der Chalulas behauptete, es handle sich um eine Gabe Gottes und der Heiligen Jungfrau und gab es nicht heraus.

Rätselhafte Geschehnisse in Bolivien

In Tarija, der entlegendsten und unzugänglichsten Region Boliviens, wurde am 6. Mai 1978 von verschiedenen Beobachtern ein glühendes Objekt am Nachmittagshimmel gesichtet. Nach der allgemeinen Beschreibung handelte es sich um einen sieben bis acht Meter langen, metallischen Zylinder, der zwar weder Fenster noch sonstige äußere Strukturen aufwies, aber eindeutig wie ein Flugkörper aussah. Dicht hinter ihm folgte noch ein kleineres Flugobjekt. Nur wenige Sekunden nach seinem Erscheinen war der Donner einer gewaltigen Explosion zu hören, begleitet von einem „Erdbeben", das über ein Gebiet von 200000 Quadratkilometern von Seismographen registriert wurde. Nach dem Absturz wurde beobachtet, wie das kleinere Flugobjekt davonflog.

Das UFO flog viel zu langsam, als daß es ein Meteor hätte sein können. Den Untersuchungen zufolge war es ausgeschlossen, daß ein Satellit zur Erde zurückgekehrt war. Während sich die Presse noch in den wildesten Spekulationen erging, wurde von amtlicher Seite eine Nachrichtensperre verhängt. Reporter sahen, wie das Objekt abtransportiert wurde und behaupteten, die US-Luftwaffe habe es in die Vereinigten Staaten gebracht. Die NASA leugnete, in diesen Vorfall verwickelt zu sein.

Die hier gegebene Darstellung ist eine Rekonstruktion einer Vielzahl widersprüchlicher Angaben und gilt als die schlüssigste Version, die zur Zeit vorliegt. Allerdings berücksichtigt sie nur die Hälfte der bekannt gewordenen Fälle. Das Material ist zwar nicht sehr überzeugend, läßt sich aber dennoch nicht einfach ignorieren, weil dies bedeuten würde, eine große Zahl voneinander unabhängiger Zeugen als Lügner abzustempeln.

ndizien

Scheibe über Spitzbergen war von großer Bedeutung. Obgleich unser derzeitiger wissenschaftlicher Erkenntnisstand es uns nicht gestattet, alle sich in diesem Zusammenhang stellenden Rätsel zu lösen, bin ich doch zuversichtlich, daß die Wrackteile von Spitzbergen sich als äußerst aufschlußreich erweisen werden. Vor einiger Zeit ergaben sich Mißverständnisse, weil behauptet wurde, die fliegende Scheibe sei vermutlich sowjetischer Herkunft. Wir möchten hiermit nachdrücklich erklären, daß sie in keinem Land auf dieser Erde hergestellt sein kann. Die zu ihrem Bau verwendeten Materialien sind den an den Nachforschungen beteiligten Experten absolut unbekannt." Darnbyl fügte noch hinzu, daß auch amerikanische und britische Sachverständige zu Rate gezogen worden seien; seither – Schweigen ...

Was geschah in Roswell?

Der wohl am besten dokumentierte UFO-Absturz ereignete sich im Juli 1947 in der Nähe von Roswell in der Wüste von Neumexiko. Das Militär behauptete zunächst, das unbekannte Flugobjekt in Gewahrsam zu haben, leugnete später aber seine Existenz. Was steckte hinter diesem Widerspruch?

Daß Fliegende Untertassen nach einem Absturz von staatlichen Stellen konfisziert wurden, läßt sich nur schwer beweisen oder widerlegen. Anhänger dieser Überzeugung verweisen auf eine breite Palette von Fakten, Gerüchten, Indizien und unbelegter Zeugenaussagen. Sie beharren darauf, daß alle diese Materialien zusammengenommen ausreichen, um ernsthafte Nachforschungen zu rechtfertigen. Die Skeptiker wiederum entgegnen, daß keins dieser Indizien für sich genommen stichhaltig sei und überhaupt kein konkretes Material existiere. Eine anfängliche bewußte Fälschung oder Fehldeutung sei von Schwätzern und Betrügern, sensationslüsternen Journalisten und krankhaften Paranoikern aufgegriffen und zum Mythos aufgebauscht worden.

Um diese Vorwürfe ins rechte Licht zu rücken, empfiehlt es sich, zunächst einmal festzustellen, wann diese Geschichte zum ersten Mal verbreitet wurde.

Die ersten Gerüchte beziehen sich offenbar auf Geschehnisse, die sich vom 2. Juli 1947 an in der Nähe der Stadt Roswell in Neumexiko ereigneten. Am Abend dieses Tages gegen 22 Uhr saß das in Roswell lebende Ehepaar Wilmot auf seiner Veranda, als plötzlich „ein großes glühendes Objekt" aus südöstlicher Richtung vom Himmel herabgeschossen kam und sich in nordöstlicher Richtung der kleinen Stadt Corona näherte. Es flog sehr schnell und war nur etwa 40 bis 50 Sekunden lang sichtbar. Dennoch waren die Wilmots in der Lage, es genauer zu beschreiben. Es sei oval gewesen und habe ausgesehen wie „zwei aufeinander gestülpte Untertassen". Mr. Wilmot hatte es als lautlos in Erinnerung, seine Frau hingegen meinte, ein leises zischendes Geräusch vernommen zu haben.

Am nächsten Morgen ging der Ingenieur Barney Barnett in der Ebene von San Augustin, etwa 400 Kilometer westlich von Roswell und unmittelbar im Westen von Socorro, seiner Arbeit nach. In der ansonsten menschenleeren Wüste sah er einen hell schimmernden Gegenstand in der Sonne blitzen. In der Befürchtung, es könne sich um ein abgestürztes Flugzeug handeln, lief er hin und fand „ein metallisches, scheibenförmiges Ding", das einen Durchmesser von acht bis zehn Metern hatte.

Noch während er es näher untersuchte, stießen Archäologiestudenten der Universität von Pennsylvania zu ihm. Der Gruppe bot sich ein seltsamer Anblick: Neben dem Objekt, das offenbar durch eine Explosion und den Aufprall auseinandergeborsten war, lagen herausgeschleuderte Leichen. Auch im Innern des Flugapparats befanden sich tote Wesen; menschenähnliche Körper mit sehr kleinen Augen, ohne Haare und übergroßen Köpfen. Sie trugen graue, gürtellose einteilige Anzüge ohne Reißverschlüsse.

Nach kurzer Zeit erschien ein Armeeoffizier in einem Jeep und erklärte, daß das Militär sich der Angelegenheit annehmen würde. Das Gebiet wurde abgeriegelt, man befahl den Zivilisten, sich zu entfernen und schärfte ihnen ein, daß es ihre patriotische Pflicht sei, für sich zu behalten, was sie gesehen hätten. Später hörte Barnett, daß die Soldaten den mysteriösen Fund auf einen großen Lastwagen verladen und abtransportiert habe.

Rekonstruierter Kurs des vermeintlichen Raumschiffs, das am 2. Juli 1947 gegen 21.50 Uhr von Mr. und Mrs. Wilmot in Roswell (A) gesichtet wurde. Indizien dafür, daß das Flugobjekt diesen Weg flog, fand der Rancher „Mac" Brazel in Form mehrerer nichtidentifizierbarer metallischer Wrackteile auf seiner Ranch bei Corona in Neumexiko (B). Am Morgen des 3. Juli stieß schließlich ein bei St. Augustin (C) tätiger Zivilingenieur auf ein Wrack, bei dem es sich offenbar um ein abgestürztes UFO handelte und in dessen Nähe die toten Körper menschenähnlicher Wesen lagen.

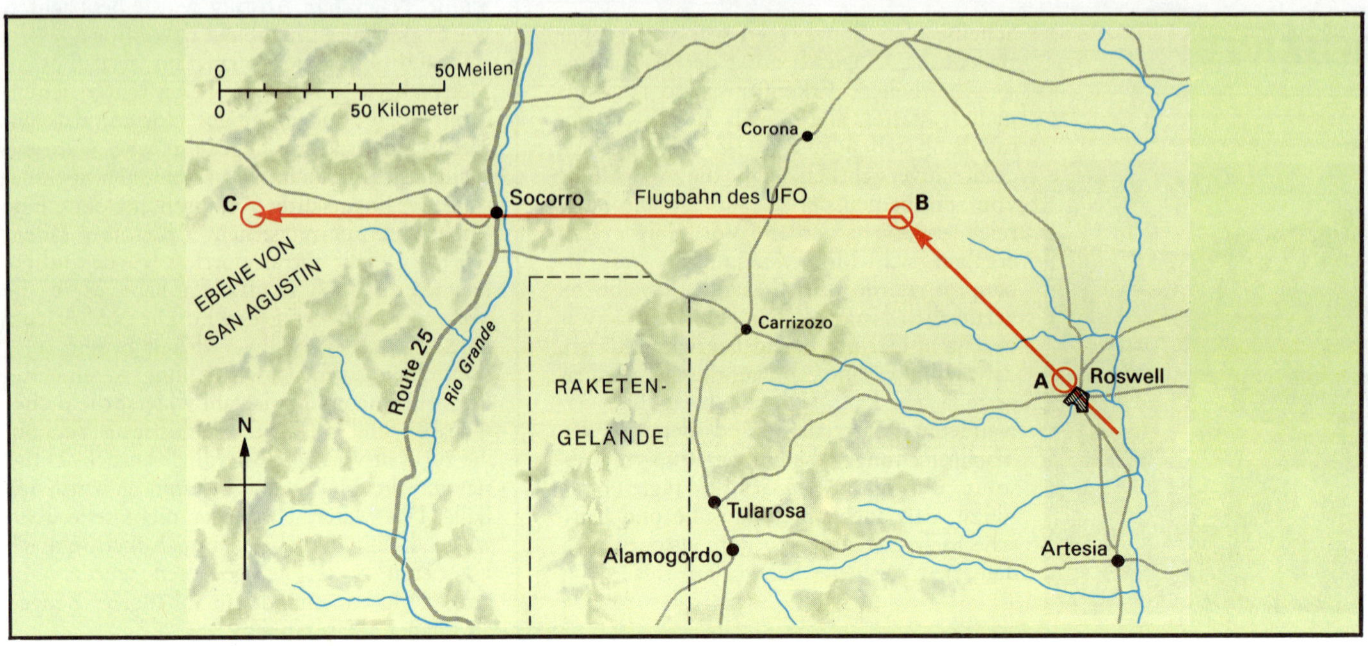

Dennoch berichtete Barnett, der mittlerweile verstorben ist, Freunden von diesem Erlebnis. Ufologen, die diesen Vorfall später untersuchten, sahen keinen Grund, ihre Aussagen nicht zu glauben. Auch Recherchen über Barnetts Person ergaben keine Zweifel an seiner Glaubwürdigkeit. Leider gelang es bis heute nicht, die Archäologiestudenten ausfindig zu machen, die seine Geschichte hätten bestätigen können.

Noch am gleichen Tag oder kurz darauf machte der Viehzüchter „Mac" Brazel auf seiner etwa 120 Kilometer nordwestlich von Roswell und 240 Kilometer östlich des Schauplatzes der von Barnett berichteten Ereignisse

„Mac" Brazel, der Teile eines UFO-Wracks auf seiner Ranch bei Corona in Neumexiko entdeckte. Zwei Jahre später erwähnte sein Sohn Bill beiläufig in einem Wirtshaus, daß sich noch immer einige dieser Fundstücke in seinem Besitz befänden. Schon am nächsten Tag wurden diese Teile von einer militärischen Dienststelle beschlagnahmt.

gelegenen Ranch bei Corona einen seltsamen Fund. Der folgende Bericht stammt nicht von ihm selbst, er starb 1963, sondern basiert auf einem Interview mit seinem damals ebenfalls anwesenden Sohn Bill.

In der Nacht vorher hatte es ein schweres Gewitter gegeben. Dabei hatte Brazel einen lauten Knall gehört, der eindeutig kein Donnerschlag war. Als er am nächsten Morgen ausritt, um nach seinen Schafen zu sehen, fand er eine Reihe unidentifizierbarer Wrackteile über einen schmalen Streifen Land verstreut, der etwa 400 Meter lang war und in der Richtung nach Socorro lag. Da er wichtigeres zu tun hatte, interessierte er sich zunächst nicht sonderlich dafür, kehrte jedoch einen oder zwei Tage später zurück, um sich die Sache noch einmal anzusehen.

Er fand Stücke einer Metallfolie, sehr dünn und biegsam, aber dabei ungeheuer widerstandsfähig. Sie ließ sich weder zerknittern noch dauerhaft verformen. Auf ihrer Oberfläche waren schriftähnliche Zeichen zu erkennen, und an einem der Stücke hing ein bandförmiger Streifen, der gegen das Licht betrachtet, eine Art Blumenmuster aufwies.

Als er am nächsten Abend zufällig nach Corona kam, berichtete er Freunden von seinem Fund: dabei erfuhr er, daß kurz davor mehrere Personen Fliegende Untertassen in der Gegend beobachtet hatten – insgesamt über ein Dutzend, die unverkennbar nichts mit dem nahegelegenen Raketentestgelände White Sands zu tun hatten. Auf Raten des Sherrifs, dem er von seinem Fund erzählte, wandte er sich an die gleich bei Roswell gelegene Luftwaffenbasis.

Zum Schweigen gebracht

Ein Funkreporter erfuhr von Brazels Entdekkung und interviewte ihn, noch ehe er den Stützpunkt aufsuchte. Aber schon bei den Vorbereitungsarbeiten der Radiogesellschaft wurde die Sendung sofort unter Androhung des Lizenzentzugs durch die Behörden gestoppt. Als Brazel sich bei der Luftwaffenbasis meldete, hielt man ihn gleich fest und fragte ihn aus, während Soldaten zu seiner Ranch fuhren und das ganze Gebiet durchkämmten, um jedes Fetzchen des seltsamen Materials einzusammeln. Neugierige Anwohner fanden die Straße von Militär blockiert und das Terrain abgeriegelt. Erst nach mehreren Tagen durfte Brazel nach Hause zurückkehren. Er war enttäuscht und verärgert darüber, wie man ihn behandelt hatte: „Mein Gott, ich wollte doch nur ein gutes Werk tun, und sie haben mich dafür ins Gefängnis gesteckt." Er erzählte, man habe ihn angewiesen, nichts über seinen Fund zu sagen. Seinen Kindern erklärte er, daß es besser wäre, wenn sie nicht mehr darüber wüßten, als was in der Zeitung stand.

Unter den durch die Nachricht alarmierten Reportern befand sich Jonnie McBoyle, Teilhaber der Radiogesellschaft KSWS in Roswell. Am 7. Juli erhielt der Radiosender KOAT im nahen Albuquerque, der über weitreichendere Senderanlagen verfügte, von McBoyle folgende Information am Telefon: „Eine Fliegende Untertasse ist abgestürzt ... Nein, ich scherze nicht ... Bei Roswell. Ich bin selbst dagewesen und habe es gesehen. Sie sieht aus wie eine große zerknautschte Abwaschschüssel. Ein Rancher hat sie mit seinem Traktor in einen Viehunterstand geschleppt. Die Armee ist da und will sie mitnehmen. Das ganze Gebiet ist jetzt abgeriegelt. Und was das wichtigste ist, sie sagen, es seien kleine Männlein an Bord gewesen ... Geben Sie das sofort in den Fernschreiber. Jetzt gleich ..."

Der Mann am Fernschreiber wollte dies tun, wurde jedoch durch eine gerade hereinkommende Meldung daran gehindert: „ACHTUNG ALBUQUERQUE: GEBEN SIE DIESE MELDUNG NICHT WEITER: STELLEN SIE DIE ÜBERMITTLUNG SOFORT EIN". Der Absender konnte nicht ermittelt werden.

Unten:
Eine lenkbare Rakete startet vom Testgelände White Sands im Rahmen eines in den sechziger Jahren durchgeführten Tests. Die Flugbahn des angeblichen UFOs von Roswell führt dicht an White Sands vorüber – der Grund für das starke Interesse des Militärs?

General Ramey (im Bild links) mit seinem Adjutanten Colonel Dubose. Nur wenige Stunden nach der Abgabe einer Presseerklärung des 509. Bombengeschwaders, die besagte, daß sie eine „fliegende Scheibe" zu Untersuchungen in ihrem Gewahrsam hielte, dementierte General Ramey die Meldung. Dieses Foto sollte die Behauptung belegen, daß es sich bei dem angeblichen UFO in Wirklichkeit lediglich um einen Wetterballon gehandelt habe. Hartnäckige Gerüchte wollen jedoch wissen, daß die gezeigten Wrackteile nicht die echten waren.

Als der Mann am Fernschreiber wieder mit McBoyle sprach, sagte dieser: „Vergessen Sie die ganze Sache. Sie haben nie davon gehört. Verstanden? Sie dürfen nichts davon wissen."

Die Unterschiede zwischen diesen beiden Berichten springen sofort ins Auge. McBoyle behauptete, er habe auf einer Ranch bei Roswell, es könnte gut die Ranch von Brazel gewesen sein, ein Objekt gesehen, das wie „eine zerknautschte Abwaschschüssel" ausgesehen habe. Brazel dagegen fand nur Wrackteile. Eigenartig ist auch, daß die Schlagzeile des *Roswell Daily Record* vom 8. Juli lautete: „Fliegende Untertasse auf Ranch bei Roswell in die Hände der Luftwaffe gefallen."

Der Artikel selbst war die Wiedergabe einer Presseverlautbarung der Luftwaffe. Darin hieß es:

„Die zahlreichen im Umlauf befindlichen Gerüchte von einer fliegenden Scheibe bestätigten sich gestern, als die geheimdienstliche Abteilung des 509. Bombergeschwaders des in Roswell stationierten 8. Luftwaffenregiments dank der Mithilfe eines hiesigen Ranchers und des Bezirkssheriffs ein scheibenförmiges Flugobjekt in Gewahrsam nehmen konnte.

Das Flugobjekt ging zu einem nicht näher bestimmten Zeitpunkt in der letzten Woche in der Nähe einer Ranch bei Roswell nieder. Da der Rancher kein Telefon besaß, brachte er den Flugkörper an einem geeigneten Ort unter, bis er Gelegenheit hatte, den Sheriff zu informieren, der seinerseits den Major Jesse A. Marcel von der geheimdienstlichen Abteilung des 509. Bombengeschwaders von der Sache in Kenntnis setzte.

Es wurde unverzüglich eine Aktion zur Bergung des Flugobjekts eingeleitet. Die fliegende Scheibe wurde auf dem Militärflughafen von Roswell untersucht und anschließend von Major Marcel an übergeordnete Stellen weitergeleitet."

Verantwortlich für diese Presseerklärung war der Public Relations Offizier des Stützpunktes, Lieutnant Haut. Handelte er auf Weisung seines Commanders? Er selbst bejaht diese Frage: Colonel Blanchard habe ihn gebeten, eine Presseverlautbarung herauszugeben, aus der hervorginge, daß die Luftwaffe das Wrack einer abgestürzten Fliegenden Untertasse geborgen habe. Er selbst habe gefragt, ob er das Objekt besichtigen könne, aber der Comman-

Links:
Ein Blick auf die Wüste Neumexikos in der Nähe des Testgeländes White Sands, wo zur Zeit des Vorfalls von Roswell ein Programm zur Erprobung von V2-Raketen lief.

Rechts:
Major Jesse Marcel, der zuerst die Untersuchungen im Zusammenhang mit dem UFO-Absturz leitete. Die damals gefundenen Wrackteile bestanden aus einer folienartigen metallenen Substanz, die zwar biegsam, aber ungeheuer widerstandsfähig war: sie ließ sich weder knittern, noch dauerhaft biegen. Marcel glaubte nicht, daß es sich bei dem abgestürzten Flugobjekt um einen Wetterballon gehandelt haben könnte.

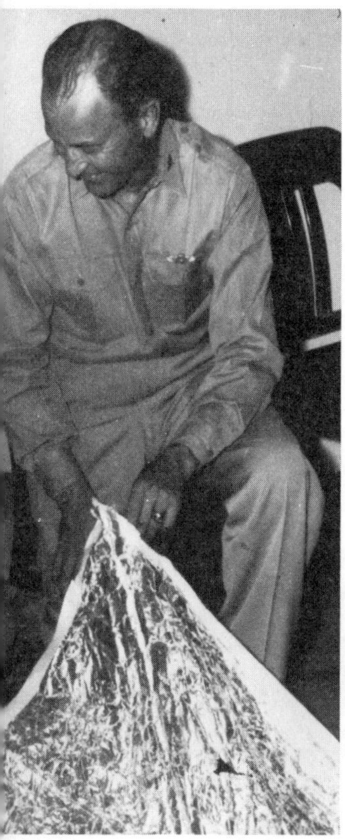

der habe diese Bitte abgelehnt. Wenn Haut tatsächlich auf Befehl handelte, hat seine Verlautbarung den Charakter einer offiziellen Erklärung und wäre ernst zu nehmen. Das 509. Bombengeschwader war eine Elitetruppe, der kaum ein verantwortungsloser Scherz zuzutrauen ist. Colonel Blanchard wurde später General. Allerdings sind wir hier ausschließlich auf Lieutenant Hauts eigene Darstellung angewiesen.

Wie dem auch gewesen sein mag, die Meldung stieß höheren Orts auf Mißbilligung. Nur Stunden nach ihrer Veröffentlichung erklärte General Ramey aus Fort Worth im benachbarten Bundesstaat Texas über Radio, daß es sich bei der ganzen Angelegenheit um einen Irrtum bei der Identifikation des Flugkörpers gehandelt habe.

Diesem Dementi folgte eine Pressekonferenz. Es wurde gestattet, die Wrackteile aus einiger Entfernung zu fotografieren. Bei einer zweiten Konferenz durften sich die Reporter den Fundstücken nähern, aber es besteht der Verdacht, daß es andere Teile gewesen sind, schon gar nicht die auf der Brazel-Ranch gefundenen. Das Material war extrem zerbrechlich und leicht. Es paßte zu der Version von den Überresten eines verirrten Wetterballons. Brazel schwieg zwar im wesentlichen wie befohlen, erklärte jedoch immer wieder: „Ich bin ganz sicher, daß es sich bei meinem Fund nicht um einen Wetterbeobachtungsballon gehandelt haben kann."

Brazels Sohn Bill sammelte einige der Teile ein und bewahrte sie auf. Zwei Jahre später erwähnte er zufällig diese Tatsache in einem Wirtshaus in Corona. Schon am nächsten Tag erhielt er militärischen Besuch. Man beschlagnahmte das Material mit der Erklärung, die nationale Sicherheit erfordere diese Maßnahme. Daß die Armee noch zwei Jahre nach dem Vorfall ein so heftiges Interesse an einigen kleinen Teilen eines Wetterballons zeigen sollte, ist unwahrscheinlich.

Bemerkenswert ist ebenfalls, daß Brazel noch in militärischem Gewahrsam gehalten wurde, nachdem die Wrackteile amtlicherseits bereits als Teile eines harmlosen Ballons identifiziert worden waren. Dies wäre eine erstaunliche Überreaktion gewesen.

Die Geschehnisse von Roswell lassen sich nicht einfach als Einbildung eines Hysterikers einstufen. Brazel handelte ruhig und überlegt aus dem einfachen patriotischen Wunsch heraus, das Richtige zu tun. Es spricht nichts dafür, daß er politische, religiöse oder persönliche Motive verfolgte, er war weder ruhm- noch gewinnsüchtig. Auch für die militärische Presseverlautbarung kann man keine panische Reaktion verantwortlich machen. Offiziere setzen kaum leichtfertig ihre Karriere aufs Spiel – von den Interessen der Nation ganz zu schweigen –, indem sie sensationelle Gerüchte verbreiten. Dagegen erweckt ihr späteres Verhalten den Eindruck überstürzten Handelns und den Verdacht, es habe sich um den Versuch gehandelt, die ursprüngliche Meldung ihrer möglichen explosiven Wirkung wegen zurückzunehmen.

Was ist sicher?

Wenn man die einzelnen Teile des weitgehend auf Hörensagen beruhenden Belegmaterials zu diesem Vorfall zusammensetzt, werden Widersprüche offenbar, die aber nicht überbewertet werden sollten. Immerhin ergeben die Puzzlestücke zusammengenommen doch ein recht klares Bild der Geschehnisse. Wahrscheinlich ist, daß die Wilmots ein großes glühendes Objekt in Richtung der Brazel-Ranch über den Himmel schießen sahen. Daß Brazel in der Nacht eine Explosion hörte und am nächsten Morgen zu Boden gegangene Teile fand und daß ferner das Objekt, nachdem es seine Richtung geändert hatte, über Socorro nach Westen weiterflog, um schließlich bei San Augustin abzustürzen, wo es von Barnett gesehen wurde.

Ebenfalls festzustehen scheint, daß sich die militärischen Stellen plötzlich und heftig bemühten, die veröffentlichten Informationen wieder rückgängig zu machen. Dies gibt Anlaß zu der Vermutung, daß es dabei um Wichtigeres ging als nur um einen verirrten Wetterballon.

Weder ist die Roswell-Story hiermit zu Ende, noch handelt es sich dabei um einen Einzelfall. Und das Flugobjekt selbst, das angeblich von der Armee abtransportiert wurde? Die seltsamen Leichen im Wüstensand? Was wurde aus diesen Überresten?

Viele Teilchen fügen sich zu einem Ganzen

Begründete Hinweise, daß die US-Regierung geheimes Material über abgestürzte UFOs besitzt, wird oftmals in das Land der Legenden verwiesen. UFO-Forscher jedoch legen eine Vielzahl von Indizien für die Verschleierungsmanöver von offizieller Seite vor.

„Irgendwo in den USA gibt es eine sicher verschlossene Lagerhalle, die so scharf bewacht wird wie kaum ein anderes Gebäude auf der Welt. Nur absolut loyale Angehörige der Regierung und des Pentagon haben Zutritt. Denn in dieser Lagerhalle liegen unwiderlegbare Beweise dafür, daß es UFOs gibt."

Mit diesen Worten drückt der amerikanische Ufologe Otto Binder, Autor des sehr objektiven Werkes *What we really Know about flying saucers* (Was wir tatsächlich über Fliegende Untertassen wissen), seine Überzeugung aus, daß die amerikanische Regierung ein außerirdisches Flugobjekt verbirgt. Während manche fest daran glauben, halten andere die Behauptung für ein Sensationsmärchen. Die Verfechter dieser Überzeugung können sich kaum auf sichere Fakten berufen, doch liegen immerhin so viele Indizien vor, daß sich auch der größte Skeptiker fragen muß, ob nicht doch etwas an der Sache dran ist.

Da im gesamten Bereich der Ufologie die konkreten Anhaltspunkte so rar, so widersprüchlich und so ungesichert sind und wir oft genug auf anonyme Zeugenaussagen und reines Hörensagen angewiesen sind, liegt die Versuchung nahe, die Berichte von abgestürzten UFOs entweder als von sensationslüsternen Journalisten in die Welt gesetzt, oder als paranoisches Hirngespinst abzutun. Jahrelang vermieden ernsthafte Ufologen, diesen Hinweisen auf den Grund zu gehen.

Aber das änderte sich, als bei Aufdeckung der Watergate-Affäre und Enthüllungen über den Vietnamkrieg ans Licht kam, in welchem Maße die US-Regierung bereit war, durch gezielte Verschleierungs- und Täuschungsmanöver die Öffentlichkeit zu hintergehen. Nachdem es jahrelang geheißen hatte, der CIA habe nicht das geringste Interesse an UFOs, mußte

Unten:
Washington D. C. bei Nacht. In der Mitte das berüchtigte Watergate Hotel. Ist zu befürchten, daß möglicherweise ein „kosmisches Watergate" im Gange ist, eine gigantische Vernebelungsaktion mit Gerüchten über abgestürzte Untertassen. Sollen diese Falschmeldungen nur die Aufmerksamkeit von ganz anderen Dingen ablenken?

Kam das Roswell-UFO vom Raketenstützpunkt?

Links:
Präsident Dwight D. Eisenhower, der wahrscheinlich seinen Golfurlaub unterbrach, um am 20. Februar 1954 die Wrackteile einer abgestürzten Untertasse (und möglicherweise auch noch die tote Besatzung) in Muroc zu besichtigen. Normalerweise steht ein US-Präsident unter ständiger Beobachtung, aber für jenen Tag gibt es nur sehr unklare offizielle Berichte über Eisenhowers Tun. Auf jeden Fall ist sein Besuch in Muroc heute ein Teil der UFO-Legende.

Links:
Das NASA-Flugforschungszentrum beim Luftwaffenstützpunkt Edwards in Kalifornien. Er galt im Jahre 1947 (damals hieß er noch Muroc-Luftwaffenstützpunkt) als geheimer Bestimmungsort streng bewachter Wrackteile eines abgestürzten UFOs.

die US-Regierung auf das 1976 in Kraft getretene Informationsfreigabegesetz hin Unterlagen zur Veröffentlichung zulassen, aus denen das Gegenteil hervorging. Vermutlich handelt es sich dabei jedoch nur um die Spitze des Eisbergs. Was noch alles vertuscht wird, kann nur gemutmaßt werden.

Immerhin veranlaßte diese Erfahrung jedoch viele Ufologen, sich ernsthaft mit solchen Vorwürfen auseinanderzusetzen. Diese Ufologen gehörten zum großen Teil einer jüngeren Forschergeneration an, die nicht mehr einfach alles glaubte, was von offizieller Stelle verlautbart wurde.

Das größte Verdienst gebührt in diesem Zusammenhang dem Nestor der modernen Ufologie, Leonard Stringfield, der nahezu im Alleingang eine ganze Kette von Beweisen dafür zusammentrug, daß die amerikanische Regierung UFOs und UFO-Teile verwahrt. Am Ende seiner Bemühungen steht eine Sammlung von Zeugenaussagen, die zwar weitgehend anonym sind, aber dennoch ein beeindruckend geschlossenes Bild ergeben. Gleichzeitig gingen William Moore, Stanton Friedman und Charles Berlitz weiter den bereits geschilderten Ereignissen von Roswell nach.

Es gibt schlüssige Indizien dafür, daß zum Zeitpunkt dies vermutlichen UFO – Absturzes in Neumexiko im Jahre 1947 eine ungewöhnlich große Fracht – möglicherweise also Wrackteile des abgestürzten Flugobjekts – unter strengen Geheimhaltungsmaßnahmen von Militäreinheiten über Land transportiert wurde. Der Bestimmungsort dieses Transport sei angeblich der Luftwaffenstützpunkt Muroc in Kalifornien gewesen. Und hier kommt nun tatsächlich eine kaum glaubliche, aber dennoch hartnäckig verfochtene Behauptung ins Spiel. Eben diesen Stützpunkt soll Präsident

Die Raketenabschußbasis White Sands Missile Range (WSMR) in Neu Mexiko liegt, an amerikanischen Maßstäben gemessen, nicht weit von Roswell: nur etwa 500 Kilometer. Seit 1945 sind von hier aus nicht weniger als 30000 militärische Flugkörper verschiedenster Art gestartet worden, darunter auch die Lance Rakete (rechts). Besteht Anlaß zu der Vermutung, daß das 1947 bei Roswell gesichtete UFO, oder andere Flugobjekte, aus White Sands stammten?

Der Ufologe William H. Spaulding von der *Ground Saucer Watch* (GSW) ist davon überzeugt. Untersuchungen der GSW ergaben eine unverhältnismäßige hohe Zahl „unerklärlicher“ UFO-Sichtungen über Neu Mexiko und den angrenzenden Staaten.

Viele der in White Sands gestarteten Flugkörper benahmen sich nicht so, wie man es von Raketen erwartet und konnten leicht mit „außerirdischen Raumschiffen“ verwechselt werden, zumal die meisten Starts

bis 1964 bei Nacht stattfanden. Und schon im Dezember 1946 wurde im Rahmen „biologischer Experimente“ eine V-2-Rakete 185 Kilometer hoch in den Raum geschossen: Vielleicht legte der Absturz einer solchen Testrakete, die Tiere an Bord hatte, den Keim für die Legende von den „Wesen aus dem All“. Wäre ein derartiges Unglück überdies noch im Rahmen eines illegalen Raketentestflugs über Staatsgrenzen hinweg erfolgt, hätte schon Veranlassung bestanden, die zivilen Augenzeugen zum Schweigen zu bringen. Die Verantwortlichen von White Sands geben zu, daß etwa sieben Prozent ihrer Testobjekte verloren gehen, das bedeutet im Durchschnitt einen Absturz pro Woche.

Eisenhower am 20. Februar 1954 besucht haben, um dort die UFOs zu besichtigen.

Im Prinzip ist dies durchaus möglich. Eisenhower verbrachte damals einen Golfurlaub auf dem Landbesitz eines Freundes bei Palm Springs, nur 150 Kilometer von Muroc entfernt, obwohl er erst eine Woche zuvor von einem Jagdurlaub in Georgia zurückgekehrt war. Sollte der Präsident wirklich so kurz hintereinander zweimal Ferien gemacht haben?

Gewöhnlich verfolgt die Presse ganz genau, was der Präsident zu jeder Stunde des Tages tut. Für den 20. Februar jedoch fehlen für einen Zeitraum von mehreren Stunden derartige Informationen. Es ging sogar das Gerücht um, er sei gestorben. Auf einer rasch einberufenen Pressekonferenz wurde erklärt, er habe sich einer dringenden zahnärztlichen Behandlung unterziehen müssen. Einige Jahre später befragte man die Familie des betreffenden Zahnarztes. Die Auskunft lautete vage, ja, es könne schon möglich gewesen sein – als wenn man sich an so einen Tag nicht zeitlebens erinnern würde!

Im Mai 1954 behauptete ein Gerald Light in einem Brief, er habe mit eigenen Augen auf dem Stützpunkt Muroc gesehen, wie fünf außerirdische Flugobjekte von der Luftwaffe untersucht wurden. Außerdem bestätigte er den Eisenhowerbesuch. Leider ist über Light kaum etwas bekannt, wenn dieser Brief auch zweifellos existiert. Zu dem Eisenhowerbesuch gibt es noch zwei weitere Zeugenaussagen, die große Übereinstimmung aufweisen.

Aufgrund dieser Indizien entstand die Theorie, das gesamte UFO-Phänomen sei nur ein gezieltes Tarnmanöver der Regierung zur Verschleierung noch viel beunruhigenderer Tatsachen. Folgender Vorfall stützt diese Vermutung: Am 20. September 1977 beobachteten am frühen Morgenhimmel Einwohner der sowjetischen Stadt Petrosawodsk ein „quallenförmiges" Objekt. Man hielt es spontan für ein UFO; die Nachricht von dem Ereignis drang bis ins Ausland. Die Sowjetregierung leugnet grundsätzlich, wie die anderen Regierungen auch, die Existenz von UFOs – aber diese Beobachtung konnte sie nicht einfach ignorieren.

Die undurchdringlichen kanadischen Wälder, in denen, vermutlich streng geheim, irdische UFOs produziert werden. Wenn dies so ist, weshalb werden dann so viele verschiedene UFO-Typen an ganz unterschiedlichen Orten gesichtet, auch in so dicht besiedelten Regionen wie New York und London?

Allerdings steckte dahinter etwas anderes, als die Öffentlichkeit vermutete; denn bei dem gesichteten Objekt handelte es sich um den von der geheimen Abschußbasis Plesetsk gestarteten Spionagesatelliten Kosmos-955. Das durften die Behörden aber nicht zugeben. Ihnen blieb keine andere Wahl, als die Öffentlichkeit in dem Glauben zu lassen, daß ein UFO gesichtet worden sei.

„CIA hat Beweise für die Existenz von UFOs", so lautete die Überschrift eines Artikels in der Zeitschrift *UFO-Report* im Jahr 1977, in dem ein ehemaliger Geheimdienstler eingestand, der CIA halte bewußt Beweismaterialien zurück. Allerdings könnten auch solche „undichten Stellen" Teil der Verschleierungsstrategie des CIA sein.

Sind UFOs doch irdischen Ursprungs?

Nicht ohne weiteres von der Hand zu weisen ist das Argument, daß die technischen Mittel, welche die UFOs auszeichnen, einen so hohen Standard haben, daß es keinem Staat auf Erden gelungen sein dürfte, sie heimlich zu entwikkeln. Aber angenommen, die UFOs seien tatsächlich irdischen Ursprungs, wo kämen sie dann her? Aus den kanadischen Wäldern, wie eine Theorie besagt? Weshalb treten sie an so verschiedenen Orten und in so verschiedener Form auf? Wie erklären sich die Insassen, die sich von unserem Menschenbild so deutlich unterscheiden?

Im Dezember 1980 entdeckten zwei Frauen und ein Kind während einer Autofahrt in Texas ein gewaltiges glühendes Objekt am Himmel. Als sie anhielten, um es genauer zu beobachten, trugen sie Verbrennungen davon, die zum Teil sogar stationär im Krankenhaus behandelt werden mußten. Das Flugobjekt konnte über eine beträchtliche Entfernung gefährliche Strahlen aussenden. Ist es denkbar, daß die US-Regierung so riskante Versuche an einem Ort unternimmt, an dem sich Menschen aufhalten? Wenn das Militär aber nichts damit zu tun hatte, welche Aufgabe hatten dann die 23 Hubschrauber eines von der Luftwaffe verwendeten Typs, die das mysteriöse Flugobjekt begleiteten?

Es gibt noch viele andere ähnliche Berichte, die, für sich genommen, kaum glaubhaft sind, insgesamt betrachtet, jedoch den Verdacht erhärten, daß die US-Regierung, und möglicherweise auch noch andere Staaten, Flugobjekte besitzen, von denen die Öffentlichkeit nichts erfahren soll, gleichgültig, ob es sich nun um außerirdische UFOs oder um streng geheime militärische Flugkörper handelt.

UFO-Kulte

Vielleicht sind Kulte um Fliegende Untertassen nichts weiter als eine Zuflucht überspannter Gemüter, aber sind ihre Erklärungen für UFO-Phänomene wirklich immer so viel abwegiger als die mancher Ufologen?

Kulte, die sich um angeblich von UFOs verschleppte Personen bilden, haben viele gemeinsame Züge. Nicht nur im Hinblick auf ihre Aktivitäten, sondern auch auf die Art und Weise, wie ihre „Gurus" Botschaften erhalten und auf deren allgemeine Einstellung. Im Detail unterscheiden sich die Inhalte jedoch ganz erheblich. Durch die vielen oft verwirrenden und widersprüchlichen Behauptungen derartiger Vereinigungen kommt der Außenstehende leicht zu der Ansicht, daß man sie kaum ernstnehmen kann. Auch wenn der religiöse Impuls, der diese Menschen treibt, verständlich sein mag, geraten sie doch oft nur in einen pseudowissenschaftlichen Dunstkreis.

Trotz alledem sind diese Kulte oft nicht so phantastisch wie manche Theorien anerkannter Ufologen.

Ein Beispiel dafür ist Brad Steiger. Obwohl seine Bücher nicht nur seine eigene Meinung zum Ausdruck bringen, gibt es doch Passagen, aus denen deutlich hervorgeht, daß der Autor an die Existenz von „Brüdern aus dem All" oder „Bewohnern anderer Sterne" glaubt. Ein Kapitel stammt von seiner Frau und trägt die Überschrift „Die Kontaktaufnahme mit multidimensionalen Wesen". Sie behauptet hier, daß „Sokrates, Napoleon, George Washington, Jean d'Arc und Bernadette von Lourdes mit solchen Wesen in Verbindung standen". Steiger selbst sagt:

„Ich bin ... davon überzeugt, daß es eine subtile symbiotische Beziehung zwischen der Menschheit und den Intelligenzen aus dem All gibt. Ich glaube, daß auf eine noch zu untersuchende Art sie uns genauso brauchen wie wir sie."

Oben:
UFOs im Anflug auf ein französisches Dorf im Jahr 1974. Sie hinterließen jedoch keine Spuren, die auf ihre Herkunft hätte schließen lassen.

Unten:
Brad Steiger ist davon überzeugt, daß viele historische Persönlichkeiten mit Wesen aus dem All in Kontakt standen.

Das deutet bereits darauf hin, daß die Menschheit nicht selbst über ihr eigenes Schicksal bestimmt. Steiger geht allerdings davon aus, daß die höheren Wesen uns wohlgesinnt sind. Andere Autoren verkünden erschreckendere Theorien. Sie glauben, daß außerirdische Mächte kontrollieren können, was uns widerfährt und wie wir darauf reagieren. Solche Hypothesen werden auch als „Kontrollsystem-Theorien" zusammengefaßt. Als ihr Urheber gilt Jacques Vallée

„UFOs sind das Mittel, durch welches das Denken der Menschen gelenkt wird. Wir können nichts weiter tun, als ihren Einfluß auf uns zu erforschen. ... Meiner Ansicht nach werden auch die Überzeugungen der Menschen kontrolliert."

So schreibt Vallée in *The invisible college (Die unsichtbare Schule).* In *Messangers of Deception (Botschafter der Illusion)* geht er sogar noch weiter:

„Ich bin davon überzeugt, daß hinter dem UFO-Phänomen eine organisierte Massenmanipulation steckt. ... UFO-Kontaktpersonen eines gigantischen Plans. Diese stillen Agenten laufen unerkannt unter uns herum und legen soziale Zeitbomben an strategischen Stellen im spirituellen Bereich. Eines schönen Morgens werden wir vielleicht aus unserer „wissenschaftlichen Selbstgefälligkeit" erwachen und feststellen, daß fremde Wesen durch die Ruinen unserer gesellschaftlichen Einrichtungen spazieren."

Jerry Clark und D. Scott Rogo sind da prosaischer:

„Nehmen wie einmal an, irgendwo im Universum gibt es eine Intelligenz oder Kraft, die wir in Ermangelung eines besseren Wortes ‚Phänomen' nennen wollen, die Projektionen verschiedener Art in unsere Welt ausstrahlt ... Welcher Natur diese Kraft auch sein mag, weiß sie doch, worüber wir nachdenken und versorgt uns mit Visionen, die diesen Anliegen entsprechen."

Weiter behauptet Rogo:

„Entführungen durch UFOs sind im physischen Sinn reale Ereignisse. Dennoch sind sie im dreidimensionalen Raum materialisierte Dramen, hinter denen das Phänomen steckt. Sie sind Träume, die das Phänomen auf erschreckend plastische Weise hat lebendig werden lassen ... Hat jemand erst einmal den übersinnlichen Kontakt mit dem Phänomen aufgenommen, kann dieser zu einer ständigen Verbindung werden, die in Abständen reaktiviert wird."

Das ist starker Tobak, zumal wenn es von so angesehenen und einflußreichen Ufologen kommt. Aber selbst Dr. J. Allen Hynek, der so viel dazu beigetragen hat, die Ufologie zu einer beiderseits des Atlantik anerkannten Disziplin zu machen, sagt:

„Es existieren angebliche UFO-Kontaktpersonen, die behaupten, übersinnliche Fähigkeiten entwickelt zu haben. Es gibt Berichte über erstaunliche Heilungen infolge UFO-Begegnungen, und es gibt Fälle von Prägognition, in denen Menschen vorher schon wußten oder vorgewarnt wurden, daß sie etwas Bestimmtes sehen würden. Durch solche Erlebnisse haben sie ihre Grundhaltung, ihre Weltanschauung verändert. Das ist ein sehr schwieriges Feld, aber es gibt diese Dinge nun einmal."

Oben:
D. Scott Rogo vertritt die Auffassung, daß die hinter dem Phänomen stehende Intelligenz weiß, was die Menschheit denkt und daß die Kontaktpersonen „Werkzeuge eines gigantischen Plans" sind.

Links:
Die Titelseite eines Buches von Ernest Penn, einem Mitglied der inzwischen nicht mehr existierenden amerikanischen Sekte Order of Melchisedek. *Aus ihren Schriften geht hervor, daß die Gruppierung irdische Macht zu erlangen trachtete. Die Mittel dazu (u.a. der Verzicht auf den Orgasmus) waren nicht gerade dazu angetan, der Sekte große Popularität zu verschaffen. Einige der Grundgedanken und auch der Name der Gruppierung wurden von anderen UFO-Kulten übernommen. Das Pentakel (unten) wurde dem Autor Jacques Vallée von der französischen Melchisedekgruppe übergeben.*

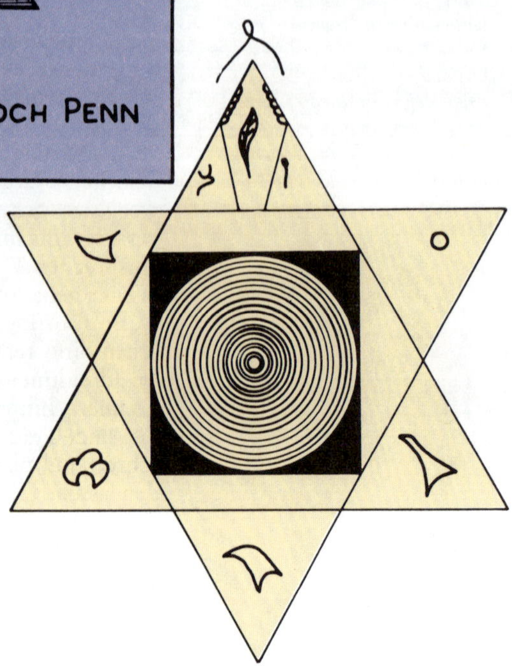

Die absolute Kontrolle

Ufologen, die solchen Theorien anhängen, sprechen nicht von vereinzelten Fällen, sondern von weltweiten Indizien für ein System, in das die Menschheit eingebunden ist und dem sie sich nicht entziehen kann. Ein System, das, so die These, schon existierte, bevor die Menschheit auf der Bildfläche erschien und diese auch überdauern wird.

Wohl am beängstigendsten sind die Theorien von John Keel. Seiner Ansicht nach funktioniert das Kontrollsystem, das er den „achten Turm" nennt, nicht mehr nach intelligenten Prinzipien, es ist außer Kontrolle geraten und waltet nur noch blind:

„Die Menschen haben schon immer gewußt, daß sie als Unterpfand in einem großen kosmischen Spiel dienten ... Wir sind ausgezeichnet programmiert worden, aber jetzt siecht der achte Turm an Altersschwäche dahin. Was um uns her geschieht, ist nicht das Wirken der Götter, sondern das einer senilen Maschine, die das Endspiel eingeläutet hat."

Das heißt, daß unser freier Wille nur Illusion ist. Eine Haltung, die sich noch pessimistischer gibt als die traditionellen Religionen, mit Ausnahme einiger extremer kalvinistischer Ideen.

Bestimmte christliche Gruppierungen, besonders der evangelistischen Bewegung, betrachten UFOs als Teufelswerk, wenn auch nicht als Macht, die die menschlichen Aktivitäten kontrolliert. Das renommierte *Journal des Spiritual Conterfeits Project* (Projekt für spirituelle Fälschungen) widmete den UFOs eine ganze Ausgabe. Das Fazit lautet:

„Es drängt sich der Verdacht auf, daß es sich bei den modernen UFO-Phänomenen ... um ein Werk Satans und seiner Komplizen handelt. Nimmt man hinzu, daß es, theologisch und statistisch gesehen, äußerst unwahrscheinlich ist, daß außerirdische Wesen die Erde besuchen, spricht vieles für die Möglichkeit, daß es sich bei UFOs in der Tat um eine Heimsuchung handelt, und zwar von außerdimensionalen Wesen – dämonischer Geister –, die die Macht erlangt haben, sich körperlich zu manifestieren."

Symbole am Himmel

Viele Menschen sind felsenfest davon überzeugt, daß UFOs außeriridischen Ursprungs sind. Der Psychologe Carl Gustav Jung gab jedoch eine andere Deutung der UFOs, ihre wahre Bedeutung läge in den Tiefen des menschlichen Unterbewußtseins begründet.

Die unidentifizierten Flugobjekte faszinierten den Schweizer Tiefenpsychologen Carl Gustav Jung (1875-1961), den Begründer der analytischen Psychologie, die ihm zum Konzept des „kollektiven Unbewußten" führte, in dem die frühesten Erfahrungen der Menschheit gespeichert sind. Da die UFOs ihm als perfekte Illustration einiger Grundgedanken seiner Psychologie erschienen, widmete er ihnen im Jahr 1959 ein kleines Buch „Fliegende Untertassen".

Das UFO auf der aus Amerika stammenden Fotografie zeigt deutlich die charakteristische Form einer „Fliegende Untertasse". Carl Gustav Jung (kleines Foto) war der Auffassung, daß die Faszination, die Fliegenden Untertassen, welcher Natur sie auch immer sein mögen, auf den modernen Menschen ausüben, in der symbolischen Bedeutung der Scheibe begründet ist.

Jung war einer der großen Pioniere der Psychologie und gründete seine Arbeit hauptsächlich auf das Konzept der Archetypen – urtümlicher Bilder, signifikanter Symbole, Motive oder Figuren, die offenbar für die meisten Menschen weitgehend dieselbe Bedeutung haben. Diese Symbole steigen von selbst im ewigen Kreislauf aus den Tiefen des Unbewußten auf und finden ihren Ausdruck in allen schöpferischen menschlichen Werken, wo sie wiederum intensive emotionale und imaginative Reaktionen hervorrufen. Um ihre Natur und ihre Bedeutungen verstehen zu können, zog Jung die Bereiche menschlichen Führens und Denkens heran, in denen das „Nichtrationale" vorherrscht: Religion und Mythologie, früh- und urzeitliche Rituale, Geheimwissenschaften – wie Alchemie und Astrologie – und viele andere. Um zu belegen, wie lebendig solche Archetypen noch immer in der Psyche des modernen Menschen sind, zeigte Jung auf, wie sie immer wieder in den Träumen seiner Patienten wie in den der Kunst, Folklore und den populären Mythen des 20. Jahrhunderts auftauchen.

So hatte beispielsweise die achtjährige Tochter eines befreundeten Psychiaters eine ganze Reihe von Träumen, deren eindringliche Bilder nach Ansicht Jungs sehr alt waren. In einem dieser Träume trat ein gehörntes, schlangenähnliches Ungeheuer auf, das Jung mit einer gehörnten Schlange identifizierte, die in der alchemistischen Literatur des 16. Jahrhunderts eine Rolle spielte. Im gleichen Traum erschien Gott „aus allen vier Winkeln" der Welt, so dürfen wir vermuten, auch wenn das kleine Mädchen dies nicht klar herausstellte. Jung setzte dieses Bild in Zusammenhang mit der Vorstellung von einer vierfachen Gottheit, die vor dem Konzept der Trinität existierte, aber seit dem 17. Jahrhundert in Vergessenheit geriet. Das kleine Mädchen machte, so meinte Jung, unbewußt Anleihen bei der Sammlung der großen Symbole – der Archetypen – die der ganzen Menschheit während ihrer gesamten Geschichte im kollektiven Unbewußten zur Verfügung standen.

Eines dieser archetypischen Bilder war nach Jungs Interpretation die Scheibe, von der wiederum das UFO eine moderne Variante darstellt. Er verzichtet zuerst auf die problematische Frage, ob das, was manche Menschen am Himmel zu sehen meinen, wirklich existiert. Natürlich glauben diese Leute, daß sie UFOs sehen, genau wie Menschen auch immer schon an andere „nicht pathologische" Visionen geglaubt haben, wie etwa an die Engel von Mons. Viele Soldaten erklärten, diese Erscheinungen während der bitteren Kämpfe beim britischen Rückzug aus Mons im Jahre 1914 gesehen zu haben. Dies ist ein sehr instruktives Beispiel, denn wenn diese himmlichen Heerscharen nur Vorstellungsbilder waren, wurden sie doch in den Köpfen der Soldaten zur Realität, weil diese sich inmitten der Greuel des Krieges in einem ungewöhnlich aufgewühlten, emotionalen Zustand befanden. In einer solchen außergewöhnlichen emotionalen Verfassung, so erklärt Jung, neigen Menschen zu kollektiven Visionen. Dabei handelt es sich um Projektionen, ein Schlüsselbegriff seiner Psychologie, die eine Beantwortung der emotionalen Bedürfnisse darstellen.

Vereinfacht ausgedrückt, befindet sich der moderne Mensch auf der „Suche nach einer Seele", wie die Titel einer der wohl besten Analysen und auch einer der wichtigsten Jungschen Schriften besagt. Dieser so spannungs-, angst- und verzweiflungsträchtige Zustand der Suche führt häufig zu kollektiven Projektionen in Gestalt von Visionen, Gerüchten, Massenhysterien und exotischen Glaubensüberzeugungen. Hierin sieht Jung den wahrnehmbaren Prozeß der Mythenbildung. Kern des neuen Mythos und der alten Mythen sind einer oder mehrere Archetypen, die ihm Kraft und Form verleihen.

Projektionen und Zeichen

Wenn UFOs also im Jungschen Sinne Projektionen sind, wäre es durchaus denkbar, daß sich in ihnen eine weitreichende Umwälzung innerhalb der kollektiven Psyche der Menschheit ankündigt. Weitere Vorzeichen eines solchen Prozesses sind für viele Menschen die gegenwärtige Tendenz der westlichen Gesellschaft zum Okkulten oder auch die weltweite Ausbreitung des Kommunismus. Immer traten in der Geschichte gleichzeitig mit Umwälzungsperioden in der Religion, Kunst und Literatur mächtige Archetypen zutage.

Die Fliegenden Untertassen sind für Jung eine moderne Version des wohl mächtigsten Archetypus überhaupt, der sogenannten „Mandalas", die Meditationsbilder der tibetischen und indischen Religionen.

Das Wort stammt aus dem Sanskrit und bedeutet Kreis. Überall in der Kunst und der Religion der Tibeter und Hindus finden wir derartige Symbole. Aber Mandalas manifestieren sich fast überall: in der Malerei unserer heutigen Kinder ebenso wie in frühzeitlichen Steinkreisen, im Symbol des Eherings ebenso wie in Dantes Kreisen der Hölle oder in den geistesabwesenden Kritzeleien gestreßter Büroangestellter. Das Mandala ist im Grunde ein einfacher Kreis, auch wenn dieser in unzähligen Varianten erscheint, und beispielsweise ein Zentrum, eine Vierteilung oder weitere konzentrische Kreise aufweisen kann. Seine Bedeutung ist letztlich die Suche nach Vollendung und Ganzheit, das Symbol des Selbst, das sich zu artikulieren sucht.

Damit sind wir wieder bei den Leiden des modernen Menschen angekommen. Wir leben in einer zersplitterten Welt, wo zwischen den

Rechts oben:
Ein Mandala, welches das Kernstück eines aus Nepal stammenden buddhistischen Gemäldes aus dem 19. Jahrhundert wiedergibt. Es symbolisiert die Vollendung, die die achtarmige Figur in seinem Mittelpunkt erreicht hat. Diese Gestalt ist ein Bodhisattva, der am Ende der langen Reihe der ihm bestimmten Reinkarnationen angekommen ist, aber sein Eintreten in die Glückseligkeit des Nirvana noch hinausschiebt, um den leidenden Kreaturen zu helfen. Auch auf einem deutschen Altarbild aus dem 14. Jahrhundert (rechts) findet sich ein Mandala, in dessen Zentrum ein ebenfalls vollendetes Wesen steht: Christus in seiner ganzen Majestät, umgeben von den apokalyptischen Ungeheuern und der Gemeinschaft der Seligen.

einzelnen Teilen ebensowenig Kommunikation stattfindet wie zwischen den aufgespaltenen Seinsebenen der schizophrenen Psyche. Schon äußerlich haben wir es mit der Aufspaltung in zwei gewaltige bedrohliche Blöcke zu tun. Die moderne Technologie, der wir einerseits unsere Lebensgrundlage verdanken, läßt uns andererseits ständig unter dem Damoklesschwert des Holocaust leben. Die dunklen irrationalen Seiten der menschlichen Natur, die wir schon durch die Vernunft außer Kraft gesetzt und im 18. und 19. Jahrhundert durch den zivilisatorischen Fortschritt endgültig besiegt glaubten, konnten im 20. Jahrhundert wiederaufleben.

Auch innerlich sind wir gespalten. Unsere wissenschaftlich und materialistisch orientierte Einstellung hat uns einen hohen Lebensstandard gebracht. Gleichzeitig wurde dadurch jedoch der Bereich des Nichtrationalen entwertet: Emotionen, Instinkte, Imagination, religiöses Engagement usw. Die sich christlich nennende Welt vermag keine Kraft mehr aus ihrer religiösen Tradition zu ziehen. Um es mit den Worten Jungs zu sagen: „Unser Mythos ist stumm geworden und gibt uns keine Antwort mehr."

Die Folgen dieser Bewußtseinsveränderung sind Spannung, Krankheit und die Pervertierung der abgespaltenen und entwerteten nichtrationalen Bereiche. Die dissoziierte Psyche schreit geradezu nach der Wiedervereinigung ihrer Teile und der Wiederherstellung eines gesunden und harmonischen Gleichgewichts, mit anderen Worten, nach Ganzheit. Aus dieser unbewußten Sehnsucht heraus projeziert der moderne Mensch Mandalas sogar an den Himmel.

Jung ignorierte jedoch auch nicht andere Interpretationsmöglichkeiten. So meint er, manche UFO-Sichtungen oder Mandala-Träume könnten durchaus auch sexuelle Motivationen oder Symbole umfassen. Aber im Unterschied zu Freud begnügt er sich nicht mit dieser Erkenntnis.

Weit wichtiger sind ihm die einzigartigen Elemente des UFO-Mandala, in dem er eine unserer modernen Zeit angepaßte Variante des Archetypus erkennt. Welch besseres Bild für eine heilende Ganzheit ließe sich in unserer technologischen Welt denken als eine mysteriöse Maschine?

Die Erlöser aus dem All

Doch auch der „himmlische" Aspekt der UFO-Projektion nimmt in seiner Analyse eine zentrale Stellung ein. Ihn beschäftigte besonders das „unnatürliche" Flugverhalten, das den UFOs in allen von ihm untersuchten UFO-Berichten zugeschrieben wurde. Ihm war klar, wie überaus wichtig der außerirdische Ursprung diese Mandalas für die Augenzeugen war. Zwar fühlten sich die Beobachter gelegentlich von den UFOs bedroht, häufiger jedoch wurden sie als Zeichen für die Existenz über hochentwickelte, technische Mittel verfügender außerirdischer, ungeheuer mächtiger und freundlicher himmlischer Wesen verstanden, die besorgt die selbstzerstörerischen Handlungen der Menschen auf ihrem Planeten Erde beobachten.

Jung berücksichtigt ebenfalls einige jener Fälle, in denen Personen behaupteten, in engeren Kontakt mit Außerirdischen gekommen, ja sogar von den freundlichen, gottähnlichen Wesen an Bord genommen und für kurze Zeit entführt worden zu sein. Er schenkt diesen Berichten nicht viel Glauben, sondern kommt zu dem Schluß, daß hier die Sehnsucht nach Ganzheit, die konkretere und personalisiertere Form des Träumens von einem Erlöser angenommen hat – einem übermenschlichen Wesen, das zu uns niedersteigen wird, um uns dabei zu helfen, die Genesung oder Erlösung zu erlangen, die wir selbst nicht finden können.

Eine UFO-Sichtung aus dem 16. Jahrhundert. In der Flugschrift, aus der dieser Holzschnitt stammt, berichtet ein Augenzeuge, daß am 7. August 1566 in Basel „viele große schwarze Kugeln in der Luft gesehen wurden, die sich mit großer Geschwindigkeit vor der Sonne bewegten und aufeinander losfuhren, als ob sie miteinander kämpften. Einige von ihnen wurden rotglühend, verblaßten und erloschen dann."

An diesem Punkt seiner Analyse macht Jung die wichtige Feststellung, daß es Objekte am Himmel schon immer in der Geschichte gegeben habe, noch lange ehe sie die für unser Jahrhundert typische Verkleidung des geheimnisvollen Raumschiffs aus dem Science-fiction-Roman annahmen. Ungewöhnlich bewegliche fliegende Halbkugeln, Kugeln und Scheiben tauchen in den Aufzeichnungen über ungewöhnliche Visionen und unerklärliche Erscheinungen während vergangener Krisenzeiten immer wieder auf.

Jung bemerkt immer wieder, daß es gar nicht so sehr darauf ankommt, ob jemals wirklich etwas am Himmel war oder ist. Wenn UFOs in der objektiven Realität nie existierten und auch heute nicht existieren, lassen sie sich als „Projektionen" des kometiven Unbewußten erklären. Wenn sie aber existieren, kann man sie dennoch als Projektionen verstehen – genau wie wir viele ganz alltägliche Dinge in un-

Auch für Sexsymbole gilt, daß die Eigenschaften, die ihnen zugeschrieben werden, weitgehend Projektionen sind. So war in den Augen der Kinogänger Marilyn Monroe „herzlich, weich und hingebungsvoll"; Jane Russel dagegen „gemein, launisch und arrogant". Die wahre Persönlichkeit der Leinwandgöttinnen war den Millionen, deren Hoffnungen und Wünsche sie symbolisch repräsentierten, gleichgültig.

serer Umgebung, wie etwa Schmuckstücke und Waffen, Filmstars und Politiker, mit der gesamten Symbolkraft von Archetypen ausstatten.

In seiner letzten Analyse schließt Jung allerdings die Möglichkeit nicht völlig aus, daß die Berichte über UFOs tatsächlich eine objektive materielle Grundlage besitzen. Zwar dürfen wir wohl die exotischsten Erzählungen über Ausflüge in den Weltraum in der Obhut großer, prächtig gewandeter Erlöserwesen getrost als Träume oder Halluzinationen abtun. Aber Radarschirme und Kameras halluzinieren und träumen nicht – und Jung war sich der gründlich abgesicherten Fälle wohl bewußt, in denen sich die Existenz von UFOs ganz offensichtlich in Gestalt von Lichtpunkten oder Fotografien manifestierte. Er meinte, entweder müßten psychische Projektionen in der Lage sein, Radarstrahlen zurückzuwerfen oder aber die faktische Existenz solcher Objekte böte den Menschen erst Gelegenheit für mythologische Projektionen.

Dies ist natürlich ironisch gemeint: Jung glaubt keineswegs, daß psychische Projektionen sich auf Radarschirme niederschlagen können. Doch er mußte sich auf diesen Einwand einlassen, um dem beständigen Streben der Medien und anderer Verteidiger des rationalistischen Status quo zu begegnen, ihn bei jeder sich bietenden Gelegenheit als einen abergläubischen Geisterseher zu diffamieren, der tief in dem von Freud so genannten „Sumpf des Okkultismus" wartete. Jungs Gegner haben immer wieder seine Beschäftigung mit der Alchemie, der Astrologie und dem Irrationalen in allen seinen Formen mißverstanden und in verzerrter Form wiedergegeben. Natürlich war es für sie ein intellektuelles Vergnügen, auch seine Bemerkungen über die Fliegenden Untertassen auf der Grundlage ihres eigenen mangelnden Verständnisses zu zerpflücken.

Jung selbst war es hingegen immer sehr wichtig, sich für neue Phänomene, Phänomene transpsychischer Realität zu öffnen, die ihn auf irgendeine Weise in seinem Bemühen um das Verständnis des menschlichen Unbewußten weiterbringen konnten. Daher erkannte und analysierte er gegen Ende seines Lebens auch die symbolische Bedeutung der UFOs.

Doch Jung wußte auch, daß von all den vielen zusammengetragenen Augenzeugen- und Forschungsberichten über UFOs letztlich nur ein harter Kern an Fakten zurückblieb, die nur dann erklärbar wären, wenn ihnen reale – und sei es vielgedeutete – Objekte am Himmel zugrunde lägen. In den Jahren nach der Veröffentlichung seiner Schrift über Fliegende Untertassen stand Jung in Kontakt mit einer seiner Nichten in der Schweiz, die sich aus eigenem Antrieb zu einer Art Expertin für UFO-Sichtungen entwickelt hatte. Wenn wir Gordon Creighton von der *Flying Saucer Review* Glauben schenken wollen, gelangte Jung durch diese Verbindung noch weiter über die Position hinaus, daß es sich bei UFOs vielleicht „lediglich" um symbolische Projektionen eines mächtigen Archetypus handle.

Jung verstand sich selbst nicht als Prophet, sondern wollte Psychologe und wissenschaftlicher Beobachter sein. Doch in der Geschichte gibt es eine Fülle von Beispielen dafür, wie Wissenschaftler aufgrund ihrer objektiven Studien und Beobachtungen plötzlich auf „prophetische" Weise eine Wahrheit erkannten, die ihre engstirnigen Zeitgenossen ablehnten, ohne sich auch nur mit den Fakten zu beschäftigen. Bereits in seiner Dissertation über okkulte Phänomene hatte Jung geschrieben, was nicht nur für sein Lebenswerk gelten sollte, sondern für den gesamten Bereich paranormaler Phänomene.

Himmelserscheinungen zwischen Deutung und Mißdeutung

Nicht nur die Mythen der Völker aller Erdteile berichten von rätselhaften Himmelserscheinungen. Auch in der Kunst und in historischen Quellen begegnen sie uns in vielen Variationen.

Zu Karls des Großen Zeiten um 800 soll ein Raumschiff auf der Erde gelandet sein und sogar einige Menschen an Bord genommen haben, um ihnen die Lebensweise der fernen Besucher aus dem Weltall zu zeigen. Als man die Erdenmenschen wieder zurückbrachte, wurden sie von der erregten Bevölkerung Lyons für Zauberer gehalten. In einem zeitgenössischen Bericht heißt es:

„Eines Tages trug es sich unter anderen Vorfällen in Lyon zu, daß drei Männer und eine Frau gesehen wurden, die aus diesem Luftschiff ausstiegen. Die ganze Stadt versammelte sich um sie und rief aus, sie seien Zauberer und seien von Grimaldus, dem Herzog von Benevent, Karls des Großen Feind, gesandt, um die französischen Ernten zu zerstören. Umsonst suchten die vier Unschuldigen sich zu verteidigen, indem sie sagten, sie seien ihre eigenen Landsleute und seien vor kurzer Zeit von rätselhaften Männern fortgetragen worden, die

ihnen unerhörte Wunder gezeigt und von ihnen gewünscht hätten, von dem, was sie gesehen hätten, Bericht zu geben."
(Zitat nach R. Stemman)

Die vier Raumfahrer, welche eine aufgebrachte Menge verbrennen wollte, wurden durch den Lyoner Bischof Agobard gerettet. Im Jahre 1561 erschien in Nürnberg ein Flugblatt, auf dem mehrere im 16. Jahrhundert beobachtete Flugkörper dargestellt worden sind. Neben scheibenförmigen Objekten befanden sich auch stabförmige oder in Form von Kanonenrohren fliegende Körper am Himmel in der Nähe der aufgehenden Sonne. Es gibt Belege darüber, daß sie von mehreren Menschen gleichzeitig bemerkt wurden, und die Himmelskörper über eine Stunde lang sichtbar blieben. Berichte von fliegenden Schiffen gibt es aus mehreren Jahrhunderten. „Fliegende Zigarren", unmittelbar vor der Erfindung des Luftschiffes durch den Grafen Zeppelin, wurden beiderseits des Ozeans sowohl in der Neuen als auch in der Alten Welt gesichtet.

Der spektakulärste Fall von UFO-Erscheinungen in Deutschland ereignete sich im Jahre

Im 16. Jahrhundert beobachtete rätselhafte Himmelserscheinungen in Form von Flugkörpern. (Nürnberger Flugblatt, 1561)

1959. Kein geringerer als der international bekannte und geachtete Parapsychologe Hans Bender, Professor für Psychologie und ihre Grenzgebiete, hat diesen Fall untersucht und beschrieben. 1954 kündigten außerirdische Wesen, als Untertassenleute bezeichnet, durch ein Medium, das über die Fähigkeit des Automatischen Schreibens verfügte, in Wien an, daß zu einer bestimmten Zeit und an einem genau bezeichneten Ort UFOs auftauchen würden. Zur angegebenen Zeit fanden sich mehrere Personen, und darunter nicht nur UFO-Gläubige, sondern auch rational bestimmte Skeptiker am bezeichneten Ort ein. Tatsächlich konnten die Wartenden UFOs beobachten, die in der genau vorausgesagten Art und Weise erschienen. Mehrere der Zeugen haben darüber Berichte verfaßt, und Professor Bender selbst war von der Wahrhaftigkeit der Erscheinungen überzeugt. Vorsätzliche Täuschung konnte von vornherein ausgeschlossen werden. Die parapsychologische Erklärung für das Auftreten der UFOs beziehungsweise für ihre Wahrnehmung durch die Zeugen wurde fast im Sinne Jungs gegeben: kollektive Halluzination und parapsychisch herbeigeführte Phantasmen.

Schon mehrere Parapsychologen haben auf die phänomenale Ähnlichkeit der Umstände beim Auftreten von UFOs und bei Spukerscheinungen hingewiesen.

Die Deutungen von UFO-Erscheinungen und der Berichte über seltsame Flugkörper haben stets weniger Aufmerksamkeit hervorgerufen als spektakuläre Ausschmückungen oder darauf aufbauende Theorien, die nicht den steinigen Boden zur Objektivität und Nachprüfbarkeit verpflichteter moderner Wissenschaft unter sich fühlen. Ein zeitgenössischer Autor hat sich hierbei besonders profiliert, der Schweizer Erich von Däniken. Er geht nicht nur davon aus, daß die Existenz von Raumschiffen und intergalaktischen intelligenten Raumbewohnern erwiesen wäre, sondern er versucht darüber hinaus noch nachzuweisen, daß diese von weit her kommenden Intelligenzen die Erde regelmäßig, und das auch noch durch Jahrhunderte und selbstverständlich in allen ihren Kontinenten, besuchten. Ja, so behauptet von Däniken, die Menschheit verdanke diesen freundlichen Raumbewohnern ihre Kultur, ihre technischen Spitzenleistungen von den Pyramiden der Alten und Neuen Welt bis zu den großen Ahnenstatuen der Osterinsel im Pazifik. Aber auch das ist noch nicht genug, die Menschen verdanken ihnen als schönste und wertvollste Gabe ihre gesamte Kulturentwicklung. Die fremden Besucher nämlich hätten die damalige primitive Menschheit erst durch genetische Aufbesserung zu dem gemacht, was der Homo sapiens für das Geschenk Gottes hält, zu einem vernunftbegabten Wesen. Däniken nimmt bei seinen Darlegungen nicht nur die alten Mythen wörtlich, sondern er versucht seine Thesen durch den Nachweis direkter Hand- und Zerebralarbeit der Intergalaktiker auf der Erde abzusichern. Doch seine Zuschreibungen, was nun von außerirdischen Wesen stammen soll: die sogenannten Inkastraßen, eigentlich Scharrbilder der Nazca, einzelne afrikanische Felszeichnungen, die Berechnungen der Pyramiden, Gold- und Metallarbeiten verschiedener Hochkulturen, kartographische Berechnungen der Antarktis oder die astronomischen Kenntnisse vieler alter Kulturvölker, bilden ein zusammenhangloses Sammelsurium von isoliert betrachteten Kulturleistungen der Jahrtausende menschlicher Entwicklung.

Natürlich vereinfachen solche Phantasien und Phantasten die Beschäftigung mit den UFO-Phänomenen nicht. Im Gegenteil. Dadurch, daß sie über jedes vernünftige Ziel hinausschießen, erschweren sie die Glaubwürdigkeit der seriösen Forschung im UFO-Bereich.

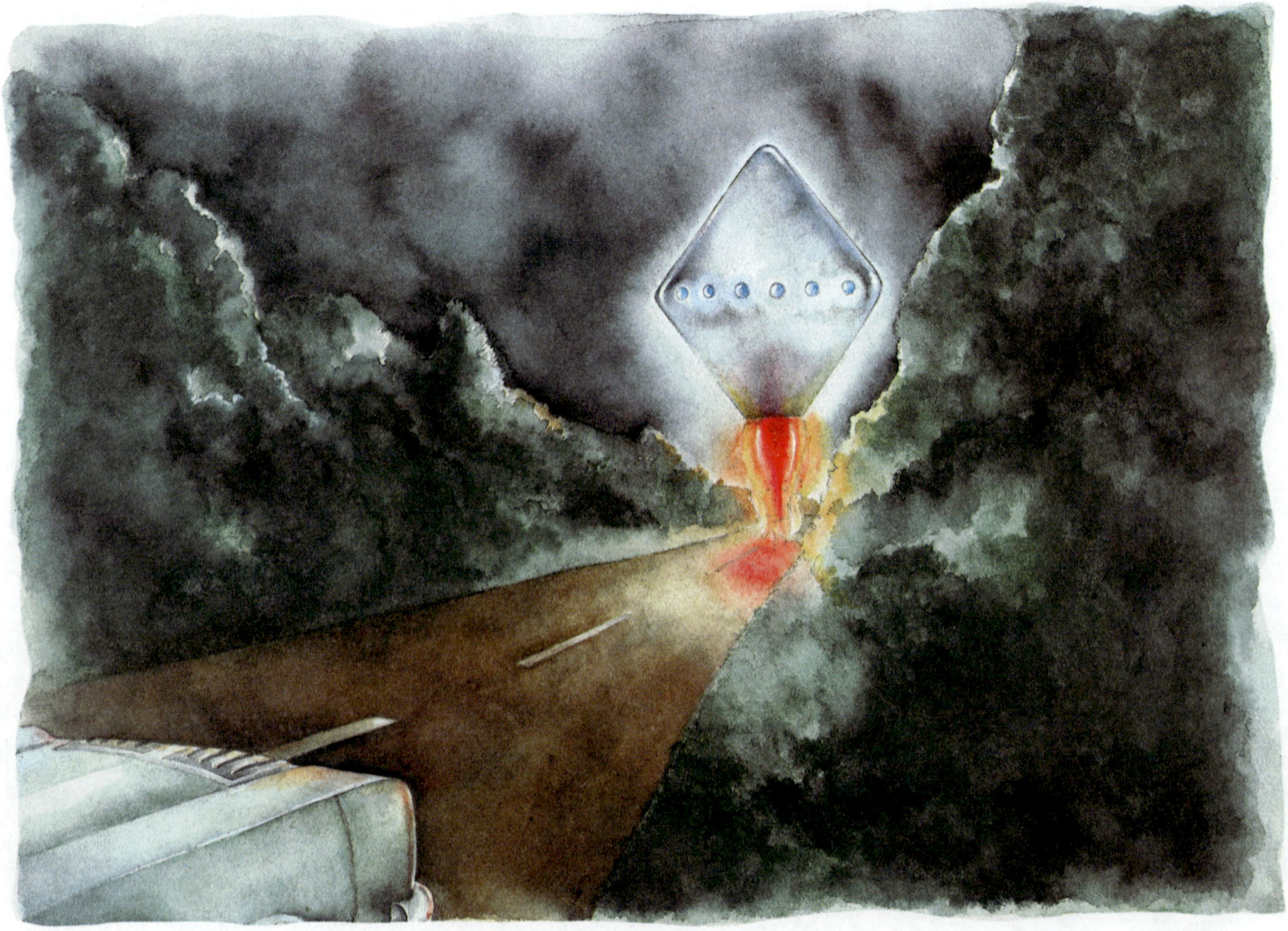

Terror in Texas

Bei einer Begegnung mit einem feuerspuckenden UFO auf einer einsamen Landstraße in der Nähe der texanischen Stadt Huffman trugen drei unschuldige Opfer schwere Verletzungen davon.

Spät an einem kalten Abend Ende Dezember 1980 fuhren zwei Frauen mittleren Alters mit einem Jungen auf einer einsamen Landstraße in der Gegend von Huffman im Osten des amerikanischen Bundesstaates Texas. Sie befanden sich in festlicher Weihnachtsstimmung. Plötzlich erschien vor ihnen am Himmel ein helles Licht. Wenige Minuten später verwandelte es sich in ein riesiges rautenförmiges Objekt, aus dessen Unterseite in unregelmäßigen Abständen Feuerstöße hervorschossen. Die unheimliche Erscheinung versuchte auf der Straße zu landen und ihnen den Weg zu versperren.

Für die Insassen des Autos sollte es ein schlimmes Erlebnis werden. Die intensive Hitze, die von dem UFO ausging, verbrannte ihnen die Haut, und das grelle Licht schädigte ihre Augen. Als das Objekt schließlich wieder verschwand, folgten ihm dicht Hubschrauber, deren ohrenbetäubender Lärm die Ohren schmerzen ließ. Die drei hatten das Gefühl, mitten in eine Luftschlacht hineingeraten zu sein.

„Ein feuriger Diamant", so beschrieb eine der Augenzeuginnen das riesige glühende Objekt, das über der Straße schwebte und ihnen den Weg versperrte. Eine helle Lichterkette strahlte von der Mitte des rautenförmigen UFOs, nach unten gerichtete Feuerstöße hätten fast den umliegenden Wald in Brand gesteckt.

Am frühen Abend waren Betty Cash, Vickie Landrum und Colby Landrum durch mehrere Kleinstädte im Gebiet von Piney Woods im Osten Texas auf der Suche nach einer Bingo-Veranstaltung gefahren. Enttäuscht hatten sie jedoch feststellen müssen, daß alle Clubs geschlossen waren, weil sie sich auf die Sylvesterfeier vorbereiteten. So hatten sie sich stattdessen in ein Straßenrestaurant in New Caney gesetzt, um dort zu Abend zu essen. Auf der Weiterfahrt sollte dann der schaurige Teil des Abends beginnen.

Am Steuer des neuen Oldsmobile Cutlass saß Betty Cash, eine 51-jährige Geschäftsfrau, die ein Restaurant und ein Lebensmittelgeschäft betrieb. In der nächsten Woche wollte sie ein neues Lokal eröffnen. Vor etwa einem Jahr hatte sie sich einer Bypassoperation am Herzen unterziehen müssen, von der sie sich aber völlig wieder erholt hatte. In der nun folgenden Stunde sollte sie körperliche Verletzungen davontragen, die ihr mehr zu schaffen machten als jener Eingriff.

Vickie Landrum, damals 57 Jahre alt, eine nette, fleißige Frau, arbeitete für Betty im Restaurant, gelegentlich auch in der Schule als Küchenhilfe. Als engagierte Christin glaubt sie weder an UFOs noch an die Existenz außerirdischen Lebens. Bei der Begegnung mit dem leuchtenden Objekt am Himmel war sie fest davon überzeugt, das Ende der Welt sei gekommen. Sie erwartete den Erlöser aus der strahlenden Wolke und blickte intensiv auf das UFO. Der Herr erschien nicht, aber sie erlitt durch die Blendung eine schwere Schädigung ihres Augenlichts.

Colby Landrum, Vickies Enkel, war ein gesunder, aktiver kleiner Bursche und hatte mit seinen sieben Jahren schon mehrere Sportpreise errungen. Auch er trug schwere Verletzungen an Körper und Seele davon. Schwer zu sagen, was ihn am meisten erschreckte, das UFO oder der ungeheure Lärm der Hubschrauber.

Der 29. Dezember 1980 war in Texas kalt, feucht und bewölkt. Im Gebiet um Huffman gab es tagsüber einige leichte Schauer, in der Nacht hatte der Regen aufgehört und der Himmel sich ein wenig aufgeklärt. Mondschein und die Lichter nahegelegener Ansiedlungen erhellten die Straße; die Sicht war also gut. Da die Temperatur nur bei 4,5 Grad Celsius lag, trugen die drei Mäntel, trotz eingeschalteter Autoheizung.

Nachdem sie zwischen 20.20 Uhr und 20.30 Uhr das Restaurant verlassen hatten, befuhren sie eine abgelegene Straße, die gewöhnlich nur von Anliegern benutzt wird. Das Gebiet ist trotz der Nähe zu Houston nur dünn besiedelt, mit Eichen und Kiefern bewaldet sowie mit Sümpfen und Seen durchsetzt.

Nach etwa 30 Minuten Fahrt bemerkten sie, das leuchtende UFO über den Bäumen. Colby sah es als erster. Aufgeregt machte er Betty und Vickie auf das geisterhafte Objekt etwa 5 Kilometer vor ihnen aufmerksam, das beim Näherkommen immer größer zu werden schien. Als ihnen klar wurde, daß mit einem Zusammenstoß zu rechnen war, bekamen sie es mit der Angst. Sie hofften allerdings immer noch, unbeschadet vorbeizukommen. Doch schon hatte sich das Objekt quer zur Straße in Stellung gebracht und ihnen den Weg versperrt.

Vickie schrie: „Halt an oder wir verbrennen alle." Damit hatte sie wohl recht. Das Objekt, um ein Vielfaches größer als ihr Auto, schwebte in Höhe der Baumwipfel auf der Stelle und stieß in unregelmäßigen Abständen nach unten einen riesigen Feuerstrahl aus. Zwischen den Feuerstößen ließ es sich auf etwa 7–10 Meter fallen, um dann wieder auf die Ausgangshöhe zu steigen. Es sah aus wie ein riesiges Raumschiff aus einem Science-fiction-Roman. Vickie fand dafür die plastischen Worten: „Eine Art Diamant aus Feuer."

Als Betty das Fahrzeug zum Halten brachte, war das UFO noch etwa 60 Meter entfernt. Das Material schien aus stumpfem Aluminium zu sein, und sein Schein erleuchtete den umliegenden Wald taghell. Die vier Ecken des „Diamanten" waren nicht spitz, sondern eher abgestumpft, entlang der Mittellinie glitzerten blaue Lichter. Außer dem dröhnenden Feuerstoß waren noch in Intervallen laute Piepgeräusche zu hören. Es steht nicht fest, ob Betty den Motor ausschaltete oder er einfach erstarb. Auf jeden Fall stiegen die drei aus dem Wagen, um sich das mysteriöse Objekt, das ihnen die Straße versperrte, genauer anzusehen. Vickie stand neben der offenen rechten Autotür, die Hand auf dem Wagendach und schaute gebannt auf das UFO.

Colby zupfte seine Großmutter am Rock und flehte sie an, wieder ins Auto zurückzukehren. Zwei oder drei Minuten später gab sie nach, wobei sie ihn beruhigte und sagte, wenn ein großer Mann aus der Feuerwolke hervorkäme, würde es Jesus sein und ihm nichts tun.

Oben:
Die einsame waldgesäumte Straße, auf der Betty Cash, Vickie und Colby Landrum das UFO sichteten.

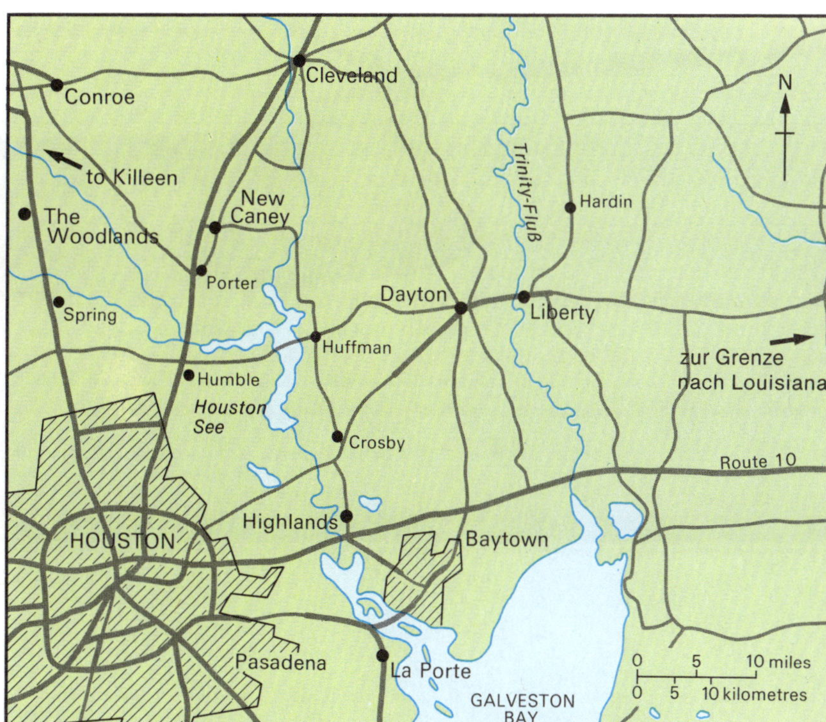

Unten:
Eine Landkarte der Gegend nordöstlich von Houston mit der Region um Huffman. Die drei Opfer hatten in New Caney zu Abend gegessen und befanden sich auf dem Heimweg nach Dayton.

Während Vickie noch Colby im Arm hielt, schrie sie Betty zu, sie solle ins Auto kommen. Aber Betty hörte nicht, ging um die Kühlerhaube herum und starrte wie hypnotisiert auf das Geschehen. In helles Licht getaucht, blieb sie schutzlos stehen, obwohl die Hitze ihre Haut verbrannte, selbst unter dem Ring an ihrem Finger fanden sich später Brandspuren. Als das Objekt endlich wieder höher stieg und davonflog, kehrte sie zum Auto zurück. Die Tür war so heiß, daß sie ihre Hand mit ihrer Lederjacke umwickeln mußte, um sie öffnen zu können.

Plötzlich tauchte über ihren Köpfen ein riesiger Pulk Hubschrauber auf. Betty erinnerte sich: „Sie schienen aus allen Richtungen zu kommen ... als ob sie das Ding einkreisen wollten." Innerhalb weniger Sekunden war das UFO hinter den Bäumen verschwunden. Erst jetzt merkten die drei, wie heiß es in ihrem Auto geworden war. Statt der Heizung mußten sie die Klimaanlage einschalten.

Betty startete nun den Motor und fuhr so schnell sie konnte los. Nach knapp 2 Kilometern mündete die kurvenreiche kleine Straße in eine breite Fernstraße. Jetzt konnten sie sich noch einmal umsehen. Inzwischen waren 5 Minuten vergangen und das Objekt in einiger Entfernung immer noch deutlich erkennbar. Es erschien jetzt wie ein heller, länglicher Lichtkegel. Noch immer strahlte es das umliegende Gelände und auch die Hubschrauber an.

Diese waren mittlerweile über einen Umkreis von etwa 8 Kilometern im Durchmesser

Ein Pulk kleiner einrotoriger Hubschrauber vom Typ Bell Huey, hier eine Manöveraufnahme, füllte den Himmel von Huffman.

Unten:
Auch schwere zweirotorige Hubschrauber, wie diese CH-47, wurden zur fraglichen Zeit bei Huffman gesichtet.

verteilt. Das Hauptrudel befand sich noch immer in der Nähe des UFOs, flog jedoch einen ziemlich unklaren Kurs. Die anderen hielten Abstand in einer Kettenformation. Insgesamt wurden 23 Helikopter gezählt. Viele davon waren mit zwei Rotoren, vier Rädern und einem Aufbau am Heck ausgestattet. Später konnten sie als CH – 47 Chinooks der Boeing-Tochtergesellschaft Vertol identifiziert werden. Die anderen waren wesentlich kleiner, sehr schnell und nur von einem Rotor getrieben. Sie konnten zwar nie eindeutig zugeordnet werden, vermutlich gehörten sie jedoch zum Bell Huey Typ. Möglicherweise befand sich auch noch ein Riesen-Helikopter in der Mitte der Staffel. In jener Nacht müßten also eine ganze Reihe von Hubschrauberbesatzungen das UFO gesehen haben.

Sobald das UFO und die Hubschrauber sich entfernt hatten, fuhr Betty vorsichtig weiter. An der nächsten Kreuzung bog sie ab in Richtung Dayton, wo die drei zu Hause waren.

Um 21.50 Uhr setzte Betty Vickie und Colby in deren Wohnung ab und fuhr dann heim. Dort wartete eine Freundin mit ihren Kindern auf sie. Betty fühlte sich zu schlecht, um noch etwas von dem Abenteuer zu erzählen. Innerhalb der nächsten Stunden wurde ihre Haut rot, wie von einem schweren Sonnenbrand. Der Hals schwoll an und in ihrem Gesicht, auf der Kopfhaut und den Augenlidern bildeten sich Blasen, die schließlich aufplatzten. Ihr wurde übel, und sie mußte sich in der Nacht mehrfach übergeben. Am Morgen befand sie sich am Rande eines Komas.

Zwischen Mitternacht und 2 Uhr morgens begannen sich bei Vickie und Colby ähnliche Symptome, wenn auch in weniger schwerer Form, zu zeigen.

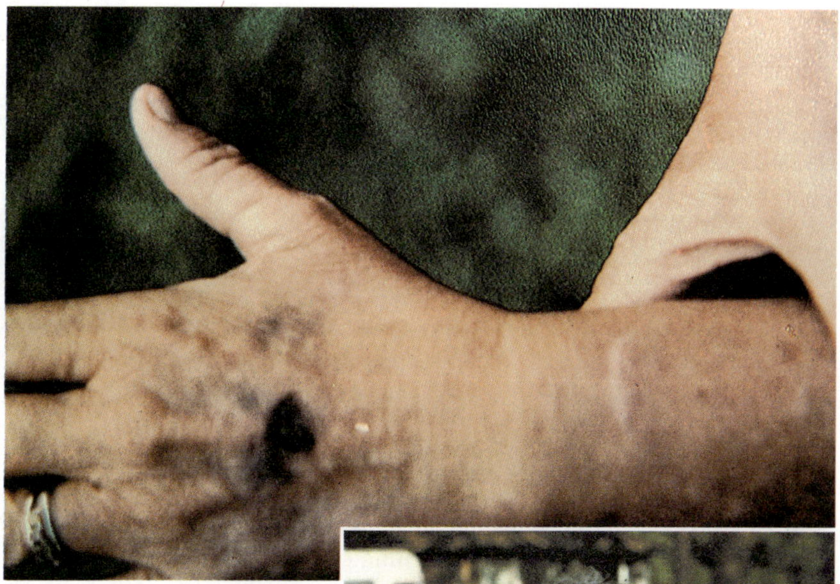

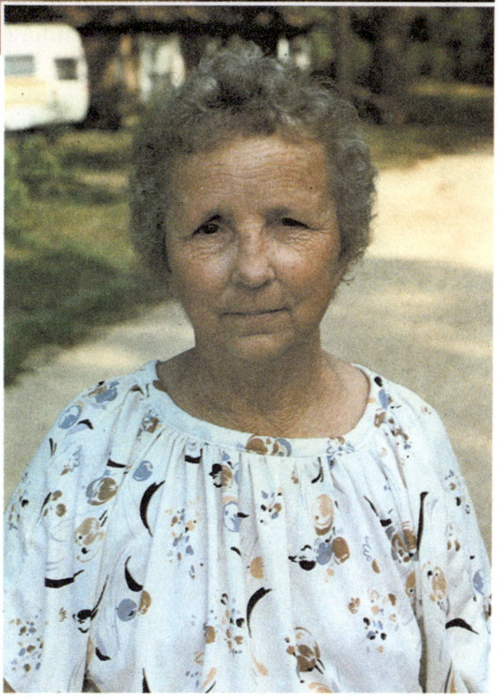

Noch Monate nach der UFO-Begegnung litten die Opfer an den Folgen ihres Kontakts. Oben: Verbrennungen auf Vickies Handrücken. Rechts: Noch eineinhalb Jahre später sind auf Vickies Gesicht, besonders um die Augenpartien, bleibende Spuren zu erkennen.

Colby packt aus

Am nächsten Morgen wurde Betty in Vickies Haus gebracht, wo alle drei versorgt wurden. Bettys Zustand verschlechterte sich weiter, und nach drei Tagen mußte sie in die Unfallstation eines Krankenhauses gebracht werden. Dort behandelte man sie als normales Verbrennungsopfer. Niemand erfuhr etwas von dem UFO, bis Colby nach ein paar Tagen einem Arzt gegenüber mit der Wahrheit herausplatzte.

Die Verbrennungen und Schwellungen veränderten Betty so sehr, daß Freunde und Verwandte sie im Krankenhaus kaum wiedererkannten. Fast die Hälfte ihrer Haare fielen aus. Die Behandlung wurde erschwert, weil alle drei Patienten unter starken Kopfschmerzen litten und schmerzhaft geschwollene Augen hatten. Betty konnte eine Woche lang fast nichts sehen.

Bei UFO-Sichtungen tauchen immer häufiger Hubschrauber auf, und oft werden in diesem Zusammenhang auch seltsame Tierverstümmelungen beobachtet.

Eins steht fest – die CH – 57-Hubschrauber sind kaum zu verwechseln, schon gar nicht, wenn man sich direkt unterhalb von ihnen befindet.

Die Aussagen aller drei Augenzeugen dieses Vorfalls ergaben keine Widersprüche. Sie wurden getrennt befragt und zwar nicht nur über das UFO, sondern auch über die Hubschrauber. Übereinstimmendes Resultat: Es muß sich um Helikopter des Typs CH – 47 gehandelt haben.

Als sehr viel schwieriger erwies es sich jedoch, ihre Herkunft zu klären. Nach Auskunft der Flughafenverwaltung von Houston sind in ihrem Gebiet 350 bis 400 kommerzielle Hubschrauber in Betrieb. Sie gehörten sämtlich zu Typen mit nur einem Rotor, also keine CH – 47. Im übrigen wäre für sie ein Kontakt mit dem Tower nicht notwendig, da hier die Regeln für Sichtflug gelten. Weiter müßten sie außerhalb eines 24-km-Radius unterhalb einer Höhe von 550 Metern bleiben. Das Radar des

Kontrollturms erfasse in dieser Zone nur den Luftraum über 600 Metern.

Der Presseoffizier des Stützpunktes Fort Hood, in der Nähe des texanischen Killeen, erklärte dem *Corpus Christi Caller,* daß sich am 29. Dezember 1980 kein zu seiner Garnison gehöriges Flugzeug in der Luft befunden habe.

Ein Sprecher des Robert-Gray-Flughafens in der Nähe von Fort Hood sagte, es komme schon vor, daß 100 Helikopter auf einmal den Stützpunkt „um des Effektes willen“ anflögen, aber man miede generell das Gebiet um Houston. Auch alle anderen Luftwaffenstützpunkte in Texas und Louisiana leugneten, irgend etwas mit den bei Huffman gesichteten Helikoptern zu tun zu haben.

Schon am Vortag waren Hubschrauber im Zusammenhang mit UFO-Sichtungen beobachtet worden. Einwohner des Bezirks Ohio/Kentucky hatten seltsame Lichter am Himmel dahinziehen sehen. Doch als ein Hubschrauber auftauchte, verschwanden die UFOs. Auch für diese Nacht stritten alle militärischen Stützpunkte ab, Hubschrauber eingesetzt zu haben.

Betta Cash (ganz oben) und Colby Landrum (oben).

Betty, Vickie und Colby waren nicht die einzigen Zeugen der seltsamen Vorkommnisse bei Huffman. Ein dienstfreier Polizist aus Dayton fuhr mit seiner Frau am gleichen Abend von Cleveland durch diese Gegend und sah dabei ebenfalls viele CH–47–Hubschrauber. Auch ein Mann aus dem direkt unter der Flugbahn liegenden Crosby berichtete von einer großen Zahl schwerer Hubschrauber, die über ihn hinweggeflogen seien.

Der Ölfeldarbeiter Jerry McDonald saß gerade in seinem Garten in Dayton, als er über sich ein riesiges UFO erblickte. Anfangs glaubte er, es sei das Good-Year-Luftschiff, aber dann bemerkte er rasch seinen Irrtum. „Es war etwas Diamantförmiges mit zwei Rohren hinten, aus denen helle blaue Flammen schossen,“ beschrieb er. Als es in etwa 40 Meter Höhe direkt über ihn hinwegflog, erkannte er in der Mitte des UFOs zwei helle Lichter und ein rotes Licht.

Auch die Bäckereiverkäuferin Belle Magee sah am selben Abend von ihrem Haus aus in Eastgate, 13 Kilometer westlich von Dayton, ein helles Licht am Himmel in Richtung New Caney fliegen.

Der Gründer des Zentrums für UFO-Forschung in Evanston in Illinois, Allen Hynek, nahm den Zeugen ihre Aussagen uneingeschränkt ab. „Wir haben es hier mit einer wahren Begebenheit zu tun“, so sagte er, „aber wir sind nicht sicher, ob es sich um ein militärisches Manöver oder eine UFO-Sichtung handelt. Es passiert ja so vieles unter gestrenger Geheimhaltung, von dem die Öffentlichkeit nichts weiß.“

Rechte Seite:
Betty Cash (links) hatte den größten Teil ihrer Haare verloren. Außerdem machten ihr Hautblasen, Übelkeit und schwere Kopfschmerzen zu schaffen. Noch lange Zeit laborierte Vickie Landrum (ganz rechts) an ihren Verbrennungen im Gesicht und an den Händen (unten rechts).

UFO-Opfer

Bei UFO-Sichtungen Ende 1980 erlitten drei Menschen aus Texas Verletzungen, die schweren Strahlenschäden glichen. Deuten die Ereignisse von Huffman darauf hin, daß der Kontakt mit den Außerirdischen gefährlich werden kann?

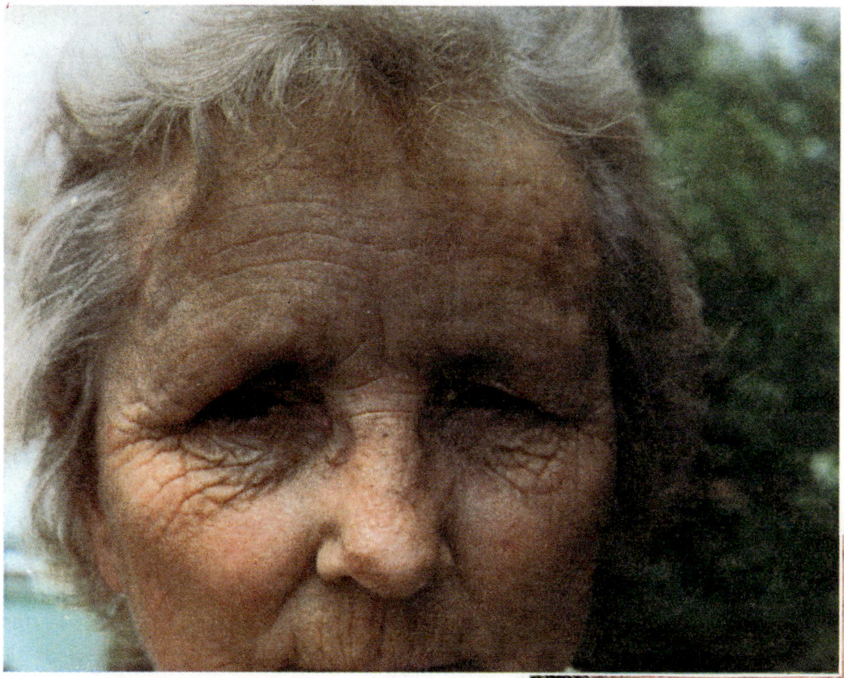

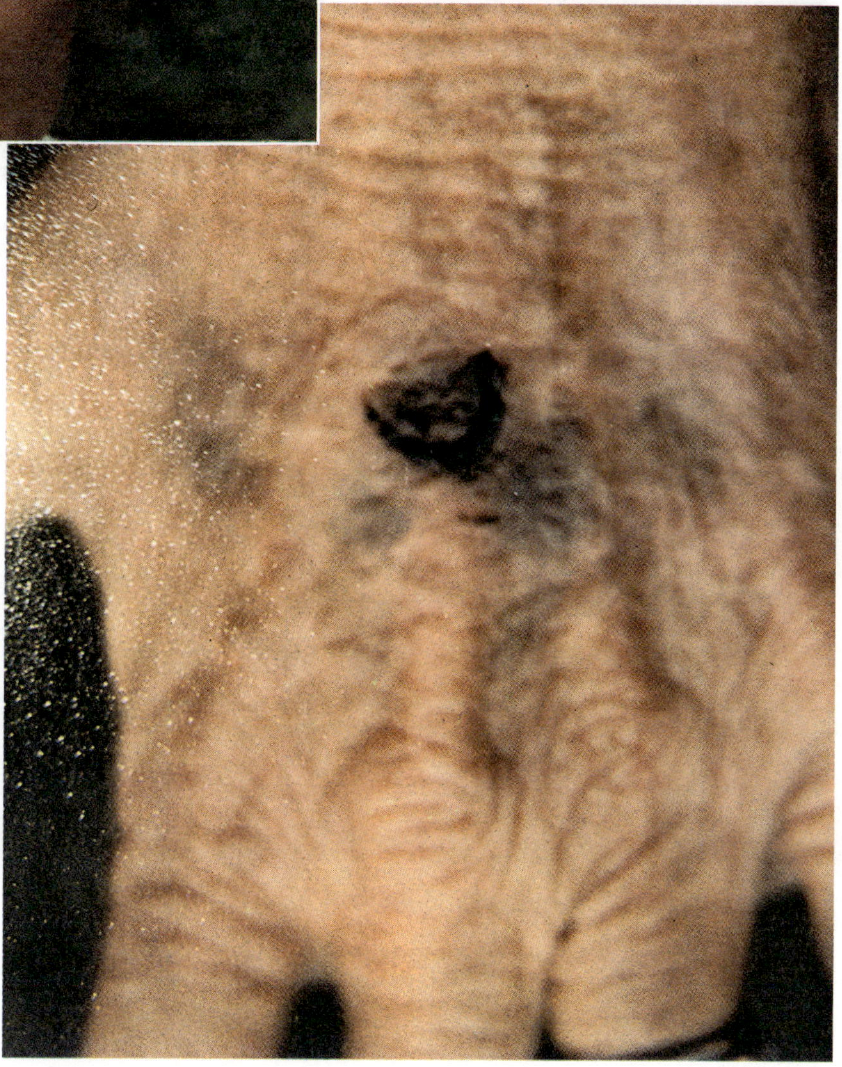

Eine nahe Begegnung mit einem UFO kann nicht nur ein aufregendes, sondern auch ein gefährliches Erlebnis sein. Dies zeigte der Fall Betty Cash, Vickie Landrum und Colby Landrum, die schwere Verletzungen davontrugen und immer noch an den Folgen leiden.

Als die Opfer aus ihrem Wagen stiegen, um das UFO zu beobachten, befand sich dieses kaum 50 Meter von ihnen entfernt. Es strahlte so viel Hitze ab, daß sie Hautverbrennungen erlitten. Das grelle Licht gefährdete ihre Augen, schrilles Piepen und dröhnende Feuerstöße belasteten ihre Nerven. Aber das war nur der Anfang ....

Nach ihrem Renkontre klagte Vickie: „Ich habe Kopfschmerzen, mir ist übel." Um Mitternacht ging es ihr noch schlechter. Die Symptome bei ihr und Colby ähnelten denen bei schweren Sonnenbränden. Sie fühlten sich fiebrig und mußten sich übergeben. Später kam noch Durchfall hinzu, der mehrere Tage anhielt. Außerdem hatten sie schwere Kopfschmerzen.

Vickie versuchte, ihre Verbrennungen mit Babyöl zu behandeln, aber erst nach mehreren Tagen ließ der größte Schmerz nach. Doch Durchfall und Kopfschmerzen hielten an. Nach drei Wochen war das Schlimmste vorbei, aber die Krankheitserscheinungen kehrten im folgenden Jahr wieder.

Seit ihrer Begegnung mit dem UFO leiden Vickie und Colby permanent an Hauterkrankungen, und es scheint, als seien sie jetzt anfälliger für Infektionen als vorher. Die folgenschwerste Verletzung war jedoch die Schädigung der Augen. Die Lider entzündeten sich und heilten nie völlig. Dreimal brauchte Vikkie eine neue immer stärkere Brille. Ihr Sehvermögen läßt ständig nach, periodisch treten Augeninfektionen auf. Sie hat Angst, eines Tages blind zu werden. Auch Colby hat ähnliche Schwierigkeiten. Innerhalb weniger Wochen nach dem UFO-Kontakt verlor Vickie etwa ein Drittel ihrer Haare. Das Nachwachsende war allerdings von anderer Beschaffenheit. „Es ist kräuselig", sagt sie, „aber es liegt besser." Colby büßte nur an einer kleinen Stelle Haare ein, die aber bald wieder nachwuchsen.

Bettys Verletzungen erwiesen sich als noch schwerer. „Die Kopfschmerzen, die ich nach etwa einer Stunde bekam, waren so entsetzlich, daß ich dachte, ich müßte sterben", sagte sie. Auch sie fühlte sich wie nach einem schweren Sonnenbrand; große Wasserblasen bedeckten ihr Gesicht, die Kopfhaut und den Hals, die zum Teil so groß wie Golfbälle wurden. Eine überzog ihr rechtes Augenlid und noch ein Stück der rechten Schläfe. Außerdem hat sie seither eine heftige Aversion gegen warmes Wasser, Sonnenlicht und alles, was heiß ist.

Rechts:
Betty Cash, Vickie Landrum und der kleine Colby, eineinhalb Jahre nach jener unheimlichen Begegnung, die ihr Leben veränderte.

Zuvor war Betty eine vitale Frau. Noch zwei Jahre nach dem UFO-Schock war sie körperlich völlig erschöpft. Sie lag fünfmal im Krankenhaus, davon zweimal auf der Intensivstation. In den ersten vier Wochen hatte sie mehr als die Hälfte ihrer Kopfhaare verloren. Sie wuchsen zwar langsam nach, waren aber ebenfalls von anderer Beschaffenheit. Auch Betty leidet unter Hautveränderungen, die teilweise Münzengröße erreichen und dauerhafte Narben hinterlassen.

Die Ärzte sind ratlos, schließen aber einen Zusammenhang dieser Symptome mit einer früheren Herzoperation aus. Sie konnten nur vermuten, daß die Krankheitserscheinungen aller drei Augenzeugen durch eine Art elektromagnetischer Wellen ausgelöst wurden (siehe Kasten).

Betty, Vickie und Colby erlitten nicht nur körperliche Verletzungen, sondern trugen auch schwere seelische Störungen davon. Colby hatte noch wochenlang schwere Alpträume, bekam sogar einmal, als Forscher die Situation nachstellten, sofort hohes Fieber.

Keine der beiden Frauen ist wieder arbeitsfähig. Die daraus resultierende Einkommensein-

Strahlenschäden

Das Spektrum der verschiedenen elektromagnetischen Wellen mit unterschiedlichen Längen und Frequenzen reicht von Radiowellen bis zu Gammastrahlen (rechts). In unserem Schema nimmt die Wellenlänge von unten nach oben ab, während die Frequenz zunimmt. Das Spektrum unterteilt sich ferner in ionisierende Strahlung (Gammastrahlen, Röntgenstrahlen und ultraviolette Strahlen) und nicht ionisierende Strahlung (Infrarotstrahlung, Mikrowellen, Fernseh- und Radiowellen). Für lebendes Gewebe ist die ionisierende Strahlung am schädlichsten. Sie kann Hautverbrennungen, Übelkeit, Erbrechen, Durchfall, Haarausfall, Kopfschmerzen, Müdigkeit und andere Beschwerden verursachen und die Abwehrkräfte schwächen.

Die sonnenbrandähnlichen Verletzungen, die die Opfer des Huffman-Vorfalls davontrugen, entsprechen am ehesten dem Bild der Schädigung durch ultraviolette Strahlung, hätten jedoch auch auf Röntgenstrahlen oder Mikrowellen zurückgehen können. Augenverletzungen können durch jeden Typ von Strahleneinwirkung hervorgerufen werden. Sie treten am häufigsten in Zusammenhang mit Ultraviolettstrahlung auf, wenn sie auch bereits nach Mikrowelleneinwirkung beobachtet wurden.

Mikrowellen schädigen den Organismus in ähnlicher Weise wie ionisierende Strahlung. Häufig haben sie eine hochgradige

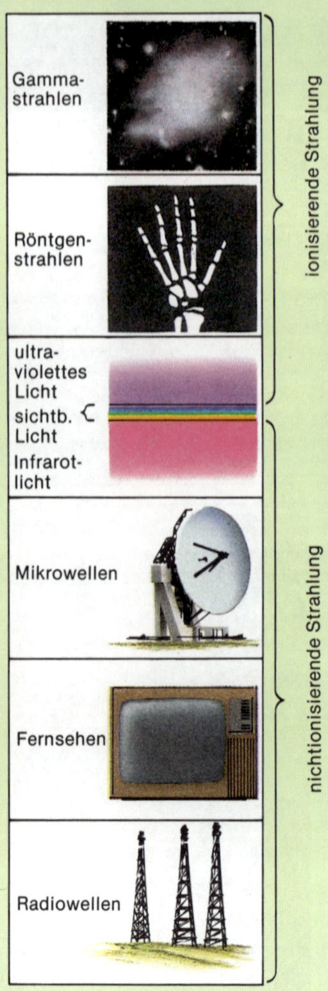

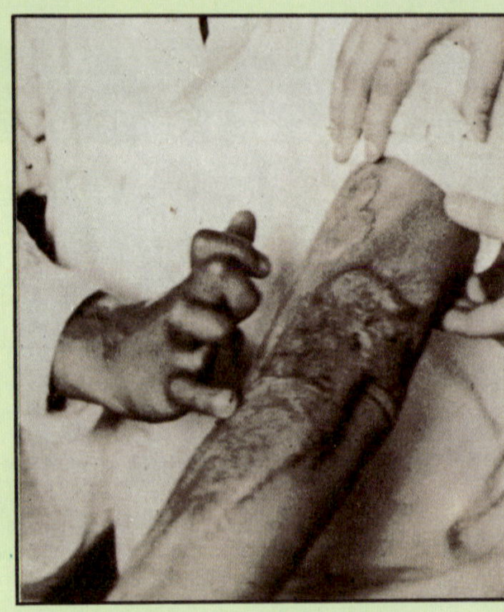

Hautempfindlichkeit zur Folge, wie sie Betty, Vickie und Colby zu schaffen machte. Es gibt auch Geräte, die Mikrowellen in Impulsen und gleichzeitig Röntgenstrahlen abgeben, eine gefährliche Kombination, die für die meisten der im Huffman-Fall aufgetretenen Verletzungen verantwortlich gewesen sein könnte.

Strahlenschäden sind schwer zu diagnostizieren. Strahlenverbrennungen (oben) werden leicht mit anderen Verletzungen, wie etwa Sonnenbrand, verwechselt. Noch schwieriger ist es, die langfristigen Folgen von Strahlenschäden vorherzusagen. Das Opfer kann noch 20 Jahre später an Leukämie erkranken.

buße hat verheerende Folgen. Selbst wenn sie nicht durch ihre Sehschwäche und ihre schlechte Allgemeinverfassung behindert wären, könnten sie doch wegen ihrer Hauterkrankungen nicht mehr in der Gastronomie tätig sein. Für die Ärzte ist es nicht abzusehen, wann sich ihr Zustand bessern wird.

Betty, Vickie und Colby hatten eigentlich verabredet, niemandem von ihrem Erlebnis zu berichten, da sie Angst hatten, man würde sie für verrückt halten. „Es war einfach zu ungeheuerlich, um es jemandem zu erzählen", sagte Vickie. „Aber damals wußten wir noch nicht, daß wir Verletzungen davon getragen hatten." Schließlich brachen sie ihr Schweigen aber doch, um den Ärzten reinen Wein einzuschenken.

Vickie lag viel daran, herauszufinden, was an jenem verhängnisvollen Abend wirklich geschah, damit Colby medizinisch richtig behandelt werden konnte. Von den anderen UFO-Sichtungen um die betreffende Zeit will sie nichts wissen. Betty interessiert sich schon eher dafür, aber ihr permanenter schlechter Gesundheitszustand hindert sie daran, die volle Bedeutung dieser Geschehnisse überhaupt zu begreifen.

Es steht außer Zweifel, daß diese drei Menschen am Abend des 29. Dezember 1980 einem hell erleuchteten Flugobjekt und einer großen Zahl Hubschrauber begegneten, und daß sie als Folge dieser Kontakte alle dauerhafte körperliche und seelische Schäden davontrugen. Früher hatten sie darüber gelächelt, wenn Leute behaupteten, UFOs gesehen zu haben. Heute sind sie zwar noch immer skeptisch, aber das Lächeln ist ihnen vergangen.

Verbrannt und verwirrt

Am frühen Morgen eines Dezembertags 1967 stand Maryellen Kelley vor ihrem Haus in Mohomet im amerikanischen Bundesstaat Illinois, als sie ein großes orangefarbenes UFO in etwa 40 Meter Entfernung in einer Höhe von 15–20 Metern an sich vorüberfliegen sah. Gleichzeitig fühlte sie, wie ein elektrischer Schlag ihren Körper durchzuckte. Sie bekam schwere Kopfschmerzen, die auf keine Behandlung ansprachen. Ihr Gesicht rötete sich, Hände und Beine wiesen Verbrennungen auf. Die Augen waren binnen kurzem blutunterlaufen, das Sehvermögen beeinträchtigt. Außerdem litt sie bald unter Schmerzen im linken Ohr, Nasenbluten, Stichen in der Brust und übermäßigem Durst. Obgleich ihre Begegnung mit dem UFO nur kurz gedauert hatte, hielten die Folgen lange an.

Im November 1976 wurde der 19-jährige Finne Eero Lammi von einem Lichtstrahl getroffen, den ein UFO auf ihn gerichtet hatte. Er fiel zu Boden und trug Verbrennungen auf der Brust davon. Die Verletzun-

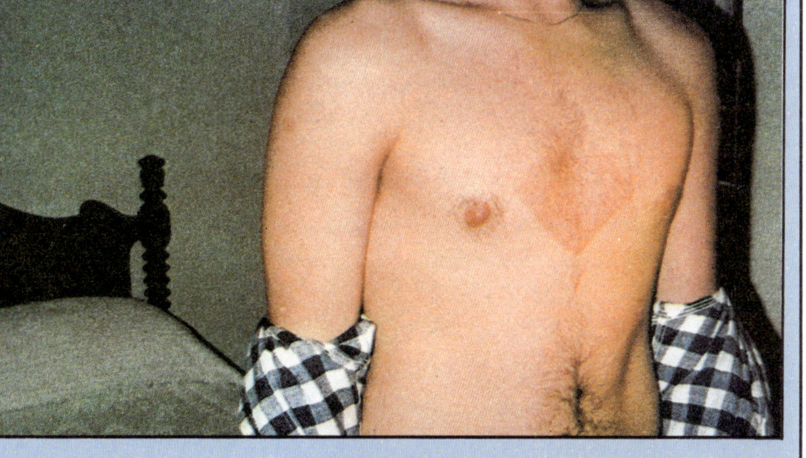

gen ähnelten denen eines 20-jährigen Texaners, der im Januar 1979 in Tyler, Texas, ebenfalls von einem ähnlichen Strahl geschädigt worden war. Auf seinem Brustkorb war noch monatelang eine große rautenförmige Verbrennung zu erkennen.

Im Mai 1967 befand sich der Canadier Steve Michalak übers Wochenende auf dem Land. In der Nähe von Falcon Lake, etwa 120 Kilometer östlich von Winnipeg, begegnete er einem zigarrenförmigen Flugobjekt, von dem ein intensives tiefrotes Licht ausging. Michalak trug Verbrennungen auf Gesicht und Brust (oben) davon und litt in der Folge unter Übelkeit, Erbrechen, Gewichtsverlust, Schwächezuständen, Durchfall, Schwindel und Gedächtnisstörungen. Wie die meisten anderen Opfer, erholte er sich jedoch schließlich wieder.

Fünf Erklärungsversuche

Betrug, Halluzination oder geheimes militärisches Manöver? Um herauszufinden, was bei Huffman in Texas wirklich geschah, gibt es fünf interessante Erklärungsversuche.

Trotz gründlicher Recherchen konnte bis Mitte 1982 noch immer keine überzeugende Erklärung für die Ereignisse jenes Dezemberabends gefunden werden. Mitglieder des in Houston ansässigen *Vehicle Internal Systems Investigative Team (VISIT)*, die man zur Untersuchung hinzugezogen hatte, gingen an den Fall mit dem gebotenen Maß von Skepsis heran. Die Ergebnisse der Voruntersuchungen hatten jedoch bald offenbart, daß die Angelegenheit schon ernst genommen werden mußte.

Anhand dieser ersten Informationen entwickelten die VISIT-Mitglieder eine Reihe von „Szenarien", um festzustellen, was sich möglicherweise in jener Nacht zugetragen haben könnte. Diese Thesen bildeten die Grundlage für ausgedehnte Nachforschungen.

Szenario 1: Betty, Vickie und Colby wollten sich einen vergnügten Abend bei einer Bingo-Veranstaltung machen. Enttäuscht, weil alle Clubs geschlossen waren, fuhren sie nach einem Abendessen in New Caney nach Hause. Die dunkle, einsame Straße drückte noch mehr auf ihre Stimmung, und sie fingen an, Scherze über die Lichter der Flugzeuge am fernen Himmel zu machen. Ein Wort ergab das andere und schließlich kamen sie darauf, daß die Lichter durchaus UFOs sein könnten. Da sie selbst nicht an UFOs glaubten, beschlossen sie, eine UFO-Geschichte zu erfinden, die denen ähnelte, die man in den Zeitungen las. Damit das ganze seriöser klang, dichteten sie die Hubschrauber dazu. Zu Hause banden sie ihren Freunden den Bären auf.

Szenario 1 fungierte als Ausgangspunkt der Untersuchungen. Ehe VISIT nicht ausschließen konnte, daß es so gewesen war, bestand kein Anlaß, weitere Möglichkeiten ins Auge zu fassen. Doch die Analyse ergab die Unhaltbarkeit der These.

Zunächst einmal erlitten alle drei Opfer schwere körperliche Verletzungen, die von Ärzten attestiert wurden. Außerdem sahen auch andere Zeugen an jenem Abend das UFO und die Hubschrauber. Befragungen von Freunden und Arbeitskollegen ergaben keinen Hinweis auf eine mangelnde Glaubwürdigkeit der drei.

Tatsächlich hatten sie keineswegs versucht, Freunden ihr Abenteuer zu erzählen, weil sie Angst hatten, daß man ihnen nicht glauben würde. Auch der Presse gegenüber schwiegen sie. Als die Geschichte schließlich doch durchgesickert war und ein Reporter um ein Interview bat, stellten sie keinerlei Honorarforderungen. Aus freien Stücken arbeiteten sie mit

Als Betty, Vickie und Colby das UFO sichteten, zählten sie 23 Hubschrauber. Einige davon waren zweirotorige CH-47, deren Dröhnen Colby Angst einflößte. Andere waren kleinere, schnellere einrotorige Helikopter wie die hier abgebildeten.

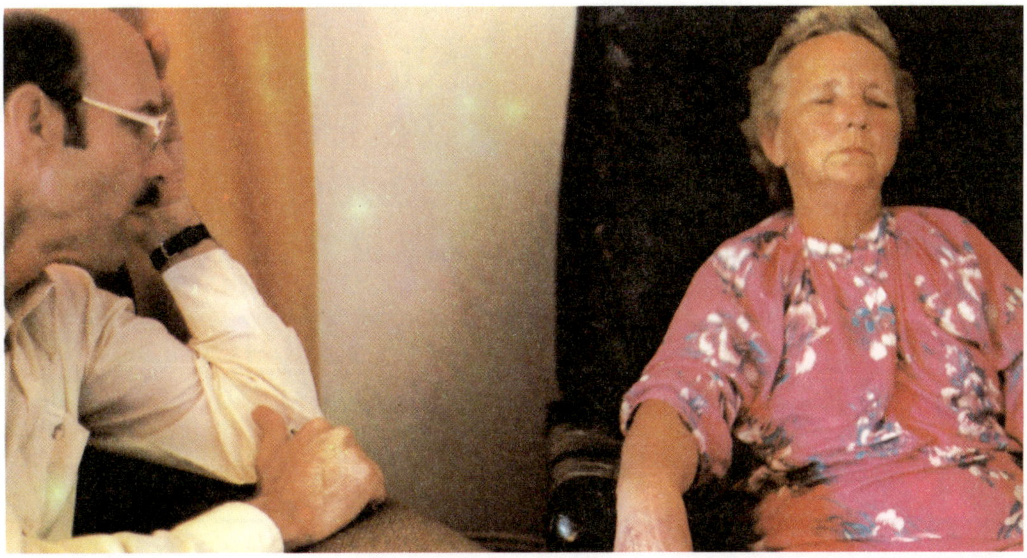

Vickie während der Hypnose durch Dr. R. Leo Sprinkle. Da sich kein Hinweis auf eine Entführung ergab, kam VISIT zu dem Schluß, daß ihr die Geschichte mit den Helikoptern nicht „suggeriert" worden war.

VISIT zusammen, auch wenn dies für sie persönliche Ungelegenheiten bedeutete.

Szenario 2: Es war keine Zufallsbegegnung, sondern eine geplante Gefangennahme, die etwa 20 Minuten dauerte. Im UFO wurde ihnen die Vorstellung suggeriert, daß nach der Entführung der Himmel voller Militärhubschrauber sein würde. Sie sollten glauben, in eine Militärübung geraten zu sein. Bei dieser Annahme waren das UFO und die Verletzungen Wirklichkeit, nicht aber die Hubschrauber. Die zweite These hält zwar verschiedene Prüfungen stand, andere Einzelheiten konnten dagegen nicht verifiziert werden. Die Tatsache, daß um die gleiche Zeit UFO-Sichtungen in derselben Region aus anderen Orten gemeldet wurden, deutet daraufhin, daß es sich bei dem UFO tatsächlich um ein reales Objekt handelte. Fest steht auch, daß die Opfer verletzt wurden, möglicherweise von eben diesem UFO.

Für eine Verschleppung gab es jedoch keine Indizien. Einige Monate nach dem Vorfall war Vickie bereit, sich von Dr. R. Leo Sprinkle von der Universität Wyoming in Hypnose versetzen zu lassen. Er fand keine Hinweise auf eine Entführung. Betty ließ sich nicht hypnotisieren, da die Ärzte eine zu große Belastung für ihr Herz befürchteten.

VISIT schloß eine Verschleppung aus. Da aber auch andere Zeugen die Hubschrauber gesehen hatten, folgerte man, daß beim Szenario 2 nur der Teil bewiesen war, der sich auf das UFO und die Verletzungen bezog.

Szenario 3: Dieser Version zufolge führte das große UFO mehrere kleinere mit sich, die in der Nähe der Stadt Houston ausschwärmen sollten. Betty, Vickie und Colby störten durch ihr Erscheinen die geplante Operation und wurden versehentlich verletzt. Um zu verhindern, daß die drei Zeugen etwas über das beobachtete Manöver verraten würden, suggerierte ihnen die UFO-Besatzung, die kleinen UFOs seien Hubschrauber. Sie bemerkten aber offenbar nicht, daß die Opfer Verletzungen erlitten hatten und hofften, sie würden die Hubschrauber als etwas ganz Normales hinnehmen und somit keine Veranlassung sehen, jemand etwas davon zu erzählen.

Seit den ausgehenden 60er Jahren hat es eine ganze Reihe von Fällen gegeben, in denen unklar war, ob es sich bei spektakulären Erscheinungen um UFOs oder um Hubschrauber gehandelt hatte. Bei der Begegnung von Huffman scheinen es ein UFO und ein Pulk Hubschrauber gewesen zu sein, die in irgendeinem Zusammenhang miteinander standen. Die Opfer sahen die Helikopter, während das UFO in ihrer Nähe und nachdem es bereits mehrere Kilometer weitergeflogen war. Andere Augenzeugen beobachteten die Hubschrauber ohne UFO oder das UFO ohne Hubschrauber. Nach Auswertung aller Aussagen kam VISIT zu dem Ergebnis, daß es sich bei den Helikoptern nicht um verkappte UFOs gehandelt haben konnte.

Szenario 4: Betty, Vickie und Colby begegneten einem defekten UFO, das einen Notantrieb (Feuerstrahl) einschaltete, um wieder aufsteigen zu können. Zwei Stunden vorher war das gleiche Objekt über Dayton und Liberty gesehen worden. Es hatte sich wie ein angeschlagenes Raumschiff benommen und wurde auch auf Radarschirmen geortet, bis es schließlich so tief hinunterging, daß eine Kontrolle unmöglich wurde. Eine militärische Aktion sollte dann den Sachverhalt klären. Dabei wurden CH-47-Hubschrauber eingesetzt, um Soldaten und Gerät zu einer eventuellen Absturzstelle zu transportieren. Die kleineren Helikopter waren für eventuellen Feuerschutz vorgesehen. Als das UFO wieder manövrierfähig war, folgten ihm die vordersten Hubschrauber dicht auf den Fersen, um es genauer zu beobachten. Der Rest blieb für den Fall zurück, wenn das UFO landen oder abstürzen sollte.

Nachforschungen auf der Grundlage dieses Szenarios förderten weitere UFO-Sichtungen zutage, bei denen dreieckige oder rautenförmige Objekte beobachtet worden waren. Doch von diesen hatten keine über längere Zeit

Nicht nur verletzt, sondern auch noch grob behandelt

An einem Apriltag im Jahr 1981 flog ein CH-47-Hubschrauber über Colby Landrums Heimatstadt Dayton. Der kleine Junge reagierte erschreckt und erregt, da es derselbe Hubschrauber-Typ war, den er im Dezember des vorigen Jahres bei Huffman gesehen hatte. Um seine Angst zu zerstreuen, wollte seine Großmutter, Vickie, mit ihm zum Landeplatz des Helikopters gehen.

Dort angelangt, mußte sie wegen anderer bereits anwesender Leute eine Zeitlang warten, ehe sie mit dem Piloten sprechen konnten. Sowohl Vickie als auch ein anderer Zuschauer behaupten, der Pilot habe zugegeben, bereits früher in der Gegend gewesen zu sein, um dem Fall eines defekten UFOs bei Huffman nachzugehen. Als Vickie dem Piloten erklärte, wie glücklich sie wäre, mit ihm zu sprechen, da sie zu den Opfern des UFOs gehörte, lehnte er jedes weitere Gespräch ab und drängte sie rasch aus dem Helikopter.

VISIT gelang es später, den Piloten ausfindig zu machen und zu befragen. Er bestätigte, von Vickies und Bettys Begegnung mit dem UFO zu wissen, behauptete jedoch, im Dezember nicht in der Gegend gewesen zu sein und nichts mit einem UFO zu tun gehabt zu haben. Ehe sich nicht ein anderer Pilot doch noch zu Wort meldet, wird sich das Rätsel von Huffman nicht lösen lassen.

Feuerstrahlen zum Erdboden ausgestoßen. Das stützt die Hypothese, daß das UFO bei Huffman in Schwierigkeiten war. Außerdem hatte bisher niemand bei Kontakten mit UFOs derart schwere Verletzungen davongetragen, was ebenfalls auf eine Notsituation hindeutet.

Eine andere, etwas tollkühne Erklärung für die Hubschrauber ist, daß amerikanische Luftstreitkräfte mit dem UFO kooperierten: eine Art Nato-Bündnis zwischen der US-Regierung und der hinter den UFOs stehenden Macht. Hier muß aber berücksichtigt werden, daß die US-Regierung sich weigert, die Existenz von UFOs anzuerkennen und daß es keinerlei Indiz für solch einen Pakt gibt.

Szenario 5: Nach diesem Erklärungsversuch handelte es sich um eine geheime militärische Aktion, die als UFO-Begegnung falsch interpretiert wurde. Die Hubschrauber wurden von einem anderen Stützpunkt in den USA oder Mittelamerika nach Houston gebracht und von dort aus entweder zu einem der üblichen jährlichen Manöver oder aber für eine Spezialoperation eingesetzt. Das „UFO“ war entweder ein Energieaggregat, eine Geheimwaffe oder ein Gerät zur Störung feindlicher Elektronik, das von einem ferngesteuerten Hubschrauber aus abgesetzt wurde. Die Verletzungen sind auf intensive Mikrowellen beziehungsweise auf den Kontakt mit Festtreibstoff, Entlaugungsmitteln oder einer sonstigen unidentifizierten Flüssigkeit zurückzuführen.

Die US-Luftwaffe bestreitet allerdings, für die am 29. Dezember 1980 bei Huffman gesichteten Helikopter verantwortlich zu sein. Auch fand in der fraglichen Zeit am texanischen Golf keine zivile Luftoperation mit schweren Hubschraubern statt. Da sechs Zeugen die Helikopter eindeutig identifizierten, aber niemand mit ihrem Einsatz zu tun gehabt haben will, ist anzunehmen, daß es sich um ein geheimes Manöver handelte, wobei Leib und Leben der Opfer von zweitrangiger Bedeutung waren. Vickie Landrum ist sich ganz sicher, daß die fünfte Version zutrifft. Sie meint, das UFO war keines „aus dem Weltraum mit kleinen grünen Männchen an Bord. So viel steht fest. Wenn die Regierung nichts davon weiß, dann sollte sie sich darum kümmern, etwas in Erfahrung zu bringen.“

Die Organisation VISIT will künftig Opfern von UFO-Begegnungen ihr Los erleichtern. Als Betty und Vickie Hilfe suchten, fanden sie nur Achselzucken und taube Ohren. Mittlerweile hat VISIT eine Sammlung von Ratschlägen für derartige Fälle herausgegeben und an die Medien wie auch an die Polizei innerhalb eines 240-km-Radius um Houston verteilt. Als den Betroffenen schließlich medizinische Betreuung zuteil wurde, konnten die Ärzte nirgendwo Informationen über vergleichbare Fälle erhalten. VISIT hofft, demnächst Ärzten und Ufologen eine Checkliste für ähnliche Situationen geben zu können.

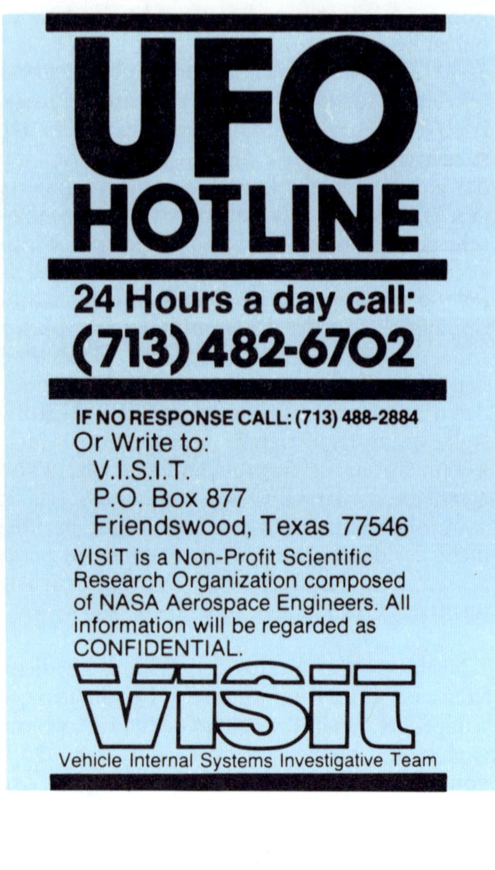
UFO
HOTLINE
24 Hours a day call:
(713) 482-6702
IF NO RESPONSE CALL: (713) 488-2884
Or Write to:
V.I.S.I.T.
P.O. Box 877
Friendswood, Texas 77546
VISIT is a Non-Profit Scientific Research Organization composed of NASA Aerospace Engineers. All information will be regarded as CONFIDENTIAL.
VISIT
Vehicle Internal Systems Investigative Team

Als Betty und Vickie sich nach ihren schlimmen Erfahrungen um Hilfe bemühten, fanden sie niemanden, der sich für ihr Schicksal interessierte. Um künftigen Opfern die Situation zu erleichtern, gab VISIT diese UFO-Notdienstkarte heraus, die im Umkreis von 240 Kilometern um Houston an Medien und Polizei verteilt wurde.

Seltsame Begegnungen

UFOs beunruhigen die Menschheit immer wieder. Dennoch dringen objektive Forschungsberichte nur selten bis in die Massenmedien.

Die etablierte Wissenschaft neigt schon immer zu Skepsis im Umgang mit UFO-Erscheinungen. Dr. J. Allen Hynek, der astronomische Berater des *Project Blue Book* (der mit der Untersuchung von UFO-Fällen beauftragte Forschungsausschuß der US-Luftwaffe), berichtet in seinem Buch *The UFO experience* (Erfahrungen mit UFOs) von einem Vorfall bei einem abendlichen Empfang im Jahr 1968 in Victoria/British Columbien, bei dem zahlreiche Astronomen anwesend waren. Als während der Party die Nachricht kursierte, daß draußen seltsame Lichterscheinungen – möglicherweise UFOs – gesichtet worden seien, wurde das nur „mit lockeren Sprüchen quittiert und mit jenem nachsichtigen Lächeln überspielt, das häufig die Reaktion auf peinliche Situationen darstellt". Nicht einer der Astronomen sei hinausgegangen, um sich zu vergewissern, was an der Sache wirklich dran war.

Selbst das *Project Blue Book* versuchte nur, alle bekanntgewordenen Fälle von UFO-Sichtungen auf herkömmliche wissenschaftliche Art wegzuerklären. Es geriet schon bald in einen schlechten Ruf, da viele ihrer Deutungen unglaubhaft waren. Darauf setzte die US-Luftwaffe 1966 einen zweiten auf zwei Jahre terminierten Forschungsausschuß ein.

Der Bericht dieses Gremiums, der inoffiziell unter dem Titel *Condon Report* bekannt wurde, erschien 1969 und besagte im Grunde, daß zu weiteren Recherchen kein Anlaß bestehe, da sich aus der Untersuchung der UFO-Fälle keine für die Wissenschaft wertvollen Hinweise ergeben hätten. Und dies, obwohl jeder dritte der 87 von der Kommission untersuchten Fälle unerklärt geblieben war. Seit 1969 ist die Forschung auf diesem Gebiet weitgehend privaten Organisationen überlassen, wie etwa der *Ground Saucer Watch* und dem *Project Starlight International* in den USA oder *UFOIN* (UFO Investigators' Network) und *BUFORA* (Britisch UFO Research Association) in Großbritannien. Immerhin ergab die Statistik, daß UFOs während der letzten 30 Jahre meist in Wellen auftraten, besonders 1954 und 1965. Zwei signifikante Fälle aus dieser Zeit werden nachfolgend beschrieben. Letzterer gehört zu den ersten Beispielen für UFO-Sichtungen, bei denen eine Begegnung mit menschenähnlichen Wesen stattgefunden hat.

Welche Arten von UFO-Sichtungen gibt es?

Während Dr. J. Allen Hynek noch als Berater des *Project Blue Book* fungierte, entwickelte er ein Klassifikationssystem für verschiedene „Typen" von UFOs, das mittlerweile allgemein benutzt wird. Er ordnete UFO-Berichte nach der Entfernung (mehr beziehungsweise weniger als 150 Meter), in der das UFO beobachtet wurde und unterteilte jede dieser Kategorien noch einmal in drei weitere. Dadurch erhielt er insgesamt sechs Sichtungstypen.

Die meisten UFO-Sichtungen fallen in die „weiter entfernte" Kategorie.

Nächtliche Lichterscheinungen.

Seltsame Lichterscheinungen in größerer Entfernung am Nachthimmel, die oft ungewöhnlichen Merkmale, wie etwa Schwankungen der Licht- oder Farbintensität oder jähe Tempo- und Richtungswechsel, aufweisen.

Scheibenförmige Flugobjekte bei Tageslicht.

Weiter entfernte Objekte am Taghimmel. Ihr Aussehen kann sehr unterschiedlich sein: zigarren-, kugel- und eiförmig, oval- oder punktförmig.

Beobachtungen mit Radar und bloßem Auge.

Weiter entfernte UFOs, die gleichzeitig durch Radar geortet und von Zeugen gesichtet werden, wobei beide Beobachtungen weitgehend übereinstimmen. Dr. Hynek schloß reine Radarortungen aus, da hierbei zu viele Fehldeutungen unterlaufen können. Mit Zeugenaussagen abgesicherte Radarbeobachtungen sind jedoch die wichtigste Kategorie von UFO-Sichtungen, kommen leider nur sehr selten vor.

Beobachtungen von UFOs aus der Nähe sind wohl die interessantesten und meist auch spektakulärsten Fälle.

Nahbeobachtungen der ersten Art.

Einfache Beobachtungen von Phänomenen, bei denen keine physische Interaktion zwischen diesen und ihrer Umgebung stattfindet.

Nahbeobachtungen der zweiten Art.

Sie unterscheiden sich von der ersten dadurch, daß physische Auswirkungen auf belebte und unbelebte Materie erkennbar sind: etwa geknickte oder plattgewalzte Pflanzen, abgebrochene Äste, erschreckte Tiere oder Störungen der Funktion von Autoscheinwerfern, Motoren und Radios. Solche elektrischen Ausfälle sind normalerweise wieder behoben, sobald das UFO verschwunden ist.

Nahbeobachtungen der dritten Art.

Im UFO oder in dessen Umgebung werden Wesen gesichtet. Dr. Hynek schloß generell „Kontakt"-Fälle aus, bei denen eine intelligente Kommunikation stattgefunden haben soll, da diese fast immer von pseudoreligiösen Fanatikern geschildert werden und nie von „offensichtlich vernünftigen, klardenkenden und gut beleumundeten Personen". Trotzdem verdienen auch solche Fälle gelegentlich, von den Wissenschaftlern ernstgenommen zu werden.

„Wir sind nicht alleine“

Das UFO, das Flugkapitän James Howard und seine Besatzung sowie Passagiere an Bord des Stratosphärenflugzeugs *Centaurus* der Fluggesellschaft BOAC am 29. Juni 1954 sichteten, war keine Fliegende Untertasse, sondern erstaunlicherweise ein Objekt von ständig wechselnder Form. Das Flugzeug war vom New Yorker Flughaven Idlewild gestartet und sollte vor der Atlantiküberquerung, mit den Zielen Shannon und London, in Neufundland zwischenlanden.

Die Maschine flog auf Dauerkurs in nordöstlicher Richtung, als über Funk plötzlich vom Boden die Anweisung „to hold“ kam – ein Manöver, das nur bei unmittelbarer Gefahr befohlen wird. Nachdem er eine halbe Stunde lang gekreist war, teilte der Kapitän dem Kontrollturm mit, daß er entweder weiterfliegen oder nach Idlewild zurückkehren müsse, da der Treibstoff knapp würde. Kurz darauf erhielt die Maschine die Erlaubnis zum Weiterflug, und der Pilot schaltete in einer Flughöhe von 6000 Metern auf automatische Steuerung. Unmittelbar über dem Flugzeug befand sich eine aufgelockerte Wolkenschicht, darunter, in 60 m Höhe, ein dichtes Wolkenfeld. Nach etwa 20 Minuten fiel Captain Howard plötzlich ein glitzerndes Licht auf. Backbord sah er ein großes metallisch wirkendes Objekt, umgeben von 6 kleineren Objekten, aus einer Wolkenlücke hervorschießen. Das Bild glich einem gigantischen Flugzeugträger, der von mehreren kleineren Zerstörern eskortiert wurde.

Das faszinierendste an dieser Erscheinung bestand darin, daß sie ständig ihre Form veränderte. Captain Howard hielt diese Verwandlungen in Skizzen fest: einen „Deltaflügel“, eine Art Telefonhörer, eine Birne. Später kommentierte er, das Objekt habe ihn mit seiner in stetem Fluß befindlichen Form an einen Bienenschwarm erinnert. Es bewegte sich etwa 6 Kilometer von der *Centaurus* entfernt und hielt diese Position. Der hinter dem Captain sitzende Erste Offizier, Lee Boyd, war inzwischen aufgestanden, um das Schauspiel genau zu beobachten. Howard rief den Kontrollturm:

„Wir sind nicht allein hier.“

„Das wissen wir.“

„Was ist das?“

„Wir wissen es nicht, aber wir haben einen Sabre-Jäger von Goose Bay hinaufgeschickt, um es sich anzusehen.“

Gut, geben Sie mir seine Frequenz, damit ich ihn einweisen kann.“

Wenige Minuten später hatte Howard Funkkontakt zum Piloten des Jägers hergestellt, der bald darauf erklärte, er habe zwei Objekte auf seinem Radarschirm – die *Centaurus* und vermutlich das UFO. Dann geschah etwas Überraschendes: Die 6 kleinen Objekte formierten sich zu einer Reihe, stießen zu dem großen UFO hinunter und schienen von diesem aufgenommen zu werden. Danach wurde das große UFO merkwürdigerweise immer kleiner, bis der Pilot des Jägers schließlich erklärte, er sei jetzt genau über dem Objekt. Im selben Augenblick verschwand es endgültig vom Radarschirm „ ... wie ein Fernsehbild, wenn man den Apparat abschaltet“.

Seit 1953 haben die Piloten von Verkehrsmaschinen Anweisung, der Öffentlichkeit nichts über UFO-Sichtungen mitzuteilen. Bei der *Centaurus* hatten jedoch viele Passagiere die phantastische Erscheinung mit atemberauben-

Beobachtungen per Radar und mit bloßem Auge: Über dem Atlantik vor Labrador am 29. Juni 1954

der Spannung verfolgt, und so gelangte der unglaubliche Vorfall in die Presse. Für die Ufologen war dies ein Glück, da solche UFO-Sichtungen in die wichtige Kategorie „direkte Beobachtung und Radarortung" fällt. Dabei waren sogar zwei voneinander unabhängige Radaranlagen beteiligt: die des Kontrollturms und die des Sabre-Jägers. Außerdem lagen die Aussagen von erfahrenen Piloten, Besatzungsmitgliedern und etwa 30 Passagieren vor. Einer von ihnen hatte sogar eine Kamera bei sich, aber leider schlief er!

Nächtliche Lichterscheinungen bei Vernon in Frankreich am 23. August 1954

„Leuchtend lautlos und gespenstisch reglos"

Vernon liegt an der Seine, etwa 80 Kilometer flußabwärts von Paris. Hier setzten die Alliierten bei der Verfolgung der deutschen Truppen 1944 erstmals über die Seine. Zehn Jahre später und kaum acht Wochen nach dem Vorfall von Idlewild war die Stadt Schauplatz eines weiteren bedeutsamen Ereignisses, für das es vier Augenzeugen gab, dem jedoch von der Presse kaum Beachtung geschenkt wurde.

Am 23. August 1954 um 1 Uhr morgens war der Himmel klar, der Mond kam erst später auf und schien dann nur schwach. Bernard Miserey war gerade nach Hause gekommen und im Begriff, seine Garagentür zu schließen, als er ein riesiges zigarrenförmiges Objekt, etwa 275 Meter von ihm entfernt, senkrecht über dem nördlichen Flußufer stehen sah. Es war schätzungsweise 90 Meter lang, leuchtend, lautlos, unbeweglich. Während der Zeuge fassungslos auf das Phänomen starrte, trat aus dem unteren Ende der „Riesenzigarre" eine waagerecht liegende Scheibe aus. Sie hielt in ihrem freien Fall inne, stand wackelnd in der Luft, verfärbte sich leuchtend rot, entfaltete einen hellen weißen Schein rings um sich herum und kam schließlich auf Monsieur Miserey zugeschossen, zog lautlos über sein Haus hinweg und entschwand in südwestlicher Richtung.

Dieses ungewöhnliche Geschehen wiederholte sich noch dreimal, dann fiel nach einer Pause eine fünfte Scheibe bis dicht über das Flußufer herab, ehe sie wackelnd innehielt und sich mit großer Geschwindigkeit gen Norden entfernte. Indes wurde das Glühen der „Zigarre" immer schwächer und bald war sie ganz im Dunkeln untergetaucht.

Bernard Miserey meldete das Ereignis der Polizei und erfuhr dort, daß zwei Streifenpolizisten das gleiche beobachtet hatten, ebenso ein Armeeingenieur, der die Route National 181 südwestlich der Stadt entlang gefahren war.

Was steckte hinter dieser Erscheinung? War das große zigarrenförmige Objekt der „Träger" der kleinen Scheiben. Andere UFO-Sichtungen, darunter auch der Fall Idlewild, ließen diese Annahme plausibel erscheinen. Ein bedeutsamer Unterschied liegt allerdings darin, daß die kleineren Objekte bei Idlewild von dem großen aufgesogen, bei Vernon dagegen ausgestoßen wurden. Über allem bleibt ein großes Fragezeichen.

Nahbegegnung der dritten Art bei Socorro in Neu Mexiko, USA, am 24. April 1964

Der Streifenpolizist Lonnie Zamora, dessen Nahbegegnung mit einem UFO zu den am besten dokumentierten Fällen zählt.

„Menschenähnliche Wesen ... und sonderbare Schriftzeichen"

Gegen 17.50 Uhr am 24. April 1964 befand sich der Streifenpolizist Lonnie Zamora von der Polizeistation im Neumexikanischen Socorro gerade am Steuer seines Pontiac auf der Jagd nach einem Temposünder. Plötzlich hörte er ein lautes Dröhnen. Gleichzeitig sah er am Himmel eine „Flamme", die bläulich-orange leuchtete und seltsam unbeweglich in einiger Entfernung bodenwärts sank. Der Polizist sorgte sich, daß ein nahegelegenes Dynamitlager in die Luft fliegen könnte, gab seine Verfolgungsjagd auf und fuhr rasch über unwegsames Gelände auf die Stelle zu, wo die „Flamme" niedergegangen war.

Nach drei Anläufen gelang es ihm, mit seinem Wagen einen Hügel zu erklimmen, auf dem er langsam in westlicher Richtung weiterfuhr. Ein leuchtendes, offenbar aus Aluminium bestehendes Objekt, etwa 150 bis 200 Meter südlich seiner Position, das er in der Ebene entdeckte, ließ ihn einhalten. Das UFO hatte die Form eines senkrecht stehenden Ovals und stand auf Stützbeinen. In der Nähe der seltsamen Erscheinung bewegten sich zwei menschenähnliche Gestalten in weißen „Overalls". Eines der etwa nur 1,20 Meter großen Wesen sah genau in seine Richtung und machte eine hüpfende Bewegung. Einzelheiten der Gesichter ließen sich auf diese Entfernung nicht erkennen.

Der Polizist fuhr nun schnell auf den Landeplatz zu, um gegebenfalls Hilfe zu leisten. Er blieb aber in dem unwegsamen Gelände stekken und informierte seine Zentrale über Funk, daß er zu Fuß zu einer Unfallstelle weitergehen würde.

Plötzlich hörte er zwei oder drei laute krachende Geräusche, als ob jemand hämmerte oder eine Tür zuschlug. Dazwischen lagen jeweils ein oder zwei Sekunden. Als er sich noch etwa 50 Schritt von dem Objekt entfernt befand, erfüllte ein lautes Dröhnen die Luft, das langsam immer schriller wurde. Die menschenähnlichen Wesen waren verschwunden. Gleichzeitig sah er eine blauorangefarbige Flamme, die eine Staubwolke hinterließ, in die Höhe steigen. Zamora trat hastig den Rückzug an, und das mittlerweile waagrecht liegende ovale Objekt stieg auf die Höhe seines Standorts empor. Durch das unablässige Dröhnen in Panik versetzt, hechtete er schutzsuchend hinter die Hügelgruppe. Sobald das Geräusch verstummt war, hob er den Kopf und beobachtete, wie sich das UFO in etwa 5 Meter Höhe von ihm wegbewegte. Es wich vorsichtig dem Dynamitlager aus, gewann allmählich immer weiter an Höhe und verschwand schließlich. Zamora kehrte zu seinem Wagen zurück und nahm Funkverbindung zu seiner Zentrale auf.

Während er auf seinen Kollegen wartete, fertigte er eine Skizze von seltsamen Zeichen an, die er an einer Objektseite entdeckt hatte.

Sergeant Sam Chavez war rasch zur Stelle. Wäre er nicht einmal falsch abgebogen, hätte er das Objekt sogar noch sehen können.

„Was ist los, Lonnie?“ fragte er. „Du siehst aus, als wäre dir der Leibhaftige begegnet.“

Kann schon sein!“ erwiderte Zamora.

Zamora zeigte Chavez die Stelle, wo das UFO gestanden hatte. Dort brannte noch immer das Gestrüpp. Sie entdeckten vier verkohlte Stellen und vier Bodenabdrücke, die alle eine ähnliche Form aufwiesen und wahrscheinlich von den Stützbeinen stammten. An dreien dieser vier Punkte war der Boden um etwa 5 cm eingedrückt und die Erde am Rand emporgepreßt worden. Der vierte Abdruck war weniger deutlich und nur etwa 2,5 cm tief. Der mit der Untersuchung beauftragte Ingenieur W. T. Powers stellte fest, daß die Kraft, die notwendig war, um solche Spuren zu hinterlassen „jeweils mindestens der langsam abgesenkten Last von einer Tonne entsprach“. Powers wies darauf hin, daß eine der Brandstellen genau im Schnittpunkt der Diagonalen des von den Abdrücken gebildeten Vierecks lag und zog daraus den spekulativen Schluß, daß sie, vorausgesetzt, die Aufhängung der Beine ist beweglich, den Schwerpunkt des Objekts markierte und möglicherweise die Position der blauorangen Flamme angab, die Zamora gesehen hatte. Innerhalb des Vierecks, auf der am weitesten von dem von Zamora eingenommenen Standpunkt entfernt liegenden Seite, fanden sich vier kleine, runde Abdrücke, die wie „Fußstapfen“ aussahen.

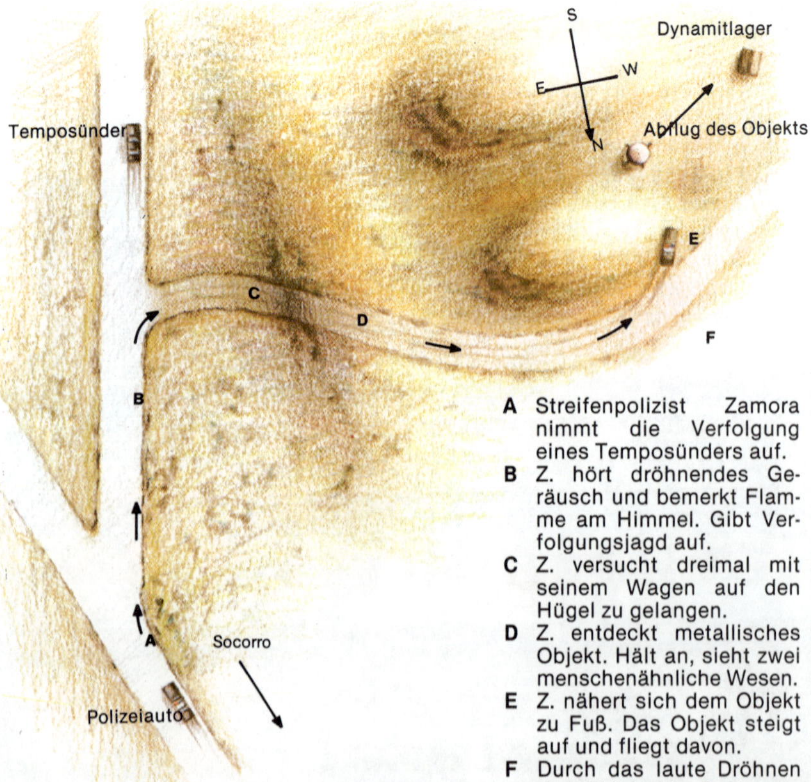

A Streifenpolizist Zamora nimmt die Verfolgung eines Temposünders auf.
B Z. hört dröhnendes Geräusch und bemerkt Flamme am Himmel. Gibt Verfolgungsjagd auf.
C Z. versucht dreimal mit seinem Wagen auf den Hügel zu gelangen.
D Z. entdeckt metallisches Objekt. Hält an, sieht zwei menschenähnliche Wesen.
E Z. nähert sich dem Objekt zu Fuß. Das Objekt steigt auf und fliegt davon.
F Durch das laute Dröhnen des Objekts in Panik versetzt, sucht Z. Deckung hinter der Hügelkuppe, von wo aus er das UFO sich entfernen sieht.

Die Ereignisse von Socorro fanden ein breites Echo in der Presse und versetzten die Menschen in Aufregung. Das Forschungsgremium der US-Luftwaffe *Project Blue Book* legte gewöhnlich alle UFO-Sichtungen, für die es nur einen Zeugen gab, gleich ad acta, aber hier war die Aussage des Polizisten Zamora so eindeutig, daß zwangsläufig intensive Nachforschungen vor Ort angestellt werden mußten. Dieser Fall ist einer der vielen, in denen *Project Blue Book* kapitulierte: Die Erscheinung ließ sich nicht durch irgendein bekanntes Objekt oder Phänomen erklären. Dr. J. Allen Hynek gestand, nach Abschluß der Untersuchungen noch ratloser zu sein als bei seiner Ankunft in Socorro. Er sagte: „Vielleicht gibt es ja eine einfache und natürliche Erklärung für den Vorfall von Socorro, aber ich selbst bin nach gründlichen Untersuchungen nicht davon überzeugt.“

Unten:
Einer der vier Eindrücke, den das bei Socorro gelandete UFO hinterließ. Nach Auskunft eines Ingenieurs war eine Last von einer Tonne notwendig, um solche Vertiefungen zu erzeugen.

Engste Kontakte

Eins der verwirrendsten Merkmale vieler UFO-Erscheinungen ist ihre Undurchschaubarkeit. Im Jahre 1957 jedoch wurde ein junger brasilianischer Bauer angeblich von menschenähnlichen Wesen in der handfesten Absicht entführt, mit einem der Geschöpfe geschlechtlich zu verkehren, „wie ein Deckhengst“.

Nahbegegnung der dritten Art bei Sao Francisco de Sales in Brasilien am 15. Oktober 1957.

Berichte über eine angebliche Verschleppung durch außerirdische menschenähnliche Wesen wurde über drei Jahre geheimgehalten, da die Story einfach zu unglaubwürdig und pikant war. Außerdem trat der Betroffene zunächst nur unter dem Kürzel „A. V. B. “ auf, damit seine Anonymität gewahrt würde.

Die ersten, die von diesem erstaunlichen Fall hörten, waren der brasilianische Journalist João Martins und sein Freund, der Arzt Dr. Olavo T. Fontes, denen das Opfer gegen Ende des Jahres 1957 brieflich von seinem Erlebnis erzählte. Der Verfasser dieser bizarren Geschichte, ein junger Farmer, lebte in der Nähe der kleinen brasilianischen Stadt São Francisco de Sales/Minas Gerais. Martins und Fontes schickten ihm Geld für die lange Reise bis Rio de Janeiro, wo die Untersuchung des Geschehens am 22. Februar 1958 in Dr. Fontes Sprechzimmer begann.

Die Geschichte war so unglaublich, daß die beiden Ufologen beschlossen, die Sache zunächst „auf Eis zu legen“, bis vielleicht noch ein ähnlicher Fall bekannt würde, der diesen Bericht stützen könnte. Außerdem fürchteten sie, daß die Publizierung eine Welle von frei erfundenen ähnlichen Storys nach sich ziehen würde. Dennoch sickerte einiges durch. Andeutungen drangen 1961 bis zu Dr. Walter Buhler vor, der sofort mit detaillierten Nachforschungen begann.

Buhlers Bericht erschien schließlich in der *Flying Saucer Review* vom Januar 1965. Kurz darauf wurde João Martins Geschichte in einer portugiesischen Zeitschrift und schließlich in ergänzter Form in dem Sammelband *The humanoids* von 1969 veröffentlicht. Es wurde bekannt, daß sich hinter dem Pseudonym „A. V. D. “ der 23jährige Antônio Villas Boas verbarg.

„Ich werde unser Kind zur Welt bringen“

Der Entführung dieses jungen Mannes gingen zwei ungewöhnliche Ereignisse voraus. Das erste trat am 5. Oktober 1957 ein, als Antônio und sein Bruder nach einer Party um 23 Uhr im Begriff waren, ins Bett zu gehen. Von ihrem Schlafzimmerfenster aus sahen sie ein geheimnisvolles Licht im Garten. Es schwebte auf das Dach ihres Hauses. Sie konnten es durch die Ritzen der Fensterläden und, da ihr Zimmer keine Decke besaß, durch die Zwischenräume der Dachziegeln leuchten sehen, ehe es wieder verschwand.

Der zweite seltsame Vorfall ereignete sich am 14. Oktober gegen 21.30 Uhr, als die Brüder Villas Boas mit dem Traktor beim Pflügen waren. Sie sahen plötzlich ein „großes, rundes" helles Licht, etwa 80 Meter über dem einen Ende des Feldes. Während Antônio sich der ungewöhnlichen Erscheinung näherte, bewegte sich der Lichtschein – als wolle es ihn zum Narren halten – blitzschnell zum anderen Ende des Ackers. Dieses Manöver wiederholte es noch zwei oder dreimal, sobald der junge Farmer versuchte, in seine Nähe zu gelangen. Dann war der Spuk plötzlich verschwunden.

Am Abend des folgenden Tages des 15. Oktober war Antônio, diesmal allein, wieder auf dem Feld, um im Licht der Traktorenscheinwerfer zu pflügen. Gegen 1 Uhr morgens bemerkte er einen „großen, roten Stern", der sich in Richtung auf das Ende des Ackers herabzusenken schien. Als er näherkam, sah Antônio, daß es sich in Wahrheit um ein leuchtendes eiförmiges Objekt handelte. Schließlich schwebte es in etwa 40 Meter Höhe direkt über ihm. Das ganze Feld war taghell erleuchtet.

Villas Boas saß, vor Angst wie gelähmt, in seinem Führerhaus, als das Objekt etwa 15 Meter vor ihm niederging. Es hatte die Form einer Halbkugel mit einem hervorstehenden Rand, der mit dunkelroten Lampen besetzt war: Die grelle Beleuchtung schien von einem Scheinwerfer auf der Antônio zugewandten Seite herzurühren. Die Kuppel drehte sich, und drei „Beine" wurden ausgefahren. Der Farmer wollte nun in panischem Entsetzen davonfahren, doch schon nach einer kurzen Strecke versagte der Motor, obgleich er bisher noch tadellos gelaufen war. Villas Boas versuchte daraufhin, die Flucht über das umgepflügte Feld zu Fuß fortzusetzen. Wegen der tiefen Furchen kam er nur langsam vorwärts, und bereits nach wenigen Metern packte ihn jemand am Arm. Als er sich umwandte, sah er ein seltsam gewandetes Wesen, dessen behelmter Kopf kaum bis zu seiner Schulter reichte. Er versetzte seinem Verfolger einen Schlag, der ihn zu Boden gehen ließ, aber drei andere der seltsamen Wesen ergriffen ihn, obgleich er schrie und um sich schlug. Später erzählte er:

„Während sie mich zu dem Vehikel schleppten, merkte ich, daß meine Art zu sprechen ihre Neugier weckte. Sobald ich etwas sagte, hielten sie inne und sahen mir aufmerksam ins Gesicht, ohne jedoch ihren Griff zu lockern. Das beruhigte mich ein wenig, aber ich wehrte micht trotzdem weiter …"

Sie schleppten ihn zu dem UFO. Aus einer Luke führte eine Leiter zur Erde herab, über die ihn seine Entführer mit Mühe emporwuchteten, da er sich an einem Geländer festklammerte. Schließlich gelang es jedoch, ihn ins Innere des Objekts zu verfrachten. Es war ein quadratischer Raum mit metallenen Wänden, der von kleinen, hoch angebrachten Lampen hell beleuchtet wurde. Villas Boas registrierte insgesamt fünf der kleinen Wesen, von denen ihn zwei fest gepackt hielten. Einer schlug vor, ihn in einen angrenzenden größeren, ovalen Raum zu bringen, der durch eine vom Boden bis zur Decke reichende metallene Säule gestützt und mit einem Tisch und mehreren Drehstühlen ausgestattet war.

Antonio Villas Boas. Seine ungewöhnliche Geschichte wurde zunächst zurückgehalten, da sie als zu unglaublich erschien.

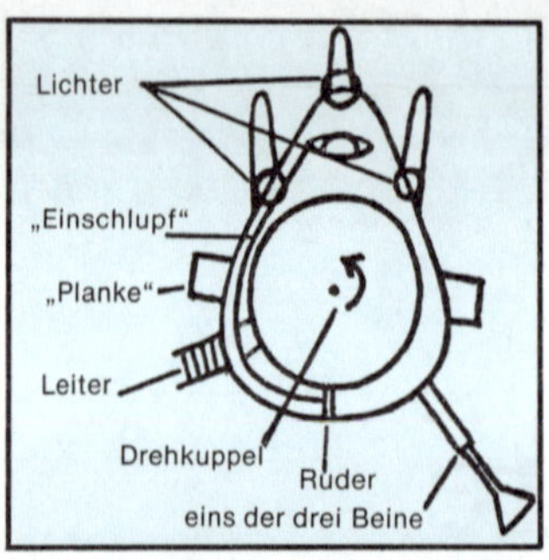

Diese Skizzen des UFOs fertigte Villas Boas im Februar 1958 (oben) für Dr. Olavo Fontes und im Juli 1961 (unten) für Dr. Buhler und Dr. Aquino von der brasilianischen Gesellschaft zur Erforschung von Fliegenden Untertassen an.

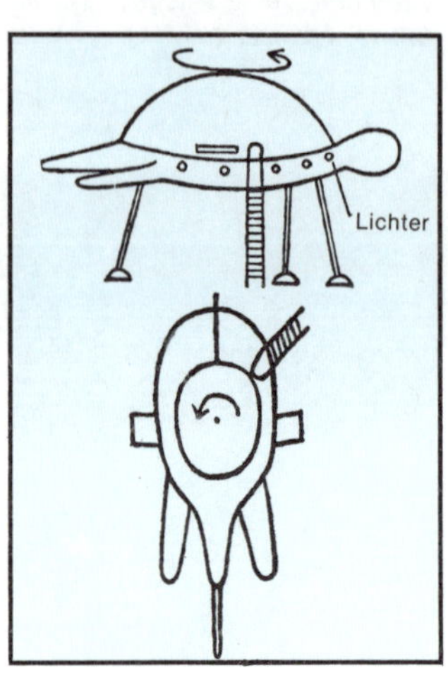

Zwischen seinen Entführern entspann sich eine Diskussion in Lauten, die Hundegebell glichen.

Von außerirdischer „Eva" verführt

Diese sonderbare Unterhaltung nahm ein jähes Ende, als die fünf sich auf ihn stürzten und ihm die Kleider vom Leib rissen. Obgleich sie seinen Widerstand mit Gewalt brachen, taten sie ihm nicht weh.

Die Wesen trugen eng anliegende, graue Overalls und große, breite Helme, die vorn und hinten mit metallenen Bändern verstärkt waren. Durch vorn liegende Öffnungen konnte Villas Boas helle Augen sehen. Oben traten drei Schläuche aus, von denen der mittlere nach hinten unter den Anzug führte, während die anderen zur Seite hin gebogen und auf den Schultern mit dem Overall verbunden waren. Die Ärmel gingen in dicke Handschuhe über, die an den Fingern nur schwer zu bewegen waren. Der Hosenteil lag über dem Gesäß und an den Ober- und Unterschenkeln eng an. Die Fußbekleidung saß ebenfalls wie angegossen. Die Sohlen waren etwa fünf Zentimeter dick. Auf der Brust trugen die Wesen runde reflektierende Platten oder Schilder von der Größe einer Ananasscheibe, die durch ein dünnes Metallband mit dem in der Taille sitzenden Gürtel verbunden waren.

Der junge Farmer stand nackt und vor Kälte zitternd hilflos da und war „zu Tode verängstigt". Was mochten die Außerirdischen mit ihm vorhaben? Eins der kleinen Wesen rieb ihm mit einem nassen Schwamm die Haut ab. Villas Boas kommentierte später: „Die Flüssigkeit war klar wie Wasser, aber ziemlich dick und geruchlos. Ich dachte erst, es sei Öl, aber das konnte nicht sein, da meine Haut nicht fettig wurde."

Jetzt wurde er zu einer Tür geführt, über der eine rote Inschrift angebracht war. Er versuchte sich die Zeichen zu merken, obgleich sie ihm nichts sagten. Nachdem er in den nächsten Raum eingetreten war, kam eine Gestalt mit einem Kelch auf ihn zu, von dem zwei Schläuche herabhingen. Einer davon, der in einen Saugnapf auslief, wurde an seinem Kinn befestigt, während der Außerirdische den anderen wie eine Pumpe auf und ab bewegte. Erschreckt bemerkte Villas Boas, wie sich der Kelch mit seinem Blut füllte. Dann war er

Unten:
Rekonstruktion der Inschrift über einer Tür innerhalb des UFOs. Villas Boas beschrieb sie Dr. Fontes als „eine Art Leuchtschrift, oder etwas Ähnliches, in roten Zeichen, die durch den Lichteffekt etwa 5 Zentimeter aus der Metallfläche der Tür hervorzustehen schienen. Es war die einzige Schrift, die ich in dem UFO gesehen habe. Die Zeichen sahen ganz anders aus als irgendwelche uns bekannten Buchstaben."

allein und dachte auf einer weichen Couch über seine Situation nach.

Plötzlich spürte er einen sonderbaren Geruch, von dem ihm schlecht wurde. Unterhalb der Raumdecke entdeckte er metallene Rohre mit kleinen Öffnungen, aus denen grauer Rauch drang. Villas Boas mußte sich übergeben, danach wurde er etwas ruhiger. Nun vernahm er ein Geräusch an der Tür. Sie öffnete sich. Eine Frau wurde sichtbar und kam auf ihn zu. Er starrte sie wie vom Donner gerührt an, sie war ebenso nackt wie er und schöner als irgendeine Frau, die er je gesehen hatte. Von kleinem Wuchs, reichte sie ihm mit seiner Größe von nur 1,60 Meter bis zur Schulter. Ihr Haar war glatt, hellblond, fast weiß, wie gebleicht. In der Mitte gescheitelt, endete es etwa auf halber Halshöhe in einer Innenrolle. Ihre großen Augen waren blau, die kleine Nase gerade. Die Wangenknochen standen hoch im ziemlich breiten Gesicht, das in ein spitzes Kinn auslief. Ihre Lippen waren schmal, deshalb wirkte der Mund fast wie ein Schlitz. Sie hatte normale, aber kleine Ohren.

Die Tür schloß sich, und Villas Boas fand sich allein mit der aufregenden Frau. Sie besaß feste auseinanderstehende Brüste, eine schmale Taille, breite Hüften und üppige Oberschenkel, während ihre Füße klein und ihre Hände lang und schmal waren.

Zielbewußt näherte sie sich dem jungen Mann und rieb ihren Kopf vertraulich an seinem, wozu sie sich auf die Zehenspitzen stellen mußte. Sie brachte sehr deutlich zum Ausdruck, was sie wollte. Erregt schloß er sie in die Arme, und es kam zur sexuellen Vereinigung. Nach dem zweiten Akt widersetzte sie sich erschöpft weiteren Annäherungen.

Villas Boas erinnert sich, daß sie ihn kein einziges Mal küßte, sondern nur einmal sanft ins Kinn biß. Sie sprach nicht, gab aber grunzende Geräusche von sich, was „fast die ganze Sache verdarb, weil es mir das unangenehme Gefühl gab, mit einem Tier zusammenzusein". Als eins der anderen Wesen sie zu sich rief, wandte sie sich Villas Boas zu, zeigte auf ihren Bauch und danach zum Himmel. Diese Geste lösten bei Antônio große Angst aus, die ihn vier Jahre später noch immer nicht verlassen hatte, da er glaubte, daß sie wiederkommen wollte, um ihn mit sich zu nehmen. Dr. Fon-

tes konnte ihn beruhigen, indem er ihm eine andere Interpretation anbot: „Ich werde unser Kind, deins und meins, dort oben auf meinem Heimatplaneten zur Welt bringen." Diese Auslegung ließ den Verdacht aufkommen, daß letztlich nur ein guter „Deckhengst" gesucht wurde, um das Erbgut zu verbessern.

Danach befahlen die kleinen Männchen Villas Boas, sich wieder anzuziehen und führten ihn durch ihr Raumschiff. Dabei versuchte er vergeblich, ein Instrument als Andenken mitzunehmen, was ihm jedoch einen strengen Verweis eintrug. Nachdem er schließlich das UFO wieder verlassen hatte, zog die Besatzung die Leiter ein. Das Raumschiff erhob sich, während sich die Kuppel wieder rasch drehte, die Lampen blinkten. Es flog dann wie ein Geschoß davon.

Mittlerweile war es 5.30 Uhr morgens; das Abenteuer hatte insgesamt über vier Stunden gedauert.

Villas kehrte hungrig nach Haus zurück und schlief bis zum späten Nachmittag durch, danach fühlte er sich völlig normal. Als er noch einmal einnickte, war sein Schlaf unruhig und voller Alpträume. Am nächsten Tag litt er unter Übelkeit und heftigen Kopfschmerzen. Die Beschwerden klangen bald ab, aber seine Augen begannen zu brennen. An einigen Körperstellen zeigte seine Haut mehrere Rötungen, die sich entzündeten. Nach der Abheilung blieben runde, blaurote Narben zurück.

Villas Boas wurde im Februar 1958 vier Monate nach der angeblichen Entführung von Dr. Fontes untersucht. Die von ihm geschilderten Symptome deuteten zwar auf „eine Schädigung durch Strahlung", aber es war bereits zu spät, um eine eindeutige Diagnose zu stellen.

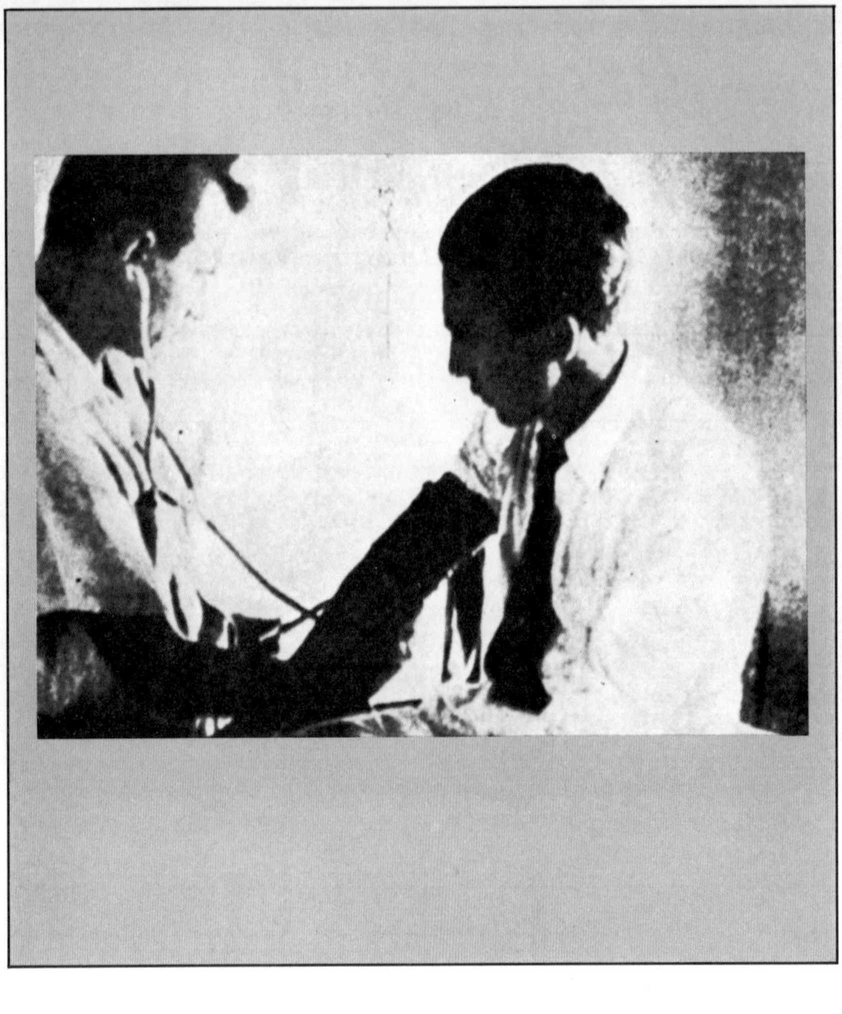

Rätselhafte Narben

Als Dr. Fontes Villas Boas untersuchte, fielen ihm zwei kleine Flecken an beiden Seiten des Kinns auf. Er beschrieb sie als „vernarbte oberflächliche Läsionen in Verbindung mit subkutanen Blutungen". Außerdem bemerkte er noch weitere rätselhafte Narben auf Villas Körper.

In einem Brief an die *Flying Saucer Review* wies Dr. Fontes daraufhin, daß die Symptome seiner Meinung nach auf Strahleneinwirkungen hindeuteten. „Leider war es, als er zu mir kam, zu spät für eine Blutuntersuchung, die einen unzweifelhaften Nachweis hätte erbringen können."

Am 10. Oktober 1971 erhielt João Martins schließlich die Genehmigung, seinen Fall zu veröffentlichen. Er berichtet, daß Villas Boas von ihm, Dr. Fontes und einem Offizier ausgeklügelten Vernehmungsmethoden unterzogen worden sei, ohne sich in den geringsten Widerspruch verwickelt zu haben. Eine medizinische Untersuchung hätte eine normale geistige und körperliche Verfassung ergeben, sein Leumund sei tadellos.

Die Tatsache, daß Villas Boas trotz harter Verhörmethoden nicht ein einziges Mal nur geringfügig von seiner ursprünglichen Darstellung abwich, brachte den Journalisten zu dem Fazit: „Wenn diese Geschichte wahr ist, gibt es vielleicht jetzt irgendwo im Universum ein sonderbares Kind . . . das möglicherweise darauf vorbereitet ist, eines Tages hierher zurückzukehren. Wo endet die Phantasie? Wo beginnt die Realität?"

UFO-Erscheinungen und ihre Auswirkungen

UFO-Erscheinungen können physische Reaktionen bei Menschen und Tieren hervorrufen und auch Spuren in der Landschaft hinterlassen.

Ob UFOs „wirklich" existieren, sei es in Form materieller Flugobjekte oder als visionsartige Projektionen, ist Gegenstand hitziger Debatten. Oft kommt es vor, daß nach UFO-Begegnungen von den Betroffenen über heftige Kopfschmerzen, Weinkrämpfe oder Ohrensausen geklagt wird.

Hier drei Berichte von Zootieren, die in Panik gerieten, Soldaten, bei denen Lähmungserscheinungen auftraten und schließlich von einem argentinischen Mädchen, das tagelang von Weinkrämpfen geschüttelt wurde. – Läßt sich da noch an der „Realität" von UFO-Erscheinungen zweifeln?

Nahbegegnung der zweiten Art über Tananarive in Madagaskar im August 1954

„Ein leuchtend grüner Ball"

Eine der wohl spektakulärsten Lichterscheinungen wurde an einem Augusttag 1954 über Tananarive, der Hauptstadt von Madagaskar, beobachtet.

Edmond Campagnac, Chef des technischen Dienstes der Air France, wartete vor dem Air France Büro auf die Ankunft der Luftpost aus Paris.

Plötzlich erblickte er einen grünlichen Lichtball am Himmel, der beinahe senkrecht wie ein Meterorit herabstürzte. Auch die anderen bei ihm stehenden Leute bemerkten die Erscheinung, die schließlich hinter den Bergen südlich der Stadt verschwand.

Es war 17.45 Uhr und schon dämmrig. Die Augenzeugen starrten noch immer fassungslos zum Himmel, als ein zweites Objekt von gleicher Farbe und Form über den Hügeln in der Nähe des alten Königinnenpalastes auftauchte. Es „flog" waagerecht zur Bodenfläche, langsamer als das erste und beschrieb einen Bogen um die Regierungsgebäude. Kurz darauf kam es bis fast auf Höhe der Dächer herunter und überquerte das dem Air France gegenüberliegende Gebäude.

Als es mit den Schaulustigen auf gleicher Höhe war, wurde erkennbar, daß es sich um zwei Objekte handelte. Das erste linsenförmige schien aus „phosphoreszierendem grünen Gas" zu bestehen. Das zweite, ein metallen wirkender Zylinder von etwa 40 Meter Länge, folgte ihm in 30 Meter Entfernung. Während einige es als „Zigarre" beschrieben, sagten andere, es habe eher dem nackten Rumpf eines modernen Constellation Flugzeugs geglichen. Seine Oberfläche reflektierte das letzte Sonnenlicht und zog einen orangeroten Feuerstrahl hinter sich her. Schätzungen seiner Geschwindigkeit lagen bei etwa 300 km/h.

Die Objekte bewegten sich vollkommen lautlos. Zum Entsetzen der Zeugen gingen alle elektrischen Lichter in der Umgebung aus, als die beiden Flugkörper die Gebäude passiert hatten.

Das seltsame Gespann flog über die Stadt in Richtung des Flughafens von Tananarive und bog dann in westlicher Richtung ab. Ehe die Objekte außer Sicht waren, schwebten sie noch über den Zoologischen Garten hinweg. Die Tiere, die sich normalerweise von den startenden und landenden Flugzeugen nicht stören ließen, gerieten in Panik und trampelten Zäune nieder. Erst nach Stunden gelang es Soldaten und Polizei, sie wieder einzufangen.

Natürlich gab es in Tananarive große Aufregung über diese Invasion, und General Fleurquin, Oberbefehlshaber der Luftwaffe, ordnete eine offizielle Untersuchung an. Diese erfolgte unter der Leitung von Pater Coze, Direktor des Observatoriums von Tananarive, der in der Sternwarte die Erscheinung beobachtet hatte. Seiner Schätzung nach mußten mindestens 20000 Menschen die UFOs gesehen haben. Es wurden allein über 5000 Zeugen befragt. Der Bericht gelangte aber erst 1966 zu der *Flying Saucer Review.* Die französische Öffentlichkeit bemerkte von dem Geschehen überhaupt nichts, bis 1974 Jean-Claude Bourret über den Rundfunksender France-Inter seine berühmte Serie startete. Der Text erschien drei Jahre später als Buch unter dem Titel *Der Ausbruch aus dem All.*

„Ein glänzendes Ei“

Auf Madagaska soll sich noch eine zweite UFO-Erscheinung, und zwar im Mai 1967, ereignet haben. Doch erst 10 Jahre später erreichte die Nachricht von diesem Vorfall über die französische Ufologengruppe *Lumieres dans la nuit* die *Flying Saucer Review.* Die lange Verzögerung lag daran, daß es sich bei den Augenzeugen um 28 Angehörige der französischen Fremdenlegion handelte, denen verboten war, über ihre Beobachtungen zu sprechen. Der Informant war schließlich ein Legionär namens Wolff.

Nahbegegnung der zweiten Art in Madagaskar im Mai 1967

Seine Einheit hatte während einer Geländeübung um die Mittagszeit auf einer Lichtung im Buschland haltgemacht. Die Legionäre verputzten gerade ihr Essen, als auf einmal ein helles, metallisches Objekt am Himmel erschien, das einem „glänzenden Ei“ ähnelte und mit einem grellen, pfeifenden Geräusch rasch zur Erde ging. Alle waren „wie gelähmt“. Ihrem Gefühl nach vergingen nur Sekunden, bis sie das „Ei“ wieder aufsteigen sahen. Mittlerweile waren aber tatsächlich drei Stunden vergangen.

Nach Wolffs Aussage war das Objekt etwa 7 Meter hoch und an der stärksten Stelle 3 bis 4 Meter breit. Es erhob sich zunächst langsam, schoß dann aber mit sehr großer Geschwindigkeit in die Höhe und verschwand, als „hätte es der Himmel aufgesogen“. An der Landestelle fanden sich drei Eindrücke im Boden, die aussahen, als stammten sie von Stützbeinen einer Sonde, sowie ein 3 Meter tiefer Krater, auf dessen Grund ein Ring aus bunten Kristallen entdeckt wurde.

Keiner der Soldaten konnte sich erinnern, was während der drei Stunden eigentlich geschehen war, zwei Tage später litten sie alle unter heftigen Kopfschmerzen, einem ständigen „Pochen“ in der Schläfengegend, Ohrensausen und zum Teil an Lähmungserscheinungen.

Nahbegegnung der dritten Art in Córdoba/Argentinien im Juni 1968

„Eine Aura von Güte und Freundlichkeit"

Das Motel La Cuesta liegt am High Way 20, der die kleine 800 Kilometer westlich von Buenos Aires gelegene Stadt Villa Carlos Paz in der argentinischen Provinz Córdoba mit dem Osten des Landes verbindet.

Hier wohnten der Besitzer, Señor Pedro Pretzel, 39, seine Ehefrau und die 19jährige Tochter Maria Eladia.

In der Nacht des 13. Juni 1968 gegen 0.50 Uhr befand sich Pretzel gerade auf dem Heimweg, als er etwa 50 Meter hinter dem Motel, wahrscheinlich auf dem High Way, ein Objekt erblickte, das er nicht identifizieren konnte. Es besaß zwei helle, rote Lampen, konnte jedoch kaum ein Auto sein, weil es ungewöhnlich starke Lichtstrahlen auf das Motel warf. Die „Maschine" war nur wenige Sekunden lang zu sehen. Verblüfft und beunruhigt lief Pretzel rasch in sein Motel, wo er Maria Eladia bewußtlos neben der Küchentür liegend fand. Nachdem sie wieder zu sich gekommen war, erzählte sie eine verwirrende Geschichte.

Wenige Minuten zuvor hatte sie ihrem Verlobten gute Nacht gesagt und Gäste zur Tür begleitet. Danach war sie in die Küche zurückgekehrt. Dort bemerkte sie, daß die Diele hell erleuchtet war. Da sie gerade das Licht ausgeschaltet hatte, ging sie hinaus, um nach dem Rechten zu sehen. Entsetzt erblickte sie einen „Mann" von etwa 2 Meter Größe, der eine Art Taucheranzug mit glänzenden himmelblauen Schuppen trug. Er hatte blondes Haar und hielt in der linken Hand eine tanzende himmelblaue Kugel.

Maria sagte später aus, das unheimliche Wesen habe am 4. Finger der rechten Hand einen riesigen Ring getragen und ihn vor ihr auf und ab bewegt. Darauf sei sie müde geworden, als ob alle Kräfte ihren Körper verlassen hätten. Aus den Fingerspitzen und Füßen der Gestalt gleißten Lichtstrahlen, und Maria hatte das Gefühl, daß die lähmende Wirkung am stärksten war, wenn sie genau auf sie gerichtet waren. Sonst zeigte das Wesen keine aggressive Haltung. Maria erinnert sich sogar an eine gewisse „Güte und Freundlichkeit", die von ihm ausgegangen sei; er habe die ganze Zeit gelächelt. Weiter versuchte er, mit ihr zu kommunizieren, denn obgleich sich seine Lippen nicht bewegten, vernahm sie ein unverständliches Murmeln, das „wie chinesisch" klang.

Nach einigen Minuten ging der Geistermann mit langsamen und exakten Bewegungen zur geöffneten Seitentür und durchschritt sie. Die Tür schloß sich hinter ihm von selbst. In diesem Moment verlor Maria das Bewußtsein. Kurz darauf fand ihr Vater sie auf dem Boden.

Pretzel meldete den Vorfall der Polizei, die versprach, Nachforschungen anzustellen. Maria litt noch tagelang unter extremer Nervosität und Weinkrämpfen.

Hat Maria Pretzel ein, womöglich mit Hilfe von Laserstrahlen, auf die Scheibe des Dielenfensters projeziertes Bild gesehen, das von dem gesichteten UFO stammte? Doch gleichgültig, wie dieses Phänomen erzeugt wurde, es bleibt doch die Frage, warum und von wem?

Mysteriöse Fabeltiere und geisterhafte Wesen

Der sagenhafte feuerspuckende Drachen

Der Gedanke an geflügelte feuerspuckende Schlangen beschäftigt den Menschen schon seit Jahrtausenden. Eine magische Anziehungskraft geht von diesen mythischen Drachen aus.

Der Drachen taucht in zahlreichen Legenden der Neuen und der Alten Welt auf. Viele Helden von Mythos und Sage haben gegen ihn gekämpft: Perseus, Marduk, Herakles, Siegfried, der heilige Georg und Beowulf, aber der Drachen ist nie wirklich gestorben. In volkstümlichen Überlieferungen lebt er weiter, ein riesiges, schuppiges Wesen, ein Reptil mit ledrigen Flügeln wie eine Fledermaus. Er spuckt Feuer und hütet Schätze, sein Blut ist meist giftig und sogar tödlich.

Neue Mythen greifen ständig die wichtigsten Elemente alter Sagen auf. Smoug, der Drachen in Tolkiens „Herr der Ringe", hütet einen Bergschatz, Kostbarkeiten in Hülle und Fülle, geschmiedetes und ungeschmiedetes Gold, Silber, Edelsteine und Juwelen. Die Drachen in den Science-fiction-Büchern von Anne McCaffrey leben von Feuersteinen, die sich im Darm mit bestimmten Säuren verbinden und dann zu giftigen Phoshinen werden. „Wenn Drachen Gas speien, entzündet es sich an der Luft, zu einer alles zerstörenden Flamme." In C. S. Lewis Buch „The voyage of the dawn Trader" entdeckt der Drachen die Freuden des Fliegens, als er aus seinem Lager herauskletterte und ins Tal hinunterstieg. Mit einem großen Sprung begann seine Reise, und sobald er sich in der Luft befand, bemerkte er, daß er fliegen konnte.

Die christliche Tradition machte den Drachen zu einem Wesen des Teufels, zur Verkörperung alles Bösen, das vom Erzengel Michael aus dem Himmel verstoßen wurde – aber dieses Bild war nicht immer eindeutig böse. Der wahre Drachen galt als ein zwiespältiges Wesen, in ihm ruhte Gut und Böse. Er konnte mit menschlichen Opfern besänftigt werden, ein Wächter des Wassers, der Spender von Regen. Er war aber auch das Symbol der Erneuerung. Den Drachen zu töten, um mit seinem Blut die Erde zu befruchten, dieses symbolische Ritual ist in vielen Bräuchen des Morgen- und Abendlandes zu finden.

Der Drachen spielt auch eine wichtige Rolle im christlichen Brauchtum. In Sizilien wird zum Beispiel am St. Georgs-Tag ein Bildnis des Drachens zusammen mit zwei riesigen Brotlaiben in einer Prozession durch die Stadt getragen. Am Ende des Spektakels wird das Brot in kleine Stücke zerbröckelt, und jeder Bauer vergräbt ein Stück in seinem Feld, um eine gute Ernte zu sichern.

In Bayern wurde das symbolische Drachentöten jeden Mittsommer wiederholt. Der Höhepunkt des Rituals kam, wenn der heilige

Unten:
Der Drache „Smaug", Bewacher von riesigen Schätzen.

Oben:
Weihnachten 1849; in der Free-Trade-Hall in Manchester wird vor 5000 Zuschauern ein Drachen getötet, erst danach konnte mit der Feier begonnen werden.

Georg die Blutblase im nachgebildeten Drachen durchstieß. Das Blut wurde danach von den Zuschauern aufgewischt und anschließend über die Flachsfelder gegossen, um eine gute Ernte zu gewährleisten.

Das neue Jahr wird in Ostasien mit Prozessionen begangen, in denen riesige Drachen aus Papier und Bambus durch die Straßen getragen werden. Der Drachen gilt als wohltätiges und Glück bringendes Wesen. Er ist Sinnbild für das männliche Prinzip. Gegenstück ist der Verderben bringende Tiger. Viele Mythen verschiedener Kulturen betrachten ihn sogar als Anfang aller Dinge. Ein babylonisches Epos, die Eauma Elish, erzählt, wie am Anfang der allmächtige Gott gegen den großen Drachen Tiamat, das personifizierte Salzwasser, kämpft und ihn tötet, und wie er nach seinem Sieg Himmel und Erde schuf:

„Er teilte ihn wie eine Muschel in Hälften, die eine Hälfte stellte er auf und ernannte sie zum Himmel. Er zog das Gatter herunter und rief seine Wachen, und gebot ihnen achtzugeben, damit ja kein Wassertropfen entweiche."

Die andere Hälfte machte er zur Erde, und so entstand aus dem Durcheinander Ordnung, ein Kosmos aus dem Chaos.

Der Rigveda, eine Sammlung von alten Opferhymnen in Sanskrit (altindisch) aus dem Jahr 1000 v. Chr., enthält einen indischen Mythos, der den Kriegergott Indra preist und den das Wasser umschließenden Urdämonen Vrtra tötet. Nun sprudelte das Wasser wieder in allen Quellen, rauschte in Flüssen und Strömen und befruchtete die Erde. Dieser Kampf war aber nicht der endgültige Sieg des Guten über das Böse, es ist ein Kampf der ewig dauert, um den Monsunregen herbeizuführen, der die Menschen von der Dürre erlöst. Der klassische Drachen war Typhon, der Windgeist, ein geheimnisvolles Wesen der griechischen Mythologie, dem man die Schuld an Vulkanen und heftigen Winden (Wirbelstürmen) gab. Der griechische Dichter Hesiod beschrieb in seinem Werk „Theogonia" (Die Entstehung der Götter), wie sich der abendländische Mensch diesen Drachen vorstellte:

„Und von den Schultern aufwärts,
da waren hundert Schlangenköpfe,
der Kopf des gefürchteten Drachen,
aus ihren Mäulern ragten dunkle Zungen
und aus den Augen dieser unmenschlichen Köpfe
loderte das Feuer unter den Lidern,
aus allen Köpfen flackerte Feuer,
seine Augen leuchteten,
und aus jedem dieser fürchterlichen Köpfe
kamen Stimmen,
grausame, scheußliche Laute."

Typhon trug einen erbitterten Kampf mit Zeus aus, in dem der Göttervater schwer verwundet wurde. Hermes, der Götterbote, heilte Zeus, der Typhon anschließend bis nach Sizilien jagte, wo er ihn unter dem Vulkan Ätna

Rechts:
Der Erzengel Michael und der Drachen, Gemälde von Bartolomeo Bermejo aus dem Jahre 1470. Der Drachen ist das Sinnbild des Bösen, der Erzengel Michael Verfechter des Guten.

begrub. Typhon war der Vater einer furchtbaren Brut, seine Nachkommen spielen in vielen griechischen Legenden eine wichtige Rolle – die Chimäre, der Nemeische Löwe, der Adler, der die Leber des an den Fels geschmiedeten Prometheus heraushackte, das vielköpfige Ungeheuer, das Herakles (römisch Herkules) erlegte.

Dieses von Herkules getötete Ungeheuer Hydra lebte unter einer Platane und terrorisierte die Menschen, die in den Sümpfen von Lernei, in der Nähe von Argolis, lebten. Die Schlange war böse und giftig. Da ihr für jeden abgeschlagenen Kopf zwei neue nachwuchsen, konnte Herakles sie erst bezwingen, als sein Gefährte Jolaos ihre Halsstümpfe ausbrannte. Dann tauchte er seine Pfeile in ihr Blut, das tödliche Gift. Der Drachen Ladon war ein weiterer Sprößling Typhons, der ebenfalls von Herakles getötet wurde, er schleuderte ihn bis zum Himmel hinauf, wo er auch heute noch als Sternzeichen „Drachen" zu sehen ist. Ladon war der Beschützer der Goldenen Äpfel der Hesperiden, welche die Göttin Hera, Gattin des Zeus, als Hochzeitsgeschenk erhalten hatte. Ladon ist ein frühes Beispiel für den Drachen als Schatzhüter – ein Motiv, das in Drachensagen immer wiederkehrt. Das Goldene Vlies, das die Argonauten unter der Führung von Jason nach Griechenland brachten, wurde ebenfalls von einem Drachen bewacht.

Rechts:
Als zweite seiner zwölf Arbeiten erlegt Herakles den vielköpfigen Drachen.

Links:
Mittelalterliche Darstellung der Drachenlegende. Ein fürchterlicher Drachen, ein triumphierender Ritter auf einem Schimmel und eine Prinzessin.

Links:
Ein assyrisches Siegel zeigt, wie Marduk den Drachen Tiamat, Urmutter des Alls, tötet.

Der Drachen als Wächter kommt öfters auch in der altenglischen, altnordischen und altdeutschen Sagenwelt vor, aber sowohl Drachen als auch Held unterscheiden sich wesentlich von ihren klassischen Vorbildern. Das Weltbild der altgermanischen Sagen und Epen, dem deutschen Nibelungenlied, der isländischen Edda, dem angelsächsischen Beowulf, ist durchwegs düster und pessimistisch.

Die Helden standen den Göttern bei, aber die Götter waren nicht immer auf der Seite der Gewinner. Man mußte gegen den Drachen kämpfen und ihn töten, aber es gab nie eine Chance zu siegen, denn Drachen sind nichts anderes als die letzte Mutprobe, der Held sieht dem unvermeidlichen Tod ins Auge. Und so stirbt Sigurd, der nordische Held, Vorbild für den Drachentöter Siegfried in Wagners Ring der Nibelungen, nach dem Kampf mit Fafnir.

Beowulf, der Held des altenglischen Epos, das seinen Namen trägt, erschlägt als junger Mann das häßliche Ungeheuer Grendel, aber 50 Jahre später fällt er im Kampf gegen einen anderen Drachen, „dem Erzfeind, der die Dämmerung jagt, der schuppige, bösartige Wurm, der sich an frische Gräber heranmacht, der feuerspeiend durch die Nacht fliegt, zum Schrecken der Landbevölkerung. Er sucht all die versteckten Schätze dieser Erde, Wächter des heidnischen Goldes, aber nie und nimmer wird es ihm etwas nützen."

Verlassen von all seinen Gefährten, außer von seinem Verwandten Wiglaf, kämpft Beo-

wulf gegen den fürchterlichen Drachen. Sein Schwert, das Naegling, läßt ihn im Stich, sein Schild zerbricht, erst beim dritten Versuch gelingt es Beowulf, den Bauch des Drachens aufzuschlitzen. Das Untier, tödlich verletzt, fiel neben seinem Schatz auf den Boden. Nie wieder würde er des Nachts durch die Lüfte fliegen, um mit seinen Besitztümern zu prahlen, denn der König hatte ihn bezwungen. Beowulf, auch beim Kampf schwer verletzt, stirbt zusammen mit dem Lindwurm. Diese Geschichte, die in ihrer frühesten Form in einem altenglischen Manuskript aus dem Jahre 1000 erhalten ist, hebt eine weitere Besonderheit dieser Legenden hervor – die Verwundbarkeit des Drachens durch Eisen, eine Eigenschaft, die er mit Feen, Vampiren und ähnlichen Wesen teilt.

Der Drachen spielt auch in der keltischen Mythologie eine wichtige Rolle. Nicht nur für die Römer, sondern auch für die Kelten wurde er zum Feldzeichen des ganzen Volkes. Das Banner des oströmischen (byzantinischen) Reiches war bestickt mit einem purpurroten Drachen, und der römische Dichter Marcellinus beschreibt, wie Konstantin in Rom einmarschierte, umgeben von einer Kriegerschar, die Nachbildungen von Drachen als dreidimensionale Banner trugen, der Wind blies in ihren Hälsen, als ob sie wirklich lebendig wären.

Auf dem Banner von Uther Pendragon, dem Vater von König Arthur, ist ebenfalls ein Drachen abgebildet. Uther hatte einen Traum von einem feuerspeienden Lindwurm im Himmel. Traumdeuter sagten ihm voraus, daß er eines Tages das Königreich seines Bruders erben würde. Daraufhin ließ Uther zwei prächtige, mit Drachen bestickte Banner anfertigen. Eines widmete er der Kathedrale von Winchester, das andere nahm er mit in die Schlacht, als Omen für Glück, Kraft und Macht. In der keltischen Literatur kann das Wort „Drachen“ auch Anführer bedeuten, ein Pen-Dragon war demnach das Oberhaupt, der in Zeiten der Gefahr und des Krieges

Oben links:
Der islamische Held Rustem tötet als zweite seiner sieben Aufgaben den Drachen.

Oben rechts:
Illustration aus einem Balladenbuch: Held und Drachen. Die Zuschauer beobachten das Spektakel aus sicherer Entfernung.

Unten:
Siegfried erledigt den größten Drachen der Mythologie – den scheußlichen Fafnir.

zum unumschränkten Befehlshaber gewählt wurde.

In der abendländischen Mythologie verkörpert der Drachen nur ein einziges Mal das Gute – nämlich als Kriegsdrachen. In der englischen Legende vom heiligen Georg ist er das Sinnbild des Bösen. Der unersättliche Appetit des Drachen nach Jungfrauen (vorzugsweise Edeldamen, am liebsten Prinzessinnen) zieht als Leitmotiv durch viele Geschichten, wo Prinzessinnen zwar eine wichtige, aber dennoch passive Rolle spielten. Das Grundthema änderte sich kaum.

Ein wandernder Ritter kommt in ein fremdes Land, in dem alle Menschen trauern. Das Land rund um das Schloß ist kahl und öde, kein saftiges Gras, keine leuchtenden Blumen,

nur die abgebrochenen, geschwärzten Stümpfe von toten Bäumen. Ein Drachen hat das Königreich verwüstet, Menschen wurden geopfert, um das Untier zu besänftigen. Diesmal fiel die Wahl auf die Tochter des Königs, reich geschmückt mit Juwelen, geht sie ihrem Schicksal entgegen.

Der Ritter bietet sich an, die Prinzessin zu befreien, aber sie weist ihn ab. Nur ihr Tod kann das Land ihres Vaters retten. Der Ritter beschließt, gegen den Drachen zu kämpfen. Als sich der Lindwurm der Prinzessin nähert, greift der Ritter an und erlegt ihn mit seiner Eisenlanze. Ganze Wagenladungen mit Edelsteinen, Juwelen, Gold und Silber werden aus dem Versteck des Drachen zum Schatzhaus des Königs gebracht. Der Ritter heiratet die Prinzessin, und wenn sie nicht gestorben sind, dann leben sie auch heute noch. Das ist eine stereotype Geschichte, nur die Einzelheiten variieren von Land zu Land.

Oben:
Linton Hill in Roxburghshire, wo sich das Lager des „Linton-Wurmes" befand.

Links:
Die äthiopische Version der Georgs-Legende. Manche glauben, daß der heilige Georg aus Afrika stammte.

Rechts:
Der indische Held Indra reitet auf seinem Kriegselefanten zum Kampf gegen den Drachen Vitra.

Unten:
Der „Lambton-Wurm" besaß die Eigenschaft, daß seine abgetrennten Glieder sofort wieder zusammenwuchsen. Der Thronfolger von Lambton zog sich eine Rüstung an, die über und über mit scharfen Klingen besetzt war, und legte sich in der Nähe eines Flusses als Köder auf eine Klippe. Während der Drachen sich auf ihn stürzte, wurde er von den scharfen Klingen zerstückelt, der Fluß schwemmte die einzelnen Teile davon, dadurch wurde ein Wiederzusammenwachsen verhindert.

Sagenforscher behaupten, daß die Legende vom heiligen Georg und andere Mythen auf die klassische Geschichte von Persus zurückgehen, der die äthiopische Prinzessin Andromeda vor einem, von Neptun geschickten, Meeresungeheuer rettet.

Es gab viele Interpretationen der Georgslegende. In der christlichen Allegorie stellt die Jungfrau die Kirche dar, die von einem Ritter (Heiligen) aus den Klauen des bösen Drachens (Heidentum) gerettet wird. Freudianer kommen zu einer etwas erotischeren Auslegung.

Die Drachen des heiligen Georgs und Beowulfs sowie die klassischen Drachen sind mächtige Leben und Kultur bedrohende Ungeheuer. Es gibt aber auch eine ganze Schar von kleineren Verwandten. Schlangen und Würmer kommen häufig in britischen Geschichten vor.

Diese Legenden folgen alle demselben Schema – Held gegen Ungeheuer –, nur wird das ganze hier etwas volkstümlicher beschrieben und den Geschichten ein Lokalkolorit verliehen. Der Drachen von Loschy Hill war ein Ungeheuer, dessen abgeschlagene Glieder wieder zusammenwachsen konnten. Schließlich wurde er aber durch den Helden und dessen Hund besiegt. Während der Herr auf den Lindwurm einschlug, rannte der Hund mit den einzelnen abgeschlagenen Teilen davon, um zu verhindern, daß sie wieder zusammenwuchsen. Aber der giftige Atem des Drachens kostete sowohl dem Helden als auch seinem treuen Begleiter das Leben.

Der Linton-Wurm terrorisierte im 12. Jahrhundert eine kleine Gemeinde in Roxburgh (Schottland) und zerstörte alles, was ihm in die Quere kam. Ein Ritter namens Somerville of Lariston tötete den Drachen auf eine recht ungewöhnliche Art und Weise. Auf seiner Lanze war ein Stück Torf angebracht, das tauchte er in heißes Pech, und mit diesem Feuerball brannte er die Gedärme des Drachens aus. Im britischen Volkstum gibt es etwa 50 Drachengeschichten. Weltweit gibt es Tausende. Weshalb so viele? Warum übt der Drachen eine derartige Faszination auf uns aus? Wo liegt das Geheimnis seiner Macht? Keine auch noch so durchdachte Erklärung vermag ihre Beständigkeit und Unvergänglichkeit zu begründen.

Was ist aus den Drachen geworden?

Wo liegt der Ursprung aller Drachenlegenden? Sind das einfach Geschichten, die von Menschen erfunden wurden, um etwas zu erklären, was sie nicht verstanden – oder beruhen sie doch auf einem Fünkchen Wahrheit?

„Der Drachen", so ist in einem Werk des Jahres 1776 zu lesen, „ist das grausamste und scheußlichste Tier, aber sehr wahrscheinlich ist es kein Geschöpf der Natur." Allem Anschein nach wollte man sich im Jahrhundert der Aufklärung nicht definitiv festlegen. Vielleicht dachte der Autor an die Geschichte der Schlange von Essex, die nur hundert Jahre zuvor, 1668, in Henham, nördlich von Bishop's Startford, getötet wurde. Eine kleine Schrift, die sich im Britischen Museum erhalten hat, und eine Schnitzerei in der Kirche von Henham erinnern an dieses Ereignis. Ein Holzschnitt aus jener Zeit zeigt ein Wesen ohne Beine, mit schuppiger Haut sowie einem Rückenkamm. Seine Länge betrug etwa drei Meter. Es wurde von einer Gruppe von Dorfbewohnern mit Mistgabeln erlegt.

Angriff der Wikinger auf die Briten. Es gibt Behauptungen, daß die britischen Drachenmythen nichts anderes sind als die allegorische Beschreibung von dänischen Angriffen auf Küstenstädte und Dörfer im 8. Jahrhundert.

Das Bowes-Manuskript, das ebenfalls im Britischen Museum liegt, beschreibt eine Begegnung mit dem Sockburn-Drachen, der in angelsächsischer Zeit eine kleine Gemeinde im Bezirk Durham terrorisiert hatte: „Sir John Coyers tötete dieses abscheuliche Untier, das mit seinem Gift so viele Menschen getötet hatte. Mit Gottes Hilfe gelang es John Coyers, dieses Ungeheuer zu bezwingen..."

„Vernünftige" Menschen haben natürlich ganz logische Erklärungen für diese Drachengeschichte gefunden. Ihrer Meinung nach ist der Drachen das Symbol für eine Überschwemmung des Flusses Tees, der weite Teile des Dorfes überflutet hatte. Andere behaupten, daß sich die Legende auf dänische Raubritter bezieht, die mit ihren schlangenartig geschnitzten Schiffen vom Fluß her ins Land einfielen.

Irgendwie kann man jene verstehen, die behaupten, daß Drachen niemals wirklich existiert haben, denn für jede Drachenlegende gibt es mehrere Erklärungen, aber keine Beweise. Tatsache ist, daß der Drachen als Symbol von Terror und Verwüstung so populär war, daß er alle anderen Bilder und Worte, die man stattdessen hatte verwenden können, ersetzte.

In seinem Buch „The Flight of Dragons" (Der Flug der Drachen, 1976) stellt Peter Dickinson eine verblüffende Überlegung an. Lange Zeit zerbrach er sich den Kopf darüber, wie ein derart massiges Tier auch noch fliegen konnte. Basierend auf verschiedenen Beschreibungen des Ungeheuers, kam er zu dem Ergebnis, daß der durchschnittliche Drachen ungefähr 9000 Kilo gewogen haben muß. Nehmen wir an, er hätte die gleiche Flugfähigkeit wie eine Hummel, die pro Quadratzentimeter Flügel 0,17 Kilogramm Körpergewicht heben kann, dann hätte er eine Flügelspannweite von 180 Metern haben müssen. Das ist natürlich unmöglich. Zufällig sah er im Fernsehen eine Sendung über den Zeppelin „Hindenburg". Dies war der Auslöser einer Neubewertung des Drachenproblems. Er kam zu dem Ergebnis, daß der Körper des Drachens hohl gewesen sein muß, gefüllt mit einem Gas, das leichter ist als Luft. Um das ganze Gewicht des Ungeheuers heben zu können, ist viel Gas notwendig. Dies erklärt, warum der Drachen einen so riesigen Körper hat. Die Flügel brauchte er nur zum steuern. Er mußte Feuer speien, um überhaupt fliegen zu können.

Dickinson weist darauf hin, daß sich im Inneren des Drachen ein riesiges chemisches Reaktionsgefäß mit Salzsäure befunden haben muß. Diese ist im Verdauungssystem aller Wirbeltiere zu finden, die, wenn sie mit Kalzium reagiert, das aus den Knochen gewonnen wird, zu Sauerstoff wird, ein Gas, das leichter ist als Luft. Die Knochen des Drachens müssen sich selbst erneuert haben, jenachdem wieviel

Kalk er zu sich nahm. Auch wenn der Drachen ruhte, ging dieser chemische Prozeß weiter, also mußte er von Zeit zu Zeit den überflüssigen Wasserstoff irgendwie loswerden. Sehr wahrscheinlich wurde er mittels eines chemischen Zündungsverfahrens verbrannt.

Diese Theorie liefert auch eine originelle Erklärung für die Hauptmerkmale des Drachens – wie das giftige Blut – und gibt uns Antwort auf die Frage, warum es keine Fossilien von ihm gibt. „Der Drachen konnte nur dank einer kontrollierten Verarbeitung seiner Knochensubstanz fliegen. Nach seinem Tode hörte der ganze Kontrollmechanismus auf zu arbeiten, und die ganze Substanz wurde zerstört." Die Annahme einer Selbstzerstörung ist allerdings nicht neu, denn schon in einem 1968 in Irland geführten Interview war die Rede davon. F. W. Holiday befragte einen Einheimischen über Drachen, Meeresungeheuer und dem „Peiste", der eine Generation zuvor in der Nähe von Lough Derrytea (County Clare) gefunden wurde. „Es konnte sich nicht mehr bewegen", sagte der Mann, „die Leute gingen auch gar nicht näher ran, es blieb da liegen und schmolz ganz langsam dahin."

Nicht nur der Pterodactylus hat mit dem Drachen etwas gemeinsam, sondern auch der Plesiosaurier, ein Meeresungeheuer, das vor etwa 150 Millionen Jahren lebte. Im Sommer 1980 wurden in einer Lehmgrube in Westbury (Wiltshire) ein gut erhaltenes Gebiß und der Schädel eines Plesiosauriers ausgegraben. Er hatte etwa 80 Zähne, die größten waren 20 Zentimeter lang. Anhand des Gebisses konnte man errechnen, daß seine Größe etwa 9 Meter betragen haben mußte.

Kann es sein, daß der Drachen durch das Erlernen des Fliegens erst viel später ausgestorben ist als Folge eines immer kleiner werdenden Lebensraumes und der erbarmungslosen Jagd durch seinen Erzfeind, den Menschen. Professor Carl Sagan hat eine ganz andere Erklärung für die Unsterblichkeit der Drachenlegenden. Für ihn sind sie eine Art fossile Erinnerung, die wir von unseren Vorfahren, die gegen ähnliche Ungeheuer kämpfen mußten, geerbt haben, also eine allgemein gültige „Rassenerinnerung". Das jüngste Fossil der Saurier ist etwa 60 Millionen Jahre alt, die Familie der Menschen (nicht aber die Gattung Homo) dagegen erst wenige Millionen Jahre. Ist es möglich, daß irgendwelche menschenähnliche Wesen dem Tyranosaurus Rex tatsächlich begegnet sind und einige Dinosaurier die Kreidezeit überlebt haben? Die Theorie einer Überlappung ist rein spekulativ, nicht aber die These, daß der Drachen das Bild eines vage erinnerten, aber traumatischen Saurier-Menschenaffen-Konfliktes ist.

Oben:
Eine Schnitzerei am Portal der Kirche in Henham erinnert an die Tötung der berühmten „Essex-Schlange" im Jahre 1668.

Unten:
Ein Drachen auf einem Grabstein der Wikinger in der St. Pauls-Kathedrale in London.

Die Mönche, die das Bestiarium, ein mittelalterliches symbolisch-mystisches Tierbuch, geschrieben und illustriert haben, deuteten den Drachen ganz anders. Jedes Wesen im Bestiarium erteilt uns eine moralische Lektion. Der Phönix ist das Symbol der Auferstehung, der Panther verkörpert Christus, der Drachen gilt als Feind Christi. In einer typischen Geschichte frißt der Panther sich voll und schläft dann für drei Tage. Nach dem Aufstehen stößt er auf, und sämtliche Tiere folgen seinem Atem. Aber der Drachen, der einzige Feind des Panthers, versteckt sich aus Angst vor dem Atem, der ihn zerstören könnte. In „Le Bestaire de Guillaume Le Clerc de Normandie", das zwischen 1210 und 1211 entstanden ist, kämpft der Drachen mit einem Elefanten (Adam), er schlägt ihn mit seinem Schwanz und erwürgt ihn mit seinen eigenen Beinen. Der römische Historiker Plinius schreibt in seinen Geschichten ebenfalls über die Feindschaft zwischen Drachen und Elefanten:

„In Indien gibt es die größten Elefanten und Drachen, die sich gegenseitig dauernd bekämpfen, die Drachen sind so groß, daß sie

Links:
Das Gebiß eines Plesiosauriers, einem Meeresungeheuer, das vor etwa 150 Millionen Jahren ausgestorben ist. Der Fund wurde in einer Lehmgrube in der Nähe von Westbury (Wiltshire) gemacht. Der Plesiosaurier hat viel mit dem sagenumwobenen Drachen gemeinsam. Dr. Carl Sagan ist der Meinung, daß die Drachenmythen nichts anderes sind als eine vage Erinnerung an den Kampf zwischen Mensch und Ungeheuer.

Unten:
Die fliegende Echse, auch „Draco volans" genannt, ist in der indomalaiischen Region beheimatet. Sie kann dank ihrer fledermausähnlichen Flügel tatsächlich fliegen. Aber dieses Wesen ist nur 15 Zentimeter lang, und es ist fast unmöglich, daß es den Ursprung aller Drachenlegenden bilden kann.

die Elefanten mit Leichtigkeit erdrücken können und anschließend zu einen festen Knoten binden."

Plinius war der erste einer ganzen Reihe von Dichtern, die wirklich an die Existenz des Drachens glaubten.

Edward Topsell, Autor der „Historie of Serpents" (Geschichte der Schlangen, 1658) vertrat eine ganz andere Theorie. Seine Beschreibungen der Drachen sind exakt und detailliert, Holzschnitte machen sie noch anschaulicher. Der Schlangendrachen ist neben seinem engsten Artgenossen, der Schlange, abgebildet, der Reptildrachen neben einem Chamäleon. Indische, äthiopische und phrygische Drachen haben ein riesiges Maul, sagt er, mit denen sie Vögel und andere Tiere mit einem einzigen Biß verschlingen können. Die indischen Drachen teilt er in zwei Kategorien ein, den Drachen des Flachlandes und den Bergdrachen.

„Ihre Schnauzen sind sehr ausgeprägt, sie gleichen großen, gierigen Fischen, ihre Bärte sind gelbgold und borstig, die Bergdrachen haben normalerweise tiefer liegende Augen als die Drachen des Flachlandes. Ihr Blick ist böse und grimmig, und wenn sie sich auf dem Boden fortbewegen, kommen seltsame Geräusche aus ihren Augenlidern, wie klingendes Messing, manchmal wagen sie sich sogar ins Meer und rauben Fische."

Frühe Kartographen waren ebenfalls überzeugt, daß die Ungeheuer existieren: „Nur Wüste, voll mit Drachen und großen Schlangen" stand auf ihren Karten. Mag sein, daß für sie der Drachen das Symbol des Unbekannten war, aber es gibt Hinweise darauf, daß er für sie genauso in der Realität vorhanden ist wie die exotischen Giraffen und Elefanten, mit denen sie, zwischen Flüssen und Schlössern, die Karten vollstopften.

Warum werden auf allen Karten Drachen zusammen mit wirklich vorhandenen Tieren abgebildet? Manche Zoologen sind der Meinung, daß dies auf falsche Interpretation oder Willkür zurückzuführen ist. Auf diese Art und Weise wurde Marco Polos chinesischer Alligator zu einer drachenähnlichen Bestie. Der große Entdecker beschreibt ihn als Schlange mit zwei kurzen Beinen in der Nähe des Kopfes, mit einem riesigen Maul und großen, scharfen Zähnen. Es war der Künstler, der ihm zusätzlich noch Flügel und einen Schwanz mit einem Miniaturschlangenkopf verlieh.

Einige der Riesenschlangen, wie die Boa Constrictor oder die Pythonschlange, besitzen drachenähnliche Eigenschaften. Sie können bis zu 7,5 Meter lang werden und haben den schlängelnden Körper eines Drachen, aber ohne Rückenkamm. 1978 berichtete die „Times" von einer Pythonschlange, die einen Mann halb verschlungen hatte. Die Einwohner des Dorfes eilten zu Hilfe und schlugen auf die Schlange ein, aber der Mann war bereits tot. Als sie später von dem Vorfall erzählten, verwendeten sie das Wort „Drachen" anstatt Schlange.

Die fliegende Echse, im südlichen Hinterindien und in Indonesien beheimatet, heißt wissenschaftlich „Draco". Das Problem ist, daß ihre Länge nur 15 Zentimeter beträgt. Es scheint nur schwer vorstellbar, wie ein derart

Rechts:
Eine italienische Holzschnitzerei aus dem 15. Jahrhundert zeigt die heilige Martha und „ihren Drachen". Sie, die Schwester von Maria Magdalena und Lazarus, wurde im Mittelalter mit einer anderen Martha, deren Name mit einer Legende in Verbindung gebracht wurde, verwechselt. Es heißt, daß sie einen Drachen, der in Tarascon (Südfrankreich) sein Unwesen trieb, bändigte, indem sie ihn mit Weihwasser besprengte. Sie band ihren Gürtel um seinen Hals und führte ihn bis nach Arles, wo er dann getötet wurde.

kleines Tier den Kern aller Drachenlegenden bilden soll.

Eine etwas größere Echse, die Varanus Komodoensis, wird umgangssprachlich Komodo-Drachen genannt. Sie kann bis zu 3,5 Meter lang werden und sieht einem Drachen eigentlich ziemlich ähnlich: mit einem flachen Kopf, Vorderbeinen und einem langen, schuppigen Körper. Nur fliegen kann sie nicht, und ihr Lebensraum ist auf die indonesische Inselwelt beschränkt.

Krokodile, Alligatoren, Schlangen und Echsen haben alle etwas mit dem Drachen gemeinsam, aber keines dieser Tiere gleicht ihm so, um Ursprung all dieser Legenden sein zu können. Dann könnte man auch sagen, der Löwe ist ein Hund, denn beide sind vierbeinige Fleischfresser. Falls der Drachen jemals wirklich existiert hat, dann war er sehr wahrscheinlich eine Spezies für sich. Falls es ihn nie gegeben hat, dann haben ihn die Menschen erfunden, um rätselhafte und geheimnisvolle Kräfte zu erklären.

Oben:
Illustration aus Marco Polos Reisebericht. Er gibt eine genaue Beschreibung eines chinesischen Alligators, es war der Künstler, der ihm zusätzlich noch Flügel und einen Schwanz mit einem Schlangenkopf verlieh (Drachen in der Mitte).

Unten:
Adam, verkörpert durch einen Elefanten, kämpft gegen einen Drachen, den Antichristen. Illustration aus einem mittelalterlichen Bestiarium.

Oben:
Ein japanischer „Tatsu", Darstellung des 19. Jahrhunderts. Er war schlangenförmiger als der chinesische Drachen und symbolisierte den Gott des Wassers.

Der Weg des Drachen

Die Kaiser des alten Chinas bauten ihre Paläste auf sogenannten Drachenwegen – und auch in Großbritannien und anderen Ländern gibt es viele Bauwerke, bei denen das Drachensymbol eine wichtige Rolle spielt.

Es gibt einen wesentlichen Unterschied zwischen dem asiatischen Drachen und seinem westlichen Gegenstück. Der asiatische gilt als wohltätig und glücksbringend, er lebt in Regenwolken, Seen, Tümpeln und Quellen. Das Drachentöten, Leitmotiv der westlichen Legenden, ist in Ostasien nicht zu finden, denn in der chinesischen Philosophie gilt der Drachen als Bindeglied zwischen Himmel und Erde.

Der asiatische Drachen wurde zum Symbol der Macht, der chinesische Kaiser saß auf einem Drachenthron und trug mit Drachen bestickte Gewänder. Die chinesischen Drachen spielen auch eine wichtige Rolle in der Geomantie (Geomantik). Der Geomant errechnete mit Hilfe von Wünschelruten und astronomischen Kalkulationen jene Stellen, wo die Paläste errichtet und die Grabstätten des Kaisers angelegt werden mußten, um eine maximale Nutzung der Magnetströme der Erde zu gewährleisten. Diese konnten entweder negativ (yin) oder positiv (yang) sein. Positive Ströme wurden durch einen männlichen Drachen dargestellt, zusammen mit Bergen, wo er wohnte. Die Wege, die er zwischen den Gipfeln zurücklegen mußte, nannte man lungmei, Drachenwege. Es war äußerst wichtig, daß ein Gleichgewicht zwischen yin und yang herrschte und daß sämtliche neuen Gebäude, Straßen sowie alles andere, was das natürliche Gleichgewicht durcheinanderbringen könnte,

mit den „Strömen des kosmischen Atems" harmonierten, sonst würde ein Unheil über die Menschen hereinbrechen.

Als der Einfluß der Geomantie immer stärker wurde, war es die Aufgabe der Geomanten, die natürlichen Ströme der Erdenergie in den Kaisersitz zusammenfließen zu lassen. Diese Ströme wurden durch Kanäle geleitet, sogenannte Drachenwege, die streng bewacht wurden, kein Gebäude, außer jenen der Kaiserfamilie, durften entlang dieser Kanäle gebaut werden. Es hieß, daß der Erfolg einer Dynastie nur dann gewährleistet sei, wenn der Geomant den günstigsten Ort für die Grabstätte des Gründers gewählt habe.

John Michell hat viel über Geomantie geschrieben. Er ist der Meinung, daß die Kenntnis der Harmonie zwischen Himmel und Erde in der Alten Welt weit verbreitet war. Die Beziehung zwischen Mutter Erde und den Göttern des Himmels bildete die Basis vieler alter Religionen. Er ist der Auffassung, daß nicht nur im alten China, sondern auch in Großbri-

Viele alte britische Kultstätten lassen sich durch ihre Lage mit dem Drachensymbol in Verbindung bringen. Wenn man sie mit einer Linie untereinander verbindet, ergeben sich seltsame Zusammenhänge: Eine der Linien läuft von St. Michael's Mount in Cornwall (ganz oben) bis nach Bodmin Moor (ganz oben). Eine Legende besagt, daß sie eine Schlange darstellen, die von einem heiligen Christen versteinert wurde. Die Linie führt an drei Kirchen vorbei, die dem heiligen Michael, dem Drachenbezwinger, geweiht sind. Sie endet beim Turm der St. Michaelskirche in Burrow Mump (rechts).

tannien, Frankreich und anderen Ländern, die Menschen für ihre heiligen Haine und Tempel Orte auswählten, die eine direkte Beziehung zu den Erdkräften hatten.

Diese geweihten Stätten – Megalithe, Steinkreise, Hügelgräber und Erdhügel – nahmen diese versteckte Energie in sich auf, und die Trassen zwischen den Stätten leiteten die Kraft weiter. Mitchell entdeckte, daß auch in Großbritannien das Symbol des Drachens zu finden ist. Eine dieser Trassen verläuft von St. Michael's Mount bis Glastenbury im Süden Englands. Die Linie entspricht genau dem Winkel des Sonnenaufganges im Mai.

Auf der westlichen Seite der Strecke entdeckte Mitchell viele Hinweise auf Drachen – Schnitzereien, Legenden, Ortsnamen und Kirchen, die dem heiligen Georg oder dem heiligen Michael gewidmet sind. Vieles in dieser Gegend wurde Heiligen geweiht, die berühmt sind für die Tötung eines Lindwurms und die versucht haben, das Heidentum, in dem die Verehrung von Schlangen und

Drachen eine wichtige Rolle spielte, auszurotten.

Der westliche Ausgangspunkt dieser Trasse ist St. Michael's Mount, vor der Küste Com-Walls gelegen, und ebenfalls eine heilige megalithische Stätte. In der Nähe von Bodmin Moor befinden sich drei Steinkreise, der größte hat einen Durchmesser von 40 Metern. Eine Legende besagt, daß sie Schlangen darstellen, die von einem christlichen Heiligen verzaubert wurden. Die St. Michaelskirche in Brent Tor, am Rande von Dartmoor, steht hoch oben auf einem schwarzen Felsen. Die St. Michaelskirche im Cadbury Tal, weiter östlich in Devonshire, liegt unterhalb einer Siedlung. Im „Survey of Devon", aus dem Jahre 1626, wird die Legende von einem Drachen erzählt, der von seinem Lager oberhalb der Siedlung die Menschen terrorisierte. Im 30 Kilometer entfernten Trull wurde angeblich mal ein Drache getötet. Ein Fenster der St. Michaelskirche des Ortes zeigt drei Heilige – Georg, Michael und Margarethe – die mit einem Lindwurm kämpfen. Acht Kilometer entfernt liegt Creech St. Michael, ein paar Kilometer weiter, in Lyng befindet sich eine Kirche, auf deren Bänken und Fenstern Drachen zu sehen sind. Eine weitere St. Michaelskirche befindet sich auf dem künstlichen Erdhügel, den man Burrowbridge Mump nennt. Auf dem Portal der Michaelskirche in Othery sind mehrere Drachen abgebildet.

Von Othery läuft die Trasse weiter nach Glastonbury, dort erhebt sich der Felsenturm nun über ein Meer von häßlichen Ziegelsteinhäusern, aber es ist nach wie vor ein faszinierender Anblick. Die Kapelle auf der Bergspitze ist ebenfalls dem heiligen Michael gewidmet, nur ein schmaler Serpentinenweg führt zum Gipfel. Die Trasse verläuft weiter bis Stoke St. Michael und Avebury, wo ein riesiger jungsteinzeitlicher Tempel steht, der anscheinend eine Schlange darstellt. Zwei schlangenförmige Steinalleen, beide über 15 Meter breit und 2,5 Kilometer lang, waren einst Teil eines riesigen Kreises. Die eine endete in einem kleinen Steinkreis oberhalb von Overton Hill und stellte den Kopf einer Schlange dar. Die andere, nun allerdings völlig zerstört, symbolisierte den Schwanz. Ein Taufstein in der Avebury Kirche aus dem 12. Jahrhundert zeigt einen Bischof, der mit seinem Stab auf einen geflügelten Drachen einschlägt, der ihn in den Fuß zu beißen versucht.

Diese Trasse umfaßt ein Gebiet von großer historischer und astrologischer Bedeutung. Entlang der Wegführung befinden sich die größten prähistorischen Tempel und die ältesten heiligen Stätten des Christentums in Großbritannien. Ein Dutzend Mal taucht das Motiv des Drachens auf, das ist wohl mehr als nur Zufall. Auf diesem relativ kleinen Landstrich kommt der Name des heiligen Michaels nicht weniger als neun Mal vor. Das Buch der Offenbarung erklärt die Bedeutung des heiligen Michaels in diesem Zusammenhang:

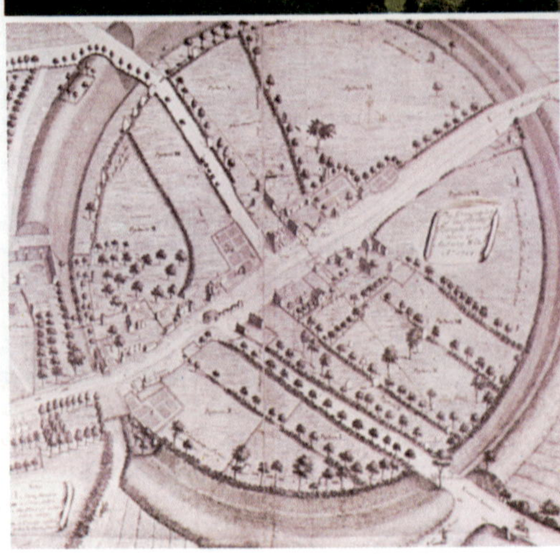

Oben:
Der Steinkreis in Avebury, ein Teil der großen Trasse, die in St. Michael's Mont (Cornwall) anfängt.

Links:
Plan des Avebury-Steinkreises, angefertigt von William Stakeley im Jahre 1724. Stukeley war der erste, der behauptete, daß die Steinkreise und Alleen riesige Schlangen darstellen.

Unten:
Schnitzerei eines Drachens auf einer Kirchenbank in der Crowcombe Church in Somerset.

„Und ich sah einen Engel vom Himmel fahren, der hatte den Schlüssel zum Abgrund und eine große Kette in seiner Hand,
Und er griff den Drachen, die alte Schlange, Welche ist der Teufel und Satan, und band ihn 1000 Jahre.
Und warf ihn in den Abgrund und verschloß ihn und versiegelte obendrauf,
Daß er nicht mehr verführen sollte die Heiden ..."

Die ersten christlichen Missionare bauten ihre Gebäude auf die heidnischen Kultstätten, um den alten Geist zu verbannen. Das Christentum rottete den Drachen jedoch nicht vollständig aus, denn in der Kirchenkunst lebt er weiter.

Drachen sind in vielen Kirchen des Landes zu finden, sie treiben ihr Unwesen auf Bogenfeldern, wie zum Beispiel in Penmon Privory in Anglesey, in der Kathedrale von Wells und an Kirchenportalen. Natürlich war die Kirche mit diesen Arbeiten ihrer Holzschnitzer und Steinmetze nicht immer einverstanden. „Was haben diese lächerlichen Ungeheuer überhaupt für einen Sinn?" fragte Bernard von Clairvaux, der Gründer des Zisterzienser-Ordens. „Es schadet sicher nicht, sich mit den alten Göttern gutzustehen, nur für den Fall, man weiß ja nie ..."

Drachen als Ufonauten

Natürlich gibt es viele spekulative Interpretationen über den Drachen. Eine Theorie besagt, es handle sich um ein UFO, und Kapitel 20 im Buch der Offenbarung sei nichts anderes als die Beschreibung eines kosmischen Krieges zwischen den Raumschiffen zweier feindlicher Galaxien. Es ist schon irgendwie merkwürdig, daß die meisten UFOs entlang der Drachenwege gesichtet werden, oder an Orten, wo angeblich die Ungeheuer getötet wurden. Die Theorie besagt weiter, daß der Mensch beim ersten Anblick der „Untertassen", diese für den Schlüssel zu unsagbarem Reichtum hielt. Natürlich wollte er den Schatz der Himmelsgötter unbedingt besitzen und versuchte, ihn zu stehlen, er tötete die Götter und bezwang den Drachen, den Wächter des Schatzes.

Nach der ersten Begegnung mit den Scheiben, wurde der Drachen, beziehungsweise die Schlange, deren einzelne Windungen ein kreisförmiges UFO darstellen sollen, zu einem Kultobjekt. Der frühzeitliche Mensch errichtete kreisförmige Erdwalle und Steinkreise, deren Umrisse oft nur aus der Luft zu erkennen waren, um die Fliegenden Untertassen wieder zurück auf die Erde zu locken. Gemäß dieser Theorie war auch Stonehenge nichts anderes als ein gigantischer Köder.

Diese Annahme ist allerdings nicht neu, denn schon im 18. Jahrhundert behauptete Dr. William Stukeley, daß die Kreise und Alleen aus prähistorischer Zeit riesige Schlangen darstellen, die von Menschen, die einer schlangen- oder drachenverehrenden Religion anhingen, erbaut wurden. Er wurde damals genauso verspottet wie die Ufologen heutzutage.

Manche Theoretiker akzeptieren zwar den Zusammenhang zwischen Drachen und UFOs, haben aber seine Stellung in der Mythologie völlig uminterpretiert. Ihrer Meinung nach wurden sie von übersinnlichen Kräften, außerirdischen Wesen oder aber von unserem kollektiven Unterbewußtsein auf die Erde geschickt. Der Wissenschaftler Thomas Bearden schreibt: „Das kollektive Unterbewußtsein ist um einiges stärker als das eigene Unterbewußtsein, und unter bestimmten Voraussetzungen kann es einen Gedanken materialisieren, egal ob es sich dabei um ein Lebewesen oder einen Gegenstand handelt." Diese materialisierten Gedanken nennt er „Tulpa", UFOs, Feen, Drachen und andere Erscheinungen. Für all die, für welche die Wissenschaft keine Erklärung kennt, ordnet er der „Tulpa" zu.

Eine andere Theorie bringt den Drachen mit einem kosmischen Umbruch in Verbindung, einer Eklipse oder einem Kometen, wie

Rechts:
Detail eines chinesischen Tellers aus dem frühen 18. Jahrhundert mit dem fünfkralligen Drachen. Er verkörpert die kaiserliche Macht, und es war den Untertanen bei Todesstrafe verboten, dieses Drachensymbol zu verwenden.

Unten:
Eine Perlmuttintarsie auf einem vietnamesischen Möbel aus dem späten 18. Jahrhundert. Sie zeigt zwei Drachen, die der Glücksperle nachjagen.

Geoffrey of Monmouth im 12. Jahrhundert beschreibt: „Stern von wundersamer Größe, in Form eines Drachens, aus dessen Maul zwei Lichtstrahlen ragten, so groß, daß sie bis Gallien zu reichen schienen."

Eine ähnliche Version besagt, alle Drachenlegenden stammten aus jener Zeit, als sich der Orbit der Venus der Erde näherte und alles auf Erden zerstörte. Offensichtlich beschäftigten sich die ersten Menschen viel mit Astronomie. In ihren Mythen sprechen die Azteken, Assyrer und Babylonier von der Venus als „gefiederte Schlange", „der fürchterliche Drachen", der die Erde mit seinem Feuer fast zerstört hätte.

Es ist unmöglich, ein genaues Bild des Drachenkomplexes zu gewinnen, denn größtenteils spiegeln Drachen nur die fixen Ideen jener wider, die sich mit ihm befassen. Die moderne Psychologie interpretiert ihn sowohl als Vaterfigur, der den Schatz seiner Tochter, ihre Jungfräulichkeit, hütet als auch als Mutterfigur, die über die Geschlechtstriebe ihres Sohnes wacht.

Die Alchimisten des Mittelalters akzeptierten die Veränderlichkeit des Drachens, denn sie beschäftigten sich ja mit Umwandlungen. Sie stellten sogar die Stabilität von Form und Funktion in Frage, alles war qualitätslos. Später, nach dem Verbot der Alchimie, wurde die Darstellungsweise in den Schriften der Alchimie immer dunkler und geheimnisvoller, und sie enthielten bald viele bildliche Decknamen, um die Form einer Materie zu beschreiben. Der Drachen war die Materie im unvollkommenen Zustand und wurde auch mit Quecksilber in Verbindung gesetzt, das angeblich eine Veränderung in anderen Metallen hervorrufen kann. Er wachte über das Gold, das die Alchimisten zu ihrer Arbeit inspirierte. Der Drachen mußte getötet werden, um an das Gold zu gelangen, aber er ist nie wirklich gestorben, denn er wurde in einer anderen Gestalt wiedergeboren.

Der Drachen ist der Ursprung aller Dinge, das Ende des Chaos, er ist feuerspeiendes Ungeheuer und Spender von Regen, er ist eine Macht der Erde und des Himmels und kann Leben und Tod verkörpern. Der Drachen ist alles und nichts, der Spiegel menschlicher Besessenheit. Nie und nimmer werden wir sein Geheimnis lüften können. Wir wissen nichts über ihn, außer, daß er sehr alt und sehr stark ist.

Menschen, Mythen oder Monster?

Jeder hat schon einmal vom mysteriösen Schneemenschen im Himalaya gehört – dem Yeti. Aber in allen Teilen der Welt gibt es Berichte über Begegnungen mit geheimnisvollen Wesen, die weder Mensch noch Tier sind.

Hintergrund Bild:
Der Himalaya, Heimat des Yeti, dem Schneemenschen.

„Wilde Waldmenschen", der „wilde Mann" sind Vorstellungen, die sich im Volkstum fast aller Länder der Welt finden. Solche Waldmenschen sind auch auf Schnitzereien in anglikanischen Kirchen zu sehen. Obwohl es verlockend ist, diese als reine Erfindung der bäuerlichen Phantasie zu bezeichnen, kann man einige Berichte aus Nordamerika über Begegnungen mit „Tiermenschen", die fast 2,50 Meter groß sind, nicht einfach ignorieren.

Über den „Bigfoot" oder „Sasquatch", wie der indianische Name dafür lautet, ist in Nordamerika in letzter Zeit so viel geschrieben worden, daß man Meldungen aus anderen Teilen der Welt völlig übersieht. Immer wieder kommen Berichte aus dem Himalaya, der Heimat des Yeti, über merkwürdige Fußspuren im Schnee oder über Begegnungen mit dem Yeti selbst. 1974 hütete ein nepalesisches Mädchen eine Herde von Yaks in 4250 Metern Höhe im Mount Everest Gebiet, als sie plötzlich von einem Yeti angegriffen wurde. 1978 kehrten Lord und Lady Hunt noch einmal nach Nepal zurück, in Erinnerung an die Mount Everest Besteigung des Jahres 1953. Vor ihren Hütten entdeckten sie im Schnee riesige Fußspuren, die sie schließlich auch fotografierten. Zuletzt behauptete der Südtiroler Rekordbergsteiger Messner, daß er im Oktober 1986 auf mehreren tausend Metern Höhe ein seltsames

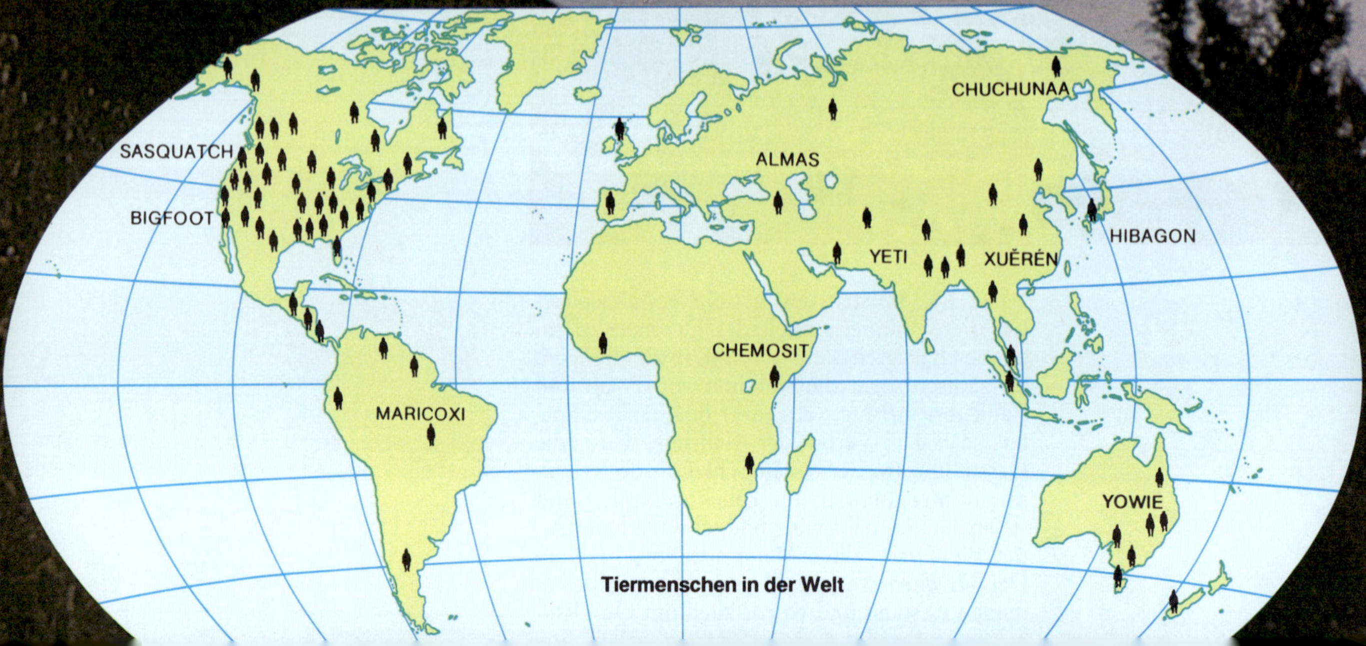

Tiermenschen in der Welt

Menschenwesen, das er als Yeti identifizierte, gesehen habe. Es ist schon viel über sie geschrieben worden, obwohl ihnen nur wenige begegnet sind. Andrerseits hören wir in unseren Breitengraden fast nie etwas über Begegnungen mit „wilden Menschen" oder „Tiermenschen" in entlegenen Regionen Chinas. In der Mitte der siebziger Jahre wurden des öfteren unbekannte Wesen in den Provinzen Heber und Shansi gesichtet, ein bewaldetes und gebirgiges Gebiet westlich und südlich von Peking. Pang Gensheng, 33, hatte im Juni 1977 ein grauenhaftes Erlebnis mit einem seltsamen Wesen. Pang war gerade beim Holzhacken in den Taibai-Bergen in der Provinz Shansi, als plötzlich ein „zur Gänze behaarter" Mann vor ihm stand.

„Er kam immer näher auf mich zu. Ich hatte furchtbare Angst und wich zurück, solange bis ich mit dem Rücken an einen Felsvorsprung stieß. Der behaarte Mann kam immer näher, jetzt waren wir nur noch 2 Meter von einander entfernt. Ich hob meine Axt, ich war bereit, um mein Leben zu kämpfen. Für mehr als eine Stunde blieben wir so stehen, keiner von uns beiden rührte sich von der Stelle. Heimlich tastete ich nach einem Stein, zum Glück fand ich einen und warf ihn nach dem Wesen. Ich traf ihn an der Brust. Er gab einige seltsame Laute von sich und rieb die verletzte Stelle mit seiner linken Hand. Darauf drehte er sich um und lehnte sich gegen einen Baum, dann ging er ganz langsam weg in Richtung Schlucht und gab noch ein paar unverständliche Laute von sich."

Der „Mann" war etwa 2,10 Meter groß, hatte eine fliehende Stirn, tiefliegende, schwarze Augen, einen vorspringenden Kiefer und große Schneidezähne. Sein langes, dunkelbraunes Haar hing lose bis zu den Schultern, Gesicht und Körper waren völlig behaart. Die Arme reichten bis zu den Knien, er ging aufrecht und hatte O-Beine.

Unten links:
Dieser angebliche Fußabdruck eines Yetis wurde während einer Himalaya-Expedition im Jahre 1951 am Fuße des Menlung entdeckt.

Unten rechts:
Im Februar 1980 machten polnische Bergsteiger in 4800 Metern Höhe diese Aufnahme am Mount Everest. Die Fußspur ist 36 Zentimeter lang und 17 Zentimeter breit.

Menschen". Dieses Gebirge bildet den nordwestlichen Ausläufer des Himalayas. Im Sommer 1979 fand eine sowjetische Expedition dort seltsame Fußspuren, sie waren 34,3 Zentimeter lang und bei den Zehen 16,5 Zentimeter breit. Niemand konnte sich erklären, von was für einem Wesen sie stammen könnten.

„Tiermenschen" wurden auch in Sibirien gesichtet. In den frühen sechziger Jahren beobachtete ein Jäger, der mit seinem Hund auf Pirsch ging, zwei solche Wesen beim Verlassen des Waldes. Die amerikanischen Bigfeet scheinen Hunde nicht ausstehen zu können. Es gab schon Fälle, da wurde einer von ihnen verletzt oder getötet. Der sibirische Jäger sah, daß die Wesen völlig behaart waren, lange Arme hatten und ihre Füße beim Gehen nach außen drehten. Ihre Augen leuchteten dunkelrot – ein weiteres Merkmal, das sie mit den Bigfeet gemeinsam haben.

1920 wurde ein sogenannter „Chuchunaa" (eigentlich Aussätziger, so nennt man die wilden Menschen im jakutischen Gebiet Ostsibiriens) von den Dorfbewohnern gesehen:

> „Er sammelte Beeren, genau wie wir, und stopfte sie mit beiden Händen in den Mund. Als er uns erblickte, erhob er sich und stand in voller Größe vor uns. Er war über zwei Meter groß, schlank, barfuß, hatte ein Hirschfell übergehängt, lange Arme und lange, ungekämmte Haare. Sein Gesicht war so groß wie das eines Menschen. Seine Stirn aber klein und fliehend. Er hatte ein großes, breites Kinn, viel größer als das eines Menschen. Er sah trotz dieser Besonderheiten

Am Institut für Paläoanthrologie und Paläontologie der chinesischen Akademie der Wissenschaften wurden solche Berichte näher untersucht, aber bis heute keine abschließende Stellungnahme publiziert. Trotzdem ist es merkwürdig, daß sich die Beschreibung von Pang Gensheng genau mit jenen aus anderen Teilen der Welt deckt. Auch das Verhalten des Wesens war typisch.

Fußspuren im Schnee

Auch in der Sowjetunion wurden Nachforschungen angestellt. Dr. Jeanna Kofman ist dem sogenannten „Almas" der kaukasischen Berge seit 1955 auf der Spur. Sie hat viele Augenzeugenberichte überprüft und etwa 4000 Interviews selbst geführt. Eines davon mit dem 39jährigen Muhamed Tomakow, einem Bauern, der 1946 einen „Almas" in einer Hütte in Getmish gefangen genommen hatte. Das Wesen sah aus wie ein Mensch, war aber völlig behaart und ging auf allen vieren, nur wenn er stand, nahm er eine aufrechte Haltung ein. (Auch in Amerika wurden Bigfeet beobachtet, die auf allen vieren gingen.) Sobald das Wesen in der Hütte war, verriegelte Tomakow die Tür und ging weg, um ein Seil zu holen. Als er zurückkam, stand die Tür offen und die Hütte war leer. Das Pamir-Gebirge in Zentralasien gilt als eine weitere Region der „wilden

Oben:
Ein „Waldmensch" vom Portal einer Kirche in Suffolk. Viele Eremiten oder Ausgestoßene lebten in den Wäldern des mittelalterlichen Englands, es ist unklar, ob dies aber alle Berichte von „Waldmenschen" erklären kann.

Rechts:
Fußspuren, die angeblich von einem Yeti stammen. Eine andere Theorie besagt, daß sie zu einem gewöhnlichen Tier gehören und die Spuren nur durch die Sonneneinstrahlung größer wurden.

aus wie ein Mensch, abgesehen davon, daß er etwas größer war."
Auch in Amerika wurden die Bigfeet beim Beerensammeln beobachtet, und auch schon welche, die Kleider trugen.

Das Wesen „X"

In jedem großen Land gibt es irgendwo Wildnis, Dschungel oder bewaldete Berge, die kaum von Fremden betreten werden. (In Europa sind diese Gebiete selten geworden, das ist auch der Grund, weshalb kaum Berichte über Tiermenschen von dort stammen.) Regionen unerforschten Landes sind vielleicht die Heimat vieler unbekannter Wesen. In Asien wurden Tiermenschen in Malaysia gesichtet, wo es noch genug Dschungel gibt, in dem sie sich verstecken können. Je weiter entfernt das Gebiet, umso weniger hören Außenseiter von Begegnungen mit unbekannten Wesen, es sei denn, Expeditionen werden zu ihnen unternommen.

Dies erklärt, warum die Informationen aus Südamerika und Afrika nur so lückenhaft sind. Trotzdem wissen wir, daß hier solche Begegnungen recht häufig sind. Jacqueline Roumeguere Eberhardt vom nationalen wissenschaftlichen Forschungszentrum in Paris veröffentlichte 1978 einen Teil ihrer Forschungsarbeit über afrikanische Tiermenschen, die sie einfallsloserweise „X" nannte. Zu jenem Zeitpunkt hatte sie 31 Berichte über Begegnungen mit seltsamen Wesen in 11 verschiedenen Wäldern Kenias untersucht und teilte das Wesen „X" in vier verschiedene Kategorien ein. Ein Einheimischer wurde von einem „X" gefangengenommen, genaustens untersucht und anschließend wieder freigelassen.

Manchmal kommen auch Berichte über Begegnungen mit seltsamen Wesen aus Ländern, von denen man es gar nicht vermuten würde. Für uns ist Japan nichts anderes als eine Industrienation, wer würde schon annehmen, daß es zwischen den vielen Betrieben noch genug unbewohntes Land gibt, das Tiermenschen als Heimat dient. In den frühen siebziger Jahren haben mehrere Menschen den Hibagon (so nannte man ihn) gesehen. Der Bauer Kubo erblickte dieses 1,50 Meter große, übelriechende Etwas im Jahre 1974, als er gerade die Reisfelder düngte. Es stand mitten auf dem Weg, er konnte nicht genau erkennen, was es war, also ging er näher drauf zu: „Ich war wie versteinert, der Gestank haute mich einfach um. Er muß in Kuhmist gebadet haben. Bevor er überhaupt bemerkte, daß ich ihn gesehen hatte, rannte ich davon, ohne mich noch einmal umzudrehen."

Dieser Gestank war auch jenen aufgefallen, die dem amerikanischen Bigfoot begegnet sind. In Australien gibt es noch viele Gebiete, die unbewohnt sind, hier ist die Heimat der Tiermenschen. Die Aborigines, die schwarzen Ureinwohner, glauben fest daran, daß sie wirklich existieren und gaben ihnen verschiedene Namen, heutzutage heißen sie einfach „Yowies".

Das Rätsel Yeti

Die meisten Wissenschaftler sind der Meinung, daß der Yeti von dem Riesenaffen „Gigantopithecus" abstammt, dessen Fossilien in Indien und China gefunden wurden. Eine genaue Untersuchung der Überreste hat ergeben, daß der „Gigantopithecus" vor maximal 12 Millionen Jahren bis 500000 v.Chr. gelebt hat. Während dieser Zeit wuchs der Mount Everest um 500 Meter. Es ist also durchaus möglich, daß viele Spezies von Tieren dadurch völlig isoliert wurden.

Einige Experten sind der Meinung, daß, obwohl die Fußspuren des Yeti oberhalb der Schneegrenze entdeckt wurden (eine kahle Landschaft, in der kein Säugetier ausreichend Nahrung findet), er weiter unten in den bewaldeten Tälern beheimatet ist. Hier gibt es eine üppige Vegetation, es ist häufig neblig, und es verirren sich nur sehr wenige Menschen in diese Gegend. Aufgrund der klimatischen Veränderungen muß er des öfteren durch den hohen Schnee gehen, um in die Täler zu gelangen. Auf diesen Märschen hinterläßt er dann die verräterischen Fußspuren.

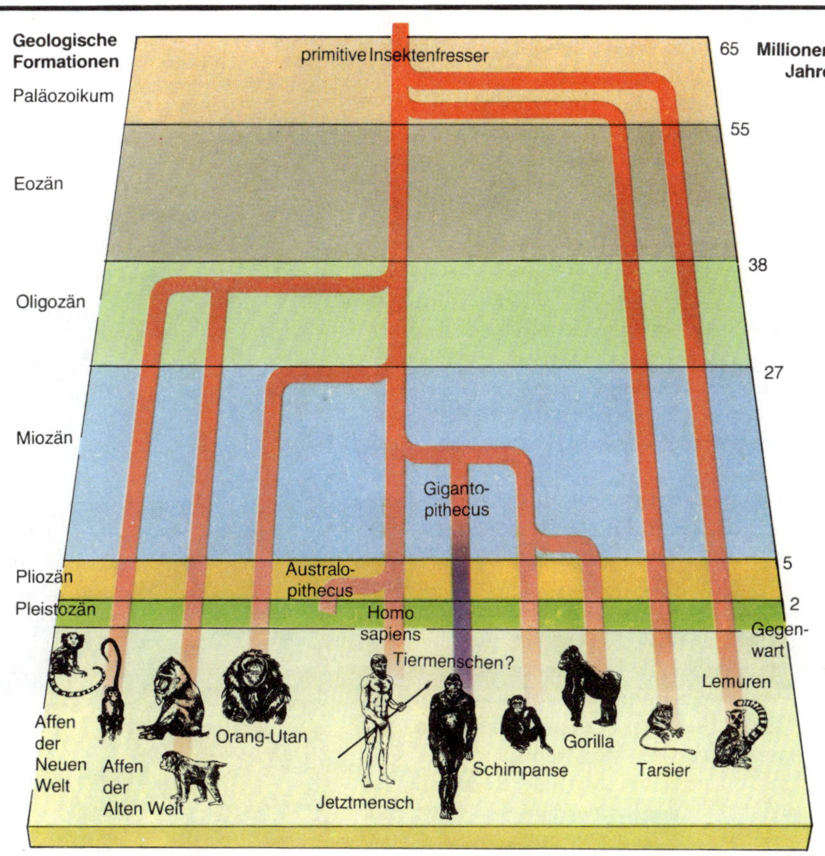

Links:
Der Musiklehrer Richard Brown steht neben dem Zaun in der Nähe der Stelle, wo er 1971 den Bigfoot sah. Er beobachtete ihn durch das Fernrohr seines Gewehres.

Unten:
Igor Bourtseu macht seit Jahren Jagd auf „Schneemenschen". Hier zeigt er den Gipsabdruck einer Fußspur, die er am 21. August 1979 im Pamir in Zentralasien, fand. Sie stammt angeblich von einem „Almas" und ist 34 Zentimeter lang und bei den Zehen 16 Zentimeter breit. Sie hat fast die gleiche Größe wie die Fußabdrücke, die im Himalaya gefunden wurden.

Seit dem späten 18. Jahrhundert hört man immer wieder von Begegnungen mit den seltsamen Wesen, vor allem in den Bundesstaaten Neusüdwales und Queensland. Am 3. Oktober 1894 ritt der kleine Johnnie McWilliams von seinem Haus in Snowball zum Postbüro von Jinden in Neusüdwales, als plötzlich ein seltsames Wesen vor ihm stand.

„Ein großer Mann mit langen Haaren sprang auf einmal aus dem Wald, er schien genauso überrascht zu sein wie Johnnie, denn er rannte quer übers Feld, knickte um und schrie vor Schmerzen. Während er lief, drehte er sich noch ein paarmal um, bis er hinter einem Hügel verschwand. Der ‚Mann' war etwa 1,80 Meter groß und von kräftigem Körperbau."

Joseph und William Webb wollten um die Jahrhundertwende im Brindabella-Gebirge (Neusüdwales) zelten. Auf einmal hörten sie ein tiefes, heiser klingendes Gebrüll und seltsame Geräusche, als ob irgend etwas durchs Gebüsch kriechen würde. John Gale, Gründer und Herausgeber einer bekannten Zeitschrift, berichtet in einem seiner Bücher was danach passierte:

„Sie verließen ihr Zelt und beobachteten, wie ein seltsames Ding auf sie zu kam, allerdings sahen sie nur den Kopf und die Schultern. Er ging aufrecht, war völlig behaart und sah so aus, als ob er keinen Hals hätte, denn zwischen den Schultern war der Kopf kaum sichtbar. Er kam immer näher auf das Zelt zu. Jetzt konnten sie ihn genau sehen. Er hatte die Gestalt eines Menschen, mit langen, schweren Schritten näherte er sich. Webb schrie: ‚Wer bist du? Rede oder ich schieße.' Keine Antwort, kein Wort, nur ein tiefes Brüllen. Er richtete die Waffe auf ihn und feuerte, der Schuß war kilometerweit zu hören, aber das Wesen schien unverletzt zu sein, denn es drehte sich um und rannte davon."

Daß er entkommen konnte, bedeutet nicht unbedingt, daß Webb nicht getroffen hätte. Denn aus Amerika kommen immer wieder Berichte, daß normale Gewehre gegen solche haarigen Riesen machtlos sind, entweder weil die Munition nicht durchschlagskräftig genug ist oder aus einem anderen mysteriösen Grund.

Rex Gilroy, ein australischer Yowie-Forscher, hat mehr als 3000 Berichte über Begegnungen mit den Riesen gesammelt, und genau wie in Nordamerika häufen sich die Meldungen in den siebziger Jahren. Ein Arbeiter des Nationalparkes im Springbrock-Gebiet in Queensland erzählte, daß er im März 1978 das Wesen aus nur 2 Metern Entfernung gesehen hatte. Er hörte ein Grunzen, zuerst dachte er an ein entlaufenes Schwein und ging in den Wald um nachzuschauen.

„Auf einmal blickte ich auf und sah dieses riesige, schwarz behaarte Wesen vor mir stehen. Es glich in vielerlei Hinsicht einem Gorilla, besaß unförmige Hände, mit einer umfaßte es einen Baumstamm. Es hatte ein flaches, schwarzes, glänzendes Gesicht, mit zwei großen gelben Augen, sein Mund schien ein großes schwarzes Loch zu sein. Ich war wie gelähmt, ich konnte nicht einmal die Axt heben, die ich in der Hand hielt. 10 Minuten standen wir da und starrten uns an. Auf einmal fing es ganz fürchterlich an zu stinken, ich mußte mich übergeben – dann drehte es sich um und verschwand."

Sein Aussehen und sein Verhalten lassen darauf schließen, daß der Yowie ein enger Verwandter des nordamerikanischen Bigfoot ist.

Oben links und rechts:
1967 entstanden in Bluff Creek (Kalifornien) diese Aufnahmen eines Bigfoot, es sind die einzigen, die je gemacht wurden. Genaue Analysen haben ergeben, daß die Fotos nicht gestellt sind – aber Skeptiker behaupten, daß es sich hierbei um einen, in Tierfelle verkleideten Schauspieler handelt.

Unten:
Gipsabdrücke von Fußspuren, die kurz darauf in der Gegend gefunden wurden.

Auf den Spuren des Bigfoot

Hunderte von Berichten über Begegnungen mit dem Bigfoot lassen darauf schließen, daß es ihn tatsächlich geben könnte. Aber wie gelingt es diesen primitiven Wesen im größten Industrieland der Welt überhaupt zu überleben?

Seit den dreißiger Jahren des letzten Jahrhunderts hört man immer wieder von Begegnungen mit sogenannten „Tiermenschen". Wir müssen uns auf alte Zeitungsartikel stützen, um Näheres über die Begebenheiten vor 1900 zu erfahren, aber einige Wissenschaftler haben eine bemerkenswerte Ähnlichkeit zwischen den damaligen und heutigen Berichten festgestellt. Eine Regionalzeitung von 1851 berichtete über zwei Jäger in Greene County (Arkansas). Sie beobachteten, wie eine Viehherde von einem menschenähnlichen Tier verfolgt wurde.

> „Es war riesig, der Körper völlig behaart, sein langes Haar fiel bis auf die Schultern. Der wilde Mann sah sie einen kurzen Augenblick lang an und sprang dann mit großen Sätzen davon. Die Fußabdrücke, die er hinterließ, wurden anschließend gemessen, sie waren 33 Zentimeter lang."

Der Zeitungsreporter fügte hinzu, daß man das Wesen „für einen verstörten Überlebenden des Erdbebens, das 1811 die ganze Region verwüstet hatte", hielt. In fast allen frühen Berichten werden die Tiermenschen als „wilde Menschen" bezeichnet. Man nahm an, daß es sich um menschliche Wesen handelte, die in Wäldern hausten und daß ihnen deswegen im Laufe der Zeit ein dickes Fell gewachsen war. Die moderne Evolutionstheorie besagt jedoch, daß dies unmöglich der Fall sein kann. Eine stammesgeschichtlich „rückwärts" gerichtete Entwicklung, in wieder primitiveren Lebensformen also, ist unmöglich. Die Begegnung mit dem Bigfoot in Arkansas von 1851 beweist, daß solche Zusammentreffen nicht auf die nordwestlichen Staaten (Kalifornien, Washington, Oregon) beschränkt sind. Obwohl die meisten Bigfeet in diesen Regionen gesichtet werden, hat man ihre Spuren in fast allen amerikanischen Bundesstaaten und kanadischen Provinzen gefunden. Vor allem in Florida wurden in den letzten Jahren die, dem Bigfoot ähnlichen, „Skunk Affen" gesichtet.

Viele Meldungen über Tiermenschen gehen nicht näher auf Einzelheiten ein. Aber es gibt trotzdem detaillierte Berichte genug, die Auskunft geben über besondere Merkmale und das Verhalten des Bigfoot. Sie scheinen ziemlich schüchtern zu sein und wollen offensichtlich nichts von Menschen wissen. Manchmal erwacht allerdings Neugier, dann schleichen sie sich an Zelte heran, wühlen die Sachen der Menschen durch und zuweilen schaukeln sie sich auf Autos. In frühen Berichten ist zu lesen, daß sie ganze Goldgräberstädte zerstört hatten, um die Eindringlinge zu vertreiben. Bigfeet wurden auch schon in der Nähe von Bauernhäusern und abgelegenen Ortschaften beobachtet, vielleicht weil dort die Nahrungssuche leichter ist. Trotz ihres angsteinflößenden Aussehens sind sie im allgemeinen nicht

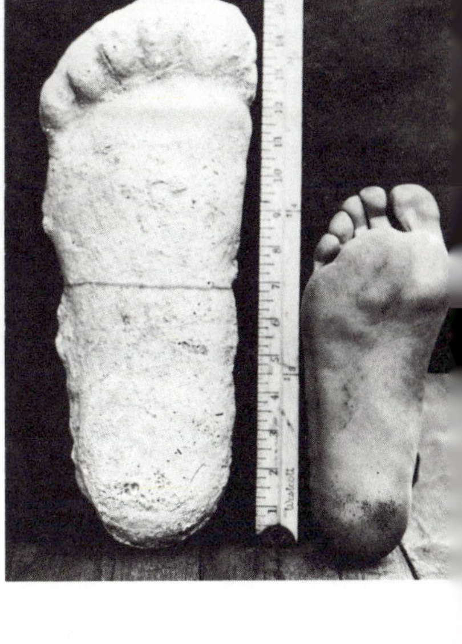

aggressiv. Bis jetzt haben sie noch nie einem Menschen etwas zuleide getan.

Im Laufe des 20. Jahrhunderts häufen sich die Berichte über Begegnungen mit dem Bigfoot. Vor allem in den sechziger und siebziger Jahren gab es eine regelrechte Flut von Meldungen. Das ist sicher auf die bessere Information durch die Massenmedien zurückzuführen. Kann es aber auch bedeuten, daß sich die Bigfeet allmählich aus den Wäldern herauswagen? Ihr Lebensraum wird immer kleiner, bald werden sie aussterben. Vielleicht ist es diese Bedrohung ihres Lebensraumes, der sie zwingt, ihre Gebiete zu verlassen, dies würde auch erklären, warum sie in letzter Zeit immer häufiger gesehen werden.

Das „Bigfoot Casebook" ist eine Sammlung von mehr als tausend Berichten dieser Art, kann aber keinesfalls als vollständig gelten. Es wird angenommen, daß nur über ein Zehntel aller Begegnungen festgehalten werden. Es gibt auch viele Meldungen über große menschenähnliche Fußabdrücke im Schlamm, im Sand oder im Schnee, die angeblich von einem Bigfoot stammen. Forscher, die sich näher mit den Berichten befassen, haben Haare und Kot untersucht, aber auch diese Analysen gaben wenig Aufschluß über den Bigfoot. Eine Auswahl von Nachrichten aus diesem Jahrhundert vermittelt uns ein genaues Bild über den Bigfoot und sein Verhalten. 1969 schrieb Albert M. Fletscher über eine Begegnung mit ihm im Jahre 1917 in Washington:

„Im Herbst 1917 war ich gerade 17 Jahre alt und arbeitete als Holzfäller in Cowlitz River (Washington). In einer mondhellen Nacht ging ich ins nahegelegene Dorf, wo ein Tanz veranstaltet wurde. Auf einmal überkam mich das seltsame Gefühl, daß mich etwas verfolgte. Ich dreht mich um, konnte aber nichts sehen. Schnell versteckte ich mich also hinter einem Baum und wartete. Ich wollte herausfinden, was mich verfolgte. Kurz darauf sah ich ein etwa 2 Meter großes menschenähnliches Wesen auf mich zukommen. Es ging auf den Hinterbeinen, war völlig behaart, hatte einen Bart und einen breiten Brustkorb. So weit ich feststellen konnte, trug er keine Kleider. Ich hatte fürchterliche Angst und schrie wie am Spieß, als das Wesen meine Schreie hörte, drehte es sich um und rannte in den Wald zurück. Ich erzählte meinen Kollegen von dem Vorfall, einige lachten mich aus, andere sagten, daß auch sie schon einmal so ein Wesen in der Gegend gesehen hätten. Wir standen alle vor einem Rätsel, das einzige was wir mit Bestimmtheit sagen konnten, war, daß es sich um ein affenähnliches Etwas handelte, das eine große Ähnlichkeit mit einem Menschen hatte."

Geisel der Tiermenschen

Der dramatischste Zwischenfall mit einem Bigfoot ereignete sich im Jahre 1924. Albert Ostman behauptet, daß er von einem Bigfoot gekidnappt und für einige Tage als Geisel gefangen gehalten wurde, bevor ihm endlich die Flucht gelang. Die Entführung fand in der Nähe von Toba Inlet (Kanada, British Columbia) statt. Ostman hatte sein Zelt im Wald aufgeschlagen; eines Nachts wurde er von einem Bigfoot samt Schlafsack entführt und mehr als drei Stunden von ihm durch die Gegend geschleppt.

Es war immer noch dunkel, als sie an ihrem Ziel ankamen. Bei Tag erblickte Ostman vier Bigfeet, zwei Erwachsene und zwei Kinder. Während seiner Gefangenschaft hatte er Gelegenheit genug, die Lebensgewohnheiten der Familie zu studieren und einen Fluchtplan auszuarbeiten. Alle Versuche scheiterten am „alten Mann". Ostman hatte ein Gewehr bei sich, wollte es aber nicht benutzen. Schließlich gelang ihm doch noch die Flucht, als er dem „alten Mann" eine große Prise Schnupftabak verabreichte, die ihn außer Gefecht setzte. Während der Bigfoot weglief, um Wasser zu

Ganz oben:
Der Goldsucher Albert Ostman behauptet, daß er 1924 von einer Bigfootfamilie gefangen gehalten wurde.

holen, rannte Ostman so schnell wie möglich davon.

Die interessantesten Berichte sind zweifelsohne jene von Zeugen, die einen Bigfoot aus nächster Nähe gesehen haben. Personen mit einem guten Beobachtungsvermögen können sehr viel zum Verständnis dieser Wesen beitragen. William Roe, der einem Bigfoot im Oktober 1955 im Mica-Gebirge in British Columbia begegnete, lieferte uns eine sehr genaue Beschreibung. Roe hatte sich hinter einem Busch versteckt und blieb so für den 1,80 Meter großen und um 135 Kilo schweren Bigfoot unsichtbar. Roe sah das Wesen aus sechs Metern Entfernung. Er beschrieb es in allen Einzelheiten, seine Haare, die Form des Körpers, das Gesicht, den Kopf und seine Gangart. Zuerst dachte er, daß er versehentlich in Dreharbeiten für einen Gruselfilm geplatzt wäre, dann aber wurde er sich bewußt, daß das alles Wirklichkeit war. In seinem Bericht hieß es:

> „Irgendwie muß dieses wilde Wesen mich dann doch gerochen haben, denn es schaute in meine Richtung, schob die Zweige beiseite und war völlig verdutzt, als es mich bemerkte. Es sah so komisch aus, daß ich für einen Augenblick lang grinsen mußte. Nachdem es drei oder vier Schritte zurückgewichen war, ergriff es die Flucht, drehte sich aber noch einmal um, vielleicht hatte es Angst vor Menschen. Es sah so aus, als ob es keinen Kontakt mit Fremden wünschte."

In einigen Beschreibungen ist zu lesen, daß man mit viel Geduld mit einem Bigfoot sogar Freundschaft schließen kann. Im Herbst 1966 entdeckte ein Ehepaar vor ihrem Haus in Cover Bank (New Jersey) 43 Zentimeter lange Fußspuren, am nächsten Tag beobachteten sie, wie jemand durch ein Fenster ins Haus starrte. Von nun an ließen sie regelmäßig Essensreste vor der Tür liegen, die auch verzehrt wurden. Einmal vergaßen sie, etwas herauszustellen, vor lauter Wut schmiß der nächtliche Besucher den Mülleimer gegen die Hauswand. Der Mann gab einen Schuß in die Luft ab, das half aber nichts, also zielte er auf den Bigfoot, er schien getroffen zu sein, denn schwankend lief er davon und kam nie wieder zurück.

1967 erregte ein neun Meter langer verwakkelter und unscharfer 16 mm Farbfilm in der Fachwelt einiges Aufsehen. Die Fragen, die dieser Streifen aufwirft, sind bis heute nicht zufriedenstellend beantwortet worden. Roger Patterson, einem Bigfootjäger, der zusammen mit Bob Gimlin im Oktober jenes Jahres durch abgelegene Wälder in der Bluff Creek Region in Nordkalifornien streifte, sind diese Aufnahmen zu verdanken. Während eines Rittes bäumten sich die Pferde plötzlich auf. Als die Männer um sich schauten, entdeckten sie einen weiblichen Bigfoot in der Nähe eines Baches. Patterson sprang sofort aus dem Sattel, schnappte sich die Kamera und rannte mit laufender Kamera hinter dem Wesen hinterher. Bevor der Bigfoot im Dickicht verschwand, drehte er sich noch einmal um. Seit 1967 wurde dieser Film des öfteren analysiert, und obwohl bewiesen werden konnte, daß es keine gestellten Aufnahmen sind, bleiben die Wissenschaftler mißtrauisch.

Vielleicht ist es nur eine ganz normale Abwehrreaktion: „Den Bigfoot kann es nicht geben, also gibt es ihn nicht." Trotzdem wird er in regelmäßigen Abständen beobachtet, er erschreckt die Menschen, jagt ihnen Angst ein, tut ihnen aber niemals etwas zuleide und verwirrt jene, die nicht so recht an seine Existenz glauben wollen.

René Dahinden, ein Bigfootjäger, steht hier neben einer Statue eines Bigfoots von Jim McClarin. Das Modell wurde anhand von Zeugenaussagen angefertigt. Es ist 2,40 Meter groß und bei den Schultern über einen Meter breit, seine Füße sind 26 cm lang und 25 cm breit.

Wesen aus dem Nichts?

Einige Tiermenschen scheinen unverwundbar zu sein, andere können sich anscheinend in Luft auflösen. Was sind das für seltsame, kaum vorstellbare Wesen?

Beim Bigfoot geht es nicht nur um die Frage, ob es ihn wirklich gibt, sondern auch darum, ob er Mensch oder Tier ist. Die Durchschnittsgröße eines Bigfoot liegt nach den Beobachtungen um 2 Meter, es wurden zwar auch schon kleinere gesehen, aber das waren sehr wahrscheinlich keine ausgewachsenen. Manchmal kann man aufgrund von genauen Beobachtungen die exakte Größe errechnen. Im April 1979, innerhalb von zwei Tagen, sah der 16jährige Tim Meissner in der Nähe seines Hauses in British Columbia dreimal den gleichen Bigfoot. Das erste Mal war es beim Fischen mit Freunden im Dunn Lake. Plötzlich hörten sie ein lautes Kreischen und entdeckten am gegenüberliegenden Ufer einen Bigfoot. Als die Jungen auf ihn zugingen, nahm er Reißaus. Die Jungen suchten die ganze Gegend ab, aber alles was sie fanden, war ein Hirsch mit einem gebrochenen Genick, der mit Ästen und Moos zugedeckt worden war.

Zwei Tage später kehrte Tim Meissner mit vier Freunden zur gleichen Stelle zurück. Diesmal hatten sie Gewehre bei sich. Sie trennten sich und machten sich auf die Suche nach dem Bigfoot. Meissner hatte unwahrscheinliches Glück, auf einmal stand er mit leuchtenden Augen und einer Schulterbreite von 1,20 Metern vor ihm. Ohne auch nur einen Augenblick lang zu zögern, schoß Meissner. Verletzt brach der Bigfoot zusammen, raffte sich aber wieder auf und taumelte davon. Als Tim den Bigfoot das erste Mal erblickte, stand er etwa 45 Meter von ihm entfernt neben einem Baum. Später kehrte er zu dem Baum zurück, und anhand der genauen Beschreibung, die er von dem Bigfoot gab, konnte errechnet werden, daß er etwa 2,70 groß gewesen sein muß.

Oben:
Der vermeintliche Kopfhaut eines Yeti, sie wird in dem buddhistischen Kloster Pangboche im nepalesischen Himalayagebiet aufbewahrt. Trotz aller Bemühungen ist es bis jetzt noch niemandem gelungen, anerkannte Überreste eines Yetis zu finden, die seine Existenz bestätigen würden.

Rechts:
Der 16jährige Tim Meissner (links) sah den Bigfoot im April 1979 in der Nähe seines Hauses in British Columbia (Kanada). Das Wesen war etwa 2,70 groß und stand neben diesem Baum, als Tim ihm begegnete.

Geheimnisvolles Dunkel

Auch die Fußabdrücke, die Bigfeet hinterlassen, stellen uns vor Rätsel. Die meisten haben fünf Zehen und gleichen einem menschlichen Fuß. Manchmal aber werden auch Abdrücke gefunden mit zwei, drei, vier oder sechs Zehen. Kann sein, daß Übereifrige am Werk waren, die undeutliche Spuren einfach falsch deuteten. Immer wieder hört man von einem seltsamen Phänomen: Manche Bigfeet sind anscheinend unverletzlich. Es gibt drei mögliche Erklärungen dafür: Entweder ist die Munition nicht durchschlagkräftig genug, der Jäger verfehlte vor lauter Aufregung sein Ziel oder der Bigfoot ist nicht aus Fleisch und Blut.

Bigfeet und UFOs

Diese Wesen, die vielleicht nicht aus Fleisch und Blut sind, können sich anscheinend in Luft auflösen. So unglaublich es klingen mag, es gibt aber Berichte, die dies möglicherweise belegen. Im Februar 1974 sah eine Frau aus Pennsylvania ein seltsames Wesen vor ihrer Haustür stehen. Sie ergriff ein Gewehr und schoß aus nur zwei Metern Entfernung auf den Bigfoot. Sie war perplex, denn anstatt verletzt zusammenzubrechen, verschwand das Wesen in einem Lichtstrahl. Als ihr Schwiegersohn den Schuß hörte, eilte er sofort nach draußen. Er sah einen zweiten Bigfoot in der Nähe des Waldrandes und entdeckte ein leuchtend rotes Licht über den Bäumen. Schon oft wurden UFOs und Bigfeet zur gleichen Zeit und am gleichen Ort festgestellt. Können überhaupt Zusammenhänge bestehen? Einige Zeugen sagten aus, daß sich diese Entmaterialisierung noch auf andere Art und Weise äußere.

Ein weiterer seltsamer Fall ereignete sich am Abend des 25. Oktober 1973 auf einer Farm in der Nähe von Greensburg, Pennsylvania. Der Farmerssohn Stephen beobachtete wie ein großer, leuchtend roter Ball auf einem Feld landete. Zusammen mit zwei 10jährigen Jungen rannte er ins Freie, um nachzusehen, was los war. Was sie nun zu sehen bekamen, werden sie wohl ihr Leben lang nicht vergessen: Ein strahlendes Objekt war soeben auf der Erde gelandet, neben dem Lichtball standen zwei große affenähnliche Wesen mit leuchtenden grünen Augen und langem dunklem Haar. Die Gestalten gingen auf sie zu. Stephen schoß sofort, aber sie ließen sich nicht aufhalten. Dreimal feuerte er auf das größere der beiden Wesen, es riß die Arme in die Höhe. Das UFO verschwand, die Bigfeet drehten sich um und rannten in den nahegelegenen Wald. Sofort wurden Nachforschungen angestellt, aber man fand keine Spur, weder von dem UFO noch von den Bigfeet, nur die Erde glühte noch. Kurz danach verfiel Stephen in Trance.

Links:
Die Mönche des Klosters Pangboche behaupten, daß dies die Handknochen eines Yetis sind. Obwohl die Hand im Verhältnis zum Kopf recht klein erscheint, sind diese Überreste doch ein Hinweis darauf, daß der Yeti ein affenähnliches Wesen sein könnte. Die meisten Affen haben relativ kleine Hände.

Mörder der Feinde

Derart bizzare Fälle geraten selten an die große Glocke. Seltsamerweise ereignete sich das Geschehen nicht im traditionellen Bigfootgebiet im Nordwesten Amerikas. Die meisten Zeitgenossen halten das Ganze für Hirngespinste von Exzentrikern, sie glauben nicht an paranormale Erscheinungen. Jäger, die es sich zur Lebensaufgabe gemacht haben, die Welt von

der Existenz der Bigfeet zu überzeugen, haben es schwer, denn trotz der Masse von Informationen, gibt es kaum Wissenschaftler, die dieses Phänomen ernstnehmen. Wenn man einen Bigfoot fangen könnte, dann wäre natürlich alles anders. Folglich herrscht unter den Jägern große Rivalität – manchmal sogar Feindschaft –, denn jeder will der erste sein, der einen Bigfoot erlegt oder gefangen nimmt. Bis jetzt allerdings hatten sie keinen Erfolg.

Es ist bekannt, daß schon mehrere Tiermenschen erlegt wurden, aber ihre Leichen standen leider nicht für Forschungszwecke zur Verfügung. 1917 erschoß der Schweizer Geologe François de Loys an der Grenze von Kolumbien zu Venezuela ein 1,5 Meter großes Tier, das der Zoologe Dr. Bernhard Heuvelmans für eine unbekannte Art des Spinnenaffens hält. Aus der UdSSR kommt ein Bericht, daß ein Tiermensch in den Bergen in Daghestan gefangengenommen und anschließend getötet wurde. Ein sowjetischer Offizier, Oberst Karapetian, sah das Wesen noch lebendig und erinnerte sich später:

Oben und unten:
Im Jahre 1917 erschoß der Schweizer Geologe François de Loys an der kolumbianisch-venezolanischen Grenze diesen „Tiermenschen". Wissenschaftler sind der Meinung, daß es sich um einen Spinnenaffen handelt.

Oben rechts:
Eine Zeichnung des behaarten Tiermenschen, der in der Nähe von Buinaksk in Daghestan (UdSSR) im Jahre 1941 gefangengenommen und getötet wurde. Oberst V. S. Karapetian sah dieses Tier noch lebendig, es wurde aber nie für wissenschaftliche Untersuchungen freigegeben.

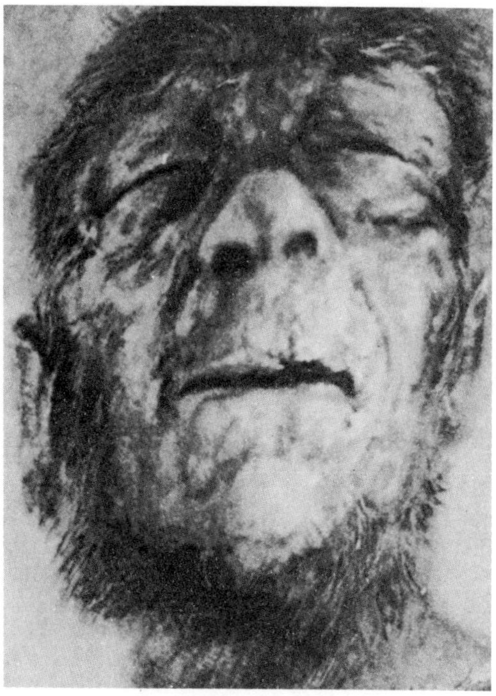

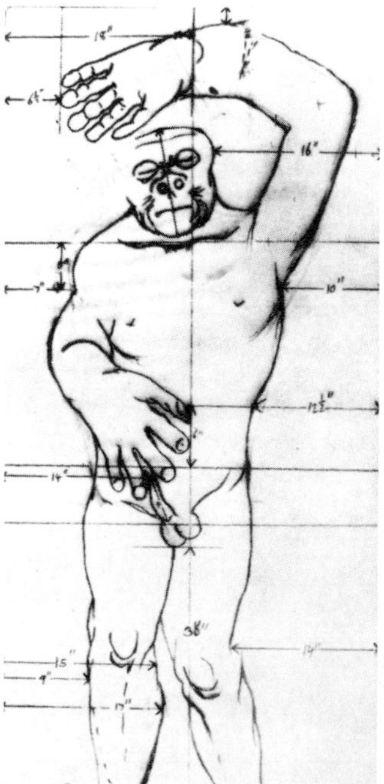

Rechts und unten:
Ivan T. Sanderson fertigte diese Zeichnungen von „Bozo" an, einem behaarten Tiermenschen, den er im Dezember 1968 in einem Eisblock in Minnesota entdeckte. Anscheinend ließ der Besitzer die Leiche später durch ein Modell ersetzen.

„Ich sehe es noch genau vor mir, ein nacktes, barfüßiges Wesen. Es war männlichen Geschlechts, da gibt es gar keinen Zweifel, und hatte die Gestalt eines Menschen. Seine Brust, sein Rücken und seine Schultern waren bedeckt mit struppigem, dunkelbraunen Haar ... Er war etwa 1,80 Meter groß. Er kam mir vor wie ein Riese, die Brust hatte er rausgestreckt. Seine Augen waren leer, nichtssagend, wie die Augen von Tieren. Für mich war er nichts anderes als ein Tier, das war kein verkleideter Mensch, sondern ein wilder Mann."

Im Dezember 1968 kam eine Meldung aus Minnesota (USA), daß die Überreste eines Bigfoot in einem Eisblock gefunden wurde. Dr. Heuvelmans und der Biologe Ivan T. Sanderson waren davon überzeugt, daß es die Leiche eines bisher unbekannten Hominiden war. Aus unerklärlichen Gründen wurde sie nie für wissenschaftliche Untersuchungen freigegeben. Zwar werden Bigfeet des öfteren gesichtet, aber noch nie ist es jemandem gelungen, ihn gefangenzunehmen oder zu töten. Die Bigfeet kennen sich in ihrem Terrain bestens aus, sind äußerst schnell und verstecken sich an Orten, wo sie nie jemand findet.

Das einzige, was die unerschrockenen Bigfootjäger in der Zwischenzeit tun können, ist, Zeugen zu befragen, Fußabdrücke zu untersuchen und Zeitungsberichte zu sammeln. In den Vereinigten Staaten gibt es einige Fanatiker, die Unmengen von Beweismaterial und Informationen zusammengetragen haben und verblüffende Theorien aufstellen. Aber da es weder qualitativ hochwertige Fotos noch Leichen oder Skelette gibt, kann man nicht viel mehr tun, als Spekulationen anzustellen.

Mensch, Tier oder Hologram?

Das einzige, was wir mit Sicherheit wissen, ist, daß in vielen entlegenen Gebieten menschenähnliche Fußabdrücke gefunden wurden und mehr als tausend Menschen in Nordamerika große, behaarte Tiermenschen gesehen haben. Die verschiedenen Theorien, die aufgestellt wurden, gelten auch für Tiermenschen aus anderen Teilen der Welt.

Skeptiker behaupten, daß die Berichte erfunden wurden. Das ist sicher falsch. Andere meinen, daß die Beobachter aufgrund der schlechten Sicht ein bekanntes Tier für einen Bigfoot gehalten haben. Diese Erklärung trifft vielleicht auf einige Fälle zu, aber sicherlich nicht auf alle. Manche sprechen von Halluzinationen, Menschen, die zuviele Horrorfilme gesehen haben, leiden des öfteren unter Wahnvorstellungen und behaupten, etwas zu sehen, was gar nicht existiert. Sind solche Tiermenschen nur ein Kind unserer Phantasie? Wenn ja, was ist dann mit all den Fußabdrücken, die sicher nicht gefälscht sind.

Eine Theorie besagt, daß Tiermenschen eine Art von Riesenaffen sein könnten oder auch eine Frühform des Menschenaffen, dem Gigantopithecus, der tatsächlich existiert hat. Das ist durchaus möglich, in einigen Teilen der Welt ist es sogar ziemlich wahrscheinlich, daß kleinere Populationen überlebt haben. Es wurde auch schon behauptet, Tiermenschen seien paranormale Phänomene, die durch elektrische, nukleare oder psychische Energien entstehen. Manche Bigfeet wurden in der Nähe von Energiequellen gesichtet. Eine eher abwegig erscheinende Theorie besagt, daß Bigfeet aus UFOs kommen.

Die Meinungen gehen weit auseinander, jeder interpretiert die Spuren und Berichte anders, und keine Erklärung läßt sich verallgemeinern. Es ist höchstwahrscheinlich, daß das Wort „Tiermensch" eine ganze Reihe von Phänomenen einschließt, die sich aus unerklärlichen Gründen auf ein und diesselbe Art verkörperlichen. Es müssen noch viel Nachforschungen angestellt werden, ehe wir gesicherte Schlüsse ziehen können, bis dahin wird der Tiermensch auch weiterhin ein Rätsel bleiben.

Teile des chinesischen Puzzles

Die Chinesen scheinen für das Paranormale empfänglicher zu sein als wir Abendländer. Wissenschaftler nehmen an Jagden auf „wilde Menschen" teil, und Prophezeiungen von Astrologen spielen im alltäglichen Leben der Bevölkerung auch heute noch eine wichtige Rolle.

Sechs Funktionäre aus der Shennongjia Waldgegend in der Provinz Hubei (Zentralchina) fuhren am 14. Mai 1976 um 13.00 Uhr Richtung Chunshuya. Plötzlich sahen sie ein seltsames, schwanzloses Wesen mit rötlichem Fell neben der Straße liegen. Der Fahrer hielt an, und auch die anderen stiegen aus. Als sie sich auf etwa 2 Meter genähert hatten, warf einer einen Stein auf das Tier, das am Hinterteil getroffen wurde. Es zuckte zusammen, sprang auf, lief davon und verschwand alsbald in der Dunkelheit. So ein Wesen hatte keiner der Männer jemals zuvor gesehen. Telegrafisch wurde das Institut für Paläanthropologie und Paläontologie der chinesischen Akademie der Wissenschaften von diesem Vorfall unterrichtet. In jenem Jahr wurden in dieser Gegend des öfteren derart seltsame Wesen gesichtet.

Das Bergland von Shennongjia und die benachbarten Gebiete Chinling und Boshan weisen ein gemäßigtes Klima auf. In dieser dünn besiedelten Gegend gibt es viele seltene Pflanzen und Tiere, darunter auch den Großen Panda. Zweifellos leben hier noch unbekannte Wesen. In diesem Gebiet haben Wissenschaftler eine neue Bärengattung, den weißen Shennongjia-Bären, entdeckt. Angeblich sind die riesigen Wälder die Heimat des Yeren, des wilden Menschen, der seit jeher eine wichtige Rolle in Volksmärchen und Geschichten spielt. Auch aus anderen chinesischen Provinzen kommen Berichte über wilde Menschen. Wang Zelin, ein ehemaliger Biologiestudent, behauptet, während seiner Reise durch Südwest Shani im Jahre 1940 einem unbekannten Wesen begegnet zu sein. „Er sah aus wie die Gipskopie des Peking-Menschen", sagte er, „nur viel behaarter, er hatte eine häßliche, hervorstehende Schnauze." Die Bauern aus der Gegend versichern ebenfalls, dem Yeren begegnet zu sein, einem Wesen, das „wie ein

Die Chinesische Akademie der Wissenschaften organisierte eine großangelegte Expedition, um dem Yeren endlich auf die Spur zu kommen. Es wurden tatsächlich viele Indizien gefunden: Haare, Exkremente. Der Yeren wurde von einigen Jägern gesehen, aber es gelang nicht, ihn gefangenzunehmen.

Links:
Der lebende Beweis dafür, daß große Lebewesen in abgelegenen Gebieten Chinas unentdeckt leben können: der weiße Shennongjia-Bär, der von den Zoologen erst relativ spät entdeckt wurde. Möglicherweise wurde er manchmal für einen Yeren gehalten.

Unten:
Dr. Zhou Guoxing, ein Anthropologe. Die Aufnahme entstand während der großen Yeren-Jagd im März 1977. Es wurde zwar kein Yeren gefangen aber viel Beweismaterial für seine Existenz gefunden.

Ganz unten:
Einige Mitglieder der Chinesischen Akademie der Wissenschaften während einer Klettertour im Shennongjia-Gebiet auf der Suche nach dem Yeren. Seit mehr als 2000 Jahren glaubt man, daß in diesem bewaldeten Gebirge wilde Menschen leben.

Mensch geht, aber das Gesicht eines Affen hat".

1962 kamen aus einem entlegenen Gebiet in der Provinz Yunnan, Meldungen über Begegnungen mit dem Yeren. Ein Bauer berichtete, daß er 1947 zusammen mit Soldaten zehn Tage lang acht dieser Wesen durch den dichten Wald verfolgt hatte. Eines wurde von den Soldaten getötet und verzehrt. Am 23. Mai 1957 ließ ein 13jähriges Mädchen Kühe in der Nähe eines Flüßchens weiden. Es nieselte und dämmerte schon, als sich ihr plötzlich ein menschenähnliches Tier näherte. Sie schrie um Hilfe, das Tier geriet in Panik und wollte flüchten, blieb aber im Schlamm stecken. Dort wurde es von den zu Hilfe geeilten Frauen des Dorfes mit Stöcken erschlagen. Die Einwohner waren felsenfest davon überzeugt, den legendären „Bärenmenschen" erlegt zu haben. Sie hackten ihm Hände und Füße ab und schickten diese an die Kommunalbehörde in der Hoffnung, eine Belohnung zu erhalten. Ein Biologielehrer nahm den Körper des Tieres in Verwahrung. 1980 tauchte dieser wieder auf, aber erst im April 1982 wurden Einzelheiten über das Wesen aus Zhuatang bekannt. Es hatte einen langen Schwanz, war etwa 1,50 Meter groß und besaß ein langes, seidiges, schwarzes Fell. Eine genaue Untersuchung hatte ergeben, daß es sich um eine besondere Gattung des Kletteraffen handelte – und nicht um einen Yeren.

Die Jagd nach dem wilden Menschen

Die Mitglieder der Akademie der Wissenschaften zeigen ein lebhaftes Interesse an Berichten über wilde Menschen. 1959 nahmen einige von ihnen an einer Expedition zum Mount Everest teil, um Untersuchungen über den Yeti anzustellen. Sie mußte aber aus politischen Gründen abgebrochen werden. 1976 wurde aufgrund der vielen Berichte über Begegnungen mit dem Yeren im Shennongjia-Gebiet eine neue Forschungsreise unter der Leitung von Yuan Zhensin und Huang Wangpo organisiert. Im März 1977 brachen die 110 Expeditionsteilnehmer auf, zu ihnen gehörten Biologen, Zoologen, Fotografen und Soldaten. Sie hatten Pistolen, Betäubungsgewehre, Cassettenrekorder, Kameras und Hunde bei sich. Die Expedition dauerte acht Monate, endete aber erfolglos. Zhou Guosing, ein Anthropologe des Pekinger Museums für Naturgeschichte, erzählte später, daß eine Suchtruppe sich schon ganz nah an so ein unbekanntes Wesen herangeschlichen hatte, als sich plötzlich ein übernervöser Soldat in den Fuß schoß. Der Knall löste Panik aus, aus allen Himmelsrichtungen kamen die Expeditionsteilnehmer her-

beigelaufen, das Tier aber bekam es mit der Angst zu tun und suchte das Weite. Während dieser Forschungsreise wurden jedoch eine ganze Menge von indirektem Beweismaterial, in Form von Fußspuren, Haaren und Exkrementen, gefunden und anschließend untersucht. Das Team befragte Hunderte von Menschen, Lehrer, Jäger, Kräutersammler und andere über ihre Begegnungen mit dem Yeren. Im Juli 1979 wurde in der Zeitschrift „China Reconstruction" ein zusammenfassender Bericht von der Expedition und der Untersuchung veröffentlicht: „Am 19. Juni 1976 beobachteten Gong Yulan, 31, und ihre vierjährige Tochter in Fangsian, wie sich ein seltsames Wesen an einem Baumstamm den Rükken kratzte. Als unser Team die Leute in der Gegend befragte, erinnerte sich die Frau des Brigadeführers, wie Gong Yulan völlig atemlos und verschwitzt zu ihr gerannt kam und schrie: ‚Ein Yeren, ein Yeren'." Gong Yulan führte uns zu der Stelle, wo das Wesen gestanden hatte. Am Baumstamm fanden wir in 1,30 Meter Höhe feine Haare von unterschiedlicher Länge. Im August des gleichen Jahres fand eine andere Gruppe am selben Stamm in 1,80 Meter Höhe zwei lange Haare. Sie wurden genau untersucht, und man fand heraus, daß sie von einem höheren Primaten stammten, und nicht etwa von einem Braun- oder Schwarzbären. Vier Arten von Affen leben in den Wäldern von Shennongjia: der Goldene Langur, der Weißkopflangur, der Rotgesichtsmakak und der Große Grüne Affe. Aber all diese Affen sind viel kleiner und sehen völlig anders aus als das Wesen, dem Gong Yulan begegnet ist.

Nachdem Tausende von Fußspuren, manche bis zu 45 Zentimeter messend, untersucht worden waren, kamen die Forscher zu dem Ergebnis, daß ein ausgewachsener Yeren bis zu 2,40 Meter groß sein kann, bis 250 Kilo wiegt und eine Schulterbreite von maximal 1,80 Meter aufweist. Seine Fußabdrücke sind denen der Menschen sehr ähnlich, nur der große Zeh ist nach außen gedreht.

Oben:
Gong Yulan, die Frau, die neben dem Baum steht, erzählt von ihrer Begegnung mit dem Yeren am 19. Juni 1976. Das Tier kratzte seinen Rücken an diesem Baumstamm. Später fand man hier feine Haare. Sie gehörten einer bisher unbekannten Tierart.

Rechts:
Gipsabdruck einer Fußspur, die im August 1977 in der Region Shennongji gefunden wurde. Kein uns bekanntes Wesen hinterläßt einen derartigen Abdruck, er könnte also von einem Yeren stammen.

Einige versuchten mit recht originellen Methoden, dem Yeren auf die Schliche zu kommen. Ein phantasievoller Wissenschaftler strich als Affe verkleidet durch die Wälder von Hubei und nahm ein paar Datteln mit, um bei einer eventuellen Begegnung den Yeren locken zu können. Die Wissenschaftler der Akademie nehmen an, daß der Yeren ein Nachkomme des Gigantopithecus ist, ein Menschenaffe, dessen 200000 Jahre altes Skelett in Hubei ausgegraben wurde.

Ungeheuer der Tiefe

Auch in China gibt es Geschichten über Seeungeheuer. Im Juni 1980 wurde angeblich so ein Tier im großen Menbu-See in der tibetanischen Hochebene gesehen. Bauern und Parteifunktionäre behaupten, dieses Ungeheuer habe einen Körper so groß wie eine Hütte, einen riesigen Hals und einen gewaltigen Kopf. Es gibt einen Bericht über einen Bauern, der auf dem See ruderte, als er plötzlich von dem Ungeheuer in die Tiefe gerissen wurde. Er blieb für immer verschwunden. Eine weitere Geschichte erzählt von einer Kuh, die in der Nähe des Sees an einen Baum festgebunden war und dann von einem unbekannten Wesen mit Gewalt ins Wasser gezogen wurde.

Drei Monate später wurden im Tian-Chi-See („Der Himmelssee") in der Juilin Provinz ebenfalls Ungeheuer gesichtet. Der See befindet sich in einem Krater des Baitoushan-Vulkans, der zum letzten Male im Jahre 1702 ausbrach. Dies beweist, daß die Theorie, Seeungeheuer seien überlebende Dinosaurier, nicht

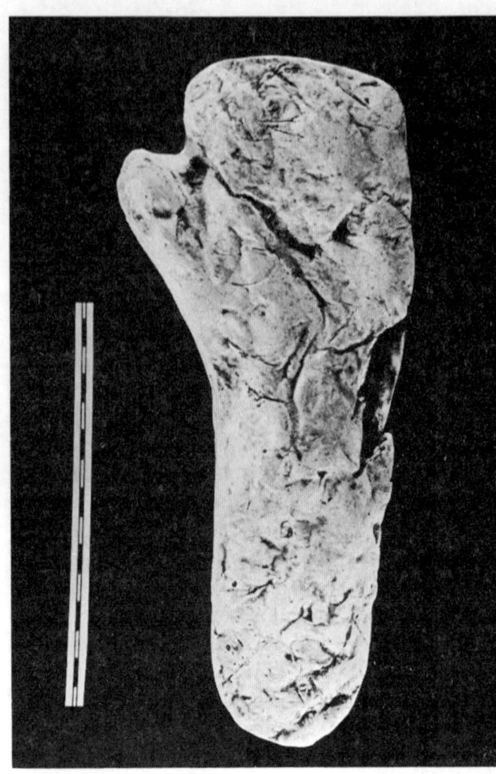

stimmen kann. Das Tier hatte den flachen Schnabel einer Ente, die Kopfform glich der einer Kuh, der Schädel war größer als der eines Stieres. Piao Longzhi, ein Meteorologe, schoß im August 1980 fünfmal auf das Wesen. Angeblich wurde es am Kopf getroffen. Einmal wurde eine ganze Gruppe von fünf Seeungeheuern beobachtet.

Magie und Okkultismus spielen in China schon seit jeher eine wichtige Rolle, und auch heute noch lassen sich die Menschen davon beeinflussen. Im Januar 1981 wurde bekannt, daß in Tibet ein Buch mit Prophezeiungen erschienen war. Die erste Ausgabe war bereits im Jahre 1961 herausgekommen. Das Buch fand reißenden Absatz, so daß Radio Lhasa sich gezwungen sah, die Menschen vor diesem Werk zu warnen. Denn es ermutigte die Menschen dazu, soviel wie möglich zu essen und Kleidung zu kaufen, denn der Tag des Jüngsten Gerichts wäre nahe. Hungersnot, Dürre, Überschwemmungen würden den baldigen Weltuntergang ankündigen. Das staatlich kontrollierte Radio gab bekannt, daß das alles nichts als Unsinn sei. Aber im März 1981 forderte China aufgrund der anhaltenden Hungersnot internationale Hilfe in der Höhe von 700 Millionen Dollar an, in der Provinz Hebei herrschte Dürre (23 Millionen Menschen waren davon betroffen), und die Provinz Hubei litt unter Überschwemmungen.

Ende März segelten 400 Menschen nach Hongkong und baten um Erlaubnis, bis zum 10. April bleiben zu dürfen. Astrologen und taoistische Priester hatten vorausgesagt, daß ein Erdbeben während dieser Zeit die Provinz Guangdong zerstören würde. Britische und chinesische Experten waren einhellig der Meinung, daß ihre Angst unbegründet sei. Die Ankererlaubnis wurde nicht erteilt, und die Dschunken unter Polizeigewalt aufs offene Meer geleitet. Am 9. April wurde die Gegend von Guangdong für zehn Sekunden von einem Beben erschüttert. Obwohl es nur die Stäkre 3–4 auf der Mercalli-Skala erreichte, sahen sich die Menschen in ihrem Glauben bestätigt. Sogar die Felsen schienen zu jener Zeit um Hilfe zu schreien. In der Zeitung „Shansi Dailiy" vom Februar 1981 war zu lesen, daß Hilferufe aus einem Felsvorsprung oberhalb des Dongling-Sees in der Provinz Hunan zu hören waren. Es wurde vermutet, daß der Felsen die Schreie ertrinkender Segler irgendwie gespeichert hatte und sie unter günstigen Temperatur- und Lichtbedingungen freigab.

In der Oktoberausgabe der Zeitung „Canton Daily" war vom „Wunder von Yunnan" zu lesen. „Ein tanzender Baum" wurde entdeckt. „Wenn man in der Nähe des Baumes Musik spielt, dann wiegt sich der Stamm im Takt hin und her, und die Blätter drehen sich zur Seite. Sobald die Musik endet, hört der Baum auf, sich zu bewegen." Aber der Baum sprach nur auf leise, melodische Musik an, er ignorierte Militärmusik. „Auch wenn Menschen sich in der Nähe des Baumes leise unterhalten, wiegt der Baum sich langsam hin und her, aber wenn sie schreien, bewegt er sich nicht."

Oben:
Am 3. Dezember 1980 segelten hundert Fischerboote von der Volksrepublik China nach Hongkong, sie waren auf der Flucht vor einem Erdbeben, das Astrologen und Priester vorausgesagt hatten. Die Menschen wurden aber von den Behörden gezwungen, in ihre Heimathäfen zurückzukehren, wo tatsächlich ein Erdbeben am 9. April großen Schaden anrichtete.

Unten:
Der Tian-Chi-See in der Provinz Julin in Nordchina. Er ist verhältnismäßig jung und liegt in einem Vulkan, der 1702 zum letzten Mal ausgebrochen war, trotzdem wird behauptet, daß dieser See die Heimat von Ungeheuern ist.

Das Geheimnis des Minnesota-Eismenschen

Jahrelang reiste ein Schausteller mit der Leiche eines „Affenmenschen" in einem Eisblock von einem Jahrmarkt zum anderen. Handelte es sich wirklich um den toten Körper eines noch unbekannten Wesens?

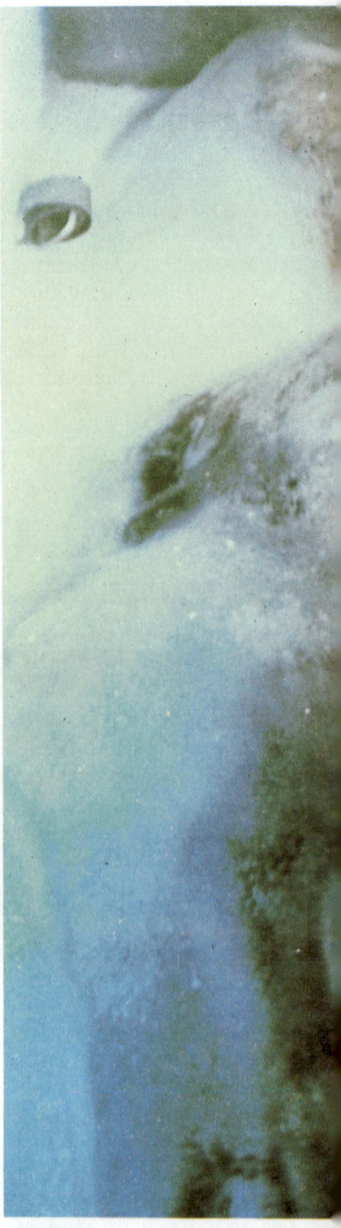

Ende des Jahres 1968 machte der belgische Zoologe Dr. Bernard Heuvelmans, der sich schon seit langem mit seltsamen Tieren befaßt hatte, einen außergewöhnlichen Fund. In einem Brief schrieb er: „Die Entdeckung eines bisher unbekannten Hominiden ist sicherlich die Krönung meiner Karriere als Forscher. Es ist kein Schwindel, kein gestellter Film, es ist echt."

Nachdem der Fund bekanntgeworden war, gab es natürlich viele konträre Diskussionen. Die Nachforschungen, die Heuvelmans über Riesentintenfische, Yetis, Meeresschlangen und andere Wesen angestellt hatte, fanden in der ganzen Fachwelt Beachtung, er wurde „der Sherlok Holmes der Zoologen" genannt. Seit Oktober 1968 befand er sich in den Vereinigten Staaten, um für sein Buch über Meeresschlangen und andere Meeresungeheuer Publicity zu machen. Eigentlich hatte er vor, anschließend nach Mittelamerika zu reisen, um der Wissenschaft noch unbekannte Wesen aufzuspüren. Aber sein neuester Fund hinderte ihn daran.

Anfang Dezember wohnte Heuvelmans auf der Farm des Zoologen und Schriftstellers Ivan T. Sanderson. Sie waren schon seit langem befreundet und halfen sich gegenseitig bei ihren Forschungsarbeiten. Sanderson galt als Experte für Yetis und Bigfeet. Aber viele Kollegen beargwöhnten ihn auch.

Am 9. Dezember bekam Sanderson einen Anruf von Terry Cullen, einem Schlangenhändler aus Milwaukee, der ihm von einem seltsamen Objekt erzählte, das er kürzlich auf einem Jahrmarkt gesehen hatte. Eine Art „behaarter Mann", und der Schausteller, der ihn zeigte, behauptete, daß dies das „fehlende Glied" zwischen Mensch und Affe sei. Sanderson machte sich sofort auf die Suche nach dem

Oben:
Der „Affenmensch" wird jährlich von Tausenden von Amerikanern bestaunt. Es wurde behauptet, daß er in einem Eisblock auf dem Meer trieb, als er gefunden wurde.

Links:
Anhand von Fotografien und Zeichnungen der Zoologen Ivan T. Sanderson und Bernard Heuvelmans entstand diese Rekonstruktion.

Rechts:
Sanderson und Heuvelmans berichteten, daß das Wesen ein „Boxergesicht" hatte, die Nasenspitze war nach oben gedreht, seine Stirn fliehend, sein Mund glich einem langen, schmalen Schlitz.

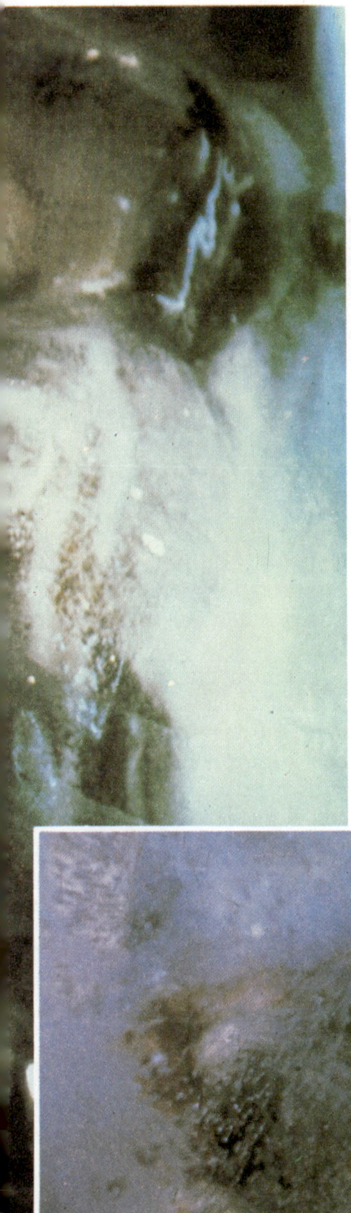

Schausteller und fand ihn. Sein Name war Frank Hansen, er lebte auf einer Farm in Rollingstone bei Winona, Minnesota. Sanderson rief ihn an und sagte, er „wolle das Objekt aus beruflichen Gründen sehen". Hansen erklärte sich einverstanden. Sanderson war wissenschaftlicher Redakteur des „Argosy Magazine", in dem auch nicht so fundierte Artikel zu finden sind, und eher über wissenschaftliche Sensationen berichtet wird. Die Zeitschrift erklärte sich bereit, eine Forschungsreise zu finanzieren. Heuvelmans und Sanderson fuhren quer durch den Kontinent und kamen am 17. Dezember bei Hansen an. Es war ein öder, eiskalter Ort, mitten im Winter. Neben der Farm stand ein Campingwagen mit einem riesigen Gefriergerät, in dem das geheimnisvolle Wesen aufbewahrt wurde.

Der Campingwagen bot innen nur wenig Raum. Aber in den nächsten drei Tagen verbrachten Sanderson und Heuvelman elf Stunden am Tag damit, Zeichnungen und Fotos von dem Wesen anzufertigen. Es war 1,80 Meter groß. Sanderson mußte sich auf den Glasdeckel der Gefriertruhe legen, um den „Menschen" zeichnen zu können. Heuvelmans verwendete eine Spiegelreflexkamera, Schrägaufnahmen waren kein Problem. Wollte er es aber von oben fotografieren, mußte er vier Einzelaufnahmen machen.

Im Gesicht und an den Lenden war das Wesen unbehaart. Die Hoden und ein kleiner Penis waren zu sehen, zumindest konnte man sein Geschlecht mit Leichtigkeit bestimmen. Der linke Arm war seltsam verdreht und offensichtlich gebrochen. Eine Augenhöhle war leer, den anderen Augapfel hatte man herausgedrückt, er lag neben dem Backenknochen. Der Schädel schien gebrochen zu sein. Eine Kugel muß genau durch den Kopf gegangen sein, es hatte vergeblich versucht, sie mit der Hand abzuwehren. Ganz deutlich konnte man das Blut sehen. Ein Fuß fing an zu verwesen, er war gräulich gefärbt.

Ursprung im Eis

Die zwei erfahrenen Zoologen waren sich einig, dieses seltsame Wesen im Eis war erst seit kurzem tot. Aber woher kam es? Hansen machte widersprüchliche Angaben über seine Herkunft. Sanderson und Heuvelmans kamen zu der Überzeugung, daß es aus dem Fernen Osten kommen mußte, obwohl sie keinerlei Beweise dafür hatten. Einmal behauptete Hansen, daß er es in einem Eisblock auf dem offenen Meer in Ostsibirien entdeckt hatte, ein anderes Mal sprach er von einem „Händler" in Hongkong.

Hansen versicherte, daß er nicht der Eigentümer des Objektes war. Angeblich gehörte es einem reichen Kalifornier, dessen Namen aber nicht bekannt wurde. Hansen wollte weder Publicity noch gründliche Untersuchungen des Wesens zulassen und nahm Sanderson das Versprechen ab, nichts von dem zu veröffentlichen, was er gesehen hatte. Heuvelmans weigerte sich. Als Wissenschaftler war es seine Pflicht, die Wahrheit der Öffentlichkeit zugänglich zu machen. Nach den Untersuchungen kehrten Sanderson und Heuvelmans nach New Jersey zurück, wo sie eine Zusammenfassung ihrer Eindrücke formulierten: „Der Rumpf des Wesens war breit und muskulös. Das Auffallenste an ihm war wohl seine Behaarung und seine riesige Stupsnase, die ihm Ähnlichkeit mit einem Boxer verlieh. Seine Beine waren kurz, die Füße breit und flach. Der große Zeh lag direkt neben dem kleineren zweiten Zeh, wie beim Menschen, es gab keine Lücke dazwischen, wie bei anderen Primaten."

Heuvelmans schrieb später eine wissenschaftliche Abhandlung darüber. Seine Fotografien in Farbe und Schwarzweiß waren sehr gut geworden. Was sollten die beiden nun mit all dem handfesten Beweismaterial machen? Um dieses Wesen näher untersuchen zu können, mußten sie das Interesse anderer Wissenschaftler erwecken. Am 4. Januar 1969 fuhren sie zu dem bedeutenden Anthropologen Carleton S. Coon nach Massachusetts. Er war ein erfahrener Gelehrter und zeigte sich von ihrem Beweismaterial beeindruckt. Auch er kam anhand ihrer Aussagen zu der Überzeu-

gung, daß es sich um ein menschenähnliches Wesen handelte. Er wünschte ihnen viel Glück bei ihren weiteren Nachforschungen, konnte ihnen aber keinerlei Unterstützung zusagen.

Am 14. Januar schickte Heuvelmans seinen Bericht an ein belgisches Museum. Etwas kühn nannte er das Wesen Homo Pongoides, er war also überzeugt, daß es sich um einen Menschenaffen handelte. Die Abhandlung wurde vom Museum mit Begeisterung aufgenommen, und schon einen Monat später sollte sie der Öffentlichkeit zugänglich gemacht werden. Das ist der Beweis für die Bedeutung, die seine Kollegen der Entdeckung beimaßen, aber auch für den guten Ruf, den Heuvelmans in der Fachwelt genoß. Eine englische Übersetzung dieses Berichtes ging an W. C. Osman-Hill vom Yerkes Regional Primate Center in Atlanta, Georgia, und an Dr. John Napier von der Smithonian Institution in Washington. Napier war über die Entdeckung hoch erfreut. Er verwendete als erster das Wort „Eismensch", Heuvelmans haßte aber diese journalistische Bezeichnung, „die ein ernstes Problem bagatellisierte". Aber unter dem Namen „der Eismensch von Minnesota" wurde dieses Wesen bekannt.

Hansen war empört, als er von der Veröffentlichung des wissenschaftlichen Berichtes hörte. Da in diesem Bericht die Sprache von einem Menschen ist, der erschossen wurde, bekam es Hansen mit der Angst zu tun. Am 18. Januar hatte Sanderson sich mit dem FBI in New Jersey in Verbindung gesetzt. Dieser zeigte aber kein Interesse, da man nur von Mord sprechen kann, wenn ein Homo sapiens das Opfer ist. Am 11. März 1969 erschien in einer belgischen Zeitung zum ersten Mal ein Artikel über die Entdeckung. Zwei Tage später setzte sich die Smithonian Institution mit Frank Hansen in Verbindung und bat um Zusammenarbeit bei den weiteren Nachforschungen. Obwohl Dr. Napier schon seit mehr als einem Monat von der Entdeckung wußte, fand er es nicht der Mühe wert, nach Minnesota zu reisen, um sich dieses Wesen anzuschauen. Jetzt war es zu spät. Hansen war in Panik geraten und zusammen mit dem „Eismenschen" verschwunden.

Die Regenbogenpresse zog das ganze ins Lächerliche. Heuvelmans war von Anfang an darauf bedacht, die Aufnahmen in angesehenen Zeitschriften wie „Life" oder „National Geographic" zu veröffentlichen. Aber die zeigten keinerlei Interesse. Die Fotos erschienen schließlich in der Maiausgabe der Zeitschrift „Argosy" zusammen mit einem Artikel von Ivan Sanderson. Es war ziemlich ungeschickt vom Verfasser, dem geheimnisvollen Wesen den Namen „Bozo" zu geben (nach einem berühmten Fernsehclown). Für diesen Leichtsinn mußten sie büßen: Die Presse war an der ganzen Sache nicht länger interessiert. Wer in Amerika glaubt schon an einen Homo pongoides, wenn er nach einem Clown benannt wurde?

Dieser Vorfall beeinträchtigte Sandersons Arbeit wesentlich. Heuvelmans mußte mit Bestürzung feststellen, daß sein Freund keinen Satz mehr sprechen konnte, ohne zu übertreiben. Die amerikanischen Wissenschaftler, die sie für ihre Sache interessieren wollten, nahmen Sanderson nicht mehr ernst. Der Grund für die seltsame Persönlichkeitsveränderung Sandersons war, wie sich später herausstellte, ein Gehirntumor, an dem er 1973 starb.

Anonyme Schreiben schienen schließlich doch zu beweisen, daß alles auf Schwindel beruhte. Der Eismensch war ein Produkt Hollywoods. Es wurde behauptet, daß ein Kostümbildner namens Peter Corrall dem Wesen das Haar eingepflanzt hatte. Nach einem Monat „Ferien" tauchte Hansen wieder auf und bestätigte die Gerüchte: Sein Eismensch wäre nichts

Oben:
Der Belgier Bernard Heuvelmans befaßt sich schon seit geraumer Zeit mit geheimnisvollen Tieren. Er war von der Echtheit des Eismenschen überzeugt und gab ihm den Namen Homo Pongoides.

Unten:
Ivan Sanderson. Seine sensationshaschende Berichterstattung über ernsthafte wissenschaftliche Themen schadete nicht nur seinem Ruf, sondern auch einer objektiven Untersuchung.

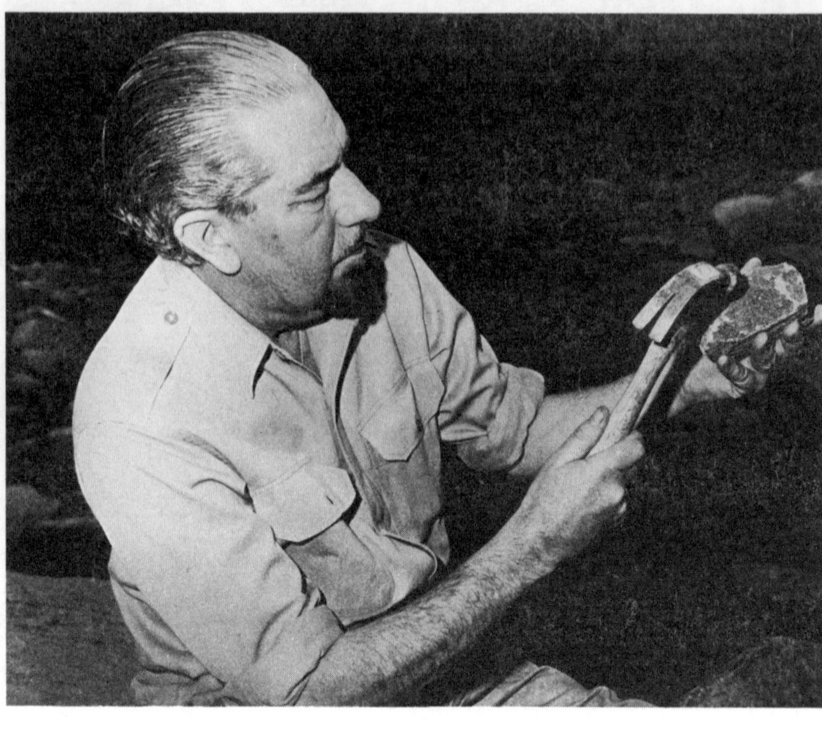

anderes als ein Modell. Fotografen und Journalisten kamen in Scharen, um es zu sehen und Hansen zu interviewen.

Während seiner „Ferien" hatte Hansen die Leiche aufgetaut und einige Veränderungen vorgenommen. Die neuen Fotografien lassen einige Einzelheiten erkennen, zum Beispiel die linke Hand und die Zähne im nun offenen Mund. Obwohl es nun etwas anders aussah, war es aber immer noch ein und dasselbe Wesen. Heuvelmans und Sanderson waren immer noch davon überzeugt, daß das, was sie vorgefunden hatten, kein Modell war. Heuvelmans wies darauf hin, daß niemand das angebliche Modell während der Herstellung gesehen hatte, und die Geschichten seien nichts als Gerüchte. Aber für die Medien und die Wissenschaftler blieb das alles zu undurchsichtig. Es wurde angenommen, daß die zwei Enthusiasten in ihrer Euphorie über die große Entdeckung, den Unterschied zwischen einem primitiven Menschen und dem Werk eines Hollywood-Requisiteurs nicht erkannten. Sanderson gab später zu, einer Fälschung aufgesessen zu sein.

Oben:
Der riesige Lastwagen, mit dem Hansen von einem Jahrmarkt zum anderen fuhr. Obwohl er relativ groß ist, hatten Sanderson und Heuvelmans große Schwierigkeiten, auf so engem Raum zu fotografieren und Zeichnungen vom Eismenschen anzufertigen.

Unten:
Frank Hansen, der Schausteller. Er erzählte den Wissenschaftlern, daß sein Schaustück nur ein Modell war, den Besuchern jedoch schwindelte er vor, daß es echt sei. Einmal behauptete er, daß er das Wesen während einer Jagd in den Wäldern von Minnesota selbst erlegt hatte.

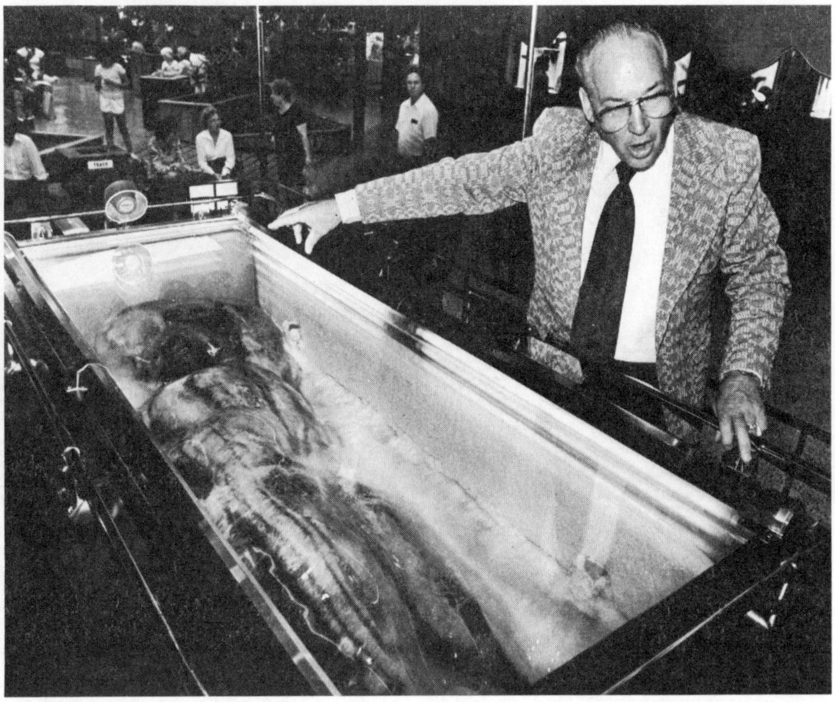

In einem Interview behauptete Hansen, das Wesen während eines Jagdausfluges in Minnesota erschossen zu haben. „Wahrheit oder Dichtung?" hieß es in der Überschrift. Eine Zeitung aus Chicago stellte Nachforschungen an und fand heraus, daß Hansens Geschichte erlogen war. Auch die Erzählung eines Mädchens, das behauptete, das Wesen erschossen zu haben als es versuchte, sie zu vergewaltigen, war reine Phantasie. Immer mehr Unsinn wurde über den Minnesota-Eismenschen geschrieben.

John Napier veröffentlichte 1972 eine Zusammenfassung der ganzen Story und bestätigte, daß alles nur Schwindel war. Er könne nicht verstehen, daß zwei erfahrene Zoologen wie Sanderson und Heuvelmans auf so etwas reinfallen konnten. Heuvelmans behauptete aber weiterhin, daß das Wesen echt war und er erklären könne, was es ist und woher es gekommen sei. Er glaubte nicht an einen Betrug.

re 1974 nahm er zu der ganzen Affäre Stellung. Das haarige Wesen im Eis, das angeblich anhand von wissenschaftlichen Beschreibungen angefertigt wurde, war nie und nimmer das Modell eines Cro-Magnon. Dieser hatte überhaupt nichts mit Menschenaffen zu tun.

Heuvelmans schloß nicht aus, daß so ein Modell vielleicht irgendwann einmal ausgearbeitet worden ist, aber er behauptete nach wie vor, daß das, was er und Sanderson gesehen hatten, die Leiche eines unbekannten Wesens war, die nun von einer amerikanischen Kleinstadt zur anderen transportiert würde. Es konnte niemals bewiesen werden, daß der Eismensch wirklich nur ein Modell war. Diese Geschichte beruhte auf vagen Gerüchten, während die Beschreibung des Eismenschen sich auf wissenschaftliche Tatsachen stützt. Falls es sich bei dem Schaustück wirklich um die Leiche eines unbekannten Wesens handelte, was war es für ein Wesen und woher kam es?

Heuvelmans zieht verschiedene Möglichkeiten in Betracht: Das Exemplar war entweder ein Affe, der durch zahlreiche Tricks in einen Menschenaffen verwandelt worden war, oder es könnte sich um einen seit geraumer Zeit gefrorenen fossilen Menschen handeln. Aber keine dieser Theorien erklärt das Rätsel ganz. Durch eine gewissenhafte Überprüfung seiner

Wer war der Minnesota-Eismensch?

Kann es sein, daß der „tiefgefrorene Affenmensch“ eines amerikanischen Schaustellers Verwandte in den südostasiatischen Wäldern hat? Obwohl seine Echtheit umstritten ist, sollte man der Sache nachgehen.

Frank Hansen zog mit dem „Eismenschen“ weiterhin von einem Jahrmarkt zum anderen. Einmal reiste er sogar nach Kanada, hatte aber bei seiner Rückkehr Schwierigkeiten mit dem Zoll. Bernard Heuvelmans hoffte immer noch, daß die Leiche des Affenmenschen eines Tages für wissenschaftliche Untersuchungen freigegeben würde, um endlich die Wahrheit herauszufinden.

Ende des Jahres 1981 trat eine überraschende Wende ein. Eine Zeitung aus Rhode Island berichtete, daß das seltsame Wesen in den sechziger Jahren von einem Disneyland-Künstler namens Howard Ball angefertigt wurde. Das Fell hatte angeblich nicht Pete Corrall verpflanzt, sondern eine unbekannte Person in Mexiko. Die Witwe Balls und sein Sohn bestätigten, daß Ball den Auftrag erhalten hatte, ein Modell des Cro-Magnon-Menschen, des ältesten Homo sapiens, anzufertigen.

Heuvelmans vertrat nach wie vor die Meinung, daß das Exemplar kein Modell war. Alle, die das Gegenteil behaupteten, hielt er für Ignoranten. In einem Artikel aus dem Jah-

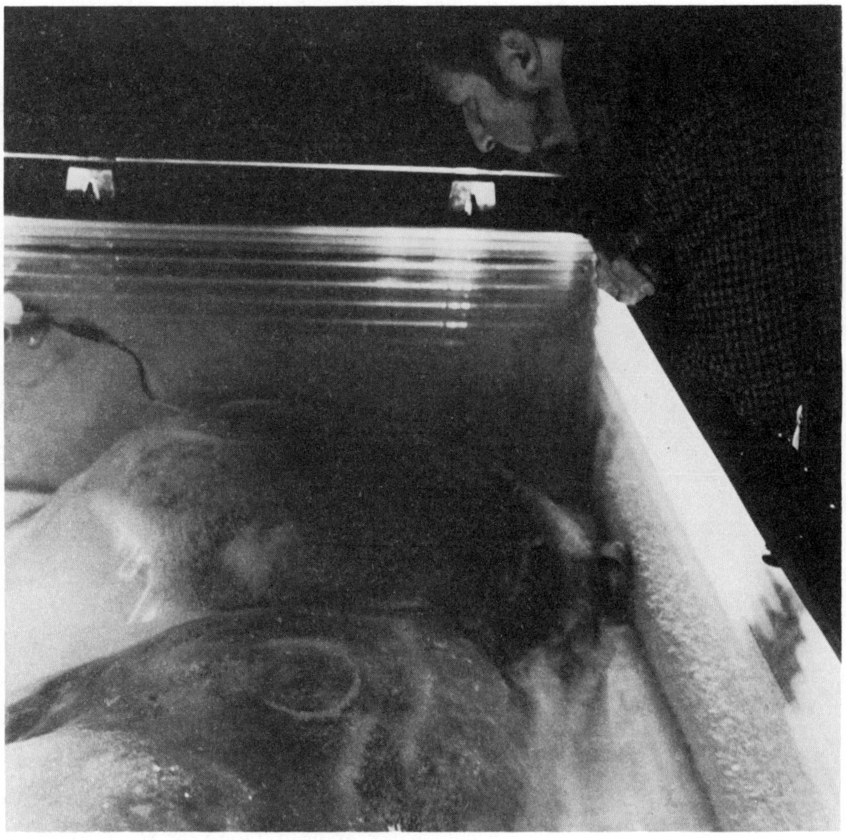

Fotografien und Messungen kam Heuvelmans zu der Überzeugung, daß es nur eine Erklärung gibt: Die flache Stirn, die dicken, hervorstehenden Brauen, das großflächige Gesicht, die breite, nach oben gebogene Nase, das riesige Gebiß und die großen Zähne (auf späteren Fotografien ganz deutlich zu erkennen), der kurze, untersetzte, muskulöse Körper sind Merkmale, die nur auf ein Wesen zutreffen – auf den Neandertaler.

Überreste von diesen Frühmenschen wurden 1856 bei Düsseldorf und in Frankreich in La-Chapelleaux-Saints ausgegraben. Was der französische Paläontologe Marcellin Boule rekonstruierte, war ein brutal aussehendes, nach vorne gebeugtes Wesen. Studien späterer Funde in Europa und Asien haben gezeigt, daß der Neandertaler ganz anders aussah, als Boule angenommen hatte. Er hatte schon viel Ähnlichkeit mit dem modernen Menschen, besaß Kultur und begrub seine Toten. Aber wir werden nie wissen, wie er wirklich aussah, denn alles, was noch vorhanden ist von ihm, sind Knochen. Heuvelmans fand heraus, daß sich die Maße seines Exemplares mit denen eines Neandertalers völlig deckten. Es war demnach ein menschliches Wesen, ein Homo sapiens, aber kein Jetztmensch. Für einen Yeti oder Bigfoot war er viel zu klein.

Auf der ganzen Welt gibt es Geschichten über „wilde Menschen", sie waren vor allem im Mittelalter sehr verbreitet. Aber aus Asien kommen auch heute noch immer wieder derartige Berichte, vor allem aus dem Kaukasus, der Mongolei und aus China.

Oben:
Der belgische Zoologe Bernard Heuvelmans lehnt sich über das mysteriöse Wesen im Eis. Er war davon überzeugt, daß dieses Wesen ein überlebendes Exemplar der angeblich ausgestorbenen Neandertaler war.

Linke Seite oben:
Der Homo pongoides. Diese Rekonstruktion wurde von einem Künstler anhand von Beschreibungen von Heuvelmans und Ivan T. Sanderson angefertigt.

Links:
Ein Neandertaler. Er hatte buschige, wulstige Augenbrauen und einen vorstehenden Kiefer. Er besaß bereits eine verhältnismäßig hohe Intelligenz. Laut Heuvelmans bestand zwischen dem Eismenschen und dem Neandertaler eine frappierende Ähnlichkeit.

Heuvelmans machte auf Höhlenmalereien und einer kleinen Knochenschnitzerei in der Höhle von Isturitz (bei Biarritz in den Pyrenäen) aufmerksam. Sie zeigen ein behaartes, stupsnasiges Wesen. Laut Heuvelmans wäre es durchaus denkbar, daß die damaligen Höhlenbewohner überlebende Neandertaler abgebildet haben. Lange Zeit war man der Meinung, daß der moderne Mensch den Neandertaler ausgerottet hat, aber es kann ohne weiteres sein, daß einige Exemplare lange genug überlebt haben, um in Kunst und in Mythen verewigt zu werden. Es ist schon merkwürdig, daß Spuren von wilden Menschen in Gegenden gefunden wurden, wo Archäologen Überreste von Neandertalern ausgegraben haben. Berichte über diese Wesen wurden von Forschern und Reisenden gesammelt. Oberst Przewalski, ein berühmter Forscher des späten 19. Jahrhunderts, hatte schon viel von wilden Menschen gehört. Er entdeckte das mongolische Wildpferd, das nach ihm benannt wurde. Es ist auf vielen frühen Höhlenmalereien in Europa zu sehen. Und viele mögen sich vielleicht jetzt die Frage stellen: Wenn prähistorische Pferde in der Mongolei überleben können, warum sollte es dort nicht auch noch wilde Menschen geben?

Erst als Professor Porchnew und seine Kollegen aus Moskau und Ulan Bator anfingen, unveröffentlichtes Beweismaterial zu sammeln, bemerkten sie, wie umfangreich es war.

Der Ursprung des Eismenschen

Was hat nun all das mit dem Eismenschen zu tun? Hansen hatte doch irgendwann mal erzählt, daß das Wesen aus Asien stamme, sich aber nie näher darüber geäußert. Später behauptete er dann, daß das Wesen in einem Eisblock auf dem offenen Meer getrieben hatte und von einem Händler (angeblich ein Drogendealer) erstanden wurde. Als er es das erste Mal sah, war es in eine Plastikhülle eingewickelt. Diese gab es zu jener Zeit in Amerika zu Hunderten. In ihnen wurden die sterblichen Überreste der im Vietnamkrieg gefallenen Soldaten in ihre Heimat zurückgebracht. Auch Hansen hatte in Da Nang in der US Air-Force gedient.

Und genau hier sieht Heuvelmans einen Zusammenhang. Es war eine nur allzu gut bekannte Tatsache, daß in den Flugzeugen, welche die Toten aus Vietnam transportierten, auch Heroin aus dem „Goldenen Dreieck" Thailand, Laos und Vietnam geschmuggelt wurde. Der Skandal führte schließlich zu einer öffentlichen Untersuchung und Verhaftungen. Der Luftstützpunkt in Da Nang war ein wichtiger Umschlageplatz für den Drogenhandel.

Es ist ohne weiteres möglich, daß Hansens „Eismensch" in Südostasien getötet wurde und in einer dieser Plastikhüllen zusammen mit toten Soldaten und Drogen in die Vereinigten Staaten gelangte. Heuvelmans war der Meinung, daß Hansen die Geschichte, er habe die-

ses Wesen in Amerika erschossen, nur deshalb erfunden hatte, um bestimmte Tatsachen zu verschleiern. Auffällig ist, daß das FBI sich nicht veranlaßt sah, der Sache nachzugehen, und Hansen hatte immer wieder behauptet, nicht der rechtmäßige Besitzer dieses Wesens zu sein. Der geheimnisvolle Millionär, der uns vielleicht einiges über diesen Eismenschen erzählen könnte, wurde nie gefunden. Hansen war nichts anderes als ein mittelloser Schausteller, und niemand konnte sich vorstellen, daß er etwas mit Drogenschmuggel zu tun hatte. Man glaubte auch nicht, daß das Wesen auf seine Veranlassung hin in die Vereinigten Staaten gebracht wurde.

Aber es gibt ein paar Spuren zum Anfangspunkt der Geschichte. Im November 1966 legte Jim Lucas, Kriegsberichterstatter der „New York World Journal Tribune", einen Bericht über seltsame Zwischenfälle entlang der damaligen entmilitarisierten Zone zwischen Nord- und Südvietnam zu den Akten. Manchmal gingen US-Soldaten im dichten Dschungel auf Tigerjagd. Es ist auch zu lesen, daß „einige Matrosen einen riesigen Affen erlegt haben".

Soviel bekannt ist, leben in Vietnam keine große Affen. Kann es sein, daß es sich bei dem Eismenschen um so einen Affen handelt, der nur 18 Monate nach seinem Tod, im Mai 1967, auf einem Jahrmarkt ausgestellt wurde? Heuvelmans bestätigte, daß es Gerüchte gab, die besagen, während des Vietnamkrieges seien „einige wilde behaarte Menschen" erschossen worden.

Wilfred Burchett, ein australischer Journalist, schrieb, daß Tran Dinh Minh, führendes Mitglied der Nationalen Befreiungsbewegung, einmal einem solchen Menschen begegnet sei.

Oben:
In vielen englischen Kirchen befinden sich Schnitzereien von wilden Menschen. Diese stammt aus der Kathedrale von Canterbury, einige wilde Menschen, einer zu Pferd, erlegen gerade ein Wildschwein.

Oben rechts:
Professor Boris Porchnew, ein russischer Wissenschaftler, hat Berichte über Begegnungen mit Tiermenschen gesammelt. Auf diesem Bild aus dem Jahre 1972 hält er den Gipsabdruck einer riesigen Fußspur in der Hand, die angeblich von einem wilden Menschen stammt.

1949 verfolgten er und ein paar andere Männer Spuren eines barfüßigen unbekannten Wesens entlang des Grenzgebietes von Dak-Lak. Sie führten zu einer Höhle, die von primitiven behaarten Menschen bewohnt wurde. Nachdem Heuvelmans Hinweise darauf hatte, daß es sich um Neandertaler handeln könne, mußte er die Eismenschen-Version auf sich beruhen lassen. Nach anfänglichem Enthusiasmus zeigte die Fachwelt nun keinerlei Interesse mehr. Heuvelmans lehnte ein Angebot seiner Freunde ab, die den Kadaver im „Namen der Wissenschaft befreien wollten".

Hansen zog weiterhin mit dem Eismenschen von Jahrmarkt zu Jahrmarkt. Sein Werbeslogan lautete: „Ist der Bigfoot wirklich nur ein Mythos?" und lud die Leute ein, das „geheimnisvolle Wesen, das die Fachwelt verblüffte und von dem in vielen Zeitungen zu lesen war," selbst zu bestaunen. Einmal wurde er gefragt, ob er wisse, was er dort ausstelle. Er lachte und sagte: „Nennen wir es eine Illusion." Trotzdem lag der Geruch von verwestem Fleisch in der Luft, ein Beweis dafür, daß diese „Illusion" einmal gelebt hatte.

Gerüchte, Sagen und Legenden

Seit langem schon gibt es Berichte über ein seltsames Ungeheuer, „Nessie“, in dem dunklen, geheimnisvollen Gewässer von Loch Ness. Der folgende Beitrag basiert auf Material, das Adrian Shine, der Leiter des Loch-Ness-Forschungsprojektes, gesammelt hat.

Es gibt heute wohl kaum noch ein Fleckchen Erde, das nicht erforscht worden wäre – keine wilden und unwegsamen Landstriche, wie Urwälder und unzugängliche Gebirgszüge, keine einsamen Inseln, kaum noch geheimnisvolle Meerestiefen, wo noch Ungeheuer darauf warten könnten, entdeckt zu werden. Aber trotzdem gibt es noch zoologische Überraschungen.

Entdeckt man einmal die Spur eines unbekannten Wesens, geht die Suche auf breiter Ebene los, und dabei darf man auch nicht die Beobachtungen der ortsansässigen Bevölkerung ausklammern. Die Nachweise für die Existenz unbekannter Wesen setzen sich zusammen aus glaubhaften Beobachtungen und fundierten wissenschaftlichen Ergebnissen. Skeptiker mögen nun Dorfgeschichten, Überlieferungen und Legenden einfach von der Hand weisen, in Wirklichkeit jedoch können sie oft nur nach mühevoller Kleinarbeit, Nachforschungen und Dokumentationen widerlegt oder bestätigt werden, und schon so manches „Ungeheuer“ entpuppte sich zum Schluß als irreales Phantasiegebilde oder als reales Lebewesen.

Der Drang des Menschen, alles Unbekannte erforschen zu wollen, hat schon zu mancher sensationeller Entdeckung geführt. Erst vor wenigen Jahren entdeckte man in den dichten Wäldern des Kongo den Berggorilla, den größten Menschenaffen der Welt, und eine Antilopenart, deren Kopf einer Giraffe ähnelte und deren Hinterteil einem Zebra glich. Ebenfalls erst in diesem Jahrhundert entdeckte man den Komodowaran. Die Heimat dieser seltsamen Echsen sind abgelegenen Inseln des indonesischen Archipels. Wie schrieb doch der deutsche Afrikaforscher Hans Schomburgk in seinem Buch *Zelte in Afrika*? „Gewiß kann nur der exakte Nachweis über die Existenz eines Lebewesens unbekannter Art entscheiden. Ebenso gewiß ist indessen, daß noch immer manches Lebewesen seiner Entdeckung für die Wissenschaft harrt und der Weg zu zahllosen

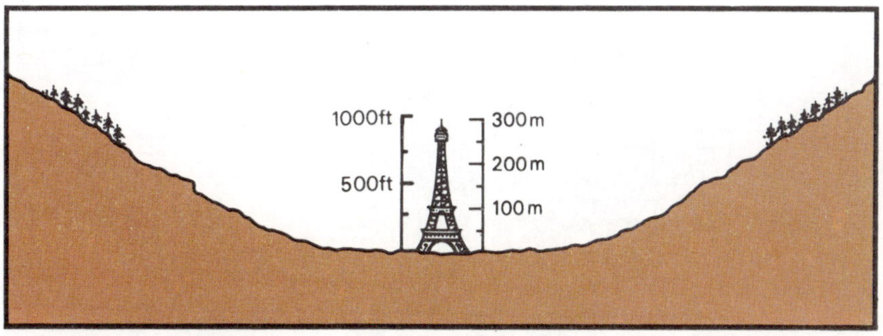

Ganz oben:
Die verzauberte Schönheit von Loch Ness bei Morgengrauen.

Oben:
1968 tauchte ein U-Boot 250 m bis auf den Grund des Loch Ness; nach offiziellen Schätzungen beträgt die Tiefe im Durchschnitt 230 bis 300 m. Der See ist 1,5 km breit mit ungewöhnlich steil abfallenden Ufern.

Oben:
Komodo-Warane sind derart seltsame Wesen, daß niemand an ihre Existenz glaubte, bis man sie zu Beginn des Jahrhunderts auf einer abgelegenen indonesischen Insel entdeckte.

Rechts:
Ein Seedrachen als Galleonsfigur eines Wikingerschiffes aus dem 9. Jahrhundert. Die nordische und keltische Mythologie ist voller Legenden über Seeungeheuer in den Seen Nordeuropas.

Unten:
Ein gigantischer Meeressaurier aus einem englischen Tierbuch des 19. Jahrhunderts. Das Werk enthält zahlreiche Berichte über Beobachtungen von Seeschlangen.

Entdeckungen mit Hinweisen begonnen hat, die mancher ‚nüchterne Kenner' in das Reich der Fabel verwiesen hätte."

Loch Ness liegt auf der zentralen Längsfurche des schottischen Hochlandes. Es ist ein relativ unerforschter See, schwer zu erreichen, in einer einsamen Landschaft. Er ist bis zu 230 m tief und erstreckt sich bei nur 1,5 km Breite über eine Länge von 35 km. Schwebestoffe erschweren die Sicht unter Wasser. Die Erforschung eines solchen Gebietes stellt hohe Anforderungen. Nur mit modernsten technischen Geräten wird es vielleicht gelingen, das Geheimnis des Sees zu lüften.

Das wissenschaftliche Interesse am See erwachte, als in den fünfziger Jahren des vorigen Jahrhunderts Telegraphenleitungen, die durch den See gelegt worden waren, aus 1830 m Tiefe geborgen wurden. Sie waren über und über mit kleinen Meerestieren besetzt, was die allgemeine Auffassung widerlegte, alles Leben ende in einer Tiefe von 500 m.

Als die große Seefahrtnation übernahm Großbritannien auch die Führung in der Ozeanographie. Im Zuge der „Expedition Challenger" untersuchte man 1871 bis 1876 die großen Meere. Man zögerte jedoch noch mit der Erforschung von Süßwasserseen. Die ersten Arbeiten über einen britischen Binnensee verdanken wir der Privatinitiative des Leiters der Expedition Challenger, John Murray. Es wurden in erster Linie Tiefenmessungen in den schottischen Lochs durchgeführt.

Bemerkenswert an den schottischen Lochs (das gälische Wort für See, Meeresbucht) ist nicht so sehr ihre Fläche, als ihre enormen Tiefen, die nur von den umliegenden Meere überboten werden. Loch Moror etwa ist 305 m tief, das ist mehr als der Eiffelturm an Höhe mißt. Die schottischen Lochs entstanden um die gleiche Zeit wie die weitverzweigten Seen Skandinaviens oder Irlands. Die Gletscher der späteren Eiszeiten vertieften die Täler noch mehr, bis dann vor etwa 10000 Jahren das Eis endgültig verschwand. Eine Zeit lang waren die Lochs direkt mit dem Meer verbunden, dessen Spiegel – aufgrund des Schmelzeises – gestiegen war. Je mehr das Eis sich zurückzog, umso höher erhob sich das Land. Loch Ness etwa liegt heute 16 m über dem Meeresspiegel. Gerade weil diese Seen mit dem Meer verbunden waren, scheint es nicht uninteressant, Geschichten von „Meeresungeheuern" zu erwähnen, die den Beschreibungen des Ungeheuers von Loch Ness ähneln.

Legenden über Seeschlangen

Als noch riesige Seeschlangen den Bug der Wikingerschiffe zierten, berichteten bereits nordische und keltische Überlieferungen von schlangenartigen, buckeligen Ungeheuern, die in den nordischen Gewässern ihr Unwesen trieben. Bischof Erik Pontoppidan von Bergen beschrieb in seinem 1752 erschienenen Werk *Naturgeschichte Norwegens* zwei Seeungeheuer, die vor der Küste Norwegens gesichtet worden

sein sollten. Das erste war ein riesiger Krake, ein Wesen zahlreicher Mythen und Fischermärchen, „rund, flach, mit unzähligen Armen". Erst 1870 gelang es schließlich Wissenschaftlern, diese sagenumwobene Krake als eine Art Riesentintenfisch zu identifizieren. Ein Riesentintenfisch war nämlich an die Küste Neufundlands geschwemmt worden.

Etwa zur selben Zeit startete man die „Expedition Challenger", und dieser Fund bestärkte die Überzeugung der Teilnehmer, Außergewöhnliches in den Weltmeeren entdecken zu können. 1852 bezeichnete ein französischer Wissenschaftler ähnliche Überreste von Riesentintenfischen als pflanzlichen Usprungs, denn „die Existenz eines solchen Tieres widerspräche den Gesetzen von Harmonie und Gleichgewicht, die alles Leben beherrschen".

Das zweite mythische Wesen, das Pontoppidan beschrieb, war eine gewaltige Seeschlange. Der berühmteste Bericht über dieses Ungeheuer stammt von Lorenz von Ferry, einem Kapitän aus Bergen. Er spiegelt die klassische Auffassung von Seeschlangen wider, als Wesen, die sich wellenförmig fortbewegen. Gesichtet wurde ein solches Tier zum ersten Mal an einem heißen Augusttag des Jahres 1746 in Molobe (Norwegen). Es herrschte absolute Windstille. Das Schiff mußte gerudert werden, als Ferry auffiel, daß sein Steuermann vom Kurs abwich. Beim Versuch, einer Seeschlange auszuweichen, befahl er, so nah wie möglich heranzufahren, denn bislang hatte er den Gerüchten über dieses Tier nicht viel Glauben geschenkt.

Seeschlange in Sicht!

Das Tier hielt einen pferdeähnlichen Kopf mit einer dichten weißen Mähne etwa einen Meter aus dem Wasser. Es hatte riesige Augen, ein gewaltiges Maul, und hinter dem Kopf zeichneten sich im Abstand von etwa 60 Zentimetern sieben oder acht „Buckel oder Wellen" ab. Als Kapitän Ferry einen Schuß auf das Tier abfeuerte, tauchte es unter. Später befahl er zweien seiner Seeleute, gerichtlich zu beeiden, was sie gesehen hatten. Auf Grund solcher Quellen konnte Pontoppidan äußern, er würde nicht alles „was über Seeschlangen in Süßwasserseen erzählt wird, als blanken Unfug abtun".

In Skandinavien erzählt man sich immer wieder von Tieren, die sporadisch in diesem oder jenem See auftauchen: Vom Suldal-See gibt es solche Berichte, auch vom Storsjö-See, wo heute noch jene Geräte besichtigt werden können, mit denen man Ende des 19. Jahrhunderts versucht hatte, das „Tier" einzufangen. Ähnliche Geschichten existieren über den Okanagan-See in Nordamerika, dem Lagerflat in Island oder den Connemarasee in Irland, die von Wassergeistern oder dem „Wasserpferd" bewohnt sein sollen.

Das Bild vom Wassergeist in Pferdegestalt

Oben:
Seeschlange aus Conrad von Gesners „Fischbuch" von 1698. Damals glaubte man noch allgemein, daß Ungeheuer in den Tiefen der Meere hausten und Jagd auf Schiffe machten.

Links:
„Kelpie", der heimtückische Wassergeist der schottischen Seen. Es soll als Pferd getarnt am Seeufer Menschen aufgelauert haben. Manche Anrainer erinnern sich, als Kinder davor gewarnt worden zu sein, in dem See zu baden, um Kelpie nicht zu reizen.

geht auf alte Überlieferungen des schottischen Hochlandes zurück. Obgleich das Ungeheuer von Loch Ness bereits 565 n. Chr. erwähnt wurde, schenkt man den Berichten über Loch Ness seltsamerweise erst in letzter Zeit intensivere Aufmerksamkeit. Zum ersten Mal schrieb der Heilige Adaman, daß Seeungeheuer durch Gebete des heiligen Columban vertrieben wurden. Erscheinungen dieser Art wurden und werden in Schottland auch heute noch – bis zu einem gewissen Grad – mit Skepsis betrachtet oder als schlechtes Omen gedeutet. Ein Beispiel ist das Ungeheuer Mhorag. Es erscheint in der Regel nur im Loch Morar, wenn ein Mitglied einer bestimmten schottischen Familie sterben wird. Mhorag erhebt sich in 3 Stufen aus dem Wasser: Die erste Stufe bedeutet Tod, die zweite Sarg und die dritte Grab.

Nur wenige dieser Geschichten drangen im 19. Jahrhundert über das schottische Hochland hinaus. Engländer, welche die Gegend während der Jagdsaison besuchten, belächelten sie. Umso erstaunlicher ist es, daß Lord Malmesbury diese Geschichten in seine Memoiren miteinbezog:

> „Mein Treiber und sein Bursche berichteten mir heute morgen (3. Oktober 1857) von einem sonderbaren Tier, das in Loch Arkaig leben soll. Sie nennen es den Wassergeist in Pferdegestalt. Es ist dasselbe Wesen, von dem man ab und zu in den Zeitungen liest und das in den Hochlandseen des öfteren gesichtet worden sein soll. Mein Treiber will das Tier bei Achnacarry schon einmal gesehen haben. Beide Male bei Sonnenaufgang an einem strahlenden Sommermorgen, als die Wasseroberfläche spiegelglatt war. Er sah den Kopf des Tieres aus dem Wasser ragen, auch seinen hinteren Teil, der keinesfalls dem eines Fisches oder Seehundes ähnelte, sondern eher dem Rücken eines Pferdes glich."

Lord Malmesbury beschrieb in seinem Werk „Memoiren eines Exministers" Beobachtungen seines Treibers John Stewart, der das „Seepferd" im Arkaig-See gesehen haben will. Die Highlander fürchteten das Wesen, das „etwas Diabolisches in sich bergen soll".

Lord Malmesbury fügte hinzu, die Hochländer seien sehr abergläubisch „und ich glaube, sie halten es für eine Art Satan". Erst in jüngster Zeit berichtete der Autor Gerwin Maxwell, der sich an die Westküste Schottlands zurückgezogen hatte, über ähnliche Wesen, die Freunde von ihm im Meer und in den Seen gesehen haben wollen. Es waren zum Teil erfahrene Seeleute, die die Tierwelt an der Westküste sehr gut kannten.

Neben all den Geschichten von anderen Seen tauchten immer wieder Berichte über Loch Ness auf. Manche Anrainer erinnern sich noch daran, daß ihnen als Kinder verboten war, in dem See zu baden, aus Furcht vor dem Wassergeist. Berühmt wurde der See erst nach 1933, als dem nördlichen Ufer entlang eine Straße gebaut und dabei alle Bäume und Sträucher gefällt wurden, die den Blick auf das Wasser verstellten. Als Folge strömten die Besucher scharenweise zum See, und so mancher wußte zu berichten, das „Ungeheuer von Loch Ness" tatsächlich gesehen zu haben. Am 14. April 1933 machten Mr. und Mrs. Mackay die ersten Beobachtungen. Es erschien ein ausführlicher Bericht im „Inverness-Courier". „Das Ungeheuer tauchte über eine Minute lang auf. Sein Körper glich dem eines Wales."

Es folgten weitere Sichtungen. Sie machten Loch Ness bald weltberühmt. Inzwischen widmeten sich Wissenschaftler immer mehr der Süßwasser-Biologie, und mit Hilfe primitivster Ausrüstungen wurden am See von Windermere die ersten Untersuchungen an Mikroorganismen durchgeführt. Es sollten noch 10 Jahre vergehen, bevor die Entwicklung der Sonde und der Tauchergeräte Forschern ermöglichte, Loch Ness systematisch zu untersuchen und noch weitere drei Jahre, bevor man mit modernen Unterwasserkameras versuchte, jenes Wesen aufzuspüren, das irgendwo dort unten in den dunklen Tiefen des Sees hausen soll.

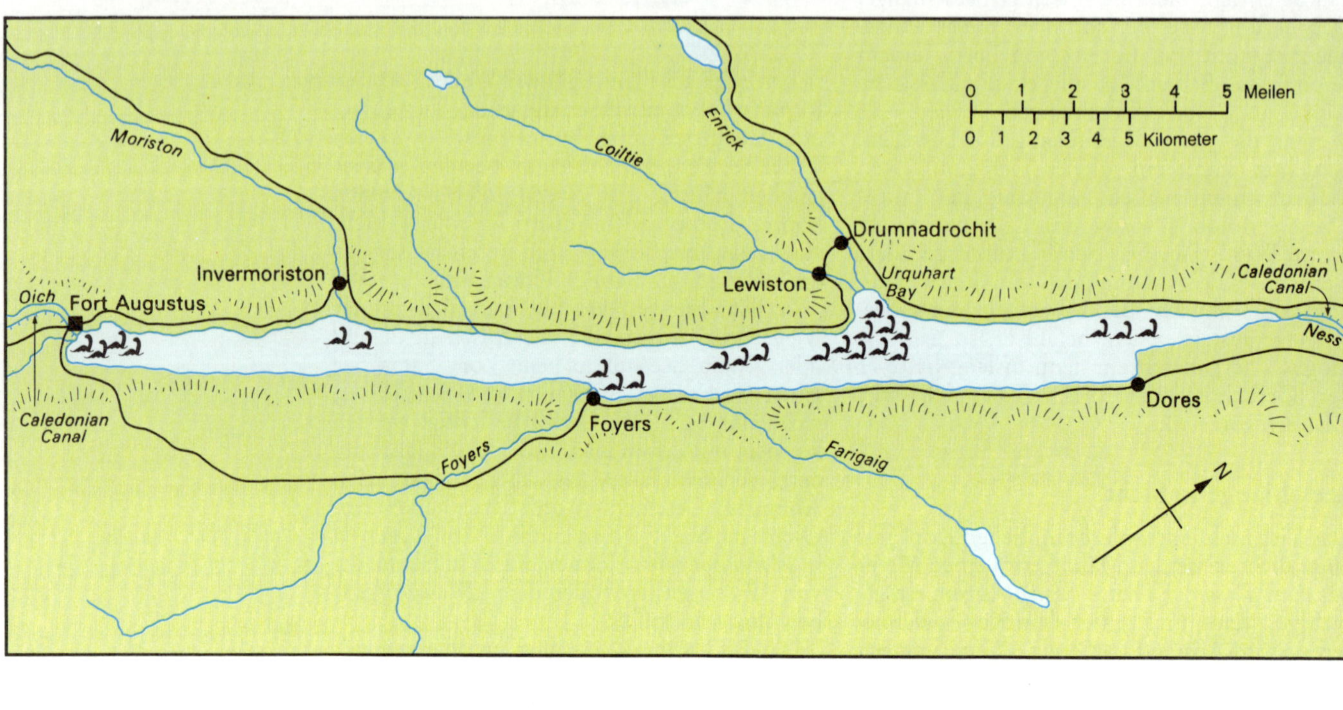

Eine vereinfachte Zeichnung von all jenen Orten, an denen Nessie gesehen worden sein soll. Meistens wird es an Flußmündungen gesichtet.

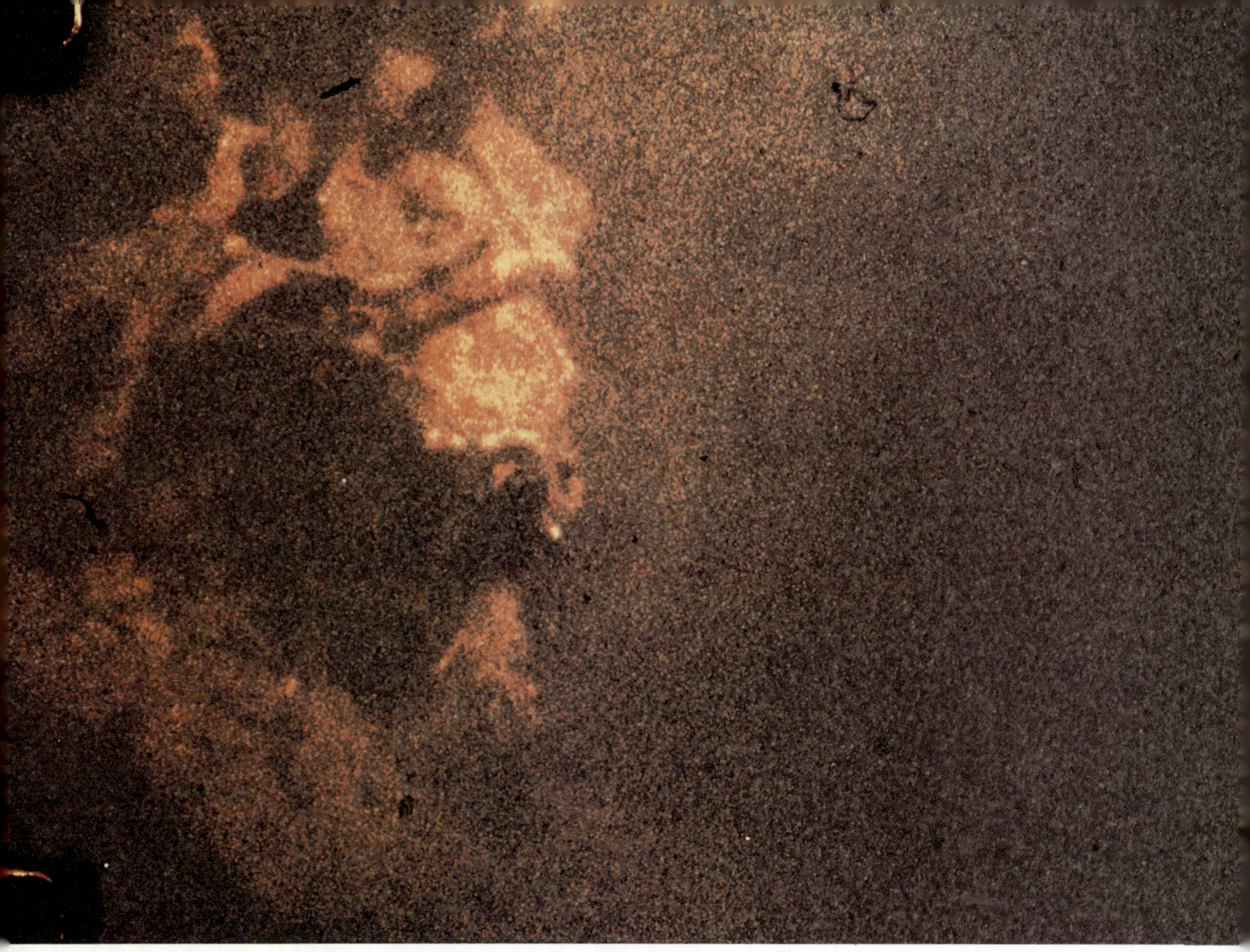

Mit Sonargeräten und Echolot

Seit den dreißiger Jahren gibt es unzählige Versuche, das Ungeheuer von Loch Ness auf Film festzuhalten. Die Archive sind voll von Fotomaterial, das die Existenz des Ungeheuers beweisen soll – aber was davon ist echt? Und welche Aussagekraft haben sie?

Oben:
Ist das der Kopf des Ungeheuers von Loch Ness? Dieses Foto wurde mit einer Unterwasserkamera aufgenommen von Dr. Robert Rines von der Akademie für angewandte Wissenschaften des Institutes für Technologie in Massachusettes (USA) am 20. Juni 1975. Trotz der schlechten Sicht in dem trüben Wasser lassen die Konturen darauf schließen, daß es sich um eine Art Tier handelt; andererseits meinen viele Fachleute, das Foto zeige nur den Seegrund.

Die Beobachtungen der Mackays am 14. April 1933 lösten eine Sensation aus. Jeder war begierig, das Geheimnis von Loch Ness zu erfahren. Seither häufen sich die Berichte in Form von Filmaufnahmen, Fotos und anderem Material. Allein im Jahre 1933 wollen 50 weitere Personen das Tier gesehen haben. Seit bekannt wurde, daß Loch Ness ein Geheimnis in sich birgt, hält man nach allem Ausschau, was ungewöhnlich sein könnte. Dies führte gleichzeitig aber auch zu den wildesten Spekulationen und Hypothesen. Realität und Phantasie zu trennen, wurde immer schwerer. Ehrliche Menschen werden oft mißverstanden oder belächelt. Schwindler können einen durchaus glaubhaften Eindruck machen, und selbst Gelehrten wirft man allzu oft zu rege oder zu wenig Phantasie vor. Tatsache ist, daß ohne spezifische Erfahrungswerte von Menschen Zeit, Größe, Entfernung und Geschwindigkeit kaum genau beurteilt werden können, insbesondere über Wasser.

Am See selbst kommt es oft zu optischen Täuschungen, denn seine Oberfläche ist manchmal so glatt und ruhig, daß die hohen Uferklippen tiefe Schatten werfen oder sich im Wasser spiegeln. Unter solchen Voraussetzungen entsteht oft ein verzerrtes Bild von den tatsächlichen Gegebenheiten – von kleinen Tieren, Wasservögeln und dem Wind. Das Kielwasser von Booten, die über den See fahren, kann vom Ufer zurückgeschlagen werden, so daß es in der Mitte des Sees eine stehende Welle bildet, lange nachdem das Boot schon vorbeigefahren ist. Was ist nun von den Tausenden von Augenzeugenberichten, Aufnahmen, Dokumenten von Forschungsgruppen – wie dem Loch-Ness-Forschungszentrum, das zwischen 1962 und 1972 bestand – zu halten? Die Beschreibungen des „Tieres" stimmen, und das ist das Erstaunliche, im großen und ganzen überein: ein Wesen mit einem langen Hals und gewölbtem Rücken. Manchmal bewegt es sich schnell und wippt mit dem Hals rhythmisch mit, ein andermal taucht es nur kurz auf, um gleich darauf wieder zu verschwinden.

Oberleutnant Rupert Gould sammelte als erster in seiner Chronik „Das Ungeheuer von

Links:
Darstellung des Seeungeheuers von Dr. Rines' Fotografie. Manche glauben, es benütze die Hörner als Schnorchel und spare sich so das Auftauchen, um Luft zu holen.

Loch Ness" (1934) 42 Beobachtungen, die zwischen 1923 und 1933 gemacht worden waren. Seiner Meinung nach handelte es sich bei diesem Wesen um einen Einzelgänger, der in dem See gefangen war. 1957 veröffentlichte Constance White ein Buch unter dem Titel *Mehr als eine Legende* mit über 60 Berichten von angeblichen Beobachtungen. Das Phänomen – so Constance White – existiere auch nach 1934 noch, und die Tatsache, daß manchmal mehr als ein Tier im See gesichtet worden war, ließe auf eine ganze Kolonie schließen. Der Großteil des Materials der späteren Publikationen stammt vom Loch-Ness-Forschungszentrum, das alle Berichte über das Ungeheuer sammelt.

Ob die Masse der Augenzeugenberichte und die Art der Beweise die Existenz eines oder mehrerer größerer Tiere in Loch Ness beweist, erscheint fraglich. Die Meßergebnisse, die mittels Echolot erzielt wurden, lassen sich teilweise schwer deuten. Aus den Beobachtungen vom Verhalten des Wesens an der Oberfläche kann keine brauchbare Beschreibung abgeleitet werden. Außerdem wird es in den Sommermonaten, an den Flußmündungen und an windstillen, heißen Tagen häufiger gesichtet, als sonst, wobei sicherlich zu berücksichtigen ist, daß gerade der Sommer auch die Hauptsaison für sensationslüsterne Touristen ist.

Neben den Augenzeugenberichten gibt es noch umfangreiches Bildmaterial. Doch unwiderlegbare Dokumente sind Fotos nicht. Aufnahmen mit herkömmlichen Kameras sind oft wenig aufschlußreich, und außerdem können Fotografien nur allzu leicht retuschiert und für Montagen mißbraucht werden.

Gewöhnlich zeigt sich ein dunkles Objekt auf dem See vor hellem Hintergrund. Das Negativ kann hier ganz einfach gefälscht werden, indem man einen entsprechenden Umriß aufzeichnet und das Negativ dann erneut fotografiert und dieses als „Original" anbietet. Die einfachste und häufigste Fälschung ist die Fotomontage. Hier werden wahllos irgendwelche Gegenstände fotografiert – die Phantasie reicht hier von Autoreifen, einem Stein, den man ins Wasser wirft bis hin zu ausgefallenen Figuren aus eigener Werkstatt, was dann mit dem entsprechenden Hintergrund zusammenkopiert wird. Bilder mit dem Loch Ness im Hintergrund zeigen meist leicht modifizierte Motive, wie etwa Felsen oder Baumstämme.

Öfter tauchen jedoch Aufnahmen auf, die von Wert zu sein scheinen. Alle Fotografien von 1933 bis heute lassen sich in zwei Gruppen unterteilen: die „schlechten", die durchaus echt sein können, und die „guten", die meist gefälscht sind. Die „klassischen" Bilder fachen die Diskussionen um Loch Ness immer wieder an, obgleich ihnen die Mitglieder des Loch-Ness- und Morar-Projektes nicht allzugroße Beweiskraft zubilligen. Die Aufnahmen sind grundverschieden, und ihre Motive können

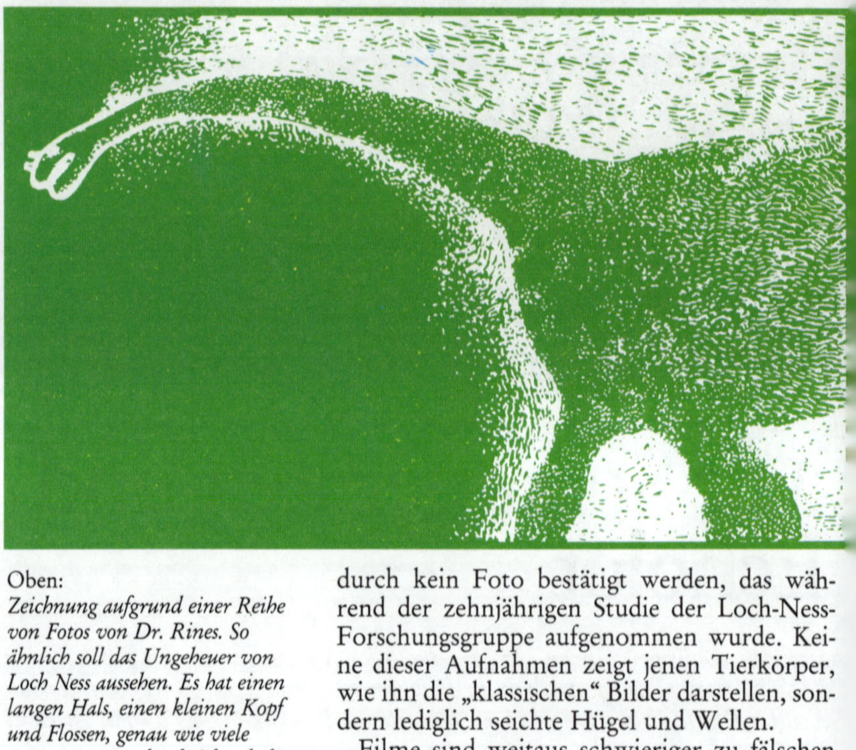

Oben:
Zeichnung aufgrund einer Reihe von Fotos von Dr. Rines. So ähnlich soll das Ungeheuer von Loch Ness aussehen. Es hat einen langen Hals, einen kleinen Kopf und Flossen, genau wie viele Augenzeugen es beschrieben haben.

durch kein Foto bestätigt werden, das während der zehnjährigen Studie der Loch-Ness-Forschungsgruppe aufgenommen wurde. Keine dieser Aufnahmen zeigt jenen Tierkörper, wie ihn die „klassischen" Bilder darstellen, sondern lediglich seichte Hügel und Wellen.

Filme sind weitaus schwieriger zu fälschen als Fotos und daher auch beweiskräftiger – obgleich auch nicht immer unanfechtbar. Besonders zwei Filmausschnitte sind hier hervorzuheben:

Den ersten drehte Tim Dinsdale am 23. April 1960 vom Fluß Foyers aus, der vom Süden her in den Loch Ness fließt. Er zeigt eine höckerartige Erhebung, die sich langsam entfernt, dann schneller wird und schließlich sich den Blicken entzieht und untertaucht. David James vom Loch-Ness-Forschungszentrum übergab den Film dem JARIC, dem Zentrum für atmosphärische Untersuchungen. Kurz zusammengefaßt hieß es in dem Untersuchungsbericht, das Objekt sei „vermutlich ein Lebewesen". Es sei etwa 1,7 m lang und bewege sich mit einer Geschwindigkeit von 16 Stundenkilometern.

Der zweite Film, den Richard Raynor am 13. Juni 1967 während der Loch-Ness-Expedition aufnahm, ist von außergewöhnlicher technischer Qualität. Der Streifen wurde genau am gegenüberliegenden Ufer bei Dores aufgenommen, also am nördlichen Ende des Sees und zeigt einen festen Körper, der am Ende eines Höckers auftaucht und – sobald das Schiff näher kommt – wieder verschwindet. Raynor zog die Möglichkeit in Erwägung, es handle sich hier um einen Otter (das Objekt war mit Sicherheit ein lebendes Wesen); seiner Meinung nach schien dies die einzige mögliche Deutung – mit der Einschränkung, daß es sich um etwas völlig Unbekanntes handeln würde. JARIC stellte jedoch fest – und genaue Daten waren anhand der hervorragenden Filmqualität leicht zu errechnen – daß das Tier eine Länge von 1,7 m hatte, ein für einen Otter mehr als ungewöhnliches Maß.

Dieser Film ist das beste vom Land aus aufgenommene vorhandene Dokument. Die Aufnahmen zeigen, daß wir es hier zweifellos mit einem größeren Tier zu tun haben, doch veranschaulichen sie auch gleichzeitig, wie unzulänglich unsere Mittel sind, es eindeutig zu identifizieren. Man kann im Wasser lebende Tiere nicht anhand der Körperteile studieren, die gerade aus dem Wasser ragen.

Erst 1970 begann man, Unterwasserkameras einzusetzen. Sie könnten praktisch das Tier in voller Größe fotografieren und die Studien einen riesigen Schritt weiterbringen; in der Praxis jedoch werden diese Möglichkeiten durch das trübe Wasser und unzureichende Ausrüstungen beschränkt. Die Unterwasseraufnahmen sind kaum verwertbar. Am aufschlußreichsten sind zwei Fotos eines Flossentieres, die 1972 von Dr. Robert Rines von der Akademie für angewandte Wissenschaften, Boston, mit einer Zeitlupenkamera mit Röhrenblitz aufgenommen und durch Computer ausgewertet wurden. Wenn dieses Etwas tatsächlich ein Flossentier ist, so hat es keinerlei Ähnlichkeit mit den uns bekannten Lebewesen des Sees.

Oben:
Foto von Tim Dinsdale vom 23. April 1960. Es ist höchstwahrscheinlich echt, aber wie so viele andere echten Aufnahmen sehr unscharf.

Unten:
Ein Beispiel dafür, wie ganz natürliche Dinge optische Täuschungen hervorrufen können. Die Kielwasserspur auf dem Foto ist, so behaupten Fachleute, nichts anderes als eine stehende Welle, verursacht durch einen Fischkutter auf einem Kanal, der in den Loch Ness mündet.

Die folgenden von Rines 1975 aufgenommenen Bilder zeigen 6 Motive, von denen mindestens 2 lebende Wesen darstellen. Andere Aufnahmen, welche den Seespiegel von unten zeigen, entstanden, so vermutet man, durch gröbere Erschütterungen der Kamera in zeitlichen Abständen von 70 Sekunden. Doch kann man annehmen, daß während einer Fotofolge die Kamera mindestens 2 Minuten lang ruhig im Wasser lag und nicht hin und her bewegt wurde. Eine Teilaufnahme – vermutlich vom Kopf – wies die Umrisse eines Lebewesens mit Hörnern auf.

Nur wird diese Vermutung gleich widerlegt, da andere innerhalb von 24 Stunden unter denselben Bedingungen gemachte Aufnahmen bei aller Phantasie keinen Hinweis auf ein Lebewesen ergaben. Entweder hatte man die Tiefe falsch berechnet und die Kamera war auf Grund gestoßen oder sie war beim Herunterlassen mit irgend etwas in Berührung gekommen, das sie auf und ab schwingen ließ.

Die Loch-Ness-Expedition von 1972–1973: Das Team vor Ort (oben); Dr. Robert Rines prüft eine der Unterwasserkameras, die für die Suche nach Nessie verwendet wurden (links). Es gelang dem Team, das Ungeheuer erstmals unter Wasser zu fotografieren. Für diesen Zweck wurden komplizierte technische Geräte verwendet, wie etwa ein Sonargerät, das den Film auslöste, sobald sich ein Objekt näherte. Auch die Expedition 1975 brachte erstaunliche, wenn auch vielfach angezweifelte Ergebnisse.

Die wichtigsten Materialien zum Auswerten lieferten zweifellos Echolot und Sonargeräte. Peilgeräte wurden während des Zweiten Weltkrieges entwickelt, um U-Boote aufzuspüren. Schallwellen werden ausgesendet, und wenn sie auf Gegenstände unter Wasser treffen, reflektiert. Es ist das einzige Instrument, mit dem man unter Wasser bewegliche Objekte nachweisen kann, besonders wenn das Wasser trüb ist.

Ein Sonargerät ist für diese Bedingungen nicht nur die logischste und naheliegendste, sondern auch bei weitem die erfolgreichste Untersuchungsmethode, ihre Ergebnisse sind objektiv überprüfbar. Es bedarf jedoch einiger Fachkenntnisse, um die Ergebnisse auswerten zu können und genau diese fehlt den Zoologen. Außerdem vermag Radar noch keine detaillierten graphischen Darstellungen zu liefern.

Der Schall wird meist durch den Hohlraum im Lebewesen reflektiert. Der Nachteil ist aber, daß er auch auf Fischschwärme, Temperaturveränderungen und aufsteigende Gase reagiert. Andererseits kann man so Bewegungen unter Wasser verfolgen und feststellen, ob es sich um Lebewesen handelt oder nicht.

Teams aus Oxford und Cambridge (1962), der Universität Birmingham (1968–1969), das Loch-Ness-Forschungszentrum (1969–1970) und die Akademie für angewandte Wissenschaften (zwischen 1970 und 1977) sowie die Partech Company (1976–1977) – sie alle haben Beweise geliefert für die Existenz eines Lebewesens im See, größer als ein Lachs und mit Bewegungen, die sich von denen eines Fisches unterscheiden. Die meisten Mitglieder der genannten Institute waren Experten auf ihrem Gebiet. Die Ergebnisse sind unbestreitbar, bieten aber dennoch keinen eindeutigen Beweis. Versuche, die Resultate insgesamt in Zweifel zu ziehen, müssen als ebenso erfolglos eingeschätzt werden wie die Versuche, das rätselhafte Tier zu identifizieren.

Eine seltsame Art Fisch?

Was für ein Wesen muß das sein, das in den kalten dunklen Tiefen des Loch Ness überleben kann? Ist es ein Säugetier, ein Reptil oder ein Amphibium? Und wie sieht es eigentlich aus?

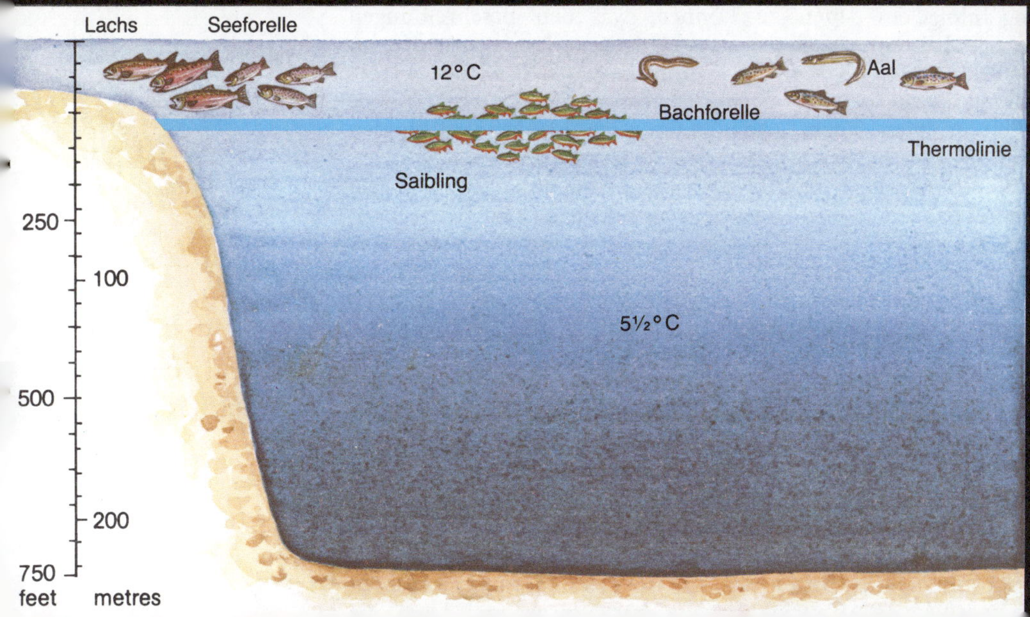

Oben:
Loch Ness mit Schloß Urquhart auf einem einsamen Küstenvorsprung im Hintergrund.

Links:
Ein Querschnitt durch Loch Ness mit seinem sommerlichen Fischbestand, der sich vor allem im oberen Teil konzentriert, wo das Wasser eine Temperatur von 12° C erreichen kann. Unter der sogenannten Thermolinie liegt das Gros der Wassermassen. Das kalte und trübe Wasser weist das ganze Jahr über eine konstante Temperatur auf. Von Lebewesen

Loch Ness kann zweifellos als eine Art evolutionäre Sackgasse bezeichnet werden. Flora und Fauna des Sees gehen auf die letzte Eiszeit zurück. Sie stammen aus anderen Süßwasserseen oder aus dem Meer. Es ist aber ziemlich unwahrscheinlich, daß größere Tiere aus anderen Süßwasserseen sich im Loch Ness niedergelassen haben, da es keine solchen in unmittelbarer Nähe gibt und die Tiere weite Landstriche hätten überwinden müssen. Schenkt man also den Berichten Glauben, wonach „Ungeheuer" an der Küste Schottlands gesichtet worden sein sollen, scheint es wohl naheliegender, die Urheimat des mysteriösen Tieres im Meer zu suchen.

Alle größeren Meerestiere im Loch Ness könnten den See durch den Fluß verlassen. Es leben hier in erster Linie verschiedene Arten von Lachsen und Forellen, die fast ihr ganzes Leben im Süßwasser verbringen und nur zum Laichen abziehen. Wenn hier wirklich ein größeres unbekanntes Tier lebt, kann es nur über den Fluß Ness in den See gelangt sein. Ein Beweis für diese Theorie wäre das Verhalten der Lachse.

Oben:
Ein Taucher entnimmt Proben vom Grund des Sees. Analysen haben ergeben, daß Lebewesen hier unten ausreichend Nahrung finden.

Links:
Ein „fliegender" Lachs. Sie schießen oft mit ungeheurer Geschwindigkeit durch die Flüsse, die zum Loch Ness führen. Werden sie vom Ungeheuer gejagt?

Nessies Nahrungsvorrat

Charakteristisch für den See ist einerseits seine enorme Ausdehnung, andrerseits annähernd gleichbleibende Bedingungen. So bietet er einen idealen Lebensraum für Tiere, die an diese Umstände angepaßt sind. Der Großteil des Wassers weist eine konstante Temperatur von 5,5° C auf und ändert sich nur um maximal 1/2° C. Im Sommer mißt das Wasser bis in etwa 30 m Tiefe 12° C, wobei diese Schicht von dem darunterliegenden Wasser mit stets konstanter Temperatur getrennt ist. Man nennt dieses Phänomen „thermale Abweichung".

Als Quellen der Nahrungsversorgung stehen Pflanzen, Plankton, organische Ablagerungen (Detriti) und Fische zur Verfügung. Infolge des dunklen, trüben Wassers, der steilen Küsten und des kurzen Sommers gedeihen nur bis zu einer Tiefe von 3 Metern Wurzelpflanzen. Große Pflanzen wachsen lediglich in Ufernähe. Würde sich ein Tier ausschließlich pflanzlich ernähren, müßte man es öfter sehen als es bislang der Fall war. Für einen Pflanzenfresser ist die Vegetation in diesem See viel zu spärlich. Es hätte kaum Chancen zu überleben.

Einige der größten Tierarten ernähren sich von Plankton, wie etwa der Blauwal oder der Riesenhai und Walhai. Vielleicht ernährt sich das „Ungeheuer" auch von Plankton? Die Schottischen Seen sind jedoch in Relation zu ihrer Oberfläche sehr tief, aber auch relativ steril und weisen daher, verglichen mit anderen Seen, wie etwa im Lake District weiter südlich, einen geringen Bestand an Plankton auf. Tiere, die sich davon ernähren, haben besondere Organe, um das Plankton vom Wasser zu trennen. (zum Beispiel Borsten der Wale). Einige Fische haben spezielle Kiemen, die wie ein Sieb wirken. Diese Tiere besitzen meist auch ein ungewöhnlich großes Maul, um große Wassermengen auf einmal aufzunehmen zu können, was den Beschreibungen nach auf unser „Ungeheuer" nicht zutrifft. Im Gegensatz zu ihm zeigen sich all diese Tiere auch oft an der Wasseroberfläche, wo besonders große Mengen an Plankton zu finden sind.

Detriti sind organische Ablagerungen am Grund des Sees. Sie bilden das Hauptnahrungsmittel bestimmter Fischarten. Andere bevorzugen Weichtiere und Insektenlarven an den Klippen des Sees. Die Ablagerungen sind im allgemeinen nicht sehr reichhaltig an organischen Stoffen. Wie Proben gezeigt haben, beträgt der organische Bestandteil lediglich 15 bis 30 Prozent. Obgleich man in Loch Morar noch in 300 Meter Tiefe Weichtiere gefunden hat, die in den Ablagerungen leben, sind diese Feststellungen aber noch lange kein Beweis dafür, daß eine unbekannte Tierart hier ausreichend Futter fände. Dort, wo die Ablagerungen am stärksten waren, durchforschten Taucher Loch Morar, um größere Tiere, die sich in etwa 30 Meter Tiefe von organischen Sedimenten ernähren, nachzuweisen. Die Resultate sprechen aber eindeutig gegen eine solche Theorie.

Die wohl wahrscheinlichste Nahrungsquelle wären die Lachse. Der See ist, was seine Pflanzenwelt anbelangt, in der Tat recht artenarm, trotzdem weist er einen bemerkenswerten Bestand an Lachs- und Aalarten auf. Pflanzen und Einzeller bilden ihre Nahrung quasi selbst durch Photosynthese und verschiedene Nährstoffe. Daraus entsteht im Zusammenspiel mit der Zirkulation des Wassers das Phytoplankton (mikroskopische Pflanzen), das seinerseits als Nahrung für das Zooplankton (mikroskopische Tiere) dient. Das Zooplankton bildet zusammen mit den Insektenlarven und den Weichtieren das Futter für die Fische. Die sieben Zuflüsse in den See fließen so rasch über das felsige Terrain, daß nur geringe Mengen an Nährstoffen aufgenommen und mitgeführt werden können.

Links:
Eine Lederschildkröte kehrt ins Meer zurück, nachdem sie am Strand von Malaysia ihre Eier gelegt hat. Es ist unwahrscheinlich, daß das Ungeheuer von Loch Ness ein Reptil ist, also ein Kaltblüter, dessen Körpertemperatur von der Umgebung abhängt und somit im Loch Ness kaum Überlebenschancen hätte. Die Lederschildkröte hingegen hält es in jedem noch so kalten Wasser aus und wurde auch schon in Schottland gefunden.

Unten:
Eine Ringelrobbe an der eisigen Küste Grönlands. Robben können in kältesten Gewässern überleben: Diese Tatsache untermauert die Theorie, das Ungeheuer sei ein Säugetier.

Ein Lachsjäger

Wollen wir eine Lösung auf die Frage finden, wie Nessie sich ernähren könnte, müssen wir uns am besten an die Lachse und Forellen halten. Die Lachse schlüpfen in den Zuflüssen zum See und bleiben die ersten zwei Jahre im Süßwasser, bis sie ein Gewicht von etwa 250 g erreichen. Sie ziehen dann für die nächsten drei Jahre ins Meer und kehren erst später zum Laichen zurück. In dieser Zeit erreichen sie ein Gewicht von 18 kg, wobei sie ihre Energie und Nahrung aus dem Meer geschöpft haben. Der Lachs nimmt im Süßwasser keine Nahrung zu sich und beeinflußt so in keiner Weise das biologische Gleichgewicht des Sees; der junge Lachs ist lediglich in den ersten Jahren auf seine Nahrungsquellen angewiesen. Größere Lachse sind das ganze Jahr über im See zu finden, meistens jedoch im Sommer und Frühjahr.

Manches weist darauf hin, daß es sich bei unserem Ungeheuer um einen Fischräuber handeln könnte. Er wird meistens bei Flut, wenn die Lachse zum Laichen kommen, abseits der Flußmündungen gesichtet. Die Geschwindigkeit, mit der sich das Tier fortbewegt, läßt darauf schließen, daß es Fische jagen kann. Gäbe es wirklich ein noch unbekanntes Tier im See, wäre es naheliegend, daß es diese einzige mögliche Nahrungsquelle ausschöpft.

Der Existenz von unbekannten Tierarten im Loch Ness widerspricht die Tatsache, daß noch keinerlei Überreste von ihnen gefunden wurden. Tiere werden in der Wissenschaft oft anhand von Überresten identifiziert, noch lange bevor ein lebendes Exemplar gesichtet oder gefangen wird. Pierre David etwa stieß 1869 auf das Fell eines Riesenpandas. Ein lebender Panda wurde erst 50 Jahre später, nämlich 1929 entdeckt. Es gibt alte Berichte über einige seltene Kadaverfunde in schottischen Seen. Loch Ness und Loch Morar sind sehr kalt, und die Ufer fallen steil ab, wobei besonders der Wasserdruck den Verwesungsprozeß verlangsamt und den Kadavern so Zeit genug bleibt, in die Tiefe abzusinken. Nicht umsonst heißt es „Loch Ness gibt seine Toten niemals frei".

Viele Reptilien und Säugetiere zu Wasser und zu Land haben die kuriose Angewohnheit, kleine Steine zu schlucken, als bräuchten sie das zusätzliche Gewicht, besonders wenn sie nahe der Oberfläche schwimmen und tauchen wollen. Manche Seehunde haben oft bis zu 11 kg Steine im Magen. Schluckt auch unser Monster Steine, um unter Wasser zu bleiben, sinkt es nach seinem Tod wohl auf den Grund des Sees, ohne jemals geborgen werden zu können?

Die wichtigste Frage ist wohl, was ist dieses „Ungeheuer" überhaupt? Die Existenz eines Fischräubers im See wäre ja nicht weiter verwunderlich, erstaunlich ist viel mehr, daß es nicht identifiziert werden kann. Außerdem

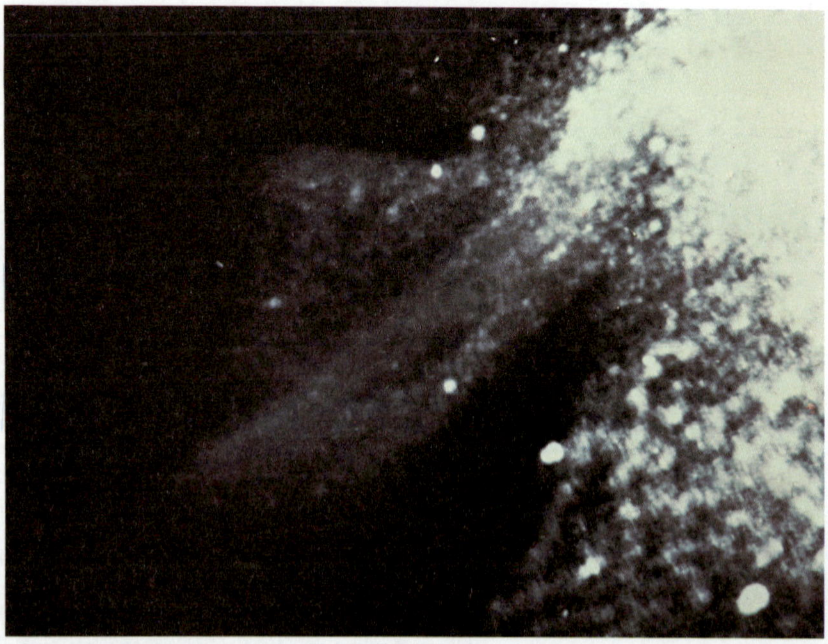

weist es Eigenschaften auf, die sich kaum klassifizieren lassen. Und gerade das macht es den Zoologen so schwer, an ein „Ungeheuer" zu glauben.

Das größte bekannte wirbellose Tier (Weichtier ohne Skelett) ist der „Riesenkrake", der bis vor wenigen Jahrzehnten noch als mythisches Tier galt. Die Beobachtungen schließen eine Ähnlichkeit des Ungeheuers mit den Kraken aus, abgesehen davon, daß keine Art bekannt ist, die im Süßwasser lebt. Ein Amphibium wäre da schon eher glaubhaft, doch darf man die Tatsache nicht außer acht lassen, daß der See und das Meer einmal miteinander verbunden waren. Amphibien tauchen kaum auf, um zu atmen; sie überwintern und vermehren sich im Wasser. Das Problem ist allerdings, daß es keine Meeresamphibien gibt und auch nie gab. Wollen wir den Ursprung unseres „Ungeheuers" im Meer finden, dürfen wir nicht nach einem Amphibium suchen.

Oben:
Dr. Rines Aufnahme von der Flosse des Ungeheuers aus dem Jahre 1972. Ist sie wirklich ein Teil von Nessie, kann sie Aufschluß darüber geben, was für ein Tier es ist? Das Bild zeigt eine rhombusartige Flosse mit einer Rippe in der Mitte.

Rechts:
Vergleich der Flosse eines Fisches (oben links) und der Extremität einer Robbe (oben rechts) mit der Flosse des Ungeheuers. Sie ähnelt am ehesten der Flosse des australischen Lungenfisches (unten), die ebenfalls versteift ist und in erster Linie zum Kriechen verwendet wird.

Reptil, Säugetier oder Fisch?

Allgemein wird die Theorie vertreten, das „Ungeheuer" sei ein Reptil, obgleich biologisch vieles dagegen spricht. So ist etwa die Wassertemperatur des Sees zu kalt für ein Reptil (Wechselblut), es müßte öfter auftauchen, um zu atmen und an Land kommen, um seine Eier zu legen. Doch bestätigen hier und da Ausnahmen die Regel. So ist es schon vorgekommen, daß in amerikanischen Seen Süßwasserschildkröten unter der Eisdecke schwimmen (Loch Ness friert nie zu). Ihre Größe ermöglicht es der Lederschildkröte, ihre Körpertemperatur über der ihrer Umgebung zu halten, und sie wurde daher auch schon vor der Westküste Schottlands gefangen. Die Seeschlange gebärt ihre Jungen lebend im Wasser.

Den Beschreibungen nach ist der Schlangensaurier „Nessie" am ähnlichsten. Dieser „Plesiosaurier" gehört zu der Gruppe der Paddelsaurier und galt als seit 70 Mio. Jahren ausgestorben, bevor er 1938 im Indischen Ozean entdeckt wurde. Dieses Tier hätte sich leicht den Gegebenheiten in Loch Ness anpassen können. Reptilien und Säugetiere, die im Wasser leben, haben darüber hinaus eine wasserabweichende Hautschicht und wasserdichte Atmungsorgane, also Lungen und keine Kiemen. Sie sind daher unempfindlich gegenüber osmotischen Spannungen, die entstehen, wenn sie vom Salz- ins Süßwasser wechseln oder umgekehrt. Es ist für sie daher möglich, sich für längere Zeit auf Süßwasser umzustellen. Tiere mit wasserdurchlässigen Hautschichten und Kiemen leiden unter dem Wechsel, da Süßwasser ihr inneres Gleichgewicht durcheinanderbringt, sobald es durch die Haut und die Kiemen in den Kreislauf des Körpers eindringt.

Umgebungsmäßig wäre ein Säugetier nicht auszuschließen. Die meisten Seehunde fühlen sich um so wohler, je kälter das Wasser ist, außerdem würden die Beschreibungen auf einen Seehund mit langem Hals passen. Allerdings stellt sich hier wieder das Problem der Fortpflanzung, da Seehunde ihre Jungen an Land zur Welt bringen. Außerdem müssen sie oft auftauchen, um Luft zu holen, müßten also öfter als bisher gesichtet werden.

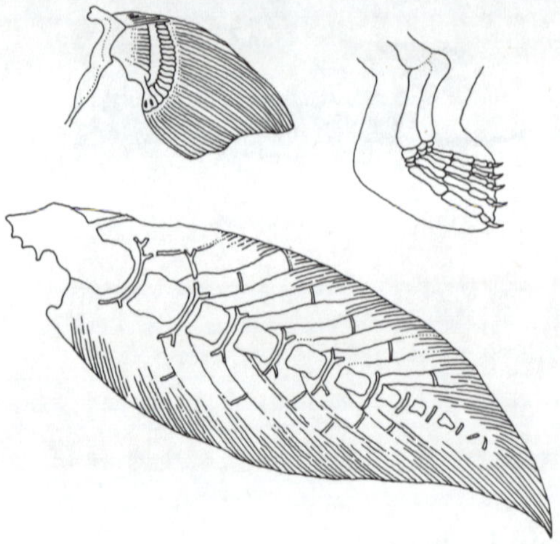

Ein Fisch scheidet wohl als mögliche Erklärung aus, obgleich er die Fortpflanzung im Wasser und das seltene Auftauchen plausibel machen würde. Die bisherigen Beschreibungen aber schließen eine Fischart aus. Manche der Anrainer sind aber der Meinung, es handle sich um einen „Riesenaal". Das Echolot brachte Ergebnisse, die diese Theorie nicht ganz von der Hand weisen und durchaus auf einen Aal oder den europäischen Katzenfisch schließen lassen, da beide nachts aktiv werden. Die Tatsache, daß das Tier nur an heißen Tagen und bei nebliger See auftaucht, entspricht ganz dem Verhalten von Fischen, die auf dem Grund leben. Sie reagieren auf gewisse meteorologische Veränderungen. Dies gilt aber nicht

Unten:
Der australische Lungenfisch hat, den Flossen nach zu urteilen, mit dem Ungeheuer von Loch Ness auf Dr. Rines Fotografie noch die größte Ähnlichkeit.

nur für den Katzenfisch, sondern auch für den europäischen Sonnenfisch, der geradezu als lebendes Barometer bezeichnet wird.

Interessant ist auch eine Aufnahme von Dr. Robert Rines aus dem Jahr 1972. Sie zeigt vermutlich die rhombusförmige Flosse des unbekannten Tieres, die ihm den Namen „Nessiteras rhombopteryx" einbrachte. Diese Flossenform eignet sich überaus schlecht zur Fortbewegung im Wasser. Die Flossen guter Schwimmer, wie die der Plesiosaurier, Seelöwen oder Pinguine sind durch feste Knochen mit dem Rumpf verbunden und funktionieren etwa in gleicher Weise wie die eines Tauchers. Sie ist in der Mitte „gerippt", das heißt, sie faltet sich quasi beim Vorwärtsstoß und versteift sich beim Rückwärtsstoß. Dazu müßte die Flosse noch zusätzlich gedreht werden. Das führt zu der Annahme, daß die Flosse nicht der zentrale Antrieb des „Ungeheuers" ist, da durch diese Bewegungen mehr Kraft verloren ginge, als gewonnen würde. Dadurch fällt aber ein Plesiosaurier als Lösung aus. Das Tier müßte sich also durch Schläge der Schwanzflosse weiterbewegen, und die Flossen wären nur als Steuer oder Bremse sinnvoll.

Sind diese Flossen wirklich Teil eines Lebewesens, dann eher die eines Fisches, denn der bewegt sich durch Schwanzschläge vorwärts und benutzt die Seitenflossen als Steuer. Den Flossen auf Rines Foto am ähnlichsten sind die des australischen Lungenfisches, der seine Flossen versteift, um sich auf dem Grund weiterbewegen zu können. Die Flossen gehören also vielleicht eher zu einem Fisch, der auf dem Grund lebt, und nicht zu einem Reptil oder Säugetier.

Es fehlen zur Zeit genügend Informationen, um diese Kreatur eindeutig einer bekannten Tierart zuzuordnen, doch was immer das Ungeheuer von Loch Ness sein mag, die Antwort wird sicher höchst interessant sein. Ist es ein Amphibium, wie ist es dann in den See gekommen? Ist es ein Reptil, wie kann es dann in diesem kalten Wasser überleben? Ist es ein Säugetier, weshalb taucht es dann als Lungenatmer nicht öfter auf? Ist es ein Fisch, dann ist es ein wahrlich ungewöhnliches Exemplar.

Unten:
Ein Modell des Plesiosauriers, das mit dem Ungeheuer identisch sein soll. Er gilt seit 70 Millionen Jahren als ausgestorben, doch besagt das noch nicht, daß eines mit dem Ungeheuer nicht doch identisch ist. Auch der überaus seltene Quastenflosser galt seit Jahrmillionen als ausgestorben, bis man 1938 einige Exemplare im Indischen Ozean entdeckte.

Die Ungeheuer der Seen Irlands

Die zahllosen Seen und Sümpfe Irlands sind immer wieder Schauplatz für Beobachtungen von ungeheuren Wesen unbekannter Art.

Nicht weit von Nessies schottischer Heimat entfernt, dringen auch von den Irischen Seen immer wieder Meldungen von seltsamen Beobachtungen zu uns. Diese Berichte stammen nicht nur aus der heutigen Zeit, wo manche Neider Nessie zu übertrumpfen versuchen oder Werbeleute Touristen nach Irland locken wollen. Geschichten über Seeungeheuer gehören vielmehr schon zur Legende Irlands. Die Iren nennen sie piast, peiste, paystha, allphiast, ullfish oder Pferdeaal, wegen ihrer pferdeähnlichen Gestalt.

Im 12. Jahrhundert stand im gälisch verfaßten „Buch über die schwarze Kuh" die Geschichte über ein riesiges „piast" zu lesen, das in dem abgelegenen kleinen See von Slieve Mis in der Grafschaft Kerry hauste. Dieses Ungeheuer kroch von Zeit zu Zeit an Land und machte Jagd auf Menschen und Tiere, die in einem Fort am Ufer des Sees lebten. Eines Nachts hörte der irische Held Cuchulain das Monster herannahen und tat das, was man von einem Helden ganz und gar nicht erwartet hätte: Er ergriff in Panik die Flucht und rettete sich hinter die schützenden Mauern des Forts. Den Kampf mit den Seeungeheuern überließ man irischen Heiligen. So gelang es dem heiligen Mochua von Balla, das Ungeheuer des

Rechts:
Seeungeheuer werden heute vor allem in der Grafschaft Kerry gesehen und in Connemara, Galway.

Unten:
Lough Ree nahe Athlone, wo drei Priester im Mai 1960 ein Ungeheuer beobachteten.

Connaught-Sees zu besänftigen, während die heilige Senanus und Kevin die „piasts“ von Scattery und Glendalough bezwangen. Der heilige Patrick konnte das Ungeheuer eines Sees im Süden Irlands in eine Falle locken und in ein Faß sperren. Der heilige Colman von Dromore rettete ein Mädchen, das gerade seine Wäsche am See wusch, aus den Klauen eines Ungeheuers. Die reiche Zahl an Legenden und Geschichten von Seeungeheuern weist immer wieder darauf hin, wie sehr die Bevölkerung an diese unheimlichen Wesen glaubte.

Interessanterweise stimmen Beschreibungen des Ungeheuers aus dem „Buch von Lismore“ aus dem 10. Jahrhundert mit Berichten aus dem 20. Jahrhundert überein. Der anonyme Verfasser des Buches hat zwar stark übertrieben, doch entsprechen seine Angaben zum Teil heutigen Meldungen: abstoßendes Äußeres, pferdeähnliche Statur, stechende Augen, gespaltener Schwanz, es lebt zu Wasser und seltener zu Land. Aus Irland und Schottland stammen die Überlieferungen vom Wasserpferd, das man kaum von gewöhnlichen Pferden unterscheiden kann. In den Legenden heißt es, die Wasserpferde kämen nachts aus dem Lough Ramor ans Ufer, um in den umliegenden Haferfeldern zu grasen. Einem Bauern sei es einmal gelungen, ein Wasserfohlen einzufangen und zuzureiten. Als er aber eines Abends am Seeufer entlangritt, wieherten die anderen Wasserpferde dem Fohlen zu, das flugs mit dem Reiter in den Wellen untertauchte. Weder das Fohlen noch der Bauer wurden jemals wiedergesehen. Dasselbe Schicksal ereilte einen Jungen, der in der Grafschaft Leitrim in der Nähe des Lough Caogh sein Feld bestellte.

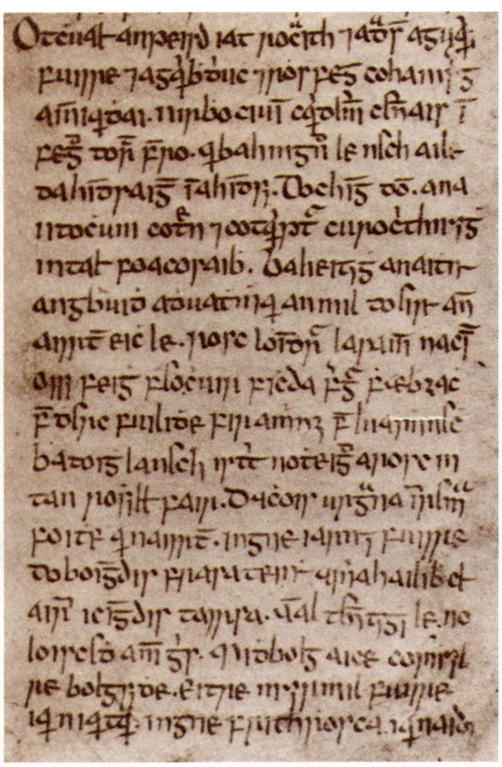

Oben:
Cuchulain, der Held der irischen Mythologie. Selbst er, so heißt es, habe aus Furcht die Flucht vor dem Seeungeheuer ergriffen.

Oben rechts:
Der heilige Patrick, ein irischer Missionar des 5. Jahrhunderts und Schutzpatron Irlands. Er wurde in Großbritannien geboren und mit 16 Jahren von irischen Banditen als Sklave verschleppt. Sechs Jahre später gelang ihm die Flucht, doch er kehrte nach Irland zurück, um es zu christianisieren. Der Legende nach soll er ein Seeungeheuer gefangen, Schlangen verjagt und Druiden, keltische Priester, besiegt haben.

Links:
Das „Buch von Lismore“ aus dem 10. Jahrhundert. Das Manuskript enthält eine detaillierte Beschreibung eines Ungeheuers, das abscheulich, außergewöhnlich, wild und furchterregend ist. Es zeigt das Vorderteil eines Pferdes, hat Klauen, speit Feuer und besitzt Flossen wie ein Wal. Der See brodelt, wenn das Ungeheuer erscheint. Es kann niemals gefangen werden, und es gibt kein Entrinnen für denjenigen, der in seine Klauen gerät.

Er fing ein Wildpferd ein und spannte es vor seinen Pflug. Doch es war ein Wasserpferd und zog Pflug und Jungen in den See, wo sie für immer verschwanden. Obgleich solche Geschichten märchenhaft anmuten, sollte man wohl auch die Möglichkeit in Betracht ziehen, daß sie auf wahren Begebenheiten basieren, die dann im Laufe der Jahrhunderte lebhaft ausgeschmückt wurden. Viele Beobachtungen vergleichen auch heute noch den Kopf der Ungeheuer mit dem eines Pferdes. So berichtete 1955 Patrick Canning von einem wunderschönen schwarzen Fohlen, das er bei Lough Shanakever in der Grafschaft Galway gesehen haben will. Er wollte gerade seinen Esel heimtreiben, als er aus etwa 180 Meter Entfernung ein schwarzes Tier in der Größe eines Fohlens sah, das um den Esel herumlief. Es hatte einen langen Hals und lange Ohren. Als er näher kam, verschwand es im Wasser. Es wurden aber auch noch andere ungewöhnliche Tiere im Lough Shanakever beobachtet.

Das Ungeheuer von Lough Muck

Gegen Ende des 19. Jahrhunderts beobachtete man von Zeit zu Zeit ein seltsames Tier im Lough Muck in der Grafschaft Donegal. Um 1885 watete eine junge Frau in den See, um Sumpfbohnen zu sammeln. Sie hörte, wie etwas ins Wasser fiel und als sie aufblickte, sah sie ein Ungeheuer mit riesigen Augen auf sich zuschwimmen. In Panik lief sie so schnell sie konnte ans Ufer.

Das Ungeheuer von Lough Muck wurde in den folgenden Jahren noch öfter gesehen. Das Erstaunliche ist, daß Lough Muck nicht einmal 1 Kilometer lang und 800 Meter breit ist, und es ist nicht der einzige kleine See in Irland, in dem Ungeheuer leben sollen. Dabei gibt es in so kleinen Gewässern nur einen begrenzten Nahrungsvorrat und wenige Fische, hauptsächlich Forellen. Es wäre also auf den ersten Blick nahezu unvorstellbar, daß ein größeres Tier in einem so kleinen See existieren könnte.

Lough Abisdealy in der Grafschaft Galway ist auch nur ein kleiner See von 1,5 Kilometer Länge und 400 Meter Breite. Übersetzt bedeutet der irische Name „See des Ungeheuers", und lange Zeit erzählte man sich auch hier die Legende vom Wasserpferd. Zum erstenmal wurde das Ungeheuer während des Krimkrieges 1854–1856 gesehen, danach kurz vor Ausbruch des Ersten Weltkrieges. Drei Personen, die in einer Kutsche am See entlang zur Kirche fuhren, bemerkten es gleichzeitig. Es war schwarz, mit einem langen Hals und einem hohen, flachen Kopf. Zwei wellenförmige Teile seines langen Körpers standen weit aus dem Wasser. Es ähnelte einer ungeheuren Schlange. Ein anderes Mal sah ein Mann, wie eine riesige Art Aal aus dem Wasser ans Ufer kroch.

Es wäre ja immerhin möglich, daß ein solches Monstrum auch Menschen angreift. So dachte auch Georgina Corberry, die 1954 mit Freunden das Ungeheuer im Lough Fadda in der Grafschaft Galway beobachtete. G. Carberry, sie arbeitete als Bibliothekarin in Clifden, erzählte erst 1960 F. W. Holiday von ihrem furchterregenden Erlebnis, der es sich zur Aufgabe gemacht hatte, das Ungeheuer zu fassen. Die junge Frau war mit drei Freunden zum Angeln auf dem See gewesen. Auch der Lough Fadda gehört zu den kleineren Seen Irlands. Die Gruppe zog später ihr Boot an Land, um zu picknicken, als einem der Freunde ein schwarzer Schatten im Wasser auffiel. Zuerst dachten sie, es sei ein Taucher, doch als er näher kam, bot sich ihnen der Anblick eines undefinierbaren Wesens. Es war nur noch etwa 20 Meter vom Ufer entfernt, als die jungen Leute sich ängstlich langsam zurückzogen. G. Carberry erzählte, das Tier hatte ein riesiges Maul, das es weit aufriß. Sein Körper war schlangenartig, es schien jede einzelne Faser seines Körpers zu bewegen. Der Kopf ragte weit aus dem Wasser, das Tier hatte einen langen Hals. Plötzlich tauchte es dann hinter einem Felsen unter, wobei eine riesige, gespaltene Flosse sichtbar wurde. Weiter in der Seemitte tauchte es wieder auf, und zwei Höcker ragten aus dem Wasser. Der Schock dieses Erlebnisses ließ Georgina Carburry tagelang nicht schlafen, und sie wurde von Alpträumen geplagt. Diese Reaktion ist durchaus verständlich, und allen wäre es bei einem ähnlichen Anblick ebenso ergangen. Jeder bekäme wohl Alpträume, wenn ein Untier mit aufgerissenem Maul auf ihn zustürzte. Am 18. Mai 1960 beobachteten drei Priester aus Dublin, die auf dem Lough Ree angelten, ein Tier mit einem

Oben:
Lough Muck in der Grafschaft Donegal gehört zu den kleineren Seen Irlands. Hier wurden Ende des 19. Jahrhunderts mehrere Male ein Ungeheuer mit zwei Höckern gesehen.

Unten:
Der Bezirk Connemara in der Grafschaft Galway, übersät mit kleinen Seen aus der Eiszeit. Viele dieser Gewässer sind zu klein, als daß sie ein Ungeheuer bergen könnten.

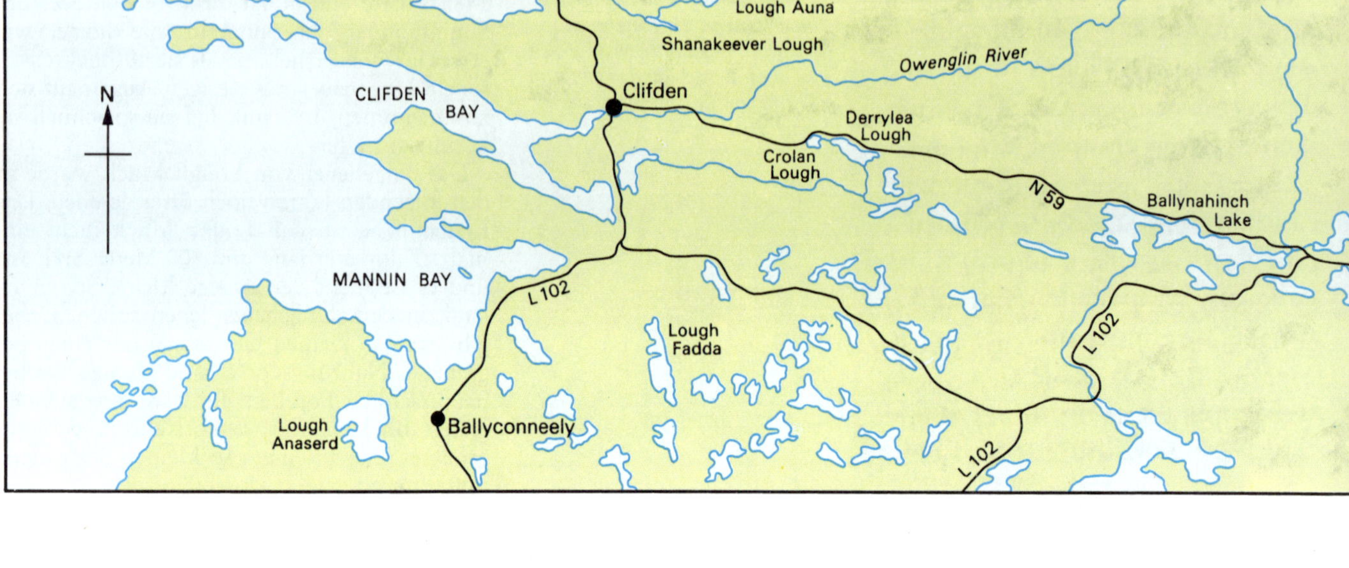

halben Meter langen Hals, flachen Kopf und buckeligem Rücken, das in 100 Meter Entfernung durch den See schwamm. Es kam langsam 2 bis 3 Minuten auf das Ufer zu, verschwand dann im Wasser, tauchte wenige Minuten wieder auf, um dann etwa 25 Meter vom Ufer entfernt endgültig unterzutauchen.

Angriffe eines Ungeheuers

Bis jetzt war die Rede von Wesen mit langen Hälsen und gewellten Körpern. In dieses Bild allerdings paßt die folgende Beschreibung ganz und gar nicht hinein. Bereits 1956 hatten drei Männer im Vough Dubh nahe Glinstk in der Grafschaft Galway ein seltsames Tier beobachtet, und 1960 waren drei Ungeheuer gesichtet worden, ein großes und zwei kleinere, bevor der Augenzeuge im März 1962 der Zeitung seine Beobachtungen mitteilte:

„Ich hatte meinem Sohn Alphonsus versprochen, mit ihm angeln zu gehen. Also nahmen wir eine etwa 4 Meter lange Rute mit einer festen Angelschnur und Blinker – passend für Barsche – und gingen zum See. Eine Zeit ließ ich den Jungen mit der langen Rute fischen und angelte selbst mit einer kürzeren und einem Wurmköder, hatte aber kein Glück. Es waren an dem Abend wohl keine Fische in der Nähe, trotzdem nahm ich nach einer Weile die lange Rute und versuchte mein Glück an mehreren Stellen am Ufer. Plötzlich zog etwas am Haken. Zuerst dachte ich, er hätte sich in einer Wurzel verfangen und zog vorsichtig an. Ich holte sie langsam ein, aber die Schnur verklemmte sich. Während ich versuchte, sie zu lösen, stieß mein Sohn einen markerschütternden Schrei aus.

Ich sah auf und erblickte das Tier. Ich hatte noch nie so etwas gesehen. Es besaß kurze, stämmige Beine und einen Kopf wie ein Nilpferd, war so groß wie eine Kuh oder ein Esel, hatte ein eckiges Gesicht und ein weißes, spitzes Horn auf der Schnauze. Es war dunkelgrau und über und über behaart."

Das Tier hing am Köder und versuchte nun, an Land zu kriechen und den kleinen Alphonsus anzugreifen, der vor Schreck zu schreien begann. Vater und Sohn ergriffen die Flucht, und als der Vater mit bewaffneten Männern zurückkehrte, war das Ungeheuer verschwunden.

In den sechziger Jahren wurden noch weitere Begegnungen gemeldet, was wohl in erster Linie auf das wachsende Interesse für die Sensation zurückzuführen ist. Wissenschaftler untersuchten einige der irischen Seen und sprachen mit den Anwohnern, die ungewöhnliche Tiere beobachtet hatten. Die meisten dieser Seen sind klein, abgelegen und kaum besucht, ganz im Gegensatz zu Loch Ness, das mit 65 Kilometer Landstraße umgeben ist und beliebter Ausflugsort so manches sensationslüsternen Touristen wurde. Die irischen Seeungeheuer werden hingegen vor allem von ortsansässigen Fischern und Farmern beobachtet.

So auch im Juni 1966 als W. J. Wood zum Fischen zum Lough Attcriff gefahren war und

Oben:
Georgine Carberry, eine passionierte Anglerin, sah das Seeungeheuer.

Unten:
Das Ungeheuer von Lough Fadda nach der Beschreibung von G. Carberry und ihren Freunden.

Ganz unten:
Lough Fadda in der Grafschaft Galway.

hier ein langes, dunkelbraunes Etwas auftauchen sah. Es hatte einen kalbsgroßen Kopf und riesige, glänzende Augen. Nach einigen Minuten war es wieder verschwunden. 1967 bemerkte Wood ein helles, gelbbraunes, etwa 2 Meter langes Ungeheuer, das unmittelbar neben ihm auftauchte, als er gerade im Lackagh-See in der Grafschaft Kerry angelte. F. W. Holiday sprach hier mit einem Anrainer, der ein Wesen mit einem langen Hals und einem kleinen Kopf mit zwei stumpfen Hörnern gesehen hatte.

Neuere Beobachtungen wurden vom Lough Brin gemeldet, einem abgelegenen See in Kerry, 8 Kilometer abseits einer Schotterstraße. Da er nur über unwegsames Gelände zu erreichen ist, kommen meist nur Menschen aus der näheren Umgebung hierher. 1979 sahen zwei Farmer eine Mischung zwischen einem riesigen Seehund und einem Drachen. Es war pechschwarz und 3 Meter lang und schwamm etwa 450 Meter durch den See, bevor es untertauchte.

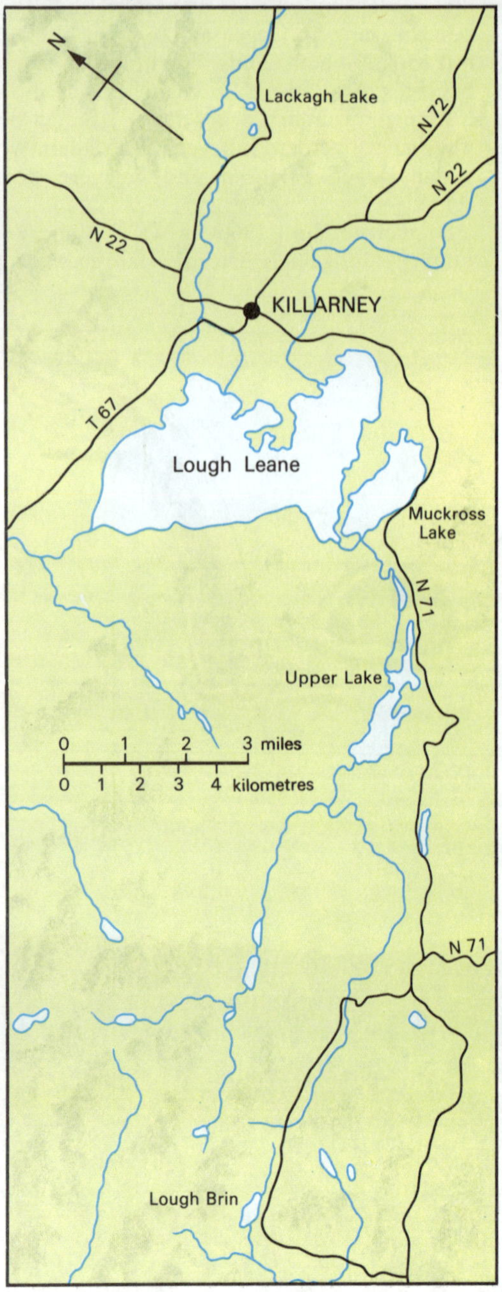

Oben:
Lough Dubh, wo Ungeheuer des öfteren gesehen wurden und einen Alphonsus Mullaney angegriffen haben sollen.

Rechts:
Das Ungeheuer von Lough Dubh mit einem borstigen Fell, einem Kopf wie ein Nilpferd und einem Horn auf der Nase.

Links:
Das Gebiet um Killarney in der Grafschaft Kerry.

Rechts:
Ein reptilähnliches Wesen in Lough Brin, gezeichnet nach Augenzeugenberichten.

Unten:
Eine Beschwörung durch diese jugendliche „Hexe" am Loch Keane 1980 erregte zwar die Aufmerksamkeit der Fotografen, aber nicht die des Ungeheuers.

Seeschlangen oder Riesenottern?

Nicht alle Berichte über Seeungeheuer können als seriös angesehen werden. Das bedeutet aber nicht, daß die Existenz solcher Wesen auszuschließen ist. Viele Wissenschaftler zweifeln nach wie vor an ihrer Existenz. Trotzdem gehen unaufhörlich Meldungen über gewaltige, unbekannte Meereswesen um die Welt.

Eines der meistdiskutierten Ungeheuer der letzten Jahre ist Morgawr, zu deutsch „Seeriese", das öfter vor der südenglischen Küste Cornwall gesichtet wurde, vor allem in den Jahren 1975 und 1976. Am 5. März 1976 erschienen sogar zwei Fotos in einer Zeitung. Obgleich sie anonym eingesandt wurden, sind sie doch recht überzeugend. Sie zeigen ein Tier mit einem langen Hals.

Ein anderes seltsames Tier fiel in der Cardigan-Bucht an der Westküste von Wales auf. Am 2. März 1975 gingen sechs Schulmädchen am See spazieren, als etwa 200 Meter entfernt gerade ein undefinierbares Tier ins Wasser stieg. Nach den Beschreibungen der Mädchen war es etwa 3 Meter lang, hatte einen langen Hals, einen Schwanz und große, grüne Augen. Die Mädchen liefen erschrocken davon und alarmierten die Küstenwache. Später beschrieben sie das Tier ihrem Zeichenlehrer Colin Palmer, der eine Skizze anfertigte. Er zeigte das Bild einer Gruppe von Fischern, die das Ungeheuer bei Bardsey Sound schon einmal gesehen hatten, und sie erkannten es sofort wieder.

Derartige Veröffentlichungen haben zweierlei Auswirkungen: Die Zahl ähnlicher Meldungen schnellt rapid in die Höhe, und Schwindler nutzen die Gelegenheit zu plumpen Fälschungen. Vor allem letzteres wollen die Wissenschaftler sofort herausfiltern. Falschmeldungen stellen auch diejenigen bloß, die es ernst meinen, mit dem was sie sagen. Eine solche Zeitungsente erschien 1848 im „Globe", kaum eine Woche nachdem die „Times" den Bericht von Peter M'Quhae, dem Kapitän der „Deadalus", gedruckt hatte.

Morgawr, das Seeungeheuer von der Küste Cornwalls, wurde 1975 und 1976 mehrere Male gesehen. „Mary F." gelang es, das Wesen, von dem 5 bis 6 m aus dem Wasser ragten, im Februar 1976 bei Rosemullion Head bei Falmouth zu fotografieren.

Recherchen stellte sich die Meldung als Ente heraus.

100 Jahre später – im März 1965 – erschien in einem australischen Magazin ein Artikel von dem Franzosen Robert Le Serrec über das Ungeheuer vom Great-Barrier-Riff. Er und seine Familie waren zum Zelten auf eine Insel im Great-Barrier-Riff gefahren. Hier fanden sie eine 24 Meter lange Seeschlange verletzt im seichten Wasser liegen.

Zuerst umkreisten sie das Tier vorsichtig mit ihrem Boot und fotografierten es. Le Serrec und sein Freund Henk de Jong stiegen dann ins Wasser, bewaffnet mit einem Gewehr und einem Fotoapparat. Als die Männer sich auf etwa 6 Meter genähert hatten, drehte das Tier den Kopf und riß sein riesiges Maul auf. Sie flüchteten wieder ins Boot, und das Ungeheuer verschwand im tiefen Wasser.

Die Geschichte und die Fotos wurden auch einer amerikanischen Zeitung angeboten, und der Herausgeber bat den britischen Biologen

Oben:
Bis zur Aufklärung im 18. Jahrhundert glaubten die Menschen, das Meer sei voller Ungeheuer. Auf diesem Bild aus dem 16. Jahrhundert wird der Wal als Riese mit furchterregenden Fängen und Klauen dargestellt.

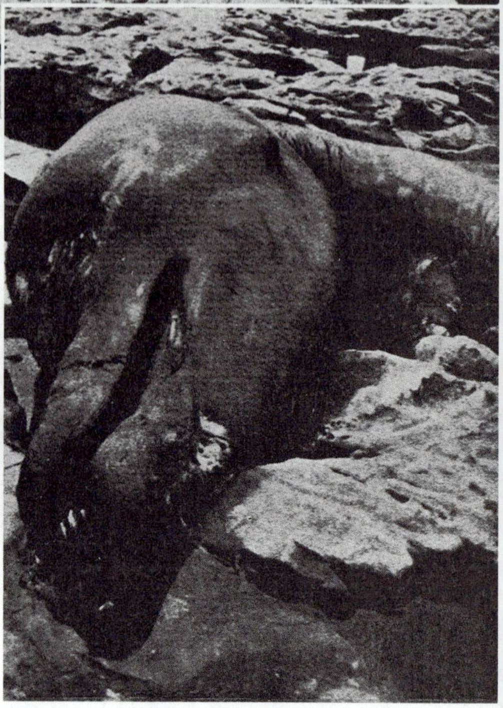

Rechts/unten rechts:
Dieser seltsame Kadaver mit einem gewaltigen Kopf und Entenschnabel wurde 1925 bei Santa Cruz (Kalifornien) angeschwemmt. Durch die starke Verwesung war das Tier kaum zu identifizieren, doch nach eingehenden Untersuchungen des Schädels stellte es sich als äußerst seltener Buckelwal heraus.

Die Falschmeldung stand in einer Art Leserbrief von einem James Henderson aus Glasgow, Kapitän der „Mary Ann". Darin hieß es, Kapitän Mark Trelawny von der „Daphne" habe am 20. September eine riesige Schlange mit einem Drachenkopf gesehen. Der Kapitän habe sein Gewehr geladen und auf das 30 Meter lange Ungeheuer gefeuert. Das Tier hätte sich aufgebäumt und sei dann mit einer Geschwindigkeit von 16 Knoten geflohen.

Ein Korrespondent richtete daraufhin eine Anfrage an die „Times", wie es der „Daphne" denn gelungen sei, in nur 10 Tagen vom Schauplatz der Beobachtung nach Lissabon gefahren zu sein, um Kapitän Trelawny von diesem Erlebnis zu erzählen – handle es sich doch immerhin um eine Strecke von 8000 Kilometern. „Habe das Ungeheuer die ‚Daphne' vielleicht ins Schlepptau genommen?" Im Zuge weiterer

Eine antike griechische Vase zeigt Herkules im Kampf mit dem Flußgott Achelous um die schöne Deianira. Der Gott ist halb Mensch, halb Schlange.

und Forscher Ivan T. Sanderson um seine Meinung. Später stellte sich heraus, daß Le Serrec versucht hatte, Sponsoren für eine Expedition zu finden, um mit der Entdeckung der Riesenschlange das große Geld zu machen.

Biologen, die das Foto untersuchten, kamen zu dem Schluß, daß es kein Lebewesen zeigte. Die Augen saßen zu weit oben auf dem Kopf. Le Serrecs Geschichte fiel wie ein Kartenhaus in sich zusammen.

Alles deutete auf einen Schwindel hin. Vielleicht zeigte die Aufnahme einen aufgeblasenen Plastikschlauch. Die amerikanischen Zeitungen verzichteten auf die Veröffentlichung der Geschichte.

Viele Wissenschaftler verlangen greifbare Beweise. Öfter werden auch tatsächlich Teile von Skeletten an abgelegenen Stränden angeschwemmt. Aber auch in solchen Fällen haben die Zoologen meistens keine Zeit, persönlich den Fundort aufzusuchen und stellen vage Ferndiagnosen.

1808 wurde auf der Insel Stronsay, die zu den Orkneys gehört, ein 17 Meter langer Kadaver angeschwemmt. Fischer und Bauern der Umgebung alarmierten die Behörden, doch bevor offizielle Untersuchungen hätten durchgeführt werden können, zerschellte das Gerippe in einem Sturm an den Klippen. Es wurde dann, aufgrund der Zeugenaussagen, eine Zeichnung angefertigt, die in der Tat ein außergewöhnliches Tier darstellte. Es hatte einen langen Hals, einen geschwungenen Schwanz und sechs Beine, höchst ungewöhnlich für ein Wirbeltier!

Der britische Chirurg und Haispezialist Everard Home identifizierte das Skelett anhand von Überresten des zerstörten Gerippes schließlich als Hai. Gewisse Teile des Haies, nämlich Unterkiefer, unterer Schwanzteil und Flossen, verwesen so schnell, daß der Rest wirklich aussieht wie ein Tier mit langem Hals und Schwanz.

1925 wurde bei Santa Cruz, Kalifornien, ein nicht-identifizierbarer Körper angeschwemmt. Er hatte einen 9 Meter langen Hals und einen höckerigen Rücken, wurde aber später als das Skelett des überaus seltenen Schnabelwales aus dem Nordpazifik ausgewiesen.

Das Skelett, das im Juli 1960 an einem einsamen Strand in Tasmanien angeschwemmt wurde, erregte erst im März 1962 regeres öffentliches Interesse, als es auch von Wissenschaftlern entdeckt wurde. Teile wurden mit Hubschraubern abtransportiert und näher untersucht. Offiziell hieß es, es handle sich um verwesendes Fettgewebe, vermutlich von einem Wal. Andere Biologen hielten diese Theorie für ziemlich unwahrscheinlich.

Am 25. April 1977 fischte der japanische Kutter „Zuiyo Maru" einen riesigen, zum Teil

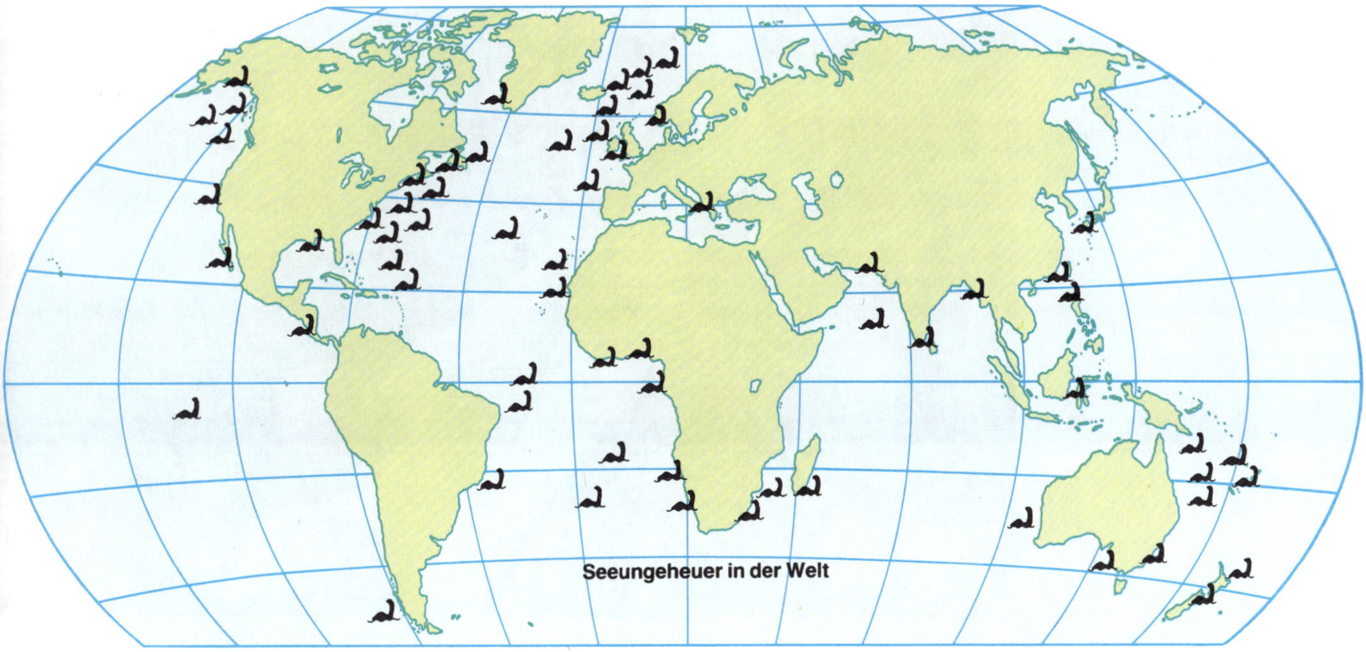

bereits verwesten, Kadaver 45 Kilometer östlich von Christchurch (Neuseeland) aus dem Meer. Der Kapitän fürchtete, es könnte seine Ladung verseucht werden. Er ließ daher nur einige Fotos von den Überresten machen und sie dann wieder ins Meer zurückwerfen. Die Nachricht von diesem Fund ging durch die Weltpresse, und ein Filmteam flog extra nach Japan, um der Sache nachzugehen. Die Mannschaft war sich sicher, ein unbekanntes Ungeheuer gesehen zu haben, doch die Bilder wiesen eher auf einen verwesten Hai hin. Die überzeugendsten Beweise für die Existenz von solchen Tieren stammen aus Gebieten mit jahrhundertalter „Seeungeheuer-Tradition". In der Straße von Georgia zwischen der Insel Vancouver (British Columbia) an der Westküste von Kanada haben Indianer schon von dem Ungeheuer „Caddy" oder dem „Cadborosaurus" berichtet, lange bevor weiße Siedler ins Land kamen.

Rechts:
Typischste Form der von Dr. Heuvelmans in neun Gruppen eingeteilten Ungeheuer ist die Seeschlange mit dem langen Hals. Das Wesen soll seinen Beschreibungen nach 5 bis 20 m lang sein und sich mit enormer Geschwindigkeit fortbewegen.

In diesem Jahrhundert erblickte der Regierungsbeamte F. W. Kemp „Caddy" zum ersten Mal. Am 10. August 1932 sah er zusammen mit seiner Frau und seinem Sohn das Tier blitzschnell durch das Wasser gleiten. Caddy wurde in den dreißiger Jahren sehr häufig beobachtet. 1950 sahen der Richter James Brown und seine Familie, wie eine 14 Meter lange Schlange aus dem Wasser ragte.

Weiter südlich entlang der amerikanischen Westküste liegt die Insel San Clemente, ein beliebtes Gebiet für Unterwassersportler.

Auch hier wurden zahlreiche Ungeheuer gesichtet. J. C. Davis, Autor von Sachbüchern für Angler, befragte einige Augenzeugen unabhängig voneinander und stellte fest, daß all diese Aussagen fast identisch sind. Viele

Oben u. rechts:
Ein Fund, der 1977 weltweit Aufsehen erregte, war dieser Kadaver an Bord des japanischen Fischkutters „Zuiyo Maru". Kapitän Akira ließ ihn fotografieren und ins Meer zurückwerfen. Biologen sind überzeugt, es handle sich hierbei um einen verwesten Hai und nicht um ein Ungeheuer.

Beobachter waren wohlhabende Mitglieder angesehener Anglervereine, die sich im Meer gut auskannten und vor allem absolut kein Interesse daran hatten, sich bloßzustellen.

Warum ist es bis heute nicht gelungen, diese Seeschlangen eindeutig zu identifizieren? Ein Grund dafür liegt vielleicht in der Tatsache, daß zwei Drittel der Erdoberfläche mit Wasser bedeckt ist und die internationalen Schiffahrtslinien trotzdem immer dieselben Routen fahren. Das Geräusch und die Erschütterung von Schiffsmotoren reicht aus, um scheue Tiere zu verjagen, im Gegensatz zu früher, als die Segelschiffe ruhig über das Meer glitten und den Meeresbewohnern keine Furcht einflößten. Außerdem waren die Schiffe abhängig von Wind und Wetter und kamen oft weit vom gewohnten Kurs ab.

Die oben erwähnten Fälle und Hunderte von anderen Berichten deuten eindeutig darauf hin, daß es verschiedene Arten von Meeresungeheuern gibt. 1965 veröffentlichte der belgische Zoologe Dr. Bernard Heuvelmans das bisher vollständigste und umfangreichste Werk über dieses Phänomen. Sein Buch ist für alle, die sich näher mit dem Thema befassen, von unschätzbarem Wert. Heuvelmans analysiert die Berichte, die zwischen 1963 und 1964 aufgezeichnet wurden und zieht verschiedene Schlußfolgerungen, die wir hier nun kurz zusammenfassen wollen:

Von den insgesamt 587 Berichten wurden 56 als Schwindel bezeichnet. Bei weiteren 52 stellt sich das vermeintliche Ungeheuer als gewöhnliches, bekanntes Tier heraus. 121 Berichte sind seiner Meinung nach ungenau und vage und somit für brauchbare Analysen ungeeignet. Übrig blieben daher 358 mit verschiedenen Merkmalen und Verhaltensweisen, die sich in 9 Untergruppen einteilen lassen: Von der Seeschlange mit dem charakteristischen langen Hals und zigarrenförmigen Körper, vier Beinen mit Schwimmhäuten und schnellen Bewegungen bis hin zu den seltener beobachteten Meeressaurieren, die wie Krokodile aussehen, 15 bis 18 Meter lang sind und in den tropischen Gewässern des Ozeans auftreten.

Die anderen Arten nennt Heuvelmans kurz Wasserpferde, mehrhöckrige Superottern, Meeresflossler, Superaale, Formen von Schildkröten und Gelbbäuche. Eine weitere Untergruppe nannte er „undefinierbare Periskopentiere", zu denen sowohl die Superaale als auch die Tiere mit langem Hals gehören können. Die schlangenartigen Tiere und die ersten vier oben genannten Gruppen gehören seiner Meinung nach zu den Säugetieren.

Höcker-Seeschlange

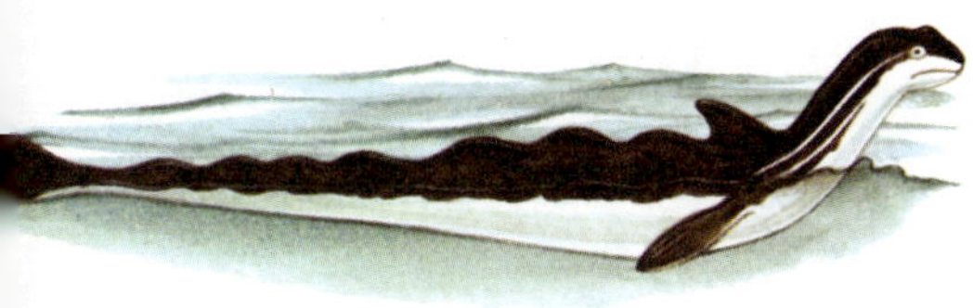

Superotter

Flossen-Seeschlange

Meerespferd

Links:
Superotter und die Seeschlange mit den vielen Höckern haben etwa dieselbe Größe, nämlich 18 bis 20 m. Die Ungeheuer mit mehreren Höckern wurden vorwiegend entlang der Küste Neu-Englands (USA) gesehen. Die Meldungen nehmen seit Beginn dieses Jahrhunderts jedoch merklich ab. Superottern tauchten seit 1848 überhaupt nicht mehr auf. Dr. Heuvelmans vermutet deshalb, sie seien ausgestorben.

Rechts:
Hauptmerkmal der Seeschlange mit den vielen Flossen ist, das sie durch die Nase ausatmet. Sie wird bis zu 18 m lang und erschien bisher nur in tropischen Gewässern. Das letzte Säugetier in Heuvelmans Klassifikation ist das „Meerespferd" mit großen Augen und rötlicher Mähne. Es wurde schon in fast allen Gewässern gesehen, außer im Polarmeer und Indischen Ozean.

Der Superaal könnte ein Fisch sein, der normalerweise in den großen Tiefen des Meeres lebt und nur zum Sterben an die Oberfläche kommt. Der Meeressaurier ist vielleicht ein noch lebendes Relikt aus der Jurazeit, der unter der Oberfläche bis in die heutige Zeit überlebt hat. Die Gruppe der Gelbbäuche läßt sich – mangels ausreichender Details – schwerer klassifizieren, gehört aber vermutlich zur Spezies der Fische, vielleicht zu den Haien.

Eine weitere interessante Beobachtung, die Heuvelmans gemacht hat, ist, daß im letzten Jahrhundert besonders die Ungeheuer mit dem langen Hals gesichtet wurden, was wohl auf eine rapide Vermehrung dieser Spezies hinweist. Im Gegensatz dazu, wurde die Superotter 1848 zum letzten Mal gesehen. Nach Meinung Heuvelmans scheint diese Art im harten Kampf der Evolution untergegangen zu sein.

Das Leben im Meer ist noch lange nicht ganz erforscht und trotz so mancher skeptischen Äußerung gibt es genügend unwiderlegte Beweise für die mögliche Existenz von großen, unbekannten Seeungeheuern. Wissenschaftler sind zuversichtlich, bald alle Geheimnisse des Lebens im Meer enthüllen zu können. Es werden in der Tat Jahr für Jahr neue Arten von Lebewesen entdeckt, also wird sich das Seeungeheuer auch nicht mehr lange verborgen halten können.

Reise ohne Wiederkehr

Geschichten vom Bermuda-Dreieck

Das mysteriöse Verschwinden von Schiffen und Flugzeugen in einer bestimmten Gegend des Nordatlantiks hat zu der Annahme geführt, in dieser Gegend lauerten fremde und machtvolle feindliche Kräfte.

Die bloße Erwähnung des Bermuda-Dreiecks kann fast überall auf der Welt jede müde Diskussion beleben und verursacht bei vielen eine Gänsehaut. Es ist Thema von Büchern, Romanen, Filmen, Fernsehspielen, Dokumentationen und Artikeln in der Presse gewesen. Das Bermuda-Dreieck ist eine vorgestellte Linie, welche die Bermudas mit Puerto Rico und der Küste von Florida verbindet. In diesem Bereich sollen zahlreiche Schiffe und Flugzeuge spurlos verschwunden sein. Viele Forscher und Schriftsteller meinen, daß die Verluste auf das Konto von Kräften gehen, die der Wissenschaft unbekannt sind.

Charles Berlitz ist Autor zweier Bestseller über diese Region: *The Bermuda Triangle* (Das Bermuda-Dreieck) und *Without a Trace* (Spurlos). Er schreibt:

„Große und kleine Schiffe sind verschwunden, ohne Wracks zu hinterlassen, als ob sie samt Mannschaft in eine andere Dimension gesaugt worden wären ... In keiner anderen Region sind Fälle ungeklärten Verschwindens so häufig, so gut belegt und von solch merkwürdigen Umständen begleitet, daß manche von ihnen die Möglichkeit eines Zufalls völlig ausschließen lassen."

Oben:
Charles Berlitz hat die Idee, daß die Vermißten im Bermuda-Dreieck das Resultat außergewöhnlicher Geschehnisse sind, am stärksten gefördert.

„Die Anzahl der verschollenen Schiffe steht zu denen in anderen Bereichen in gar keinem Verhältnis", bemerkt Ivan T. Sanderson in *Invisible Residents* (Unsichtbare Bewohner). Und John Wallace Spencer behauptet in *Limbo of the Lost* (Fegefeuer der Verschollenen): „Tragödien, die mit diesem Gebiet verknüpft sind, treten gewöhnlich ohne Erklärung, ohne System, Warnung oder Gründe auf."

Die Bermudas haben seit Generationen schon einen schlechten Ruf. Ihre etwa 300 Inseln wurden 1515 von Juan de Bermudez entdeckt. Trotz ihres günstigen Klimas, der Fülle an Nahrung und frischem Wasser und der idealen Lage als eines im Meer gelegenen Rückzugs- und Versorgungsstützpunktes, wurden die Inseln nach ihrer Entdeckung hundert Jahre lang gemieden. Die rauhen elisabethanischen Seeleute fürchteten sie, Shakespeare nennt sie „die verflixten Bermudas", und sie wurden als Stätten der Teufel angesehen. Niemand weiß weshalb. Vielleicht ist die einzige vernünftige Erklärung dafür, daß die Gegend damals wie heute für ihre unerklärlichen Kräfte berüchtigt war, die Schiffe und Menschen verschwinden lassen konnten.

Die moderne Liste der Verluste in der Region 1800 beginnt mit dem Verschwinden der USS *Pickering*. Im Jahre 1854 kam das bri-

Unten:
Die Bermuda-Inseln im Atlantik. Sind sie das Zentrum einer ganzen Serie unheimlicher Ereignisse?

tische Schiff *Bella* auf der Route von Rio de Janeiro abhanden, obwohl man von ihr weiß, daß sie gefährlich überladen war und vielleicht einfach gekentert ist. 1866 forderte das Dreieck die schwedische Barke *Lotta* als Opfer, und zwei Jahre später verschwand das spanische Handelsschiff *Viego.* Seit 1872 fehlt jede Spur von der Mannschaft der *Mary Celeste.* Der Segler wurde leer treibend zwischen den Azoren und Gibraltar gefunden. Obwohl das weit von der angenommenen Grenzen des Bermuda-Dreiecks entfernt ist, wird doch oft bei der Diskussion dieses Themas auf die *Mary Celeste* Bezug genommen. Das britische Schulschiff *Atalanta* segelte 1880 mit 290 Kadetten und Mannschaft ins Vergessen. Ihn folgte 1884 der italienische Schoner *Miramon.*

Es wird auch gesagt, daß 1902 die deutsche Barke *Freya,* die auf dem Weg von Kuba nach Chile war, im Dreieck entdeckt wurde. Die gesamte Mannschaft war nicht an Bord. Der Schiffskörper hatte kräftige Schlagseite, einige Masten fehlten, und er zeigte Spuren eines Orkans. Es hatte aber keine Stürme gegeben. Die Wetterberichte wiesen nur leichte Winde aus.

1918 verschwand das schwere Kohlenschiff *Collier.* Es war mit einem Sender ausgerüstet, aber kein Notruf erreichten die in der Nähe befindlichen Schiffe. Eine Botschaft hingegen konnte vom japanischen Frachter *Raifuku Maru* empfangen werden, die allerdings das Rätsel noch verstärkte. Der Funker soll gemeldet haben: „Gefahr jetzt wie ein Dolch. Kommt schnell!" Was für eine Gefahr sieht einem Dolch ähnlich? War es nur ein schlechter Vergleich, den der verschreckte Funker zu einer unwirklichen Gefahr ziehen konnte, welche das Schiff bedrohte und schließlich packte? Dreizehn Jahre danach, 1938, strahlte der Himmel wolkenlos und das Meer war ruhig, als der Dampfer *Anglo-Australian* „Alles in Ordnung" sendete und ins Bermuda-Dreieck fuhr, um nie wieder gesehen zu werden.

Obwohl das Gebiet Schiffe gefordert hat, seit Columbus es befuhr, zog es dennoch erst seit 1945 die allgemeine Aufmerksamkeit auf sich. In jenem Jahr verschwanden dort fünf Bomber der US Marine, Flug 19, nachdem von ihnen eine Folge verwirrender Funksprüche empfangen wurden. Einige Jahre später bezeichnete der Schriftsteller Vincent Gaddis diese Region als „Bermuda-Dreieck". Über seine Größe und Form gibt es wenig Einigkeit, jeder Gegend wird ein anderer Name zugesprochen, wie „Teufelsdreieck", oder „Hölle der Verschollenen". In der kleinsten Fassung hat das Bermuda-Dreieck die Größe der Britischen Inseln, in der größten nimmt es die Hälfte des Atlantiks ein.

Charles Berlitz und andere Autoren beharren darauf, daß das Rätsel des Bermuda-Dreiecks nicht allein durch Stürme und andere natürliche Ursachen erklärt werden könne. Sie sind der Meinung, daß die Vorfälle durch Phänomene hervorgerufen wurden, die der orthodoxen Wissenschaft unbekannt sind.

Verschollene Flugzeuge

Im Januar 1948 näherte sich das britische Linienflugzeug *Star Tiger* dem Ende eines Routinefluges von den Azoren zu den Bermudas, als es den Funkspruch abgab: „Wetter und Maschinenleistung hervorragend. Erwarten planmäßig zu landen." Aber die Maschine kam niemals an. Während nach Überlebenden und Wrackteilen gesucht wurde, empfingen Funk-

Oben:
Ivan T. Sanderson vermutet, daß das Bermuda-Dreieck nur einer von 12 „abscheulichen Wirbeln" auf der Erde ist, Gebieten, in welchen Schiffe und Flugzeuge besonders häufig verschwinden.

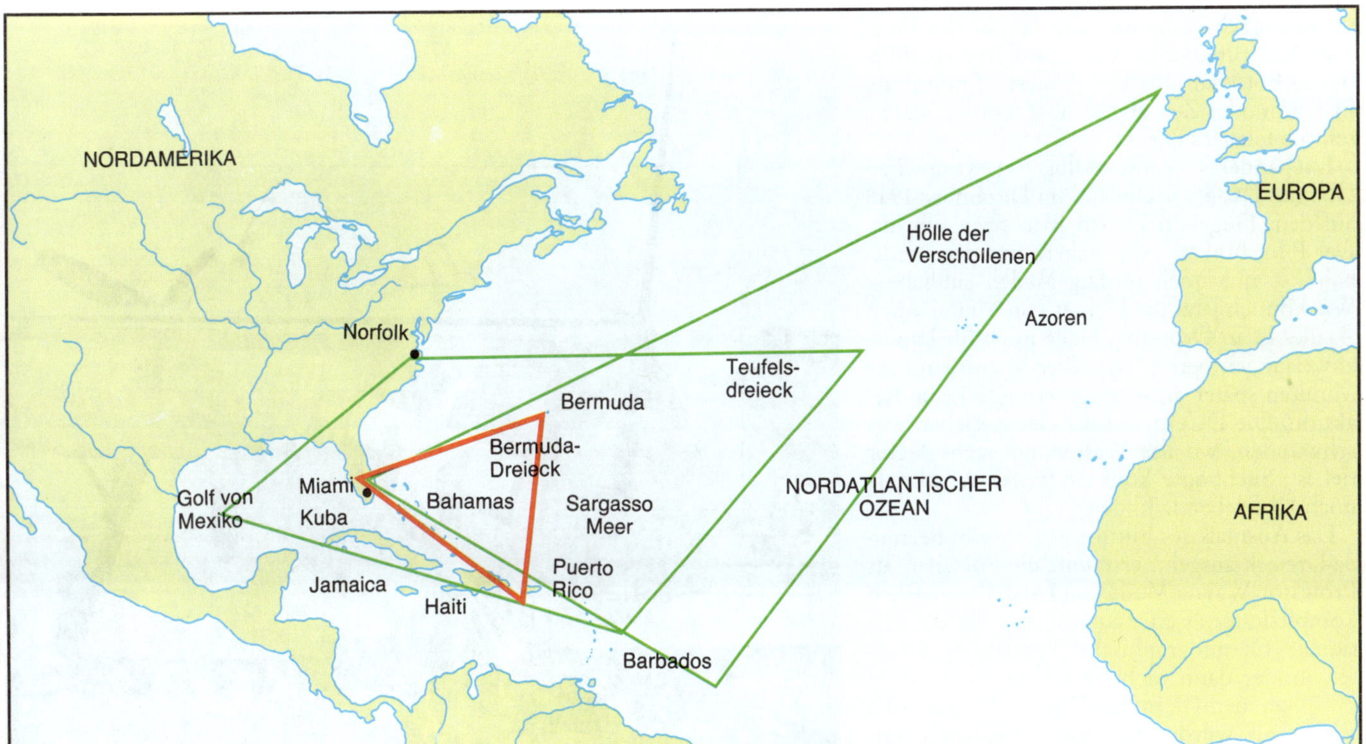

Unten:
Als Bermuda-Dreieck gilt gewöhnlich die Region, welche Florida, Puerto Rico und Bermuda berührt. Es wird aber zuweilen auch als wesentlich größer angenommen und „Teufelsdreieck" oder „Hölle der Verlorenen" genannt.

stationen schwache Signale, die auf das Flugzeug hindeuteten. Es war, „als ob die abschließende Botschaft aus viel größerer Entfernung in Raum oder Zeit abgeschickt worden wäre", schrieb Charles Berlitz.

Ein anderes Verkehrsflugzeug vom Typ Douglas DC-3 verschwand im Dezember 1948 auf dem Flug von Puerto Rico nach Florida. Der Pilot funkte: „Wir nähern uns der Landebahn – nur noch fünfzig Meilen südlich – Wir können jetzt die Lichter von Miami sehen – alles ist in Ordnung. Halte mich für Landeanweisungen bereit." Als aber Miami ein paar Minuten später antwortete, erfolgte keine Reaktion. Die DC-3 war über einem Gebiet verschwunden, wo das Wasser nur sechs Meter tief ist; Suchboote konnten weder Wrackteile noch Überlebende finden.

Das Ausmaß des Einflusses, der vom Bermuda-Dreieck ausgeht, erstaunte die Forscher, als Professor Wayne Meshejian feststellte, daß ein komplizierter Wetter-Satellit, der für die Nationale Ozeanographische Verwaltung arbeitet, immer dann nicht funktioniert, wenn er sich über dem Bermuda-Dreieck befindet. Es schien, als würde etwas den Satelliten daran hindern, Informationen an die Empfangsstationen zu übermitteln. „Wir sprechen von einer Kraft, über die wir nichts wissen", soll Meshejian gesagt haben.

Doch noch alarmierender ist die Behauptung, daß das Bermuda-Dreieck nicht einzigartig sei. Ivan T. Sanderson verfolgte die Stellen von massiert auftretenden Flugzeug- und Schiffsverlusten und stellte fest, daß es rund um den Globus 12 solcher Regionen gibt, die er „heimtückische Wirbel" nennt. „Flugzeuge, Schiffe und U-Boote sind überall auf der Welt verschwunden", schreibt er in seinem Buch *Invisible Residents*, „aber es muß zugegeben werden, daß aus diesen Gebieten viel mehr Fälle berichtet werden als aus anderen."

Ein solcher „heimtückischer Wirbel" ist seit langem vor der japanischen Küste bekannt. Als „Teufelsmeer" bezeichnet, hat er seit Hunderten von Jahren kleine Fischerboote als Opfer gefordert. Zwischen 1950 und 1954 gingen aber neun große Küstenfrachter verloren. Die Behörden waren so besorgt, daß sie 1955 auf dem Vermessungsschiff *Kaiyo Maru No. 5* ein Team Wissenschaftler losschickten, um die Region zu untersuchen. Zu aller Entsetzen verschwand das Schiff samt Besatzung auf unerklärliche Weise. Daraufhin erklärten die Japaner die Gegend zum offiziellen Gefahrengebiet.

Anders als die Japaner haben die Vereinigten Staaten das Bermuda-Dreieck nicht als Gefahrenzone ausgewiesen. Im Gegenteil, sie leugnen, daß dort irgend etwas Ungewöhnliches geschieht. Diese offizielle Stellungnahme stimmt jedoch nicht mit den privaten Meinungen überein, die in unbedachten Momenten geäußert werden. Einem Marinesprecher ging der Satz durch: „Wir wissen, daß da draußen Seltsames passiert, wir haben das immer ge-

Links:
Die Küste von Florida auf einer Karte von Lazaro Luis aus dem Jahre 1563. Christopher Kolumbus reiste im späten 15. Jahrhundert durch die Gegend, die heute als Bermuda-Dreieck bekannt ist, und stellte Anomalien bei seinem Kompaß fest.

Unten:
Ein Avenger-Torpedo-Bomber des Typs, der im Dezember 1945 verschwand, nachdem er den Marineflughafen Fort Lauderdale für einen kurzen Übungsflug verlassen hatte. Trotz intensiver Suche wurde keine Spur der fünf Maschinen und 14-köpfigen Besatzung gefunden. Dieser Fall, eines der unheimlichsten Rätsel der Luftfahrtgeschichte, ist auch die „Mary Celeste des Himmels" genannt worden.

wußt, aber es scheint für all das keinen Grund zu geben.“ Und ein leitender Nachrichtendienstoffizier bekannte: „Niemand bei der Marine macht sich über die Sache lustig.“ Die Behörden jedoch, so scheint es, halten sich bedeckt, um ihre Unkenntnis zu verbergen.

Es gibt allerdings wenig Übereinstimmung darüber, was „dieses Ding“ im Bermuda-Dreieck sein mag. John Wallace Spencer ist fest davon überzeugt, daß UFOs die einzig sinnvolle Erklärung bieten. Schiffe und Flugzeuge „werden in der Tat von unserem Planeten entführt“, schreibt er. Nach unten statt nach oben schauend, vermutet Ivan T. Sanderson, daß auf oder unter dem Meeresboden sich eine hochintelligente Zivilisation entwickelt haben könnte. Das Verschwinden von Objekten wäre mit ihren periodischen Untersuchungen der Menschheit verknüpft.

Andere Erklärungen reichen von winzigen Schwarzen Löchern bis zu Öffnungen in andere Dimensionen, wo die Zeit schneller, langsamer oder gar nicht verläuft. Daß diese Theorie nicht so absurd ist, wie sie zunächst klingt, wird durch eine Erfahrung gelehrt, die der junge Pilot Bruce Gernon machte. 1970 steuerte er sein Flugzeug durch eine seltsame Wolke. Als er in Miami landete, stellte er fest, daß sein Flug eine halbe Stunde kürzer gewesen war, als er hätte eigentlich sein dürfen. Geriet Gernon in eine andere Dimension? Leider fehlt sein Logbuch, und es gibt keine Möglichkeit, die Geschichte zu verifizieren.

Etwas Ähnliches soll den Passagieren und der Crew eines Flugzeugs der Eastern Airlines

Links:
Der 38 Meter lange Schoner Cloris Colita *wurde im Februar 1940 beschädigt und verlassen im Golf von Mexiko gefunden. Er hatte Mobile, Alabama, am 21. Januar mit Bauholz für Kuba verlassen.*

passiert sein, das vom Radar in Miami zehn Minuten lang nicht erfaßt werden konnte. Das volle Notprogramm wurde eingeleitet, aber schließlich tauchte die Maschine wieder auf und landete sicher. Niemand an Bord hatte etwas Ungewöhnliches bemerkt, aber es gab keine Erklärung dafür, daß alle Uhren an Bord um zehn Minuten nachgingen.

Charles Berlitz glaubt daran, daß die Überbleibsel des legendären untergegangenen Kontinents Atlantis vor Bimini in den Bahamas gefunden worden sind. Viele halten es für möglich, daß auf Atlantis eine technologisch überlegene Rasse lebte und ihre Maschinen und Waffen noch funktionieren, mit denen unsere Schiffe und Flugzeuge bekämpft werden.

„Könnte irgendeine Form des Magnetismus mit den seltsamen Erscheinungen zu tun haben?", fragt Richard Winer, Autor von *The Devil's Triangle* (Das Teufelsdreieck). Alle Autoren haben auch erwähnt, daß Kompaßnadeln, die ja normalerweise zum magnetischen Nordpol zeigen, über dem Bermuda-Dreieck auf den geographischen weisen.

Sicherlich ist das Bermuda-Dreieck ein seltsamer Ort und merkwürdige Dinge passieren dort. Hunderte von Schiffen und Flugzeugen verschwanden spurlos, gaben fast nie einen Notruf, und Wracks werden nur selten gefunden. Darüber hinaus stellt John Godwin in *This Baffling World* (Erstaunliche Welt) fest, daß gerade in der fraglichen Zeit von dort immer gutes Wetter gemeldet wird. Er fragt dann: „Trafen die Schiffe und Flugzeuge auf Phänomene, die der heutigen Wissenschaft unbekannt sind? Enthalten die Naturgesetze immer noch einige Kapitel, die in unseren Schulbüchern nicht vermerkt sind?"

Vorherige Seite rechts oben:
Das US Atom-U-Boot Scorpion *versank im Mai 1968 samt 99 Mann Besatzung südwestlich der Azoren. Obwohl die Stelle weit außerhalb der üblichen Grenzen des Bermuda-Dreiecks liegt, wird das Schiff regelmäßig unter seinen Opfern aufgeführt. Ein Untersuchungsausschuß konnte das Verschwinden nicht erklären.*

Vorherige Seite Mitte:
Die Anita, *ein norwegischer Frachter, verließ Norfolk, Virginia (USA), am 21. März 1973 mit Kurs auf Hamburg, sie hatte Kohle geladen. Wenige Tage später verschwand sie, nachdem Stürme das Gebiet durchpeitscht hatten, durch welches sie zu diesem Zeitpunkt fuhr. Keines der 32 Mannschaftsmitglieder überlebte.*

Oben:
Der Leuchtturm von Gibbs Hill hat seit 1840 als Navigationshilfe auf den Bermudas gedient. Ist er seither auch Zeuge seltsamer Ereignisse in dem umgebenden Meer gewesen?

Links:
Das Bermuda-Dreieck bietet Stoff für eine aufregende Filmstory. Regie bei diesem Film aus dem Jahre 1978 führte Richard Friedenburg. Stars waren u.a. Brad Crandall und Donald Albee.

Spurlos versunken

Von vielen Autoren sind Geschichten über das spurlose Verschwinden von Menschen, Schiffen und Flugzeugen im Bermuda-Dreieck gesammelt worden, um die Meinung zu belegen, daß in dieser Region seltsame Dinge geschehen.

Oben:
Ungefähr 100 Verluste treten jährlich im Bermuda-Dreieck auf. Dieses Plakat lenkte Aufmerksamkeit auf das rätselhafte Schicksal der Yacht Saba Bank, *die auf dem Weg von Nassau nach Miami im April 1974 verschwand.*

Die Cyclops, *ein Kohlenschiff der US Marine, verschwand im März 1918, nachdem es Barbados mit Kurs auf Chesapeake Bay im Osten der USA verlassen hatte. Das 165 Meter lange Schiff hatte eine Besatzung vom 300 Mann an Bord und war mit Erz beladen.*

Das Bermuda-Dreieck ist ein Bereich im westlichen Atlantik, in welchem viele Schiffe und Flugzeuge spurlos verschwunden sind. Es ist als eines der größten wirklichen Geheimnisse aller Zeiten bezeichnet worden. Und das nicht nur, weil dort Flugzeuge und Schiffe verunglücken, sondern weil es dafür keine befriedigende rationalen Erklärung gibt und wohl eine „Kraft" oder ein Phänomen damit verbunden sein muß, das der Wissenschaft bisher unbekannt ist.

Das ist eine sehr beunruhigende Vorstellung und die Erkenntnisse, daß die Wahrscheinlichkeit, im Bermuda-Dreieck ums Leben zu kommen, geringer ist als beim Straßenverkehr, hilft da nur wenig. Gegen die bekannten Gefahren auf der Straße kann man Vorkehrungen treffen, nicht aber gegen die geheimnisvollen Kräfte im Bermuda-Dreieck. Jede Überquerung dieses Gebiets kann tödlich enden, so wie das Drücken des Abzugs beim russischen Roulette.

Über die Größe und Form des Bermuda-Dreiecks gibt es keine einheitliche Definition. Richard Winer hält es für trapezförmig, während John Wallace Spencer es als ungleichseitiges Dreieck beschreibt; und Ivan T. Sanderson nennt es „einen komischen Klecks".

Die Anzahl der Fälle, bei denen ein Schiff verschwindet, ist alles andere als alarmierend hoch. Jährlich überqueren 150000 Schiffe das Bermuda-Dreieck, von denen durchschnittlich 10000 Notrufe aussenden. Aber nur 100 bleiben jährlich verschollen. Obwohl das schon 100 zuviel sind, beträgt der Prozentsatz „nur" 0,07 Prozent.

Unten:
Der britische Frachter Cyclops, *der im Zweiten Weltkrieg im Nordatlantik verschollen ist. Er kann torpediert worden sein, aber Charles Berlitz behauptet, daß Dokumente keine Anwesenheit von deutschen U-Boote in dieser Gegend nachweisen, als das Schiff verschwand.*

Ganz unten:
Die SS Marine Sulphur Queen *verließ Beaumont, Texas, am 2. Februar 1963 in Richtung Norfolk, Virginia. Sie führte geschmolzenen Schwefel als Fracht und verblieb nach dem 4. Februar ohne Spur. Ein offizieller Untersuchungsbericht besagt, sie sei wegen einer Explosion gesunken, in schwerer See gekentert oder ihr Rumpf in zwei Hälften gebrochen.*

Abgesehen von den normalen Gefahren des Meeres, wie Stürme, Hurrikane und Wasserhosen, ist das Bermuda-Dreieck auch Ursprung des Golfstroms. Die sich schnell bewegenden Wassermassen können unerfahrene oder unaufmerksame Seeleute innerhalb von Stunden viele Meilen vom Kurs abbringen und auch Wrackteile schnell im Wasser verteilen.

Trotz alledem macht jedoch die Liste von Schiffen, die ohne jede rationale Erklärung verschollen sind, den Kern der Legende um das Bermuda-Dreieck aus. Charles Berlitz, der wohl bekannteste Autor zu dem Thema, behauptet:

> „Alle Schiffsverluste sind mysteriös, denn kein Kapitän legt es darauf an, sein Schiff zu verlieren. Wenn das Schicksal eines Schiffes geklärt oder wenigstens vermutet werden kann, löst sich erst das Geheimnis auf. Das ist aber bei den vielen Schiffen, die aus dem Sargassomeer nie wieder auftauchten, nicht der Fall."

Dort ungefähr seien nämlich die meisten Verluste des Bermuda-Dreiecks aufgetreten.

Sehen wir uns nun eine zufällige Auswahl von Fällen an.

Die deutsche Barke *Freya* soll 1902 von Manzanillo (Kuba) losgesegelt und dann, von der Mannschaft verlassen, im Dreieck gefunden worden sein. Sie zeigte deutliche Spuren von Sturmschäden, obwohl die Wetterberichte nur leichten Wind meldeten. Allerdings befand sich das Schiff in einem Gebiet, aus dem starke unterseeische Vulkanausbrüche gemeldet wurden, und diese könnten die Mannschaft veranlaßt haben, das Schiff aufzugeben. Ob diese Erklärung stimmt, ist gleichgültig, weil nämlich die *Freya* nicht von Manzanillo (Kuba), sondern Manzanillo, (Mexiko) abgesegelte und keinesfalls im Bermuda-Dreieck, sondern im Pazifik verlassen aufgefunden wurde.

Um die *Bella* und die *Freya* gab es absolut nichts Geheimnisvolles, bis einige Autoren begannen, nach Besonderheiten aus dem Dreieck zu suchen. Auch andere Schiffe, die *Lotta, Viego, Miramon* oder *Miramonde* konnten nicht verifiziert werden, und es erscheint zweifelhaft, ob es sie je gegeben hat. Im 19. und frühen 20. Jahrhundert hatten die Schiffe keine Funkgeräte. Wir wissen also nicht, wo sie das Unglück traf und was tatsächlich geschah. Die *Atalanta* zum Beispiel (nicht *Atlanta,* wie viele sie nennen) verschwand auf einer Reise von fast 5000 Kilometern, von denen 800 durchs Bermuda-Dreieck verlaufen wären. Wir wissen nicht, wo sie sich bei ihrem Untergang befand, aber es ist bekannt, daß die Besatzung aus unerfahrenen Kadetten bestand und ihre Route von schweren Stürmen heimgesucht wurde.

Das erste mit Funk ausgestattete Schiff, welches das Bermuda-Dreieck als Opfer forderte, war das 19000 Tonnen Kohlenschiff *Cyclops* im März 1918. Wie bei der *Atalanta* kreuzte

ein Orkan ihren Kurs mit Windstärken von 135 Stundenkilometern. Wahrscheinlich kenterte sie. Wegen ihrer sehr kopflastigen Aufbauten und der schweren Ladung, die vielleicht nicht korrekt gesichert war, wird sie allerdings sehr schnell gesunken sein.

Der japanische Frachter *Raifuku Maru* soll 1925 nach dem seltsamen Funkspruch „Gefahr jetzt wie ein Dolch. Kommt schnell!" verschwunden sein. Die von Interferenzen stark gestörte Durchsage, die der White Star Liner *Homeric* empfing, lautete genau: „Jetzt große Gefahr. Kommt schnell!" Er beeilte sich, dem Frachter zu Hilfe zu kommen, geriet aber in schwere See und sah die *Raifuku Maru* mit der ganzen Mannschaft sinken.

Die Bermuda-Dreieck-Autoren berichten auch von dem 106 Meter langen Frachter *Sandra* mit 28 Mann Besatzung, der im Juni 1950 bei blauem Himmel und ruhiger See in sein Verderben segelte. Das einzige, was daran stimmt, sind Name und Herkunft des Frachters. Das Schiff war 55 Meter lang, hatte 11 Mann Besatzung und ging im April 1950 in einem Wirbelsturm unter.

Hurrikane und Stürme herrschten auch, als 1938 der Frachter *Anglo-Australian* verschwand, die Yacht *Connemara IV* 1955 verlassen wurde und 1958 die *Revonoc* samt ihrem Eigentümer Harvey Conover unterging. Ähnliche Erklärungen gibt es auch für die überwiegende Mehrzahl der Bermuda-Fälle.

Ein Eckstein der Bermuda-Legende ist das Verschwinden von fünf US-Marine-Bombern des Fluges 19 und eines Wasserflugzeuges am 5. Dezember 1945. Neben anderen Flugzeugen, die im Bermuda-Dreieck verschwunden sein sollen, war auch von dem Verschwinden des britischen Linienflugzeug *Star Tiger* und einer Douglas DC-3 die Rede, beides geschah im Jahre 1948.

Der *Star Tiger*, eine Tudor-IV-Maschine, verschwand geheimnisvollerweise gegen Ende seines Fluges von den Azoren zu den Bermudas am 30. Januar jenes Jahres. Entgegen der Legende war der letzte Funkspruch die Bestätigung einer Funkorientierung, die einige Minuten vorher verlangt worden war, und nicht etwa: „Wetter und Maschinenleistung hervorragend. Erwarten planmäßig zu landen." In Wirklichkeit war auch das Wetter alles andere als gut. Eine dichte Wolkendecke hatte während des ganzen Fluges eine genaue Navigation verhindert. Die Maschine mußte mit starkem Gegenwind kämpfen, der den Piloten zwang, die geplante Ankunftszeit zu ändern und die Sicherheitsmenge an Treibstoff zu reduzieren. Die Linienmaschine verschwand im kritischsten Moment ihres Fluges. Sie hatte zu wenig Treibstoff, um einen anderen als den Flughafen der Bermudas anzusteuern und wurde durch die Gegenwinde gezwungen, auf nur 600 Meter Höhe zu fliegen. Wäre in dieser Situation irgend etwas schief gegangen, Ben-

Hurrikane und Stürme geben für etliche Verluste im Bermuda-Dreieck plausible Gründe. Die Connemara IV *(oben) wurde im September 1955 vor Bermuda verlassen treibend gefunden. Die Mannschaft ging wahrscheinlich während eines Hurrikans über Bord. Die Segeljolle* Revonoc *(rechts) verschwand 1958 zwischen Key West und Miami, als die Küste von Florida von hurrikanähnlichen Stürmen heimgesucht wurde.*

Unten:
Eine Douglas DC-3 des Typs, der im Dezember 1948 verschwand.

zinmangel, Elektrizitätsausfall oder Motorschaden, wäre die *Star Tiger* innerhalb von Sekunden ins Meer gestürzt.

Auslassungen und Verzerrungen

Der Fall, der am 28. 12. 1948 verschollenen DC-3 ist ein gutes Beispiel dafür, wie Fakten weggelassen oder verzerrt werden können, um ein besonderes Geheimnis vorzutäuschen. Die Maschine hatte San Juan (Puerto Rico) mit 27 Passagieren an Bord in Richtung Miami verlassen. Der Pilot, Kapitän Robert Linquist, soll gefunkt haben, er sei 80 Kilometer von Miami entfernt, könne bereits die Lichter der Stadt sehen und halte sich für die Landeanweisungen bereit. Miami antwortete innerhalb weniger Minuten, aber das Flugzeug reagierte nicht. Das Wasser, über dem die Maschine flog, soll nur sechs Meter tief gewesen sein, Wrackteile wurden nicht gefunden.

Der Star Tiger, *eine Maschine des Typs* Tudor IV *(unten), verschwand 1948 auf einem Flug von London nach Havana über die Azoren und Bermuda. Ihre letzte Nachricht ergab keinen Hinweis auf ungewöhnliche Vorkommnisse.*

Es ist bekannt, daß das Funkgerät der DC-3 defekt war, was einige Autoren zu erwähnen vergessen. Die plötzliche Funkstille muß also keineswegs den Absturz des Flugzeugs unmittelbar nach seinem Funkspruch bedeuten. Das beseitigt auch das Rätsel um das Fehlen von Notrufen. Außerdem sagte der Pilot auch nicht, daß er die Lichter der Stadt sehen könnte. Es scheint, man habe ihm dies in den Mund gelegt, weil er die Entfernung von 80 Kilometern angab, von wo aus man die Lichter hätte sehen können.

Der Pilot hatte jedoch einen starken Nordwestwind ausgleichen müssen. Der Wind änderte dann die Richtung, und es ist nicht bekannt, ob diese Nachricht den Piloten noch erreichte. Falls nicht, könnte er die Halbinsel von Florida verpaßt haben und wäre dann buchstäblich in den Golf von Mexiko hineingeflogen. Obwohl die Wassertiefe unter der DC-3 zum Zeitpunkt ihrer letzten Durchsage nur sechs Meter betrug, sinkt sie doch in anderen umgebenden Gebieten auf Tiefen bis zu 1520 Meter ab. Niemand weiß, wo die Maschine niederging. Wrackteile wurden nie gefunden. Jedes Flugzeugunglück wird zum Gegenstand umfassender und gründlicher Untersuchungen, um die Ursache aufzuklären. Diese Nachforschungen basieren weitgehend auf einer minuziösen Untersuchung der Wrackteile. Gibt es kein Wrack, so ist es fast unmöglich, den Unglücksverlauf zu rekonstruieren. Da aber keiner der ansonsten üblichen Gründe für einen Flugzeugunfall auszuschließen ist, kann auch niemand behaupten, nur ein unbekanntes Phänomen komme als Ursache in Frage.

Rechts:
Die Revonoc, eine preisgekrönte Segeljolle, gehörte dem amerikanischen Millionär Harvey Conover. Sie verschwand während einer Fahrt von Key West nach Miami im Januar 1958. Connover, seine Frau und zwei Kinder waren an Bord. Die Küstenwache meldete, daß die 14 Meter lange Yacht in einen Sturm geraten war, der einer der schlimmsten in der Geschichte Floridas gewesen sein soll.

Vor einigen Jahren wurde behauptet, die Kräfte des Bermuda-Dreiecks reichten bis in den Weltraum. Man hörte, daß ein Wettersatellit über dem Bermuda-Dreieck – und nur dort – nicht funktionieren würde. Tatsächlich traf die Behauptung gar nicht zu. Der Satellit sollte optische und Infrarot-Daten der Wolkendecke sammeln und zur Erde senden. Aus praktischen Gründen geschah das nur mit den Infrarot-Daten, während die anderen zur späteren Übermittlung auf Band aufgezeichnet wurden. Zu bestimmten Zeiten war das Band abgelaufen und mußte umgespult werden. Zufällig traf das immer dann ein, wenn sich der Satellit gerade über den Bermudas befand.

Dann gab es da noch die Maschine der Eastern Airlines, die für zehn Minuten vom Radar verschwunden und dann in Miami gelandet sein soll, wobei alle Uhren an Bord zehn Minuten nachgingen. Die Flugnummer und die genauen Daten dieses Fluges werden aber nie angegeben, und beim FAA des Flughafens Miami und der Eastern Airlines gibt es keine Aufzeichnungen darüber. Kurz gesagt, es existiert kein einziger Hinweis darauf, daß das Ereignis wirklich stattgefunden hat.

Das Bermuda-Dreieck unter neuem Blickwinkel

Zahlreiche Autoren haben Geschichten über das mysteriöse Verschwinden von Schiffen und Flugzeugen im Bermuda-Dreieck und der Teufelssee verbreitet und phantastische Erklärungen dafür angeboten. Welchen Stellenwert kann man ihnen zugestehen?

Bei näherem Hinsehen besteht das eigentliche Rätsel an der Legende um das Bermuda-Dreieck darin, wie man überhaupt dazu kommen konnte, an die Geschichten zu glauben. Sowohl die Forschung als auch ihre Ergebnisse lassen viel zu wünschen übrig, wie die Behauptung Ivan T. Sandersons, daß es rund um den Globus 12 „abscheuliche Wirbel“ gebe, sehr gut veranschaulicht. Der Eindruck, den Sanderson und andere Autoren vermitteln, ist der, daß diese Wirbel durch Statistiken und andere Studien gut belegt seien. Es scheint aber so, als ob Sanderson einfach nur eine Anzahl von Luft- und Seeunglücken auf einer Karte verzeichnet und aus Häufungspunkten geschlossen hat, dort müsse ein solcher „abscheulicher Wirbel“ sein. Das ist ungefähr so plausibel, wie eine viel befahrene Autobahn zu einem „abscheulichen Wirbel“ zu erklären, weil dort mehr Unfälle passieren als anderswo.

Einer dieser Wirbel soll vor der japanischen Küste liegen, aber über die genaue Position herrscht keine Einigkeit. Bei Charles Berlitz und Vincent Gaddis ist es südlich oder südöstlich von Japan, zwischen Japan und den Bonin-Inseln. John Godwin legt ihn zwischen Iwo Jima und die Marcus-Insel. Adi-Kent Thomas Jeffrey und John Wallace Spencer plazieren ihn zwischen Japan und die Marianen. Ivan T. Sanderson sieht den Wirbel 400 Kilometer südlich von Honshu, bei etwa 140 Grad Länge. Für Elizabeth Nichols ist die Teufelssee ein Dreieck, das Japan, Guam und Wake Island verbindet. Richard Winer meint wiederum ein Gebiet zwischen der südöstlichen Küste Japans, der Nordostspitze der Philippinen und Guam.

Neun große Küstenfrachter sollen zwischen 1950 und 1954 dort verschollen sein. Nach Charles Berlitz haben die Behörden dort 1955 eine Untersuchung durchgeführt. Diese Expedition, bei der die Wissenschaftler Daten sammelten und mit ihrem Schiff, der *Kaiyo Maru No. 5*, auf der Teufelssee kreuzten, nahm ein spektakuläres Ende – das Vermessungsschiff verschwand plötzlich. Folgende Tatsachen stehen hinter der Geschichte: Zwischen 1949 und 1953 sind auf einem Seegebiet von 1200 Kilometern Länge neun Fischerboote mit 62 bis 192 Bruttoregistertonnen verschollen. Die *Kaiyo Maru* verschwand schon 1952, nicht 1955, und zwar während sie die Geburt einer Insel verfolgte, die durch vulkanische Aktivitäten an die Meeresoberfläche gehoben wurde. Die japanischen Behörden haben die Gegend nie zur Gefahrenzone erklärt.

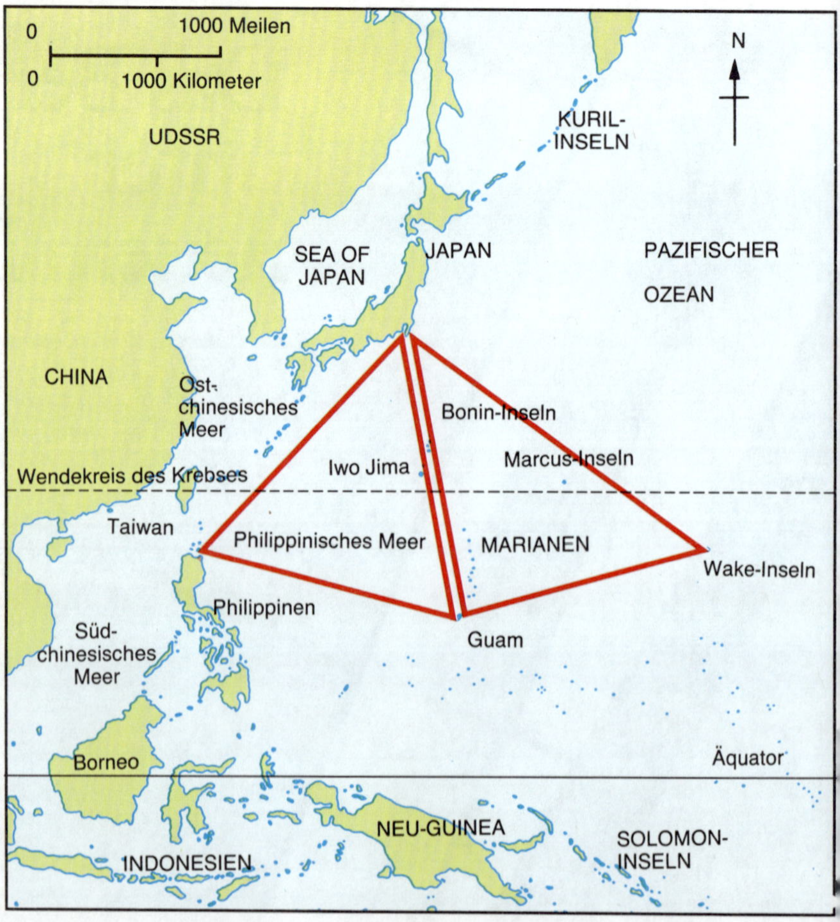

Oben:
Die „Teufelssee" ist einer von Ivan T. Sandersons 12 „abscheulichen Wirbeln", Gebiete auf der Erde, wo die Verluste höher als anderswo sein sollen. Doch die genaue Lage der Region ist mehr als unklar – außer, daß sie vor Japans Küste liegt. Bei Elizabeth Nichols erstreckt sich die Teufelssee ostwärts bis zu Wake Island; bei Richard Winer reicht sie nach Westen bis zu den Philippinen.

Üble Aktivitäten in Atlantis?

Es gibt etliche Theorien, um diese angeblich unerklärten Vorfälle zu deuten. Sie reichen von den unvermeidlichen UFOs bis zu Science-fiction-Vorstellungen von Zeitreisen und Parallelwelten. Berlitz ist der Ansicht, daß vor der Küste von Bimini in den Bahamas Atlantis gefunden worden sei. In der Legende des Bermuda-Dreiecks ist der versunkene Kontinent die Heimat einer diluvialen Superrasse, deren Maschinen oder Waffen irgendwo am Meeresgrund noch immer funktionieren und unsere Schiffe und Flugzeuge bekämpfen. Die erste Erwähnung von Atlantis findet sich in einem unvollendeten Werk von Plato. Er war Philosoph und kein Geschichtsschreiber und konnte, unbekümmert um Genauigkeit, Tatsachen und Phantasie miteinander verbinden. Wir wissen nicht, ob er Atlantis erfunden hat oder sich auf ältere Traditionen bezieht. Jedenfalls gibt er keinen Hinweis, daß es eine technische Zivilisation gewesen sein könnte. Nach seiner Vorstellung wurden die Atlanter von den Griechen im Krieg besiegt.

Die am weitesten verbreitete Theorie besagt, daß die Vorfälle durch magnetische Anomalien hervorgerufen werden. Vielfach wird darauf hingewiesen, daß über dem Bermuda-Dreieck die Kompaßnadeln auf den geographischen und nicht auf den magnetischen Nordpol weisen, wie sonst überall auf der Welt. Das ist nicht ganz richtig. An bestimmten Orten der Erde liegen der magnetische und der geographische Nordpol genau auf einer Linie, nämlich der „Agonischen Linie". Einer dieser Punkte befindet sich unmittelbar vor der Küste Floridas. Je weiter man von der Agonischen Linie entfernt ist, um so größer wird die Differenz zwischen geographischem und magnetischem Nordpol. Die Berichte von wild kreisenden Kompaßnadeln oder anderen Unstimmigkeiten beweisen auch nichts; sie beruhen auf magnetischen Unregelmäßigkeiten und kommen überall auf der Welt vor.

In seinem Buch *Secrets of the Bermuda Triangle* (Die Geheimnisse des Bermuda-Dreiecks) schreibt Alan Landsberg:

> „Was auch immer die Kritiker der Spezialwissenschaften dazu sagen mögen, im Bermuda-Dreieck passiert unzweifelhaft Merkwürdiges. Das weltweite Interesse daran ist an sich schon ein Phänomen, als ‚wüßte' die Mehrheit der Menschen, daß dort etwas sehr Wichtiges zu entdecken ist."

Im Grunde versucht Landsberg die Meinung der Experten dadurch zu entwerten, daß er nahelegt, Wissenschaftler könnten wegen ihrer Spezialistenrolle keinen Überblick über das Problem gewinnen. Für sich nimmt er größere Kompetenz in bezug auf das Bermuda-Dreieck in Anspruch, weil er als Laie keine Scheuklappen habe. Es sind jedoch nicht die Vertreter der Spezialwissenschaften, die dafür sprechen, daß im Bermuda-Bereich nichts Außergewöhnliches geschieht, sondern die Tatsachen selbst.

„Noch nicht" ist eine beliebte Argumentationsweise, um Glaubwürdigkeit für „Unerklärliches" zu erforschen. „Die Wissenschaft hat die seltsamen Kräfte des Bermuda-Dreieck bisher noch nicht erklären können." Dadurch wird impliziert, daß die Wissenschaft von solchen seltsamen Kräften ausgeht und sie zu erklären versucht.

Manchmal zieht Berlitz auch logisch absonderliche Vergleiche. In *Without a Trace* sagt er:

„Es ist auch als Erklärung angeführt worden, daß diese Schiffe von anderen gerammt worden sind, ohne daß die größeren das merkten. So wurde angenommen, daß die *Revonoc* nachts von einem Ozeanfrachter gerammt worden sei. Wenn das auch das Verschwinden von Segelbooten erklären könnte, so doch nicht jenes von Frachtern, mit denen ein Zusammenstoß auffallen müßte."

Freilich wird hier übersehen, daß die Theorie gar nicht für Frachter gedacht war. Aber durch die geknüpfte Verbindung hat Berlitz eine Idee entwertet, die auf kleine Boote wie die *Revonoc* durchaus sinnvoll ist. Sie verschwand allerdings in einem Mittwintersturm, den die *New York Times* als „den schlimmsten in der Geschichte Südfloridas" bezeichnet.

Gegensätzliche Arbeitsweisen

Wenn man dann liest, wie Berlitz sich mit Lawrence David Kusches Buch *The Bermuda Triangle Mystery – Solved* (Das Geheimnis des Bermuda-Dreiecks gelöst) auseinandersetzt, kann man schon staunen. Kusches Buch ist eine peinliche Entlarvung von 50 publizierten Bermuda-Dreieck-Fällen. Berlitz schreibt darüber, daß Kusche „persönlich nicht mit der Umgebung des Bermuda-Dreiecks vertraut ist. Seine Forschungsmethode ist durch eine rührende Abhängigkeit von Ferngesprächen gekennzeichnet". Berlitz zitiert auch Kusches Meinung, es nütze nichts, persönlich zu Forschungszwecken in die Bermuda-Region zu fahren. Berlitz hält diesen Standpunkt für einen erfrischenden neuen Einfall zu Nachforschungsmethoden, die sicherlich die Arbeit von Detektiven, Polizei und Journalisten auf der ganzen Welt erheblich vereinfachen würde. Das ist sein ganzer Kommentar zu Kusches ausführlicher Kritik.

Kusche untersuchte die Unfallberichte, Zeitungsartikel, Wetterberichte, offizielle Unterlagen und erhielt wichtige Informationen aus aller Welt durch Briefe und Telefongespräche. Hätte sich Berlitz andererseits einmal die Mühe gemacht, ein paar Telefonate zu führen

Oben und ganz oben:
In seinem Buch The Bermuda Triangle Mystery – Solved *enthüllt Lawrence Davis Kusche haarsträubende Fehler in den gängigen Berichten von Vorfällen im Bermuda-Dreieck.*

Unten:
Die Star Tiger *verscholl im Januar 1948. Eine offizielle Ermittlung bemerkte, daß nie ein erstaunlicheres Problem zur Untersuchung gestellt worden sei.*

und Briefe zu schreiben, wären ihm einige grobe Fehler sicherlich nicht unterlaufen.

In dem Buch *The Bermuda Triangle* schreibt Berlitz, daß bei der Untersuchung des Verschwindens vom *Star Tiger* im Januar 1948 die letzte Nachricht der Maschine gelautet habe: „Wetter und Maschinenleistung hervorragend. Erwarten planmäßig zu landen." Keine derartige Meldung wurde während des gesamten Fluges gesendet. Die Fakten wurden vollständig im Ermittlungsbericht aufgeführt, der im Weißbuch der Regierung veröffentlicht ist, sowie auch in Presseberichten. Aus Ralph Bakers Buch *Great Mysteries of the Air,* das Berlitz in seinen Literaturnachweisen anführt, geht klar hervor, das Wetter war schlecht, als das Flugzeug verscholl. Kusches *The Bermuda Triangle Mystery – Solved* enthält die selben Fakten. Aber obwohl Berlitz es angeblich gelesen hat – da er ja den Autor kritisiert, wiederholt er die Geschichte mit dem nie gesendeten Funkspruch in seinem späteren Buch *Without a Trace.*

Das Bermuda-Dreieck-Rätsel ist ein erfundenes. Viele Leser, die das nicht glauben wollen, werden vielleicht argumentieren, daß es keinen Rauch ohne Feuer gebe. Und Artikel, die dem angeblichen Geheimnis kritisch gegenüber stehen, erzeugen unweigerlich den Vorwurf, der Autor sei engstirnig oder bloß ein professioneller Entlarver. In der Einführung zu ihrem Buch *They Dared the Devil's Triangle* (Sie wagten sich ins Teufelsdreieck) beschwört Adi-Kent Thomas Jeffrey ihre Leser:

„Laßt uns unsere Sinne nicht mit dem undurchdringlichen Panzer von Argwohn und Skepsis verstellen. Setzen wir nicht den dumpfen Helm der Engstirnigkeit auf, der sich als ‚gesunder Menschenverstand' oder ‚Vernunft' verkleidet."

Aber wer sind denn die Engstirnigen? Es gibt sicher noch eine ganze Menge über unsere Welt zu erfahren und über das Universum, in dem wir leben. Das Studium unerklärter Phänomene wird sicherlich eines Tages zu neuen und aufregenden Entdeckungen führen. Aber Behauptungen über unbekannte Kräfte, die Flugzeuge und Schiffe verschwinden lassen, müssen mit unwiderlegbaren Fakten untermauert werden. Das ist jedoch beim Bermuda-Dreieck nicht der Fall.

Unseres Wissens hat nicht einer der Bermuda-Autoren sich überzeugend zu Kritiken geäußert. Und sie haben auch nie verraten, wo die entsprechenden Dokumente zu finden sind, oder wo dokumentiert ist, daß die letzte Meldung der *Star Tiger* gute Flugbedingungen angab, oder warum sie glauben, daß die *Bella* und die *Freya* dem Dreieck zum Opfer gefallen sind, oder weshalb die *Atalanta,* die *Anglo-Australian, Connemara IV, Sandra, Revonoc* und alle anderen nicht Sturmopfer waren. Bis sie das getan haben, sind es die Bermuda-Dreieck-Autoren, die ihren Verstand verschlossen haben, nicht aber ihre Kritiker.

Was geschah mit Flug Nr. 19?

Der Fall des Fluges Nr. 19 umspannt die ganze Problematik der Bermuda-Dreieck-Legende. Ihre Autoren haben viel Wirbel um die vermißten Bomber gemacht. Doch fehlt dieser Sensationsstory eines – die Fakten.

Das Verschwinden des Flugs 19, fünf Bomber der US Marine, 1945 über dem Bermuda-Dreieck steht im Mittelpunkt der Mythen um das berüchtigte Gebiet. Die Anfangsszene des Films *Unheimliche Begegnung der dritten Art* (1977) zeigt, wie ein Flugzeug in der Wüste im Norden Mexikos gefunden wird, das bereits seit 30 Jahren verschollen war. Da werden Fakten in Fiktionen verwandelt, oder besser gesagt: Annahmen, die zu Tatsachen gemacht worden waren, erhalten ihren ursprünglichen Stellenwert zurück. Die Geschichte des Flugs 19 ist nämlich die verzerrteste aller Legenden um das Bermuda-Dreieck.

Der Dreiecks-Version zufolge verließen die fünf Bomber vom Typ Grumman TBM Avenger den Marineflugplatz von Fort Laudersdale, Florida, am 5. Dezember 1945 um 2 Uhr nachmittags. Charles Berlitz schreibt, die Maschinen hätten sich auf einem routinemäßigen Übungsflug befunden, die Piloten und die Mannschaften seien erfahrene Flieger gewesen. Früher gestartete Piloten hätten ideale Flugbedingungen gemeldet.

Um 3.45 Uhr funkte Flugleiter Leutnant Charles C. Taylor an den Kontrollturm: „Rufe den Tower. Dies ist ein Notruf. Wir scheinen vom Kurs abgekommen zu sein. Können kein Land sehen – wiederhole – sehen kein Land.“ „Ihre Position?“, fragte der Tower zurück. „Position nicht sicher. Wissen nicht genau, wo wir sind. Haben uns verflogen.“ „Nehmen Sie Kurs nach Westen.“ „Können nicht feststellen, wo Westen ist. Nichts stimmt mehr – seltsam. Erkennen die Richtung nicht mehr. Nicht einmal das Meer sieht aus wie immer.“

Leutnant Robert Cox, der leitende Flugausbilder in Fort Lauderdale, wollte gerade landen, als er diese Meldung mithörte. Er meinte zu wissen, wo sich Flug 19 befand und funkte: „Flug 19, wie ist Ihre Höhe? Ich fliege nach Süden und treffe Sie.“

Eigentlich hätte Taylor sich über Hilfe freuen müssen, aber er schwieg einige Minuten und

Fünf US Marine-Bomber des gleichen Typs wie bei Flug 19. Verschwanden sie wirklich unter rätselhaften Umständen im Bermuda-Dreieck, oder gibt es eine viel nüchternere Erklärung für diese Tragödie?

Oben:
Fort Lauderdale, der US Marineflughafen in Florida, von wo aus der unglückliche Flug 19 am 5. Dezember 1945 um 14.00 Uhr startete.

und rief dann: „Kommen Sie mir nicht nach! Sie sehen aus wie ..."

Funkstille. Es war genau 4.30 Uhr nachmittags. Als die letzte Meldung von Flug 19 empfangen worden war, startete ein großes Martin-Mariner-Wasserflugzeug zu einer Suchaktion. Beim Erreichen der vermuteten Position der Bomber funkte es noch eine Nachricht – und folgte den anderen Maschinen ins Verderben. Sechs Militärmaschinen waren auf diese Weise innerhalb weniger Stunden verlorengegangen!

Nun folgte eine der größten Luft- und See-Suchaktionen der Geschichte, doch nicht einmal der Splitter eines Wrackteils wurde gefunden. Es gab keine Überlebenden. Am Ende des Rettungseinsatzes bemerkte ein Marineoffizier lakonisch: „Flug 19 und das Wasserflugzeug ist so vollständig verschwunden, als seien sie zum Mars geflogen."

Um das Rätsel noch zu vergrößern, bleibt die quälende Frage bestehen, weshalb Leutnant Taylor auf die Hilfe von Cox verzichtet hat. Was sah er, als er schrie „Sie sehen aus wie ..."? Joan Powers, die Witwe eines Mannschaftsmitgliedes, wird zitiert: „Meine eigene Theorie dazu lautet: Die Männer sahen etwas über dem Dreieck – etwas, das Leutnant Taylor entsetzte. Er wollte nicht, daß Leutnant Cox sein Leben riskiert; etwas, was die Marine aus Sicherheitsgründen nicht öffentlich bekannt geben möchte." Wenn diese Bermuda-Dreieck-Version des Vorfalls richtig ist, würde der Fall von Flug 19 als das rätselhafteste Ereignis der Fluggeschichte in die Annalen eingehen. Aber es ist möglich, aus offiziellen Berichten und anderen zuverlässigen Quellen die Vorgänge jenes Dezembertages zu rekonstruieren und zu zeigen, daß die Darstellung falsch ist. Sie vermittelt nämlich eindeutig den Eindruck, daß der Himmel wolkenlos war und es sich um eine erfahrene Mannschaft handelte, die ihre Strecke wie die eigene Westentasche kannte. Aber obwohl das Wetter schön war, als die Flugzeuge starteten, verschlechterte es sich während des Fluges, und ein Suchboot berichtete später von ungünstigen Flugbedingungen und schwerem Seegang. Mit Ausnahme von Leutnant Taylor war keiner der Besatzung sehr erfahren. Sie hatten jeder etwa 300 Flugstunden hinter sich, davon nur 60 in einer TBM-Maschine. Taylor, ein Kriegsveteran mit 2509 Flugstunden, war gerade erst von Miami nach Fort Lauderdale versetzt worden und mit der Gegend nicht vertraut. Er war die Strecke, die Flug 19 nahm, noch nie geflogen. Es handelte sich nur insofern um einen „Routine-"flug, als es eine planmäßige Übung war, allerdings eine sehr komplizierte Navigationsübung.

Unentdecktes Land

Die erste Nachricht aus der Maschine wurde nicht vom Tower empfangen, sondern von Leutnant Cox, der ein Gespräch zwischen den Maschinen mithörte, in dem jemand Hauptmann Edward Powers fragte, was sein Kompaß anzeige. „Ich weiß nicht, wo wir sind", antwortete Powers. „Wir müssen nach dem letzten Schwenk abgekommen sein."

Leutnant Cox funkte: „Was ist bei Ihnen los?" Taylor antwortete: „Meine Kompasse sind beide defekt. Ich versuche Fort Lauderdale zu finden. Bin sicher, daß ich über den Keys bin, aber ich weiß nicht, auf welcher Höhe."

Diese Mitteilungen erklären das Schicksal des Flugs 19. Leutnant Taylor und offenbar auch Hauptmann Powers, der nächsterfahrene Mann, meinten, sie hätten eine falsche Wende genommen und vom Kurs abgekommen. Die Maschinen befanden sich über Great Sale Cay in den Bahamans, aber Leutnant Taylor, der dort noch nie geflogen war, ließ sich von der Ähnlichkeit zwischen Great Sale Cay und den Keys in Florida irreführen, die er gut kannte. Er konnte also nicht erkennen, ob er sich

Unten:
Leutnant Robert Cox, der leitende Flugausbilder in Fort Lauderdale im Jahre 1945. Er erhielt die umstrittene letzte Durchsage vom Flug 19.

östlich oder westlich der Halbinsel Florida befand, über dem Atlantik oder dem Golf von Mexiko.

Leutnant Cox gab Taylor Anweisungen, Fort Lauderdale von den Keys aus anzufliegen und fügte hinzu: „In welcher Höhe befinden Sie sich? Ich fliege nach Süden und treffe Sie."

Von dieser Aussage haben die Bermuda-Dreieck-Autoren viel Aufhebens gemacht, aber nach den offiziellen Berichten hat Taylor geantwortet: „Ich weiß jetzt, wo ich bin. Ich bin auf 700 Meter Höhe. Folgen Sie mir nicht nach." Da gibt es keinen Grund, nach etwas auch nur annähernd Ungewöhnlichem zu suchen.

Taylor wußte jedoch nicht, wo er war und verlor immer mehr die Orientierung. Mehrere Faktoren trugen dazu bei: Seine Kompasse waren defekt, oder er glaubte es zumindest; er hatte keine Uhr; sein Funkkanal wurde von Interferenzen der kubanischen Radiosender gestört; aber aus Angst, den Kontakt zum Rest des Flugs zu verlieren, wechselte er nicht auf die ungestörte Notruffrequenz.

In der einbrechenden Dämmerung steuerte er das Flugzeug erst in die eine, dann in die andere Richtung, und als die Dämmerung von der Finsternis der Winternacht abgelöst wurde, verschlechterte sich das Wetter, und die See wurde rauh. Um 18.30 Uhr hörte man Leutnant Taylor, der versuchte, seinen Flug zusammenzuhalten, durchsagen: „Alle dicht zusammenbleiben – wenn wir kein Land sichten, müssen wir wassern – wenn der erste unter 45 Liter fällt, gehen wir alle zusammen runter."

Die letzten Worte von den Flugzeugen wurden um 19.04 Uhr aufgefangen, als ein Pilot verzweifelt versuchte, mit Leutnant Taylor Kontakt herzustellen. Es ist anzunehmen, daß die fünf Bomber irgendwann innerhalb der nächsten Stunde in der turbulenten See niedergingen und untergingen. Experten schätzten später, daß eine TBM in weniger als einer Minute sinken würde.

Sofort ausgesendete Suchflugzeuge waren wohl kaum mehr als eine symbolische Geste, denn die Chancen, bei Nacht und schlechtem Wetter Wracks zu finden, sind sehr gering. Auch bei Tageslicht würde der Seegang die Wrackteile unauffindbar verteilt haben.

Die Bermuda-Dreieck-Version des Flugs 19 gibt eine ganze Reihe völlig falscher Funkdurchsagen an und läßt die Maschinen zweieinhalb Stunden früher verschwinden, als es wahrscheinlich der Fall war. Bei dem Rettungsflugzeug, das den Bombern gefolgt sein soll, handelt es sich um einen ganz anderen Fall.

Feuer am Himmel

Einige Darstellungen lassen die Martin-Mariner schon drei Stunden, bevor sie überhaupt startete, verschwinden. Tatsächlich hob das Flugzeug um 19.30 Uhr vom Banana-River-Marineflugplatz ab, funkte eine Routine-Abflugmeldung und muß kurz darauf in der Luft explodiert sein. Charles Berlitz bezieht sich in *Without a Trace* auf diese Erklärung: „Das Verschwinden der Martin-Mariner läßt sich leicht dadurch erklären, daß die Mannschaft der *Gaines Mills*, einem vorbeifahrenden Frachter, das Auflodern eines Feuers am Nachthimmel beobachtete." Der Kapitän des Frachters stellt den Vorfall etwas anders dar. Er habe ein Flugzeug Feuer fangen sehen, das dann ins Meer stürzte und explodierte.

Der Kommandant der USS *Solomons*, einem an der Suche teilnehmenden Flugzeugträger, versicherte, daß es das Wasserflugzeug gewesen sei, das explodierte. Die Maschine war auf dem Radarschirm verfolgt worden, seit sie in

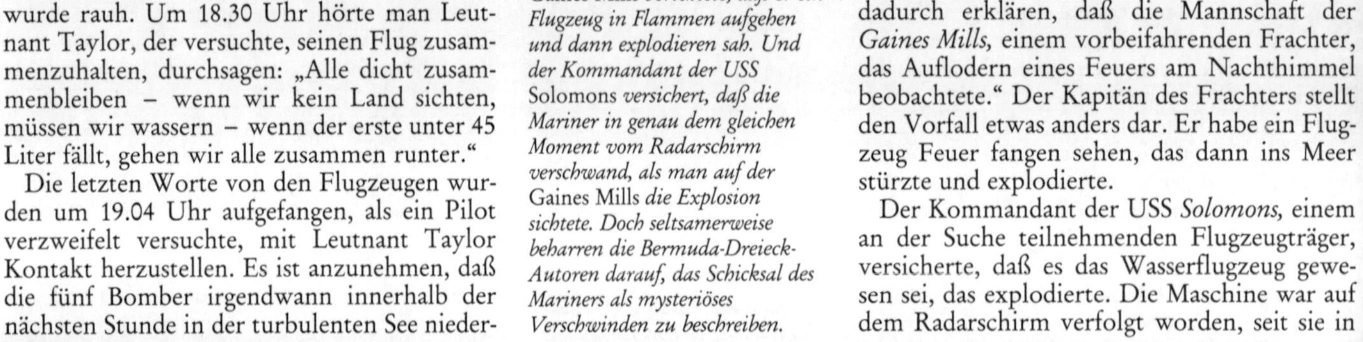

Ein Martin-Mariner-Wasserflugzeug des Typs, der versuchte, Flug 19 zu lokalisieren und dabei selbst verschwand. Es verließ den Banana-River-Marineflughafen (jetzt Luftwaffenstützpunkt Patrick) um 19.30 Uhr und soll kurz darauf in der Luft explodiert sein. Der Kapitän des Frachters Gaines Mills *berichtete, daß er ein Flugzeug in Flammen aufgehen und dann explodieren sah. Und der Kommandant der USS* Solomons *versichert, daß die Mariner in genau dem gleichen Moment vom Radarschirm verschwand, als man auf der* Gaines Mills *die Explosion sichtete. Doch seltsamerweise beharren die Bermuda-Dreieck-Autoren darauf, das Schicksal des Mariners als mysteriöses Verschwinden zu beschreiben.*

Banana River abhob, bis sie zur gleichen Zeit und an der gleichen Stelle verschwand, an welcher die *Gaines Mills* die Explosion wahrgenommen hatte.

Niemand kennt den Explosionsgrund, aber die Mariner wurden manchmal auch als „fliegende Gastanks“ bezeichnet, sie führten nämlich große Mengen Treibstoff mit hoher Oktanzahl mit. Die Gase, die sich im Rumpf ansammelten, könnten sich leicht durch Funken entzündet haben, die aus der elektrischen Anlage oder durch Reibung entstanden sind.

Das einzige Rätsel, das bezüglich des Flugs 19 zu klären bleibt, ist der Ursprung jener angeblichen Funkmeldungen zwischen Leutnant Taylor und dem Lauderdale Tower. Sie erschienen zuerst in einem Artikel, den Allan W. Eckert 1962 veröffentlichte. Charles Berlitz behauptet, daß viele seiner Informationen aus den Notizen stammten, die Fregattenkapitän R. H. Wirshing, damals diensthabender Leutnant in Fort Lauderdale, unmittelbar gemacht hatte. In einer Dokumentarsendung der BBC über das Bermuda-Dreieck sagte Wirshing jedoch, daß er keine Aufzeichnungen gemacht habe und seinen Dienst erst angetreten hatte, als Flug 19 schon keine Mitteilungen des Tower mehr empfangen konnte.

Der Fall des Fluges 19 ist typisch für alle Bermuda-Dreieck-Mythen: Verdrehte Tatsachen, grobe Fehler und verzerrte Einzelheiten. Es handelt sich um ein künstliches Geheimnis, wobei 40 Jahre lang ein Autor vom anderen abgeschrieben hat.

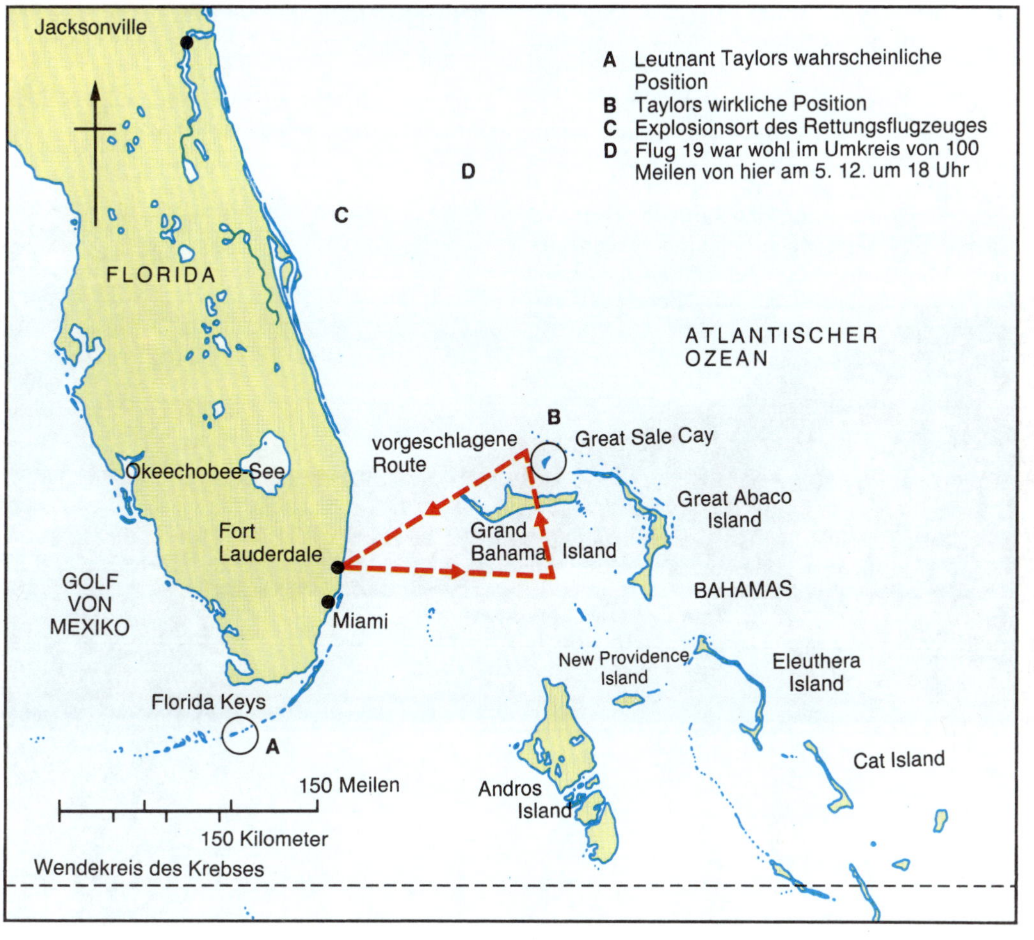

Oben:
Die USS Solomons, *ein Flugzeugträger, der nach dem verschollenen Martin Mariner suchte und von seiner Explosion berichtete.*

Rechts:
Eine Karte, welche die Keys bei Florida zeigt (A), mit denen Leutnant Taylor, der Leiter von Flug 19, vertraut war. Er verwechselte sie mit der Great Sale Cay (B) und verlor immer mehr die Orientierung, bevor der Funkkontakt mit der Bodenstation abbrach und er abstürzte.

Der Schrecken der Großen Seen

Die Großen Seen in Nordamerika, der Welt größtes Süßwasservorkommen, fordern jährlich eine ungeheure Anzahl von Opfern. Welche geheimnisvolle Kraft ist dort am Werk?

Die angestammten Jagdgründe der Chippewa-Indinaer liegen um den Oberen See herum, an der Grenze zwischen den Vereinigten Staaten und Kanada. Nach ihren Aussagen wird dieser von einem riesigen Stör heimgesucht, der ein Schiff verschlingen kann. Eine winzige Bewegung seiner Flossen verursacht bereits einen großen Strudel, und ein Schlag seiner Schwanzflosse bringt den ganzen See in Aufruhr. Die Bewegungen des ungeheuren Fisches, sagen die Chippewa, erzeugen jenes Phänomen, das als „die drei Schwestern" bekannt ist, eine dreifache Welle, die über die ansonsten ruhige Wasseroberfläche rollt und jedes Boot in ihrer Bahn verschlingt.

Obwohl der Mythos von dem Riesenfisch in den Bereich der Sage zu gehören scheint, neigen doch Schiffer auf den fünf Großen Seen Nordamerikas (Oberer-, Michigan-, Huron-, Erie- und Ontariosee) dazu, der Geschichte mit Respekt gegenüber zu treten. Denn sie erinnern sich an die Unglücksfälle, die berichtet werden, seit die Franzosen die Seen vor ungefähr 300 Jahren entdeckt haben. Auf den grausigen Ruf der Whitefish Bucht zum Beispiel, am Ostende des Oberen Sees, spielt ihr populärer Name „Schiffsfriedhof" an.

Doch seit 1970 haben Ufologen und andere Forscher vermutet, daß die alte indianische Legende mehr verbirgt als nur Naturkatastrophen. Sie nehmen an, daß hinter der großen Anzahl vermißter Schiffe, und neuerdings auch Flugzeuge, eine geheimnisvolle Kraft steckt, die derjenigen, die das Bermuda-Dreieck beherrscht, gleichkommt oder sie sogar übertrifft.

Die Großen Seen bilden zusammen das größte Süßwasservorkommen der Welt, mit einer Fläche von 260 000 Quadratkilometern, wobei die Flüsse und Ströme, die in sie fließen, eine Fläche von 600 000 Quadratkilometern bewässern. Auf Grund ihrer Größe wirken sie, besonders klimatisch gesehen, wie ein Ozean; die Umgebung hat im Sommer gemäßigte Temperaturen und im Winter wird sie in der Nähe der Seenufer erwärmt. Doch selbst angesichts dieser Ausmaße scheint der Ruf der Seen als Killer von Schiffen und Menschen erstaunlich. Obwohl offiziell über Unfälle nicht direkt auf den Seen Buch geführt wird, zeigen doch Presseberichte bestimmter Zeitabschnitte aufregende Fakten.

Zwischen 1870 und 1889 zum Beispiel lag die Zahl der Schiffsverluste durch Auflaufen, Kentern und Brand bei über 6000. Willis Metcalfe, ein Historiker aus Ontario, hat festgehalten, daß im November 1856 innerhalb einer Woche fast 30 Schiffe auf dem Ontariosee verloren gingen, und im November 1913 sind in vier Tagen 40 Schiffe gesunken und 672 Menschen umgekommen. Die modernen Navigationsmethoden haben jedoch kaum zu einer

Unten:
Der Obere See, der größte der Großen Seen. Eine besonders hohe Anzahl an Schiffen und Flugzeugen sind hier verschwunden, was ihnen einen Ruf einbrachte, der mit dem des Bermuda-Dreiecks vergleichbar ist. Ein früher Fall ereignete sich 1804, als der Schoner Speedy *(rechts) ohne ersichtlichen Grund samt Mannschaft auf dem Ontariosee verlorenging (oben).*

Verbesserung der Situation beigetragen. Neun Mehrtausendtonner verschollen zwischen 1940 und 1960. In den etwa 80 Jahren der regulären Luftfahrt erscheinen auch die Flugzeuge auf den Listen der Unglücksfälle.

Insbesondere zwei Bücher haben auf diese geheimnisvolle Gegend aufmerksam gemacht. Das erste, Jay Gourleys *The Great Lakes Triangle* (Das Dreieck der Großen Seen) erschien 1977; wobei allerdings die seltsamen Vorkommnisse nicht auf ein bestimmtes Dreieck beschränkt sind. 1980 folgte *Gateway to Oblivion* (Tor ins Verderben) von Hugh F. Cochrane. Er glaubt, daß alle fünf Seen gefahrvoll sind aber die Region um Marysburgh, am Ostende des Ontariosees gelegen, die größte Bedrohung darstellt. Er nannte sie den „Marysburgh Wirbel".

Während des Krieges zwischen England und den Vereinigten Staaten im Jahre 1812 segelten zwei gut ausgerüstete amerikanische Fregatten, der 110-Tonner *Scourge* und der 112-Tonner *Hamilton,* den Ontariosee herunter zu dem befestigten Hafen von Niagara. Beide Schiffe kippten urplötzlich gleichzeitig um und versanken. Von 100 Mann Besatzung überlebten nur 10, aber niemand konnte den Grund feststellen. Etwas Ähnliches war offenbar acht Jahre zuvor schon einmal passiert, als der Schoner *Speedy* auf dem Ontariosee verschwand und viele der wichtigsten Staatmänner Kanadas mit sich nahm. Es war dies das spektakulärste Schiffsunglück in der Landesgeschichte.

Die *Speedy* segelte von York, dem heutigen Toronto, im November 1804 ab. An Bord war eine Gruppe von Richtern und Regierungsmitgliedern, die ins 140 Kilometer entfernte Presqu'ile wollten, sowie ein indianischer Gefangener, der wegen Mordes in der Küstenstadt Newcastle gehängt werden sollte. Die *Speedy* hatte zwei erfahrene Kapitäne, die sich in der Führung abwechselten. Kapitän James Richardson, der das Schiff auf seiner Unglücksfahrt befehligen sollte, hatte beim Ablegen schon schlimme Vorahnungen. Ohne irgendwelche vernünftigen Gründe angeben zu können, versuchte er, die Beamten zu überreden, die Fahrt zu verschieben oder abzusagen. Daraufhin mußte er zugunsten des zweiten Kapitäns Thomas Paxton zurücktreten. Kurz nachdem die *Speedy* den Hafen verlassen hatte, setzte ein Sturm ein; Leuchtfeuer wurden bei Newcastle am Ufer entzündet, um das Schiff zu warnen, aber unbeirrt fuhr es unter vollen Segeln davon. Von Schiff und Besatzung wurde nie wieder etwas gesehen.

Cochrane hält es für denkbar, daß Kapitän Richardson Erdströme, ähnlich denen, die auch von Leylines und Dolmen ausgehen, gefühlt hatte, die ihn auf die bevorstehende Gefahr hingewiesen haben. Der weniger sensitive Paxton bemerkte dagegen nichts. Einen ähnlichen Fall führt Cochrane mit dem Segelschiff *Eleanor Hamilton* an, das 1854 auf dem Ontariosee verloren ging. Die Besatzung des Windjammers schien eine kollektive Vorahnung gehabt zu haben und hätte beinahe gemeutert, beugte sich aber schließlich doch den Befehlen des Kapitäns und setzte die Segel. Tote wurden nicht gefunden, aber die angespülten Wrackteile waren in kleine Stücke zerschmettert.

Cochrane formuliert es so: „Als ob eine Riesenfaust das Schiff zertrümmert und in Kleinholz verwandelt hätte, während es durch die Dunkelheit der Nacht segelte."

Eine viel sanftere Kraft versenkte im Dezember 1950 offenbar den robusten Schlepper *Sachem* auf dem Ontariosee. Er war von Buffalo nach Dunkirk, New York, abgefahren, aber obwohl das Wetter schön und klar blieb, kam er nie an seinem Zielort an. Einen Monat später wurden Leichen der Besatzung angeschwemmt; im darauffolgenden Oktober entdeckte die US Küstenwache die *Sachem* auf dem Boden des Sees liegend. Sie wurde gehoben und untersucht. Der Schiffsrumpf und die Maschinen waren völlig in Ordnung, nur die Telegraphenhebel auf der Brücke und im Maschinenraum waren in Stopp-Position, die Fenster der Brücke eingeschlagen.

Ein ähnlich unzerstörtes Opfer der Großen Seen war die *Bavaria*, die 1889 bei der Galloo-Insel, Ontario, in einer Weise verlassen aufgefunden wurde, die sehr an die *Mary Celeste* erinnerte. Das Schiff war seit einigen Tagen vermißt worden, später fand man sie unversehrt, abgesehen von etwas Wasser in den Bilgen. Ein Kanarienvogel, das einzige lebende Wesen an Bord, sang noch in einer Kabine. Ein Laib frischgebackenes Brot lag in der Messe, und die Papiere des Kapitäns, einschließlich einer Geldsumme, lagen im Schreibtisch.

Was auch immer der Grund für diese und ähnliche Untergänge gewesen sein mag, weder die Kraft noch die Zahl der Opfer hat im Laufe der Zeit nachgelassen. Die *Edmund Fitzgerald* war ein 8-Millionen-Dollar-Frachtschiff, 222 Meter lang, und hatte 26000 Tonnen Eisenschrott geladen, als sie im November 1975 auf dem Weg vom Oberen See zu den Hochöfen von Detroit verschwand. Ihr Kapitän, Ernest R. Mc Sorley, funkte dem ihr folgenden Schiff, der *Arthur Anderson*, um 19.10 Uhr, daß er wegen des hohen Seegangs etwas Wasser an Bord hätte. Obwohl sein Schiff nicht in Gefahr sei, bat er, mit ihm in Blick- und Radarkontakt zu bleiben. Wenige Minuten danach verschwanden die Lichter der *Edmund Fitzgerald* und auch ihr Fleck auf dem Radarschirm. Im August 1977 wurde sie in 170 Meter Tiefe, sauber in zwei Hälften geteilt, gefunden. Im Jahre 1978 stellte die US Verkehrssicherheits-Behörde fest, daß die Katastrophe durch fehlerhafte Lukendichtungen zustande gekommen war. Dies erklärt jedoch nicht den so schnellen Untergang.

Plötzliches und unerklärliches Feuer hat viele Schiffe im Bereich der Großen Seen zerstört. Auch Küstenstädte haben unter Großbränden zu leiden gehabt. Cochrane vermutet, daß das große Feuer in Chicago und der Brand, der 1904 die Innenstadt von Toronto zerstörte, paranormale Ursachen hatten. Sowohl er als auch Gourley führen einen Fall an, bei dem im Cockpit eines F-94 Jets der US Luftwaffe im Juli 1954 ein Feuer ausbrach, nachdem die Maschine stark gestiegen war, um ein diskusförmiges UFO abzufangen, das westlich des Luftwaffenstützpunkts Griffiss am Himmel gesichtet worden war. Als der Jet dem UFO näher kam, wurde das Cockpit plötzlich überhitzt. Der Pilot und der Funker waren gezwungen, sich herausschleudern zu lassen, während ihr Flugzeug in die Stadt Walesville, New York, herabstürzte, vier Personen tötete und den Ort in Brand setzte. Dabei wurde angenommen, daß das UFO das Feuer und damit den Unfall verursacht hatte.

In den meisten Fällen vermißter Flugzeuge über den Großen Seen sind die Maschinen jedoch unauffindbar. Allein in einer Gegend,

Oben:
Das große Feuer von Chicago. Plötzliche und unerklärliche Brände ergriffen Schiffe und Küstenstädte der Großen Seen. Chicago, am unteren Ende des Michigansees gelegen, wurde 1871 von diesem Schicksal getroffen, während das Zentrum von Toronto an der Küste des Ontariosees 1904 von Feuer heimgesucht wurde.

Unten:
Das 8-Millionen-Dollar-Frachtschiff Edmund Fitzgerald, *das am 10. November 1975 verschwand. Im August 1977 wurde es in 170 Metern Tiefe entdeckt – säuberlich in zwei Teile zerbrochen.*

deren Mann 1791 Vizegouverneur von Nordkanada wurde. In ihrem Tagebuch schrieb sie, daß kurz nach ihrem Eintreffen das östliche Ende des Ontariosees von Erdbeben erschüttert wurde. Diesen folgten Lichtkugeln, die aus dem Südwesten kamen und sich in nordwestliche Richtung bewegten, wobei sie dem Verlauf des St. Lorenz-Stromes folgten. In jüngerer Zeit, im Februar 1913, sahen viele zuverlässige Zeugen, unter anderem zwei Astronomen, wie eine „Prozession" von Lichtern sich von Nordwesten nach Südosten bewegte, wobei sie fünf Minuten brauchte, um Toronto zu überqueren. Einer beschrieb den Vorgang im *Journal* der Königlichen Astronomischen Gesellschaft Kanadas wie „einen bei Nacht erleuchteten Expreßzug".

Oben:
Diese beiden Fotos wurden von einem Einwohner Torontos, Cliff Crocker, vor seinem Haus aufgenommen. Als er die Bilder schoß, jagte das Objekt geräuschlos davon. Die Computeranalyse zeigte später, daß das Licht von einer sehr intensiven Quelle stammte, die sehr beweglich war.

einem Streifen der Nordküste des Oberen Sees, verschwanden von 1952 bis 1982 34 Menschen und 17 Flugzeuge. In wenigstens zwei Fällen sind die zertrümmerten Maschinen mit abgerissenen Flügeln entdeckt worden. Etliche Piloten haben sich auch über das Auftreten von plötzlichen, allesverschlingenden Nebeln beklagt. Im Jahre 1966 war ein erfahrener Pilot mit seiner leichten Maschine auf einer routinemäßigen Strecke an der Südküste des Eriesees entlang geflogen, als er dem Luftverkehrskontrollzentrum Cleveland funkte, daß er in dichten Nebel geraten sei und nicht mehr zwischen oben und unten unterscheiden könne. Seine letzte Meldung war, daß er sich drehen und fallen würde, als der Kontakt abrupt abbrach und sein Punkt vom Radarschirm verschwand.

Benommen und humpelnd

In einem der aufregendsten Fälle überlebte der Pilot zwar, hatte aber jedes Erinnerungsvermögen eingebüßt. Dem *Toronto Star* zufolge flog Tom Walker, ein Veteran mit neun Jahren Flugerfahrung, über den Seen bei schlechter Sicht von Island Airport, Toronto, nach Hause, was 130 Kilometer im Norden bei Owen South lag. Jeder Kontakt zu ihm brach ab, bis er nach zweitägiger Suche benommen und humpelnd in einer Vorstadt Torontos gefunden wurde. Man brachte ihn ins Krankenhaus und behandelte mehrere Verletzungen sowie einen gebrochenen Knöchel. Seiner Frau erzählte er, daß er sich zuletzt nur noch an Nebel erinnern konnte, aber an keinen Aufprall oder seinen Aufenthaltsort zu der fraglichen Unfallzeit. Wegen des verletzten Knöchels nahm man an, daß er sich nicht sehr weit vom Unfallort befand, merkwürdigerweise wurde das Wrack seiner Maschine nie gefunden.

Berichte von „Lichtern am Himmel" begleiteten eine Reihe von Flugzeugverlusten in den vergangenen Jahren, was der Theorie von außerirdischen Intelligenzen hinter dem Chaos der Großen Seen zusätzliches Gewicht zu verleihen scheint. Einer der ersten dieser Beobachtungen kam von Joe Graves Simcoe,

Am nächsten Tag wurde die Prozession noch einmal bei Tageslicht gesehen. Sie bestand aus mehreren Objekten, die sich dunkel gegen den Himmel abhoben und in Gruppen zu dreien oder siebenen flogen.

Zwei Jahre später, am 14. Februar 1915, berichteten die Einwohner von Morristown, New York, und Brockville, Ontario, beides Gemeinden auf dem gegenüberliegenden Ufer des St. Lawrence, daß sie große Scheinwerfer vom Nachthimmel auf sich herabstrahlen sahen. Nach einer Meldung der *New York Times* bewegten sich die Lichter am darauffolgenden Tag etwa 65 Kilometer nach Nordosten und kehrten dann nach Südwesten um.

In noch jüngerer Zeit wurden alle Großen Seen zu einem Zentrum von UFO-Sichtungen. 1974 und 1975 erreichten die Berichte ihren Höhepunkt, wobei mindestens zwei Dutzend aus diesem 260000 Quadratkilometer großen Bereich kamen. Meist wurden goldene Lichter beobachtet, aber auch rote, grüne und weiße Blitzlichter, sowie Paare von weißen oder roten Lichtern, die über der Seeoberfläche schwebten.

Mit dem Verschwinden von Schiffen und Flugzeugen, seltsamen Nebeln, Feuern und nächtlichen Lichtern scheint das „Große-Seen-Dreieck" dem Bermuda-Dreieck gleichzukommen. Aber sind diese Vorkommnisse wirklich so unerklärlich, wie es scheint?

Großer Schwindel um die Großen Seen?

Lauert eine unheimliche Kraft in den Wassern der Großen Seen in Nordamerika? Ungewöhnlich viele Schiffe und Flugzeuge verschwinden dort jedes Jahr – aber es braucht dabei oft gar nicht mysteriös zuzugehen.

Von all den „paranormalen" und gewöhnlich durchaus erklärlichen Phänomenen im Umkreis der Großen Seen gibt es eine Besonderheit, die regelmäßig für jeden sichtbar ist. Es handelt sich dabei um die „Drei Schwestern", eine dreifache Riesenwelle mit allesverschlingender Kraft, die plötzlich und ohne Vorwarnung über die ruhige Oberfläche läuft. Die einheimischen Chippewa-Indianer glauben, daß dieses Phänomen von den Bewegungen eines gigantischen Störs hervorgerufen wird. Moderne Zeitgenossen nennen die Welle „Seiche" (gesprochen: „zesch"). Die Bezeichnung kommt aus der französischen Schweiz vom Genfer See, wo eine ähnliche Welle öfter zu beobachten ist.

Am 26. Juni 1954 brandete eine Seiche-Welle gegen die Küste des Michigansees zwischen Whiting, Indiana, und Wakegan, Illinois. Sie verursachte großen Schaden und riß 50 Menschen ins Wasser, von denen acht ertranken. Die meisten Opfer angelten gerade am Ufer; die Überlebenden sagten danach aus, daß sie nichts gemerkt hätten, bis die drei Meter hohe Welle plötzlich über ihnen zusammenschlug. In seinem Buch *The Great Lakes Triangle* beschreibt Jay Gourley, wie eine solche Welle die *James E. Davidson,* die 6000 Tonnen Getreide über den Oberen See transportierte, überrollte und versenkte. Gourley fragt sich, welch eine geheimnisvolle Kraft dahinter stand, woher sie gekommen sein mochte und wie sie so gezielt eingesetzt wurde, um ein völlig seetüchtiges Schiff in die Tiefe zu reißen.

Doch abgesehen von Gourleys Implikation, daß die Welle von einer intelligenten Kraft gelenkt wurde, sind die Fragen vielleicht von Meteorologen durchaus beantwortbar, obwohl auch diese sich über die genauen physikalischen Abläufe nicht ganz im klaren sind. Es handelt es sich um lange Brecher, die in verhältnismäßig niedrigem Wasser von Seen, Buchten oder Häften auftreten, obwohl sie auch über den ganzen Atlantik wandern können, wenn sie sich im Flachwasser der Kontinentalschollen aufgebaut haben. Ihre Höhe variiert von 8–12 Zentimetern bis zu 10 Metern und mehr. Sie werden von verschiedenen atmosphärischen Störungen hervorgebracht, hohen Winden oder auch feinen Erderschütterungen im Bett der Seen.

Trotz ihrer riesigen Ausdehnung sind die Großen Seen doch erstaunlich flach. Ihre Tiefe schwankt zwischen 60 und 180 Metern, nur der Obere See kann an manchen Stellen bis zu 400 Metern Tiefe erreichen. Diese Gegeben-

Einige Opfer der Großen Seen. Der Frachter Mataafa *(ganz unten) sank in Flachwasser in Sichtweite des Hafens von Duluth, Minnesota, bei dem „Schlag" von 1905. Der hölzerne Fracht- und Passagierdampfer* Chicura *(unten rechts) verschwand am 21. Januar*

1895 auf dem Michigansee. Der dampfgetriebene Waldecker Samuel Mather *(oben) verschwand mit seiner kompletten Besatzung am 22. September 1924.*

Oben:
Der Genfer See an der Schweizer Grenze zu Frankreich. Von seiner allesverschlingenden dreifachen Welle hat die gefürchtete Seiche-Welle der amerikanischen Großen Seen ihren Namen.

Rechts:
Sir Francis Chichester an Bord der Gypsy Moth IV *am Ende seiner Reise um die Welt im Jahre 1967. Bei Kap Horn ist das Schiff offenbar von breitseits anlaufenden Wellen umgekippt und danach wieder aufgerichtet worden.*

heit bedeutet, daß starke Winde die Oberfläche sehr schnell zu der zerstörischen Gewalt atlantischer Stürme aufpeitschen können.

Im Hinblick auf diese Seiche-Wellen und der regelmäßigen Stürme auf den Großen Seen wird das Verschwinden von Schiffen schon leichter verständlich. Bei jeder Form von Navigation, ob mit einem Segelschiff oder einem Motorboot, ist es ideal, den Bug des Schiffes gegen das Wetter und den Wind zu halten, sich in die Windrichtungen zu schlagen; bei Sturm ist das der sicherste Kurs, den ein Boot nehmen kann. Die beiden gefährlichsten Manöver beim Segeln sind das Segeln vor dem Wind und das Gehen auf Raumschots-Kurs. Im ersteren Fall kommt der Wind von achtern, das heißt, er bläst vom Heck her; im letzeren bläst der Wind breitseits und kann das Schiff leicht zum Kentern bringen. In Binnengewässern wie den Großen Seen laufen die Wellen oft in der gleichen Richtung wie der Wind und machen das Segeln doppelt gefährlich. Wenn ein Boot nämlich den Wellen die Breitseite bietet, neigt es dazu, die Wellen anzuschneiden oder gefährlich in den Wellentälern zu rollen; wenn es vor Wellen segelt, die schneller sind, kann es von ihnen überrollt werden; sie schlagen dann von hinten über dem Heck zusammen und verschlingen das Schiff.

Das sind natürlich nur grobe Vereinfachungen. Navigation ist eine Kunst, aber diese Beispiele zeigen zumindest Möglichkeiten auf, was zahlreichen der Schiffe zugestoßen sein könnte, die von Gourlay und von Hugh F. Cochrane in seinem *Gateway to Oblivion* als „auf mysteriöse Weise verschwunden" angeführt werden.

Für die beiden amerikanischen Segelfregatten *Scourge* und *Hamilton*, die 1812 gemeinsam kenterten und sanken, als sie auf dem Weg durch den Ontariosee nach Niagara waren, deuten alle Anzeichen darauf hin, daß sie von einer Seiche-Welle überrollt wurden. Sie segelten bei gutem Wetter und leichtem Wind, so daß sie wahrscheinlich die Top-Segel und die oberen Quersegel gesetzt haben. Manches kleine Boot ist schon von breitseitigem Seegang direkt überrollt worden und hat sich dann wieder aufgerichtet. Der verstorbene Francis Chichester erzählt, daß ihm dies auf der Reise mit der *Gypsy Moth IV* um das Kap Horn passiert ist. Das auf dem oberen Teil der Masten aufgespannte Segeltuch bei den beiden genannten Fregatten würde jedoch die Neigung der Schiffe, sich wieder aufzurichten, vereitelt haben; deshalb sanken sie.

Bei der *Sachem*, die 1950 bei ruhigem Wetter auf der von Buffalo ausgehenden Fahrt sank, scheint eine Bugwelle der wahrscheinlichste Grund des Untergangs gewesen zu sein. Sie wurde mit Maschinenkontrollhebeln in Stopp-Position vorgefunden, die Fenster der Brücke waren zerbrochen. Wahrscheinlich sah der Wachhabende Offizier die „Drei Schwestern" von vorn anrollen und befahl sofort „Maschinen stopp", bevor die Welle das Boot verschlang und auf Grund setzte; dabei drückte sie dann die Brückenfenster ein. Möglicherweise hätte die *Sachem* den Aufprall überstanden, wenn er statt dessen „Volle Kraft voraus" durchgegeben hätte.

Goutley schließlich macht aus dem Fall der *Edmund Fitzgerald* ein Geheimnis, obwohl die Fakten zeigen, daß eigentlich keines vorliegt. Ein Bericht in der *Buffalo Evening News* stellt fest, daß ein Orkan mit 140 Stundenkilometern herrschte und die Novemberstürme Wellen von über acht Metern Höhe aufgepeitscht hatten. Der Frachter war 210 Meter lang beladen mit 26000 Tonnen Eisenerz. Der Kapitän hatte Wasser im Laderaum gemeldet, kurz bevor das Schiff schließlich „verschwand". Wenn der Frachter von acht Meter hohen Wellen an Bug und Heck überrollt wurde, mit einem Wellental in der Mitte, dann ist es sicher kein

Wunder, daß er in zwei Hälften geteilt wurde.

Das Verschwinden von Flugzeugen im Gebiet der Großen Seen wird ebenfalls verständlich, wenn man die dort vorherrschenden unberechenbaren Wetterverhältnisse in Betracht zieht. Plötzliche Nebelentwicklung war schon immer Bestandteil der besonderen atmosphärischen Bedingungen, wie auch gefrierender Nebel in den bitterkalten Wintermonaten. Paul Cena, ein Berufspilot, der regelmäßig im Gebiet der Großen Seen fliegt, berichtete im Sommer 1982 der Zeitschrift *Skeptical Inquirer:*

„Es ist dumm von einem Piloten, mit einer leichten Maschine über eine Wasserfläche zu fliegen, die so ausgedehnt wie einer der Großen Seen ist ... zwar ist ein Maschinenausfall selten, aber wenn er auftritt, müßte eine Wasserlandung gemacht werden. Für ein Flugzeug ohne Schwimmer ist das, vorsichtig gesagt, gefährlich. Bei meiner Flugausbildung wurde mir beigebracht, um einen See herum zu fliegen, nicht darüber."

Bei ruhiger See treibt ein kleines, leichtgebautes Flugzeug durchschnittlich 30 Sekunden lang auf dem Wasser. Bei rauher Wetterlage verkürzt sich die Zeit bis zum Untergang erheblich. Ein beschädigtes Flugzeug, das in unkontrolliertem Fall abstürzte, wird unmittelbar nach dem Aufschlag untergehen. Cochrane nennt mindestens zwei Fälle, bei denen leichte Maschinen mit abgerissenen Tragflächen gefunden wurden. Das ist aber nicht unheimlich, ja nicht einmal besonders bemerkenswert. Viele Piloten in dieser Region berichten von Beinahe-Zusammenstößen mit Vogelschwärmen, vor allem mit großen Vögeln wie den kanadischen Wildgänsen, die im Küstenbereich leben. Eine Kollision bei voller Geschwindigkeit kann erheblichen Schaden an der dünnen Metalloberfläche eines leichten Flugzeugs verursachen.

Selbst wenn der Pilot abspringen oder notlanden kann, ist die Gefahr für ihn nicht vorüber. Ein großer Teil der Küstenlinie der Seen ist wild und unwegsam. In einem Streifen Buschland an der Nordseite des Oberen Sees mit einer Fläche von 120000 Quadratkilometern gehen jährlich um die 100 Menschenleben verloren. Die meisten Opfer dieses unwirtlichen Landes sind Jäger oder Fischer, aber auch Segler und Piloten enthalten die Unfallbilanz.

Oben:
Die an die Ufer des Ontariosees gespülten Leichen von Seeleuten werden auf dem Friedhof in Prince Edward County, Ontario (Kanada), begraben.

Unten:
Ein Schwarm kanadischer Wildgänse fliegt auf. Flugzeugpiloten haben oft von Beinahe-Zusammenstößen mit Vögeln über den Großen Seen berichtet. Es ist leicht vorstellbar, wie einige der Unfälle, in welche leichte Maschinen verwickelt waren, durch Zusammenstöße mit Wildgänsen verursacht worden sind.

Sowohl Cochrane als auch Gouley erwähnen Flugzeuge, die wenige Minuten vor ihrem Zielort verschwanden, ohne einen Notruf auszusenden. Aber hierfür gibt es eine Erklärung. Nach einem Artikel, der kürzlich in dem US Magazin *Plane and Pilot* erschien, entsteht ein verhängnisvolles Überziehen oder Trudeln meist bei der Verkehrsregelung, wobei die Chancen, sich wieder zu fangen gleich Null sind. Mit anderen Worten, wenn das Flugzeug kreist und auf die Landeerlaubnis wartet, kann ein unerfahrener Pilot die Fluggeschwindigkeit zu weit abfallen lassen und so ins Trudeln geraten.

Eine weitere Unfallursache sei oft auch ein Irrtum des Piloten, meint Paul Cena:

„Wenn ein Pilot schon einige Zeit lang fliegt, kann er zu selbstsicher werden. Viele Unfälle geschehen, wenn ein Pilot die Wettermeldung nicht erhält oder wenn ein Pilot, der nicht nach Instrumenten fliegt, unter Instrumenten-Bedingungen gerät. Ein Pilotenirrtum hinterläßt keine Beweise."

Gewiß würde eine Maschine, deren Flug durch Instrumente gesteuert wird, nicht allzu sehr von Nebel beeinträchtigt werden.

Ein weiteres Problem mit Flugzeugen im Bereich der Großen Seen ist die Vereisung der Vergaser, deren Temperatur um 40 Grad unter der Außentemperatur liegen kann, so daß sogar an warmen Tagen oft die Vergaserheizung eingeschaltet werden muß. Im Winter über der kanadischen Grenze hätte eine Verzögerung dabei verhängnisvolle Folgen.

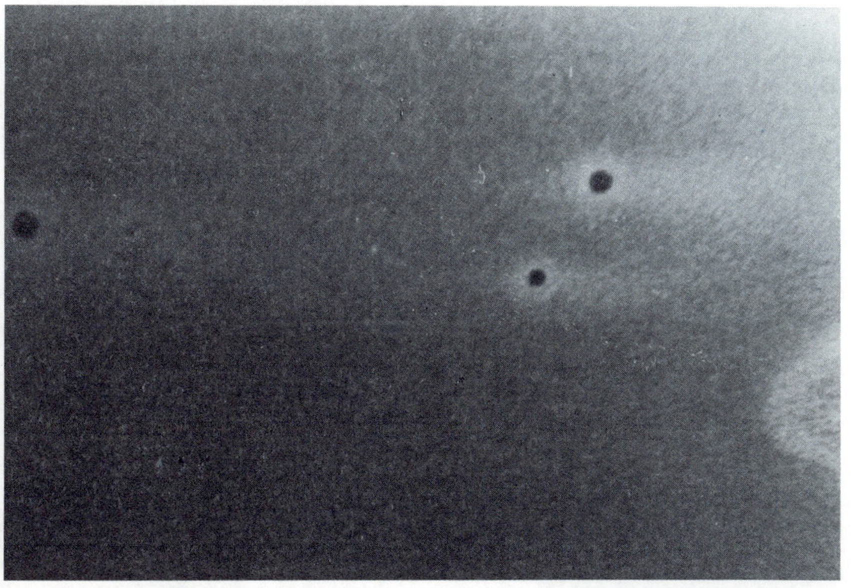

und ein grünes steuerbord, dazu ein weißes oder goldenes Licht am Leitwerk oder oben auf dem Rumpf. Über dem Wasser eines Sees in pechschwarzer Nacht beobachtet, wobei das Wasser noch reflektieren kann, braucht es kaum Phantasie, um ein kleines Flugzeug, das selbst nicht ausgemacht werden kann, in ein UFO zu verwandeln. Die stärker und schwächer werdenden paarweisen Lichter verlangen jedoch nach einer eigenen Erklärung, da Navigationslichter nicht unstetig strahlen.

In den frühen siebziger Jahren wurde in der Nähe von Joplin, Missouri, im Dreistaaten-Bereich der USA, ein Spuklicht-Phänomen untersucht. Der Spuk erschien in Form von Doppel-Lichtern, die leicht auf und ab hüpften, bevor sie verschwanden. Öfters wurden sie von kleineren Paaren roter Lichter begleitet. Nach sorgfältiger Überprüfung konnten sie als Lichter des Verkehrs auf der Creek-River-Straße identifiziert werden, die 30 Kilometer entfernt verläuft. Sie wurden von der Oberfläche des Spring River, einem Nebenfluß des Arkansas, ungleichmäßig reflektiert; alles in allem war nichts Mysteriöses daran.

Will man fair vorgehen, muß jeder UFO-Fall individuell behandelt und anhand des verfügbaren Beweismaterials überprüft werden. Aber es erscheint ganz vernünftig, davon auszugehen, daß das, was in Joplin vorkommen konnte, auch auf die Großen Seen übertragbar ist, wenn man die besonderen Witterungsverhältnisse dort in Betracht zieht. Dunst kann die seltsamsten Spiele mit dem Mondlicht treiben, was vielleicht einige der früheren „Sichtungen“ vor Aufkommen der Autoscheinwerfer erklären könnte. Die Natur hat die Großen Seen mit genügend Wundern ausgestattet. Spekulationen darüber, daß sie ein geheimnisumwobenes Gebiet mit zerstörerischen Kräften bilden, wie das inzwischen diskreditierte Bermuda-Dreieck, sind unter den gegebenen Umständen fehl am Platz.

Ein überhitztes UFO

Gourley, Cochrane sowie J. Allen Hynek und Jacques Vallée erwähnen in ihrem Buch *The Edge of Reality* (An der Grenze der Wirklichkeit) den Fall des amerikanischen F-94 Starfire-Jet, dessen Pilot und Funker gezwungen waren abzuspringen, als das Cockpit überhitzt wurde, während sie ein vermutetes UFO über dem Staat New York verfolgten. Donald Keyhoe schreibt in seinem Buch *Aliens from Space* (Fremde aus dem All): „Als ein glänzendes, diskusförmiges Objekt sichtbar wurde, ließ man eine F-94 Starfire aufsteigen, die es verfolgte. Plötzlich erfüllte eine treibhausmäßige Hitze beide Cockpits.“

Der Vorfall wurde zwei Wochen nach dem Unfall in nüchternem Ton im *Buffalo Courier-Express* berichtet: „Auf einem Routine-Übungsflug wurden sie angewiesen, ein nichtidentifiziertes Flugzeug zu ermitteln. Sie stellten fest, daß es sich nicht um eine feindliche Maschine handelte, und machten sich auf den Rückweg zur Basis. Da brach im vorderen Teil Feuer aus; der Pilot und Funker sprangen aus 2100 Metern Höhe aus dem rotglühenden Cockpit mit dem Fallschirm ab.“

Soviel über die berühmteste UFO-Geschichte der Großen Seen. Was aber ist mit den anderen Fällen, die von Goutley und Cochrane erwähnt werden? Ohne jeden Einzelfall detailliert zu untersuchen, kann gesagt werden, daß die meisten einige Gemeinsamkeiten haben: Lichter wurden gesehen, gewöhnlich abwechselnd rot, grün oder golden und weiß aufleuchtend. Manchmal waren es auch rote oder weiße „Bälle“, die mal größer und mal kleiner zu werden schienen; durchs Fernglas beobachtet, konnte man sie auch paarweise ausmachen. Die größte Anzahl wurde im November über Wasser gesehen.

Jedes Flugzeug muß mit Navigationslichtern ausgerüstet sein – ein rotes Licht backbord

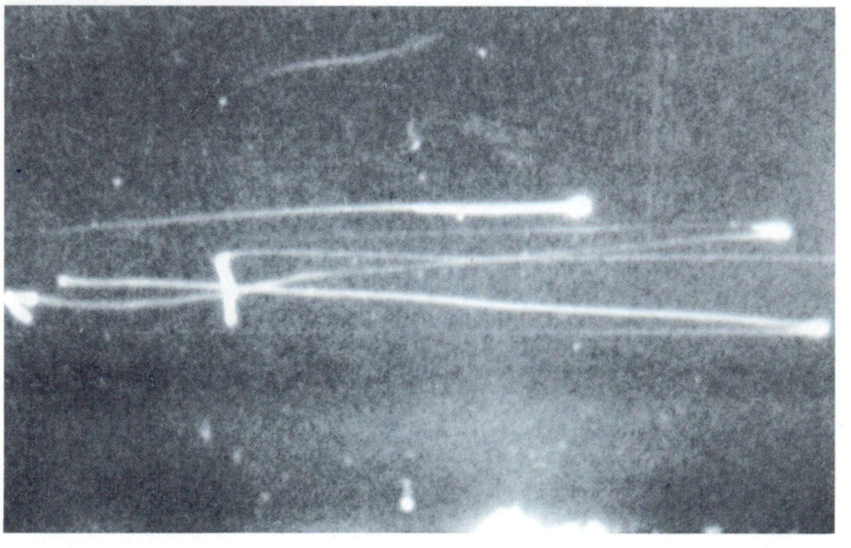

Immer wieder wird vom Gebiet der Großen Seen starke UFO-Aktivität berichtet. Viele der Meldungen betreffen nächtliche Lichterscheinungen. Diese hier (oben) wurden in einer Langzeitbelichtung über Toronto aufgenommen und können leicht als Navigationslichter von Flugzeugen erklärt werden. Manche jedoch sind nicht so leicht zu bestimmen. Dieses Bild (ganz oben) zeigt ein offenbar lichtabsorbierendes UFO über dem Westende des Ontariosees.

Der klassische Fall der „Mary Celeste"

Das Verschwinden der gesamten Mannschaft der „Mary Celeste" ist eines der faszinierndsten Geheimnisse der Seefahrt. Wie aber der folgende Bericht deutlich macht, war dies nur der Gipfel einer langen Reihe von Mißgeschicken.

Ein Wachhabender der britischen *Dei Gratia* sichtete auf offenem Meer am 5. Dezember 1872 ein Schiff, das offenbar in Schwierigkeiten war. Drei Seeleute wasserten ein Rettungsboot und ruderten zu dem in Seenot geratenen Segler. Sie hievten sich über die Reling und gingen an Deck. Außer dem Wind in den Segeln und dem Knarren des Holzes war kein Geräusch zu vernehmen. Die Männer suchten das Schiff von Bug bis Heck ab und fanden es völlig in Ordnung, aber keine Seele regte sich an Bord. Der Segler hieß *Mary Celeste.*

Das Verschwinden der Besatzung ist der Höhepunkt der langen Unglücksgeschichte der *Mary Celeste.* Sie zog das Pech an wie ein Magnet die Eisenspäne. Abergläubische würden sie als verhext bezeichnet haben, und in der Tat könnte ihre Geschichte selbst einen hartgesottenen Skeptiker überzeugen, daß hier nicht alles mit rechten Dingen zugegangen ist.

Die *Mary Celeste* wurde 1860 gebaut, das Erstlingswerk einer Gruppe von Schiffsbaupionieren in der Reederei von Joshua Dewis auf Spencer's Island in Neuschottland. Ursprünglich wurde sie auf *Amazon* getauft und 1861 vom Stapel gelassen, dem Jahr als der amerikanische Bürgerkrieg begann. Das erste Unglück traf sie kurz darauf, als der erste Eigner, ein Schotte namens Robert McLellan, krank wurde und starb. Dann übernahm John Nutting Parker das Kommando und leitete die Jungfernfahrt der *Amazon.* Sie geriet aber vor Maine in eine Fischreuse, zog sich ein großes Leck im Rumpf zu und mußte in die Docks zurück zur Reparatur. Dort brach mittschiffs ein Feuer aus und beendete Parkers kurzes Kommando.

Die erste Atlantiküberquerung der *Amazon* verlief ohne Zwischenfälle, bis sie in die Straße von Dover kam und mit einer Brigg kollidierte. Die Brigg sank, die *Amazon* ging wieder ins Dock.

Wieder flott und mit einem neuen Kapitän, kehrte die *Amazon* nach Amerika zurück und lief prompt vor Cow Bay, Cape Breton Island (Neuschottland), auf Grund.

Danach wird die Geschichte der *Amazon* unklar. Sie scheint oft den Eigentümer gewechselt zu haben, von denen mehrere bankrott gegangen sind und keiner Freude an dem Schiff hatte. Schließlich kam sie in die Hände von

Rechts:
Mary Celeste, *den Halbbrigg aus Neuschottland, deren Name zum Inbegriff des seltsamsten Verschwindens einer Schiffsbesatzung geworden ist.*

Oben:
J. H. Winchester, einer der Eigentümer des glücklosen Segelschiffes, das schließlich den Namen Mary Celeste *trug.*

Unten: *Die* Amazon *wurde 1860 in Neuschottland gebaut. Bis sie nach einigen Jahren zur* Mary Celeste *wurde, hatte sie oft Pech, danach war ihr Schicksal jedoch katastrophal.*

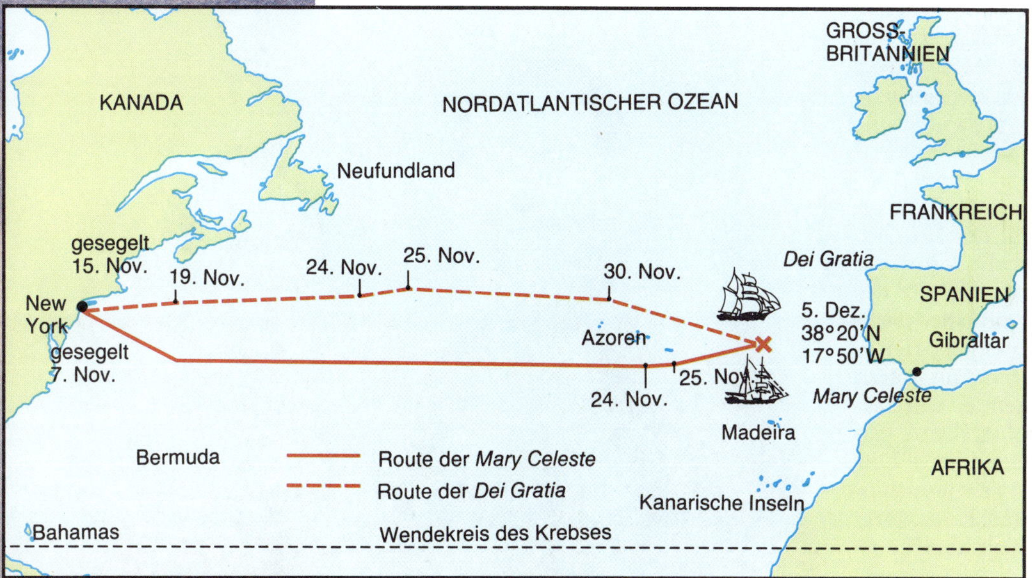

Links:
Die Karte zeigt die Routen von der Dei Gratia *und* Mary Celeste, *die sie im November und Dezember 1872 einschlugen. X markiert den Punkt, wo die Besatzung der* Dei Gratia *das lädierte Segelschiff entdeckte, das sich offenbar in einer Flaute befand und kein Lebenszeichen von sich gab.*

J. H. Winchester & Co., einem Konsortium New Yorker Reeder. Zu dieser Zeit war die *Amazon* schon ein ganz anderes Schiff als jenes, das einmal die Docks von Joshua Dewis verließ. Völlig umgebaut, fuhr sie jetzt unter amerikanischer Flagge und hieß *Mary Celeste.* Wahrscheinlich beruht die merkwürdige Kombination eines englischen und französischen Namens auf einem Irrtum des Schriftenmalers. Eigentlich sollte ihr Name *Mary Sellers* oder *Marie Celeste* sein.

Ende September oder Anfang Oktober 1872 lag die *Mary Celeste* an Pier 44 in New Yorks East River und wurde auf neue Ladung und eine neue Mannschaft vorbereitet.

Benjamin Spooner Briggs

Der letzte Kapitän der *Mary Celeste* war Benjamin Spooner Briggs aus Neuengland, ein ernster Puritaner. Er wurde in Wareham, Massachussetts, am 24. April 1835 als zweiter von fünf Söhnen geboren und entstammte einer Seefahrerfamilie. Auch Vater und Brüder fuhren zur See. Zwei der Geschwister wurden in jungen Jahren schon Kapitäne, einer davon war Benjamin Briggs, der bereits den Schoner *Forest King,* die Barke *Arthur* und die Brigg *Sea Foam* kommandiert hatte. Später wurde er in der Literatur als schwach und unfähig dargestellt, ein Mann, dessen religiöse Überzeugungen zu einer fast perversen Manie geworden seien. Seine strikte Abstinenz soll so extrem geworden sein, daß er, außer als Fracht, keinen Alkohol auf seinen Schiffen duldete. Briggs hatte zwar einen sehr strengen Glauben und religiöse Überzeugungen, doch obwohl er abstinent lebte, war er in dieser Hinsicht nicht intolerant. Von jenen, die ihn wirklich kannten, wurde er als von aufrechtem, christlichem Charakter und als intelligenter und aktiver Schiffsführer beschrieben. Er war durch Aktienbesitz auch an der *Mary Celeste* beteiligt.

Als erster Maat fungierte Albert G. Richardson, ehemaliger Soldat im Bürgerkrieg. Er hatte eine Nichte von James H. Winchester geheiratet und war auch vorher schon unter Kapitän Briggs gefahren. Er galt als ein vertrauenswürdiger und fähiger Mann.

Andrew Gilling, der zweite Maat, war zwar in New York geboren, scheint aber dänischer Abstammung gewesen zu sein. Auch bei ihm gibt es keinen Grund, an seiner Ehrenhaftigkeit und Aufrichtigkeit zu zweifeln.

Der Koch und Steward, Edward William Head, kam aus Brooklyn, New York, wo er hohes Ansehen genoß. Der Rest der Mannschaft bestand aus deutschen Seeleuten, von denen wenig bekannt ist, abgesehen davon, daß zwei von ihnen, beide mit dem Namen Lorenzen, durch einen Schiffbruch ihr Hab und Gut verloren hatten, bevor sie auf der *Mary Celeste* anheuerten. Keinem der Deutschen konnte etwas Negatives nachgesagt werden.

Außerdem trat Kapitän Briggs Ehefrau, Sarah Elizabeth, die Reise ins Ungewisse an. Sie war die Tochter eines Predigers der Kongregationalistischen Kirche in Marion, Massachussetts, und hatte eines ihrer beiden Kinder, die 2jährige Sophia Matilda, bei sich. Das ältere Kind, ihr Sohn Arthur Stanley, blieb zu Hause.

Die Fracht der *Mary Celeste* wurde am Sonnabend, den 2. November 1872 beladen und gesichert. Sie trug 170 Fässer vergällten Alkohols, der von der New Yorker Firma Meissner Ackermann & Co. zu H. Mascerenhas & Co. nach Genua (Italien) gebracht werden sollte.

Am 5. November schleppte das Lotsenboot *Sandy Hook* die *Mary Celeste* von Pier 44 in die untere Bucht von Staten Island, New York. Der Atlantik zeigte sich für die Jahreszeit als außergewöhnlich stürmisch, und Briggs war gezwungen, zwei Tage vor Anker zu liegen, bevor er wagte, am 7. November in See zu stechen. Aber obwohl die *Mary Celeste* noch viele Seereisen machen sollte, war es das letzte Mal, daß jemand die Besatzung für diese Fahrt gesehen hat.

Am 15. November 1872, acht Tage nachdem die *Mary Celeste* New York verlassen hatte, setzte die *Dei Gratia* mit einer Ladung Petroleum für Gibraltar die Segel. Ihr Kapitän war David Reed Morehouse, der erste Maat Oliver Deveau. Beide Männer und auch die restliche Mannschaft der *Dei Gratia* verstanden ihr Handwerk, wie die späteren Ereignisse beweisen sollten.

Am 5. Dezember, kurz nach 1 Uhr Mittag, entdeckte John Johnson, der auf der *Dei Gratia* am Steuer stand, ungefähr acht Kilometer backbord voraus ein Schiff. Wegen des schlechten Zustands der Segel und einer leichten Schlagseite aufmerksam geworden, rief er den zweiten Maat, John Wright, darauf holten sie Kapitän Morehouse. Nachdem er den Segler durch ein Fernrohr beobachtet hatte, gab er den Befehl, Hilfe anzubieten. Um 3 Uhr nachmittags hatten sie sich dem geheimnisumwitterten Schiff auf 400 Meter genähert. Morehouse rief es mehrfach an, erhielt aber keine Antwort. So entschied er, einige Männer loszuschicken, um sich zu vergewissern.

Oliver Deveau ruderte mit Wright und Johnson zu dem in Not geratenen Windjammer. Es handelte sich um die *Mary Celeste.* Johnson blieb im Boot, während die beiden anderen sich über die Reling an Bord hievten. Das Schiff war verlassen.

Während der nächsten Stunde durchsuchten Deveau und Wright die *Mary Celeste* von Bug bis Heck. Das Stagsegel fanden sie auf der Vorderkajüte, die Focksegel waren von der Nock geblasen und fehlten. Das Klüversegel. das vordere Stagsegel und das untere Marssegel waren gehißt, die übrigen Segel eingeholt. Die Takelage zeigte starke Beschädigungen, ein Teil war abgerissen, ein anderer hing an den Seiten herab. Die Haupt-Flaggleine, ein festes Tau von 90 Metern Länge, das benutzt wird, um die Gaffel zu hieven, war gerissen, der größte Teil fehlte. Das Steuerrad lief frei und das Kompaßhaus war umgeworfen und zerbrochen. Die Hauptluke ins Unterdeck erwies sich als fest geschlossen und gesichert, aber einige der Lukendichtungen waren offenbar abgenommen worden und wurden neben der Hauptluke gefunden. Es standen etwa 30 Zentimeter Wasser in der Kombüse, die Nahrungsmittel für ein halbes Jahr waren noch genießbar. Es gab auch reichlich frisches Wasser.

Kurz und gut, die *Mary Celeste* befand sich in besserem Zustand, als die meisten Schiffe, die damals den Atlantik befuhren. Und abgesehen von wenigen Anzeichen, daß sie gerade einen Sturm überstanden hatte, fehlte jeder Hinweis, weshalb sie so plötzlich von der Besatzung aufgegeben worden war. In der Maatskajüte lag eine Karte, die den Kurs des Schiffes bis zum 24. November zeigte.

Chronometer, Sextant, Seefrachtbrief, Navigationsbuch und ein kleines Beiboot waren verschwunden. Ein Stück der Reling war fortgenommen worden, um das Boot zu Wasser zu lassen. Das beantwortete schließlich die Frage, wo die Mannschaft der *Mary Celeste* verblieben war. Sie hatte das Schiff aufgegeben. Aber warum? Welcher vernünftige Grund könnte einen erfahrenen Seemann wie Kapitän Briggs dazu gebracht haben, ein völlig seetüchtiges Schiff aufzugeben und seine Frau, seine 2jährige Tochter sowie sieben Mann Besatzung einem kleinen und relativ unsicheren Beiboot anzuvertrauen? Ein Schiff zu verlassen ist eine Verzweiflungstat, die man nur begeht, wenn sich keine Alternative mehr bietet. Ein Mannschaftsmitglied der *Dei Gratia* sagte später, die *Mary Celeste* sei noch so gut in Schuß gewesen, um damit um die ganze Welt zu segeln.

Nach internationalem Seerecht hat jeder, der ein verlassenes Schiff birgt, Anrecht auf einen

Oben links:
Kapitän Benjamin Spooner Briggs, Kapitän der Mary Celeste. *Der abstinente und puritanische Neuengländer ist wegen seines religiösen Fanatismus für das Unglück verantwortlich gemacht worden, das die Mannschaft traf – vielleicht Meuterei oder Wahnsinn.*

Oben rechts:
Briggs Frau Sarah Elizabeth, die mit ihrer zweijährigen Tochter Sophia Matilda ebenfalls bei der Schicksalsfahrt mitsegelte.

Oben:
Der erste Maat Albert G. Richardson war auch früher schon unter Briggs gefahren und als ausgezeichneter Seemann bekannt.

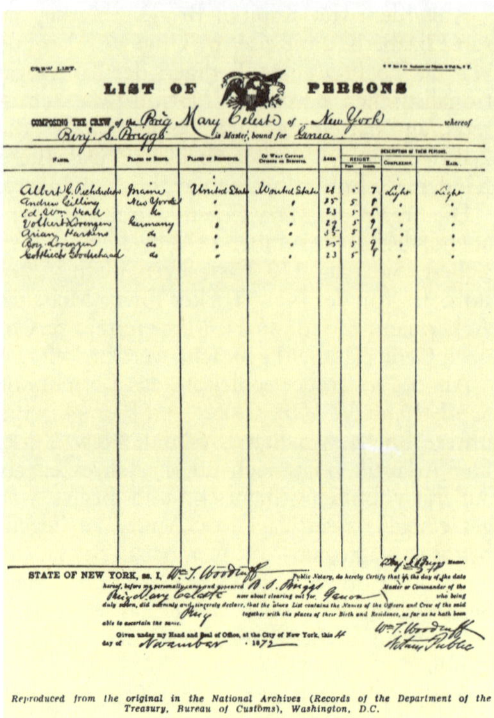

CREW LIST.

LIST OF PERSONS

COMPOSING THE CREW of the Brig Mary Celeste of New York whereof Benj. S. Briggs is Master, bound for Genoa

Name	Place of Birth	Place of Residence	Of What Country Citizens or Subjects	Ages	Height Feet	Height Inches	Complexion	Hair
Albert G. Richardson	Maine	United States	United States	28	5	7	Light	Light
Andrew Gilling	New York	"	"	25	5	8	"	"
Edward Wm Head	do	"	"	23	5	8	"	"
Volkert Lorenzen	Germany	"	"	29	5	9	"	"
Arian Martens	do	"	"	35	5	8	"	"
Boy Lorenzen	do	"	"	25	5	9	"	"
Gottlieb Goodschaad	do	"	"	23	5	9	"	"

Benj. S. Briggs Master.

STATE OF NEW YORK, ss. I, Wm T. Woodruff Public Notary, do hereby Certify that on the day of the date hereof, before me personally came and appeared B. S. Briggs Master or Commander of the Brig Mary Celeste now about clearing out for Genoa who being duly sworn, did solemnly and sincerely declare, that the above List contains the Names of the Officers and Crew of the said [illegible] together with the places of their Birth and Residence, as far as he hath been able to ascertain the same.

Given under my Hand and Seal of Office, at the City of New York, this 4 day of November 1872

Wm T. Woodruff
Notary Public

Reproduced from the original in the National Archives (Records of the Department of the Treasury, Bureau of Customs), Washington, D.C.

Links:
Das Schiffsregister mit den Namen der Mitsegelnden, die spurlos verschwanden.

bestimmten Prozentsatz seines Gesamtwerts und der Ladung. Normalerweise ist es ein Wrack, aber die *Mary Celeste*, ein seetüchtiges Schiff, und ihre wertvolle Ladung würden eine stattliche Summe ergeben haben, so daß die Bergungsmannschaft mit bis zu 80000 Dollar rechnen konnte. Kapitän Morehouse wurde bei der Bergung jedoch nicht von Habgier getrieben, wie manche es darstellen, er zögerte sogar, die *Mary Celeste* überhaupt zu beanspruchen. Er konnte die Seeleute eigentlich nicht entbehren, um eine Notmannschaft für zwei Schiffe zu bilden. Beide wären dann unterbesetzt und im Notfall einem hohen Risiko ausgesetzt gewesen. Jedoch wurde er schließlich von Deveau dazu überredet.

Deveau und zwei weitere Leute, Augustus Anderson und Charles Lund, benötigten nur zwei Tage, um die *Mary Celeste* wieder fahrtüchtig zu machen. Dann segelten beide Schiffe nach Gibraltar. Die *Dei Gratia* traf am Abend des 12. Dezember ein, die *Mary Celeste* am nächsten Morgen. Zwei Stunden nachdem sie Anker geworfen hatte, wurde die *Mary Celeste* durch Thomas J. Vecchio vom Gericht der Vizeadmiralität unter Arrest gestellt.

Der Generalstaatsanwalt von Gibraltar war ein leicht erregbarer, arroganter und aufgeblasener Bürokrat namens Frederick Solly Flood. Er meinte, die Aufgabe der *Mary Celeste* sei nur durch Mord und Piraterie erklärbar. Ohne Solly Flood wäre das Schicksal der *Mary Celeste* wahrscheinlich im Dunkel geblieben, aber seine Anklage bei der Anhörung vor dem Gericht des Marineministeriums erregte weltweite Aufmerksamkeit.

Zunächst klagte Flood die Mannschaft der *Mary Celeste* an, sich die Alkoholfracht angeeignet und in wilder Trunkenheit die Kapitänsfamilie und den Maat Richardson umgebracht zu haben. Diese Beschuldigungen sind immer wieder vorgebracht worden, nachdem sie 1873 in einem offenen Brief von William A. Richard, dem Schatzmeister der USA, auf der Titelseite der *New York Times* publiziert wurden. Tatsache bleibt jedoch, daß der Alkohol vergällt war und bei Genuß lange vor Eintreten eines Rausches starke Schmerzen erzeugt hätte. Flood mußte seinen Vorwurf aufgeben.

Als nächstes wurden Briggs und Morehouse verdächtigt, unter einer Decke zu stecken. Briggs hätte seine Mannschaft getötet und die Leichen beseitigt. Dann sei er in dem Beiboot zu einem vorher vereinbarten Treffpunkt gerudert, während Morehouse inzwischen das verlassene Schiff finden, es nach Gibraltar bringen und den Bergungsanteil kassieren konnte. Die beiden wollten sich danach den Betrag aufteilen. Die Theorie klingt plausibel, aber es gab keinen Anhaltspunkt dafür, daß Briggs oder Morehouse Verbrecher gewesen sind. Außerdem war ja Briggs Anteilseigner an der *Mary Celeste*, und sein Gewinn an der fingierten Bergung wäre nicht größer als seine Investition in das Schiff gewesen. Flood gab auch diese Theorie auf.

Unten:
David Reed Morehouse, Kapitän der Dei Gratia *(ganz unten rechts). Nach allgemeinem Seerecht ist jeder, der ein verlassenes Schiff birgt, berechtigt, einen erheblichen Anteil an seinem Gesamtwert zu kassieren. Im Falle der* Mary Celeste *wäre das eine beachtliche Summe gewesen, denn sie befand sich in gutem Zustand und trug die volle Fracht. Morehouse zögerte jedoch, sie zu beanspruchen und fand es problematisch, einen Teil der Mannschaft für ihre Bergung bereitzustellen. Doch unausrottbar besteht der Verdacht, daß Briggs und Morehouse Komplizen gewesen seien, die das „Verschwinden" der Mannschaft fingiert hätten, um sich die Belohung zu teilen und in Luxus zu leben.*

Oliver Deveau fuhr als erster Maat auf der Dei Gratia. *Mit zwei anderen Besatzungsmitgliedern brachte er die* Mary Celeste *im Dezember 1872 nach Gibraltar. Die britischen Behörden weigerten sich, die Bergungsgeschichte zu glauben.*

Schuldig bis zum Gegenbeweis

Seine dritte Vermutung lautete schließlich, daß Kapitän Morehouse und seine Besatzung die *Mary Celeste* gewaltsam gekapert und alle Menschen an Bord getötet hätten. Flood machte sich für eine solche Behauptung stark, aber es gelang ihm nur, eine Atmosphäre des Argwohns zu schaffen, in der Morehouse und seine Mannschaft als schuldig angesehen wurden, solange sie sich nicht davon reinwaschen konnten. Zum Glück lehnte der Gerichtshof eine solche Rechtsbeugung ab und sprach Morehouse und die Besatzung der *Dei Gloria* von jedem Verdacht frei. Man gewährte ihnen einen Bergungslohn von 1700 Pfund Sterling, wobei viele die Meinung vertraten, es hätte zwei- oder dreimal so viel sein müssen.

Die *Mary Celeste* wurde James H. Winchester zurückgegeben und beendete ihre Reise nach Genua unter Kapitän George W. Blatchford, wo schließlich die Ladung gelöscht wurde. Winchester verkaufte das Schiff dann mit hohem Verlust. Und in den nächsten 12 Jahren wechselte es nicht weniger als 17mal den Eigentümer. Keinem brachte sie Glück. *Mary Celeste* schlingerte die Küste der Vereinigten Staaten rauf und runter und fuhr mit deprimierender Regelmäßigkeit fort, Ladungen, Segel und Schiffer zu verlieren, auf Grund zu laufen und Feuer zu fangen. Der Fluch scheint ihr treu geblieben zu sein.

Reise ins Ungewisse

Noch warmer Tee auf dem Kombüsentisch, gesicherte Rettungsboote – aber die Mannschaft der „Mary Celeste“ ist verschwunden. Das ist der Legendenstoff, bei dem es sich aber um reine Phantasie handelt. Was war also wirklich passiert?

Oben:
Die Besatzung der Dei Gratia *bei der Entdeckung des geheimnisvollen Schiffs* Mary Celeste. *Ein Gemälde von Gordon A. Johnson. Es wurde 1965 von der* Atlantic Mutual Insurance Company, *der ursprünglichen Versicherungsgesellschaft der* Mary Celeste, *in Auftrag gegeben.*

Es dauerte nicht lange, bis um das Verschwinden der Besatzung der *Mary Celeste* ein Mythos entstanden war. Man könnte sogar annehmen, daß es schon in Gibraltar damit anfing, als Solly Flood vergebens versuchte, die Schuld Kapitän Morehouse und der Mannschaft der *Dei Gratia* anzuhängen. Aber die Geschichte wurde von Journalisten und Schriftstellern aufgegriffen und inspirierte die Phantasie einer immer breiteren Öffentlichkeit.

Die erste größere Erzählung um das Schiff wurde im Januar 1884 im angesehenen *Cornhill Magazine* veröffentlicht, elf Monate bevor Gilman C. Parker das Schiff absichtlich zu Asche verbrannte (siehe Kastentext). Es handelte sich dabei um eine reißerische Kurzgeschichte mit dem Titel *J. Habakuk Jephson's Statement* und hatte mit den Tatsachen wenig Ähnlichkeit. Danach wurde sie von einer amerikanischen Zeitung aufgegriffen und als Tatsachenmeldung publiziert, sehr zum Ärger von Solly Flood und Horatio Sprague, dem amerikanischen Konsul in Gibraltar, die beide die Story verurteilten.

Vom literarischen Wert einmal abgesehen, ist *J. Habakuk Jephson's Statement* aus zwei Gründen interessant: Zum einen handelte es sich dabei um einen der ersten literarischen Versuche eines jungen englischen Arztes namens Arthur Conan Doyle, und zweitens wird die *Mary Celeste* bei ihm als *Marie Celeste* bezeichnet. Unter diesem Namen wurde das Schiff dann den meisten Menschen bekannt. Conan Doyle war jedoch nicht der erste, der diesen Fehler machte. Seine Version des Namens erscheint auch bereits in *Lloyd's List* vom 25. März 1873.

Conan Doyles Darstellung war nur der erste von vielen fiktiven Berichten über den Fall, die im Laufe der Jahre erschienen sind. Einige sind in Form von Erzählungen geschrieben worden, andere als dokumentarische Geschichten, die ernsthafte Erklärungen für den Vorfall anbieten. Einige haben sogar beansprucht, als Faktenmaterial gewertet zu werden.

In den späten zwanziger Jahren des 19. Jahrhunderts brachte das *Chamber's Journal* einen Artikel von Lee Kaye, der vorgab, die Wahrheit über das Geschehen auf der *Mary Celeste* zu kennen, wie sie ein Überlebender namens John Pemberton erzählte. Er war nur einer von vielen „Überlebenden“, die im Laufe der Jahre auftauchten und deren Namen bezeichnenderweise im Mannschaftsregister nicht zu finden sind.

Oben:
Der angebliche Selbstmord des Kapitäns der Marie Celeste, *nach einer Illustration aus Conan Doyles* J. Habakuk Jephsons's Statement. *Eine packende Erzählung, die von vielen für wahr gehalten wurde und den falschen Schiffsnamen* „Marie Celeste“ *verbreitete.*

Pembertons Story wurde 1929 von Laurence J. Keating auf Buchlänge ausgedehnt und hieß *The Great Mary Celeste Hoax* (Der große Betrug mit der Mary Celeste). Das Werk entwikkelte sich auf beiden Seiten des Atlantik zum Bestseller. John Pemberton wurde schnell zum Mann des Tages, von dem viele Journalisten ein Interview haben wollten. Doch dieser blieb unerreichbar, bis ein Reporter der Londoner *Evening Standard* ihn aufspürte und nicht nur das begehrte Interview, sondern auch ein Foto bekam. Beides wurde am 6. Mai 1929 veröffentlicht.

Eine der wenigen wahren Behauptungen in Keatings Buch war sein Titel: Die Geschichte *war* ein Trick! Lee Laye, Laurence Keating und der „Sonderkorrespondent“ des *Evening Standard* erwiesen sich als eine und dieselbe Person: ein irischer Liverpooler namens Laurence J. Keating. John Pemberton war ein Produkt seiner lebhaften Phantasie, und das Foto zeigte Keatings Vater.

Während die meisten Erklärungsversuche für die Aufgabe der *Mary Celeste* Variationen des Mordmotivs darstellen, sind einige Versionen recht bizarr. So zog die Jahrhundertwende Geschichten von „Monstern aus der Tiefe“ vor, in welchen die *Mary Celeste* von einer hungrigen Riesenkrake angegriffen wurde, welche die gesamte Crew von Deck rupfte. Obwohl sie für Illustrationen sicher sehr anziehend ist, hat die Theorie doch erhebliche Schwächen. Selbst wenn solche Seeungeheuer tatsächlich existierten, wäre es sehr unwahrscheinlich, daß auf der *Mary Celeste* alle Personen gleichzeitig an Deck gewesen sind, während das Monster einen nach dem anderen herabriß. Außerdem müßten wir dann annehmen, daß es merkwürdigerweise auch Chronometer, Sextant, Papiere und Rettungsboot mitnahm.

Morris K. Jessup meinte, die *Mary Celeste* sei von einem UFO abgeräumt worden. Bermuda-Dreieck-Autoren führen die *Mary Celeste* unter den Opfern der wie auch immer gearteten Kräfte jener Region an, wobei sie dieser Kraft außerordentliche Wahlmöglichkeiten zugestehen und das Bermuda-Dreieck bis zu den Azoren ausdehnen. Eine oberflächlich gesehen annehmbare Theorie ist von vielen rational denkenden Menschen ins Spiel gebracht worden. Die Eßvorräte oder das Wasser auf dem Schiff sollen infiziert gewesen sein und die Mannschaft zu Halluzinationen und Wahnsinn getrieben haben, so daß sie über die Reling sprang. Aber Oliver Deveau und andere Seeleute der *Dei Gratia* verzehrten ebenfalls die Lebensmittel, die sie dort vorfanden ohne negative Begleiterscheinungen.

Nicht eine einzige bisher geäußerte Vermutung schließt alle bekannten Umstände mit ein, aber es gibt einige Fakten, die interessante Hinweise geben. Die Crew verließ das Schiff im Rettungsboot. Dieser kleine Kahn war mit Sicherheit überladen und konnte schnell kentern, so daß das weitere Schicksal der Mannschaft nicht völlig unerklärlich bleibt. Sie ging in großer Eile von Bord, es wurde weder zusätzliche Bekleidung mitgenommen noch Nahrung oder Wasser, soweit dies bekannt ist. Doch fehlt jedes Indiz für eine Panik, denn man hatte sich sogar die Zeit genommen, den Sextanten, das Chronometer und die Schiffspapiere einzupacken. Der Grund für die Besatzung, das Schiff zu verlassen, könnte die Angst vor einem Ereignis gewesen sein, das dann offenbar doch nicht eintrat.

Der Teileigner des Schiffes, James H. Winchester, nimmt an, daß aus dem geladenen Alkohol Gase entstanden, die sich im Rumpf

Unten:
Selbst Seeungeheuer sind für die Tragödie verantwortlich gemacht worden.

ansammelten und ein explosives Gemisch bildeten. Dieses entzündete sich, so spekuliert er, an einem Funken, der möglicherweise durch die Reibung von Metallhalterungen an den Fässern entstanden war, oder durch offenes Licht während einer Frachtinspektion. Vielleicht waren die Dämpfe mit Rauch verwechselt worden, und man gab das Schiff auf, aus Angst, es würde explodieren.

Experten behaupten, daß sich kein *sichtbarer* Dampf gebildet haben konnte, wohl aber eine explosive Mischung. Diese hätte dann aber nicht eine kleine Detonation hervorgerufen, sondern das Schiff zu Kleinholz gesprengt.

Die am wahrscheinlichsten klingende Lösung hatte Oliver Deveau bei der Anhörung zur Bergung parat. Er sagte, daß er glaube, Panik habe die Mannschaft ergriffen, weil sie dachte, das Schiff ginge unter. Diese Erklärung hat nur wenige Kommentatoren beeindruckt, und die meisten haben sie als unglaubwürdig abgetan. Aber man muß seine Aussage fairerweise im entsprechenden Kontext betrachten. Bei der Vernehmung wurde er direkt gefragt und hat direkt geantwortet, ohne nähere Ausführungen. Spätere Forscher haben versucht, die Bedeutung seiner Aussage zu interpretieren.

Dr. James H. Kimble, ehemaliger Leiter des US-Wetteramtes in New York, und der Schriftsteller Gershom Bradford haben angenommen, daß die *Mary Celeste* von einer Wasserhose, einem Tornado auf See, getroffen worden sei, einer wirbelnden Säule aus Wasser und Wind, die ohne Vorankündigung auftreten, bis zu einer Stunde andauern und ebenso plötzlich wieder verschwinden können.

Auf den ersten Blick scheint das nicht sehr einleuchtend, zumal Wasserhosen außerhalb der Tropengewässer selten sind. Es ist auch ungewöhnlich, daß ein Schiff von ihnen getroffen wird. Tatsache ist aber, daß sie nicht auf die Tropen beschränkt sind. 1932 zum Beispiel versank das Schulschiff der deutschen Kriegsmarine durch eine Wasserhose im Skagerrak.

Mr. Bradford und Dr. Kimble nehmen also an, daß eine relativ kleine und harmlose Wasserhose, die sich schräg fortbewegte, dem Schiff begegnet sei, ohne allzu viel Schaden anzurichten; ein Sturm hätte mehr zerstören können. Das stimmt mit dem Zustand der *Mary Celeste,* in welchem sie von der *Dei Gratia* gefunden wurde, überein. Innerhalb einer Wasserhose ist der Luftdruck aber sehr niedrig, und während sie über das Schiff zog, könnte der erhebliche Druckunterschied zwischen dem Schiffsinnenraum und der Außenluft die Lukendichtungen fortgerissen haben; in gleicher Weise „explodieren" bei einem Tornado die Häuserwände nach außen.

In diesem Zusammenhang ist die Methode von Bedeutung, mit der die *Mary Celeste* ausgelotet wurde. Man steckte dazu einen Stab in den Pumpstutzen, um das daran haftende Was-

Oben:
Die Rekonstruktion einer Theorie über das Verschwinden der Besatzung von der Mary Celeste: *Alle fielen über Bord. Das einflußreiche* Strand Magazine *vernahm, daß ein ehrenhafter Lehrer einen Diener namens Abel Fosdyk habe, der von sich behauptet, der einzige Überlebende zu sein. Fosdyk sagt, Kapitän Briggs wäre verrückt geworden. Dies mag oder mag auch nicht mit der „Tatsache" in Verbindung gebracht werden, daß alle von einem dürftigen Spielplatz, der für das Töchterchen des Kapitäns eingerichtet worden war, von Bord geschleudert wurden. Fosdyk erläuterte jedoch nicht, warum es niemandem gelang, wieder an Bord zu klettern.*

Rechts:
In einer Filmversion aus dem Jahre 1936 wird der Bootsmann wahnsinnig und tötet die gesamte Besatzung, einschließlich sich selbst.

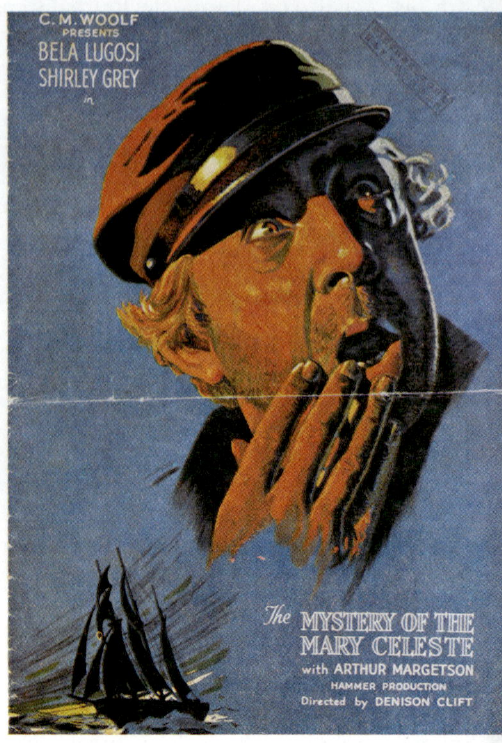

ser zu messen. So mißt man am Automotor den Ölstand. Der Druckabfall kann das Leckwasser im Pumpstutzen hochgetrieben haben, wobei eine Klappe es am sofortigen Zurücksinken gehindert hätte. Das wäre zwar nur ein zeitweiliger Effekt gewesen, aber der Mannschaft vielleicht nicht aufgefallen.

Angenommen die Besatzung war nach dem Vorbeiziehen der Wasserhose durcheinander und verwirrt. Jemand lotete das Schiff, um festzustellen, ob unter Wasser alles in Ordnung war. Zu seinem Entsetzen fand er im Rumpf einen Wasserstand von etwa zwei Metern angezeigt, das in weniger als einer Minute eingedrungen sein müßte. Das hätte er jedenfalls annehmen müssen. Im Glauben, die *Mary Celeste* sinke schnell, habe Kapitän Briggs die Panik ergriffen, und er gab auch aus Rücksicht auf seine Familie Order, von Bord zu gehen. Vielleicht war es dies, was Oliver Deveau mit seiner rätselhaften Aussage meinte. Wir werden es nie wissen, aber die Wasserhosen-These paßt zu den gegebenen Umständen und erklärt, welch erschreckendes Ereignis die Besatzung der *Mary Celeste* zu bedrohen schien und den übereilten Abgang hervorrief, ihr aber noch so viel Zeit ließ, die Instrumente mitzunehmen.

Am 16. Mai 1873 berichtete die Tageszeitung *Albion* in Liverpool, daß von Fischern bei Baudus in Asturien zwei Flöße gefunden worden seien. Auf eines war ein Toter gebunden und die amerikanische Flagge befestigt. Auf dem zweiten befanden sich fünf verwesende Körper. Seltsamerweise wurde der Fall nicht näher untersucht, so daß niemals geklärt werden wird, zu welchem Schiff sie gehörten. Könnten sie von der *Mary Celeste* gewesen sein?

Oben:
Wasserhose auf See. Sie könnte die Mary Celeste *getroffen haben, wobei sie allerdings nur wenig Schaden anrichtete, aber das Ergebnis des Auslotens beeinflußte. Im Glauben, sie würden sinken, gerieten die Männer in Panik und verließen das Schiff. Obwohl diese Theorie zu den vernünftigeren gehört, wird wohl nie jemand die Wahrheit erfahren.*

Ein furchtbares Risiko

Spät im Jahre 1884 wurde eine ziemlich heruntergekommene *Mary Celeste* von Gilman C. Parker gekauft und mit einer Fracht beladen, die er mit 30000 Dollar versicherte. Das Schiff segelte nach Port-au-Prince auf Haiti, kam aber dort nie an. Am 3. Januar 1885 lief die *Mary Celeste* an den rasiermesserscharfen Korallenriffs von Rochaelais Bank im Golf von Gonave, vor der Küste von Haiti, auf Grund.

Parker forderte die Versicherungssumme ein, aber aus irgendeinem Grund blieb die Versicherungsgesellschaft argwöhnisch und beauftragte einen Detektiv zur Klärung des Falles. Er fand heraus, daß das Schiff mit Müll vollgepackt war und nicht mit der wertvollen Ladung, die Parker versichert hatte. Er ließ die *Mary Celeste* absichtlich auflaufen und setzte das Schiff in Brand.

Er wurde des Versicherungsbetrugs angeklagt. Darauf stand zu jener Zeit der Tod. Der Fall wurde vor dem Bundesgerichtshof in Boston verhandelt, aber wegen formaler Mängel niedergeschlagen. Gilman C. Parker, ein ergrauter alter Seebär, der den Beweisen zufolge jedes Vergehens zur See außer der Piraterie schuldig war, und seine Komplizen verließen das Gericht als freie Männer. Frei bedeutet hier frei von gerichtlicher Verfolgung, nicht aber frei vom Fluch der *Mary Celeste.* In kurzer Zeit ging Parker bankrott und starb verarmt und übel beleumundet. Einer seiner Komplizen wurde verrückt und in eine Anstalt gesteckt, wo er sein Leben beschloß. Ein anderer brachte sich um. Schließlich hatte der Fluch der *Mary Celeste* gesiegt und das Leben vieler Männer auf schreckliche Weise ruiniert.

Das Rätsel des verschwindenden Schiffes

Seltsame Briefe, die 1956 an einen Wissenschaftler geschrieben wurden, berichteten von Experimenten der US-Marine, einen Zerstörer unsichtbar gemacht und an einen anderen Ort zu teleportiert zu haben.

Die USS Eldridge, *ein Geleit-Zerstörer, soll von der US-Marine für fortgeschrittene wissenschaftliche Experimente benutzt worden sein. Die offizielle Geschichte des Schiffes erwähnt keine derartigen Versuche. Die Marine streitet beharrlich ab, daß es je welche gegeben habe.*

„Philadephia Experiment" wird ein angeblicher, streng geheimer Versuch der US-Marine genannt, in welchem 1943 ein Schiff unsichtbar gemacht und von einem Dock in ein anderes teleportiert worden sein soll. Diese Geschichte müßte allen bekannt sein, die an UFOs, dem Bermuda-Dreieck und anderen Mythen und Rätseln interessiert sind. 1979 schrieb Charles Berlitz, der „Oberguru" des Kults um das Bermuda-Dreieck, mit William Moore ein Buch über dieses Thema. Aber wie kam es zu der Behauptung, und welche Beweise liegen dafür vor?

Die Story beginnt mit Morris Ketchum Jessup, einem Mann mit vielen und unterschiedlichen Interessen. In den zwanziger Jahren hatte er an der Drake Universität in Iowa und an der Universität von Michigan Astronomie und Mathematik gelehrt. Während seiner Promotion entwickelte er Forschungsprojekte, die zur Entdeckung mehrerer Doppelsterne führten, die schließlich von der *Royal Astronomical Society* katalogisiert wurden. Er soll den Doktorgrad in Astrophysik erhalten haben, aber ob das stimmt, ist fraglich. Jessup untersuchte lange Zeit die Ruinen der Mayas und Inkas und schlußfolgerte, daß die ursprünglichen Bauwerken nur unter Zuhilfenahme fortgeschrittener Technologien aus einer anderen Welt konstruiert worden sein konnten. Geldmangel zwang ihn, diese Studien aufzugeben und in die Vereinigten Staaten zurückzukeh-

Die Allende-Briefe

Die Geschichte vom Philadelphia-Experiment basiert hauptsächlich auf Informationen, die in zwei Briefen enthalten sind, welche Carlos Allende (alias Carl Allen) 1956 an Morris Jessup schickte. Die folgenden Auszüge daraus versuchen, von der geradezu abenteuerlichen Rechtschreibung und Interpunktion des Originals im Deutschen einen Eindruck zu vermitteln.

Lieber Dr. Jessup,
Ihr Appel an die öffentlichkeit, daß sie en Masse auf ihre repräsentanten zugehen und durch das genügend Druck in die richtigen u. genügenden anzahl von Stellen legen, von wo ein gesetz, das Forschungen an Dr. Albert Einstiens Einheitlicher Feldtheorie fordert, ausgeführt werden kann (1925 bis 27), ist auf *keinen Fall* Nötig …

„Ergebnisse" Meines Freundes Dr. Franklin Reno, *Wurden benutzt* … Das ergebnis war & steht heuet als Beweis, daß in gewissem Maß die Einheitliche Feldtheorie korrekt ist … Das „Ergebnis" war völlige Unsichtbarkeit eines Schiffes, Zerstörer Typ, und *der gesamten* Mannschaft. Auf See. (Okt. 1943) Das Feld war in einer abgeplatteten, sphäroiden Form wirksam, hatte ein 100 Meter Ausdehnung (Mehr oder Weniger, je nach Mond Position u. Breitengrad) *ausgehend* von jeder Schiffsseite. Jede Person Darin wurde nebelhaft in den Umrissen ABER Er nahm auch die Personen an bord *des* Schiffes wahr, als ob sie im selben Zustand seien, aber, auf nichts liefen. Jede Person außerhalb der Sphäre konnte Nichts sehen außer der klar *Umrissenen Form des Schiffsrumpfs im Wasser* …

Es leben heute noch wenige von der ursprünglichen Mannschaft der Experimen-

ren. Dort begann er seine Arbeiten an *The Case for the UFO* (Was für die UFOs spricht), das erste von vier Büchern in welchem er wissenschaftliches Faktenmaterial mit Pseudowissenschaft vermischte und neue Tiefen der Absurdität auslotete.

The Case for the UFO wurde 1955 in New York veröffentlicht. In diesem Buch beschwört Jessup die Leser, auf ihre politischen Vertreter Druck auszuüben, damit diese sich für intensivere Forschungen an der Einheitlichen Feldtheorie einsetzen. Mit diesem Problem hatte Einstein sich in den letzten 20 Lebensjahren beschäftigt, und Jessup glaubte, daß hier die Lösung für die Antriebskraft der UFOs verborgen liege.

Am 13. Januar 1956 erhielt Jessup den ersten von zwei Briefen eines Lesers, der mit Carlos Miguel Allende und auch mit Carl M. Allen unterzeichnete. In diesen unzusammenhängenden Briefen, die nur so von Rechtschreib- und Interpunktionsfehlern wimmelten, warnt Allende Jessup davor, sich weiter für die Einheitliche Feldtheorie zu interessieren. Eine Anwendungsmöglichkeit sei 1943 von der US-Marine in einem Versuch getestet worden, der ein Schiff unsichtbar machte und schreckliche Auswirkungen auf die Besatzung hätte. Jessup bat um weitere Einzelheiten. Allende konnte aber keine neuen Informationen beibringen.

In der Zwischenzeit war Jessup mit seinem Buch in Washington D. C. zum Gesprächsgegenstand geworden. Im Juli oder August 1955 war ein Exemplar des *The Case for the UFO* ins Marine-Forschungs-Büro (ONR) geraten. Man fand darin Randnotizen am oberen und unteren Rand, als sei das Buch zwischen drei Personen hin und her gereicht worden. Diese Kommentare deuten auf Kenntnisse über UFOs, ihre Antriebsmethoden und die Herkunft der Wesen, die sie bedienen.

Das Buch gelangte in die Hände von Commander George W. Hoover und Hauptmann Sidney Sherby. Sie luden Jessup nach Washing-

Carlos Allende (alias Carl Allen) ist die wichtigste Einzelperson in der Geschichte des Philadelphia-Experiments. Er behauptet, gesehen zu haben, wie die Eldridge *– DE 173 – im Jahre 1943 auf See verschwand. Er will auch gelesen haben, daß sie in den Docks von Philadelphia aufgelöst, in der Norfolk Region von Virginia materialisiert und dann wieder nach Philadelphia zurückteleportiert worden sei – eine Gesamtentfernung von 640 Kilometer. Jahre später erinnert sich Allende an das Experiment auf dem Meer: „Ich beobachtete, wie die Luft um das Schiff herum langsam dunkler wurde. Ich sah nach ein paar Minuten einen grünen Dunst aufsteigen, wie eine feine Wolke; dann beobachtete ich, wie die DE 173 schnell dem menschlichen Auge unsichtbar wurde."*

tellen D-E. Die meisten wurden verrückt, einer lief einfach „durch" Seine Wohnungswand im Beisein seiner Frau u. seines Kindes u. 2 anderer Besatzungsmitglieder (WURDE NIE WIEDER GESEHEN), zwei Gingen in „Die Flamme", d. h. Sie „Erstarrten" und fingen Feuer, während sie normale Beiboot-Kompasse trugen ... SIE BRANNTEN 18 TAGE LANG ... *Das Experiment War ein Totaler Erfolg. Die Männer Waren Totale Mißerfolge.*

Prüfen Sie Philadelphia Zeitungen nach für kleinen einen Abschnitt (Obere Papier-Hälfte, im Papier Nahe am Hinterteil von 3. Papier. 1944–46 in Frühling oder Herbst oder Winter, NICHT Sommer.) von Einem Thema, das die Handlungen der Seeleute nach ihrer Ersten Reise beschreibt. Sie überfielen ein Lokal an der Marinewerft „Gin Mill" oder „Beer Joint" u. verursachten Schock u. Lähmung bei den Kellnerinnen, daß Wenig Verständliches von ihnen zu bekommen war, außer daß Abschnitt u. Autor davon, Es Nicht Glauben, u. schreibt „Ich schrieb nur, was ich hörte u. de Weiber sin Bekloppt." ...

Ich bitte Sie, dieses bißchen Nachforschung einfach zu Tun damit Sie an ihrer eigenen Zunge Ersticken Mögen wenn Sie daran Denken was Sie „als gesetz Gefordert" wollten
Äußerst Respektlos Ihr CARL. M. ALLEN
P.S. Werde Weiterhelfen wenn Sie sehen Wo ich kann. (Z416175)

Tage später
Notizen ergänzend und fortführend zum Anschreiben ... Ich möchte auch Erwähnen daß, auch irgendwie das Versuchsschiff Verschwand von sein Philadelphia Dock und Nur wenige Minuten Später an seinem anderen Dock in den Norfolk, Newport News, Portsmouth Gebiet, erschien. Das wurde genau UND klar Identifiziert als dieser Ort ABER das Schiff Verschwand dann, wieder, Und Kam Zurück zu seinem Philadelphia Dock in nur Sehr Wenigen Minuten oder Weniger. Das wurde in der Zeitung auch Vermerkt. Ich vergaß aber in welcher Zeitung ich das las oder Wann das war. Vermutlich Spät während der Experimente. Kann sein 1956 *nachdem* Experimente abgebrochen wurden, ich kann es aber Nicht sicher sagen ...
Hochachtungsvoll CARL M. ALLEN

Lieber Herr Jessup:
Sie fragen mich danach was einem direkten Beweis gleichkommt von etwas, das nur die Duplikate der Vorrichtungen geben könnten die „Dieses Phänomen" hervorbrachten ... ich könnte eine solche Einstellung NIE befriedigen ... ich selbst kann Ihnen eine direkte Hilfe sein *aber* dafür wäre ein Hypnotiseur nötig. Natrium Pentathol, ein Tonband u. eine ausgezeichnete Sekretärin um Material zu bekommen das von *Wirklichem* Wert für Sie wäre ...

Ich bin ein Sterngucker Mr. Jessup. Ich mache kein Hehl daraus und der Tatsache daß ... ich SICHER bin, daß Der Mensch hingegen wird wo Er jetzt zu sein träumt – zu den Sternen und zwar durch die Transportweise, auf die die Marine jetzt zufällig gestoßen ist (zu ihrer Verlegenheit) als ihr EXP. SchIFF abhob u. eine Minute oder so später einige Hundert Seefahrt-Entfernungs Meilen weiter auftauchte ... Die Marine hat, vielleicht jetzt schon, diesen Transportzufall benutzt um Ihre UFOs zu bauen. Das ist ein logischer Fortschritt von irgendeinem Punkt. Was denken *Sie*???
SEHR HOCHACHTUNGSVOLL
CARL ALLEN

seinem Kombiwagen in Dade County Park, Kalifornien, auffand. Ein Schlauch führte von seinem Auspuff ins geschlossene Auto, Jessup hatte sich selbst umgebracht.

Oder sind Zweifel angebracht? Jessups Tod war Gegenstand erheblicher Spekulationen, denn einige seiner Freunde meinten, er wäre kein Typ gewesen, der sich selbst getötet hätte. Andere vermuteten er sei ermordet worden, weil er sich geweigert habe, die Nachforschungen an dem UFO-Rätsel einzustellen. Außerdem sind darin noch Schwarze Männer verwickelt, eine Bezeichnung, den man erfundenen Regierungsagenten gab, die einige UFO-Forscher besucht und zur Aufgabe ihrer Arbeiten überredet haben sollen. Es gibt aber auch Freunde, die sagen, Jessup sei wegen persönlicher Probleme niedergeschlagen gewesen und hätte einen Abschiedsbrief geschrieben.

Über Jessups Briefschreiber Carlos Miguel Allende alias Carl M. Allen ist wenig bekannt. Viele versuchten, ihn zu interviewen, aber er blieb meist unerreichbar. Unter den erfolgreichen waren Charles Berlitz und William Moore, aber sie erfuhren kaum mehr, als was Allende bereits Jessup erzählt hatte. Allerdings konnten sie das Schiff, das bei dem angeblichen Experiment benutzt wurde, als die USS *Eldridge* identifizieren.

Carlos Allende ist eine rätselhafte Person. Er soll angeblich fünf Pseudonyme besitzen, wurde im Mai 1925 in Springdale, Pennsylvania, als das jüngste von drei Kindern geboren, hatte

ton ein, zeigten ihm das Exemplar und fragten ihn, ob er dazu etwas zu sagen habe. Jessup meinte, der Handschrift nach zu urteilen, wäre einer der Autoren Allende. Die beiden ONR-Offiziere ließen das Buch samt Anmerkungen abtippen, um es leserlicher zu machen. Eine kleine Auflage davon wurde von der *Varo Manufacturing Company* in Garland, Texas, gedruckt.

Das Interesse des ONR an den Anmerkungen ist nie zufriedenstellend erklärt worden. Hoover und Sherby beschäftigten sich privat mit UFOs, ein Phänomen, dessen Erforschung 1956 noch in den Kinderschuhen steckte. In ihrer Einleitung zu der Varo-Ausgabe vertreten sie die durchaus akzeptable Ansicht, daß „keine mögliche Einzelheit, wie unglaubhaft sie auch immer vom Standpunkt der Schulwissenschaft aus sein mag, übersehen werden dürfe“, wenn nach Hinweisen auf die Wurzeln der Schwerkraft gesucht würde. Es muß deshalb angenommen werden, daß Hoovers und Sherbys Interesse rein persönlich war, sie die Kosten der Varo-Ausgabe selbst übernahmen und alle Ermittlungen auf ihr eigenes Konto gingen.

Welche Nachforschungen Jessup selbst betrieben hat, wenn überhaupt, ist nicht bekannt. Seine Rolle in dieser Affäre endet jedenfalls am 20. April 1959, als man ihn tot in

Die Suche nach der Einheit

Die revolutionäre Relativitätstheorie, die Albert Einstein während des Ersten Weltkrieges veröffentlichte, konnte die Schwerkraft hervorragend in Abhängigkeit von der Raum-Zeit-Krümmung darstellen. Es gelang ihr jedoch nicht, sie mit dem elektromagnetischen Feld zu verbinden. Bis dahin hatte man gehofft, alle Kräfte als die gegenseitige Beeinflussung von Partikeln ausdrücken zu können. Das wurde jedoch durch die Realivität und später durch die Quantenmechanik verhindert. Aber viele Physiker setzen weiter darauf, daß in Zukunft die grundlegenden Energieformen als Aspekte eines einzigen Feldes dargestellt werden können.

Das Problem wuchs jedoch mit der Entdeckung zweier neuer Energieformen: der starken Wechselwirkung, die den Atomkern zusammenhält, und der schwachen Wechselwirkung, die einige Interaktionen subatomarer Partikel bestimmt. Die Theorien der schwachen Wechselwirkung und der elektromagnetischen Kraft wurden von drei voneinander unabhängigen Physikern vereinheitlicht, weshalb sie 1979 mit dem Nobelpreis ausgezeichnet wurden. Diese Physiker sind Abdus, Sheldon Glashow und Steven Weinberg. Bis heute aber konnte niemand eine Theorie präsentieren, die alle vier Grundkräfte in einem Rahmen zusammenfaßt.

einen irischen Vater und eine Zigeunermutter. Er schloß sich am 14. Juli 1942 dem US Marine Corps an und wurde am 21. Mai 1943 entlassen. Im Juli 1943 ging er zur Handelsmarine, die er im Oktober 1952 wieder verließ. Seither ist er ein Herumtreiber gewesen. Es wird behauptet, daß er die *Varo Corporation* auf Einladung ihres Präsidenten besucht und auch in engem Kontakt mit Dr. Edward U. Condon bei dessen UFO-Forschungsprojekt an der Universität in Colorado gestanden habe. Allende ist unbestritten der Verfasser der Briefe an Morris K. Jessup sowie der Anmerkungen in dem Buch, das dem ONR geschickt worden ist.

Nach Allendes Behauptung hat 1943 Dr. Franklin Reno eine Anwendung von Einsteins

Gegenüberliegende Seite, oben:
Commander George W. Hoover (links sitzend), Mitglied des Marine-Forschungs-Büros, lud Jessup auf Allendes Kommentar zu seinem Buch nach Washington zu einer Diskussion ein.

Ganz links:
Der Marinehafen von Philadelphia, wo ein geheimnisvolles wissenschaftliches Experiment mit der Eldrigde *gemacht worden sein soll.*

Links:
Die SS Andrew Furuseth, *auf der Allende unter dem Namen Carl Allen im August 1943 anheuerte. Auf dem Foto der Schiffsoffiziere und der Mannschaft (oben) wird der Mann, der unmittelbar links vom rechten Ventilator steht, für Allende gehalten, der bis Januar 1944 auf dem Schiff arbeitete.*

Einheitlicher Feldtheorie entwickelt. Diese benutzte die US-Marine zu einem Experiment mit dem Ergebnis, daß die USS *Eldridge* und ihre gesamte Crew unsichtbar wurden. Dieser Versuch sei im Oktober 1943 an der Küste durchgeführt und von Allende an Bord des Dampfers SS *Andrew Furuseth* beobachtet worden. Er berichtete Berlitz und Moore, daß die *Eldridge* in einem seltsamen Kraftfeld geschwommen sei, das sich von jeder Seite des Schiffes aus über 90 Meter erstreckte.

Das Experiment war erfolgreich, bis auf die furchtbaren Folgen für die Besatzung. Einige der Männer starben sofort, andere wurden wahnsinnig oder fielen immer wieder in die Unsichtbarkeit zurück.

Außerdem behauptet Allende, es sei noch ein weiteres Experiment durchgeführt worden, bei welchem das Versuchsboot von seinem Dock in Philadelphia zu einem anderen in der Gegend von Newport News, Virginia, teleportiert worden sei. Dabei war er selbst nicht Zuege, aber er hätte davon in einer Zeitung aus Philadelphia gelesen. „Es kann 1956 gewesen sein“, schreibt er in einem der Briefe, „nachdem die Versuche abgesetzt wurden.“

Schließlich gab Allende noch seine Militär-Dienstnummer Z4161175 an und nannte die Namen weiterer Zeugen oder von Personen, die irgendwie in die Affäre verwickelt waren.

Unzureichendes Beweismaterial

Wenn jemand erklärt, er sei Zeuge eines Experimentes gewesen, bei welchem ein Schiff unsichtbar gemacht wurde, kann das nicht einfach übersehen werden. Diese von Carlos Allende aufgestellte Behauptung hat jahrelang großes Interesse gefunden. Aber wie steht es mit ihrem Wahrheitsgehalt?

Während des Zweiten Weltkrieges wurden von den USA Millionen Tonnen Kriegsmaterial und andere wichtige Güter in Konvois über den Atlantik nach England und Europa geschifft. Im November 1943 begleitete die USS Eldridge *einen Konvoi, zu dem auch die SS* Andrew Furuseth *gehörte, auf der Carlos Allende Dienst tat. Könnte auf dieser Fahrt ein Unsichtbarkeits-Experiment durchgeführt worden sein, von dem Allende berichtet?*

Die Geschichte des Philadelphia-Experiments kursiert nun schon seit 1956. Bis heute hat die US-Marine nicht nur beharrlich und ausdrücklich dementiert, daß 1943 solch ein Experiment stattgefunden habe, sie versichert auch, daß selbst zum jetzigen Zeitpunkt technologischen Voraussetzungen dafür fehlten. Es gibt keine Beweise, daß irgendwelche ähnlichen Versuche durchgeführt worden sind oder die Ergebnisse solcher Tests in der Praxis angewandt wurden. Das Philadelphia-Experiment ist also nur durch die Zeugenaussage des zwielichtigen Carlos Miguel Allende belegt und durch die nachprüfbaren Informationen, die von ihm stammen.

Wenn irgendjemand Allendes Geschichte bestätigen könnte, wäre das Dr. Franklin Reno, der angeblich die Anwendung der Einheitlichen Feldtheorie zu Ende führte. Aber weder im *Who's Who* noch in einem anderen Nachschlagewerk ist eine Person dieses Namens erwähnt. Auch das Marine-Forschungsbüro kennt angeblich diesen Wissenschaftler nicht. Nach Aussagen von Charles Berlitz und William Moore liegt der Grund dafür darin, daß Franklin Reno ein Pseudonym ist.

William Moore versichert, den geheimnisvollen Mann aufgespürt zu haben. Er erfuhr von ihm, daß er sich 1930 der militärisch-wissenschaftlichen Gesellschaft der Vereinigten Staaten angeschlossen habe und Abteilungsleiter einer bekannten Forschungsgesellschaft wurde, deren Namen Moore nicht nennt. In den Jahren 1939 und 1940 war Reno an Arbeiten beteiligt, die als Vorarbeiten zum Philadelphia Experiment angesehen werden können. Es handelte sich um ein Projekt, das angeblich von Albert Einstein und Rudolf Ladenfels vorgeschlagen worden sei. Reno erstellte einige mathematische Berechnungen für Teilnehmer eines Treffens auf höchster Ebene. Jahre danach begann Reno dann zu befürchten, er wisse mehr, als gut für ihn sein könne. Er brach deshalb seine Karriere ab, nahm den Namen Franklin Reno an und lebte sehr zurückgezogen. Wenige Monate nach dem Interview starb er; aber Berlitz und Moore enthüllen seine Identität nicht, weil sie seinen Wunsch nach völliger Anonymität respektieren und sie von jenen, die den Status quo beibehalten möchten, zur Diskretion aufgefordert worden sind.

Berlitz und Moore versuchten etwas Verwertbares aus den Angaben Renos herauszufiltern. Das Ergebnis war mager, nämlich daß Reno für die Teilnehmer einer Diskussionsgruppe Berechnungen anstellte, die über ein Vorhaben berieten, elektromagnetische Felder zur Ablenkung von Torpedos und Minen zu benutzen. Es ist nicht bekannt, ob dieses Projekt je über das Beratungsstadium hinausgelangte. Eine derartige Vorrichtung wäre sicherlich von unschätzbarem Wert und höchster Geheimnhaltungsstufe gewesen.

Was Berlitz und Moore über Reno enthüllen, ist viel weniger interessant, als was sie uns nicht sagen. Wie lautete Renos wirklicher Name? Wie lernte er Allende kennen? Worüber meinte Reno zuviel zu wissen? Wer beschattete Reno und weshalb? Welchen Status quo sollten sie belassen? Was auch immer die Antworten auf diese Fragen sein mögen, Dr. Francis Reno, der Hauptzeuge Allendes, bestätigt seine Behauptungen keinesfalls.

In dem Buch *The Philadelphia Experiment* unterlaufen Berlitz und Moore zahlreiche Fehler, gewöhnlich kleine, wie zum Beispiel, den

Autor John Sladek als „Vincent Sladek" zu bezeichnen. Einen kapitalen Irrtum begehen sie aber, wenn sie schreiben, daß es „auf Grund des Fehlens der Mannschaftspapiere der *Furuseth* schwer sei, etwas über weitere Personen herauszufinden, die gleichzeitig mit Allende auf dem Schiff gearbeitet haben." Tatsächlich existieren diese Aufzeichnungen jedoch noch. 1976 holte die Verkehrsabteilung der US-Küstenwache die Unterlagen für den Verfasser dieser Zeilen aus dem Bundesarchiv. Die Liste bestätigt, daß Carl M. Allen im Oktober 1943 an Bord der SS *Andrew Furuseth* gedient hat, außerdem auch der Obermaat Mawdesley, Richard C. Price und Patrick J. Connally, wie Allende in seinem Brief an Morris Jessup angibt.

Soweit bekannt ist, hat keiner dieser Männer die Geschichte Allendes je bestätigt oder ihr widersprochen, ebensowenig wie der Kapitän des Schiffes, William S. Dodge, oder irgend ein anderes Mannschaftsmitglied: Man kann ihrem Schweigen natürlich einige Bedeutung beimessen, aber welchen Wert hätten solche Spekulationen? Alles, was die Informationen bestätigen, ist, daß die Männer sich an Bord der *Furuseth* befanden. Es fehlt aber jeder Hinweis über das Philadelphia-Experiment.

Allende heuerte auf der *Furuseth* am 16. August 1943 an, dem Tag, an dem das Schiff von Norfolk, Virginia, nach Casablanca ablegte. Von dort kehrte er am 4. Oktober 1943 in die Vereinigten Staaten zurück und fuhr am 25. Oktober nach Oran. Vor Neujahr kam er nicht wieder in die USA.

Es ist natürlich für die Überprüfung von Allendes Geschichte von größter Wichtigkeit herauszufinden, ob sich die *Furuseth* und das Versuchsschiff, die USS *Eldridge*, zur Zeit des streng geheimen Experiments in der gleichen Gegend aufhielten. Allende versichert, das Experiment im Oktober 1943 auf See beobachtet zu haben. Offizielle Aufzeichnungen weisen aber aus, daß die *Furuseth* vom 4. bis 25. Oktober in den Docks lag und den Rest der Zeit entweder im Ausland oder zu weit entfernten Zielen unterwegs war.

Offizielle Vertuschung?

Nach Berlitz und Moore sind die Logbücher der *Eldridge* nicht verfügbar, und wir müßten uns auf die offizielle Verlautbarungen des Marine-Ressorts stützen. Diese stellt fest, daß die *Eldridge* am 25. Juli 1943 vom Stapel gelassen und am 27. August in Betrieb genommen wurde. Von September bis zum 28. Dezember tat sie Eskortendienst und Übungsfahrten im Bereich von Bermuda und der westindischen Inseln. Darauf folgte eine dreitägige Übung bei Block Island; von dort ging die *Eldridge* nach Hampton Roads, Virginia, um ihren ersten Übersee-Einsatz zu erwarten. Zwischen dem 4. Januar 1944 und dem 9. Mai 1945 machte die *Eldridge* neun Reisen, um Konvois nach Casablanca, Bizerte und Oran zu begleiten. Dann wurde sie in den Pazifik transferiert und blieb dort bis zum Kriegsende. Sie wurde am 17. Juni 1946 außer Dienst gestellt und am 5. Januar 1951 an Griechenland verkauft.

Berlitz und Moore meinen, daß diese wenig aufregende Chronik zurechtgebogen wurde. Sie gruben das Ingenieurslogbuch aus und einen vom Kapitän geführten Einsatzbericht. Daraus geht hervor, daß die *Eldridge* am 2. November 1943 Brooklyn verließ, um einige Schiffe einzusammeln, die durch einen Hurrikan vom Konvoi GUS22 getrennt worden waren, und sie zu ihrem Bestimmungsort zu geleiten. Die *Andrew Furuseth* gehörte zum Konvoi GUS22 und könnte also durchaus von der *Eldridge* eskortiert worden sein. Darüber hinaus war die *Eldridge* am 20. November an einer kleineren Aktion etwa 300 Kilometer vor der Küste von Casablanca beteiligt. Die erste überseeische Begleitfahrt der *Eldridge* fand also im November 1943 und nicht im Januar 1944 statt. Es gab auch noch eine Diskrepanz bezüglich des Stapellaufs.

Aus diesen Ungereimtheiten zu schließen, der offizielle Bericht wäre „getürkt" worden, scheint übertrieben. Warum kann es sich nicht um einfache Fehler handeln? Wenn man Berlitz' und Moores Gedankengänge auf ihr eigenes Buch anwendet, dann könnten ihre Ermittlungen mit gleichem Recht in Frage gestellt werden, weil sie ebenfalls Fehler gemacht haben.

Die Eintragungen aus dem Ingenieurslogbuch und dem Einsatzbericht sprechen nicht für eher gegen Allendes Geschichte, weil daraus deutlich wird, daß die *Eldridge* am 2. November 1943, und wohl auch einige Tage zuvor, nicht in einem Experiment beteiligt war, sondern in Brooklyn für Einsätze bereit lag. Was die Möglichkeit anbelangt, daß die *Furuseth* unter den Schiffen war, welche die *Eldridge* begleitete, geben selbst Berlitz und Moore zu, es ist unwahrscheinlich, wenn die US-Marine ein streng geheimes Experiment auf offener See in Anwesenheit etlicher Handelsschiffe und während einer potentiell gefährlichen Eskorte in Kriegszeiten durchführen würde.

Allendes Story ist von bestimmten Orten und Zeiten abhängig: Vom 4. bis 25. Oktober war die *Furuseth* in den Docks, und da Allende behauptet, er hätte das Experiment auf See beobachtet, können diese Daten ausgeschlossen werden. Nach dem 25. Oktober war die *Furuseth* auf See, die *Eldridge* aber wahrscheinlich in Brooklyn. Und vom 2. November an befand sich die *Eldridge* im Einsatz und hat wohl kaum an einem Experiment teilgenommen. Bleibt also der 16. August, der Tag, an dem die *Furuseth* nach Casablanca abfuhr. Berlitz und Moore nehmen an, daß die Schiffe sich getroffen haben, als die *Eldridge* von der Newark-Philadephia-Region nach Brooklyn gebracht wurde und die *Furuseth* die Küste entlangdampfte, bevor sie auf hohe See ging. Das ist weit hergeholt, und vor allem sagt Allende, er habe das Experiment im Oktober beobachtet, nicht im August. Es gibt außerdem keinen Beweis dafür, daß die Schiffe sich überhaupt begegnet sind. Es existiert also kein annehmbares Datum, an welchem die *Eldridge* und die *Furuseth* in der gleichen Gegend gewesen sind.

Seine „Beobachtung" vom Philadephia-Experiment könnte auch durch die Zeitungsartikel gestützt werden, auf die er sich in den Briefen an Morris Jessup bezieht. In ihrem Buch bringen Berlitz und Moore folgenden Artikeln unter der Überschrift „Seltsame Umstände einer Wirtshausschlägerei":

„Einige städtische Polizeibeamte wurden letzte Nacht von der Marineküstenpatrouille zu Hilfe gerufen, um eine Wirtshausschlägerei in der Nähe der Marinewerft zu schlichten. Sie waren überrascht, als sie ankamen und das Lokal ganz ohne Gäste vorfanden. Nach Aussagen zweier recht nervöser Kellnerinnen war die Marinepatrouille ihnen zuvorgekommen und hatte den Laden geräumt. Aber erst, nachdem zwei der beteiligten Seeleute angeblich eine Auflösungsnummer vorführten. ‚Sie lösten sich einfach in Luft auf … genau hier', stotterte eine der erschreckten Kellnerinnen, ‚und ich war auch nicht besoffen.' Von diesem Moment an habe die Marinepatrouille alle rausgejagt.

Ein Gespräch mit der örtlichen Polizei ließ keinen Zweifel daran, daß wirklich um etwa 11 Uhr nachts eine Schlägerei in der Umgebung der Docks stattgefunden hatte. Aber weder eine Bestätigung noch ein Dementi der merkwürdigeren Aspekte des Ereignisses waren zu bekommen. Ein Zeuge faßte die ganze Sache schließlich zusammen, indem er es als ‚Gequatsche von den be-

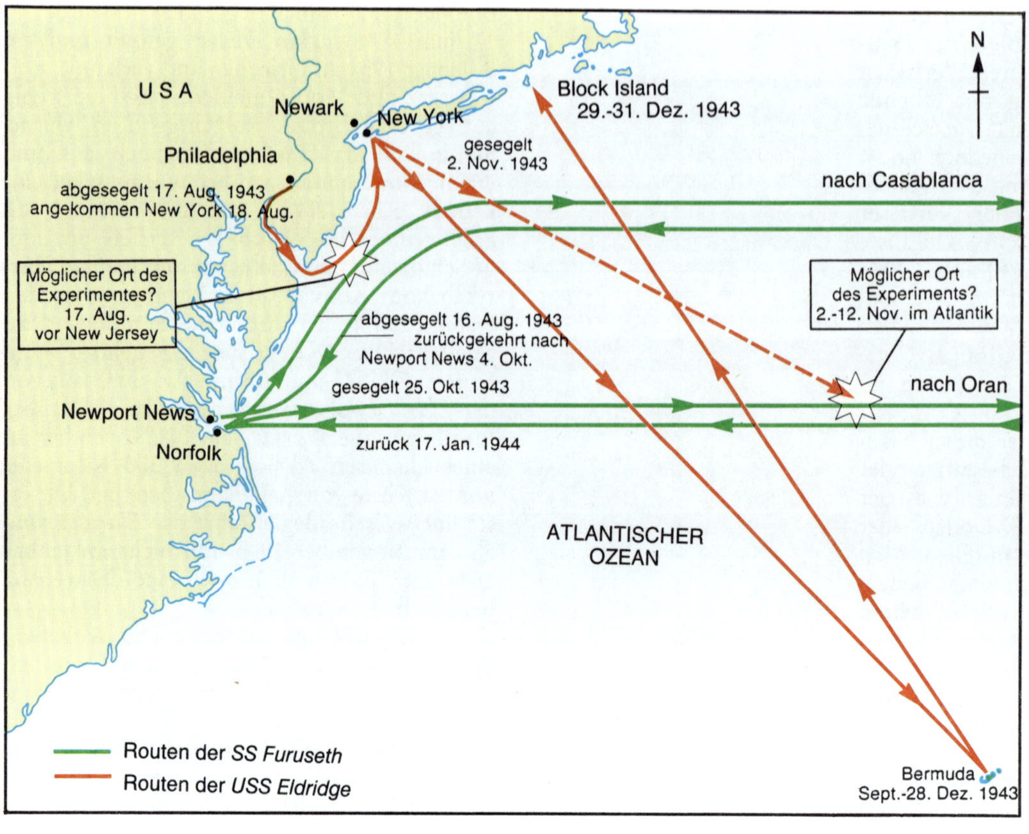

Links:
Allende sagt, das Experiment hätte im Oktober 1943 auf See stattgefunden. Die Karte zeigt die Bewegungen der beteiligten Schiffe, der Eldridge *und der* Andrew Furuseth. *Die gepunktete Linie bezeichnet einen speziellen Begleiteinsatz, den die* Eldridge *laut Ingenieurslogbuch unternommen hat. Offizielle Berichte erwähnen den Einsatz nicht. Berlitz und Moore sagen, die Aufzeichnungen bewiesen, daß die* Eldridge *Newark am 17. August 1943 mit Kurs auf Brooklyn verlassen hat und über Delaware Bay fuhr. Aber es ist viel wahrscheinlicher, daß sie vom Hafen Philadelphia abgelegt hat.*

Charles Berlitz (links) und William Moore (rechts) haben Allendes Geschichte untersucht. Ihr Buch The Philadelphia Experiment *erschien 1979. Sie kamen zu dem Ergebnis, daß das Geheimnis des Philadelphia-Experiments noch ungeklärt ist. Aber auch sie scheinen davon überzeugt zu sein, daß im Oktober 1943 etwas Seltsames geschehen ist.*

kloppten Weibern da unten' abtat, die wohl nur auf Gratiswerbung aus waren.

Die Schäden in der Kneipe wurden auf ungefähr 600 Dollar geschätzt."

Berlitz und Moore sagen dazu in ihrem Buch, dieser Artikel habe alle Versuche überlebt, seine Glaubwürdigkeit in Frage zu stellen. Man könnte es auch so formulieren, daß der Ausschnitt selbst nie als authentisch nachgewiesen werden konnte. Es handelt sich dabei nämlich um eine Fotokopie, die Berlitz und Moore von einem anonymen Absender erhielten. Sie trägt weder den Namen noch das Datum der Zeitung, außerdem ist die Satzbreite größer als die in den vierziger Jahren von den Zeitungen in Philadelphia benutzte.

Der zweite von Allende erwähnte Artikel wirft einige wichtige Fragen auf. Erstens gehen viele Berichte des Philadelphia-Experiments davon aus, daß das Versuchsschiff bei der Gelegenheit teleportiert wurde, bei der man es auch unsichtbar gemacht hatte, und beide Ereignisse von Allende bezeugt sind. Aber dieser beobachtete die Teleportation nicht, sondern wußte davon nur aus einem Zeitungsartikel aus Philadelphia. Er hatte vergessen, wann das war, nannte Jessup aber das vermutliche Jahr 1956. Das muß jedoch ein Irrtum sein, denn Jessup erhielt den betreffenden Brief von Allende bereits am 13. Januar 1956.

Einige Informationen Allendes konnten bestätigt werden: Er arbeitete an Bord der SS *Andrew Furuseth,* wie auch die von ihm genannten anderen Personen; und die US *Eldridge* existierte tatsächlich.

Andererseits jedoch scheint Jessup paranoid gewesen zu sein und war bestenfalls an einem Projekt am Rande mitbeteiligt, das sich von dem Philadelphia Experiment völlig unterschied. Es gibt keinen Beleg dafür, daß sich die *Edridge* und die *Furuseth* jemals in der gleichen Gegend aufgehalten haben. Abgesehen von der sehr fragwürdigen Fotokopie, die Berlitz und Moore haben, ist keiner der Artikel gefunden worden, auf die Allende sich bezieht. Spezialisten sind der Auffassung, daß die Technologien für das von Allende beschriebene Experiment nicht bestehen.

Es ist sehr oft nicht möglich, hieb- und stichfeste Beweise für oder gegen solche Geschichten wie jene von Allende zu finden. Hier sind aber die Indizien einfach zu schwach, um glaubhaft zu machen, daß die US-Marine 1943 ein Schiff unsichtbar gemacht hat. Die berühmte Geschichte vom Philadelphia-Experiment scheint eine Ente zu sein und sollte auch als solche angesehen werden, bis jemand überzeugendere Belege vorweisen kann, als das Charles Berlitz, William Moore und vielen anderen Autoren und Forschern möglich war.

Unten:
Die Marinewerft von Norfolk, Virginia, während des Zweiten Weltkrieges. Allende will in einer Zeitung gelesen haben, daß die Eldridge *innerhalb weniger Minuten von Philadelphia in die Docks bei Norfolk und zurück teleportiert worden ist.*

Unglaubliche Erscheinungen

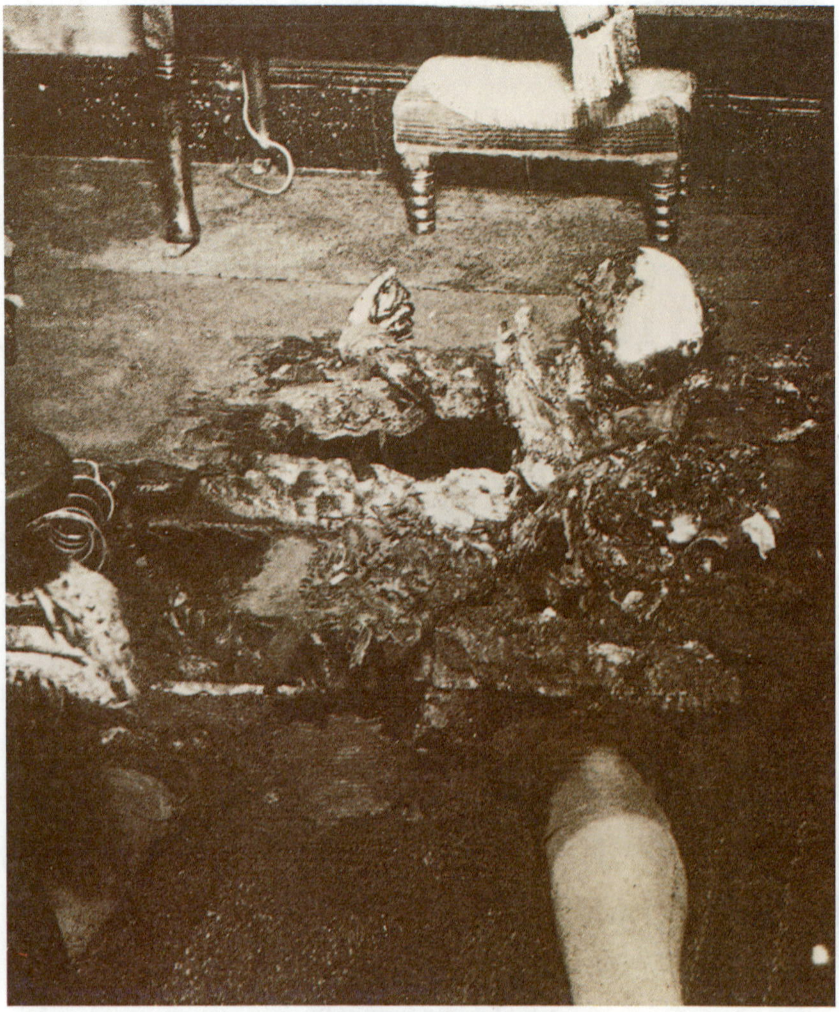

Asche zu Asche

Ohne Vorwarnung und erkennbaren Anlaß in Flammen aufzugehen, gehört wahrscheinlich zu den merkwürdigsten und unerklärlichen Dingen, die dem Menschen zustoßen können. Für diese seltenen Fälle gibt es noch immer keine wissenschaftliche Erklärung.

Lange Zeit glaubte man, der menschliche Körper könne sich unter bestimmten Umständen von selbst entzünden, wobei die Flammen mit einer Heftigkeit brennen, daß nach wenigen Minuten von dem Opfer nur noch ein Haufen Asche übrig ist. Diese Vorstellung – für viele nichts als Aberglaube – war über Jahrhunderte lebendig und ruhte in dem Glauben an die göttliche Vergeltung. „Sie vergehen durch den Hauch Gottes", heißt es bei Hiob, „und werden verzehrt von seinem Atem."

Ein Opfer der Selbstentzündung. Der Körper ist zu Asche zerfallen. Nur Teile der Unterschenkel, die linke Hand und der Schädel wurden vom Feuer verschont, das extrem hohe Temperaturen entwickelt haben muß und ein Loch in den Fußboden gebrannt hat. Und doch hat der Brand eigenartigerweise nicht auf die umstehenden Möbel übergegriffen.

Diese Bilder des Grauens fanden im 18. und 19. Jahrhundert weite Verbreitung. Auch Charles Dickens war von diesem Thema fasziniert und untersuchte sorgfältig „wie ein Richter" das Phänomen der Selbstentzündung. Er kannte fast alle frühen Quellen und Fallsammlungen. Vermutlich basiert seine Beschreibung von Krooks Tod in *Bleak House* (1852–1853) auf den Fällen von Selbstentzündung der Gräfin Bandi und Grace Pett.

Einer der ersten zuverlässigeren Berichte über Selbstentzündung beschreibt den Tod der 62 Jahre alten Gräfin Cornelia Bandi in der Nähe von Verona. Nach Aussage von Bianchini, einem ihrer Bekannten aus Verona, legte sich die Gräfin am 4. April 1731 nach dem Abendessen zu Bett und unterhielt sich noch einige Zeit mit ihrer Zofe bevor sie einschlief. Als die Dienerin sie am Morgen wecken wollte, bot sich ihr ein gräßlicher Anblick. Das *Gentlemen's Magazine* berichtet darüber:

„Der Fußboden des Zimmers war dick mit einer zähflüssigen Masse beschmiert, die sich nur schwer entfernen ließ … Von den Fenstern tropfte eine schmierige, widerliche, gelbliche Flüssigkeit, die merkwürdig stank. Rußflocken schwebten in der Luft und bedeckten die Möbel; auch die anliegenden Zimmer waren von dem Geruch durchzogen. Das Bett war unbeschädigt und die Bettdecke zurückgeworfen. Die Gräfin mußte also das Bett verlassen haben. Etwa ein Meter vor dem Bett befand sich ein Haufen Asche und zwei unversehrte Beine, die noch Strümpfe trugen. Zwischen ihnen lag der Kopf. Das Gehirn, der halbe Hinterkopf und das Kinn waren verbrannt. Auch drei verkohlte Finger fanden sich noch. Der Rest war Asche, die sich schmierig und feucht anfühlte und übel roch."

Ein Brandloch im Fußboden

Bianchinis Beschreibung ähnelt heutigen Fällen. Die sorgfältigen Forschungen von Larry E. Arnold brachten das Schicksal von Dr. J. Irving Bentley, eines 93 Jahre alten Arztes aus Coudersport in Pennsylvania, ans Licht. Der Gasmann Don Gosnell entdeckte die Reste des Arztes, als er einem „hellblauen Rauch von eigenartigem Geruch" nachging. Das Feuer hatte so verheerend gewütet, daß fast nichts mehr von dem alten Mann übrig geblieben war. Der Leichenbeschauer John Dec berichtete: „Ich fand nur noch ein Bein bis zum Knie, das am Rand eines Brandlochs im Fußboden lag, und zwei Meter tiefer die verstreute Asche." Und doch hatte sich das Feuer eigenartigerweise nicht ausgebreitet. Feuerwehrleute fanden bei dem Loch noch etwas Glut. Außerdem waren auf der 30 Zentimeter entfernt stehenden Badewanne einige geringfügige Brandspuren zu sehen. Die einzigen Zeichen dieses verheerenden Feuers, die noch erkennbar waren, als Arnold den Fall neun Jahre später untersuchte.

Man nahm an, Bentley sei beim Rauchen unvorsichtig gewesen, denn seine Kleidungsstücke und der Fußboden seines Schlafzimmers waren mit kleinen Brandflecken übersät; weiter ging man davon aus, er sei erst aufgewacht, als er schon brannte, habe sich ins Badezimmer geschleppt, um an Wasser zu gelangen und sei dort zusammengebrochen und gestorben. Arnold wies in seinem Bericht in der Zeitschrift *Pursuit* 1976 auf verschiedene Widersprüche dieser Version hin, die weder der lokalen Presse noch dem Leichenbeschauer aufgefallen waren.

Bentleys Pfeife war „sorgfältig an ihren Platz neben seinem Stuhl gelegt worden", was wohl kaum ein brennender Mann tun würde. Bei einem sechs Jahre vor seinem Tode zurückliegenden Hüftbruch hatte er das Gefühl im linken Bein verloren und konnte kaum gehen – seine „Gehhilfe" war bei dem Unfall über das Brandloch gefallen. Als Arzt wußte er genau, daß seine einzige Überlebenschance darin bestand, sich sofort seiner brennenden Kleidung zu entledigen. Er hätte sicher nicht den langen Weg ins Bad gewagt.

Ein Schurke findet den Tod

Im zweiunddreißigsten Kapitel des Romans von Charles Dickens *Bleak House* finden William Guppy und Tony Weevle den Schurken Krook tot auf. Es ist nur noch ein Haufen Asche von ihm übrig. Der Raum ist voll mit „abscheulichem Ruß", die Einrichtung mit einem widerlichen „gelben Saft" bedeckt. „Nennt den Tod wie ihr wollt ... schreibt ihn zu, wem ihr wollt, oder sagt, er hätte so oder so verhütet werden können, es bleibt ewig derselbe Tod – eingeboren, eingepflanzt, erzeugt in den verdorbenen Säften des lasterhaften Körpers selbst und nur in ihnen – Selbstentzündung und keine andere all der Todesarten, die erlitten werden können."

Was auch immer Bentley zugestoßen sein mag, der Vorgang hat sich mit viel größerer Wahrscheinlichkeit erst im Bad ereignet. Er muß angefangen haben zu brennen, während er seinen Hausmantel auszog, der dabei Feuer fing. Der Mantel wurde schwelend in der Badewanne gefunden. Die Autopsie war eine bloße Formalität. Obwohl es kaum Anhaltspunkte gab – nur ein halbes Bein, die Asche ist nie analysiert worden –, wurde *Erstickung* als Todesursache von Dr. Bentley bescheinigt, die übliche Todesursache bei Bränden.

Charles Fort sammelte alle ihm zugänglichen Meldungen über unerklärliche Phänomene. Seine Arbeit wurde von einigen Leuten fortgesetzt. Durch sie wissen wir von vielen Berichten über Selbstentzündung in Zeitungen und medizinischen Fachzeitschriften.

Nur in wenigen Fällen wird die Selbstentzündung beim Namen genannt, denn offiziell gibt es sie nicht. Die Leichenbeschauer befinden sich damit in der wenig beneidenswerten Lage, sich mit Dingen auseinandersetzen zu müssen, die den allgemein gültigen physikalischen Gesetzen und den medizinischen Kenntnissen zu widersprechen scheinen. Infolgedessen ist die Rede von umgeworfenen Heizkörpern, Funkenflug, unvorsichtigem Rauchen und bei Kindern von Spielen mit Streichhölzern. Diese Ursachen werden sicherlich deshalb akzeptiert, weil anscheinend die einzige Alternative für eine natürliche Erklärung nur ein mittelalterlicher Alptraum wäre.

Gelegentlich stößt man auf Nachrichten, die eher zur Lösung des Rätsels beitragen, wie zum Beispiel in *Lloyds Weekly News* vom 5. Februar 1905. Eine Frau, die am Kamin eingeschlafen war, erwachte brennend und starb kurz danach. Dem gewissenhaften Leichenbeschauer war der Vorgang unerklärlich: Die Frau war mit dem Gesicht zum Feuer eingeschlafen. Daher hätte eventuell aus dem Kamin springende Glut die Kleidung der Frau vorn in Brand setzen müssen. Die schweren Brandwunden befanden sich jedoch auf dem Rücken.

Angst vor der Wahrheit

Im Zweifelsfall wird ein Bericht aus Angst oder Unglaubwürdigkeit einfach abgelehnt. Dies geschah beim Tod der schon älteren und unverheirateten Wilhelmina Dewar, die sich am 22. März 1908 in Whitley Bay/Northumberland gegen Mitternacht entzündete. Wilhelmina wurde von ihrer Schwester Margaret tot aufgefunden, die, völlig aufgelöst, sofort die Nachbarn herbeiholte. Im Obergeschoß des Hauses fanden sie im Bett den stark verkohlten Körper Wilhelminas. Das Bettzeug war nicht versengt, und es gab im ganzen Haus keinerlei Anzeichen eines Brandes.

Als Margaret dies bei dem Verhör aussagte, wollte der Leichenbeschauer ihren absurd klingenden Bericht nicht glauben und bat sie, sich alles noch einmal zu überlegen. Sie weigerte sich jedoch, ihre Aussage zu ändern, selbst als ein Polizist behauptete, Margaret sei so betrunken, daß sie gar nicht mehr wisse, was sie sage. Ganz richtig bemerkt Fort, daß „der Polizist nicht aufgefordert wurde, darzulegen, nach welchen Kriterien er zwischen einem Zustand höchster Erregung beziehungsweise panischer Angst und einem Zustand der Betrunkenheit unterscheidet". Der Leichenbeschauer vertagte das Verhör, um ihr Zeit zum Nachdenken zu geben. Als es einige Tage später fortgesetzt wurde, war Margaret inzwischen unter erheblichen Druck gesetzt worden.

Beide Schwestern waren pensionierte Lehrerinnen und hatten bis zu diesem Zeitpunkt ein respektierliches Leben geführt. Jetzt nannte der Leichenbeschauer sie eine Lügnerin, für die Zeitungen war sie eine Trinkerin, die Nachbarn wandten sich von ihr ab, und sie stand allein vor einem voreingenommenen Untersuchungsausschuß. Es erstaunt nicht, daß sie ihre Aussage zurücknahm. Sie erzählte, sie habe ihre Schwester brennend, jedoch noch am Leben im Erdgeschoß des Hauses gefunden. Sie habe ihr nach oben geholfen und in ihr Bett gebracht, wo sie gestorben sei.

Bei oberflächlicher Betrachtung mag diese Version plausibler klingen. Sie wurde auch akzeptiert und die Untersuchung umgehend eingestellt. Der Ausschuß war nicht daran interessiert, zu erfahren, wie Wilhelmina mit starken Verbrennungen an Unterleib und Beinen – so wurde die Leiche aufgefunden –, in der Lage gewesen sein soll, die Treppe hinaufzusteigen. Oder warum es im Haus keine Brandspuren gab, wenn sie schon im Erdgeschoß anfing zu brennen. „Aber der Leichenbeschauer war zufrieden", schreibt Fort sarkastisch. „Die gewünschte Aussage konnte protokolliert werden."

Dennoch bestand weiterhin ein medizinisch-juristisches Interesse an der Selbstentzündung. Zunächst wurde das Phänomen von Pathologen anerkannt, später als „unnatürliche Brennbarkeit" gedeutet. Außerdem konnte man nie ausschließen, daß ein Mörder Selbstentzündung simuliert hatte, um seine Tat zu decken. Ein erster exemplarischer Fall war 1725 die Anklage gegen den Gastwirt Jean Millet aus Reims. Er wurde beschuldigt, seine Frau, eine Trinkerin, umgebracht zu haben, weil er in seine hübsche Bedienung verliebt war. Seine Frau wurde eines Morgens unmittelbar neben dem Herd tot aufgefunden.

„Nur ein Teil des Kopfes, Reste der Beine und einige Rückenwirbel waren noch erhalten. Der Bodenbelag unter dem Körper war weggebrannt, jedoch einige Küchengeräte neben der Leiche waren nicht beschädigt worden." Einem jungen angehenden Arzt, namens Le Cat, der sich gerade in der Gaststätte aufhielt, gelang es, das Gericht davon zu überzeugen, daß hier kein gewöhnlicher Verbrennungstod vorlag, sondern eine „Heimsuchung der Frau durch Gott", offensichtlich die Folge ihres Alkoholmißbrauchs. Millet wurde daraufhin freigesprochen. Le Cat machte seine Examen mit Auszeichnung und veröffentlichte eine Schrift über Selbstentzündung.

Der bahnbrechende Chemiker Justus von Liebig bestritt die Existenz der Selbstentzündung. Er berief sich darauf, daß es nie Augenzeugen gegeben habe. Als Wissenschaftler sah er in den überlieferten Fällen nur unbewiesene Zeugnisse für den *Glauben* an Selbstentzündung, jedoch keinen Beweis für einen spontanen Verbrennungstod. Zudem beklagte er das Fehlen von sachverständigen Zeugen. Die Berichte verwarf er insgesamt, da sie „von ungebildeten Personen stammen, die nicht im Beobachten geübt sind, und daher tragen alle Berichte den Stempel der Unzuverlässigkeit".

Entgegen Liebigs Behauptung gibt es genügend medizinisches und amtliches Beweismaterial. Hier wird oft auch die Heftigkeit des Phänomens beschrieben. Da ist zum Beispiel der von Merille, einem Chirurgen aus Caen, untersuchte Fall. Er wird in Trotters *Essay on drunkenness* (1804) geschildert. Am

Links:
Der berühmte Chemiker Justus von Liebig. Er glaubte nicht an die Berichte über Selbstentzündung, da er fachkundige Zeugen vermißte. Außerdem scheiterten alle seine Versuche, Fleisch so intensiv zum Brennen zu bringen, wie dies bei der Selbstentzündung der Fall ist.

Unten:
Ein unbekanntes Opfer der Selbstentzündung. Der unversehrte Kopf liegt am Kamin. Man sieht auch ein elektrisches Heizgerät. Aber wie konnte der Körper so stark verbrennen, ohne das ganze Zimmer zu entflammen?

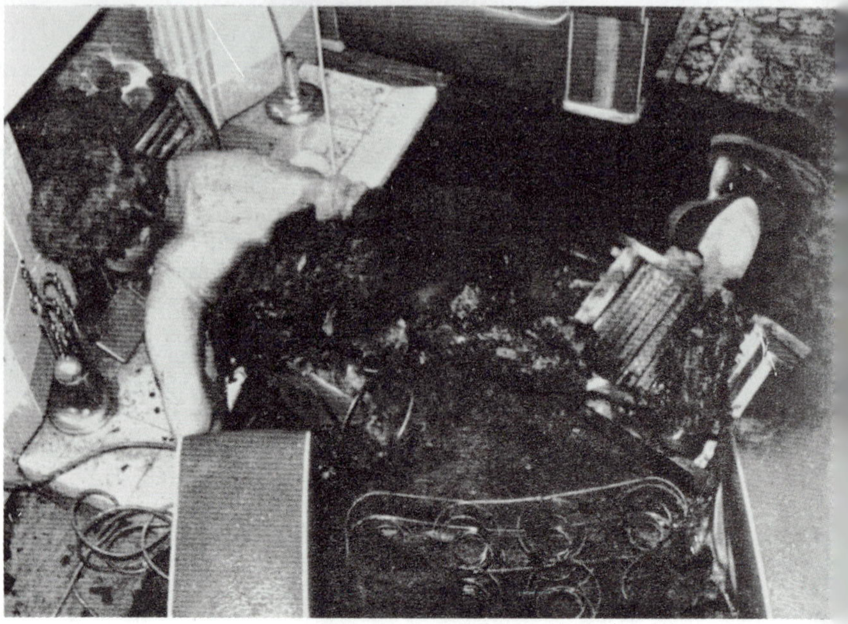

Der Tod Dr. Bentleys

Dr. Irving Bentley war Arzt im Ruhestand. Er wohnte im Erdgeschoß eines Appartementhauses in Coudersport/Pennsylvania. Am Morgen des. 5. Dezembers 1955 ging der Gasmann Don Gosnell in den Keller des Gebäudes, um den Gasstand abzulesen. Im Keller stand ein „hellblauer Rauch von eigenartigem Geruch" in der Luft. Plötzlich bemerkte er Asche auf dem Boden. Ihm fiel ein, daß er auf seinen Gruß am Eingang keine Antwort erhalten hatte, und er beschloß, nach dem alten Mann zu sehen. In Bentleys Schlafzimmer war noch mehr Rauch, doch keine Spur von ihm. Gosnell ging ins Bad. Was er dort sah, wird er nie vergessen können. Ein großes Loch war in den Fußboden gebrannt, so daß die Träger und Rohre darunter sichtbar waren. Am Rande der Öffnung erblickte er „... ein bis zum Knie verbranntes Bein, wie das einer Schaufensterpuppe. Länger konnte ich nicht hinsehen!" Gosnell floh aus dem Haus.

3. Juni 1782 wurde Merille gebeten, einen offiziellen Bericht über den Tod von Mademoiselle Thaurs zu verfassen. Man wußte, daß die über 60 Jahre alte Dame an ihrem Todestag drei Flaschen Wein und eine Flasche Weinbrand getrunken hatte. Merille schrieb:

> „Der Schädel der Toten befand sich ... einen dreiviertel Meter vor der Feuerstelle, während der Rest des Körpers schräg vor dem Kamin lag. Von ihr war nur noch Asche übrig. Selbst die kräftigsten Knochen hatten ihre Gestalt und Konsistenz verloren. Der rechte, ansonsten vollständige Fuß war am Fußgelenk durchgeschmort, der linke stärker verbrannt. Obwohl es ein sehr kalter Tag war, lagen im Kamin nur zwei oder drei dünne Holzscheite, die in der Mitte verbrannt waren."

Dr. Wilton Krogman schrieb, nachdem er einen berühmten Fall von Selbstentzündung untersucht und mit Hilfe einer komplizierten Verbrennungsanlage Experimente durchgeführt hatte: „Nach meinen Beobachtungen schmelzen oder brennen Knochen erst bei 1650 °C." Eine derartige Hitze würde jedoch in beachtlichem Umkreis alles versengen.

Merille jedoch berichtet:

> „Die Möbel in der Wohnung waren nicht beschädigt. Der Stuhl, auf dem sie gesessen hatte, stand nur 30 Zentimeter von ihr entfernt und wies keinerlei Beschädigung auf ... der Zerfall des Körpers hatte sich in weniger als sieben Stunden ereignet. Dennoch war außer der Kleidung anscheinend nichts in der Umgebung verbrannt."

Zögernde Eingeständnisse

Ein Dr. Hartell meldete der medizinisch-juristischen Gesellschaft von Massachusetts einen ungewöhnlichen Fall von Selbstentzündung, dessen Zeuge er geworden war.

Am 12. Mai 1890 fuhr er durch Ayer in Massachusetts. Er wurde angehalten und in einen Wald geführt, wo ihn ein gräßlicher Anblick empfing. Auf einer Lichtung kauerte eine Frau, „die an den Schultern, am Unterleib und an beiden Beinen brannte". Weder er noch der andere Zeuge vermochten die Ursache des Feuers zu erkennen. Dieses Erlebnis des Arztes war kein Einzelfall. Der Verdacht, daß schon etliche Ärzte mit mysteriösen tödlichen Bränden in Berührung gekommen sind, wird auch von anderer Seite bestätigt. Maxwell Cade und Delphine Davis, die Autoren der interessanten Studie über Kugelblitze *(Taming of the thunderbolts,* 1969), gaben zu, sie würden sicherlich dem oben erwähnten Bericht und anderen Fällen von Selbstentzündung mit großer Skepsis gegenüberstehen, „wenn uns nicht ein befreundeter Arzt von einem Vortrag an der medizinisch-juristischen Gesellschaft von Massachusetts erzählt hätte, in dem verschiedene solche Fälle erörtert wurden. Als wir leichte Zweifel äußerten, versicherte uns der Arzt, daß er selbst im Herbst 1959 zu einem ähnlichen Fall gerufen worden war."

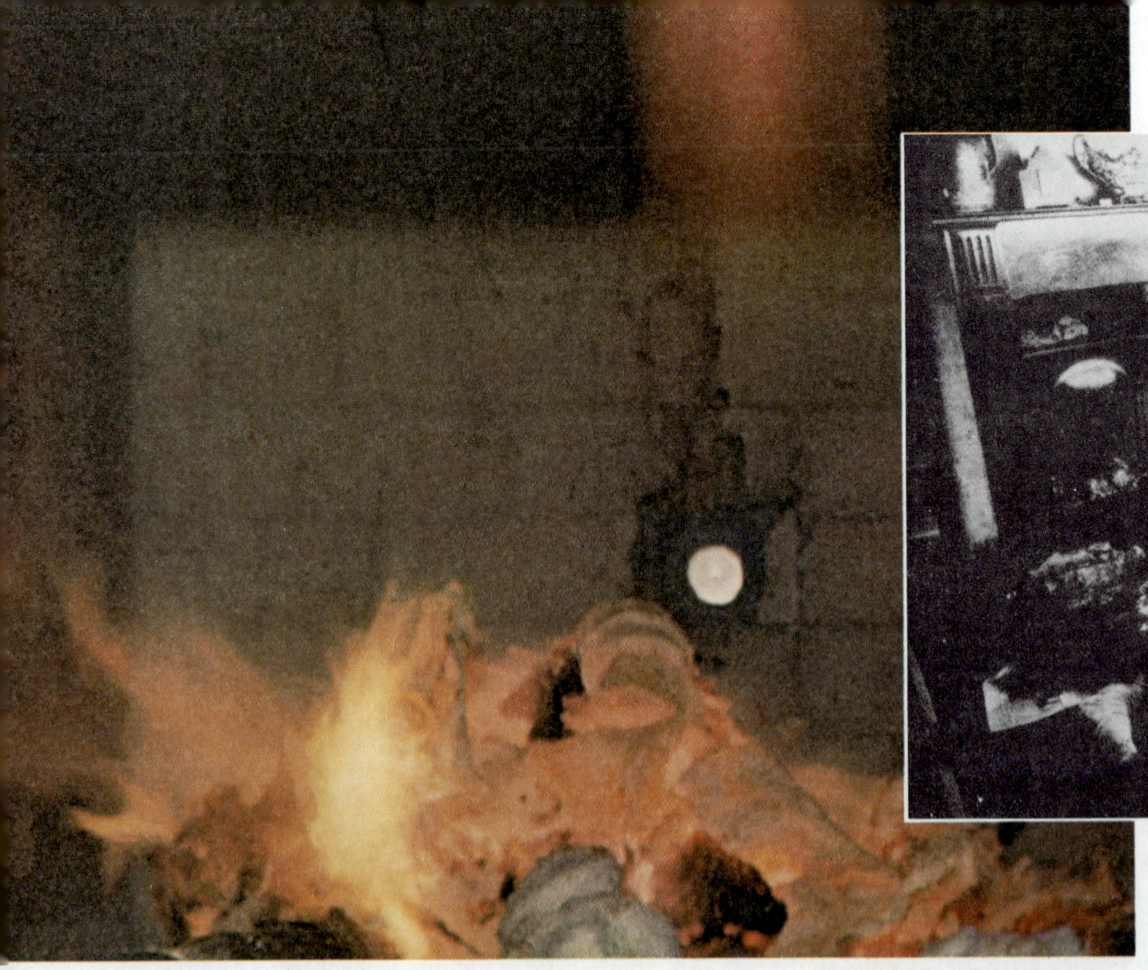

Ein unheimliches Feuer

Die Vorstellung, daß Menschen von selbst in Flammen aufgehen, ist reichlich absurd – ebenso wie alles, was wir über menschliche Selbstentzündung wissen.

Allen Fällen von Selbstentzündung ist die ungeheuerliche Geschwindigkeit gemeinsam, mit der sich das Feuer entfacht. Viele Opfer wurden nur wenige Augenblicke bevor das Feuer aus dem Nichts kam noch gesehen. Der italienische Chirurg Battaglio berichtet vom Tod des Priesters Bertholi in Filetto im Jahre 1789. Dieser wohnte bei seinem Schwager und war zum Zeitpunkt des Unfalls allein in seinem Zimmer. Plötzlich hörte man ihn schreien. Als Leute herbeieilten, lag er auf dem Boden, von fahlen Flammen umgeben, die gerade verlöschten.

Bertholi trug Sackleinen auf der Haut. Die Oberbekleidung war weggebrannt, das Sackleinen hingegen unversehrt zurückgeblieben. Die Haut war an den Stellen, die von Sackleinen bedeckt waren, zwar nicht verbrannt, hatte sich jedoch vom Fleisch gelöst und hing in Fetzen herab.

Da die Toten von Selbstentzündungen oft noch sitzend angetroffen werden, so als wären sie überrascht worden, ziehen einige Autoren den Schluß, daß das Feuer sich mit großer Geschwindigkeit entwickeln muß.

Bei Selbstentzündung entwickelt sich das Feuer mit rasender Geschwindigkeit. Die entstehende Hitze reicht aus, um selbst die Knochen des Opfers zu zerstören. Dagegen kann es Stunden dauern, bis in einem Krematorium die Leiche verbrannt ist – und selbst dann ist nur das Fleisch zu Asche geworden.

Ein beeindruckendes Beispiel wird in einem Artikel über Selbstentzündung von Ron Willi in *Info Journal* 8 (1972) angeführt. Im Jahre 1960 fand man in einem ausgebrannten Auto bei Pikeville in Kentucky fünf verkohlte Leichen. Der Leichenbeschauer stellte dazu fest: „Sie saßen da, als ob sie gerade eingestiegen wären. Man sollte meinen, sie müßten verzweifelt versucht haben zu entkommen. Aber das war nicht der Fall."

Ein weiteres Merkmal der Selbstentzündung sind die extrem hohen Temperaturen, die dabei entstehen. Normalerweise ist der menschliche Körper nur schwer entflammbar. Menschen, die im Feuer umkommen, erleiden in der Regel nur partielle oder oberflächliche Verbrennungen. Der Zerfall eines Menschen zu Asche, darüber sind sich alle Experten einig, geschieht nur bei extremer Hitze. Das Feuer muß zusätzlich mit Brennmaterial gespeist werden und stundenlang brennen. Selbst dann bleiben in den Krematorien noch Knochen zurück.

Dr. Krogman, ein bekannter Gerichtsmediziner und Anthropologe der Universität von Pennsylvania, untersuchte die Ursachen und den Verlauf von Todesfällen durch Verbrennung. Dabei befaßte er sich auch mit dem Tod von Frau Reeser (s. Kasten). Nach seinen Beobachtungen weisen selbst Knochen von Leichen, die in einem Krematorium über 8 Stunden bei 1110 °C gebrannt haben, keine Spur von Zerfall auf. Erst bei 1650 °C lösen sich Knochen auf. Willis erwähnt den Verbrennungstod des 40jährigen Leon Eveille, der am 17. Juni 1971 bei Arcis-sur-Aube (Frankreich) in seinem verschlossenen Auto gefunden wurde. Die Glut hatte das Fensterglas zum Schmelzen gebracht. Normalerweise verbrennen Autos bei etwa 700 °C, doch hier müssen Temperaturen von über 1000 °C gewütet haben, denn erst dann schmilzt Glas.

Immer wieder stößt man bei Fällen von Selbstentzündung auf ein weiteres seltsames Phänomen: Die Flammen breiten sich nicht aus. Die verkohlten Leichen liegen in Betten ohne Brandspuren, sitzen in nur leicht angesengten Sesseln oder tragen noch ihre unversehrte Kleidung.

Im Jahre 1905 berichtete das *British Medical Journal* über den Tod einer „älteren Frau mit anrüchigem Lebenswandel". Die Polizei brach in ein Haus ein, aus dem Rauch austrat. Sie fanden

> „auf dem Boden vor einen Stuhl einen kleinen Haufen zerbrochener und verbrannter Knochen, auf dem ein Schädel lag. Alle Knochen waren stark gebleicht und sehr brüchig. Das Fleisch war vollständig verbrannt. Aber eine Tischdecke in etwa einem Meter Entfernung von der Asche war nicht einmal angesengt ... Eigenartigerweise war die Zimmerdecke angekohlt, als sei die Frau zu einer Feuersäule geworden."

In den *Complete Books* erwähnt Fort zwei aufsehenerregende Fälle. Der erste ist der *Daily* News vom 17. Dezember 1904 entnommen. Er beschreibt den Tod von Frau Cochrane aus Falkirk, die „bis zur Unkenntlichkeit" verbrannt in ihrem Schlafzimmer gefunden worden war. Niemand hatte Schreie gehört. Die Einrichtung wies nur geringe Brandschäden auf, und auch im Kamin war kein Feuer. Die verkohlte Leiche saß „in einem Sessel, inmitten von Kissen". Über den zweiten Fall berichtete die *Madras Mail* vom 13. Mai 1907. Eine Frau aus dem Dorf Manner bei Dinapore war verbrannt, ohne daß ihr Kleid beschädigt wurde. Polizisten fanden die Leiche in einem Zimmer, das keine Brandspuren aufwies.

Dr. Wilton Krogman ist Fachmann für Verbrennungen am menschlichen Körper. Der Zustand von Frau Reesers Leiche versetzte ihn in Erstaunen. Er fand eine reichlich komplizierte Erklärung dafür.

Im Jahre 1841 verbreitete das *British Medical Journal* eine Rede Dr. Reynolds über Selbstentzündung vor der Manchester Pathological Society. Obwohl er die These einer „Selbst"-entzündung verwarf, gab er die Existenz rätselhafter Fälle zu und schilderte aus seiner eigenen Erfahrung die tragische Geschichte einer 40jährigen Frau, die am Herd zusammengebrochen war und zu brennen anfing. Als man sie am nächsten Morgen fand, brannte sie immer noch. Was ihn in Erstaunen versetzte, war der Zustand ihrer Beine: Ihre Strümpfe waren unbeschädigt, doch die Schenkel verkohlt.

Einige Forscher wiesen darauf hin, daß die Opfer meist weder schreien noch sich wehren.

Das Ende von Mary Reeser

Arbeiter beseitigen die Reste des Sessels, in dem die 67jährige Witwe Mary Reeser aus St. Petersburg in Florida starb. In der Nacht zum 2. Juli 1951 verbrannte sie in lodernden Flammen. Die Gegenstände in ihrer Umgebung waren kaum beschädigt, der Polstersessel dagegen bis auf die Federn abgebrannt. An der Decke darüber befand sich ein Rußfleck, und der Teppich war um den Sessel herum verkohlt. Doch ein Stapel Zeitungen daneben war nicht einmal angesengt. Dr. Wilton Krogman, Gerichtsmediziner und Spezialist für Verbrennungstod, untersuchte den Ort und nahm an den Ermittlungen teil. Er sagte:

> „Ich kann nicht verstehen, wie es zu dieser vollständigen Einäscherung kam, ohne daß die Einrichtungsgegenstände Feuer fingen. Eigentlich hätte die ganze Wohnung in Flammen aufgehen müssen. Ich habe noch nie gesehen, daß ein menschlicher Schädel durch starke Hitzeeinwirkung geschrumpft ist. Im Gegenteil, entweder werden die Schädel unnatürlich aufgebläht oder sie zerbersten praktisch in hunderte von Stükke ... So etwas Merkwürdiges wie hier habe ich noch nie gesehen. Schon wenn ich daran denke, bekomme ich eine Gänsehaut. Im Mittelalter hätte ich sofort an Schwarze Magie gedacht."

Die Polizei ging jeder sich bietenden Erklärung nach, darunter den verrücktesten Ideen: Selbstmord durch Benzin, Entzündung von Methangas in ihrem Körper, Mord durch einen Flammenwerfer, „Atomtabletten" (was auch immer das sein mögen), Magnesium, Phosphor und Napalm ... Ein anonymer Briefschreiber schlug einen „Feuerball" vor. Schließlich akzeptierte der Leichenbeschauer die Version des FBI. Frau Reeser soll beim Rauchen eingeschlafen sein und die Zigarettenglut ihr Kleid entzündet haben.

Dr. Krogman brachte die Möglichkeit ins Gespräch, daß jemand Frau Reeser vielleicht in einer Art Krematorium verbrannt und sie dann in ihre Wohnung zurückgebracht habe. Der Brand sei von dem mysteriösen Mörder geschickt vorgetäuscht worden. Auch nach einem Jahr hatte die Polizei den Fall noch nicht abschließen können.

„Angesichts ihrer grausigen Ergebenheit", schrieb Fort, „hat man fast den Eindruck, als hätte sie ein Vampir hypnotisiert." Das Phänomen läßt sich allerdings nicht nur durch Betrunkenheit oder Betäubung durch Dämpfe erklären. Irgendeine psychische oder psychologische Komponente muß dem Brand vorausgehen oder ihn begleiten. Vielleicht ist sie die Ursache dafür, daß die Opfer sich nicht wehren und Überlebende nicht erzählen können, was vorgefallen ist.

Die *Hull Daily Mail* vom 6. Januar 1905 berichtet von einer betagten Frau, Elizabeth Clark, die eines Morgens mit schwersten Verbrennungen in ihrem Bett im Armenhaus von Hull gefunden wurde. Das Bett selbst war vom Feuer verschont geblieben. Trotz der dünnen Trennwände hatte man weder Schreie noch andere Geräusche gehört. Die Frau „konnte keine zusammenhängende Schilderung des Vorfalls geben" und starb bald darauf. Das kann natürlich auch heißen, daß die Obrigkeit ihr keinen Glauben schenkte.

In *Lo!* (1930) beschreibt Fort die merkwürdigen Brände, von denen die Binbrook Farm bei Grimsby im Winter 1904–5 heimgesucht wurde. Einmal war ein junges Dienstmädchen betroffen. Sie brannte, ohne es zu merken, und wäre wohl ein weiteres Opfer von Selbstentzündung geworden, hätte sie nicht ihr Arbeitgeber aus ihrem Tagtraum geweckt. Einer örtlichen Zeitung berichtete der Bauer:

„Unser Dienstmädchen kam aus dem Armenhaus ... sie wischte gerade die Küche auf. Im Ofen brannte ein kleines Feuer. Ein Schutzgitter verhindert, daß man näher als einen halben Meter ans Feuer kann. Sie befand sich am anderen Ende des Zimmers und war auch vorher nicht am Ofen gewesen. Als ich in die Küche kam, sah ich ihr Kleid hinten brennen, während sie weiter aufwischte. Ich schrie. Sie blickte sich um, und als sie die Flammen sah, rannte sie zur Tür hinaus. Sie stolperte, und ich erstickte das Feuer mit nassen Säcken."

Das Mädchen mußte bereits längere Zeit gebrannt haben, denn sie hatte „schreckliche Brandwunden".

Nur äußerst selten verbrennen mehrere Menschen auf einmal, wie in dem erwähnten Auto bei Pikeville. Justus von Liebig war der Ansicht, daß Fälle dieser Art die „Krankheitstheorie" widerlegen (s. Kasten). Nach seinen Erfahrungen verläuft ein und dieselbe Krankheit bei mehreren Personen immer verschieden und führt nie zu einem gleichzeitigen Tod.

Willis beschreibt den Tod des Ehepaars Rooney, das bei Seneca in Illinois lebte:

„Heiligabend 1885 tranken Patrick Rooney und seine Frau mit ihrem Lohnarbeiter John Larson in der Küche Whisky. Larson ging schlafen, und als er am nächsten Morgen aufwachte, war ihm übel. Unten in der Küche war alles mit einem schmierigen Film bedeckt; Patrick Rooney lag tot auf dem Boden. Larson holte Rooney's Sohn John zur Hilfe, der in der Nähe wohnte. Die Männer entdeckten neben dem Küchen-

Charles Fort verbrachte sein ganzes Leben damit, Berichte über Selbstentzündung und andere unerklärliche Ereignisse zu sammeln. Er überlegte, ob Selbstentzündung vielleicht mit Dämonie in Verbindung steht: „Ich glaube, die vorliegenden Fälle haben nichts mit ‚Selbstentzündung menschlicher Körper' zu tun, sondern werden von Gegenständen oder Wesen verursacht, die Frauen und Männer mit Hilfe von Feuer verzehren. Wie Werwölfe oder angebliche Werwölfe bevorzugen sie Frauen."

Brennstoff im menschlichen Körper

Einige der frühen Pathologen vertraten die Meinung, der Körper produziere unter gewissen Umständen Gas, das sich bei Berührung mit Sauerstoff entzündet. Der hervorragende Gelehrte Karl von Reichenbach schrieb zum Beispiel über die „Ausdünstung während der Verwesung" menschlicher Körper. Doch Liebig fand keinen Beweis für die Existenz eines solchen Gases, „weder bei gesunden noch bei kranken Personen, ja noch nicht einmal bei verwesenden Leichen".

Dixon Mann und W. A. Brend berichten in *Forensic medicine and toxicology* (1914) von einem dickleibigen Mann, der zwei Stunden nach seiner Einlieferung in das Guy's Krankenhaus in London gestorben war. Am nächsten Tag war sein Körper stark aufgedunsen. Die Haut hatte sich überall aufgebläht und war mit Gas gefüllt. „Wenn man die Haut durchstach, strömte das Gas aus und verbrannte mit einer ähnlichen Flamme wie gasförmiger Wasserstoff." Wenn der Mann zu Hause in der Nähe eines Feuers gestorben wäre, hätten die Forscher vor einem weiteren rätselhaften Fall von „Selbstentzündung" gestanden.

Doch derartige Gase im Gewebe wären tödliches Gift für den Körper. Das Opfer wäre schwer erkrankt oder tot. Und dies ist in der Regel nicht der Fall, im Gegenteil. Die Betroffenen wurden oft noch kurz vor ihrem Verbrennungstod gesund angetroffen. Die Annahme von verbrennenden Gasen vermag auch nicht zu erklären, warum manchmal die Kleider unversehrt bleiben.

Eine Alternative zu der Krankheitstheorie bietet die Annahme, Selbstentzündung beruhe auf organischen oder anderen Funktionsstörungen im Körper. Ivan Sanderson und Vincent Gaddis dachten an den Aufbau von Phosphagenen im Muskelgewebe, besonders von Vitamin B 10, das eine wesentliche Rolle bei der Energieversorgung des Körpers spielt. Ein Fachartikel in *Applied Trophology* (Dezember 1957) enthält folgenden aufschlußreichen Abschnitt:

„Phosphagen ist eine chemische Verbindung mit endothermem Charakter, wie Nitroglyzerin. Zweifellos kommt es im Gewebe einiger Menschen, die sich nur wenig bewegen, in ausreichenden Konzentrationen vor, um ihre Körper entzündbar zu machen. Fangen sie Feuer, brennen sie unter Umständen wie feuchtes Schießpulver."

Vielleicht liegt hierin eine Erklärung für die leichte Entzündbarkeit einiger Körper. Aber noch ist nicht die eigentliche Ursache für Selbstentzündung gefunden.

tisch ein verkohltes Loch. Als sie hineinblickten, sahen sie auf der Erde unter dem Küchenfußboden einen ausgeglühten Schädel, einige verkohlte Knochen und einen Haufen Asche. Frau Rooney muß durch extrem heißes Feuer verzehrt worden sein, das sich nicht weiter ausgebreitet hatte."

Der Leichenbeschauer stellte fest, daß Patrick an dem Rauch erstickt war, den seine brennende Frau verursacht hatte.

Fort berichtet vom Tod eines älteren Ehepaares namens Kiley bei Southampton – zweifellos ein Fall von gleichzeitiger Selbstentzündung. Am Morgen des 26. Februar 1905 hörten Nachbarn ein eigenartiges „Knistern" im Nebenhaus. Sie gingen hinüber, um die Ursache herauszufinden. Als sie die Tür öffneten, schlugen ihnen Flammen entgegen. Kiley lag mit tödlichen Verbrennungen am Boden. Seine Frau war ebenfalls tot; sie saß „stark verbrannt, jedoch noch zu erkennen" auf einem Stuhl.

„Nach den Resten der Kleidung zu urteilen, begann der Brand, bevor sie ins Bett gegangen waren … Es ist unerklärlich, daß zwei Menschen, die aller Wahrscheinlichkeit nach nicht schliefen, als der Brand ausbrach, ohne um Hilfe zu schreien in einem Feuer starben, das sich erst viele Stunden später zu einem großen Brand entwickelte."

Es gibt zwei Fälle von Selbstentzündung, die mit Selbstmordversuchen zusammenfallen. Sie sind interessant, wenn man der These eines „psychischen Selbstmordes" zustimmt, die besagt, daß das Opfer sich entzündet, weil es mit dem Leben abgeschlossen hat.

Am 13. Dezember 1959 verabschiedete sich der 27 Jahre alte Billy Peterson aus Pontiac in Michigan von seiner Mutter und fuhr in seine Werkstatt. Dort führte er einen Schlauch vom Auspuffrohr ins Wageninnere. 30 Minuten später bemerkte ein Passant Qualm und betrat die Werkstatt. Billy lag tot in seinem Auto und war an Kohlenmonoxidvergiftung gestorben. Was die Ärzte jedoch verwunderte, war der Zustand der Leiche. Der Rücken, die Arme und Beine waren mit Verbrennungen dritten Grades übersät, einige Stellen völlig verkohlt. Dennoch blieb die Kleidung und Unterwäsche unversehrt.

Am 18. September 1952 schnitt sich Glen Denney, ein 46jähriger Gießereiarbeiter aus Louisiana, die Pulsadern am linken Arm, an den Handgelenken und an den Knöcheln auf. Er starb jedoch an Rauchvergiftung. Als man ihn fand, war er „eine einzige Flamme", aber sonst brannte nichts in dem Zimmer. Der Leichenbeschauer vermutete, er habe sich mit Kerosin übergossen und angezündet. Aber es fehlte ein Kanister. Außerdem war völlig unklar, wie er dies hätte zuwege bringen sollen, während er pro Sekunde ungefähr 4 Prozent seines Blutes verlor. Der Untersuchungsbeamte Otto Burma schrieb: „Für mich besteht kein Zweifel, daß Denney einen Selbstmordversuch unternahm. Doch während der Tat fing er aus irgend einem unbekannten Grund an zu brennen."

Ein Soldatentod

Am 19. Februar 1888 wurde Dr. J. Mackenzie Booth, Dozent an der Universität von Aberdeen, auf den Heuboden eines Stalles in der Constitution-Straße gerufen. Dort fand er die verkohlte Leiche eines etwa

65jährigen Mannes. Fast das gesamte Muskelgewebe war verbrannt und die ausgeglühten Knochen darunter sichtbar. Der Boden unter dem Mann war weggebrannt, so daß die Leiche nur noch auf einem verkohlten Balken ruhte. Auch die Dachlatten über der Leiche hatten Feuer gefangen. Einige Schieferziegel ruhten auf seinem Brustkorb. Man hatte den Mann zuletzt am vorhergehenden Abend gesehen, als er mit einer Flasche und einer Lampe auf den Heuboden ging.

Zunächst vermutete man, er habe die Lampe umgestoßen und sei dann, von Alkohol und Rauch umnebelt, verbrannt (Booth beschrieb den „alten Soldaten" in seinem Bericht als „Trinker"). Doch man hatte noch beobachtet, daß die Lampe erlosch, kurz nachdem er den Heuboden betreten hatte. Das Feuer brach aber erst in der Nacht aus. Außerdem erkennt man leicht auf dem Stich links (aus dem *British Medical Journal* vom 21. April 1888, nach einer Photographie der Szene), daß die Heuballen um ihn herum unversehrt blieben. Das verkohlte Gesicht hatte erkennbare Züge bewahrt. Aus ihnen und aus der „bequem ruhenden Haltung des Körpers" schloß Booth, daß „offensichtlich kein Todeskampf stattgefunden habe".

Das Geheimnis des menschlichen Scheiterhaufens

Mediziner und auch andere Wissenschaftler haben lange an der Möglichkeit der Selbstentzündung von Menschen gezweifelt. Die Fakten widerlegen jedoch eindeutig diese Skepsis. Das folgende Kapitel behandelt die möglichen Ursachen der mysteriösen Brände.

Durch Selbstentzündung verursachte Todesfälle haben die Wissenschaftler seit jeher in Verlegenheit gebracht. Ihre ablehnende Haltung entspricht nicht einer bewußten Unterdrückung der klaren Tatsachen. Vielmehr scheuen sie den Skandal der Widerlegung herkömmlicher Ansichten und die sich daraus ergebenden Folgen.

Wenn überhaupt je von Selbstentzündung die Rede ist, dann nur um den Glauben daran als unwissenschaftlich abzutun oder als Aberglauben abzustempeln, der sich aus weniger aufgeklärten Zeiten erhalten hat. J. L. Casper etwa klagt in seinem *Handbook of the Practice of Forensic Medicine* (Handbuch für die Praxis der Gerichtsmedizin): „Es ist traurig, daß wir selbst im Jahre 1961 in einem wissenschaftlichen Buch das Märchen der ‚Selbstentzündung' behandeln müssen." Und heute fällt das Urteil kaum weniger abfällig aus. Dr. Thurston, ein amtlicher Leichenbeschauer aus London, sagt: „Die sogenannte Selbstentzündung gibt es nicht und hat es nie gegeben."

Oben:
Dr. Gavin Thurston, der behauptete, Selbstentzündung habe nie stattgefunden.

Andererseits wird von den Wissenschaftlern und Ärzten, die sich intensiv mit Fällen von Verbrennungstod beschäftigt haben, zugegeben, daß einige Todesfälle vollkommen unerklärlich sind. Da es aber Selbstentzündung offiziell nicht gibt, mußten andere Erklärungen gefunden werden. Auf diese Weise kam es zum Begriff der „unnatürlichen Brennbarkeit".

Als nächstes mußten die Ursachen dieser Brennbarkeit herausgefunden werden. Für die öffentliche Meinung Mitte des 19. Jahrhunderts waren in der Regel Trinker und Raucher die typischen Opfer der Selbstentzündung, meistens ältere, einsame und korpulente Frauen, die sich wenig bewegten. Alkohol sollte die physikalische und auch moralische Ursache des Brandes sein. Man erzählte sich Schauergeschichten über die göttliche Strafe bei Trunkenheit; die züngelnden und nicht löschbaren Flammen waren nichts als ein Vorgeschmack auf das ewige Höllenfeuer. Der französische Priester Boineau berichtet 1749 von einer 80jährigen Frau, die zu Asche verglühte, während sie am Tisch saß und Weinbrand trank. Justus von Liebig bemerkt dazu voller Sarkasmus: „Der Stuhl, auf dem sie saß, brannte natürlich nicht, denn er hatte ja auch nicht gesündigt."

Liebig, der dem Phänomen der Selbstentzündung äußerst skeptisch gegenüberstand, verwarf jede Verbindung zwischen Alkohol und dem Verbrennungstod. Er bewies eindeutig, daß alkoholdurchtränktes Fleisch nur solange brennt, bis der Alkohol aufgebraucht ist. Dasselbe gilt für Fettgewebe – falls es überhaupt Feuer fängt.

1965 veröffentlichte Dr. D. J. Gee, Dozent für Gerichtsmedizin an der Universität Leeds,

Links:
Nur die Beine blieben von Frau M., einer Witwe, übrig. Sie starb am 29. Januar 1958. Ist sie im Kaminfeuer verbrannt, oder hat sie sich von selbst entzündet?

Sir David Brewster verfaßte einen Bericht über einen Verbrennungstod, der alle Zeichen für Selbstentzündung aufwies. Doch der Leichenbeschauer dachte anders darüber.

in *Medicine, science and the law* einen Artikel über seine Verbrennungsexperimente. Er legte dar, daß kleine Mengen Fettgewebe zwar entflammbar sind, daß jedoch das Feuer erlischt, wenn kein starker Luftzug vorhanden ist. Aber selbst dann kommt es nur zu einem langsamen Schwelbrand, im Gegensatz zu dem bei Selbstentzündung typischen lodernden Feuer. Infolge dieser Untersuchungen begannen die Forscher nach Ursachen für den notwendigen anhaltenden Luftzug zu suchen. Einige Autoren verwiesen auf Fälle, wo die Opfer in oder am Kamin gefunden worden waren, wo möglicherweise eine solche Voraussetzung existiert haben könnte.

Die Bereitwilligkeit, mit der einige Leichenbeschauer dieser These zustimmen, entspringt wahrscheinlich ihrem Wunsch, möglichst schnell eine „vernünftige" Erklärung für ein ansonsten beängstigendes Rätsel zu finden. Manchmal sind ihre Gutachten höchst unbefriedigend, wie etwa im Fall der Grace Pett, eine Fischhändlerin aus Ipswich. Als man diese am Morgen des 10. April 1744 entdeckte, lag sie auf dem Fußboden am Kamin und „brannte wie ein Holzklotz". Nachdem man das Feuer gelöscht hatte, sah die Leiche aus „wie ein Haufen Holzkohle und war mit weißer Asche bedeckt". Grace war eine starke Raucherin und hatte am Abend vorher zur Begrüßung ihrer aus Gibraltar heimgekehrten Tochter „reichlich Gin getrunken". Die Vertreter der These einer „unnatürlichen Brennbarkeit" sahensich damit in ihrer Ansicht bestätigt.

Dennoch widersprechen in diesem Fall einige Details der „unnatürlichen Brennbarkeit". Aus dem Bericht in Sir David Brewster's *Natural magic* (1842) geht hervor, daß gar kein Feuer im Kamin brannte. Eine an jenem verhängnisvollen Abend benutzte Kerze steckte unversehrt im Kerzenhalter. Noch schlimmer: „Kinderkleidung auf der einen Seite der Leiche und ein Papierschirm auf der anderen waren unbeschädigt." Auch der Holzfußboden unter dem brennenden Körper „war weder angesengt noch verfärbt".

Haben wir heute, im 20. Jahrhundert, eine bessere Erklärung für Selbstentzündung als „unnatürliche Brennbarkeit"? Den Gelehrten des 19. Jahrhunderts mag man nachsehen, daß sie bei einer Erklärung nur an gewöhnliches Feuer dachten. Doch seit den Tagen Liebigs

Brennen vor Wut

Der Anhänger Forts, Vincent Gaddis, schreibt in seinem Buch *Mysterious fires and lights* (1967) über die Selbstentzündung, daß ein großer Teil der Opfer anscheinend dem Leben den Rücken gekehrt hatten. „Einige waren Trinker, und Alkoholismus ist nichts als eine Form der Realitätsflucht ... Die meisten waren nicht mehr jung, ihre Widerstandskraft geschwächt. Vielleicht waren sie des Lebens müde. Viele lebten in Pflegeheimen oder Armenhäusern. Etliche führten ein armseliges Leben und hatten kaum Bewegung." Charles Fort und seine Nachfolger stellten fest, daß eine beträchtliche Anzahl von Opfern keine Hoffnungen mehr für ihr Leben hatte. In dem Buch *Fire from heaven* äußert Michael Harrison die These, daß Selbstentzündung bei Menschen auftreten kann, die niedergeschlagen, einsam, benachteiligt, verängstigt und vielleicht stark verärgert sind. Harrison fragte sich, ob nicht normalerweise unter Kontrolle gehaltene physische und psychische Energievorräte plötzlich in einer tödlichen Feuersbrunst freigesetzt werden, als eine Art „psychischer Selbstmord".

Selbstmord durch Feuer hatte schon immer symbolische Untertöne. Auch als politisches Zeichen fand er Verwendung. Der Gedanke ist verlockend, ein gewaltiger Stau von Wut oder Verzweiflung könne zum Ausdruck des Feuers führen, doch sind dies sehr vage Vermutungen. Außerdem ist diese Theorie nur auf einige Fälle anwendbar.

haben Medizin und Physik gewaltige Fortschritte gemacht. Heute sind viele Todesursachen bekannt, die unsichtbar auf den menschlichen Körper wirken. Die Rüstungsforschung beschäftigt sich im Zusammenhang mit den „Strahlenwaffen“ neben der radioaktiven Strahlung auch mit Ultraschall, Röntgenstrahlen und Mikrowellen. Jede dieser Strahlenarten kann einen Menschen von innen her verbrennen. Doch das Vorbild Liebigs ermahnt uns, konsequent zu sein: Selbst wenn wir annehmen, heute laufe ein Irrer mit einer tödlichen Strahlenwaffe frei herum, dürfen wir nicht alle Beispiele aus der Vergangenheit ignorieren.

Es gibt mehrere Theorien für die Erklärung des Phänomens der Selbstentzündung, jedoch nicht alle sind überzeugend. Zu den weniger wahrscheinlichen Erklärungen gehören die Theorie des „psychischen Selbstmordes“ (s. Kasten) und die These, daß das Feuer von den brennenden Kleidern auf die Opfer übergreift.

Phyllis Newcombe soll auf diese Weise umgekommen sein. Am 27. August 1938 um Mitternacht verließen sie und ihr Verlobter die Tanzfläche eines Lokals in Chelmsford, als sie plötzlich aufschrie. Ihr Kleid stand in Flammen. Als das Feuer gelöscht war, war schon alles zu spät. Phyllis starb wenige Stunden später im Krankenhaus. Man vermutete, eine weggeworfene Zigarette habe das Kleid in Brand gesetzt. Der Stoff war zwar brennbar, die Berührung mit Zigarettenglut genügte jedoch nicht, um ihn in Flammen aufgehen zu lassen. Der Leichenbeschauer konnte sich den Vorgang auch nicht erklären, gab aber dennoch „Unfall“ als Todesursache an. Seine Zweifel sind verständlich, denn normales Feuer kann nicht so starke Verbrennungen bewirken wie Selbstentzündung, außer bei andauernder Zufuhr großer Mengen an Brennmaterial und Sauerstoff. Selbst dann verbrennt der Körper von außen nach *innen.* Doch bei vielen Fällen von Selbstentzündung liegen Verbrennungen *im* Körper vor, die Kleidung oder Gegenstände in der Umgebung dagegen blieben unbeschädigt.

Als weitere unbefriedigende Erklärung wird die Existenz einer „zersetzenden Flüssigkeit“ angenommen. Sie soll den Tod von Madge Knigth verursacht haben. Am 19. November 1943 hielt sie im Gästezimmer ihres Hauses in Aldingbourne, Sussex ihren Mittagschlaf. Als sie erwachte, hatte sie das Gefühl, sie würde brennen. Auf ihre Schreie eilten ihr Mann und andere Bewohner des Hauses herbei.

Madge lag unter der Bettdecke. Sie litt unter schrecklichen Schmerzen, da fast die gesamte Haut am Rücken durch starke Verbrennungen zerstört war. Ein Arzt verabreichte Morphium und holte einen Spezialisten. Dieser teilte dem Leichenbeschauer später mit, die Verbrennungen seien durch eine zersetzende Flüssigkeit verursacht worden, denn weder auf dem Laken noch sonstwo im Zimmer habe es Brandspuren gegeben oder nach Rauch gerochen. Madge selbst konnte oder wollte nicht sagen, was geschehen war. Sie starb am 6. Dezember im Krankenhaus in Chichester.

Da in vielen Fällen kein sichtbares Feuer auftritt, suchten einige Forscher mögliche Ursachen der Selbstentzündung in Substanzen, die ohne Flamme verbrennen. Bei Madge Knight konnte jedoch keine zersetzende Chemikalie nachgewiesen werden.

Den vielleicht wichtigsten Anstoß zum Verständnis des Phänomens gab 1975 ein Artikel von Livingston Gearhart in der von Fort gegründeten Zeitschrift *Pursuit.* Er hatte beobachtet, daß sich Selbstentzündungen bevorzugt dann ereignen, wenn das magnetische Feld der Erde am stärksten ist. Die Intensität dieses Feldes variiert sehr stark in Zusammenhang mit der Sonnenaktivität. Anhand der Kurve der durchschnittlichen globalen Feldstärke läßt sich deutlich eine Verbindung zwischen Fällen von Selbstentzündung und hohen geomagnetischen Werten nachweisen. Das könnte bedeuten, daß Selbstentzündung am

Eine schmächtige Dame verbrennt

Fotografische Beweisstücke von ungewöhnlichen Verbrennungstoden sind sehr selten und selbst dem Forscher nicht leicht zugänglich. Das Bild zeigt die verkohlten Überreste einer 85jährigen schmächtigen Dame, die sich bisher guter Gesundheit erfreute. Im November 1963 wurde sie von den Flammen verzehrt. Den Fall untersuchte Dr. D. J. Gee. Da der Körper fast vollständig zerstört war (doch sonst kaum etwas), wurde angenommen, das Opfer habe sich in einem Zustand erhöhter Brennbarkeit befunden und durch Glut oder Funkenflug Feuer gefangen. Diese Version bestätigt die Ergebnisse von Dr. Gees Experimenten und kommt der Theorie einer „unnatürlichen Brennbarkeit“ entgegen.

Ende einer sehr komplexen Kette von Vorgängen steht, wobei es zu einer Wechselwirkung zwischen bestimmten astronomischen Konstellationen und dem Körperzustand eines einzelnen Menschen kommen kann. Hierauf basiert auch die „Kugelblitz"-Theorie als Erklärung für Selbstentzündung.

Ein Kugelblitz wird als Ursache für den Tod von Frau Reeser vermutet. Ihr Fall ist keine Ausnahme. Pfarrer Winogene Savage beschreibt in einem Artikel in *Fate* (April 1961), wie eines Morgens ein Bekannter von ihm durch die Schreie seiner Frau geweckt wurde. Er stürzte ins Wohnzimmer. Dort lag sie brennend auf dem Fußboden, und ein unheimlicher Feuerball schwebte über ihr. Nachbarn halfen ihm, die Flammen mit Wasser zu löschen. Doch die Frau starb bald darauf. Auch ihr Ehemann erlitt Verbrennungen bei seinem Versuch, ihr zu helfen. Zeugen beobachteten, daß der Teppich, auf dem sie zusammengebrochen war, nicht versengt war, und auch das restliche Zimmer keinerlei Brandspuren aufwies.

Ein natürlicher Tod

Diesen Bericht nahmen Maxwell Cade und Delphine Davis in ihre Untersuchung über den Kugelblitz, *Taming of the Thunderbolts*, auf. Auch ihnen fielen die Parallelen zu Fällen von Selbstentzündung auf. Sie führten die Theorie von Physikern an, nach deren Ansicht Kugelblitze aufgrund ihrer immensen elektrischen Ladung unter gewissen Umständen kurzwellige Radiowellen aussenden können, wie sie etwa in Mikrowellenherden Verwendung finden. Sie überlegen weiter:

> „Falls diese Theorie zutreffen sollte ... könnten die Opfer nicht nur unter der Kleidung, sondern sogar unter der Haut tödliche Verbrennungen erleiden, und zwar, wenn ein Kugelblitz in der Nähe oder im Körper selbst auftritt, beziehungsweise wenn sie der intensiven Radiostrahlung eines Feldes ausgesetzt sind, das sich anstelle eines Kugelblitzes in ihrem Körper befindet."

Da es sich bei Kugelblitzen um ein natürliches Phänomen handelt, sie jedoch noch weitgehend unerforscht sind, bieten sie die bisher beste Erklärung für das Phänomen der Selbstentzündung. Sie würden auch erklären, warum einige Opfer von innen nach außen verbrennen. Mikrowellen erhitzen verschiedenartige Gewebe auch verschieden stark, je nach ihrer Wärmedurchlässigkeit. Dies könnte das Vorkommen der eigenartigen partiellen Verbrennungen erklären, die häufig bei Selbstentzündung auftreten.

Keine dieser Theorien vermag allein die Vielfalt von Bränden zu erklären, die zuverlässig belegt sind. Das seltene Auftreten der Selbstentzündung (wenn auch nicht so selten, wie einige Autoren behaupten) läßt vermuten, daß sie nur unter ganz bestimmten Bedingungen zustande kommen und vom Zusammentreffen einer Reihe bestimmter Faktoren abhängig ist.

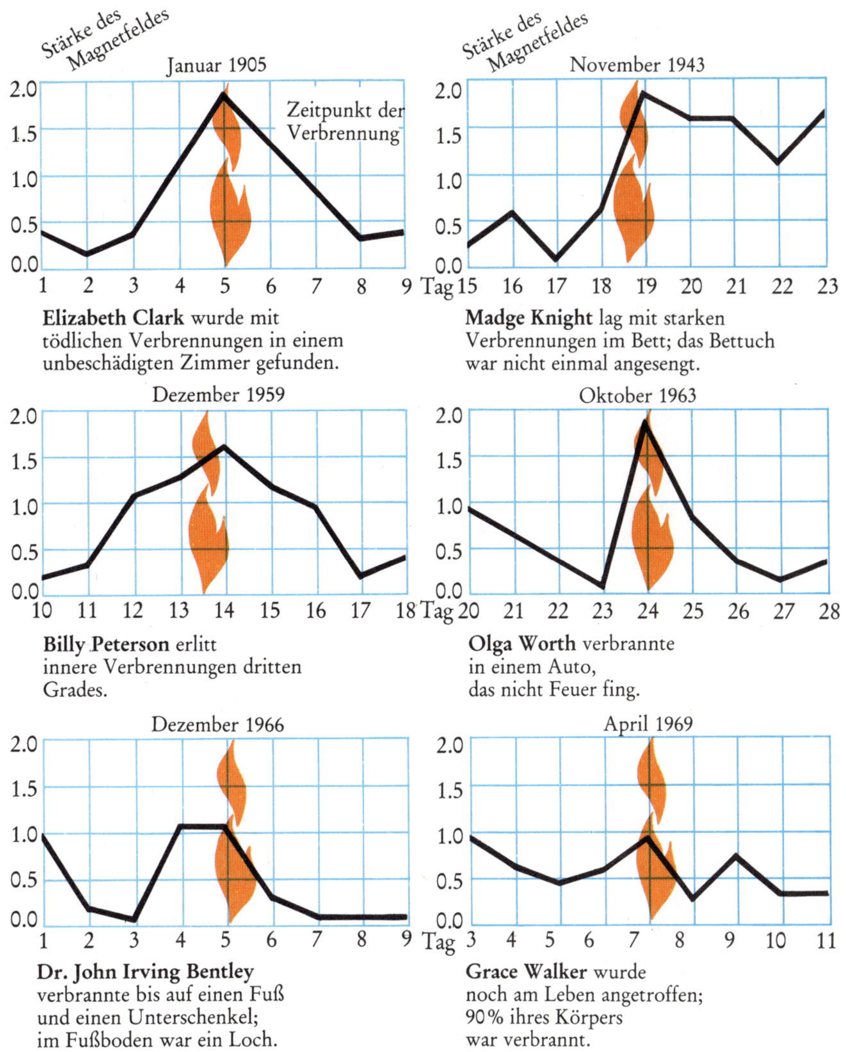

Die Stärke des erdmagnetischen Feldes schwankt in erstaunlichem Umfang. Nicht überall auf der Erde ist es gleich stark. Außerdem ändert es seine Intensität (gemessen in Gauß). Die obigen sechs Graphiken zeigen die merkwürdige Verbindung zwischen einem hohen Wert auf der geomagnetischen Skala und dem Vorkommen eines Falles von Selbstverbrennung.

Einige können wir vermuten, andere bleiben völlig unbekannt. Im folgenden soll wenigstens der Versuch einer Synthese gemacht werden:

Alter und Geschlecht des Opfers scheinen weniger von Bedeutung zu sein als sein körperlicher und seelischer Zustand. Man stelle sich einen einsamen, sich kaum bewegenden Menschen vor, der an einer Krankheit oder Verletzung leidet oder durch Verzweiflung, Angst, Depressionen oder vielleicht Ärger geschwächt ist. Dieser Zustand könnte sich negativ auf den Körper und seinen Stoffwechsel auswirken und ein chemisches Ungleichgewicht erzeugen. Hierdurch wird der Mechanismus zur Temperaturregelung in seiner Funktion beeinträchtigt. Normalerweise geht dies unbemerkt vorüber. Befindet sich allerdings das Opfer zufällig einige Tage nach erhöhter Sonnenfleckenaktivität in diesem Zustand, wenn ein Sturm magnetischer Partikel das geomagnetische Feld extrem stark auflädt, dann genügt ein Funken, und die Katastrophe bricht aus: Ein kosmischer Strahl, eine Welle von niederfrequenter Energie oder ein Kugelblitz lassen einen menschlichen Scheiterhaufen entstehen.

In Frieden ruhen

Die Vorstellung, lebendig begraben zu werden, ist fast für jeden ein Alptraum. Einige Menschen haben allerdings wirksame Verfahren entwickelt, auch im Grab lange Zeit am Leben zu bleiben – zweifellos ein seltsamer Zeitvertreib. Sie versprechen sich davon Ruhm, Geld oder sogar Erleuchtung.

Gegen Mitte des 17. Jahrhunderts kam es in Amritsar, einer Stadt im nordöstlichen Indien, zu einem bemerkenswerten Vorfall. Als Arbeiter einen Graben aushoben und einige Lagen Gesteinschutt abgetragen hatten, stießen sie plötzlich auf ein Grab. Sie öffneten es und fanden den staubbedeckten und anscheinend mumifizierten Körper eines jungen Yogi. Sie holten ihn aus dem Grab, und als die ersten Sonnenstrahlen auf seine Haut trafen, so wird berichtet, ging eine Veränderung mit ihm vor. Er begann sich langsam zu regen, und nach kurzer Zeit konnte er mit den Arbeitern sprechen. Es ging ihm offensichtlich gut. Doch seinen Rettern stand ein weiterer Schock bevor. Er behauptete, sein Name sei Ramaswami, und er habe sich vor etwa 100 Jahren freiwillig ins Grab gelegt.

Innerhalb weniger Wochen hatte sich die Nachricht von der Auferstehung des Yogis über weite Teile des Subkontinents verbreitet. Viele Inder sahen darin einen neuerlichen Beweis für die Existenz magischer Kräfte. Niemand wagte, die Behauptungen des Yogi anzuzweifeln. Im Gegenteil, der bekannte Historiker Arjun Singh reiste nach Amritsar, um von ihm mehr über die Lebensweise des vergangenen Jahrhunderts zu erfahren. Sollte Ramaswami ein Schwindler gewesen sein, so wäre seine Raffinesse imponierend, denn der Historiker verließ ihn tief beeindruckt.

Die Geschichte von Ramaswami ist der typische Fall eines Begräbnisses bei lebendigem Leibe. Leider bleiben für den westlichen Forscher viele Fragen offen, da die ohnehin schon schwer zugänglichen Publikationen über diesen Fall in indischen Dialekten abgefaßt sind. Den meisten dieser Veröffentlichungen fehlt zudem die wissenschaftliche Genauigkeit: Was für uns von Wichtigkeit ist, bedeutet für die Inder vor dem Hintergrund ihrer philosophischen und spirituellen Wahrheiten nur Beiwerk. Ergiebiger sind Berichte über einen Fakir namens Haridas. Er tauchte gegen 1820 in Jammu auf, ein Gebiet an der nordwestlichen Grenze Indiens.

Haridas wurde durch eine Veröffentlichung des Ministers Raja Dhyan Singh bekannt. Wie dieser berichtet, wurde er Zeuge, wie Haridas vier Monate lang lebendig begraben blieb. Auch ein europäischer Arzt konnte den Vorfall bestätigen. Als der Maharadscha von Lahore, ein aufgeklärter und gebildeter Mann, von weiteren Triumphen Haridas in Jasrota und

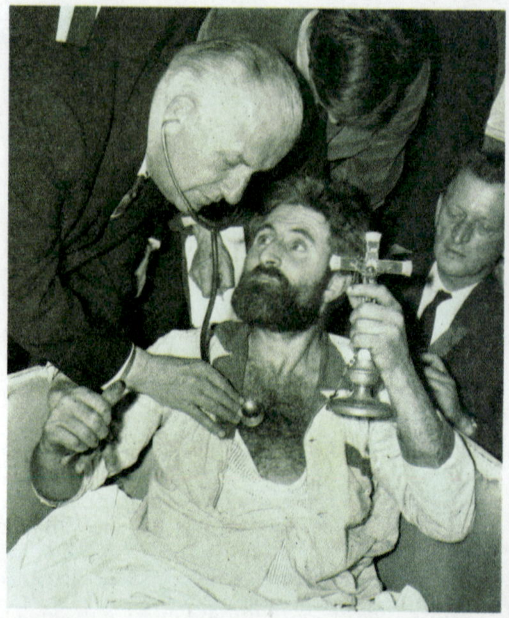

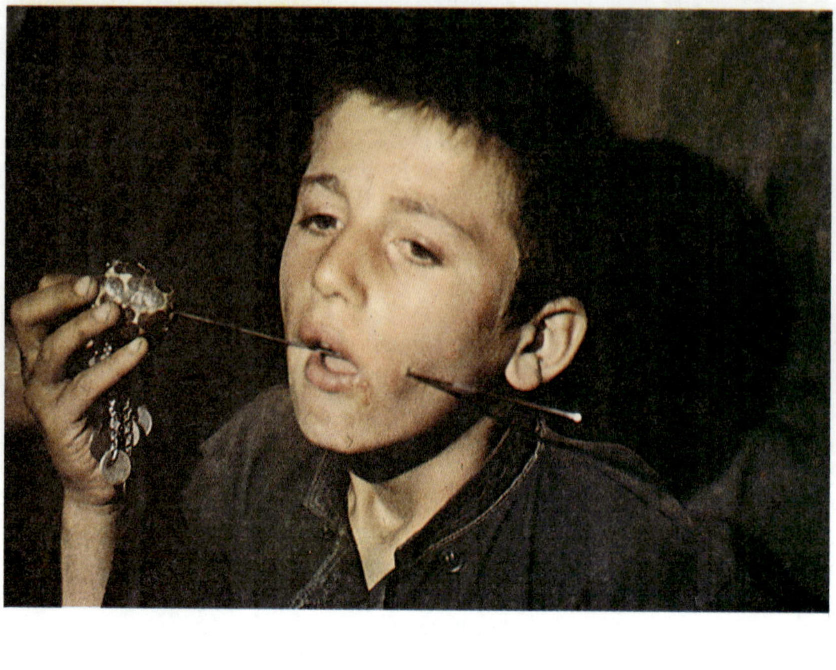

Amritsar hörte, lud er ihn zu einem sorgfältig vorbereiteten Experiment in seinen Palast ein. Auch einige englische Ärzte sowie englische und französische Soldaten wurden als Zeugen gebeten, um den Vorgang genauestens zu überwachen.

Laut einem ausführlichen Bericht in der *Calcutta Medical Times* aus dem Jahre 1835 hatten die Ärzte sofort entdeckt, daß Haridas die Muskeln unter der Zunge durchtrennt hatte. Dadurch konnte er sie nach hinten umschlagen und auf diese Weise die Nasengänge im Rachen verschließen. Die letzten Tage vor seiner Einkerkerung nahm Haridas nur noch Milch und Yoghurt zu sich und badete in heißem Wasser. Schließlich fastete er streng und vollzog vor allen Zeugen einige schwierige Yogaübungen, um seinen Verdauungstrakt vollständig zu leeren und zu reinigen. Dabei, so wird berichtet, verschluckte er einen 27 Meter langen Leinenstreifen und brachte ihn wieder hervor. Er verschloß Nase und Ohren mit Wachs, um Insekten fernzuhalten, ließ sich mit gekreuzten Beinen nieder und rollte seine Zunge zurück. Die Ärzte konnten schon nach wenigen Sekunden seinen Puls nicht mehr spüren. Er war physisch tot.

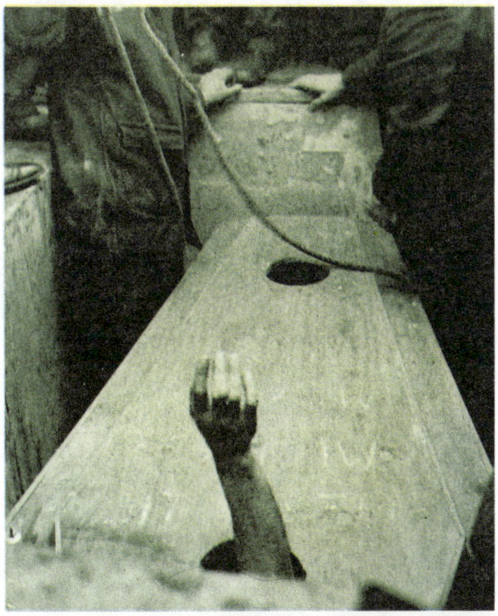

Immer wieder haben Reisende von den Fähigkeiten indischer Yogis berichtet, die schrecklichsten Selbstpeinigungen ertragen, ohne mit der Wimper zu zucken (ganz links) oder den Stoffwechsel nach Belieben ändern. Doch nicht nur im geheimnisumwobenen Orient gibt es Menschen, die in der Lage sind, ihren Körper mit dem Geist zu beherrschen. 1968 wurde Mike Meaney, ein irischer Kellner aus London, in einem Holzsarg 61 Tage begraben. Als der Sarg in die Tiefe gelassen wurde, war er in überschwenglicher Stimmung (links). Im Beisein einer riesigen Menschenmenge wurde er wieder ans Tageslicht gebracht (unten links). Ein Arzt erklärte, er befinde sich in „exzellenter Verfassung" (außen links). Andere wiederum versuchen, so schnell wie möglich an die Erdoberfläche zurückzukommen. In Pollokshields, Glasgow, befreite sich 1955 der Entfesselungskünstler Derek Devero unter der Erde aus den ihm angelegten Fesseln und einem Postsack bereits nach fünf Minuten (oben).

Oben keimt die Gerste

Haridas wurde in Leinentücher gewickelt und in eine große, mit einem Vorhängeschloß versehene Kiste gesetzt. Der Maharadscha versiegelte sie mit seinem persönlichen Siegel. Die Kiste wurde eingegraben und in die Erde über ihr Gerste gesät, die Stelle mit einer Mauer umbaut und Tag und Nacht bewacht. 40 Tage später versammelten sich die Gäste erneut, um der Freilegung des Fakirs beizuwohnen. Die Gerste hatte inzwischen gekeimt. Siegel und Schloß an der Kiste waren unbeschädigt. Haridas saß in seinem Totenhemd unverändert da.

Einer der Zeugen, Sir Charles Wade, berichtete, der Fakir habe wie ein Toter ausgesehen; seine Arme und Beine waren geschrumpft und steif, sein Kopf lag auf der Schulter, und weder am Arm noch an der Stirn war der Puls zu spüren. Nachdem man Haridas am ganzen Körper kurze Zeit massiert hatte, kehrte langsam Leben in den Körper zurück. Die Ärzte zogen seine Zunge vor, befreiten Nase und Ohren von dem Wachs und pumpten Luft in seine Lungen. Innerhalb einer Stunde bewegte er sich wieder ganz normal. Der Maharadscha schenkte ihm eine Handvoll Juwelen. Überall, wohin er kam, wurde er mit Geschenken überhäuft. Noch mehrmals demonstrierte er sein Können. Doch dann wurde er schmachvoll aus den Palästen des indischen Adels verjagt: Er hatte einige seiner Anhängerinnen verführt. Man hörte nie wieder von ihm.

Ungefähr ein Jahr nach Haridas' erfolgreichem Auftritt in Lahore erschien 1836 in der August-Ausgabe des *Indian Journal of Medical and Physical Science* ein Artikel über die Vergrabung eines namentlich nicht genannten

In den dreißiger Jahren konnte man in den USA und in Europa die drei Ägypter Tara Bey, Rahman Bey, und Hamid Bey bwundern, die sich lebendig begraben ließen. In England gab Rahman Bey mehrere seiner mysteriösen Vorstellungen. Unter Aufsicht des Psychiaters Harry Price ließ er sich in Carshalton, Surrey, im Juli 1938 lebendig begraben (rechts). Einige Zeit später kam er in guter Verfassung wieder hervor (außen). Doch Houndini fand heraus, daß seine angeblich „wunderbaren" Fähigkeiten nur auf mittelmäßigen Tricks beruhen und übertrumpfte ihn auf allen Gebieten.

Unten:
Der Kater Lucky wurde im Juni 1982 von Arbeitern versehentlich in einem Rohr eingeschlossen und erst nach fünf Wochen gefunden. Er hatte nur einen steifen Nacken. Nach einem kräftigen Mahl konnte er vor der Kamera posieren.

Fakirs in Jaisulmer. Vielleicht war es Haridas, denn auch hier „verschloß der Fakir die Nasengänge mit seiner Zunge" und bereitete sich mit den gleichen Yogaübungen vor. Der Fakir wurde in einen kräftigen Stoffsack eingenäht, in eine aus Backsteinen gemauerte Zelle gebracht und Tag und Nacht bewacht. Nach Ablauf „eines ganzen Monats" holte man ihn wieder hervor. Er gab kein Lebenszeichen von sich. Seine Haut war so trocken und verschrumpft, daß er wie eine Mumie aussah. Die fest zusammengepreßten Zähne konnte man nur mit Gewalt ein wenig öffnen, um ihm Wasser einzuflößen. Dennoch hatte er sich in wenigen Stunden wieder vollständig erholt.

In den zwanziger Jahren dieses Jahrhunderts erregten drei Pseudo-Ägypter – Tara Bey, Rahman Bey und Hamid Bey – beträchtliches Aufsehen auf ihrer Tour durch Europa und die USA. Sie ließen sich in Gegenwart von Journalisten und Ärzten an beliebigen Orten lebendig begraben. Die Ohren und Nasenöffnungen verstopften sie mit Baumwolle. Dann senkten sie ihre Atemfrequenz und den Puls. Tara Bey sagte, das gelinge durch Willenskraft und Beeinflussung „gewisser" Nervenzentren in Kopf und Rücken, wobei die Zunge in den Rachen gerollt werden müsse. Die Wiederbelebung geschah entweder mit Hilfe der Assistenten oder durch eine Art nach-hypnotischen Einfluß. Die drei hatten zwar nicht dasselbe Format wie Haridas, aber dennoch konnten sie anscheinend kurze Zeit begraben überleben. Sie wurden allerdings immer wieder beschuldigt, mit Tricks zu arbeiten.

Houdini triumphiert

Ihre Tournee endete mit einer doppelten Blamage. Um zu beweisen, daß sie keine Schwindler sind, ließ sich Rahman Bey in einem Sarg in den Hudson-Fluß versenken. Aus irgend einem Grund ließ er sich jedoch nach nur 19 Minuten wieder hochziehen. Das waren nur einige Minuten mehr als der Weltrekord im Luftanhalten. Jetzt sah Harry Houdini die Gelegenheit gekommen, den Fakir als Schwindler zu entlarven.

Er machte sich seine eigene, nicht unbeträchtliche Fertigkeit der Atemkontrolle zunutze und verbrachte eineinhalb Stunden in einem stählernen Sarg auf dem Boden eines Swimming Pools im New Yorker Shelton Hotel. Auch Tara Bey wurde vernichtend geschlagen: Ein Franzose namens Heuze ließ sich in einem gewöhnlichen Sarg eine Stunde lang begraben.

Man macht es sich jedoch zu leicht, wenn man alle Menschen, die sich freiwillig begraben lassen, zu Schwindlern erklärt, wie es der Psychologe D. H. Rawcliffe in seinem Artikel in *Illustrated magic* (1931) tut. Ottokar Fischer behauptet in demselben Heft, daß einige Fakire Geheimtunnel zu hohlen Bäumen graben oder Särge mit doppeltem Boden oder Geheimfächern verwenden.

Die meisten sogenannten Fakire sind nichts als äußerst trickreiche Betrüger. Auch dies hat dem Ansehen wirklicher Yogis geschadet. Im Jahre 1955 bereiste John Keel, der spätere Ufologe, Indien als freier Journalist. Er war auf der Suche nach *jadoo wallahs,* Männern, die Schwarze Magie beherrschen und über Zauberkräfte verfügen. Von seiner meist enttäuschten Suche nach echten Wundern berichtet er in seinem ersten Buch *Jadoo* (1957). Seine Haltung gegenüber den selbsternannten „lebenden Göttern" und ihresgleichen wurde zusehens ablehnender:

> „Obwohl sich in Indien die Erzählungen über Männer häufen, die angeblich über die gleichen Fähigkeiten wie Haridas verfügen, gibt es doch keinen zuverlässigen Bericht über sie. Die meisten Fakire imitieren ihn und verwendeten dabei alle möglichen Tricks ... Ernstzunehmendere Yogis versuchten es ohne Tricks, und als man sie dann ausgrub, waren sie wirklich tot."

Diese Todesfälle häuften sich derart, daß die indische Regierung sich im Jahre 1955 gezwungen sah, derartige Praktiken zu verbieten. Damals war Keel gerade auf der Suche nach einem wirklichen Yogi.

Doch selbst der zynische John Keel kam nicht umhin, aufgrund zahlreicher Hinweise an die Existenz echter Fakire mit magischen Kräften zu glauben. Aber das waren einsam und verborgen lebende Männer, die man ohne ihre Zustimmung nicht aufsuchen kann. Auch die Erfahrungen von Louis Jacolliot, dem ehemaligen Oberrichter von Französisch-Indien, bestätigen diese Feststellung. Er bereiste Indien einige Zeit lang auf der Suche nach wirklichen Fakiren. Wie er in seinem Buch *Occult science in India* (1884) beschreibt, traf er tatsächlich auf Männer, die nackt, ohne Tricks und Hilfsmittel verschiedene paranormale Phänomene vorführen konnten.

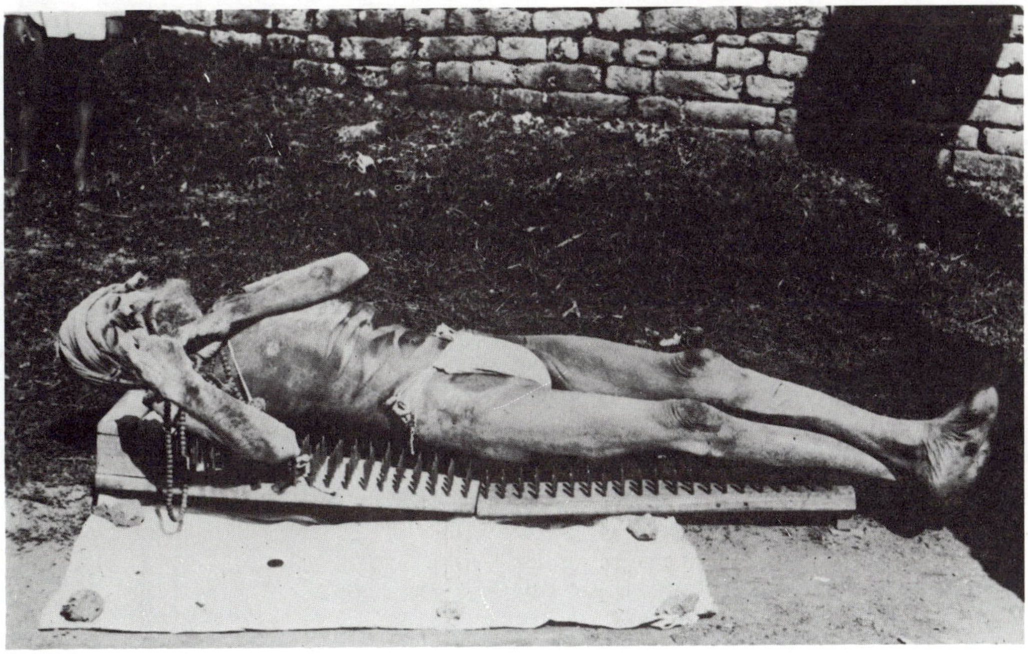

Rechts:
Ein indischer Fakir ruht auf einem Brett voller spitzer Nägel. Sein ausgezehrter Körper ist noch von den Spuren früherer Selbstpeinigungen gezeichnet. Es scheint, als könne im Trancezustand alles erduldet werden, angefangen bei Messern, die in den Körper gesteckt werden, bis zum Feuergehen. Auch die lebenswichtigen Körperfunktionen können herabgesetzt werden, bis sie kaum noch spürbar sind. In solch einem Zustand kann der Yogi, lange Zeit begraben, überleben.

In *The living brain* (1953) vertritt der Neurologe Dr. W. Grey Welter die Ansicht, daß eine bewußte Kontrolle über die spontanen Körperfunktionen es dem Eingeweihten erlaubt, seinen Körper „in einen Zustand zu versetzen, der dem eines Tieres während des Winterschlafes ähnelt, und wie dieses kann er tagelang lebendbegraben werden". Der Vergleich zwischen dem selbstverursachten kataleptischen Zustand eines Fakirs und dem Winterschlaf einiger Tiere wurde zuerst von James Braid gezogen. Dieser Arzt prägte auch den Begriff der Hypnose.

Der Gedanke an den Winterschlaf der Tiere liegt nahe. Ivan Sanderson erzählt in *Things* (1967) eine lustige volkstümliche Anekdote: Die ersten Siedler Amerikas sollen während der harten Gebirgswinter die Alten in der eiskalten Luft zuerst eingefroren und sie dann im Schnee gelagert haben, bis der Frühling sie wieder auftaute. Wie dem auch sei, Andrija Puharich hat in einem Artikel in *Physiological psychology* (1950) darauf hingewiesen, daß zwar der Yogi tatsächlich seinen Sauerstoffverbrauch und seine Herzaktivität herabsetzt, ansonsten aber „die beiden Zustände nicht vergleichbar sind". So ist im Winterschlaf der Grundumsatz niedrig, im Trancezustand des Yogis jedoch hoch. Im Winterschlaf ist der Blutzuckergehalt stark herabgesetzt, im Trancezustand bleibt er mehr oder weniger unverändert oder steigt sogar an. Der Autor kommt zu dem Schluß: „Obwohl Trance und Winterschlaf für den Nichtfachmann sehr ähnlich wirken, sind sie aus physiologischer Sicht genau entgegengesetzte Zustände."

Dennoch läßt sich an der Tatsache nichts ändern, daß immer wieder glaubwürdige Zeugen von Menschen berichten, die ihre Lebensfunktionen zeitweilig erlöschen ließen, so unwahrscheinlich dies auch klingen mag.

Yoga ist das Mittel, um *Samadhi*, einen überbewußten Zustand der Einheit mit dem ganzen Sein, zu erreichen. Der Yogi hat also ein philosophisches oder spirituelles Ziel. Darin unterscheidet er sich vom islamischen Fakir. Das Ziel des Yogi ist die vollkommene Herrschaft über Körper, Geist und seelische Kräfte. Dies, so behaupten sie, könne nur durch sehr anstrengende Übungen erreicht werden, die an Selbst-Folter grenzen. Nur unbeirrbare Ausdauer führt zu willentlicher Kontrolle über das Nervensystem, das die unbewußten Vorgänge unseres Körpers steuert. Der Eingeweihte erlangt nachweislich Kontrolle über seinen Puls und Atem, über den sexuellen Bereich, den Stoffwechsel, die Nierenaktivität, die Körpertemperatur und andere wichtigen Funktionen. Diese Kontrolle kann auch auf unbewußte Muskelaktivitäten ausgedehnt werden. Haridas erreichte die Reinigung seines Verdauungstrakts durch Yogaübungen, die die Umkehrung der peristaltischen Bewegungen bewirken, so daß zum Beispiel Wasser durch die Blase und die Eingeweide nach oben gezogen werden kann.

Der künstliche kataleptische Zustand eines Fakirs scheint dem Winterschlaf einiger Tiere zu ähneln, wie etwa dem der Haselmaus (oben), oder auch dem instinktiven Verhalten anderer Tiere, wie einem australischen Frosch (Lymnodynastes ornatus; rechts), der sich in den Boden eingräbt. Doch laut Andrija Puharich unterscheidet sich der Zustand des Yogis grundsätzlich von dem eines Tieres während des Winterschlafs. So ist während des Winterschlafs der Grundumsatz erheblich reduziert, steigt dagegen während des Trancezustandes an. Puharich zieht den Schluß, „aus physiologischer Sicht ist jeder Zustand genau das Gegenteil des anderen".

Leben im Grab

Bei einigen Stämmen in Dahomey (West-Afrika) werden Stammesangehörige unter Drogen gesetzt, in ein Tuch gewickelt und lange Zeit begraben (links). Man glaubt, sie stünden während dieser Zeit in Kontakt mit magischen oder archetypischen Kräften, die dem ganzen Stamm Nutzen bringen. Einige indische Yogis, die sich ähnlichen Torturen unterziehen, wurden durch westliche Wissenschaftler getestet, unter ihnen Dr. Elmer Green von der Menninger-Stiftung (unten). Man fand heraus, daß sie geistig „irgendwo anders" weilen und möglicherweise Ereignisse außerhalb von Zeit und Raum wahrnehmen. Der russische Mentalist Wolf Messing (ganz unten) erhielt seine merkwürdigen Fähigkeiten nur nach anhaltendem „psychischen" Schlaf oder in Trance.

Wie ist es einem Menschen möglich – sei es auch ein indischer Yogi mit jahrelanger Übung –, seine Körperfunktionen so zu reduzieren, daß man den Eindruck hat, er sei tot? Auch heute werden an einigen Orten Verfahren geübt, die zum Scheintod führen.

Für die Angehörigen der westlichen Kultur ist es kaum vorstellbar, daß Menschen fähig sind, sich willentlich in einen Zustand zu versetzen, in dem sie keine Lebenszeichen mehr aufweisen. Dies gelingt durch die Kontrolle der spontanen Körperfunktionen – aber niemand weiß, wie dies geschieht. Sie können dann für Stunden, Tage oder – so heißt es – selbst für Jahre begraben sein, ohne zu sterben. Schon seit Jahrhunderten haben zuverlässige Zeugen von solchen „unmöglichen" Vorgängen berichtet. Aber warum wählen indische Yogis und Fakire eine so extreme Form der Kasteiung?

Der Yogi hat diese Übungen entwickelt, um alle inneren und äußeren Faktoren, die ihn bei seinem Streben nach höheren Bewußtseinssphären behindern, auf ein Minimum zu reduzieren. Der Fakir bedient sich dieser Möglichkeiten der Körperkontrolle, ohne sich um so etwas wie Erleuchtung oder *samadhi* zu kümmern. Für ihn ist das Begräbnis bei lebendigem Leib der höchste Beweis seiner Herrschaft über Körper und Geist. Laut Andrija Puharich ist der Fakir nicht im gewöhnlichen Sinn bewußtlos, denn eines seiner Ziele ist die vollkommene Kontrolle über die vier Zustände Wachen, Schlafen, Träumen und den „Scheintod", die biologische Stillegung des Körpers, eine vom Fakir oft selbstverursachte Katalepsie. Während der Zeit im Grab ist er nicht bewußtlos, sondern fällt in einen Zustand tiefer Meditation.

Wie und warum diese Praktiken ursprünglich entwickelt wurden, bleibt im Dunkel der Vergangenheit verborgen. Der Mediziner James Braid ist von ihrer uralten Herkunft überzeugt. In seinem Werk *Observations of trance, of human hibernation* (1850) zitiert er einen Abschnitt aus dem *Dabistan,* einem persischen Klassiker über die indische Religion: „Unter den Yogis ist es üblich, sich eigenhän-

den durch Trancezustände bewirkten physischen Phänomenen, wie sie von M. Eliade in *Shamanism* (1972) beschrieben werden. In *More things* (1969) berichtet Ivan Sanderson von einem Fakir, der 24 Stunden unter zwei Lastwagenladungen feuchter Erde auf dem Marktplatz von Belize in Mittelamerika begraben wurde. Der Vorgang wurde von fünf Ärzten überwacht.

Auch in Japan gab es den seltsamen buddhistischen Kult der Selbstmumifizierung. Carmen Blacker schildert ihn in *The Catalpa bow* (1975). Die Mönche behaupten, Fastenzeiten bis zu 4000 Tage einzuhalten. Sie beginnen mit einer stark reduzierten Diät, die ständig verringert wird, bis sie schließlich vollständig fasten. Ihr Ziel ist es, am letzten Fastentag zu sterben. Von wenigstens zwei Mitgliedern dieser interessanten, doch heute nicht mehr bestehenden Sekte weiß man, daß sie lebend ihr Grab betraten, nur mit einem Atemrohr versehen. Sie begaben sich auf ihren Platz unter den mumifizierten Äbten in den Tempeln auf dem Yudono-Berg.

Nach einem Bericht der südafrikanischen *Pretoria News*, gegen Ende 1974, ließ sich ein Zauberer aus Togo namens Togbui siza Aziza

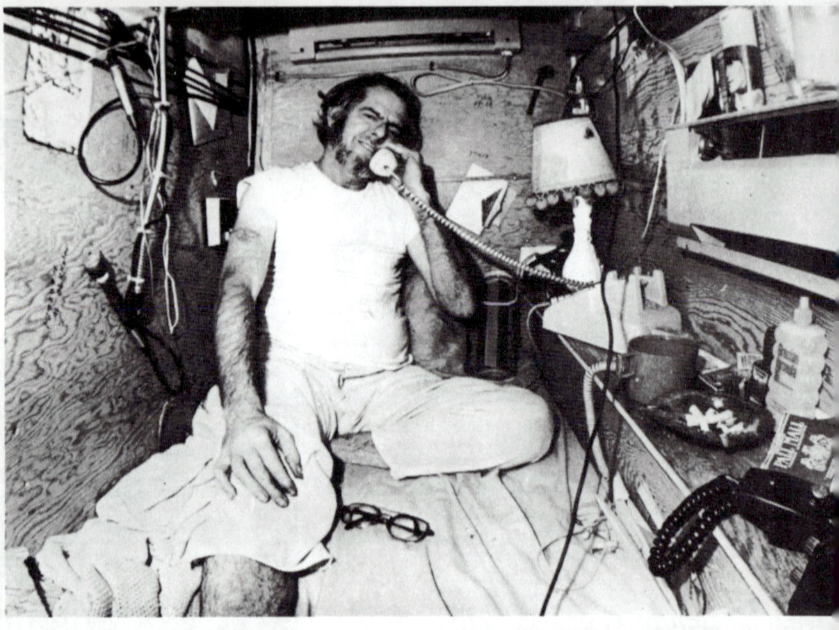

Ganz oben:
Ein indischer Yogi vergrub 1974 seinen Kopf für eine beachtliche Zeit im Boden; das Herz schlug dabei nur zweimal in der Minute, und er überlebte. Ein Stuntman aus den USA, Bill White (oben), lebte 134 Tage, zwei Stunden und fünf Minuten unter der Erde. Seine Zeit verbrachte er mit Telefongesprächen mit der Presse, darunter auch mit einem Vertreter des Guiness-Buchs der Rekorde *(in das er auch aufgenommen wurde).*

dig zu begraben, wenn sie eine Krankheit befällt.“ Dies legt nahe, den Ursprung der Selbstbegrabung in einer bestimmten Haltung gegenüber Tod und Krankheit zu suchen. Vermutlich berichteten die Überlebenden, daß die extreme Isolation die Heilung beschleunigt oder den Zustand der Ekstase verstärkt habe. Damit vergleichbar ist der Heilschlaf der Patienten in den Aeskulap-Heiligtümern des 6. Jahrhunderts v. Chr. in Griechenland oder auch die in orientalischen Kulten häufig geübte Praxis, den Initiierten für die Dauer der Einweihung im Dunkeln, unter der Erde oder in einem durch Drogen oder Erschöpfung hervorgerufenen, tranceartigen Schlaf zu halten, damit er Visionen empfängt.

Vielleicht handelt es sich aber auch um die Imitation von Unfällen, bei denen es zum zeitweiligen Erlöschen der Lebenszeichen kam. Die Medizinhistoriker G. Gould und W. Pyle vergleichen in ihrem Werk *Anomalies and curiosities of medicine* (1896) den Scheintod des Fakirs mit Fällen, in denen sich ein Gehängter oder Ertrunkener nach langen bewußtlosen oder kataleptischen Zuständen wieder erholte. Oft war ein vorzeitiges Begräbnis die Folge. Auch die Vampir-Legenden haben hier ihren Ursprung. Die hysterische Katalepsie wiederum geht vielfach dem Auftauchen paranormaler Fähigkeiten voraus, wie bei dem russischen Telepathen Wolf Messing, der drei Tage vor seinem Auftreten bewußtlos war. Gould und Pyle untersuchten weitere Fälle psychologischer Abnormalitäten entweder in Verbindung mit Krankheiten oder als „Selbsthypnose“.

Wo auch immer der Ursprung für die Praxis des lebendigen Begrabens liegen mag, sie ist nicht nur in Indien anzutreffen und gehört zu

drei Stunden lang in einem gewöhnlichen Sarg begraben. Dieser war von Steinplatten umschlossen, es folgte eine Schicht Mörtel und weitere Steinplatten. Nach zwei Stunden geriet die Menge in Panik, und sie flehte Aziza, dessen Stimme noch dumpf zu hören war, an herauszukommen. Schließlich erzitterte der Boden, und Aziza brach durch den Mörtel hervor, wobei er die Steinplatten einfach beiseite schob. Der Sarg wurde zugenagelt gefunden. Aziza erklärt, er erhalte seine magischen Kräfte, die ihm erlauben Kranke zu heilen, Tiere zu verstehen und keinen Schmerz zu empfinden, durch Meditation unter der Erde.

Zu erwähnen ist eine weitere Meldung aus Afrika über zeitweilige Einstellung der

Die Taten der heiligen Männer Indiens sind legendär: Sie ließen sich begraben, während die Arme aus dem Boden ragten (links), oder hielten 30 Jahre lang die Arme über den Kopf (unten). Wahrscheinlich beruhen viele dieser Erzählungen nur auf Gerüchten, doch einige dürften auch der Wahrheit entsprechen.

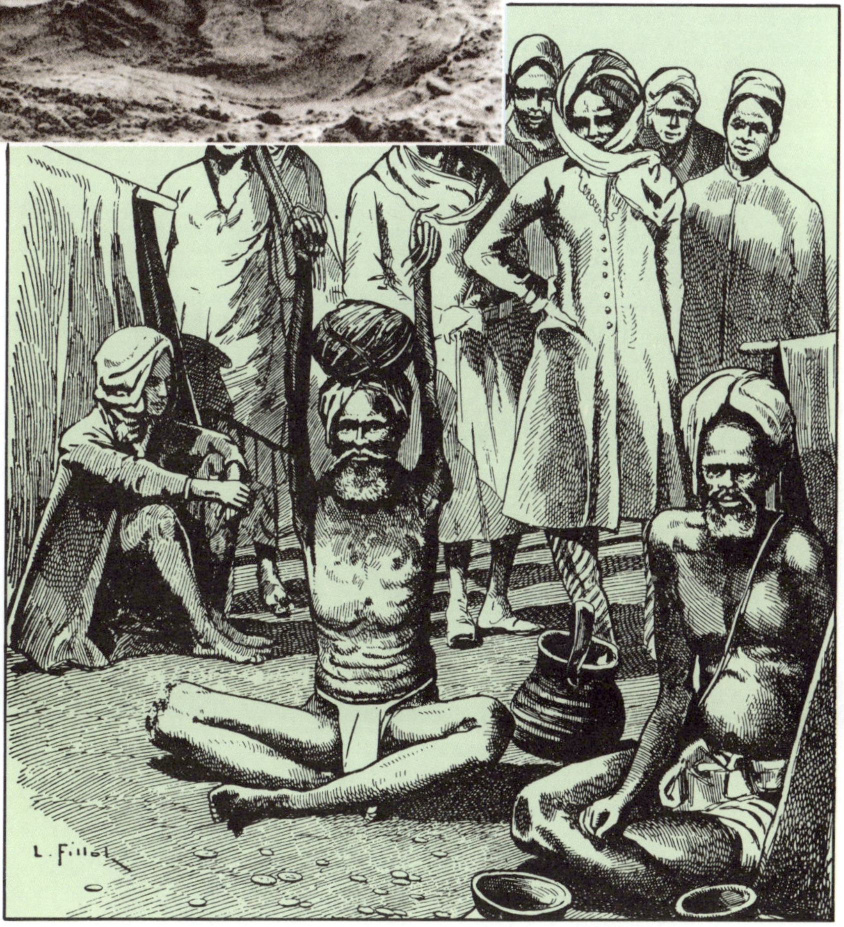

Lebensfunktionen. Es handelt sich um die „Unterwassergeher“. Der britische Gouverneur in Calabar, Kamerun, N. H. Cleverley, machte Ivan Sanderson auf sie aufmerksam. Er hatte einen hohen europäischen Beamten und einen Feldwebel der Eingeborenenpolizei ausgeschickt, um zu erkunden, warum einige Dörfer im Stammesgebiet der Ibibio sich weigerten, ihre Steuern zu zahlen. Doch die Dorfbewohner waren nirgends auf ihren großen, von Sümpfen umgebenen Inseln zu finden, bis schließlich der Feldwebel, selbst ein Eingeborener, die Uniform ablegte und sich als Dörfler tarnte. Er machte eine überraschende Entdeckung.

Als er über eine Böschung in einen See blickte, sah der Feldwebel die ganze Gemeinde (über hundert Leute, Männer, Frauen und Kinder *zusammen mit* ihren Haustieren, die in geflochtene Körbe eingesperrt waren) in zweieinhalb Meter Tiefe bewegungslos, mit dem Rücken zum Ufer, auf dem Grunde des Sees sitzen. Der Anblick seines vor Angst zitternden Feldwebels und vergebliche Versuche, die Dorfbewohner zu „wecken“, war zuviel für den Europäer, und er floh zurück nach Calabar. Die Vorgesetzten glaubten seinem Bericht. Sie waren „alte Hasen" und kannten die magischen Praktiken der Eingeborenen. Man schickte eine zweite Expedition aus, doch bei ihrer Ankunft verlief das Dorfleben völlig normal, und der Feldwebel konnte die Steuern kassieren. Dies war kein „Seemannsgarn", wie Sanderson betont. Der Vorfall wurde sorgfältig am Hof des Gouverneurs in Calabar aufgezeichnet.

Das Ereignis weist gewisse Ähnlichkeiten mit den Begräbnissen Lebender in Indien auf. Entweder konnten die afrikanischen Eingeborenen ihre Lebensfunktionen einstellen oder ein Zauberer erreichte dies durch hypnoseähnliche Techniken. Es gibt von Dr. R. J. Vakil in der *Lancet* (1950) einen Bericht über einen Yogi, der in Bombay am 15. Februar 1950 vergleichbares vollbrachte. Vor einer riesigen Menge und unter Aufsicht Dr. Vakils wurde „ein stark abgemagerter Sadhu mittleren Alters namens Shri Ramdasji" in einer kleinen, unterirdischen Kammer 56 Stunden lang eingeschlossen. Es war eine 1,5×2,4 Meter große Grube aus Beton, die dicht mit Nägeln besetzt und mit einem Betondeckel verschlossen war. Nach Ablauf der Zeit bohrte man ein Loch in den Deckel, pumpte 6200 Liter Wasser hinein und verschloß das Loch erneut. Fast sieben Stunden später wurde die Kammer aufgebrochen und der Sadhu aus dem Wasser befreit. Er hatte überlebt.

15 Jahre lang versuchte Sanderson, mehr über die erstaunliche Leistung der Ibibio-Eingeborenen zu erfahren, doch vergeblich. „Das Problem ist", schreibt er, „ich finde niemanden, der zu einer vernünftigen und wissenschaftlichen Diskussion bereit ist. Jeder hält die Geschichte für eine Lüge. Vielleicht wurde einfach zu sehr übertrieben, oder aber die Leute haben nicht genügend Phantasie. Vielleicht ist die Geschichte sogar wahr …"

Tod, wo ist dein Stachel?

Der Bestseller von Stephen Pile *Book of heroic failures* (1979) enthält die Berichte: „Der Tote, der vergeblich aufgebahrt wurde" und „Ein Begräbnis, das die Leiche störte." Der erste Fall aus dem Jahre 1896 handelt von dem „verstorbenen" Bischof von Lesbos, der, nachdem er zwei Tage aufgebahrt lag, sich plötzlich aufsetzte und von den Umstehenden wissen wollte, warum sie ihn so anstarren. Der zweite Fall erzählte von einem Missionar Schwartz, der in Neu-Delhi bei seinem Begräbnis plötzlich in den Hymnengesang einstimmte.

In Piles Buch finden sich äußerst lustige Geschichten, doch ein Begräbnis bei lebendigem Leibe war und ist noch immer eine makabre Angelegenheit. Als die Ärzte nur den Puls fühlten oder mit einem Spiegel feststellten, ob noch Atem vorhanden war, riskierten kataleptische Patienten immer wieder, für tot erklärt und lebendig begraben zu werden. Dort, wo man sehr abergläubisch war, hatte man Klopfzeichen aus einem frischen Grab als Zeichen von Geistern gedeutet und daher nicht beachtet.

Doch trotz der medizinischen Fortschritte ist noch heute die Frage nach dem tatsächlichen Zeitpunkt des Todes umstritten. Sind wir „tot", wenn das Herz aufhört zu schlagen, oder nur, wenn das Gehirn keine elektrische Aktivität mehr aufweist? Und ist ein Herz, das transplantiert wird, einem Toten oder einem Lebenden entnommen?

Oben:
Dezember 1953: Der Yogi Graf Ostoja versetzt sich in Trance, um sich darauf vorzubereiten, bei lebendigem Leibe begraben zu werden. Er hat den Vorgang überlebt. Die Angehörigen einer heute ausgestorbenen Sekte japanischer Buddhisten fasteten sich zu Tode. Erlösung fanden sie allerdings nur dann, wenn sie noch lebend Einzug in ihr Grab hielten (links). Einigen gelang es, ihre Fastenzeit so genau abzustimmen, daß sie an dem Tag starben, als sie ihr Grab betraten.

Die menschlichen Salamander

Angst vor dem Feuer ist tief in der menschlichen Psyche verwurzelt. Doch es gibt Menschen, die vollständig immun gegen Hitze und Flammen sind.

Der Glaube, daß der Schmied „Herr über das Feuer" sei, war in vergangenen Kulturen ebenso verbreitet wie noch heute in einigen Eingeborenenkulturen. Wir begegnen ihm in Mitteleuropa, Asien, Afrika, Süd- und Nordamerika. Dies wirft ein besonderes Licht auf einen aufsehenerregenden Bericht aus dem *New York Herald* vom 7. September 1871.

Nathan Coker war Schmied in Easton, Maryland. Schon lange hatte er den Ruf, gegen Feuer immun zu sein. Eine Kommission aus Einwohnern und Journalisten bat darum, ihn testen zu dürfen, und er stimmte zu. Als erstes wurde eine Schaufel bis zur Weißglut erhitzt. Coker „zog seine Schuhe aus und stellte sich mit den Füßen auf die Schaufel, bis sie abgekühlt war".

Als nächstes wurde Bleischrot geschmolzen. Coker spülte damit Zunge und Zähne, wie mit einem Mundwasser, bis es fest wurde. Dann steckte Coker seine Hände ins Feuer und nahm ganz ruhig glühende Kohlen heraus, die er den Zuschauern auf den Handflächen präsentierte. Schließlich spielte er lässig mit einem Stück rotglühendem Eisen.

„Ich brenne nicht", teilte er den Reportern mit. „Schon als kleiner Junge hatte ich keine Angst, mit Feuer umzugehen."

Coker konnte man weder als Schauspieler noch als religiösen Fanatiker einstufen. Für ihn waren seine erstaunlichen Fähigkeiten nichts Besonderes.

Der New Yorker Arzt Dr. K. P. Wissen berichtet 1927 von einem ähnlichen Fall. Als er in den Bergen von Tennessee jagte, traf er in den Wäldern auf einen scheuen Jungen, der ins Feuer greifen konnte, ohne Schmerzen zu empfinden und ohne Verbrennungen zu erleiden. Der Junge erzählte Wissen, er sei sich dieser außergewöhnlichen Eigenschaft bewußt geworden, als er einmal mit der Hand ein rotglühendes Hufeisen aus dem Feuer geholt habe. Auch für ihn war seine Fähigkeit nichts Außergewöhnliches.

Die Immunität einiger Menschen gegen extreme Hitze – sei sie zufällig vorhanden, wie in den angeführten Beispielen, oder durch gewisse

Oben:
Ein Trancetänzer von Bali; eigentlich müßte er verbrennen, doch er bleibt völlig unverletzt.

Rechts:
Im Alten Testament wird erzählt, wie König Nebukadnezar Schadrach, Meschach und Abed Nego in einen Feuerofen werfen läßt – und wie sie ohne Verbrennungen wieder herauskommen.

Praktiken erworben, wie in schamanistischen Gesellschaften – hat Beobachter dieses Phänomens immer wieder vor ein Rätsel gestellt. In allen Zeiten und Ländern stößt man auf diese „menschlichen Salamander". Die biblische Geschichte von dem brennenden Ofen Nebukadnezars, in den er Schadrach, Meschach und Abed Nego werfen ließ, läßt an heutige Feuergeher in Trinidad oder Polynesien denken. Das Feuer im Ofen Nebukadnezars war so heiß, daß es die Schergen tötete, die Schadrach und seine Gefährten hineinwarfen. Nun drängten die Satrapen, Statthalter, Gouverneure und die königlichen Räte heran; sie bestaunten jene Männer, denen das Feuer nichts angehabt hatte; kein Haar ihres Hauptes war versengt, und ihre Mäntel blieben unversehrt; nicht einmal Brandgeruch war an sie gekommen. Berühmte antike Autoren, wie Platon und Vergil, erzählten von Menschen, die unversehrt über glühende Kohlen gehen. Im 3. Jahrhundert n. Chr. untersuchten der Neuplatoniker Porphyrios und sein Schüler Iamblichus dieses Phänomen im Rahmen einer

Rechts:
Ein früher Stich des 19. Jahrhunderts zeigt einen traditionellen Feuergeher aus Thailand, der über eine Reihe von extrem heißen Steinen geht. Nur „besondere" Menschen, entweder die wenigen, die schon seit der Geburt gegen Feuer immun sind oder diejenigen, die sich magischen Geheimriten unterziehen – wobei vielleicht Selbsthypnose eine Rolle spielt –, können sich ohne irgendwelche nachteiligen Folgen extremer Hitze aussetzen.

gründlichen und sachlichen Abhandlung über Weissagung, Geisterbeschwörung und Trancezustände. Einige „besessene" Medien, so schreiben sie, fühlten weder Schmerz, noch erlitten Verbrennungen, wenn „sie ins Feuer geworfen werden oder durchs Feuer gehen".

Die Annalen der frühen und mittelalterlichen Kirche sind voller Berichte über Levitation, Wunderheilungen, Telekinese und auch Feuerimmunität. Obwohl sie meist auf Hörensagen beruhen, halten einige doch näherer Untersuchung stand, etwa Berichte über die „Feuerprobe", ein damals häufig geübtes Verfahren zur Klärung von Zweifelsfragen in der Kirche. Im Jahre 1062 wurde der Bischof von Florenz von dem frommen Pietro Aldobrandini angeklagt, sein Amt durch Bestechung erlangt zu haben. Ein langer, schmaler Korridor wurde mit rotglühenden Kohlen ausgelegt. An jedem Ende brannte ein Scheiterhaufen. Pietro ging durch beide Feuer und über die Kohlen. Weder er noch seine Kleider wurden verbrannt. Der Bischof zog es vor, ihm nicht zu folgen und legte sein Amt nieder. Später, in der Mitte des 13. Jahrhunderts, schritt der hochangesehene Mönch Giovanni Buono zur Bezeugung seines Glaubens durch brennende Kohlen, „als würde er seine Füße in einem Bach spülen. Dies tat er für die Dauer eines halben *Miserere.*"

Im Jahre 1637 wurde der französische Jesuit Paul Lejeune Zeuge einer äußerst beeindruckenden Szene. Er wollte die Huronen in der Nähe von Quebec bekehren, doch die Medizinmänner waren nicht bereit zu konvertieren. Sie vollführten stattdessen vor seinen Augen ein beeindruckendes Schauspiel, eine Art Heilung durch Feuer. Er schrieb: „Du kannst mir ruhig glauben, denn ich berichte einen Vorfall, den ich mit eigenen Augen gesehen habe – die Medizinmänner zogen die brennenden Scheite auseinander, nahmen die Steine aus der Mitte des Feuers und trugen sie zwischen den Zähnen zu den Kranken. Dort verweilen sie einige Zeit, ohne sie loszulassen. Aber nicht nur die Medizinmänner, sondern auch die Kranken waren immun gegen Hitze: Sie ließen sich den Körper mit glühender Asche abreiben, ohne daß ihre Haut die geringsten Verbrennungen aufwies."

Hier konnte Lejeune nicht mithalten und zog sich fürs erste geschlagen zurück.

Im Jahre 1731 versuchten die Obrigkeit und die katholische Kirche gemeinsam, dem Ausbruch einer Massenhysterie auf die Spuren zu kommen, die auf den Tod des jansenistischen Häretikers François de Paris gefolgt war. Die Anhänger de Paris' hatten sich an seinem Grab

Oben:
Feuergehen als eine moderne Touristenattraktion. Eine Touristengruppe vor dem Korolevu Strand-Hotel in Fidschi fotografiert Einheimische, die problemlos über weißglühende Steine gehen.

Rechts:
Theodulus eilt zu den Heiligen Alexander und Eventius, die von Aurelius, dem Christenverfolger, ins Feuer geworfen, jedoch von den Flammen nicht verletzt wurden.

Unten:
Ein indischer Fakir beweist die Herrschaft seines Geistes über seinen Körper, indem er sich mit dem Kopf nach unten über ein Feuer hängt und unversehrt bleibt.

bei St. Medard versammelt. Es hieß, sie würden von Schüttelkrämpfen befallen, sich wie Kreisel drehen, ihre Gliedmaßen in die unmöglichsten Stellungen bringen und über dem Boden schweben. Ludwig XV. ließ die Grabstätte schließen und ernannte Carre de Montgeron (einen Agnostiker) zum Leiter des Untersuchungsausschusses.

Ein sorgfältiger und detaillierter Bericht, erstellt von Montgeron, zwei Priestern und acht Hofbeamten, handelt von Marie Souet. Als diese Frau in Trance fiel, wurde ihr Körper ganz starr. In diesem Zustand schwebte sie, nur mit einem Leinentuch bekleidet, 35 Minuten lang über einem lodernden Feuer. Obwohl die Flammen sie umzüngelten, erlitt weder sie noch das Tuch Schaden. Der Freidenker Montgeron war tief beeindruckt und begann die Untersuchung der Ereignisse voller Wohlwollen. Seine Vorgesetzten waren so sehr darüber verärgert, daß er schließlich in der Bastille landete.

Der berühmte englische Tagebuchautor John Evelyn beschreibt einen Auftritt von „Richardson dem Feuerfresser" nach dem Abendessen im Hause von Lady Sunderland in London am 8. Oktober 1672. Sein Bericht wirkt durch die etwas skeptische Bemerkung am Schluß um so glaubwürdiger:

„Er verschlang vor unseren Augen Schwefel mit glühenden Kohlen, kaute darauf herum und schluckte sie herunter. Er schmolz einen Bierkrug und aß ihn auf. Er legte sich ein glühendes Stück Kohle auf die Zunge und darauf eine rohe Auster. Dann wurde das Kohlenstück mit einem Blasebalg angeheizt, bis es in seinem Mund aufflammte und Funken schlug. Bald öffnete sich die Auster und war gar. Dann verschmolz er Pech und Wachs mit Schwefel und trank es brennend aus. Ich sah es noch in seinem Mund eine Weile brennen. Er nahm auch ein glühendes Stück Eisen, hielt es zwischen den Zähnen und dann in der Hand; er spielte damit wie mit einem Stein. Doch ich bemerkte, wie er darauf bedacht war, es nicht zu lange zu halten."

Auch der Auftritt des Mediums Daniel Dunglas Home war ein aufsehenerregendes Ereignis auf viktorianischen Abendgesellschaften. Lord Adare, ein Offizier, ein Kriegskorrespondent und Rechtsanwalt H. D. Jencken berichten von einer spiritistischen Sitzung im Jahre 1868, bei der Home ein Feuer im Kamin entfachte, „sein Gesicht in die glühenden Kohlen steckte und es darin bewegte, als wäre es Wasser". Wahrscheinlich konnte er seine Immunität auch auf andere übertragen. Nachdem er einige Male über ihre Hand gestrichen hatte, konnten sie Glut berühren, ohne sich zu verletzten. Während einer Sitzung bei dem kunstliebenden Ehepaar Hall, das auch Mitglied der Gesellschaft für psychische Forschung war, nahm Home „mit beiden Händen ein großes Stück glühender Kohle" und legte es auf den Kopf von Herrn Hall. Der sagte, die Kohle fühle sich „warm an, aber nicht heiß".

Laut Frau Hall „nahm Home dann die weißen Haare von ihrem Mann und zog sie über der rotglühenden Kohle zu einer Art Pyramide zusammen, die die Kohle durchscheinen ließ".

Während Home die etablierte Gesellschaft in Erstaunen versetzte, gehörten Erzählungen von Feuergehern und Feuerfressern aus allen fernen Winkeln des britischen Weltreichs zum Alltag. So berichtet etwa Basil Thompson in seinem *South Sea yarns,* wie er eine Gruppe von Fidschiinsulanern beobachtete, die über eine Reihe von glühendheißen Steinen gingen. Thompson berührte mit einem Taschentuch einen der Steine, und es verbrannte sofort. Doch die nahezu unbekleideten Fidschiinsulaner gingen nicht nur ungestraft über die Steine, sondern auch „ihre Gelenkbänder aus trockenem Farn blieben unversehrt".

Im Jahre 1904 erzählten Mitglieder der Tibet-Expedition von Sir Francis Younghusband von einem buddhistischen Mönch, der nicht nur unbeweglich und unverletzt inmitten von lodernden Flammen stehen, sondern auch

stundenlang, nur mit einem dünnen Gewand bekleidet, in eisiger Kälte sitzen konnte. Immer wieder wurden derartige Geschichten erzählt, oft von klugen und vorurteilslosen Zeugen. Doch meistens stießen sie bei den etablierten Wissenschaftlern auf Ablehnung.

Professor E. R. Dodds umreißt in seinem Buch *Supernormal phenomena in classical antiquity* die Schwierigkeiten, die beim Beurteilen der alten Berichte über paranormale Ereignisse auftreten. Es wäre zweckdienlich, so schlägt er vor, das überlieferte Material daraufhin zu untersuchen, ob die beschriebenen Phänomene mit denen aus anderen Epochen übereinstimmen. Sind sie gänzlich verschieden, könnte man vermuten, daß jedes Zeitalter seinem eigenen Aberglauben zum Opfer fällt.

Bei den „menschlichen Salamandern" stellen die vielen Parallelen zwischen den Berichten aus allen Ländern und Zeiten dem Erforscher des Paranormalen eine fundierte Arbeitsgrundlage bereit.

den Feuergehern lernen. Da wurde er so wütend, daß er auf dem Absatz kehrt machte und mich stehen ließ."

Diese „rationalistische" Haltung des Bankiers angesichts der „Feuerphänomene" mag noch verständlich sein; aber auch Wissenschaftler nehmen seit über einem Jahrhundert eine ähnliche Haltung gegenüber dem Phänomen ein. Selbst die Führer der Religionen – zum Beispiel des Hinduismus, Buddhismus und Schintoismus –, die Feuerzeremonien kennen, verhalten sich ablehnend. Für sie nehmen solche Riten bestenfalls eine Randstellung in der offiziellen Religion ein und werden nicht gefördert. Sie passen nicht in das Raster etablierten Denkens.

Gelegentlich treten auch in primitiven Gesellschaften, die keine Tradition in diesen esoterischen Fertigkeiten pflegen, Fälle von Feuerimmunität auf. Auch hier werden die Praktiken oft mißmutig betrachtet. Frank Clements, ein verstorbener Journalist und Farmer im damaligen Südrhodesien, der nach 1950 auch Bürgermeister von Salisbury war, berichtete über einen solchen Einzelfall, den er bei Angehörigen des Shona-Stammes entdeckte. Er und ein Tierarzt hatten das Vieh des Stammes geimpft und waren zum Essen eingeladen worden. Hinterher hockten sie am Feuer zusammen, und Clements zündete sich mit einem Benzinfeuerzeug eine Zigarette an. Er erinnert sich:

„Ich benutzte ein altes Feuerzeug, in dem zuviel Benzin war. Beim Anzünden entstand eine Stichflamme, die besonders auf die Kinder, die keine Feuerzeuge kannten, großen Eindruck machte. Einer der Stammesältesten, der mich und meinen Begleiter nicht mochte, wollte daraufhin wohl zeigen, was *er* konnte. Er nahm ein brennendes Scheit aus dem Feuer, hielt es dicht an sein graubärtiges Gesicht und leckte langsam daran, während die Flammen um seine Backen und die Nase spielten. Dann löschte er die Flammen ruhig zwischen seinen Handflächen, schnaubte verächtlich zu uns herüber und warf das Scheit fort. Augenscheinlich hatte

Herrschaft über das Feuer

Auf der ganzen Welt – auf jedem Kontinent und in jeder Gesellschaft – finden sich Menschen, denen Feuer nichts anhaben kann. Doch wo liegen die Wurzeln der Tradition der Feuerbeherrschung? Und welche Bedeutung haben ihre Rituale?

Oben: *Jatoo Bhai, ein Fakir aus Kalkutta, tanzt inmitten von lodernden Flammen, ohne daß er auch nur angesengt wird.*

Unten: *Jatoo Bhai bereitet sich auf den Feuertanz vor; er nimmt eine betende Haltung ein.*

George Sandwith arbeitete als Landvermesser der britischen Regierung auf der Fidschi-Insel Suva. Wie schon viele Europäer vor ihm, war er von den Feuerzeremonien, deren Zeuge er dort wurde, tief beeindruckt. Eingeborene Angehörige einer der vielen Hindusekten durchliefen zu Ehren ihrer Götter eigens zu diesem Zweck angelegte 9 bis 12 Meter lange Gräben, die mit Glut gefüllt waren.

Nach seiner Pensionierung 1950 schrieb er ein Buch, *The miracle hunters,* in dem er detailliert seine Erlebnisse schildert. Er erzählt auch von der Reaktion eines anderen Europäers, eines Bankiers, der dem Phänomen zum ersten Mal begegnete:

„Äußerst unwillig gab er die Echtheit des Vorgangs zu. Er hatte etwas in den Graben geworfen, und es war sofort verbrannt. Doch er war der Meinung, die Regierung solle die Zeremonie verbieten! Als ich ihn fragte, warum, wurde er sehr ärgerlich und sagte, sie passe nicht zu den Errungenschaften unserer modernen Wissenschaft. Ich schlug vor, man könne vielleicht etwas von

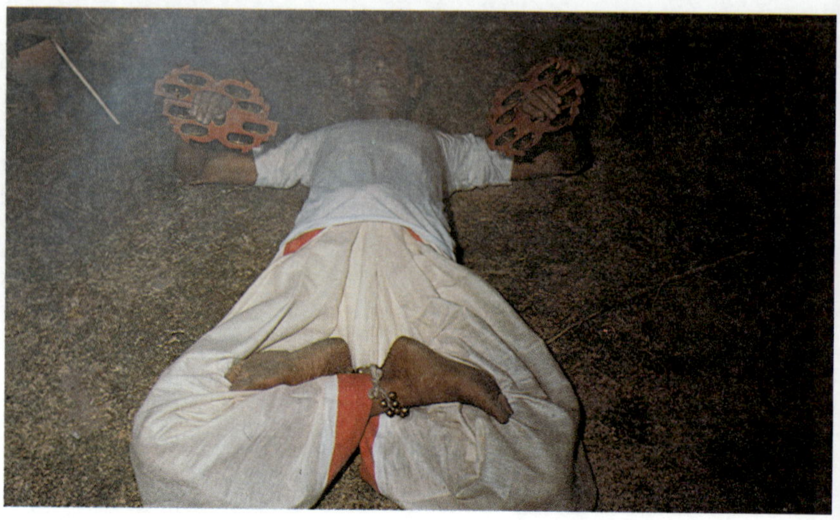

er keine Verbrennungen erlitten, selbst sein Bart war nicht einmal angesengt."
Die Shona betreiben Ackerbau. Bei ihnen gibt es keine vergleichbare Tradition – anders als etwa bei den Katanga, den Bajike, den Mosengere und anderen Stämmen des Kongo-Gebiets, Völker die mit der Metallbearbeitung vertraut sind und komplizierte Feuerrituale und Initiationsriten kennen. Der Shona-„Feuerfresser" scheint ein Einzelfall in seinem Volk gewesen zu sein: Entweder hat er seine Fertigkeit von Angehörigen fremder Stämme gelernt oder sie war ihm angeboren.

Die Tradition der Feuerrituale läßt sich in der Menschheitsgeschichte weit zurückverfolgen. Wahrscheinlich hat sie ihren Ursprung bei den schamanistischen Gesellschaften der Eisenzeit in Zentralasien. Diese Völker, Tartaren, Mongolen und Jakuten, verehrten das Feuer als eines der größten Naturgeheimnisse. „Der erste Schmied, der erste Schamane und der erste Töpfer waren Blutsbrüder", sagt ein altes Sprichwort der Jakuten und spielt damit auf die Wichtigkeit dieser drei Berufe für die Gesellschaft an. Doch zweifellos wurde der Schmied am höchsten geachtet. Er war der „Herr über das Feuer" und dies bewies er, indem er glühende Kohlen verschluckte, über heiße Glut ging und rotglühendes Eisen in der Hand hielt. Bezeichnenderweise wird von dem größten Helden der Tataren, von Dschingis Khan, berichtet, er sei ursprünglich Schmied gewesen. Wenn er in den Krieg zog, soll er seine Lederschürze als Wimpel an die Spitze seiner Lanze gebunden haben. Als Folge der Herrschaft über das Feuer konnte der Schmied auch große Kälte ertragen, weil er das „innere Feuer" oder das „spirituelle Feuer" beherrschen lernte. Da er gegen Hitze und Kälte gefeit war, stand er in den Augen seiner Gemeinschaft auf einer Ebene mit Geistern oder Halbgöttern.

Im Laufe der Jahrhunderte fand durch die prähistorischen Völkerwanderungen die Praxis der Feuerbeherrschung Verbreitung. Bis etwa 500 v. Chr. hatten die Menschen in China, Japan, Tibet und auf dem indischen Subkontinent die Herrschaft über das Feuer erlangt. In Bulgarien und Griechenland besaßen einige Völker den Ruf, „Herren des Schmelzofens" und „Beherrscher des Feuers" zu sein. Ihr Wissen verbreitete sich schließlich über die westlichen Mittelmeerländer bis nach Afrika.

Unten:
Jatoo Bhai versetzt sich in einen Zustand religiöser Ekstase, dadurch erlangt er seine Feuerimmunität.

Ganz unten:
Vor dem Tanz in den Flammen nimmt er brennende Scheite in die Hand.

Bald wurden Praktiken der Feuerbeherrschung in den Hinduismus aufgenommen und dehnten sich auf dem indischen Subkontinent aus. Das Wort „Hindu" stammt aus dem Persischen und bedeutet nichts weiter als „Inder". Die Inder selbst nannten ihre Religion „Sanatana", was soviel heißt wie „ewig und zeitlos". Das Ziel des gläubigen Hindu ist es, Brahman oder das innerste Selbst, zu erreichen. Ungefähr zehn verschiedene Yoga-Wege der Selbstentdeckung führen dorthin. Hatha-Yoga, vielleicht der im Westen bekannteste Weg, führt zu Körperkontrolle und Beherrschung des Okkulten. Der Eingeweihte durchschreitet sieben Stufen des Hatha-Yoga, bis er die achte Stufe, *Samadhi*, erreicht, die nicht gelehrt werden kann, sondern vom Yogi erst beim Erlangen erkannt wird. Der Zustand des *Samadhi* ist vom Besitz übernatürlicher Fähigkeiten oder *Siddhis* begleitet. Mönche, die über diese Fähigkeiten verfügen, heißen *Sadhus*. In Europa werden sie irrtümlicherweise *Fakire* genannt, doch bezeichnet dieses Wort eigentlich einen heiligen Mann des Islams.

Die meisten *Sadhus* scheinen sich damit zu begnügen, an einem Ort zu bleiben und in Ruhe zu meditieren. Nicht sie, sondern die exzentrischen Fakire sind es, die die Öffentlichkeit in ihren Bann ziehen. Einige von ihnen sind sehr ernsthaft und verlangen sich selbst bei ihrem Streben nach Heiligkeit die außergewöhnlichsten, scheinbar sinnlosesten Dinge ab. Sie nehmen sich vor, in so vielen heiligen Flüssen und Wasserlöchern zu baden wie nur möglich, oder sie sitzen regungslos über Jahre in einem Dornenstrauch, bis die stachligen Zweige sie vollständig umfangen, oder sie pressen ständig die Fäuste zusammen, so daß ihre Fingernägel in ihre Handflächen hineinwachsen. Andere Fakire dagegen beginnen eine Art Zirkus-Karriere. Unter ihnen finden sich die

teilgenommen haben. Bemerkenswert wenige erlitten ernsthafte Verletzungen. „Die Vorstellung dabei ist", sagt einer, „daß der *Sadhu* den gesamten Schmerz auf sich nimmt und ihn dann durch seine Willenskraft zunichte macht. Die Steine sind wirklich heiß und die Körper der Teilnehmer offensichtlich ohne jeden äußerlichen Schutz.

Bezeichnenderweise finden sich in Polynesien (z.B. Tahiti) und Malaysia die Feuergeher hauptsächlich in den Hindusekten. Doch auch die Buddhisten aus China, Tibet und Japan üben ähnliche Praktiken. In Hongkong sind die Auftritte von Feuergehern nur noch Touristenattraktion. Auch im Schintoismus, der alten Natur- und Ahnenreligion der Japaner, finden sich Feuergeher.

E. G. Stephenson, Professor für englische Literatur, nahm an einer Schintozeremonie teil, in deren Verlauf ein 27 Meter langer, glutgefüllter Graben begangen wurde. Mutig fragte Professor Stephenson, ob auch er einen Versuch wagen dürfe. Der leitende Priester nahm ihn zu einem nahen Tempel und streute ihm Salz auf den Kopf. Daraufhin schlenderte der Professor „ganz gemächlich durch den Graben", wobei er nur ein „leichtes Prickeln" an den Fußsohlen verspürte.

Bei vielen der oft effektvoll inszenierten Voodoo-Rituale auf den Westindischen Inseln spielt die Beherrschung des Feuers eine wichtige Rolle. In Trinidad gibt es zwar Feuerfresser und Feuergeher im Überfluß, doch in Haiti, wo Voodoo noch immer die Grundlage für viele politische, soziale und religiöse Betätigungen bildet, sind die spektakulärsten Fälle von Feuerbeherrschung anzutreffen.

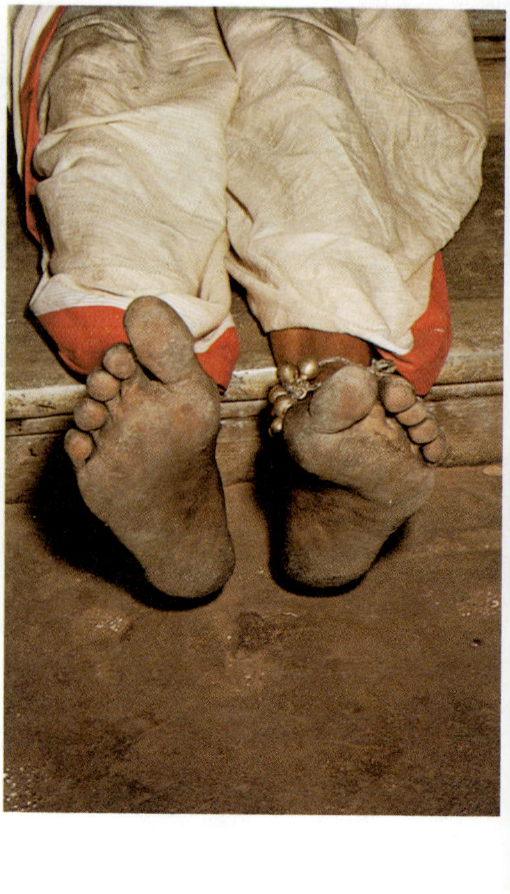

meisten Beherrscher des Feuers in Indien. Frommen und gebildeten Hindus sind diese „Showleute" ein Greuel, doch die Echtheit ihrer Kräfte wird nie in Frage gestellt. Dieser Widerspruch hat zu einem guten Teil die skeptische Haltung der Europäer hervorgerufen: Es ist fast, als würde ein mittelalterlicher Heiliger gegen Bezahlung auf dem Marktplatz in der Luft schweben, Wundmale vorzeigen und Wunderheilungen vollbringen.

Durch einene Feuergraben zu gehen scheint zu den bevorzugten Auftritten der Fakire zu gehören. Am Festtag einer lokalen Hindugottheit – es gibt Dutzende von Hindusekten und zahlreiche Gottheiten – kommt ein Fakir in das Dorf, läßt den Graben vorbereiten und mit heißen Steinen füllen. Dann führt er die „Gläubigen" durch den Graben. Es gibt viele Berichte von Europäern, die an diesen Gängen

Oben:
Jatoo Bhai tanzt als Höhepunkt des Rituals in den Flammen.

Rechts:
Nach dem Tanz zeigt der Fakir seine unversehrten Füße. Eigenartigerweise weist auch seine Kleidung keine Brandspuren auf.

Der Autor und Psychiater Dr. William Sargant beschäftigte sich mehrere Jahre lang intensiv mit dem Voodoo-Kult auf Haiti. Er beobachtete, daß sich die meisten der paranormalen Phänomene ereignen, wenn die Beteiligten in einen tiefen Trancezustand gefallen sind. Die Voodoo-Rituale Haitis lassen sich bis zu den Schamanen der Mongolen und Tartaren zurückverfolgen, und zwar wurden sie durch arabische Händler von Asien bis in den Kongo gebracht.

Zahlreiche westindische Sklaven stammten aus dem Kongo und Westafrika, viele vom Stamm der Yoruba (Nigeria). Der Hauptgott der Yoruba ist Ogun, ein himmlischer Schmied, der sein Volk den Umgang mit Feuer und die Metallbearbeitung lehrt. Die Ogbonisekte der Yoruba verehrt ihn noch immer und praktiziert Feuerrituale und Feuerfressen. Auf Haiti wurde Ogun zu Ogun Badagris, den „blutigen Krieger", der von seinen Anhängern verlangt, gegen das „innere" sowie das „äußere" Feuer Immunität zu erlangen.

Diese Forderungen sind wörtlich zu verstehen. Es werden deshalb Tänze auf glühender Kohle vollführt und außerdem ungeheure Mengen von weißem Rum, vermischt mit viel gemahlenem Cayenne-Pfeffer, zu sich genommen. Dr. Sargant beobachtete, wie bei einer Zeremonie diese eigentlich tödliche Mischung von Frauen nicht nur ohne schwerwiegende Folgen getrunken, sondern auch in die offenen Augen gerieben wurde, ohne die Sehkraft irgendwie zu schädigen. Der Voodoo-Kult Haitis ist ein komplexes Gemenge von afrikanischen und europäischen Einflüssen. Laut Dr. Sargant trugen einige der Tänzerinnen moderne Schweißerbrillen, die sie nur abnahmen, um sich Rum und Pfeffer in die Augen zu reiben.

Die nordamerikanischen Indianer sind mongolider Abstammung. Ihre prähistorischen Vorfahren kommen ebenso aus Asien wie die Tartaren. Auf ihrer Wanderung über Sibirien nach Alaska und von dort auf den amerikanischen Kontinent nahmen sie den Schamanenglauben und damit die Feuerrituale mit. Nahezu jeder Indianerstamm läßt in seinen Kulten noch Reste der Feuerverehrung erkennen. Die kanadischen Huronen verfügen noch mehr oder weniger über die alten Fertigkeiten, ebenso wie die Apachen im Süd-Westen und verschiedene Stämme der Prärieindianer, wie die Sioux und die Cheyenne. Einige Stämme, wie Blackfoot und Puebloindianer, bestäuben den Körper mit Asche, die für sie bei Reinigungsritualen der „Samen des Feuers" ist.

Die vielleicht faszinierendste Form eines Reinigungsrituals durch Feuer findet man bei den Navajo. Sie verbinden Elemente aus dem Schamanismus mit einer Art finnischer Sauna. Die Dorfbewohner bereiten die Reinigung vor, indem sie im *Hogan,* der Hütte des Rituals, ein prasselndes Feuer entfachen. Alle entkleiden sich und betreten unter Führung des Schamanen die Hütte. Sie stellen sich im Kreis um das Feuer, und der Schamane opfert Weihrauch in alle vier Himmelsrichtungen. Es folgt ein ritueller Tanz, bei dem die Frauen das Feuer umgehen, während die Männer darüberspringen und hindurchlaufen. Hierauf trennen sich Männer und Frauen. Der Schamane erhitzt lange Holzstangen, bis sie verkohlt sind und glühen. Er bestreicht mit ihnen zuerst seine Beine und dann die seiner Patienten. Jeder, der Verbrennungen erleidet, bedarf zusätzlicher Gebete. Dann trinkt jeder eine Schale mit salzigem Wasser und erbricht sich in eine Schale mit Sand. Wer sich nicht übergibt, gilt als unrein und muß das Ritual wiederholen. Schließlich wird der Eingang des *Hogan* versiegelt, und der Schamane und seine Anhänger sitzen um das Feuer, bis die Flammen erlöschen und die Asche abkühlt.

Später wird die Asche mit dem Erbrochenen vermischt und draußen dem Wind überlassen. Bis zum nächsten Jahr ist die Reinigung vollbracht.

Oben:
Das buddhistische Fest der Feuergeher, hi watari, *wird jedes Jahr am Fuße des Takao-Berges in Japan begangen. Die Zeremonie soll Frieden bringen – und den Zuschauern Gesundheit: Sie reiben kranke Körperpartien mit Holzbrettern ab, die sie dann ins Feuer werfen.*

Unten:
Der Feuertanz der Navajo, gemalt von William Leigh.

Feuerprobe

Bis vor kurzem glaubte man, Immunität gegen Feuer sei im Grunde nur ein „Trick" aus dem Fernen Osten. Doch mit etwas Mühe können auch Europäer diese alte Kunst erlernen.

Feuergeher bringen ihre Begabung entweder mit auf die Welt oder erwerben sie. Anderen wird sie regelrecht aufgedrängt. Doch in keinem der Fälle haben die Wissenschaftler eine Erklärung dafür, wie es Menschen gelingt, ohne ernsthafte Verbrennungen über bis zu 430 °C heiße Steine zu gehen.

Steckt ein Trick dahinter? 1890 beschloß der Richter Oberst Gudgeon aus Neuseeland gemeinsam mit seinem Freund Dr. T. N. Hocken und zwei Europäern ein für alle mal diese Frage zu beantworten. Als sie voller Skepsis in Raratoa/Polynesien der Vorführung eines Schamanen im Feuergehen beiwohnten, forderte dieser sie auf, es selbst einmal zu versuchen; er versprach ihnen den Schutz seines *mana* – seiner magischen Kraft. Oberst Gudgeon und seine Freunde waren bereit, zogen Schuhe und Strümpfe aus und machten sich auf den gefährlichen Weg. Später berichtete Gudgeon, einer von ihnen, „der, wie die Frau Lots, sich umblickte, obwohl dies streng verboten war", erlitt schwere Verbrennungen. Gudgeon selbst hatte starke Zweifel, als er sich dem Graben näherte und die Hitze ihm entgegenschlug. „Ich fürchtete, die ganze Haut würde sich abpellen." Doch als er auf der anderen Seite anlangte, fühlte er nur „ein Prickeln wie nach einem elektrischen Schlag".

Unten:
Ein spektakulärer Auftritt von 40 fanatischen Brahmanen im Jahre 1912, die vor ihrem europäischen Publikum durchs Feuer laufen. Sie tragen heilige Gegenstände, um ihren Zustand religiöser Ekstase zu steigern. Offensichtlich kann ihnen die Glut nichts anhaben.

Nach diesem Erlebnis begann Dr. Hocken mit seinen Untersuchungen. Er hatte ein Thermometer mitgebracht, das Temperaturen bis zu 205 °C anzeigen konnte. Er hängte es zwei Meter über dem Graben auf. Sofort stieg das Quecksilber und hätte das Thermometer zum Platzen gebracht, wenn nicht vorher der Lötzinn geschmolzen wäre. Dann untersuchte er gründlich die Füße der eingeborenen Feuergeher. Sie waren weich und geschmeidig und keineswegs übermäßig lederig. Er suchte nach „unbekannten schützenden Mitteln", fand aber keine. Schließlich leckte er an den Fußsohlen. Sie waren ohne jeden chemischen Schutz. Seiner Meinung nach konnte das, was er mit eigenen Augen gesehen hatte, nicht auf einem Trick beruhen.

Obwohl Dr. Hockens wissenschaftlich vorgegangen war, blieb seine Schlußfolgerung nicht unangefochten. Edward Clodd zum Beispiel, der Vorsitzende der Gesellschaft für Völkerkunde, tat in einer Rede im Jahre 1895 alle Berichte über Feuergehen verächtlich ab.

„Das Ganze ist ein Trick", erklärte er. „Ich weiß zwar nicht, worauf er beruht, doch weiß jeder, das sich an den Fußsohlen von Leuten, die viel barfuß gehen, eine dicke Hornhaut bildet. Deswegen können sie an den Füßen fast mehr ertragen, als wir in unseren Schuhen." Er äußerte die Vermutung, daß die Füße durch

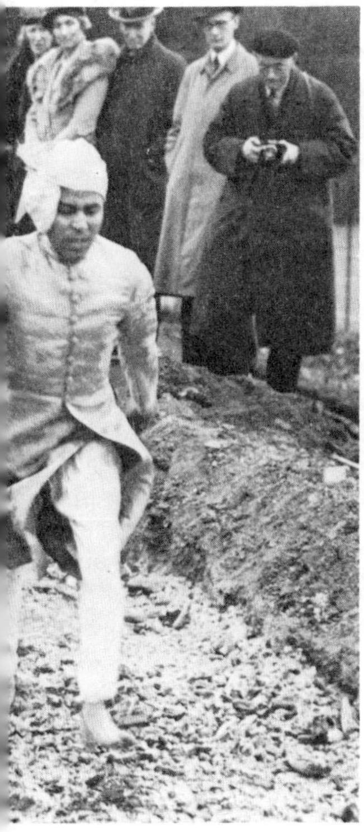

Ein sorgfältig kontrolliertes Experiment in Carlshalton (England) im April 1937 bewies, daß sowohl Inder als auch Europäer durch den Feuergraben gehen können, ohne Verbrennungen zu erleiden. Zuerst schritt Ahmed Hussein (oben) durch die Glut. Ihm folgte Reginald Adcock (unten). Bei beiden wurden die Füße vor und nach dem Gang untersucht, doch man fand weder ein künstliches Schutzmittel noch Brandwunden. Diesem Experiment ging im September 1935 ein anderes voraus (ebenfalls in Carlshalton), bei dem der Moslem Kuda Bux unter den kritischen Augen von Naturwissenschaftlern und Psychiatern durch heiße Glut ging.

verdünnte Schwefelsäure oder Alaun „unempfindlich gemacht wurden". „Und man weiß auch", setzte er fort, „daß ein Mensch seine Hand so lange in geschmolzenes Eisen halten kann, wie sie feucht ist. Bedingt durch die große Hitze, nimmt die Feuchtigkeit Kugelgestalt an, so daß sich eine Art Film zwischen der Hand und dem Metall bildet, wodurch die Hitze erträglich wird."

Clodds Äußerungen wurden von Andrew Lang, einem der bekanntesten Historiker und Anthropologen seiner Zeit, in einem ausführlichen, brillanten Artikel zurückgewiesen. Er führte Berichte über ähnliche Phänomene aus Vergil, Reiseberichten, Heiligenlegenden und Gottesurteilen an. Lang betonte, die Anthropologie habe solche Berichte „gehortet":

> „Ich wüßte nicht, warum sie von analogen Berichten heutiger Zeugen Abstand nehmen sollte. Je weiter die Beweise in der Gegenwart liegen, umso besser ist es doch. Aber je mehr ein Zeuge bereit ist, sich einem Kreuzverhör zu unterziehen, je weniger interessieren sich die Völkerkundler für seine Aussagen."

Natürlich wolle er nicht behaupten, so fährt er fort, daß beim Feuergehen oder beim Hantieren mit Feuer irgendein „psychischer" Faktor wirksam sei; nach heutiger Kenntnis könne es auch auf einem Trick beruhen. Doch:

> „Als ein Trick ist er so alt und so weit verbreitet, daß wir seinen *modus* feststellen sollten. Herr Clodd ... äußert die Vermutung, vielleicht sei verdünnte Schwefelsäure oder Alaun verwendet worden. Doch meines Wissens hat er weder eines der beiden Mittel am eigenen Körper ausprobiert, noch kann er ein erfolgreich verlaufenes Experiment anführen. Doch Wissenschaft verlangt experimentelle Beweise."

Tatsächlich führte man in den nächsten Jahrzehnten zahlreiche Experimente durch. Ärzte, wie T. N. Hocken, zeichneten den Verlauf auf, ohne den leisesten Hinweis für eine Erklärung zu finden. Dr. John G. Hill etwa hatte einen Europäer untersucht, der durch einen Graben mit heißen Steinen ging. Seine Gesichtshaut hatte sich in der Hitze geschält, doch seine Schuhe, Socken und Füße waren unversehrt. Dr. B. Glanvill Corney, Chef der Gesundheitsbehörde auf den Fidschi-Inseln, veröffentlichte im Februar 1914 die Ergebnisse seiner umfassenden Studien. Er war fünfmal Zeuge gewesen, wie Gruppen von Menschen über extrem heiße Steine gingen. Vor und nach dem Gang hat er die Füße jedes Teilnehmenden untersucht, ohne irgendeinen Hinweis auf einen Trick zu finden – auch Verbrennungen konnte er nicht feststellen.

Der Feuergang im Jahre 1921 in Madras zählt gewiß zu den spektakulärsten bekannten Fällen, obwohl er nicht wissenschaftlich dokumentiert wurde. Der Bischof der römisch-katholischen Kirche in Mysore hatte seinen Freund, den gebildeten örtlichen Maharadscha gebeten, einen Feuergang zu organisieren. Wie der Schriftsteller Oliver Leroy berichtet, holte der Fürst einen muslimischen „Fakir", der alle Beteiligten mit einer Art mystischem Schutz versah. Zu den Klängen der Militärblaskapelle – deren Mitglieder alle Christen waren – durchquerten die ersten Freiwilligen die Flammen. Der muslimische „Fakir" stieß einige ängstliche Teilnehmer mit Gewalt in die brennende Glut. Ihre entsetzten Blicke verwandelten sich in erstauntes Lächeln. Schließlich war die gesamte Blaskapelle an der Reihe und durchschritt zweimal die Glut.

Feuergehen in England

Der einzige unangenehme Zwischenfall ereignete sich, als der Maharadscha das Ende der Veranstaltung verkündete. Der Fakir schrie auf, brach zusammen und wand sich in Qualen am Boden. Man erklärte dem Bischof, daß der gesamte Schmerz aller Teilnehmer sich im Fakir gesammelt habe.

Vierzehn Jahre später, im September 1935, fand unter Aufsicht der Universität von London ein wissenschaftliches Experiment mit einem Feuergeher statt. In Carlshalton, Surrey wurde ein 7 Meter langer Graben mit Glut gefüllt. Die Durchschnittstemperatur betrug 430 °C. Ein junger indischer Muslim, mit NamenKuda Bux, durchging den Graben in ganzer Länge viermal. Man konnte ihm keinen Gebrauch künstlicher Schutzmittel nachweisen. Trotz der scharfen Kontrollen, die vorgenommen worden waren, um jeden Trick auszuschalten, blieben einige Zuschauer skeptisch. Der berühmte Geisterbeschwörer Harry Price war der Meinung, Kuda Bux könne durch die Glut gehen, weil seine Füße nur kurz mit dem brennenden Holz in Berührung kommen, das ohnehin nur eine geringe thermische Leitfähigkeit habe. Ein Arzt spottete gegenüber dem Beobachter Harold S. W. Chibbett, „das kann doch jeder". Als man ihn aufforderte, es zu versuchen, antwortete er, dafür sei er nicht passend angezogen.

Angesichts des umfassenden Beweismaterials sind solche Spötteleien und schlecht begründeten Erklärungsversuche belanglos. Einige Menschen, sei es einzeln oder in Gruppen, haben unbestreitbar die mysteriöse Fähigkeit, über glühende Kohlen zu gehen und brennende Glut in der Hand zu halten, ohne einen erkennbaren Trick anzuwenden. Aber vielleicht liegt das Geheimnis in einem geistigen „Trick", vielleicht in Selbst- oder Massenhypnose?

Als Professor Stephenson seinen 27 Meter langen Gang durch den brennenden Graben machte, bereitete ihn ein Schintopriester darauf vor, indem er ihn zu einem Tempel führte und ihm Salz auf den Kopf streute. Als er durch den Graben ging, spürte er ein leichtes Prickeln in den Füßen. An einer Stelle empfand er plötzlich einen stechenden Schmerz. Später fand er einen kleinen Schnitt im Fuß, wie von einem scharfen Stein. Die Salz-Zeremonie schien ihn also nur gegen Hitze, nicht hingegen vor *jedem* Schmerz immun gemacht zu haben. Eine ähnliche Erfahrung machte Dr.

Oben:
Obwohl es sich um eine Bühnennummer handelt, ist die Feuerimmunität echt.

Harry B. Wright nach einem Feuergang auf Viti Levu (Fidschi-Inseln). Obwohl die Teilnehmer während ihres Ganges in einem ekstatischen Zustand zu sein schienen, reagierten sie völlig normal, wenn er sie mit einer Nadel in den Fuß stach oder sie mit einer brennenden Zigarette berührte. Ähnliches ist von dem hl. Polykarp überliefert, einem Märtyrer aus dem Jahre 155. Er wurde zum Tode auf dem Scheiterhaufen verurteilt, doch die Flammen konnten ihm nichts anhaben. Schließlich erstach ihn ein Soldat mit einem Speer.

Mehrfach wurde von Zeugen berichtet, daß der leitende Priester oder Schamane die Schmerzen der Feuergeher auf sich nahm, wie bei dem schon erwähnten, von Oberst Gudgeon beobachteten Fall beim Maharadscha von Mysore. Der amtierende Priester scheint in solchen Fällen seine Anhänger zu hypnotisieren oder in Trance zu versetzen. Wenn der Zauber nachläßt oder der Glaube ins Wanken gerät, erhält das Feuer wieder seine Kraft und verursacht Verbrennungen.

Viele der Feuerrituale der nordamerikanischen Indianer werden durch Tanz, Gesang, ein Festmahl oder eine Fastenzeit vorbereitet. Hindus, Buddhisten und die Anhänger des Schintoismus rufen ihre Götter, Heiligen und Vorfahren an. Jedes Jahr an den Festen des hl. Konstantin und der hl. Helena machen die Bewohner des griechischen Ortes Langadas einen Gang über glühende Kohlen. Dabei halten sie Ikonen der Heiligen empor, um sich deren Schutz zu sichern. In all diesen Fällen scheint Selbsthypnose eine bedeutende Rolle zu spielen. Zweifellos erinnern auch die Berichte über D. D. Home, der seine Hände hin und her bewegte, bevor er den Zuschauern rotglühende Kohlen überreichte, sehr an typische Gesten von Hypnotiseuren.

Doch die Schuhe verbrannten ...

Der Bericht John Evelyns über „Richardson den Feuerfresser“ bestätigt die Theorie, es handle sich bei der Feuerimmunität um eine „Naturgabe“. Richardson hat niemals behauptet, er habe magische Kräfte – er konnte einfach Feuer fressen. Von einem ähnlichen Fall berichtet Max Freedom Long in den vierziger Jahren. Ein Feuerfresser auf einem Jahrmarkt hatte ihn sehr beeindruckt, und er vereinbarte mit ihm einen privaten Auftritt, zu dem er einen Zahnarzt einlud. Der Feuerfresser strich mit der „heißesten Flamme eines Schweißbrenners durch den Mundraum, wobei er den Mund weit geöffnet hielt, um uns genaue Beobachtung zu ermöglichen“. Er erhitzte dann einen Metallstab bis er weich wurde und bog ihn zwischen den Zähnen. Sowohl Long als auch der Zahnarzt waren von der Authentizität des Gesehenen überzeugt.

Zwei Gegner. Edward Clodd oben) hielt Feuergehen für einen billigen Trick. Andrew Lang (unten) forderte Clodd auf, seine Theorie selbst zu beweisen, doch Clodd lehnte einen Versuch ab.

Rechte Seite oben:
William Smith, Freizeithistoriker, Tagebuchschreiber und Sammler von Altertümern aus der späten Viktorianischen Zeit. Er berichtet im Jahre 1873 über einen Mann, dessen Kontrolle über Pferde wie Zauberrei anmutete – ein „Pferdebesprecher“.

Doch am unglaubwürdigsten ist für die Zweifler, daß nicht nur der Körper gegen Feuer immun sein soll, sondern auch die getragene Kleidung. Im Trancezustand ist es vielleicht möglich, daß die Haut eines Menschen gegen Hitze immun ist, doch wie kann man Strümpfe und Schuhe hypnotisieren? Die Blaskapelle des Maharadscha von Mysore ging in voller Uniform durch die Flammen und kam ebenso adrett gekleidet heraus wie sie hineingegangen war. Die safrangelben Gewänder der buddhistischen Feuertänzer in Hongkong wurden nicht heiß, blieben trocken und waren nirgends angesengt. In viel früherer Zeit fiel die hl. Katharina von Sienna regelmäßig in Trance und lag dann stundenlang über dem Herdfeuer. Ein noch größeres Wunder als ihre Feuerimmunität waren ihre unbeschädigten Kleider. Auch bei der Jansenistin Marie Souet verbrannte die Kleidung nur teilweise. Während sie auf einem Herd lag, blieben sie und das Tuch, in das sie gekleidet war, unversehrt, während ihre Schuhe und Strümpfe brannten.

Als sich Dr. W. T. Brighman vom Britischen Museum (London) auf der vulkanischen Insel Kona in der Südsee aufhielt, erklärte er sich bereit, an einem Feuergang teilzunehmen. Kurz zuvor hatte der Vulkan einen Ausbruch gehabt. Seine Beschützer, drei Kahunas oder örtliche Magier, schlugen vor, er solle mit ihnen über die glühende, geschmolzene Lava spazieren. Doch zuerst solle er seine Schuhe ausziehen, denn sie stünden nicht unter ihrem magischen Schutz. Der Professor zögerte, und schließlich zogen ihn die Magier mit Gewalt auf die Lava. Er war gezwungen, eine Strecke von 46 Metern zu gehen. Die Magier lachten herzlich über die glimmenden Fetzen, die von seinen verbrannten Schuhen und Strümpfen übrigblieben. Seine Füße und der Rest seiner Kleidung jedoch blieben heil.

Dr. Glanvill Corney schrieb nach seinen Erfahrungen auf Fidschi, daß weder psychische noch psychologische Theorien allein erklären können, was bei Feuerimmunität eigentlich geschieht und daß hier einige physische Phänomene vorliegen, die noch einer Erklärung bedürfen.

Die Stimme ihres Herrn

Ein durchgegangenes Pferd beruhigt sich plötzlich und wird zahm ... ein müder alter Klepper verwandelt sich in einen tänzelnden Vollblüter... ein Pferd gehorcht Befehlen, die nicht einmal ausgesprochen wurden... Welches Geheimnis steckt hinter solch einer faszinierenden Herrschaft über Pferde?

Im Jahre 1873 besuchte der Amateur-Historiker William Smith den Lee-Gap-Pferdemarkt bei Dewsbury/Yorkshire. Was er dort sah, erinnerte ihn an Zauberei. Er schrieb in sein Tagebuch:

„Ein Zigeuner verfügte über so etwas wie einen sechsten Sinn für Pferde. Er konnte nämlich aus der Entfernung und ohne ein Wort zu sagen, nur durch leichte Gesten mit der Hand Pferde beherrschen, ihnen befehlen zu kommen, zu stehen oder auch zu laufen, im leichten oder schnellen Galopp, ganz wie er es wünschte. Sein Gefährte betonte, nicht alle Zigeuner haben diese Gabe; sie ist auch bei Pferdeführern, die nicht von Zigeunern abstammen, anzutreffen, wenn auch sehr selten."

Smith notierte, daß der „Zigeuner" anscheinend nicht nur seine eigenen Tiere so beeinflussen konnte, sondern auch die Pferde anderer Marktbesucher, selbst ihre Wagenpferde.

William Smith, Freizeithistoriker, Tagebuchschreiber und Sammler von Altertümern aus der späten Viktorianischen Zeit. Er berichtet im Jahre 1873 über einen Mann, dessen Kontrolle über Pferde wie Zauberei anmutete – ein „Pferdebesprecher".

„Mir wurde gesagt", schloß er, „daß das Geheimnis dieser Kunst in einem Talisman oder Amulett liegt, das eine übernatürliche Wirkung über die Tiere ausübt ..."

Die Märkte in Lee Gap und Latter Lee werden wie seit eh und je im August abgehalten. Sie gehören zu den letzten Orten im Norden Englands, wo Zigeuner noch mit Pferden handeln. Doch leider wurden in den letzten Jahren nicht mehr so außergewöhnliche Dinge berichtet, wie Smith sie beobachten konnte. Was dieser sah, war ein „Pferde-Besprecher" bei seiner geheimnisvollen Arbeit. Heute ist diese „übernatürliche" Kunst fast ganz vergessen, ja vielleicht schon ausgestorben.

Bis zum normannischen Eroberungszug waren die einzigen einheimischen Pferde auf den Britischen Inseln die zottigen Ponys, wie die Shetland- und Connemaraponys und die New Forest-Züchtungen, die es heute noch gibt. Die Römer importierten Kavalleriepferde, wahrscheinlich von arabisch-persischer Abstammung, doch die wichtigsten Zugtiere der Angelsachsen waren bis ins 17. Jahrhundert in weiten Teilen des Landes Ochsen. Über viele Jahrhunderte hatten daher nur die Militärhufschmiede oder Bedienstete der Adligen Gelegenheit, sich im Umgang mit Pferden zu üben.

Hundert Jahre nach der Eroberung durch die Normannen begannen eiserne Rüstungen die leichten Kettenhemden und die Lederbekleidung der normannischen Kavallerie zu ergänzen. Aus Frankreich wurden schwere Kaltblüter eingeführt, die die Ritter mit ihrer neuen und wuchtigen Ausrüstung tragen konnten. Nach und nach wurden Pferde wie das Percheron mit anderen gekreuzt, um inländische Züchtungen zu erhalten.

Seit wann es die Pferdebesprecher gibt, ist nicht genau bekannt, denn vor dem 18. Jahrhundert wurde kaum etwas über sie geschrieben. Damals hatten sie sich zu einer „Freimaurergilde" entwickelt, mit eigenen Erkennungsworten, besonderem Gruß und möglicherweise geheimem Händedruck.

Aus zwei Gründen schirmten sie sich so stark nach außen ab: Erstens vermieden sie damit, daß ihre Fertigkeiten Außenstehenden bekannt wurden und zweitens entgingen sie dem Vorwurf der Hexerei. Wahrscheinlich wurden sie während der unerbittlichen Verfolgungen des 17. Jahrhunderts zu den „Schlauen Männern" gezählt, die einfachere magische Fertigkeiten besaßen und nicht weiter belästigt wurden. Der in Essex geborene „Schlaue Murrell" war wegen seiner Heilkräfte und seiner Kontrolle über verschiedene Tiere, einschließlich Pferde, unter den Bauern sehr gesucht.

Dan Wickett, der in den sechziger Jahren in seinem Heimatort Polperro auf Cornwall starb, war als Warzenheiler berühmt. In seiner Jugend arbeitete er als Pflüger. Von ihm sagte man, er besitze „Das Wort", ein anderer Ausdruck für die Fähigkeiten der Pferdebesprecher. Ein weiterer zeitgenössischer Besitzer „Des Wortes" war der unglückliche Charles Walton, der Anfang dieses Jahrhunderts als Pflüger in Warwickshire arbeitete. Er hatte das Vieh der Bauern, Kröten und Vögel unter Kontrolle. Offensichtlich aus Furcht vor diesen okkulten Fähigkeiten stach ihm ein Unbekannter 1945 in Lower Quinton eine Heugabel durch die Kehle. Man sprach daraufhin von ihm als die letzte „Hexe", die in England „hingerichtet" wurde.

Die letzte Bastion der Pferdebesprecher war Ostanglien. Hier, in dem monotonen, flachen Land, war selbst nach Einführung des mit Diesel betriebenen Traktors das Pflügen mit dem Pferd relativ einfach und ökonomisch. Heimatkundler, wie George Exart Evans, konnten hier aus den Geschichten der älteren Generation noch vieles über die Traditionen des Landes erfahren, während die alten Künste zunehmend in Vergessenheit gerieten.

Oben:
Pferdemarkt in Lee Gap (Yorkshire). Hier wurde Smith durch die außergewöhnlichen Fähigkeiten eines Zigeuners im Umgang mit Pferden beeindruckt.

Unten:
Der „Schlaue Murrell" (rechts) in einer Schmiede in Essex, wo er magische Flaschen herstellte, um teuflischen Einflüssen entgegenzuwirken. Er war auch für seine Heilkräfte und die Beherrschung von Pferden bekannt.

„So befehle ich"

Die ostanglischen Pferdebesprecher waren zweifellos in vielem den „Schlauen Männern" ähnlich. Ihr machtverleihendes Geheimwort soll *sic iubeo* – „so befehle ich" – gewesen sein, doch es ist unklar, ob es nur ein Erkennungswort im Umgang untereinander war oder eine unmittelbare Wirkung auf die Pferde haben sollte. Ihre wichtigste Machtquelle lag in zwei Amuletten, einem, um das Pferd zu rufen oder „anzuziehen" und einem weiteren, um es zurückzustoßen oder „zu ermatten". Das anziehende Amulett war die „Milt", ein schwammiges Stück Gewebe, daß sich im Mund des neugeborenen Fohlens befindet. Der Besprecher entnahm die „Milt" – was viel Geschick erforderte, weil das Fohlen sie normalerweise sofort verschluckt –, trocknete und tränkte sie mit aromatischen Ölen.

Das ermattende Amulett wurde auf mysteriöse Art hergestellt. Nach der Überlieferung wurde ein Frosch, manchmal auch eine Kreuzkröte, getötet und zum Austrocknen an einem Weißdornbusch aufgespießt. Dann wurde das Tier einen Monat lang vergraben bis das Fleisch verwest war, die Knochen sorgfältig gesammelt und in einen Fluß geworfen. Der Knochen, der oben blieb und gegen die Strömung trieb, war das neue Amulett.

Evans berichtet in seinem Buch *The pattern under the plough* (1966), dieser Knochen sei das Hüftbein oder der Hauptknochen im Becken-

Das Foto eines Mitglieds der schottischen „Bruderschaft oder Gemeinschaft des Worts der Pferdeführer" aus dem frühen 20. Jahrhundert in der Grafschaft West-Lothian. Die Haltung der Pferde zeigt, wie sehr der Mann sie unter Kontrolle hat.

gürtel des Frosches. Er ähnelt stark dem Gabelbein eines Kükens. Noch wichtiger ist seine Ähnlichkeit mit dem „Frosch" genannten, V-förmigen Hornstreifen an der Unterseite des Pferdehufes. Auf dieser äußeren Ähnlichkeit und dem gleichen Namen basiert seine Verwendung und Wirkung als Amulett. In der Zeitschrift *Pentagramm* (1968) beschreibt Evans die Amulette ausführlicher:

„Wie ich erfuhr, gibt es zwei Gruppen von Kräutern und Stoffen, die von einigen Pferdeführern verwendet werden. Die erste Gruppe zieht ein Pferd stark durch den angenehmen Duft oder Geschmack an … Die Milt zählt zu der Gruppe der anziehenden Stoffe, doch nur unter den eingeweihten Pferdeführern des inneren Kreises, ‚den Besprechern'. Die Pferdeführer, die das ‚Wort' besitzen oder ‚wissen', wie man in Suffolk sagte, tauchten die ‚Milt' in eine der angenehm duftenden Stoffe, so daß sie als ‚anziehender' Zauber gebraucht werden konnte …"

Oben:
Der Heimatkundler George Ewart Evans hat die Bräuche der „Pferdebesprecher" in Ostanglien aufgezeichnet.

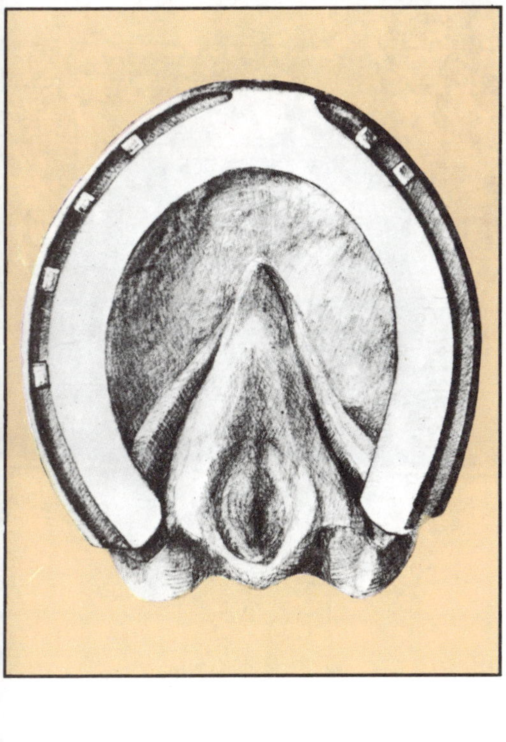

Links:
Die Unterseite eines Pferdehufes mit dem „Frosch", einem V-förmigen Hornband. Die Pferdebesprecher benutzen den V-förmigen Beckenknochen eines Frosches für ein Amulett, das ein Pferd abstoßen oder „ermatten" soll. Durch diese sowohl äußerliche als auch sprachliche Parallele zwischen Pferdehuf und Froschknochen wird letzterer zu einem wichtigen magischen Mittel.

Zum Tränken der „Milt" verwendete man Sauerampfer, Zaunrübe, Zimt, Rosmarin und Rainfarn. Der Froschknochen wurde in einem Lederbeutel oder Leinentuch getragen, in dem sich auch ein Stück rohes Fleisch oder etwas Tierfett befand. Diese Stoffe sollten den empfindlichen Geruchsinn des Pferdes so verletzen, daß es sich dem Pferdeführer, der ein solches Amulett trägt, nicht nähert.

Neben diesen elementaren Mitteln, die die Pferde anziehen oder abstoßen, machen sich die Besprecher ihre genauen Kenntnisse über das Verhalten der Pferde zunutze und erzielen damit erstaunliche Wirkungen. Einige ihrer Tricks sind fast schon lächerlich einfach. So braucht man einem müden, alten Klepper nur ein Stück rohen Ingwer unter den Schwanz zu stecken, und schon wölbt er den Nacken und tänzelt wie ein Vollblüter. Und wenn der Pferdebesprecher sich am Hinterteil oder den Hinterläufen zu schaffen machen muß, sticht er mit einem speziellen Stück Draht kräftig in die Oberlippe des Pferdes. Eigenartigerweise beachtet das Tier dann nur den Schmerz am Kopf und kümmert sich nicht mehr darum, was hinten mit ihm geschieht.

Georg Rowe, ein ehemaliger Hufschmied aus Dartford in Kent, erzählt:

„Wenn in einem Kuhstall Feuer ausbricht, braucht man nur die Türen zu öffnen und die Kühe rennen heraus. Wenn es dagegen in einem Pferdestall brennt, drehen die Tiere durch, schlagen in ihren Boxen aus und treten nach allem, was sich bewegt, wobei sie sich sogar die Beine brechen können. Sie tun alles, nur nicht vernünftig ins Freie zu

Die Zaunrübe ist eines der angenehm duftenden Kräuter, die von den Pferdebesprechern für ein Amulett verwendet wurden, um Pferde „anzuziehen". Aus ihr wird ein aromatisches Öl gewonnen, das auf die „Milt" gegossen wird, ein schwammiges Stück Gewebe im Maul des neugeborenen Fohlens.

laufen. In einem solchen Zustand muß man sie durch etwas anderes erschrecken. Man kann es schwer erklären, aber die verschiedenen Ängste heben sich dann gegenseitig auf, und die Pferde stehen wie erstarrt vor Schreck. Dann kann man sie wieder ziemlich leicht lenken."

Es gibt viele Erzählungen über Bauern, die so unvorsichtig waren, einen Pferdebesprecher fortzujagen oder ihn zu verärgern, was zur Folge hatte, daß ihre Pferde sich weigerten, den Stall zu verlassen. Evans glaubt, daß der Besprecher die Schwelle mit einem abstoßenden Mittel bestrich, so daß die Tiere Angst hatten, sie zu überqueren.

Neben ihrem „Pferde-Sinn" werden den Pferdbesprechern oft noch geheime Kräfte nachgesagt. Vielleicht haben sie diesen Eindruck bewußt gefördert, um die Besonderheit ihres Könnens zu betonen. Oft wird von Pferdebesprechern erzählt, daß sie Wunden mit Käserinde verbunden haben oder Streifen von verschimmeltem Lederzaumzeug oder Spinnweben verwendeten, um Entzündungen zu heilen oder vor Infektionen zu schützen. Erst nach der Entdeckung von Penizillin in Schimmelkulturen erkannte man die Zweckmäßigkeit solcher „Roßkuren". Oft wurde der Besprecher auch gerufen, um Menschen zu behandeln. Das Volk schrieb ihm magische Kräfte zu, wie auch dem Schmied und, aus der keltischen Mythologie abgeleitet, dem Pferd selbst. Aus Pferdehaar gewebte Bänder sollten den Kopf heilen, oder aus verschimmeltem Brot mit zerstoßenem Pferdehaar wurde ein Getränk gegen Würmer zubereitet.

Besonders geheimnisumwittert sind allerdings die Ursprünge der Bruderschaft der Pferdebesprecher. Es gibt nur wenige aufschlußreiche Zeugnisse von der ostanglischen Gemeinschaft. Evans spricht von dem „inneren Kreis", ein Ausdruck, der stark an Freimaurer erinnert. Auch die lateinische Redensart *sic iubeo* gehört zweifellos nicht zum Alltagswortschatz eines Landarbeiters des 18. Jahrhunderts. Wenn die Besprecher jedoch aus einer mittelalterlichen Handwerksgilde entstanden sind, könnte gleichwohl ein solcher Ausdruck die Jahre überdauert haben.

Die „Bruderschaft oder Gemeinschaft des Wortes der Pferdeführer" überlebte in Schottland aus den gleichen Gründen wie in Ostanglien bis ins späte 19., möglicherweise sogar bis ins 20. Jahrhundert; denn der Einsatz von Pferden war in Aberdeenshire, Morayshire und in Teilen des schottischen Flachlands viel länger wirtschaftlich als andernorts. Der Charakter der schottischen Vereinigung der Pferdebesprecher – und ihre Beeinflussung durch Freimaurer – wird an ihrem „Eid", der mindestens aus dem Jahre 1780 stammt, sehr deutlich. Er lautet:

„Aus freiem Willen beeide und schwöre ich vor Gott und allen hier versammelten Zeugen, daß ich die wahre Kunst des Pferdeführens, die mir jetzt vermittelt wird, achten, sie geheimhalten und niemals irgend etwas von ihr verraten werde. Ferner schwöre ich hoch und heilig, daß ich nie etwas über sie niederschreiben, in Holz schnitzen, in Stein meißeln und auf irgend einem beweglichen oder unbeweglichen Gegenstand unter dem Himmel hinterlassen werde. Niemandem außer einem anderen Pferdeführer werde ich auch nur ein Handzeichen verraten."

Das neue Mitglied schwört weiterhin, sein Wissen niemals „an irgendeinen Händler, sondern nur an einen Hufschmied oder einen

Rechts:
Ein Pferdehändler führt auf dem Markt in Appleby die Gangarten eines Pferdes vor.

Ganz rechts:
Pferdemarkt in Appleby in Cumbria. Wer weiß, ob nicht immer noch unter der Menge jemand ist, der über das geheime Wissen der Pferdebesprecher verfügt?

reitenden Soldaten" weiterzugeben, und auch nicht zuzulassen, daß es weitergegeben wird. Der Eid schreibt ferner vor, das Geheimnis vor „einem Bauern oder dem Sohn eines Bauern" zu bewahren, „außer er arbeitet mit seinen eigenen Pferden oder denen seines Vaters. Ferner vor einem Dummkopf oder Verrückten, vor meinem Vater, Mutter, Schwester, Bruder oder jeder Frau", einschließlich „vor meiner Frau, Tochter oder der Geliebten".

Die „wahre Kunst des Pferdeführens" darf „nach dem Sonnenuntergang am Samstag bis zum Sonnenaufgang am Montag" nicht weitergegeben werden.

Der letzte Schwur

Er verspricht auch, sein Wissen nicht „für weniger als 1 Pfund Sterling oder Gegenstände mit entsprechendem Wert" mitzuteilen. Er schwört, niemals einem mindestens drei Tage im voraus angekündigten Treffen fernzubleiben, außer bei einem Feldzug oder bei einem Gang zum Arzt. Der Schlußsatz des Schwurs lautet:

„Wenn ich diese Versprechen nicht einhalte, möge mein Körper von einem wilden Pferd in Stücke gerissen, mein Herz von dem Messer eines Pferdeführers herausgeschnitten und meine Gebeine im Sand der Küste begraben werden, wo Ebbe und Flut alle 24 Stunden wechseln, so daß unter meinen rechtmäßigen Brüdern keine Erinnerung an mich zurückbleibt ..."

Nach einem Bericht aus dem 19. Jahrhundert folgte auf den schrecklichen Schlußsatz die feierliche Investitur des Neulings, dem die Augen verbunden wurden und „die hoheitliche Krone, die königliche Robe und der heilige Schwertriemen der Bruderschaft" angelegt wurden. Nach Entfernung der Augenbinde sah er allerdings nur einen alten, mit nachgemachten Pferdeohren geschmückten Hut, eine Pferdedecke und einen Sattelgurt. Er aß dann Brot und Salz, und „der Abend endete in einem fröhlichen Besäufnis".

Charles Walton soll angeblich im Besitz „Des Wortes" gewesen sein, das ihm Macht über Pferde gab. Doch auch andere Tiere hatte er unter Kontrolle. Im Jahre 1945 wurde er von einem Menschen ermordet, der wahrscheinlich seine okkulten Fähigkeiten fürchtete.

Ein düsteres Ereignis aus der Geschichte der schottischen Bruderschaft soll hier noch erwähnt werden. Es handelt sich dabei wohl nicht um einen bloßen Zufall. Die Pferdebesprecher nannten ihre Treffen oft „kuklos", nach dem griechischen Wort für „Kreis". Heiligabend 1865 trafen sich in Pulaski, Tennessee sechs junge Kavallerieoffiziere, alle schottischer Abstammung, um eine „Trinkbruderschaft" zu gründen. Als sie nach einem Namen suchten, kamen sie auf „kuklos", dem sie das Wort „Klan" anhängten. Die Aufnahmeriten des Ku Klux Klans sehen heute noch die Bekleidung des neuen Mitglieds mit „geweihter Krone, Robe und Schwertriemen" vor – die jedoch nichts als ein alter Hut, eine Decke und ein Lederriemen sind.

Während des 18. Jahrhunderts entstanden in Großbritannien viele Geheimbünde, jeder mit eigenen Insignien, Eid und Erkennungswort. Möglicherweise haben die Pferdebesprecher aus England oder Schottland einige von ihnen ins Leben gerufen. In Schottland selbst wurde der geschickte Pferdeführer über Jahrhunderte mit einer gewissen Scheu angesehen. In Aberdeenshire heißt er im Dialekt „orra loon", was so viel heißt wie „schräger Vogel".

Und im „Reitertrinkspruch", von den Schulkindern in Schottland als Abzählreim benutzt, wird dem „orra loon" und seiner Kunst noch immer ein biblisches Mißtrauen entgegengebracht:

„Laßt uns auf das Pferd mit den vier weißen Fesseln trinken,
Kastanienbraun sind Schwanz und Mähne,
Auf seiner Stirn ist ein Stern, auf der Brust eine Blässe,
Und sein Herr hieß Kain."

Menschliche Glühwürmchen

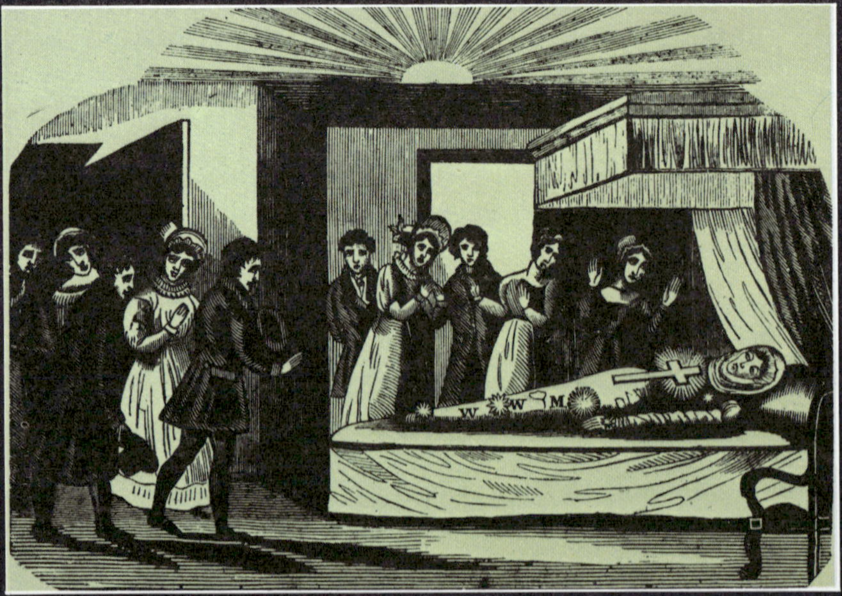

Menschen, von denen ein sichtbares Strahlen ausgeht, erregen stets Verwunderung und Interesse. Für ihr merkwürdiges Leuchten gibt es keine Erklärung. Ausschließlich Heilige und Kranke scheinen von diesem Phänomen betroffen zu sein.

Immer wenn sie schlief, kam aus der Brust der kranken Frau ein blaues Leuchten. Es hielt sekundenlang an und wiederholte sich regelmäßig über mehrere Wochen. Niemand hatte eine Erklärung dafür.

Die Frau hieß Anna Monaro, war Italienerin und litt an Asthma. Als im Jahre 1934 bekannt wurde, daß sie während der Asthmaanfälle Licht ausstrahlte, ging sie einige Zeit als die „leuchtende Frau von Pirano“ durch die Schlagzeilen. Das blaue Licht wurde gefilmt, und viele Ärzte haben es begutachtet. Ein Psychiater behauptete, es werde durch „elektrische und magnetische Organismen, die im Körper der Frau in außergewöhnlichem Maße verbreitet seien“, bewirkt, doch dies trug kaum zu einer Klärung bei. Ein anderer Arzt meinte, sie hätte eine abnormal hohe Konzentration von Sulphiden im Blut. Dies sei die Folge ihres geschwächten Zustandes und des Fastens aus religiösem Eifer. Diese Sulphide, so sagte er, werden durch die natürliche ultraviolette Strahlung zum Leuchten angeregt. Selbst wenn dies stimmen sollte, so wird doch nicht erklärt, warum das Leuchten nur aus der Brust kam und nur während des Schlafes.

Angaben über leuchtende Menschen findet man überall in der medizinischen Fachliteratur sowie in religiösen und volkstümlichen Schriften. Viele Lehrbücher der Toxikologie behandeln auch „leuchtende Wunden“; Dr. George Gould und Dr. Walter Pyle beschreiben in ihrer enzyklopädischen Sammlung von medizinischen Anomalitäten und Merkwürdigkeiten *(Anomalies and curiosities of medicine,* 1897) einen Fall von Brustkrebs, bei dem die Wunde ein so starkes Licht ausstrahlte, daß man bei Dunkelheit in mehr als einem Meter Entfernung noch die Zeit auf einer Armbanduhr ablesen konnte. Hereward Carrington, ein amerikanischer Psychiater, erzählt von einem Kind, das kurz nach seinem Tod infolge eines akuten Magenleidens von einem blauen Glimmen umgeben war.

Der Brief an den *English Mechanic* vom 24. September 1869 ist der einzige Bericht über einen gesunden leuchtenden Menschen:

„Eine Amerikanerin ging gerade zu Bett, als sie entdeckte, daß von der Oberseite des vierten Zehs ihres rechten Fußes ein Licht ausging. Durch Reiben verstärkte sich der phosphorisierende Schein und breitete sich über den ganzen Fuß aus. Dazu stiegen unangenehm riechende Dämpfe auf und erfüllten den Raum. Auch als sie den Fuß in Wasser tauchte, verschwanden weder Licht noch die Dämpfe. Selbst Waschen mit Seife half nichts. Erst nach einer dreiviertel Stunde verschwand das Leuchten. Auch ihr Ehemann hatte es gesehen.“

Oben:
Nach dem Tod von Jane Pallister im Jahre 1833 beobachteten die Trauergäste auf ihrem Körper ein himmlisches Licht in Form eines Kreuzes und mehrerer Sterne. Ihr Sohn und ander Zeugen betrachteten dieses Wunder als Folge ihres tugendhaften Charakters.

Oben rechts:
Auch bei der Verklärung Jesu und der Bekehrung des hl. Paulus (darunter) kam es zu Lichterscheinungen an ihrem Körper.

Rechts:
Aus dem Hinterleib des Glühwürmchens kommt ein erstaunlich helles Licht. Die Wissenschaftler wissen zwar, wie dieses Leuchten entsteht, nämlich aus einer chemischen Reaktion, doch sie können nicht erklären, warum ein *Glühwurm zu leuchten beginnt.*

Bei leuchtenden Tieren, wie dem Glühwürmchen oder dem Leuchtkäfer, erklären die Wissenschaftler den Zustand als Folge chemischer Reaktionen von Sauerstoff, Luciferase und Adenosintriphosphat (ATP) im Körper. Doch eine derartige chemische Reaktion liegt wohl bei leuchtenden Menschen nicht vor.

Viele Mystiker und Anhänger der Geheimwissenschaften behaupten, jedes menschliche Wesen sei von einem Lichtkörper umgeben, dessen Farbe sich ändern könne und der durch geheimnisvolle Übungen oder natürliche Gabe sichtbar werden kann. Die Stärke dieses Lichtes soll bei allen Menschen verschieden sein, doch soll es am hellsten bei denen leuchten, deren spirituelles Wesen am stärksten entwickelt ist oder die sich in einem ekstatischen Zustand befinden. In der Alltagssprache reden wir von einem vor Freude strahlenden Gesicht. Vielleicht ist dies mehr als eine bloße Metapher.

In Exodus 34 heißt es: Als Moses vom Berg Sinai herabstieg und die beiden Gesetzestafeln mit sich brachte, habe „die Haut seines Angesichts gestrahlt". Dieses Licht erschreckte jedermann, so daß Moses einen Schleier umlegte, bis er die Rede an sein Volk beendet hatte. Von einem ähnlichen Glühen berichtet die Bibel anläßlich der Konversion des hl. Paulus. Auch bei der Verklärung Jesu leuchtete dessen Gewand sehr hell.

Nandor Fodor, Autor verschiedener Bücher über Parapsychologie, berichtet, daß die mittelalterlichen Heiligen und Mystiker zwischen verschiedenen Arten der Heiligenscheine unterschieden. Die einen, wie zum Beispiel der Nimbus, umgaben den Kopf, während die Aureole den ganzen Körper in Licht tauchte. Theosophisten kennen fünf verschiedene Auren: die Aura der Gesundheit, des Lebens, die Karma-Aura, die Aura der Wesensart und die der geistigen Natur. Verschiedene Farben zeigen den emotionalen Zustand oder die Wesensart an. Leuchtendes Rot bedeutet Zorn und Kraft, schmutziges Rot dagegen Leidenschaft und Sinnlichkeit. Braun ist Habsucht, Rosa Zuneigung, Gelb bedeutet hohe geistige Aktivität; Purpur Spiritualität. Blau ist religiöse Hingabe, Grün Hinterlist und Eifersucht, tieferes Grün Mitleid. Das Medium Stephan Ossowiecki, der Anfang des 19. Jahrhunderts lebte, sah manchmal eine Art dunkle Aura, die das unerwartete Kommen des Todes anzeigte.

„Natürliche Flammen"

Wir kennen alle die christliche Darstellung des Heiligenscheins. Weniger bekannt ist, daß die Kronen der Könige und die typischen Kopfbedeckungen der Priester ursprünglich den Heiligenschein symbolisieren sollten. In fast jeder Kultur finden sich Darstellungen der großen Lehrer und Heiligen, die mit einer Aureole umgeben sind, etwa in Peru, Mexiko, Ägypten, Sri Lanka, Indien und Japan.

Papst Benedikt XIV. schreibt in seiner Schrift über Selig- und Heiligsprechung:

> „Es scheint Tatsache zu sein, daß bei einigen Menschen der Kopf von natürlichen Flammen umgeben ist. Auch der ganze Körper eines Menschen kann gelegentlich leuchten, jedoch nicht durch Flammen, die nach oben streben, sondern eher durch Strahlen, die dem ganzen Körper entspringen. Es gibt auch Menschen, die gleichsam in ein Meer von Licht getaucht sind, doch scheint dies nicht aus ihnen selbst, sondern eher aus ihren Kleidern, ihrem Bischofstab oder ihrem Schwert zu fließen."

Unzählige Berichte über Heilige erzählen von Priestern, deren Leuchten dunkle Zellen und Kapellen erhellte. Als im 14. Jahrhundert der Kartäuser Mönch John Tornerius nicht rechtzeitig zur Frühmesse erschien, ging der Sakristan in seine Zelle, um ihn zu holen. Der

Links:
Die Krone von Rudolf II., Deutscher Kaiser von 1576 bis 1612. Ursprünglich waren Kronen und andere Kopfbedeckungen von Königen und Priestern Symbole des leuchtenden Heiligenscheins.

Unten:
Papst Benedikt XIV. Er verfaßte im 18. Jahrhundert eine wichtige Abhandlung über Seligsprechung und Heiligsprechung. Hierin machte er auf die „Feuer" aufmerksam, die den menschlichen Kopf und Körper manchmal umgeben.

Rechts:
Stephan Ossowiecki, ein polnischer Hellseher um 1900. Manchmal bemerkte er um einen Menschen eine dunkle Aura, die er als ein Zeichen für seinen plötzlichen Tod deutete.

Raum des Priesters war hell erleuchtet. Er selbst schien ganz in Licht getaucht, das so hell war wie das mittägliche Sonnenlicht. Bei dem Seligsprechungsprozess des Franziskaners Thomas von Core sagten Zeugen aus, daß an einem noch dunklen Morgen die ganze Kirche von den Strahlen, die von seinem Gesicht ausgingen, erleuchtet wurde. In dem anscheinend frühesten Bericht über den Seligen Giles von Assisi wird erzählt, daß „er eines Nachts von einem so hellen Licht umgeben war, daß das Licht des Mondes vollständig verblaßte".

Das Haus der Seligen Aleidis von Scarbeke schien in Flammen zu stehen, wenn sie im Haus betete. Die Zelle des hl. Louis Bertran „machte den Eindruck, als sei der gesamte Raum mit sehr hellen Lampen erleuchtet". Thomas von Kempen berichtet von der hl. Lydwina:

> „Und obwohl sie immer im Dunkeln lag, da ihre Augen natürliches Licht nicht ertragen konnten, war ihr dennoch das göttliche Licht sehr angenehm, das ihre Zelle oftmals des Nachts so wunderbar durchflutete, daß es den Betrachtern schien, als sei die Zelle von natürlichen Lichtern oder Feuer erhellt. Auch daß ihr Körper selbst eine göttliche Helligkeit ausströmte, ist nicht weiter verwunderlich."

Pater Herbert Thurston urteilt in seinem Buch *The physical phenomena of mysticism* (1952) über diese Berichte von leuchtenden Heiligen:

> „Obwohl eine Vielzahl von ihnen nur ungenügend durch Beweise gestützt sind, gibt es andere, die nicht mit leichter Hand abgetan werden können ... Es gibt daher keinen Grund, die Glaubwürdigkeit von Berichten über ähnliche Phänomene zu bezweifeln, wenn sie Personen betreffen, deren hoch geschätze Heiligkeit und deren wunderbare Gaben der Gnade allgemein anerkannt sind."

Pater Thurston führt zwei verblüffende Fälle aus dem 17. Jahrhundert an: den des Seligen Bernardino Realino und des Paters Francisco Suarez.

Der Seligsprechungsprozeß des in Lecce (Italien) im Jahre 1616 verstorbenen P. Bernardino begann 1621 in Neapel. Unter den befragten Zeugen befand sich Tobias da Ponte, eine hoch angesehene Persönlichkeit. Er bezeugte, daß er 1608 den Pater besucht hatte. Als er in dessen Wohnung treten wollte, habe er ein starkes Licht aus der einen Spalt geöffneten Tür und aus den Ritzen in einigen Brettern dringen sehen. Er wunderte sich, was den Pater veranlaßt haben könne, an einem Mittag im April Feuer anzuzünden. Als er die Tür weiter aufstieß, erblickte er den in ekstatischer Verzückung versunkenen Pater, der in kniender Haltung einen halben Meter über dem Boden schwebte. Durch diesen Anblick war er so benommen, daß er sich für eine Weile hinsetzen mußte und nach Hause zurückkehrte, ohne bei dem Priester vorgesprochen zu

Auf dieser türkischen Zeichnung des 16. Jahrhunderts wird Mohammed (links), in Flammen gehüllt, dargestellt. Quetzalcoatl (unten rechts), der Gott der Azteken, ist in seiner Gestalt als Morgenstern von Flammen umgeben; eine antike Stele aus Mexiko. Die Zeichnung des 18. Jahrhunderts aus Tibet zeigt den großen buddhistischen Lehrer Padmasambhava (unten), dessen Haupt von einem Schein umgeben ist. Die Köpfe der vier Herrscher der Hölle (ganz unten) stehen in einem Kreis von Licht; eine chinesische Schriftrolle.

haben. Es gab auch andere Zeugen des außergewöhnlichen Leuchtens, in das die Gestalt Pater Bernardinos manchmal gehüllt war. Sie haben zwar nicht beobachtet, daß er schwebte, doch einige erklärten, sie hätten aus seinem ganzen Körper Funken sprühen sehen, die denen eines Feuers ähnelten. Andere erzählten, das Leuchten seines Gesichts sei manchmal so stark gewesen, daß sie nicht mehr seine Gesichtszüge erkennen konnten, sondern sich geblendet abwenden mußten.

Das zweite von P. Thurston angeführte Beispiel betrifft P. Francisco Suarez, einen spanischen Theologen, der von 1597–1617 am Jesuitenkolleg in Coimbra (Portugal) lehrte. Eines Tages, ungefähr um 14 Uhr, kam ein älterer Laienbruder namens Jerome da Silva zu dem Pater, um ihm die Ankunft eines Besuchers zu melden. Ein Stab vor der Tür zeigte, daß er keine Störung wünschte, doch der Laienbruder hatte die Anweisung, Francisco sofort zu informieren; deshalb betrat er die Wohnung. Der Vorraum war verdunkelt, weil die Fensterläden wegen der Nachmittagshitze geschlossen waren. Der Biograph von Suarez, Pater P. de Scorraille, zeichnete da Silvas Bericht über den Vorfall auf:

„Ich rief den Pater, doch er gab keine Antwort. Der Vorhang, der das Arbeitszimmer abtrennte, war zugezogen. Aus dem Zwischenraum von Türpfosten und Vorhang sah ich ein sehr helles Licht scheinen. Ich schob den Vorhang beiseite und betrat den folgenden Raum. Da bemerkte ich, daß das blendende Licht dem Kreuz entströmte. Es war so hell, als würde sich in den Fensterscheiben die Sonne spiegeln. Ich konnte nicht länger hinsehen, ohne vollständig geblendet zu werden. Das Licht strömte vom Kreuz auf das Gesicht und die Brust von Pater Suarez. In dem hellen Schein sah ich ihn mit bloßem Haupt und gefalteten Händen vor dem Kreuz knien. Sein Körper schwebte etwa einen Meter über dem Boden in Höhe des Tisches, auf dem das Kreuz stand. Als ich dies gesehen hatte, zog ich mich zurück … Ich war völlig

außer mir … und mir standen die Haare zu Berge.“

Ungefähr 15 Minuten später kam Pater Suarez heraus und bemerkte erstaunt den wartenden Bruder da Silva. Der Bericht fährt fort: „Als der Pater hörte, daß ich den inneren Raum betreten hatte, ergriff er mich an einem Arm … schlug dann die Hände zusammen und beschwor mich mit Tränen in den Augen, nichts von dem Gesehenen zu sagen … solange ich lebe.“

Ihr gemeinsamer Beichtvater schlug vor, daß da Silva ein Protokoll über diesen Vorfall aufsetzten solle. Es wurde mit einem Zusatz versehen, daß niemand die Schrift lesen darf, solange Pater Suarez noch lebt. Dieser Bericht gibt uns heute Kenntnis von einem besonders überzeugenden Fall menschlichen Leuchtens. Bei Suarez war es das Licht der Heiligkeit.

Elektrisierte Menschen

In Gegenwart „elektrischer Menschen" hören Elektrogeräte auf zu funktionieren, Gegenstände haften an ihnen, und wenn man sie berührt, erhält man einen Schlag.

Als Frau Antoine Timmer im Jahre 1938 nach New York reiste, hoffte sie, einen Preis von 10000 Dollars zu erhalten. Er war für die Vorführung eines parapsychologischen Phänomens ausgesetzt, das durch keinen Trick nachgeahmt werden kann. Der Veranstalter war das Universal Council for Psychic Research (Internationaler Verband für Parapsychologie) mit seinem berühmten Vorsitzenden, dem Bühnenmagier Joseph Dunninger. Frau Timmer, die selbst keine Erklärung für ihre außergewöhnlichen Fähigkeiten hatte, zeigte, wie Löffel und andere kleinere Gegenstände an ihren Händen hafteten und nur durch kräftiges Ziehen entfernt werden konnten. Doch wurde ihr Anspruch auf den Preis nicht anerkannt, denn Dunninger meinte, mit Hilfe eines versteckten Fadens könne er den gleichen Effekt erzielen. Einen Trick konnte man Antoine Timmer jedoch nicht nachweisen. Als sie wieder nach Hause fuhr, wußte sie genauso wenig über ihre magnetischen Hände wie zuvor. Der Verband jedoch hatte eine günstige Gelegenheit verpaßt, ein ungeklärtes Phänomen zu untersuchen.

Menschen mit ungewöhnlichen magnetischen oder elektrischen Kräften sind nicht selten. Diese „menschlichen Magnete" oder „menschlichen Funkensprüher" können Gegenstände anziehen, Ausfälle an Elektrogeräten bewirken und anderen Menschen bei Berührung einen elektrischen Schlag versetzen. Seit dem 19. Jahrhundert berichtet die Presse immer wieder von „elektrischen Menschen", denn damals wie heute bestand in der Öffentlichkeit ein großes Interesse an derartigen Phänomenen.

Oben:
Joseph Dunninger, amerikanischer Bühnenmagier, war Vorsitzender des Universal Council for Psychic Research (Internationaler Verband für Parapsychologie). 1938 wurde von dem Verband ein Preis für die Demonstration eines parapsychologischen Phänomens ausgesetzt, das „nicht durch Tricks erzielt werden kann". „Magnetischen Händen" allerdings schenkte man keine größere Beachtung.

Rechts:
Mittels einer Leidener Flasche läßt sich Elektrizität speichern. Wenn die innere und äußere Metallummantelung durch einen Draht verbunden wird, springt ein Funke über. Ein Arzt berichtete von einem Baby, das so stark elektrifiziert war, daß es eine Leidener Flasche aufladen konnte.

Der *Daily Mirror* zum Beispiel schrieb am 23. März 1967 über Brian Clements, der bei seinen Freunden „Flash Gordon" hieß. Er war so stark elektrisch aufgeladen, daß er sich jedes Mal, bevor er jemanden berührte, an Metallgegenständen entladen mußte. Die Ausgabe des *Sunday Express* vom 19. März 1967 berichtete über das unruhige Leben von Grace Charlesworth, die in ihrem Haus seit zwei Jahren durch elektrische Entladungen gequält wurde. Die vergangenen 40 Jahre hatte sie völlig normal dort verbracht. Sie sagte: „Manchmal haben die Entladungen mich heftig umhergeschleudert. In der Nacht fing mein Kopf an zu zittern, als ob ich einen Preßluftbohrer halten würde. An einem Tag kletterten Funken an den Wänden empor." Eigenartigerweise war nur Frau Charlesworth betroffen. Ihr Mann hörte nur manchmal ein leises Brummen.

Viele Fälle von „elektrischen Menschen" wurden von Ärzten beobachtet oder aufgezeichnet. Im Januar 1869 wurde in St. Urban in Frankreich das Baby France geboren. Der bei der Geburt anwesenden Arzt sagte, das Kind sei geladen „wie eine Leidener Flasche" (ein bestimmter elektrostatischer Kondensator). Von seinen Fingern gingen leuchtende Strahlen aus und jeder, der das Baby berührte, erhielt einen elektrischen Schlag. Doch dieses mit so merkwürdigen Eigenschaften ausgestattete Kind starb bereits mit neun Monaten. Zwei ähnliche, doch nicht tödliche Fälle werden von Douglas Hunt in der Zeitschrift *Prediction* (Januar 1953) beschrieben. Das erste Beispiel handelt von einem Arzt, der von einem Neugeborenen einen starken elektrischen Schlag erhielt. Die „Elektifizierung" des Kindes hielt 24 Stunden an. Während dieser Zeit waren oft Funken auf seinem Körper zu sehen. Man lud mit ihm sogar eine Leidener Flasche auf. Das zweite Beispiel beschreibt ein Kind, das ein „mattes, weißes Licht" aussandte und kleine Metallgegenstände, die man an seine Hände und Füße hielt, in „Vibrationen" versetzte.

Einige Fälle aus dem 19. Jahrhundert sind sogar noch aufsehenerregender. Drei davon werden von Vincent Gaddis in seinem Buch *Mysterious fires and lights* (1967) erwähnt. Der erste ereignete sich im Jahre 1889 in Joplin (USA): Frank McKinstry hatte den Ruf, ein guter Wünschelrutengänger zu sein. Doch ihn quälte ein seltsames Problem: Er war jeden Morgen so stark elektrisch aufgeladen, daß er sich ununterbrochen bewegen mußte. Wenn er auch nur eine Sekunde stehenblieb, haftete er am Boden und mußte warten, bis ein mitleidiger Passant eines seiner Beine wegzog. Dabei

mit einer Reihe von Personen durchgeführt, die sich händehaltend im Kreis aufstellten. Als sie den ersten berührte, spürte selbst die zwanzigste Person noch den Schlag. Die elektrische Aufladung von Caroline hielt mehrere Monate an, doch verschwand dann für immer:

Der dritte von Gaddis beschriebene Fall handelt von dem 16jährigen Louis Hamburger, der im Jahre 1890 in Maryland (USA) zur Schule ging. Wenn seine Fingerspitzen trocken waren, konnte er selbst schwere Gegenstände durch bloße Berührung emporheben. Wenn er seine Hand auf Nägel legte, blieben sie an seiner Handfläche hängen, wie bei einem Magneten. Sie lösten sich nur durch heftiges Schütteln. Gern zeigte er folgendes Experiment: Er nahm ein mit Eisenspänen gefülltes Glas und fuhr mit den Fingern an der Außenseite nach oben, wobei die Späne im Innern des Glases seiner Bewegung folgten.

Sowohl das menschliche als auch das tieri-

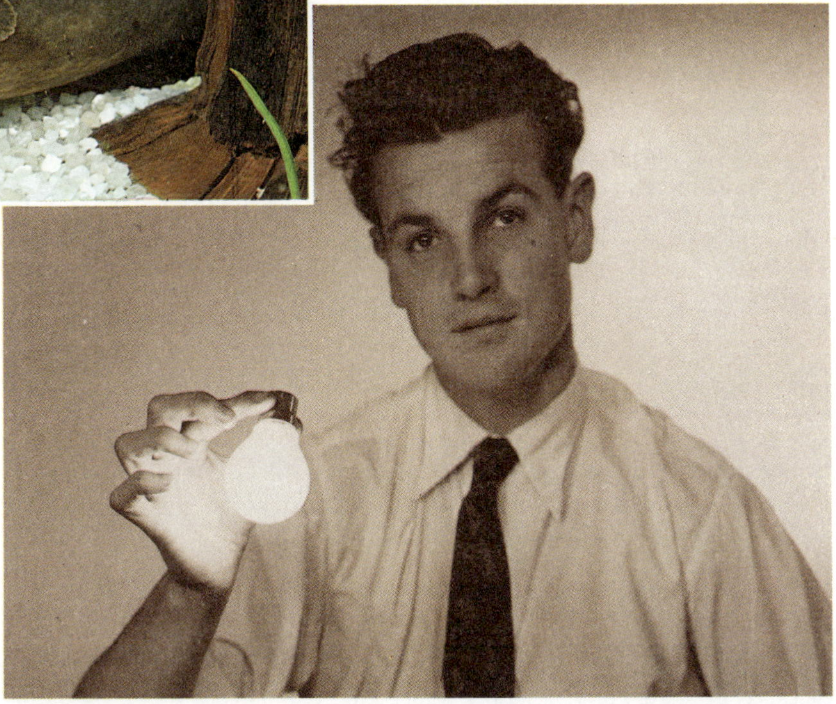

gab es einen kurzen, blassen Blitz. Dann war die Haftung unterbrochen – bis er das nächste Mal stehenblieb.

Der zweite von Gaddis angeführte Fall betrifft die 17jährige Caroline Clare aus Onarito (Kanada). Sie litt im Jahre 1877 unter einer unerklärlichen Auszehrung, ihr Gewicht sank auf 40 Kilogramm, und sie wurde von Krämpfen und Trancezuständen heimgesucht. Nach eineinhalb Jahren besserte sich ihr Zustand, doch es zeigten sich die ersten elektrischen Erscheinungen. Metallgegenstände sprangen ihr regelrecht in die Hand, wenn sie nach ihnen griff. Auch wenn sie einen nur ganz kurz antippte, blieb er sofort haften, bis ihn jemand wegzog. Wer sie berührte, erhielt einen elektrischen Schlag. Es wurde ein Experiment

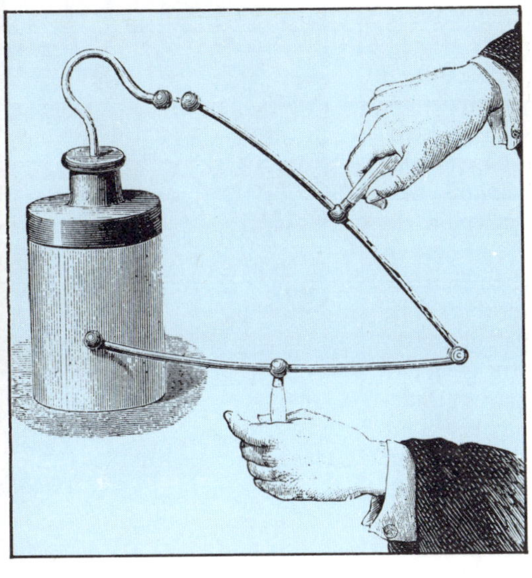

Ganz oben:
Der Zitteraal ist ein Beispiel dafür, wie ein Tier Elektrizität speichern und nutzen kann. Er kann elektrische Schläge von einer Stärke bis zu 500 Volt auszuteilen.

Oben:
Brian Williams aus Cardiff machte 1952 Schlagzeilen. Er war so stark elektrisch aufgeladen, daß er eine Glühbirne zum Leuchten bringen konnte, wenn er mit den Händen daran rieb.

sche Nervensystem produziert Elektrizität. Einige Tiere können diese Energie speichern und benutzen. Zum Beispiel hat der Zitteraal in seinem Körper ein Organ, das elektrischen Strom produzieren kann. Dieser fließt durch den Körper und ermöglicht es dem Fisch, einen bis zu 500 Volt starken elektrischen Schlag auszuteilen, je nach Größe und Verfassung des Tieres. Der Schlag ist am stärksten, wenn Kopf und Schwanz des Fisches möglichst auseinanderliegende Körperteile des Opfers berühren, so daß der Strom eine größere Strecke zu durchlaufen hat. Im menschlichen Körper können sich bis zu 10000 Volt ansammeln, zum Beispiel beim Gehen über einen dicken Teppich. Doch ist hier die elektrische Entladung harmlos, im Gegensatz zu dem gefährlichen Schlag des Zitteraals. Denn der menschliche Körper kann in der Regel nur eine niedrige elektrische Aufladung entwikkeln, was bedeutet, daß die Stromentladung nicht sehr hoch ist. Im Gegensatz hierzu sind die „elektrischen Menschen" in der Lage, ihr elektrisches Potential freizusetzen, selbst wenn sie dies nicht wollen. Wahrscheinlich hängt diese Fähigkeit von ihrem physiologischen Zustand ab.

Es könnte zum Beispiel Krankheit eine Rolle spielen – weniger diese selbst, als vielmehr die durch sie bewirkten Änderungen des Stoffwechsels und anderer physiologischer Funktionen. Im Jahre 1920 berichtete Dr. Julius Ransom, Chefarzt eines staatlichen Gefängnisses in New York, von einem erstaunlichen Ereignis nach einer Lebensmittelvergiftung von 34 Gefängnisinsassen. Während der Genesungszeit zerknüllte eines Tages einer von ihnen ein Stück Papier und wollte es wegwerfen, doch das Papier haftete fest an seiner Hand. Untersuchungen zeigten, daß nicht nur er, sondern auch seine kranken Gefährten sehr stark statisch aufgeladen waren. Sie konnten Kompaßnadeln ablenken und frei hängende Blechstreifen zum Schwingen bringen. Das Phänomen legte sich, als die Männer wieder gesund waren.

Es gibt auch Anhaltspunkte dafür, daß die atmosphärischen und geomagnetischen Verhältnisse Einfluß auf die „elektrischen Menschen" haben können. Dies zeigt der Bericht von Dr. Willard Hosford über seine Patientin, „einer sehr respektablen Dame", veröffentlicht im *American Journal of Science* (1838). Sie war verheiratet mit einer bekannten Persönlichkeit in Orford/New Hampshire, 30 Jahre alt, nervös veranlagt und führte ein ruhiges Leben. Seit zwei Jahren litt sie an akutem Rheumatismus. Am Abend des 25. Januars 1837 – sie fühlte sich etwas merkwürdig – begannen die elektrischen Erscheinungen. Zufällig strich sie mit der Hand über das Gesicht ihres Bruders, und zu beider Erstaunen entsprangen ihren Fingern kräftige Funken. Wenn sie sich auf einen dicken Teppich stellte, sah und hörte man, wie sich die sprühenden Funken entluden. Das passierte vorwiegend bei Außentemperaturen um 20° C. An solchen Tagen traten die bis zu vier Zentimeter langen Funken manchmal vier mal in der Minute auf.

Dr. Hosford vermutete, die Elektrizität werde durch die Seidenkleider der Frau verursacht. Deshalb ließ er sie nur Baumwollsachen tragen. Ihre Schwester hingegen mußte nur Seidenkleider anziehen. Doch die elektrische Aufladung der Patientin blieb gleich, während bei ihrer Schwester nichts geschah. Etwa sechs Wochen lang kam es zu diesen äußerst lästigen elektrischen Entladungen. Hinterher waren „die meisten ihrer neuralgischen Symptome und andere ihrer körperlichen Leiden verschwunden, und sie erfreute sich so guter Gesundheit wie seit Jahren nicht mehr".

Dr. Hosford hatte beobachtet, daß „ein purpurnes Polarlicht von ungewöhnlichem Glanz" den Himmel erleuchtete, als die Frau aus Orford das erste Mal ihren merkwürdigen

Ein spannungsgeladenes Thema

In vieler Hinsicht verhält sich Elektrizität wie eine Flüssigkeit und wird auch so beschrieben. So sprechen wir zum Beispiel vom elektrischen *Strom.* Das ist ein *Fluß* von Elektronen, die eine negative elektrische Ladung besitzen und Teile von Atomen sind. Die Stromstärke wird in Ampere gemessen. Der Druck, der den Strom vorwärtstreibt, ist das Potentialgefälle. Es wird in Volt gemessen und häufig einfach „Spannung" genannt. Die Menge der elektrischen Ladung wird in „Coulomb" registriert; ein Coulomb ist die Menge Elektrizität, die in einer Sekunde mit der Stärke von einem Ampere durch den Querschnitt eines Leiters fließt.

Wenn sich durch Reibung auf dem menschlichen Körper Elektrizität ansammelt – etwa durch ein Nylonhemd oder auf dem Autositz –, kann sich ein Potential von Tausenden von Volt bilden. Doch bei der winzigen Größe der Ladung hat eine Entladung keine schädlichen Folgen. Sie ist mit dem Strahl aus einer Wasserpistole vergleichbar. Er tritt zwar mit hohem Druck aus, doch die Wassermenge ist zu gering, um einen Schaden anzurichten. Gefährlich werden die elektrischen Schläge erst dann, wenn bei hoher Spannung viel Strom über einen relativ langen Zeitraum fließt, wie dies bei der Steckdose der Fall ist.

Meistens bleibt uns der elektrische Charakter der Materie verborgen; denn positive und negative Ladungen gleichen sich in unserer Umgebung aus. Nur wenn sie getrennt sind, kommt es zu den beschriebenen Wirkungen.

Diese umfassen die gleichen, doch weniger ausgeprägten Phänomene, wie sie bei „elektrischen Menschen" auftreten. Wenn man einen Plastikkamm am Ärmel reibt, so nimmt er von dem Stoff die frei beweglichen und negativ geladenen Elektronen auf und kann ein Stück Papier anziehen. Dies geschieht, weil die negativen Elektronen des Kammes nach dem Gesetz der Elektrizität, daß Gleiches sich abstößt und Ungleiches sich anzieht, die negativen Elektronen des Papiers abstoßen. Die negativen Elektronen auf dem Papier ziehen sich zurück. Dadurch erhält die Papieroberfläche in der Nähe des Kammes einen Überschuß an positiver Ladung. Das positiv geladene Papier wird dann von dem negativ geladenen Kamm angezogen. Ein ähnlicher Effekt stellt sich ein, wenn man einen Ballon an der Kleidung reibt: Er lädt sich auf und bleibt daraufhin an Gegenständen haften.

Angelique Cottin (ganz unten) war eines der berühmtesten „elektrischen Mädchen" des 19. Jahrhunderts. Doch ihre Kräfte schienen zu schwinden, als sie von einem ihr kritisch gegenüberstehenden Ausschuß unter Leitung des Physikers Francois Arago (unten) untersucht wurde. Schwindel aber konnte man ihr nicht vorwerfen.

Anfall erlitt. An jenem Abend, als auch am Himmel die elektrische Aufladung sichtbar wurde, fanden ihre ersten elektrischen Entladungen statt. Hierin sah Dr. Hosford mehr als einen Zufall. Dieser Zusammenhang erinnert sehr an die von Livingston Gearhart in der von Fort gegründeten Zeitschrift *Pursuit* entwickelten Theorie, daß es dann zu Fällen menschlicher Selbstentzündung kommt, wenn die Intensität des erdmagnetischen Feldes am höchsten ist.

Im 19. Jahrhundert war der vielleicht bekannteste „elektrische Mensch" das Mädchen Annie May Abbott; als „Der kleine Magnet aus Georgia" bereiste sie um 1890 die Welt.

Unten:
Der Lehrerin Anthea Sothcott stehen die Haare zu Berge, als sie ihren Schülern das Phänomen der statischen Aufladung vorführt. Der Van-der-Graaf-Generator, den sie berührt, erzeugt 500 000 Volt. Doch sie steht auf einer dicken Isoliermatte, durch die der Strom unterbrochen wird, so daß sie keinen Schaden erleidet.

1891 hob sie auf einer Bühne in London einen dicken Mann mitsamt dem Stuhl, auf dem er saß, in die Höhe, nur indem sie den Stuhl mit der Hand berührte. Obwohl sie nur 45 Kilogramm wog, konnten selbst mehrere Männer sie nicht emporheben, wenn sie nicht wollte. In Japan versuchten vergeblich einige der mächtigen und durchtrainierten Sumoringer, sie von ihrem Platz fortzubewegen. Wenn sie nur leicht ihre Hand auf einen Gegenstand legte, konnten die Männer diesen, trotz gewaltiger Anstrengungen, nicht mehr emporheben. Eine weitere „unbewegbare Frau" war Mary Richardson, die im September 1921 in Liverpool auftrat. Zu Beginn ließ sie sich ohne Schwierigkeiten anheben. Dann jedoch konnten selbst sechs Männer sie nicht von der Stelle bewegen. Nur durch eine Berührung gelang es ihr, Männer über die ganze Bühne zu schleudern. Der Schotte A. C. Holms, ein Experte für derartige Phänomene, legte ihr die Hand auf die Schulter, während 13 Männer sich gegen sie und seine Hand stemmten. Er verspürte nichts von dem Druck. Seiner Meinung nach wurde die auf das Mädchen ausgeübte Kraft neutralisiert oder abgelenkt.

Doch das geradezu klassische Beispiel eines „elektrischen Menschen" ist Angelique Cottin, eine 14jährige Französin aus der Normandie. Für sie setzte die schwere Zeit am 15. Januar 1846 ein und dauerte 10 Wochen. Es begann damit, daß der Webrahmen, an dem sie und drei andere Mädchen Handschuhe herstellten, anfing, sich zu drehen und hin und her zu schaukeln. Kurze Zeit darauf brachten ihre Eltern sie nach Paris, wo Dr. Tanchou auf sie aufmerksam wurde. Dieser Arzt berichtete der Akademie der Wissenschaften, daß das Mädchen die Pole eines Magneten identifizieren könne, die Kompaßnadel beeinflussen und, wie ein Magnet, kleinere Gegenstände abwechselnd anziehen oder abstoßen könne. Während derartiger Vorgänge habe er den Eindruck, als wehe „ein kühler Wind" in ihrer Nähe, der an die Luftbewegung erinnert, die von einem stark aufgeladenen Gegenstand ausgeht. Sie brauchte Gegenstände nur kurz berühren und schon wurden sie heftig weggeschleudert. Selbst ihr Bett begann zu schaukeln. Wenn sie sich setzen wollte, drehten sich die Stühle unter ihr weg. Ein 25 Kilogramm schwerer Tisch schwebte plötzlich in der Luft, als sie ihn mit ihrer Schürze streifte.

Eine gescheiterte Aufführung

Die Akademie beauftragte ein Team unter der Leitung des berühmten Physikers François Arago, die Sache zu überprüfen. Obwohl Angelique sich vor den Wissenschaftlern alle Mühe gab, schienen ihre Kräfte sie verlassen zu haben. Das geschieht auch heute, wenn paranormal begabte Kinder und „Löffelbieger" einem skeptischen Forscher gegenüberstehen. Dr. Tanchou hatte darauf aufmerksam gemacht, daß die Leistungen des Mädchens am beeindruckendsten bei völliger Entspannung waren, ein Hinweis, den die Wissenschaftler jedoch nicht beachteten. Die arme Angelique war durch die Situation sehr verängstigt und verließ mehrfach den Raum. Das Team berichtete, es könne die Behauptungen nicht bestätigen, zog jedoch die Behauptung zurück, es handele sich nur um Schwindel.

Dr. Tanchou hatte entdeckt, daß Angeliques Kraft am Abend, besonders nach dem Essen, am stärksten war. Sie ging von ihrem linken Handgelenk, der Innenseite des linken Ellbogens und dem Rückgrat aus. Seine Experimente führten Dr. Tanchou zu dem Schluß, daß es sich um eine noch unentdeckte Form von Elektrizität handle. Doch die Forscher um Arago blieben skeptisch. Die Akademie führte damals gerade einen „heiligen Krieg" gegen den Mesmerismus. Daher konnte sie unmöglich Phänomene anerkennen, deren Existenz von den Anhängern des „animalischen Magnetismus" behauptet wurde. Arago empfahl, die Akademie solle den Fall Angelique so behandeln, „als hätte sie nie davon gehört". Wieder hatte die Wissenschaft eine Gelegenheit verpaßt, das Entstehen elektrischer Phänomene im Menschen zu erforschen.

Riten, Recht und Unrecht

Seit undenkbaren Zeiten pflegen die Menschen magische Rituale – und dies nicht nur in primitiven Stammeskulturen. Haben diese tatsächlich die Macht, unsere Wünsche zu erfüllen, sowohl die guten wie die bösen?

Riten und Zeremonien spielen in unserem Leben eine wichtigere Rolle, als die meisten ahnen. Selbst wer zum Beispiel nie an einem Bar Mizwa, dem jüdischen Ritus, der den Übergang vom Jungen zum Mann kennzeichnet, oder an einem christlichen Abendmahl teilgenommen hat, war aber vielleicht schon einmal zu einer Feier zum 21. Geburtstag eingeladen. An diesem Tag wird der Eintritt in das Erwachsenenalter gefeiert, obwohl juristisch ein junger Mensch schon mit 18 Jahren volljährig ist.

Junge Mädchen vom Stamm der Caraya in Peru führen einen Tanz zu Ehren der Sonne auf, um den Anbruch der Pubertät feierlich zu begehen. Bei Nichtteilnahme an diesem uralten Ritual würde man sie nicht als wirklich erwachsen betrachten.

Wenn wir eine Prise Salz über die Schulter werfen oder „Gesundheit" wünschen, wenn jemand niest, folgen wir Verhaltensmustern, die wahrscheinlich ebenso alt sind wie die Menschheit selbst. Aus prähistorischen Gräbern wissen wir, daß unsere steinzeitlichen Vorfahren komplizierte Begräbnisriten kannten. Viele der Stammesgesellschaften, die sich bis in die heutige Zeit erhalten haben, vollziehen bei Geburt, Eintritt der Pubertät und Tod komplexe Zeremonien.

Wir wissen zwar nichts Genaues über den Glauben unserer Vorfahren, aber es ist anzunehmen, daß ihre Riten von Anfang an mit dem Bereich des Magischen und Übernatürlichen im Zusammenhang standen. Eine Zeremonie *kennzeichnete* nicht nur ein gewisses Ereignis im Leben, sondern *war Ursache desselben.* Wenn zum Beispiel ein Mann oder eine Frau nicht die angemessenen Riten vollzogen hatten, durch die sie erwachsen wurden, so betrachtete man sie auch nicht als „wirkliche Erwachsene", auch wenn sie es tatsächlich waren.

Illustration von Aubrey Beardsley zu dem Drama Salome *von Oscar Wilde. Durch dieses Stück wurde Aleister Crowley zu einer seiner widerlichen und lächerlichen Zeremonien angeregt. Er taufte feierlich einen jungen Hahn auf den Namen „Johannes der Täufer" und köpfte ihn, wobei er sich in groben Zügen an die entscheidende Szene in Wildes Drama hielt. Diese Zeremonie sollte den Einfluß des Christentums unterhöhlen, doch demonstrierte Crowley damit nur seine eigene Besessenheit an dem Thema.*

wurden beide zu einer Einheit. Alles, was man dem Abbild antut, geschieht auch mit seinem „übernatürlichen Zwilling".

Wenn ein diesem Aberglauben anhängender Mensch einen Feind töten möchte, stellt er ein möglichst wirklichkeitsnahes Abbild von ihm her und tauft es auf den Namen des Gegners. Um eine intensive Identifikation von Abbild und Feind zu erzielen, wird er versuchen, einige Haare und/oder abgeschnittene Fingernägel seines Opfers in Besitz zu bekommen und diese an der aus Ton oder Wachs geformten Nachbildung anbringen. Dann wird er die Gestalt vielleicht mit Nägeln oder Stecknadeln durchbohren oder sie langsam zerstören. Wenn sie aus Wachs ist, wird er sie über einer Flamme schmelzen, eine Tonfigur der Nässe aussetzen. Wie das Feuer oder Wasser die Figur dahinschwinden lassen, soll auch der Körper des Feindes dahinschwinden.

Ein ähnliches Verfahren, wenn auch mit weniger unangenehmer Absicht, wurde häufig bei Liebeswünschen verwendet. Ein Mädchen, das einen Mann begehrte, modellierte Figuren von sich und ihrem Geliebten, in die nach Möglichkeit Haare, Nägel und Körpersekrete

Von der Annahme, nur durch die angemessene Zeremonie werde ein ausgereifter Mensch zum Erwachsenen *gemacht,* ist es nur noch ein kleiner Schritt zu dem Gedanken, durch geeignete Zeremonien könne man auch ein nichtmenschliches Gebilde (etwa einen Baum oder ein Tonfigur) zu einer Art Ehrenmitglied der menschlichen Gemeinschaft machen.

Es riecht nach Betrug

Diese Art zu denken mag merkwürdig erscheinen, sie zieht sich jedoch durch die gesamte Geschichte und war bis in die Gegenwart noch aktuell. Im späten Mittelalter wurde ein Abt angeklagt, während der Fastenzeit Fleisch gegessen zu haben. Er soll ein Schaf auf den Namen „Karpfen" getauft, es dann geschlachtet und während der Fastenzeit verzehrt haben und dies in der beruhigenden Überzeugung, das Fleisch auf seinem Teller sei eigentlich Fisch und nicht Schaf.

Vor gar nicht langer Zeit, in den dreißiger Jahren, bediente sich der fanatische Antichrist, Okkultist und Magier Aleister Crowley in ganz ähnlicher Weise des Taufritus für seine Zwecke. Er taufte zuerst einen Hahn auf den Namen Johannes (der Täufer) und köpfte ihn dann feierlich in einer komplizierten Zeremonie, die er in großen Zügen aus dem Drama *Salome* von Oscar Wilde übernahm. Er wollte damit auf geheimnisvolle Weise den Einfluß des Christentums in der Welt zerstören.

Dem Glauben, daß einer Tonpuppe, einer Wachsfigur oder einem Tier durch Taufe oder andere Riten die Eigenschaften eines bestimmten Lebewesen verliehen werden können, liegt die Annahme zugrunde, zwischen Abbild und Lebewesen könne eine „magische Verbindung" aufgebaut werden. Aus mystischer Sicht

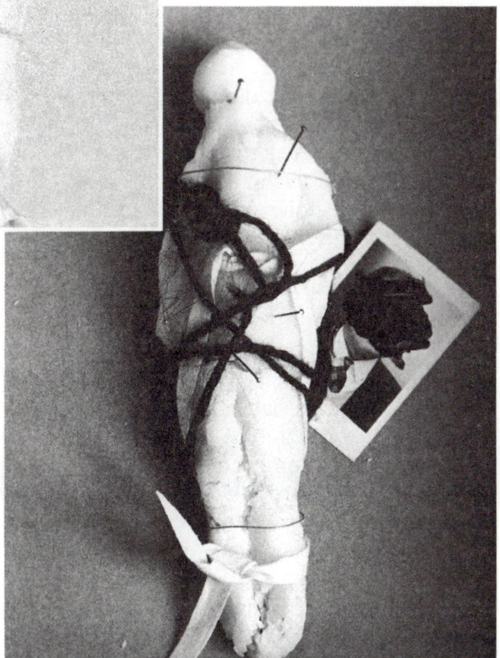

Puppen oder Wachsbildnisse wurden lange Zeit als magische Hilfen verwendet. Eine männliche und weibliche Puppe, die zusammengebunden sind, als würden sie Geschlechtsverkehr ausüben (oben), sind ein altes Mittel, um sich die Zuwendung des Geliebten zu sichern. Die Puppe rechts dient einem dunkleren Zweck. Sie ist gefesselt und mit Nadeln durchbohrt. Ihr Gesicht zeigt nach unten. Auch eine Fotografie und Haare des Opfers sind ihr beigefügt. Dahinter steckt wahrscheinlich ein kranker Geist, doch es gibt Anzeichen dafür, daß solche „Spiele" tödlich enden.

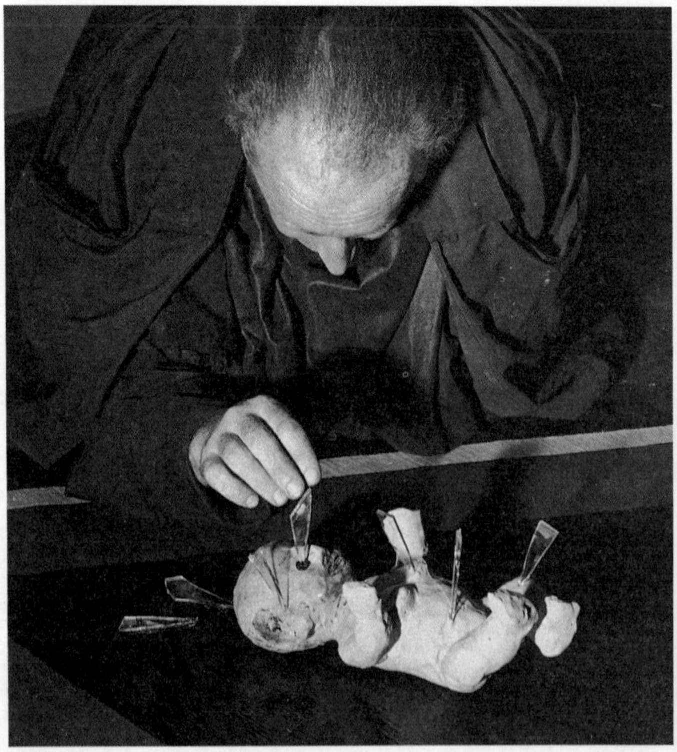

Eine Frau sandte in Form eines Briefes einen Fluch an die „Hexenküche", eine Gruppe in Castletown auf der Isle of Man. Der Anführer der Vereinigung, Cecil Williamson, antwortet ihr, indem er sein ganzes Können einsetzte. Zuerst stellt er ein „Püppchen" her, das die Frau darstellt, die den Fluch ausgesprochen hat. Dann ruft er die Geister um Beistand an. Als nächstes bläst er der Puppe über einen Strohhalm „Leben" in den Mund ein (links oben). Jetzt ist die Puppe symbolisch und, nach Meinung der Magier, in gewisser Hinsicht tatsächlich *mit der Frau identisch geworden. Dann sticht Williamson Glassplitter in verschieden Teile der Puppe (oben rechts). Solange die Kerzen brennen, soll sie „unter Qualen leiden, die stärker schmerzen als Nadelstiche". In der rituellen Magie gewinnt häufig die Person mit dem größeren Haß und Einfallsreichtum die übernatürliche Schlacht.*

eingeschlossen waren. Sie stattete die Plastiken mit den charakterischen Geschlechtsteilen im erregten Zustand aus. Dann wurden sie auf die richtigen Namen getauft und mit einem Faden zusammengebunden. Man glaubte durch diesen Ritus werde die sexuelle Begierde des Mannes für das Mädchen erweckt, und es könne die Liebe des Mannes gewinnen.

Erfüllen solche Riten ihren Zweck? Manchmal scheint es zuzutreffen; denn selbst in der heutigen Zeit gibt es glaubhafte Berichte über den mysteriösen und medizinisch unerklärlichen Tod von Menschen, auf die durch rituelle Magie mit Hilfe von Figuren Angriffe verübt wurden. Man weiß nicht, warum diese Opfer sterben. Vielleicht entsteht wirklich durch das Ritual eine „magische Verbindung" zwischen Figur und Opfer, oder es entwickelt der gesammelte Haß, den der Zauberer an der Nachbildung seines Feindes ausläßt, auf telepathischem Wege einen zerstörerischen Einfluß. Doch höchstwahrscheinlich weiß oder ahnt zumindest das Opfer, daß ein Feind magische Rituale vollbringt, um seinen Tod herbeizuführen und stirbt dann durch Autosuggestion.

Zwei Ereignisse aus den dreißiger Jahren, die von dem amerikanischen Journalisten William Seabrook erzählt wurden, bestätigen letztere Theorie, obwohl beide Fälle nicht zum Tod führten. Der erste handelt von einem französischen Konzertpianisten – Seabrook nannte ihn Jean Dupuis, um seine wahre Identität zu verbergen. Er hatte sich mit den Rosenkreuzern, Astrologie und anderen Bereichen des Okkultismus beschäftigt und Kontakt mit einer fragwürdigen „esoterischen Sekte" aufgenommen, von der er sich später im Streit trennte. Die Sektenmitglieder waren sehr verärgert über seinen Abfall und beschlossen, durch eine Kombination von ritueller Magie und angewandter Psychologie seine künstlerischen Fähigkeiten zu vernichten.

Fünf-Finger Übung

Zuerst kam der magische Teil: Man fertigte eine Puppe, die Dupuis ähnelte, taufte sie auf seinen Namen und kleidete sie in einen Abendanzug, wie er ihn auf der Bühne zu tragen pflegte. Dann wurden ihre Hände in einen Schraubstock gespannt, der jeden Tag ein wenig fester angezogen wurde.

Dann folgte der psychologische Teil: Vorgebliche Freunde des Opfers, doch in Wirklichkeit Mitglieder der Sekte, fingen an, sich über sein Spiel kritisch zu äußern und Fragen zu stellen. Seine Fingerarbeit schien weniger flüssig zu sein; vielleicht bedürfe er einiger Tage Ruhe? Hatte er sich das Handgelenk verstaucht, fragten sie, oder litt er an Neuritis?

Innerhalb weniger Wochen zeigten die tükkischen Suggestionen Wirkung. Jean Dupuis achtete nur noch auf seine Finger. Sein Spiel begann schwächer zu werden. Schließlich erhielt er einige Tage vor einem Konzertauftritt eine anonyme Mitteilung, die mit den Worten begann: „Ich kann Ihnen sagen, was mit Ihren Händen los ist, doch es ist so schrecklich, daß ich fast Angst habe, es auszusprechen." Dann wurde die okkulte Theorie über die magische Verbindung zwischen Abbild und Mensch erläutert – die der Pianist kannte, wie der Schreiber wußte. Schließlich wurde auch die Puppe mit den Händen im Schraubstock erwähnt. Am Abend des Konzerts erreichte ihn eine zweite Mitteilung: „Heute nacht wird der Schraubstock langsam angezogen, bis deine Hände zerbrochen sind."

Das Konzert wurde eine Katastrophe: „Eine falsche Note, dann eine Folge von schiefen

Oben:
William B. Seabrook in den zwanziger Jahren mit Buschmännern von der Elfenbeinküste, darunter ein junger Zauberer namens Wamba. Seabrook unternahm ausgedehnte Reisen und entdeckte dabei die Universalität magischer Riten. Einer seiner aufsehenerregendsten Berichte über einen Fall von böswilliger Magie handelt von Louis, einem jungen Franzosen, der mit der Großmutter seiner Freundin in Konflikt geriet. Man fand ihn gelähmt in einem Dornengestrüpp. Später entdeckte Seabrook eine mit Dornenzweigen umwickelte Puppe im Keller der alten Frau.

Akkorden, auf die noch schlimmere Mißklänge folgten ... ein Flüstern und Murmeln im empörten Publikum ... Der junge Mann wandte sich halb dem Publikum zu, unternahm voller Verzweifelung einen neuen Versuch und nach einer grausigen Folge mehrerer Takte floh er voller Beschämung und Verwirrung von der Bühne."

Finstere Riten

In dem eben beschriebenen Fall ging es um einen Menschen, der an rituelle Magie und ihre schädliche und tödliche Kraft glaubte. Die zweite von Seabrook erzählte Begebenheit zeigt jedoch, daß solche finsteren Riten manchmal auch bei Personen wirken, die nicht von ihrer Kraft überzeugt sind.

Es handelt sich um Louis, einen französischen Automechaniker. Er liebte ein junges Mädchen, dessen bäuerliche Großmutter den Ruf hatte, sich mit Zauberei zu beschäftigen. Sie war von einer tiefen und unbegründeten Abneigung gegen ihn erfaßt. Eines Tages stritten Louis und die alte Frau heftig miteinander, und es kam beinahe zu Handgreiflichkeiten. Nachdem sie sich getrennt hatten, machte Louis einen Spaziergang auf einem gut begehbaren Bergpfad, während die Großmutter zu ihrem nahen Häuschen ging. Dort sprach die mutmaßliche Hexe folgenden Zauberspruch:

„Verwirrter Geist wird sich drehen und wenden,
Und verwirrter Fuß wird folgen ...
Verwirre, verwirre und drehe und wende dich,
Denn wirre Netze sind gewoben."

Bei Einbruch der Nacht war Louis noch nicht von seinem Gang zurückgekehrt, eine Suchmannschaft wurde ausgeschickt. Man fand ihn einige Meter neben dem Pfad in einem Dornengebüsch liegen. Er konnte nicht gehen. Seine Beine waren gelähmt, doch ohne erkennbare Verletzungen. Er sagte, er habe den Pfad verlassen, und ihm sei schwindelig geworden; dann sei er immer verwirrter geworden und habe eine Art Schlaganfall erlitten.

Seabrook war sicher, daß rituelle Magie für den Zustand von Louis verantwortlich sei und brach schließlich in den alten Weinkeller ein, in dem die Großmutter ihrer Zauberei nachzugehen pflegte. Auf dem Boden war eine Miniaturlandschaft ausgebreitet, „ein wirres Dickicht von Dornen und Wildrosenzweigen". Hierin lag eine Puppe in Gestalt von Louis, die Augen verbunden, die Füße gefesselt und mit Dornenzweigen umwickelt.

Hilflos und gelähmt

Seabrook nahm die Puppe an sich und zeigte sie Louis. Der ärgerte sich zwar, daß die alte Frau versucht hatte, ihm zu schaden, doch noch immer machte er nicht ihr Tun für seine Lähmung verantwortlich. „Ich glaube nichts davon, ich hatte einen Schlaganfall." Er lag da, ein Opfer seiner ihm unbewußten Phantasien. Doch seinem Verstand fehlte es paradoxerweise an genug Vorstellungsvermögen, um den wahren Grund seiner Lähmung zu begreifen. Wenn er eingesehen hätte, daß er im tiefsten Innern seines Geistes doch einem primitiven Glauben an Hexerei und übernatürliche Kräfte anhing, hätte er wieder gehen können. Diese beiden Fälle erzählen von der primitivsten Form ritueller Magie. Doch bis zurück in die Antike lassen sich weit komplexere Muster nachweisen. Die Formeln, Techniken und andere Geheimnisse dieses komplizierten okkulten Systems sind in Lehrbüchern für zeremonielle Magie gesammelt, in den *Grimoires.*

Man weiß nicht, wann und wo die ersten *Grimoires* abgefaßt wurden. Schon die alten Ägypter besaßen Texte ähnlicher Art. Im Römischen Reich waren magische Schriften weit verbreitet, viele davon jüdischen Ursprungs. Möglicherweise sind die europäischen *Grimoires* des Mittelalters aus diesen entstanden, denn man findet in ihnen viele Belege für jü-

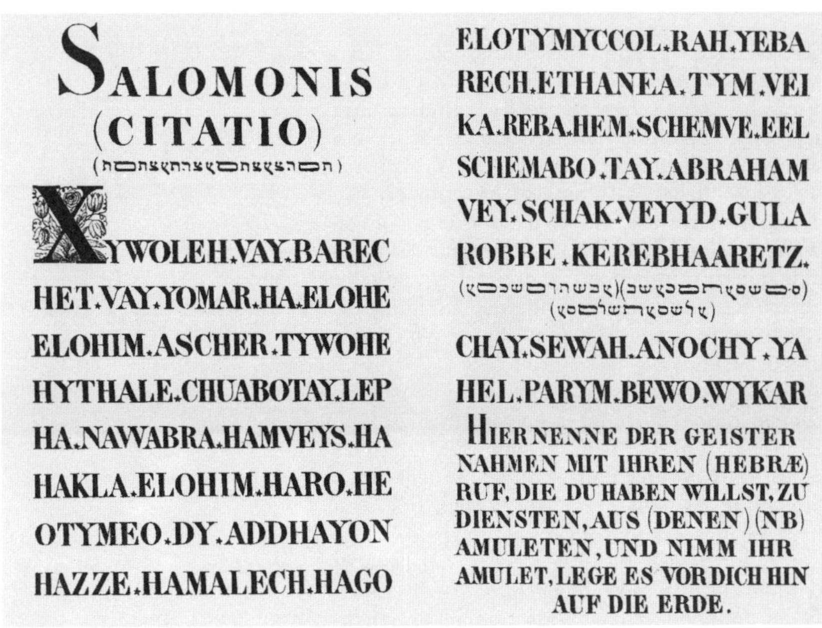

SALOMONIS
(CITATIO)
XYWOLEH.VAY.BAREC
HET.VAY.YOMAR.HA.ELOHE
ELOHIM.ASCHER.TYWOHE
HYTHALE.CHUABOTAY.LEP
HA.NAWABRA.HAMVEYS.HA
HAKLA.ELOHIM.HARO.HE
OTYMEO.DY.ADDHAYON
HAZZE.HAMALECH.HAGO
ELOTYMYCCOL.RAH.YEBA
RECH.ETHANEA.TYM.VEI
KA.REBA.HEM.SCHEMVE.EEL
SCHEMABO.TAY.ABRAHAM
VEY.SCHAK.VEYYD.GULA
ROBBE.KEREBHAARETZ.
CHAY.SEWAH.ANOCHY.YA
HEL.PARYM.BEWO.WYKAR
HIER NENNE DER GEISTER NAHMEN MIT IHREN (HEBRÆ) RUF, DIE DU HABEN WILLST, ZU DIENSTEN, AUS (DENEN) (NB) AMULETEN, UND NIMM IHR AMULET, LEGE ES VOR DICH HIN AUF DIE ERDE.

Unten:
Mittelalterlicher Zauberspruch aus dem „Schlüssel des Salomon", einem der wichtigsten Grimoires.

dischen Einfluß. Eine große Anzahl werden König Salomon zugeschrieben.

Die *Clavicula Salomonis* und andere magische Schriften, die von dem großen König der Juden stammen sollen, weisen eine bemerkenswerte moralische Ambivalenz auf – wie fast alle *Grimoires.* Ihr magisches Hauptinteresse ist es, gute und böse Geister „sichtbar hervortreten zu lassen". Dies geschieht, um irgendeinen Vorteil durch sie zu erwirken – meistens Reichtum, Macht oder Wissen.

Die Riten werden in drei aufeinanderfolgende Stadien unterteilt. Zuerst erfolgt die Vorbereitung der Gegenstände und Geräte, die für die Zeremonie gebraucht werden. Darauf bereitet der Magier seine Seele und seinen Körper vor. Danach erst wird, als dritter Schritt, der Ritus vollzogen.

Die erste Stufe machte früheren und heutigen Magiern gewiß viel Mühe. Sie müssen Weihrauch mischen, Kerzen formen und eine Vielzahl „magischer Waffen" herstellen und weihen, darunter einen Zauberstab, ein Schwert und sogar eine Sichel. Die Vorgehensweise ist dabei oft äußerst kompliziert. In einem *Grimoire* etwa wird der Magier angewiesen, seine Sichel eine Stunde nach Sonnenaufgang zu schmieden, sie dreimal rotglühend zu erhitzen und sie dann in eine Mischung aus Kräuterextrakten und dem Blut einer Elster einzutauchen.

Die dem Magier selbst auferlegten Vorbereitungen sind oft nicht weniger umständlich. Ein Text schreibt dem Magier vor, am Ufer eines Flusses vor dem Morgengrauen einen Steinaltar zu bauen, im Augenblick des Sonnenaufgangs einen jungen Hahn zu köpfen, den Kopf in den Fluß zu werfen, das Blut zu trinken und seinen Körper zu verbrennen. Dann muß er in das Wasser springen, rückwärts herausgehen, neue Kleider anlegen und in seine Wohnung zurückkehren.

Wenn der Magier die ersten beiden Stufen erfolgreich bewältigt hat, kann das eigentliche Ritual beginnen. Er stellt sich in einen Kreis, in den Namen und Symbole eingraviert sind, die ihn vor feindlich gesinnten Dämonen schützen sollen. Dann verbrennt er Weihrauch, handhabt seine magischen Geräte und murmelt die langen und klangvollen Beschwörungen, wie sie in den *Grimoires* angeführt sind. Schließlich erscheint der Geist und gewährt dem Magier das Gewünschte – wie zumindest die Anhänger der Geheimwissenschaften glauben.

Viele Vorgänge der rituellen Magie, wie sie in den *Grimoires* beschrieben sind, wirken so absurd und abstoßend, daß ein normaler Mensch sie kaum anwenden wird. Deswegen behaupten einige moderne Anhänger der Geheimwissenschaften, daß die Texte der *Grimoires* nicht wörtlich genommen werden dürfen. Diese Werke, so sagen sie, sind in einem geheimen Kode geschrieben, der nur von Eingeweihten wirklich verstanden wird. Ein *Grimoire* etwa lehrt eine Methode, einem Menschen den Nachtschlaf zu rauben: „Pflükke bei abnehmendem Mond eine Juni-Lilie, durchtränke sie mit Lorbeersaft und vergrabe sie im Dung. Es werden sich darin Würmer entwickeln. Trockne und streue sie auf das Kissen deines Feindes." Dies bedeute, man solle die Dämonen Lilith (die Juni-Lilie) und Q'areb Zareg (den Lorbeer) anrufen. Beide haben den Ruf, schlechte Träume zu verursachen. Interpretationen dieser Art werden von den heutigen Anhängern der rituellen Magie vertreten. Es gibt überraschend viele.

Rechts:
Darstellung eines Magiers. Während er in einem magischen Kreis steht, ruft er Dämonen herbei. Zu seinen Füßen liegt das Grimoire, *und widerliche „Hausgeister" tollen herum. Im wesentlichen stimmt das Bild. Ein Anhänger der Magie verwendet alte Texte, um Geister zu rufen. Oft steht er stundenlang in einem magischen Kreis. Und vielleicht erscheint ihm wirklich irgendein Wesen. Doch es ist wahrscheinlich nur eine Halluzination, die ihr Entstehen mehr seinem langen Fasten und der Versenkung verdankt als den Zauberformeln.*

Links:
Relief an der Wand eines Hauses in Bunbury/Cheshire. Es stammt von einem Wilderer, den der Gutsherr in die Verbannung schickte. Nach seiner Rückkehr meißelte der Wilderer drei Bilder, die den Gutsherrn und seine zwei Helfer darstellen, und verfluchte sie Tag für Tag, wie es Hexen mit Puppen machen. Bald darauf starben die drei Männer. Nur selten wird von einem Fall berichtet, wo jemand starb, ohne zu wissen, daß er unter einem Fluch steht. Die Erkenntnis einer Person, daß sich auf ihr übernatürlicher Haß entlädt, ist zweifellos ein zentraler „unterbewußter" Faktor bei solchen magischen Todesfällen.

Das große Geheimnis der Kröten

Im 19. Jahrhundert fand man zahlreiche in Felsen eingeschlossene Kröten. Unerklärlicherweise waren sie am Leben. Wie gelangten sie in den Felsen, und wie überlebten sie? Der auf die Entdeckung folgende Streit führte zu einem Zerwürfnis unter den Wissenschaftlern.

Im Winter 1856 sprengten französische Arbeiter einen Eisenbahntunnel in einen Berg auf der Strecke von Saint-Dizier nach Nancy. Plötzlich stießen sie im Dunkel auf ein „Monster". Sie hatten gerade einen gewaltigen Lias-Felsblock, ein Kalkstein aus dem Schwarzen Jura, auseineinandergesprengt, als ein Wesen aus einer Höhlung im Fels heraustaumelte, mit den Flügeln klapperte, einen heiseren Schrei ausstieß und starb.

Versteinerter Pterodactylus. Er ist über 100 Millionen Jahre alt. In einem Bericht aus dem Jahre 1856 wird geschildert, wie in Frankreich ein solches Tier lebend aus einem gesprengten Steinblock herauskam.

Es ähnelte in Gestalt und Größe einer ausgewachsenen Gans. Der Kopf war „schrecklich", und im Maul saßen viele scharfe Zähne. Vier lange Beine endeten in gebogenen Krallen, die durch fledermausartige Membranen verbunden waren. Die Haut war schwarz, ledrig, dick und schleimig.

Vorsichtig trugen die Arbeiter den Kadaver des Tieres in die nahe Stadt Gray. Nach einem Bericht in den *Illustrated London News* vom 9. Februar 1856 „erkannte ein Naturwissenschaftler, der sich auch in Paläontologie auskannte, sofort, daß es zur Gattung *(sic) Pterodactylus anas* gehört".

Die Gesteinsschicht, aus der es gekommen war, stammte wirklich aus der Periode, in der es Pterodactyli gab. Die Aushöhlung, aus der das Tier befreit worden war, entsprach der „exakten Hohlform seines Körpers. Damit war bewiesen, daß es völlig von sedimentierten Ablagerungen umschlossen gewesen war."

Die Geschichte des französischen Pterodactylus gehört wahrscheinlich zu den aufregendsten einer ganzen Reihe von Berichten über lebendige Wesen, die Tausende von Jahren in massivem Fels eingeschlossen waren. Diese Abhandlungen weckten bei den Außenseitern unter den Wissenschaftlern der viktorianischen Zeit höchstes Interesse und wurden heftiger diskutiert als zum Beispiel die parapsychologischen Experimente des Physikers William Crookes. Ein heutiges Äquivalent ist vielleicht die Ufo-Frage. Auch hier sucht man schon seit Jahrzehnten vergeblich nach einer befriedigenden Antwort.

Die Grundlagen für die Auseinandersetzung über die „zeitweilige Aussetzung des Lebens" wurden im Jahre 1761 mit der Veröffentlichung des *Annual Register* gelegt. Die Ausgabe dieses Jahres enthielt eine Reihe von Berichten über lebende Tiere, die man im Fels eingeschlossen gefunden hatte. Meist waren es kleine Reptilien oder Schalentiere. Unter anderem wurde geschildert, daß die Steine, mit denen man die Hafenstraßen von Toulouse gepflastert hatte, häufig zerschlagen wurden, um lebende Schalentiere von „erlesenem Geschmack" zu gewinnen. Es wurden die Schriften von Francis Bacon, Baptist Fulgosa, Agricola und Horstius als Beweis dafür angeführt, daß Schlangen, Krebse, Hummer, Kröten und Frösche anscheinend lange ohne Nahrung, Luft, Licht und Flüssigkeit überleben können.

Das Buch enthält auch den ersten überlieferten Erlebnisbericht über einen derartigen Fall. Er stammt von Ambroise Pare, dem Chirurgen von Henry III. Dieser beschreibt gegen Ende des 16. Jahrhunderts, er habe, als er zu Hause in Meudon weilte, einem Steinmetz zugesehen, der „einige sehr große und harte Steine zerteilte. In der Mitte eines dieser Steine fanden wir eine riesige Kröte, die noch lebte. Es gab keine Öffnung, durch die sie dorthin hätte gelangen können ..."

Dr. Edward Clarke; er entdeckte 1818 drei „versteinerte", jedoch noch lebende Wassermolche.

Diese mumifizierte Kröte in einer Flintsteinknolle wurde von Arbeitern in Lewes/Sussex entdeckt. Wahrscheinlich ist es das einzige existierende Exemplar dieser Art. Jetzt befindet es sich im Museum von Brighton (England).

Während der viktorianischen Zeit haben immer wieder Menschen von ähnlichen Erlebnissen wie Pares berichtet. Manchmal klang es glaubwürdig, manchmal nicht, doch stets stimmten die Details weitgehend überein.

Ein auch in wissenschaftlichen Kreisen ernstzunehmender Bericht stammt von dem Geologen Dr. E. D. Clarke. Er sprach darüber in einem Vortrag am Caius College, Cambridge, im Februar 1818. Clarke beaufsichtigte Ausgrabungen in einem Kalksteinbruch in der Hoffnung, Fossilien zu finden. In einer Tiefe von 82 Metern hatte man eine Schicht von versteinerten Seeigeln und Wassermolchen freigelegt. Drei der letzteren befanden sich in hervorragendem Zustand. Clarke grub sie vorsichtig aus und legte sie auf ein Stück Papier in die Sonne. Zu seinem Erstaunen bewegten die Molche sich. Zwei starben kurz darauf, doch der dritte wurde in Teichwasser gesetzt. „Dort bewegte und wand er sich, als sei er nie erstarrt gewesen." Er wurde so lebhaft, daß er entkam. Sofort begann Clarke, Exemplare sämtlicher dort lebender Molche zu sammeln, um sie mit den ausgegrabenen Tieren zu vergleichen, doch keiner ähnelte ihnen. Pfarrer Richard Cobbold, der den Vortrag hörte und die Molche sah, stellte fest, „sie gehören einer vollständig ausgestorbenen Art an, von der man bisher nichts wußte".

Am 31. Oktober 1862 berichtete der *Stanford Mercury,* man habe während der Ausschachtung eines Kellers in Spittlegate/Stamford eine lebende Kröte 2 Meter tief im Grundstein gefunden. „Diese Tatsache", so betont der anonyme Schreiber, „ist unzweifelhaft durch Augenzeugen bewiesen, mögen die Skeptiker sagen, was sie wollen."

Eine bellende Kröte

Drei Jahre später, am 8. April 1865, wurde in der seriösen Zeitschrift *Leeds Mercury* ein detaillierter Artikel über den Fund einer lebenden, in Stein eingebetteten Kröte bei Ausgrabungen am Hartlepool Wasserwerk veröffentlicht. Steinbrucharbeiter mit dem Vorarbeiter James Yeal fanden das Tier in einem Kalksteinblock „8 Meter unter der Erdoberfläche und 2,5 Meter von der nächsten Wasserader entfernt".

Wie in zahlreichen ähnlichen Fällen, war der Körper der Kröte genau im Fels nachgeformt, so daß die Höhlung wie ein Abdruck aussah. Die Augen hatten einen ungewöhnlichen Glanz. Durch seine Befreiung war das Tier munter geworden. Als man es herausgeholt hatte, versuchte es zu atmen, doch bereitete ihm dies offensichtlich einige Schwierigkeiten. Man hörte nur eine Art „Bellen".

Das war nicht verwunderlich, denn ihr Maul war vollständig geschlossen, und das „Bellen" kam aus den Nasenöffnungen. Zuerst sei das Tier bleich wie der Kalkstein gewesen, doch dann habe sich seine Farbe in zartes Olivbraun gewandelt. Abgesehen davon und von der „außerordentlichen Länge" seiner Hinterfüße, sah es völlig normal aus. Pfarrer Robert Taylor, Vikar von St. Hilda und ein bekannter örtlicher Geologe, schätzte das Alter des Kalksteins, in dem die Kröte gefunden worden war, auf mindestens 200 Millionen Jahre. Nach einigen Tagen starb die Kröte.

In den renommierten Zeitschriften *American Naturalist* und *Scientific American* erschienen Artikel über mehrere ähnliche Fälle aus Amerika. Ein typischer Bericht der letzteren Zeitschrift erzählt von dem Silberminenarbeiter Moses Gaines, der beim Zerkleinern eines etwa 60 Zentimeter großen Felsbrockens eine Kröte freilegte. Auch hier entsprach der Hohlraum im Gestein genau den Körperumrissen des Tieres. Es war „7,5 Zentimeter lang, sehr behäbig und fett ... Seine Augen waren viel größer als die Augen der Kröten, die wir sonst immer sehen." Die Kröte lebte zwar, bewegte sich aber nur sehr träge: „Sie versuchten, das Tier hüpfen oder springen zu lassen, indem sie es mit einem Stock berührten, doch es reagierte nicht darauf ..."

Diese und ähnliche Erzählungen wurden zwar von der sensationshungrigen Öffentlichkeit begierig aufgenommen, erregten jedoch bei den Wissenschaftlern Verärgerung.

Für Hauptmann Buckland existierte das Problem überhaupt nicht. Über die Zeitung *The Times* verlangte er 1862 von den Direktoren einer großen Ausstellung, daß ein Exemplar einer Kröte aus einer Kohlenzeche in Newport/Monmouthshire von der Ausstellung ausgeschlossen werden solle. Die Kröten aus den Felsen seien „eine grobe Zumutung". Man muß dazu sagen, daß der Hauptmann sich nicht ganz zu Unrecht als Fachmann betrachtete, denn sein Vater, Dr. Frank Buckland, ehemaliger Dekan von Westminister, hatte 1825 mit vergrabenen Kröten experimentiert. Er hatte in einen Kalkstein- und einen Sandsteinblock jeweils sechs kleine Kammern gemeißelt und hierein lebende Kröten gesteckt. Die Kammern wurden mit einer Glasscheibe und einer Schieferplatte verschlossen. Dann vergrub er die Steine in ein Meter Tiefe in seinem Garten. Ein Jahr später holte er sie wieder hervor. Alle Kröten in dem Sandstein schienen schon längere Zeit tot zu sein, doch einige in dem Kalkstein lebten noch. Zwei Kröten hatten sogar an Gewicht zugenommen. Unglücklicherweise war das Glas zerbrochen, so daß nicht ausgeschlossen war, daß kleine Insekten in die Aushöhlungen gekrochen waren und ungewollt den eingekerkerten Tieren als Nahrung dienten. Dr. Buckland führte das Experiment ein zweites Mal mit sicher verschlossenen Öffnungen durch. Diesmal starben alle Kröten.

Für die meisten Wissenschaftler war damit das Problem erledigt. Doch eine Gruppe von Außenseitern suchte weiter nach Erklärungen für ein mögliches Überleben der Tiere.

Einer von ihnen, William Howitt, nahm zu dieser Frage in seiner *History of the supernatural* (1863) Stellung. Er wies auf die allen Naturforschern bekannte Tatsache hin, daß

Unten:
Dr. Frank Buckland. Seine Experimente ließen ihn den Schluß ziehen, daß in Fels eingeschlossene Kröten nicht überleben können.
Mitte: *Frösche (Rana temporaria) können, monatelang im Schlamm eingegraben, überleben.*

Oben:
Gilbert White, ein großer Naturforscher des 18. Jahrhunderts, berichtete, er habe in einem Stein einen mumifizierten Frosch gefunden.

Frösche und Kröten sich in den Schlamm im Grund der Seen eingraben, um den Winter zu überstehen. Er erzählte ein Erlebnis von Farnsfield/Nottinghamshire. Als er dort einen Bach aushob, stieß er auf eine „Schicht von Fröschen" in dem 30 Zentimeter dicken Schlamm, der „steif wie kalte Butter war. Hunderte von Fröschen hüpften auf der Suche nach einem neuen Unterschlupf davon. Wenn diese sechs Monate lang in ihrem Gehäuse aus festem Schlamm überlebten, warum nicht auch sechs oder beliebig viele Jahre?"

Mit der Zeit würde der Schlamm natürlich zu Stein werden. Doch die große Frage bleibt offen: Können Frösche und Kröten den gewaltigen Druck aushalten, geschweige denn die ungeheure geologische Zeitspanne, die verstreicht, bevor solch eine Verwandlung stattgefunden hat?

Die zerbrechlichen Körper scheinen tatsächlich überleben zu können. Der große Naturforscher des 18. Jahrhunderts Gilbert White berichtet, er habe einen mumifizierten Frosch in einem Stein gefunden, mumifiziert wohlgemerkt und nicht versteinert.

Die Kalksteintheorie von Worthen

In der Zeitschrift *American Naturalist*, Jahrgang 1871, brachte A. H. Worthen eine andere Theorie vor. Als er eine Kröte untersuchte, die er lebendig in einem Kalkstein bei St. Louis gefunden hatte, stellte er fest, daß der ursprüngliche Kalkstein mit einer Ablagerung von Kalziumkarbonat bis zu einer Stärke von 2,5 Zentimetern überzogen war. Er mutmaßte, die Kröte habe in einer Spalte des Muttergesteins überwintern wollen; dann sei sie durch Tropfwasser, in dem sich gelöstes Karbonat aus dem Kalk befunden habe, eingeschlossen worden. Für den Laien sieht der Stein aus wie massiver Kalkstein, ohne Unterschied zwischen dem alten Stein und der neuen Ablagerung. Doch die Theorie von Worthen dient bestenfalls als Erklärung für *einige* Fälle, nicht aber für alle.

„Kröte im Loch"

Die große Mehrheit der Wissenschaftler weigerte sich, der Sache weiter nachzugehen. Sie stellten sich auf den Standpunkt, daß die Zeugen, in der Regel Arbeiter, unaufrichtig, unglaubwürdig oder beides seien. Doch warum sollte ein Mann wie Dr. Clarke aus Cambridge seine Reputation um einer Sensationsmeldung willen gefährden?

Das Für und Wider wurde noch bis gegen Ende des Jahrhunderts diskutiert. Dann erlosch das Interesse. Nur ein merkwürdiges kulinarisches Vermächtnis blieb in England erhalten: die fast unverdauliche, doch delikate Kombination von Würstchen und Pfannkuchen, die damals „Kröte im Loch" getauft wurde.

Der Fluch der Hexham-Köpfe

Die Entdeckung von zwei behauenen Steinköpfen in einem Garten in Hexham schien zunächst keiner besonderen Beachtung wert. Doch dann begann ein Alptraum, denn die Köpfe waren anscheinend die Ursache für paranormale Phänomene und bewirkten das furchtbare Auftauchen eines Wolfsmenschen.

Hexham ist ein Marktflecken im Tal der Tyne, 32 Kilometer von Newcastle-upon-Tyne entfernt. Hier jätete eines Nachmittags im Februar 1972 der 11jährige Colin Robson im Garten hinter dem Haus seiner Eltern Unkraut. Dabei fand er einen runden Stein von der Größe eines Tennisballs mit einem merkwürdigen Vorsprung an einer Seite. Als er die Erde entfernte, entdeckte er an dem Stein grob gemeißelte menschliche Gesichtszüge; der Vorsprung war eigentlich der Hals.

Voller Freude rief er seinen jüngeren Bruder Leslie herbei, der gerade aus dem Fenster sah. Zusammen suchten die Jungen weiter, und bald hatte Leslie einen zweiten Kopf freigelegt.

Die Steine, die Hexham-Köpfe genannt wurden, stellen zwei verschiedene Typen dar. Der erste ähnelte einem Totenschädel und schien männliche Züge zu tragen; er wurde „Junge" genannt. Der Stein war grünlichgrau und glänzte von Quarzkristallen. Er war sehr schwer, schwerer als Zement oder Beton. Das Haar schien in Streifen von vorn nach hinten zu verlaufen. Der andere Kopf, das „Mädchen", ähnelte einer Hexe. Er hatte wilde Glotzaugen, und das Haar war hinten zu einer Art Knoten verschlungen. Im Haar fanden sich Spuren von gelber oder roter Farbe.

Nachdem sie die Köpfe ausgegraben hatten, nahmen die Jungen sie mit ins Haus. Damit fing das ganze Unglück an. Die Köpfe drehten sich ohne Anlaß um, Gegenstände zerbrachen ohne erkennbaren Grund. Als die Matratze einer der beiden Töchter der Robsons mit Glassplittern übersät war, zogen die Mädchen aus dem Zimmer aus. Inzwischen blühte zu Weihnachten an der Stelle, wo die Köpfe gefunden worden waren, eine merkwürdige Blume, außerdem glühte dort unheimliches Licht.

Der Garten hinter einer Sozialwohnung in einer kleinen nordenglischen Stadt ist ein ziemlich ungewöhnlicher Ort für eine wissenschaftliche Auseinandersetzung über paranormale Phänomene. Doch in diesem Garten in Hexham (unten links) gruben zwei kleine Jungen zwei grob gemeißelte Steinköpfe aus, auf denen scheinbar ein alter Fluch lastete. Eine bekannte Archäologin meinte, sie seien etwa 1800 Jahre alt und wurden ursprünglich bei keltischen Ritualen verwendet. Desmond Craigie (links) hingegen behauptet, die Köpfe in den fünfziger Jahren als Spielzeug angefertigt zu haben.

Man könnte behaupten, daß die Ereignisse bei den Robsons nichts mit dem Auftauchen der Köpfe zu tun hätten, sondern es handle sich um Poltergeist-Phänomene, die durch die heranwachsenden Kinder der Familie Robson hervorgerufen worden waren. Doch die Nachbarin der Robsons, Ellen Dodd, hatte ein so furchtbares Erlebnis, für das diese Erklärung zu einfach ist:

> „Ich war zum Schlafen in das Kinderschlafzimmer gegangen, denn eines meiner Kinder war krank. Mein zehnjähriger Sohn Brian behauptete mehrmals, daß ihn etwas berühre. Ich beruhigte ihn, doch nicht so ängstlich zu sein. Dann sah ich diese Gestalt. Sie kam auf mich zu, und ich fühlte genau, wie sie mich an den Beinen vorsichtig anfaßte. Dann verließ sie auf allen vieren das Zimmer."

Später sagte Frau Dodd, das Wesen, das sie berührt hatte, sei „halb einem Menschen, halb einem Schaf ähnlich gewesen". Frau Robson erinnerte sich, in der fraglichen Nacht ein krachendes Geräusch und Schreie nebenan gehört zu haben. Ihre Nachbarn erzählten ihr, die Geräusche stammen von einem Wesen, das wie ein Werwolf aussah. Als Frau Dodd die Treppe hinunterging, stellte sie voller Beunruhigung fest, daß die Tür offen stand. Was auch immer geschehen sein mag, Frau Dodd war voller Angst und Schrecken. Die Stadtverwaltung beschaffte ihr eine neue Wohnung, als sie ihre Erlebnisse berichtet hatte. Schließlich wurden die Köpfe aus dem Haus der Robson entfernt, das Haus selbst wurde einer Geisteraustreibung unterzogen. Dann kehrte wieder Ruhe in der Rede Avenue ein.

Ganz oben:
Das beste verfügbare Photo von den Hexham-Köpfen. Ein Vergleich mit Köpfen, die mit Sicherheit aus unserer Zeit stammen, zeigt verblüffende Ähnlichkeiten (oben). Der Kopf links wurde von Desmond Craigie gefertigt, als Beweis dafür, daß er auch die Originale hergestellt hatte. Die Ausführung rechts stammt seltsamerweise von einem der beiden Jungen, die kurz bevor sie die Hexham-Köpfe fanden hergestellt wurde.

Links:
Die Gestalt des Wolfsmenschen taucht in Legenden der ganzen Welt auf. Die bloße Anwesenheit der Hexham-Köpfe soll das Erscheinen eines solches Geschöpfs bewirkt haben.

Inzwischen jedoch war das Interesse von Dr. Anne Ross, einer bedeutenden Kennerin der Kultur der Kelten, für die Steine erwacht. In einem Artikel ihres Buches *Folklore, myths and legends of Britain* hatte sie behauptet, die Köpfe wären etwa 1800 Jahre alt und ursprünglich bei keltischen Kopfritualen verwendet worden (siehe Kasten). Nachdem die „Steine des Anstoßes" aus dem Haus der Robson entfernt worden waren, nahm sie diese an sich. Sie beschreibt, was dann geschah:

„Damals bezog ich es nicht auf die Köpfe. Wir ließen im Flur immer das Licht an und die Türen ein wenig offen, denn unser kleiner Sohn hat Angst im Dunkeln. Deswegen ist immer etwas Licht in unserem Zimmer. Ich wachte auf und hatte furchtbare Angst. Es überkam mich Panik, und mir war entsetzlich kalt. Um mich herum war eine grauenhafte Stimmung von eisiger Kälte. Aus irgendeinem Grund blickte ich in Richtung Tür. Dort sah ich gerade dieses Wesen weggehen.

Es war etwa 2 Meter groß, leicht gebeugt und hob sich schwarz gegen die helle Tür ab. Der obere Teil ähnelte einem Wolf, der untere einem Menschen. Es war mit einem dunklen, fast schwarzen Pelz bedeckt. Ich konnte es ganz deutlich hinausgehen sehen. Irgend etwas ließ mich ihm hinterherlaufen. Normalerweise hätte ich das nie getan, aber ich hatte das Gefühl, ich müßte es tun. Ich verließ das Bett, lief hinaus und konnte hören, wie es die Treppe hinunterging. Dann verschwand es im hinteren Teil des Hauses. Als ich unten an der Treppe ankam, hatte ich grauenvolle Angst."

Doch das war noch nicht das Ende der Geschichte. Einige Tage später kamen Dr. Ross und ihr Mann von London nach Hause. Sie trafen ihre halbwüchsige Tochter in einem Schockzustand an. Dr. Ross erzählt, was ihre Tochter zugestoßen war:

„Sie öffnete die Haustür; ein schwarzes Wesen, das sie als einem Werwolf ähnlich beschrieb, sprang über das Treppengeländer und landete mit einem Platschen auf dem Boden. Es trottete mit schweren Tierfüßen in den hinteren Teil des Hauses. Sie fühlte einen Zwang, ihm zu folgen. Es verschwand im Musikzimmer am Ende des Flurs. Als sie dort ankam, war es nicht mehr zu finden. Plötzlich hatte sie schreckliche Angst.

An dem Tag, an dem die Köpfe aus dem Haus entfernt wurden, hatte jeder von uns, auch mein Mann, das Gefühl, als sei eine dunkle Wolke fortgezogen. Seitdem gab es keine Spur mehr von paranormalen Phänomenen."

Doch bevor die Köpfe aus dem Haus gebracht wurden, bekundete der ungewollte „Mieter" noch mehrfach seine Anwesenheit. Während dieser angsterfüllten Monate, betont Dr. Ross, schien das Wesen sehr real zu sein. Es handelte sich nicht um ein schattenartiges Wesen oder um etwas, was nur aus den Augenwinkeln gesehen werden konnte. Es machte Lärm, und jeder, der das Haus betrat, spürte die Anwesenheit eines bösen Wesens. Der Ehemann von Dr. Ross, ein Archäologe, hatte es niemals gesehen, doch war ihm die Anwesenheit dieses ungebetenen „Gastes" vollkommen bewußt, obwohl er in der Regel kein Gespür für paranormale Phänomene hatte. Die Erscheinungen hörten schließlich auf, nachdem die Köpfe nicht mehr im Haus waren.

Die Geschichte bekam im Jahre 1972 eine neue Wendung, als der Lastkraftwagenfahrer Desmond Craigie behauptete, die „keltischen" Köpfe seien nur 16 Jahre alt. Also nicht Votivgaben eines keltischen Kopfjägers, sondern Craigie hätte sie als Spielzeug für seine Tochter Nancy hergestellt.

Er sagte, er habe etwa 30 Jahre in dem jetzigen Haus der Robsons in der Rede Avenue gelebt. Sein Vater sei dort bis vor einem Jahr Mieter gewesen. Eines Tages habe ihn seine Tochter Nancy gefragt, womit er sein Geld verdiene. Damals war er damit beschäftigt, Betonsäulen zu gießen. Um seiner Tochter zu erklären, was er bei der Arbeit mache, fertigte er für sie in der Mittagspause drei Köpfe an, die er ihr zum Spielen gab.

Unten:
Die komplexe und dabei doch geordnete Form von Kupfersulfatkristallen spiegelt die Regelmäßigkeit ihrer atomaren Struktur wider. Dr. Don Robins (unten rechts), Spezialist für anorganische Chemie und einer der vielen, die sich mit den Hexham-Köpfen beschäftigt haben, vertritt die Meinung, daß Kristallgitter Informationen in Form von elektrischer Energie speichern können. Die Hexham-Köpfe enthalten einen großen Anteil an Quarz, eine kristalline Substanz. Ihre Fähigkeit, anscheinend paranormale Phänomene zu bewirken, wurde ihnen laut Dr. Robins am Ort ihrer Herstellung eingeprägt.

„Nancy spielte mit ihnen wie mit Puppen", erzählte er. „Aus Silberpapier von Schokoladentafeln formte sie die Augen. Ein Kopf zerbrach, und ich warf ihn weg. Die anderen beiden lagen herum und müssen dort gelandet sein, wo die Jungen sie fanden."

Es war ihm unangenehm, daß die von ihm modellierten Köpfe so viel Aufsehen erregt hatten; deshalb wollte er das Mißverständnis aufklären: „Wenn jemand behauptet, die Köpfe seien alt, so ist das Schwindel." Doch Dr. Ross war noch nicht ganz überzeugt. „Nur wenn Herr Craigie keltische Steinköpfe gekannt hat, wird verständlich, weshalb er Spielzeug dieser Art anfertigen konnte. Es ist auf keinen Fall von ungeübter Hand gearbeitet." Erstaunlicherweise konnte selbst mit Hilfe einer wissenschaftlichen Analyse das Alter der Köpfe nicht bestimmt werden.

Ein uralter Fluch

Wenn die Köpfe tatsächlich aus keltischer Zeit stammen, kann man sich leicht vorstellen, daß ein uralter Fluch auf ihnen lastet. Doch wenn sie nicht alt sind, wie läßt es sich dann erklären, daß sie paranormale Phänomene hervorrufen? Ein anderer Wissenschaftler, der Experte für Anorganische Chemie, Dr. Don Robins, glaubt, dafür eine Erklärung gefunden zu haben. Er beschäftigte sich mit der Theorie, daß mineralische Kunsterzeugnisse visuelle Bilder der Menschen speichern können, von denen sie geschaffen wurden. Er vermutet, daß Orte und Gegenstände Informationen aufnehmen können, die dann bestimmte Phänomene hervorrufen. Diese Theorie ähnelt der des Archäologen Tom Lethbridge, die besagt, daß Ereignisse sich, wie bei einer Tonbandaufzeichnung, in ihrer Umgebung, in der sie stattgefunden haben, einprägen. Robins glaubt ferner, daß gewisse Mineralien auf natürlichem Weg Informationen in Gestalt von elektrischer Energie im Kristallgitternetz speichern können. Zusammenfassend sagt Dr. Robins:

Sind zwei Köpfe besser?

In Nordengland, Schottland und auf dem europäischen Festland hat man Hunderte von Steinköpfen gefunden. Die meisten von ihnen stammen zweifellos aus der vorrömischen keltischen Zeit, einige sind ungewissen Ursprungs.

Die Kelten aus dem Königreich Brigantien (heute York) im nordwestlichen England verehrten den menschlichen Schädel als Zauber gegen das Böse und Fruchtbarkeitssymbol. Sie nagelten die abgeschlagenen Häupter von besiegten Feinden über die Haustüren und Scheunen. Historiker sehen in diesem grausigen Kult den Vorgänger und die Wurzel der Verehrung von Steinköpfen (links) bei den späteren Kelten.

Im westlichen Yorkshire wurden besonders viele solcher Köpfe gefunden. Sie befinden sich an den Wänden von Gebäuden, an Eingängen oder am Giebel als Schutz vor dem Bösen. Doch eigenartigerweise sind viele dieser Relikte eines düsteren keltischen Kultes nicht älter als hundert Jahre. Bewußt oder unbewußt haben die Bewohner von Yorkshire eine mehr als zweitausend Jahre alte Tradition erhalten.

„Die Struktur eines Minerals kann man als ein flukturierendes Energienetz betrachten, in dem es unendlich viele Möglichkeiten gibt, elektronische Information zu speichern und zu übertragen. Diese neuen Aspekte physikalischer Strukturen könnten den Weg zu dem Verständnis öffnen, wie kinetische Bilder in Stein gespeichert werden können."

Er war auch an den Berichten über angebliche Geräusche interessiert, die im Zusammenhang mit den durch die Köpfe bewirkten Phänomenen auftraten. Er deutete eine Parallele zu einem Wesen aus der altnordischen Mythologie an, dem „Wulver". Er war mächtig und gefährlich, doch den Menschen wohlgesonnen, solange sie ihn nicht reizten. Es gibt mehrere Berichte aus dem 20. Jahrhundert von Bewohnern der Shetlandinseln, die ihn gesehen haben wollen.

Das Interesse Dr. Robins an den Köpfen war so stark, daß er sie zu sich nahm. Als er sie ins Auto legte, um nach Hause zu fahren, und den Zündschlüssel herumdrehte, versagten alle elektrischen Einrichtungen am Armaturenbrett. Er blickte auf die Köpfe und befahl ihnen „Hört auf!" – und das Auto sprang an!

Zu Hause begann nun Dr. Robins, die beunruhigende Ausstrahlung der Köpfe zu spüren. Er beschrieb seine Reaktion:

„Ich hatte keinen Zweifel, daß die ganze Ausstrahlung der Köpfe von dem Mädchen ausging. Ich fühlte mich äußerst unwohl, wenn ich dasaß und sie mich anblickten. Schließlich drehte ich sie um, doch ich hatte das Gefühl, die Augen des Mädchens beobachteten mich weiter."

Vielleicht war es eine Enttäuschung, doch Dr. Robins erlebte keinerlei paranormale Phänomene, die den Köpfen zugeschrieben werden könnten. Gleichwohl gab es einige beunruhigende Augenblicke. Eines Tages murmelte er zu den Köpfen, als er das Haus verließ: „Laßt mich was sehen, wenn ich zurückkomme!" Gleich darauf betrat er wieder das Haus, um ein Buch zu nehmen, das er vergessen hatte. Draußen war es frisch und windig, doch in seinem Arbeitszimmer schien die Luft „elektrisch geladen zu sein, man hatte das Gefühl zu ersticken". Er schrieb dies dem Kopf des „Mädchens" zu und verließ eilig das Haus. Als er zurückkam, war alles so wie vorher.

Der gegenwärtige Verbleib der Hexham-Köpfe ist unbekannt. Doch es bestehen kaum Zweifel, daß sie tatsächlich Phänomene bewirkten, die denen ähneln, die sonst Poltergeistern zugeschrieben werden. Sie wirkten in gewisser Weise wie Auslöser. Doch warum? Dies führt zu der Frage nach ihrem Alter. Sind sie keltischer Herkunft, wie Dr. Ross behauptet, oder wurden sie erst 1956 von einem Einwohner aus Hexham für seine Tochter angefertigt? Die Theorie Dr. Robins' besagt, wenn ein Gegenstand in der Lage ist, Poltergeistphänomene hervorzurufen, so hängt dies nicht davon ab, wer ihn hergestellt hat, sondern *wo* er hergestellt wurde.

Wenn es Fische regnet

Immer wieder geschah es im Laufe der Jahrhunderte, daß Fische vom Himmel fielen, wie auch vor nicht allzu langer Zeit, im Jahre 1975. Dieses eigenartige Phänomen ist eine der unerklärlichsten Launen der Natur.

Am 16. Februar 1861 erschütterte ein heftiges Erdbeben die Insel Singapore. Während der folgenden sechs Tage regnete es in Strömen. Am Morgen des 22. Februar hörte der Regen nach einem letzten, kräftigen Schauer auf. Was dann geschah, meldete einige Monate später François de Castelnau, ein französischer Naturforscher, der sich auf der Insel aufhielt, der Akademie der Wissenschaften in Paris.

„Um 10 Uhr kam die Sonne heraus. Von meinem Fenster aus sah ich viele Malaien und Chinesen, die aus den kleinen Tümpeln, die der Regen überall hinterlassen hatte, Fische holten und in Körbe füllten. Ich fragte sie, woher die Fische gekommen seien. Sie antworteten mir, sie seien vom Himmel gefallen. Drei Tage später fanden wir in den mittlerweile ausgetrockneten Pfützen viele tote Fische."

Obwohl de Castelnau den Fischregen nicht selbst gesehen hatte, war auch er überzeugt, daß sie vom Himmel gefallen seien. Dr. A. D. Bajkov, ein amerikanischer Meeresbiologe, hatte diesbezüglich mehr Glück. Am 23. Oktober 1947 frühstückte er mit seiner Frau in

Rechts:
Obwohl schon seit Jahrhunderten die Frage des Fischregens diskutiert wird und es dafür immer wieder Augenzeugenberichte gibt, konnte dennoch bis heute keine „natürliche" Erklärung gefunden werden. Diese Darstellung eines Fischregens stammt aus dem 1555 erschienenen Buch Historia de gentibus septentrionalibus *von Claus Magnus. Der Autor schildert hier Fälle, bei denen es Fische, Frösche und andere Tiere geregnet hatte.*

Ganz rechts:
Einen der glaubwürdigsten Berichte aus Großbritannien über Fischregen erzählte der Holzlagerarbeiter John Lewis. Am 9. Februar 1859 trafen ihn in Mountain Ash/Glamorganshire vom Himmel fallende Fische, wie die Abbildung in dem Buch Raincloud and snowstorm *von Charles Tomlinson (1864) zeigt.*

einem Cafe in Marksville/Lousiana (USA). Draußen ging ein Regenschauer nieder, und kurz darauf sah er auf den Straßen Fische liegen: „Sonnenbarsche, glotzäugige Elritzen und bis zu 23 Zentimeter lange Barsche". Auf den Dächern fand man weitere Fische, die zwar tot, doch noch immer eßbar waren.

Solche Berichte führen jedoch kaum weiter. Sie erlauben meistens nur einen Indizienbeweis dafür, daß die Fische wirklich vom Himmel gefallen sind: An Orten, wo es vorher keine Fische gab, werden, meist nach einem schweren Regen, Fische gefunden. Doch es gibt auch einige Augenzeugenberichte.

Einer der am besten bezeugten Fälle aus Großbritannien ereignete sich im Jahre 1859 in Mountain Ash in Wales. In einem Artikel in der *Fortean Times* im Herbst 1979 schreibt Robert Schadwald über einen Fischregen, der am 9. Februar 1859 niedergegangen war. Er bezog sich dabei auf Augenzeugenberichte. Einer der Augenzeugen, John Lewis, arbeitete in einem Holzlager in Mountain Ash. Um 11 Uhr wurde er plötzlich von kleinen Gegenständen, die vom Himmel fielen, getroffen. Ein Gegenstand geriet ihm hinten in den Halsausschnitt.

„Ich griff mir ins Hemd und fand dort einen kleinen Fisch. Jetzt sah ich auch, daß der Boden mit Fischen bedeckt war. Ich nahm meinen Hut ab, auf dessen Krempe auch

einige lagen. Sie zappelten herum ... Der Schuppen dort (er zeigte auf eine große Werkstatt) war auch mit ihnen bedeckt, ebenso der Abladeplatz. Meine Kumpels und ich haben ganze Wassereimer voll von ihnen gesammelt. Wir haben sie einfach mit den Händen zusammengescharrt ... Zweimal hat es geregnet ... Es wehte kein starker Wind, aber es war ungewöhnlich naß ... Sie kamen wie eine einzige Masse mit dem Regen herunter."

85 Jahre später erlebte Ron Spencer aus Lancashire etwas Ähnliches. Er diente damals gerade in der Royal Air Force in Kamilla (Indien) an der Grenze zu Burma. Im BBC-Radio am 4. April 1975 berichtete er, er gehe gern im Monsunregen ins Freie, um sich zu waschen. Einmal war er gerade damit beschäftigt, als

„mich plötzlich irgendwelche Gegenstände trafen. Ich blickte mich um und sah unendlich viele kleine, zappelnde Fische auf dem Boden. Tausende fielen von den Dächern, wurden in die Kanäle gespült und gerieten in die Reisfelder. Sie waren groß wie Sardinen. Natürlich waren kurz nach dem schweren Sturm keine Fische mehr da. Sie sind gleich von den Tieren gefressen worden."

Niemand weiß bis heute, wie oft es Fische geregnet hat. Die Berichte darüber sind sehr selten, und es fehlt bisher eine Untersuchung, in der *alle* bekannten Fälle gesammelt wurden. Doch anscheinend gibt es sogar Frosch- oder Krötenregen, wenn auch seltener. So stieß Dr. E. W. Gudger vom amerikanischen Museum für Naturgeschichte in 40jähriger Arbeit nur auf 78 Berichte über Frosch- oder Krötenregen, die über eine Zeitspanne von 2350 Jahren verteilt sind. 17 von ihnen ereigneten sich in den USA, 13 in Indien, 11 in Deutschland, 9 in Schottland, 7 in Australien und 5 in England und Kanada. Dagegen fand Gilbert Whitley in den Aufzeichnungen des Australischen Museums allein für den Bereich Australien-Ozeanien 50 Berichte über Fischregen, die sich in der Zeit von 1879 bis 1971 ereigneten.

Schon das *Deipnosophistai*, ein sehr alter griechischer Text, der gegen Ende des 2. Jahrhunderts n. Chr. von Athenaeus verfaßt wurde, erwähnt einen Fischregen. In diesem Buch, in dem mehr als 800 Schriftsteller angeführt werden, findet sich folgender Abschnitt:

„Ich weiß auch, daß es Fische regnete. Auf jeden Fall sagt Phoenias in dem zweiten Buch seines Werkes *Eresian magistrates*, daß es auf der Halbinsel einmal drei Tage lang ununterbrochen Fische geregnet habe, und Phylarchus sagt in seinem vierten Buch, daß die Leute oft Fischregen erlebt haben."

Der früheste in England bekannte Fall ereignete sich 1666 in Kent und wurde 1698 in den *Philosophical Transactions* publiziert.

Doch trotz der zahlreichen zuverlässigen Berichte über Fischregen konnte sie bisher niemand überzeugend deuten. Am wahrscheinlichsten klingt noch die Erklärung, daß bei Tornados, Wasserhosen oder Wirbelwinden die Fische mit Wasser zusammen emporgesaugt und ins Inland getragen werden.

Es gibt zahlreiche andere Interpretationen. Ihnen zufolge soll das Phänomen durch „Fische, die über Land wandern" bewirkt werden; oder durch Fische fressende Vögel, die ihre Beute wieder hochwürgen oder fallenlassen. Manchmal ist auch die Rede von Fischen, die von überfließenden Teichen und Flüssen zu-

Oben:
Eine gängige Theorie besagt, daß die Fische durch Tornados hochgeschleudert und über weite Strecken transportiert werden, bis sie dann auf die Erde fallen. Der abgebildete Tornado wurde in Nebraska fotografiert.

rückbleiben, im Schlamm überwintert haben und durch Regen wieder zum Leben erweckt wurden. Doch all diese Möglichkeiten tragen weder den Augenzeugenberichten Rechnung noch dem Vorkommen verschiedener Fischarten an ein und demselben Ort und der Vielfalt der Gegenden, in denen Fische gefunden wurden. Schließlich läßt sich damit auch nicht die große Menge von Fischen erklären, die in manchen Fällen gefunden wurde. Obwohl es gut belegte Berichte über Wirbelwinde und Wasserhosen gibt, die Fische mit sich führten, so können dennoch nicht *alle* Fälle von Fischregen erklärt werden.

Wirbelwinde, Tornados und Wasserhosen heben alles empor, was ihnen in den Weg kommt und schleudern es in alle möglichen Richtungen. Das widerspricht jedoch der Mehrzahl der Fälle von Fischregen. Im Fall von Mountain Ash zum Beispiel waren die Fische über ein Gebiet von 73 mal 11 Meter verteilt. In Kent sollen im Jahre 1666 die Fische nur auf ein einziges Feld gefallen sein. Tatsächlich scheinen die meisten Fischregen auf relativ kleine Flächen beschränkt zu sein. Das vielleicht extremste Beispiel dieser Art ereignete sich in Kalkutta am 20. September 1839. Ein Augenzeuge berichtete: „Was mich am meisten erstaunte, war, daß die Fische nicht wild durcheinander herabfielen, sondern in einer geraden Linie von nicht mehr als einer Elle Durchmesser herunterkamen."

Wirbelwinde sind ständig in Bewegung. Es existieren jedoch genügend Belege, daß Fischregen viel zu lange andauerten, als daß sie von Wirbelwinden verursacht sein könnten. Das gilt zum Beispiel für den Strom von vielen Hunderten Sandaalen, der sich auf Hendon ergoß, einer Vorstadt von Sunderland im nordöstlichen England. Der Meeresbiologe A. Meek hat einen Fischregen gesehen, der gute 10 Minuten andauerte und auf ein kleines Gebiet beschränkt war.

Selbst wenn Wirbelwinde denselben Weg ein zweites Mal zurücklegen sollten, haben sich einige Fälle von Fischregen so schnell hintereinander ereignet, daß sie nicht von einem einzigen Wirbelwind stammen können. John Lewis aus Mountain Ash berichtet zum Beispiel von „zwei Schauern im Abstand von 10 Minuten; jeder von ihnen dauerte etwa 2 Minuten".

Die Zeit, während die Fische durch die Luft transportiert wurden, schwankt in den verschiedenen Fällen erheblich. Meist wurden die Fische lebend und zappelnd am Boden gefunden. In anderen Fällen waren sie zwar tot, aber dennoch frisch und eßbar. Man kann sich schwer vorstellen, daß die Fische den Sturz auf den Boden überleben, offensichtlich sind auch die toten Fische nicht durch den Fall verendet. Sir James Tennant berichtet in seiner *History of Ceylon* von Fischen, die auf Kies landeten und unverletzt blieben.

Noch seltsamer ist es, wenn es tote Fische regnet. In Indien geschah es zweimal, 1833 in Futtepoor und 1836 in Allahabad, daß die vom Himmel gefallenen Fische nicht nur tot, sondern auch getrocknet waren. In Futtepoor wurde die Anzahl der Fische auf 3000 bis 4000 geschätzt, alle von der gleichen Art. Es ist nur schwer vorstellbar, daß ein Wirbelwind eine solche Riesenmenge so lange in der Luft halten kann, bis sie ausgetrocknet sind. Trotz ausführlicher Berichterstattung in den indischen Medien meldete sich niemand, dem ein Wirbelwind eine derartige Menge getrockneten Fisch entführt hatte! Ein noch eigenartigerer Fall wird aus Essen in Deutschland aus dem Jahre 1896 berichtet. Hier fiel während eines Sturms eine Karausche vom Himmel, die mit Eis umgeben war. Der Fisch muß durch vertikale Strömungen so lange oben gehalten worden sein, bis er zum Kern eines eigroßen Hagelkorns wurde.

Stichlinge aus dem Himmel

Wenn es andere Tiere und Insekten regnet, so kommt in der Regel jeweils nur eine Tierart herunter. Bei Fischregen hingegen fallen sowohl nur eine als auch verschiedene Arten vom Himmel. In einem Fall wurden sogar sechs verschiedene festgestellt. Dies scheint die These zu stützen, daß das Phänomen durch Wasserhosen verursacht wird, die willkürlich aus Seen und Teichen Fische schöpfen.

Eine weitere Zeichnung aus Historia de gentibus septentrionalibus *von Claus Magnus (1555) zeigt Fische, die vom Himmel auf eine Stadt fallen.*

Ist nur eine Art betroffen, stellen sich viele Fragen. Der Fischregen in Mountain Ash, Glamorganshire, zum Beispiel enthielt fast nur Stichlinge und nur wenige Elritzen. Stichlinge sind Süßwasserfische und leben nicht in Schwärmen. Wie konnte ein Wirbelwind aus einem einzigen Gewässer eine so große Anzahl Stichlinge herausholen und alle an einem Ort versammeln? Merkwürdig ist weiterhin, daß außer Fischen nichts weiter mit dem Regen herabfällt.

Man sollte annehmen, daß Gegenstände, die von den Luftströmen eines Wirbelwindes hochgerissen werden, entsprechend ihrer Größe, ihrem Gewicht oder ihrer Form zu verschiedenen Zeiten und an verschiedenen Orten wieder herunterkommen. Entgegen dieser Erwartung enthält der mysteriöse Regen oftmals Fische von ganz verschiedener Größe. So schüttete es im Jahre 1830 in Feridpoor (Indien) zwei in Gewicht und Größe unterschiedliche Arten von Fischen vom Himmel. Ähnliches berichteten die Zeitungen aus Harlow, Essex, wo am 12. August 1968 in verschiedenen Parks Fische herabfielen, deren Größe von 15 bis 30 Zentimeter reichte.

Charles Fort, der sein ganzes Leben lang Berichte über unerklärliche Phänomene sammelte, meinte, Fischregen sei die Folge der von ihm so genannten „Teleportation", einer Kraft, die Gegenstände von einem Ort zum anderen befördern kann, ohne den dazwischenliegenden Raum zu durchqueren. Diese war, laut Fort, früher stärker wirksam; heute hingegen sei sie nur als ein blasser Abglanz ihrer früheren Wirksamkeit erhalten. Durch sie werden die Fische aus dem Gewässer an eine Stelle am Himmel versetzt, von wo aus sie herabfallen. Manchmal ist dieser Ort nicht weit vom Erdboden entfernt, was die Tatsache erklärt, daß die Fische nach dem Fall oft noch leben. Andere Male befindet sich der Punkt *sehr* nahe am Boden, deshalb lägen die Fische während eines Unwetters dann plötzlich am Boden.

Fort sah eine mögliche Ursache für Fischregen in den „Vibrationen eines neu angelegten Teiches im Verlangen nach Fischen". Dies wäre eine Deutung des Falles, über den der seinerzeit bekannte Schriftsteller Major Cox berichtete. In einem Artikel der *Daily Mail* vom 6. Oktober 1921 schrieb er, der Teich hinter seinem Haus in Sussex sei trokkengelegt und vom Schlamm befreit worden. Erst nach fünf Monaten, im November 1920, hatte er ihn wieder mit Wasser gefüllt. Voller Erstaunen stellte Cox im Mai nächsten Jahres fest, daß es in dem Teich vor Schleien wimmelte.

Im Jahre 1941 veröffentlichte das *American Journal of Science* einen Bericht über eine Farm in Maryland. Wegen eines Regens mußte das Verlegen neuer Rohre unterbrochen werden. Als man weiterarbeiten wollten, war der Graben mit Regenwasser gefüllt, in dem Flußbarsche schwammen.

In beiden Fällen schied aus, daß die Tiere einen Sommerschlaf gehalten hatten. Auch Überflutungen oder Fischwanderungen konnten nicht vorliegen, denn die nächste Wasserquelle war zu weit entfernt. Fort schloß auch aus, daß die Fische vom Himmel gefallen waren, denn man fand sie ausschließlich in dem neuen Gewässer. Wenn sie herabgeregnet wären, hätten tote Fische im Umkreis liegen müssen, was jedoch nicht der Fall war.

Die meisten Fischregen ereignen sich während schwerer Regenfälle. Daher scheint die Wirbelwind-Theorie teilweise einleuchtend zu sein. Dagegen spricht, daß sich auch Fischregen bei wolkenlosem Himmel und ohne starke Winde ereignet haben. Wenn Teleportation als zu weit hergeholt erscheint – es ist kaum glaubwürdig, daß Fische an einem Ort verschwinden und irgendwo in der Luft wieder auftauchen –, bleibt als einzige vernünftige Erklärung nur die Wirbelwind-Theorie. Doch diese kann nicht allen Fällen gerecht werden. Der Fischregen ist noch immer eine der eigenwilligsten und unerklärlichsten Launen der Natur.

Holzschnitt mit einem Mann, der sich im Regen den Weg durch einen Sturzbach aus Fischen bahnt. Die Illustration basiert auf einem Vorfall aus dem 18. Jahrhundert in Transsylvanien.

Das Rätsel von Raum und Zeit

Wo die Zeit stillsteht und der Weltraum kollabiert

Das Schwarze Loch könnte alles, was wir von der Realität wissen, umstoßen: Mit seiner unvorstellbaren Dichte verzerrt es Raum und Zeit, ja es kann sogar das Verbindungsstück zu einem anderen Universum sein.

Ein Schwarzes Loch ist eine Öffnung im Weltraum, die durch einen Gravitationskollaps ins Universum gerissen wird; eine Zone, welche die Materie verschlingt und aus dem nichts, nicht einmal das Licht, entweichen kann. In einem Schwarzen Loch gibt es kein oben oder unten, kein rechts oder links. Zeit und Raum gehen ineinander über.

Unsere Zeit auf der Erde geht unaufhaltsam vorwärts. Fiele ein Astronaut in ein Schwarzes Loch, würde er von der Unendlichkeit aufgesogen und aus der Existenz gerissen werden. Um das Schwarze Loch befindet sich eine Schlucht von wenigen Kilometern Durchmesser, wo der Raum nicht existiert. Hier ist die Gravitation stärker als irgendwo sonst im Universum. Nichts kann ihr entrinnen.

Sowohl die Theorie vom Schwarzen Loch als auch der Beweis für seine Existenz ist der Forschung des 20. Jahrhunderts zu verdanken. Zum ersten Mal wurde es bereits 1798 erwähnt, und zwar vom französischen Astronom Pierre Laplace. Im Buch *Exposition du système du monde* stellte er die verblüffende und widersprüchliche Theorie auf, daß die hellsten Sterne vielleicht gar nicht zu sehen sind.

Laplace leitete diese These vom Newtonschen Gravitationsgesetz ab. Hat ein Stern die gleiche Dichte wie die Erde, wäre seine Masse so groß, daß seine Oberflächengravitation kein Licht entweichen ließe. Da solche „schweren" Sterne viel Licht erzeugen, zog Laplace den Schluß, daß die hellsten Sterne unsichtbar sind.

Seine Theorie von der Gravitation, die kein Licht entweichen läßt, enthält einen Gedanken der Astronomie. Heute ist man der Ansicht, daß Sterne von so großer Dichte in Wirklichkeit gar nicht existieren. Das Schwarze Loch entstehe nicht durch eine gewaltige Explosion, wie Laplace glaubte, sondern durch eine kataklysmische Implosion, bei der die Materie in sich zusammenfällt und zu einer unvorstellbaren Dichte komprimiert.

Die Hauptquelle für die Forschung über das Schwarze Loch Loche stammte nicht von Laplace, sondern von Einstein. In seiner Allgemeinen Relativitätstheorie, die er 1916 veröffentlichte, ersetzt er Newtons Gravitationskraft durch eine völlig neue These über die „Verzerrung" von Raum und Zeit. Nachfolgende Messungen und Versuche schienen Ein-

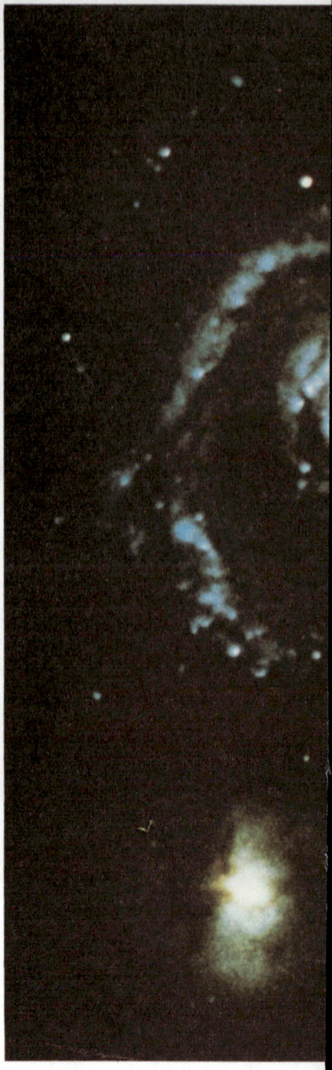

Links: *Der Sternenhaufen Herkules X-1. Sternenhaufen sind dichte Konzentrationen von Millionen einzelner Sterne.*

Unten:
Die Spiralform der Galaxie M51 ähnelt unserer Milchstraße. Galaxien bestehen aus mehreren Millionen Sterne, von denen viele unserer Sonne ähnlich sind und ihre eigenen Planeten haben. Das Universum besteht aus Zehntausenden Galaxien.

Rechts:
Ein roter Gigant. In fünf Milliarden Jahren wird auch unsere Sonne ein roter Gigant werden, hundertmal so groß wie heute. Sie wird die Venus und den Merkur verschlingen und alles Leben auf der Erde verbrennen.

Unten rechts:
Der winzige Punkt ist Sirius B, der „weiße Zwerg", etwa neun Lichtjahre von der Erde entfernt. Unsere Sonne wird in sechs Milliarden Jahren ebenfalls ein „weißer Zwerg" werden.

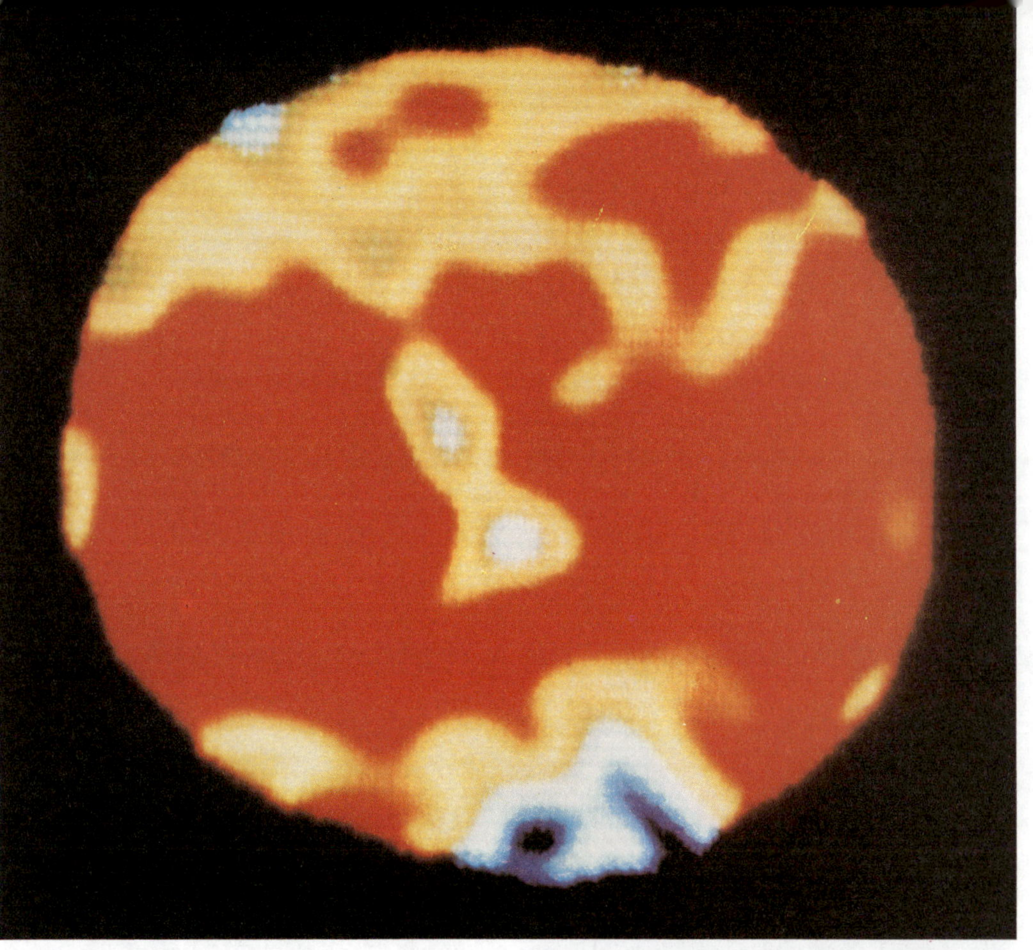

steins Vorstellung zu bestätigen und die Theorie vom Schwarzen Loch zu untermauern. Mit Einsteins neuem Bild über das Universum glauben die Astronomen nun den Weg um und in das Schwarze Loch berechnen zu können.

Wenige Monate nach Veröffentlichung der Relativitätstheorie beschrieb mit Hilfe dieser Gleichung der deutsche Astronom Karl Schwarzschild das Schwarze Loch. Zu der Zeit aber konnte sich noch niemand eine so starke Gravitation vorstellen, wie Schwarzschild sie angab. Seine Berechnungen verstaubten auf seinem Schreibtisch. 1939 aber stellten die amerikanischen Physiker J. Robert Oppenheimer (der „Vater der Atombombe") und H. Snyder fest, daß bei der Implosion eines Sternes sich ein Schwarze Loch bildet.

Noch immer wurde die Existenz des Schwarzen Loches nicht ernst genommen. Wie sollte man schwarze, winzige Objekte in Millionen Kilometer Entfernung aufspüren? Die Theorie vom Schwarze Loch schien einen toten Punkt erreicht zu haben. Dann aber in den sechziger und siebziger Jahren entdeckte man mit Hilfe neuer Geräte in der Strahlen-Astronomie seltsame Objekte am äußersten Ende des Universums, die viele bisherigen Kenntnisse revolutionierten. Man besann sich wieder auf das umstrittene Schwarze Loch.

Mit Hilfe von Röntgenstrahlen wurden Objekte entdeckt, die kein Licht abgaben und eine hohe Strahlung aufwiesen. Das Schwarze Loch selbst kann zwar keine Strahlung abgeben, aber es zieht Gase an, die um die Öffnung rotieren, bevor sie eingesogen werden. Durch die intensive Gravitation nahe dem Loch wird

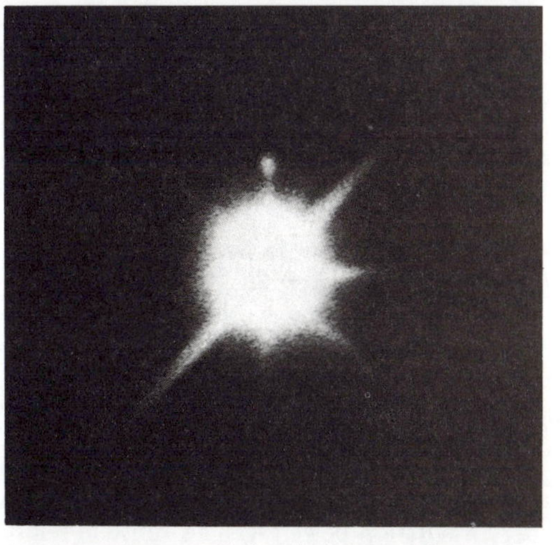

das Gas erhitzt, und durch die Energie werden Strahlungen frei. Irgendwelche Strahlenquellen haben vermutlich Schwarze Löcher, die das Gas einem benachbarten Stern entziehen. Diese Quasisterne hielt man für riesige Löcher, die das Gas im Zentrum einer ganzen Sternengalaxie auffangen.

Schwarzschild meinte, sollte es Schwarze Löcher wirklich geben, würden sie sich mit Sicherheit nicht drehen. Alle echten Sterne rotieren aber, und wenn ein Stern zu einem Schwarzen Loch kollabiert, müßte er sich noch schneller drehen. Was war die Erklärung dafür?

Einen wesentlichen Beitrag zur Theorie vom Schwarzen Loch leistete der Mathematiker Roy Kerr aus Neuseeland. Berechnungen, die auf Einsteins Theorie basierten, überzeugten Kerr von der Existenz der „rotierenden Schwarzen Löcher". Obgleich die Materie eines kollabie-

renden Sternes zum zentralen Punkt wird, ist der umgebende Raum immer noch verzerrt durch seine ursprüngliche Rotation. Kerr stellte fest, daß im umliegenden Bereich des Loches die Materie durch die Rotation des Loches mitgerissen wird.

Kerrs Arbeit wurde von Roger Penrose, einem Mathematiker aus Oxford, weitergeführt. Er vertritt die Ansicht, daß ein kollabierter Stern durch das Schwarze Loch, das kein Licht nach außen dringen läßt, verdeckt werde.

Wichtige Beiträge leistete auf diesem Gebiet auch Stephen Hawking aus Cambridge. Von ihm sagt man, er habe mehr zum Verständnis der Gravitation beigetragen als Einstein selbst. Seine größte Entdeckung machte er 1974, nämlich daß die Schwarzen Löcher sich langsam auflösen.

In der Praxis geht der Prozeß viel zu langsam vor sich, als das er ein großes Schwarzes Loch, das aus einem kollabierenden Stern entstanden ist, beeinflussen könnte, bei kleineren ist das anders. Bei Schwarzen Löchern in der Größe und Dichte eines kleinen Sternhaufens, die vor 15 Milliarden Jahren zu Beginn des Universums entstanden sind, könnte die Auflösung zu einer Explosion führen. Astronomen hielten nach solchen Vorgängen Ausschau, bisher allerdings vergebens. Doch deshalb ist Hawkings Theorie nicht falsch, sondern es gibt nur wenige Löcher, die so alt sind.

Die Existenz der Schwarzen Löcher ist erwiesen. Die Sterne bestehen nicht ewig, sondern kollabieren am Ende zu einem Schwarzen Loch.

Oben:
Neue Sterne der Orion-Nebula erleuchten die umgebende Gaswolke. Die Nebula zerfällt gelegentlich, um neue Sterne zu schaffen.

Unten:
Eine Röntgenfotografie zeigt die entferntesten Himmelskörper unseres Universums. Der helle Punkt rechts ist der Quasar 2C278, etwa so groß wie die Erde und hunderttausend millionenmal heller als die Sonne.

Ein Stern entsteht

Um diesen Prozeß verstehen zu können, müssen wir bei der Entstehung eines Sternes beginnen. Riesige Wolken aus Gas verbinden sich durch ihre eigene Schwerkraft. Im Kern ist das Gas so dicht, daß es in Stücke zerbricht, diese werden zu Sternen. Es entsteht eine Gruppe verschieden großer Himmelskörper mit einer Masse von zehn Tausendstel der Sonne aber bis zu hundertmal größer als unser Planet.

Zuerst erhellt der neue Stern die umgebende Gaswolke (Nebula), wie zum Beispiel die Orion Nebula. Mit der Zeit verzieht sie sich, und die Gruppe zerfällt in einzelne Sterne. Die

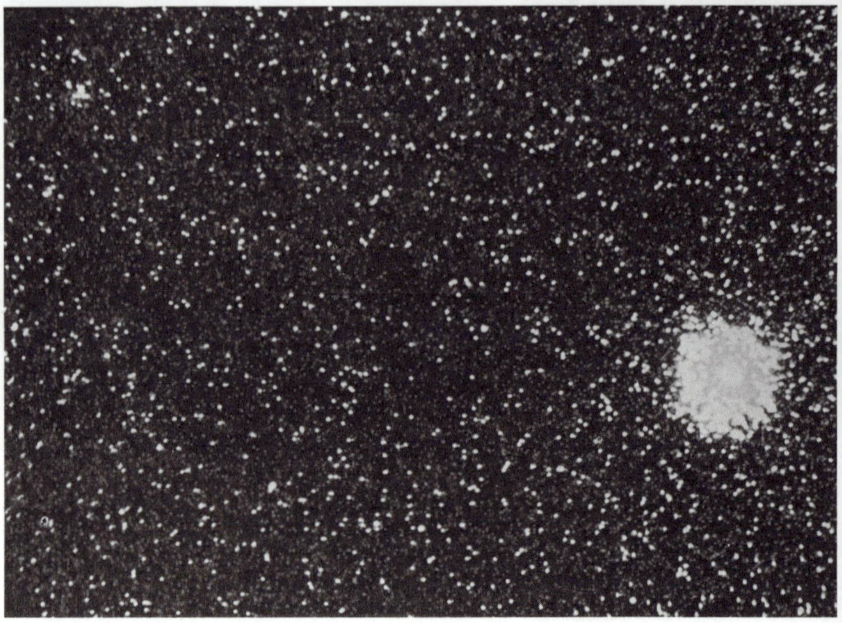

Erde entstand so vor etwa 4,6 Milliarden Jahren.

Im Kern eines Sterns wütet ein nukleares Feuer, in dem Wasserstoff zu Helium umgewandelt wird, genau wie bei der H-Bombe. Die freiwerdende Atomenergie erleuchtet den Himmelskörper. Mit der Zeit ersetzt verbrauchtes Helium den Wasserstoff. Der Kern

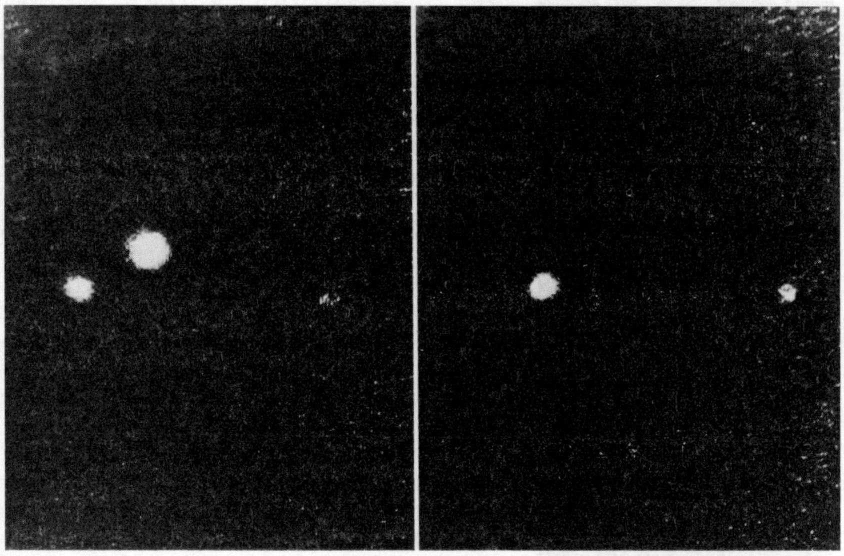

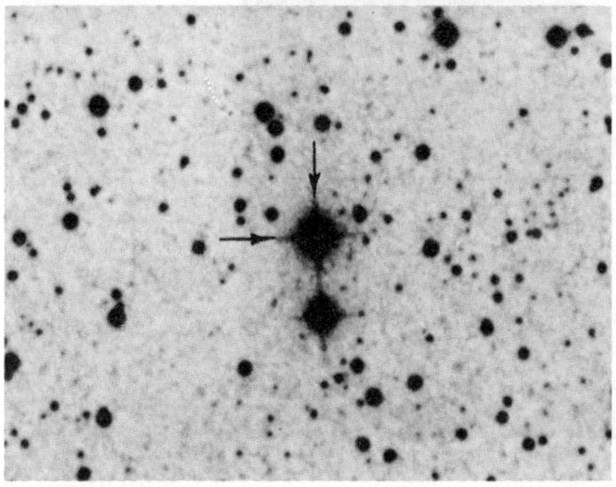

Oben:
Der Pulsar Crab. Pulsare sind Sterne, die blitzschnell rotieren und Strahlen aussenden, die auf der Erde alle paar Sekunden als Blitz oder Impuls empfangen werden. In dem Bild oben ist der Impuls sichtbar und im nächsten „aus".

Rechts:
Der kürzlich entdeckte Pulsar Cygnus X-1, etwa 6000 Lichtjahre von der Erde entfernt. Er wird als der beste Beweis für die Existenz Schwarzer Löcher angesehen. Der Pfeil zeigt HDE 226868, einen Begleitstern mit der dreifachen Dichte der Sonne.

verkümmert, während die äußere Hülle auf das Hundertfache der ursprünglichen Größe anschwillt.

Der Stern hat nur kurze Zeit so riesige Ausmaße. Später wird das überschüssige Gas in Form der wunderschönen „Planetaren" Nebula frei (sie heißt so, weil sie, durch das Teleskop gesehen, einer Planetenscheibe ähnelt), während der Kern zu einem kleineren Stern mit enormer Dichte, dem „weißen Zwerg" wird. Sie sind sehr klein, etwa so groß wie die Erde, und bestehen aus einem Gas, das millionenmal dichter ist als Wasser.

Größere Sterne haben eine kürzere Lebensdauer, da sie ihren Wasserstoff schneller verbrauchen. Auch ist ihr Schicksal als „rote Giganten" turbulenter. Im Kern eines „schweren Sterns" kann Helium auch zu anderen Elementen umgewandelt werden, zum Beispiel zu Kohlenstoff, Silizium und Eisen. Aber auch sie bestehen nicht ewig. Sie machen eine Supernovaexplosion mit, wobei sie eine Milliarde mal heller scheinen als die Sonne.

Während die äußeren Schichten nach außen hin explodieren, tritt im Kern ein „Gravitationskollaps" ein. Die subatomaren Partikel (Elektronen und Protonen) verbinden sich im Kern zu Neutronen. Da diese viel kleiner sind als Atome, hat der neu entstandene Neutronenstern noch nicht einmal die Größe eines „weißen Zwergs". Sein Durchmesser beträgt nur 25 Kilometer, aber seine Dichte ist so groß, daß jedes Teilchen, das herunterfiele, Millionen von Tonnen wiegen würde.

Viele Neutronensterne drehen sich sehr schnell und senden Strahlenwellen aus. Wenn Strahlenteleskope diese empfangen, erscheint der Stern als „Blitz" oder „Impuls". Diese aufleuchtenden Neutronensterne oder *Pulsare* entdeckten Astronomen 1967 in Cambridge.

Unsichtbare Himmelskörper

Bei der Untersuchung von Strahlungen aus dem Weltraum wurde festgestellt, daß es in der Umlaufbahn normaler Sterne auch Neutronensterne gibt, die diesen Gas entziehen. Das Gas wirbelt um das Gravitationsfeld des Neutronensterns und erhitzt sich durch die Reibung, bis es heiß genug ist und Strahlung frei wird, wobei aber kein Licht entweicht.

Satelliten haben viele dieser „Doppelaktionen" beobachtet. In der Tat gibt es eine zweite unsichtbare Umlaufbahn um einen normalen Stern. Weder ein Neutronenstern noch ein „weißer Zwerg" ist dreimal so schwer wie die Sonne; manche dieser Sterne mit Strahlung haben aber ein noch größeres Gewicht. Der bekannteste ist „Cyg X-1". Der Satellit „Uhuru" entdeckte, daß die Strahlen aus einer Gasspirale kamen, die sich um einen unsichtbaren „Begleiter" (HDE 226868) von Cyg X-1 drehte. Der Bewegung nach zu urteilen muß dieser sechsmal schwerer sein als die Sonne. Also viel zu gewichtig für einen Neutronenstern oder einen „weißen Zwerg". Bei diesem unsichtbaren Stern neben Cyg X-1 kann es sich nur um ein Schwarzes Loch handeln. Vor Millionen von Jahren war es vielleicht noch ein gewöhnlicher Stern, der dann als Supernova explodierte und zum unsichtbaren Begleiter HDE 226868 wurde. Er zieht Gas an, das Strahlen aussendet, bevor es im Nichts verschwindet.

Es gibt ein halbes Dutzend Strahlenquellen ähnlich dem Cyg X-1, die vermutlich ebenfalls in Schwarze Löcher münden. Indirekt akzeptieren Astronomen die Existenz des Schwarzen Loches. Materie kann kollabieren, in Nichts verschwinden und ein Loch im All reißen, das unser Universum vielleicht mit einem anderen verbindet.

Das Tor zur Unendlichkeit

Kann man wirklich durch ein Schwarzes Loch in ein anderes Universum gelangen? Wie sehen die wissenschaftlichen Grundlagen für diese Möglichkeit aus?

Nichts, nicht einmal das Licht, kann einem Schwarzen Loch entweichen. Manche Astrophysiker glauben, daß ein Astronaut, der in ein Schwarzes Loch fällt, in einem seltsamen, fremden Universum wieder auftaucht, daß nicht nur in einer anderen Zeitdimension liegt, sondern in dem die Grundgesetze der Natur umgekehrt sind.

Natürlich weiß niemand genau, was tatsächlich geschehen würde. Die moderne Astronomie hat aber auf Grund der Relativitätstheorie von Einstein eine Hypothese erarbeitet, was geschehen könnte.

Oben:
So sieht ein Künstler das rotierende Schwarze Loch. Das umgebende Licht kommt von entfernten Sternen. Es ist in die Umlaufbahn geraten und verschwindet später wieder.

Angenommen, ein Astronaut nähert sich einem einfachen Schwarzen Loch, wie es Karl Schwarzschild 1916 beschrieb. (siehe Diagramm 1). Nicht alles, was sich in seinem Umfeld bewegt, muß eingesogen werden. Das Raumschiff könnte bis zum äußeren Rand fliegen, wo es den Astronauten absetzt. Dann zündet es die Raketen und entfernt sich oder taucht wieder in die Umlaufbahn ein, indem es mit der Zentrifugalkraft seine Gravitation ausbalanciert.

Seltsame Dinge passieren, wenn sich der Astronaut dem äußeren Rand, der „Ereignisgrenze“, des Schwarzen Loches nähert. Die Relativitätstheorie besagt, daß die Zeit umso langsamer läuft je stärker die Gravitation ist. Die Gravitation, welche das Schwarze Loch ausübt, ist kräftiger als sonstwo im Universum. Je kürzer die Entfernung des Astronauten zur Ereignisgrenze wird, umso langsamer läuft für ihn die Zeit. Angenommen, er ist noch eine Sekunde vom Loch entfernt, würde sich diese so lange ausdehnen, daß sie uns wie eine Unendlichkeit erscheint. Gleichgültig wie lange wir warten, sie nähme kein Ende. Für den Astronauten aber läuft die Zeit richtig. Was für uns unendlich lang erscheint, ist für ihn eine Sekunde. Und verschwindet er hinter dem Horizont, wird er nie wieder auftauchen.

1

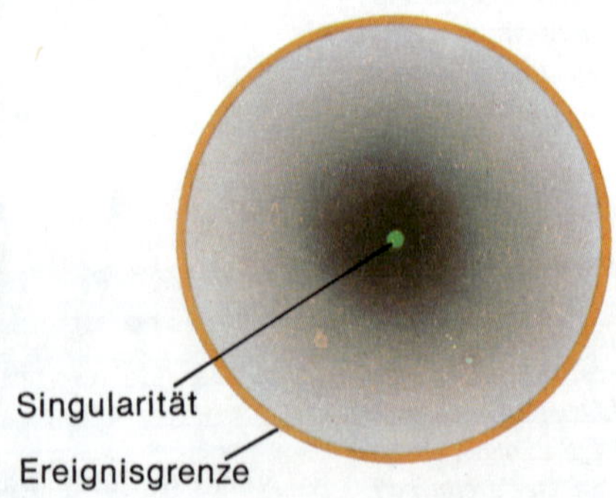

2

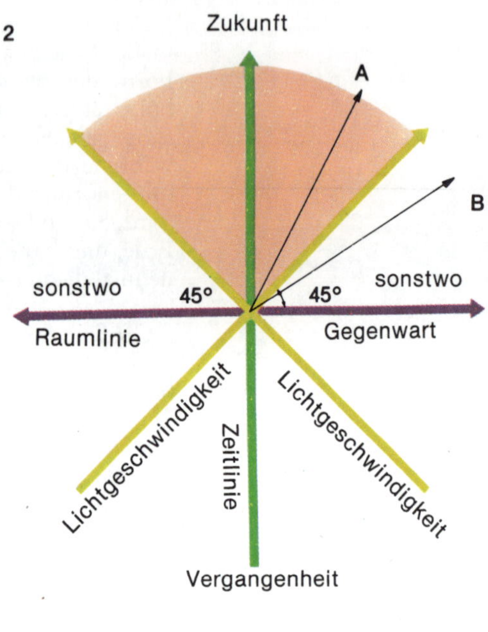

3

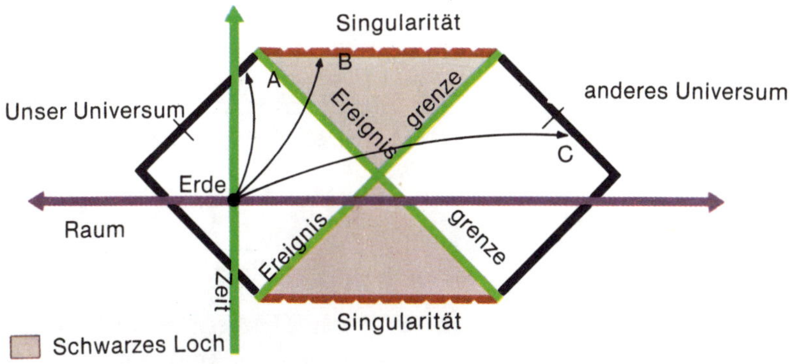

4

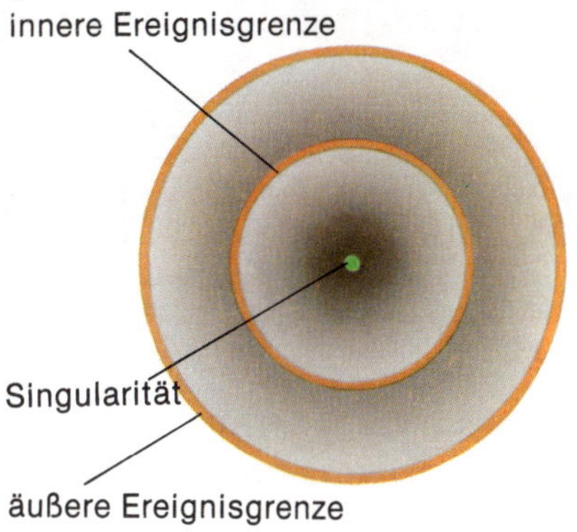

Unten:
Ein Astronaut, der auf ein Schwarzes Loch zufliegt, hat, wie Diagramm 5 *zeigt, eine Reihe von Möglichkeiten. Er kann dem Weg A folgen und in unserem Universum bleiben. Er kann Weg B einschlagen, auf der Singularität aufprallen und sterben. Bei Weg C müßte er schneller fliegen als das Licht. Auf Weg D käme er jenseits der äußeren und inneren Ereignisgrenze in ein anderes Universum.*

Verloren für alle Ewigkeit

In einem Schwarzschildschen Loch würde der Astronaut zu einem einzelnen Punkt von unendlicher Dichte gezogen werden, auch „Singularität" genannt. Im Bruchteil einer Sekunde würde er ein Teil dieses Punktes werden und wäre für alle Ewigkeit verloren. Wenige Astronomen glauben an die Existenz eines Statischen Loches, wie es von Schwarzschild beschrieben wird. Jeder Stern des Universums rotiert, vielleicht dreht sich das gesamte Universum, und die Schwarzen Löcher bildeten da keine Ausnahme. Sie könnten sich sogar schneller bewegen als die meisten Sterne. Und vielleicht ist das Schicksal eines Astronauten in einem Schwarzen Loch nicht einmal so düster wie in einem Statischen Loch.

Um zu verdeutlichen, was geschehen kann, erstellte Roger Penrose eine Reihe von Raum-Zeit-Diagrammen. Grundregel für eine „Reise" durch ein derartiges Koordinatensystem ist, daß man nur aufwärts im Raum, das heißt, vorwärts in der Zeit, reisen kann. Auf Diagramm 2 geben Lichtstrahlen mit einer Geschwindigkeit von einer Milliarde Stunden-

5

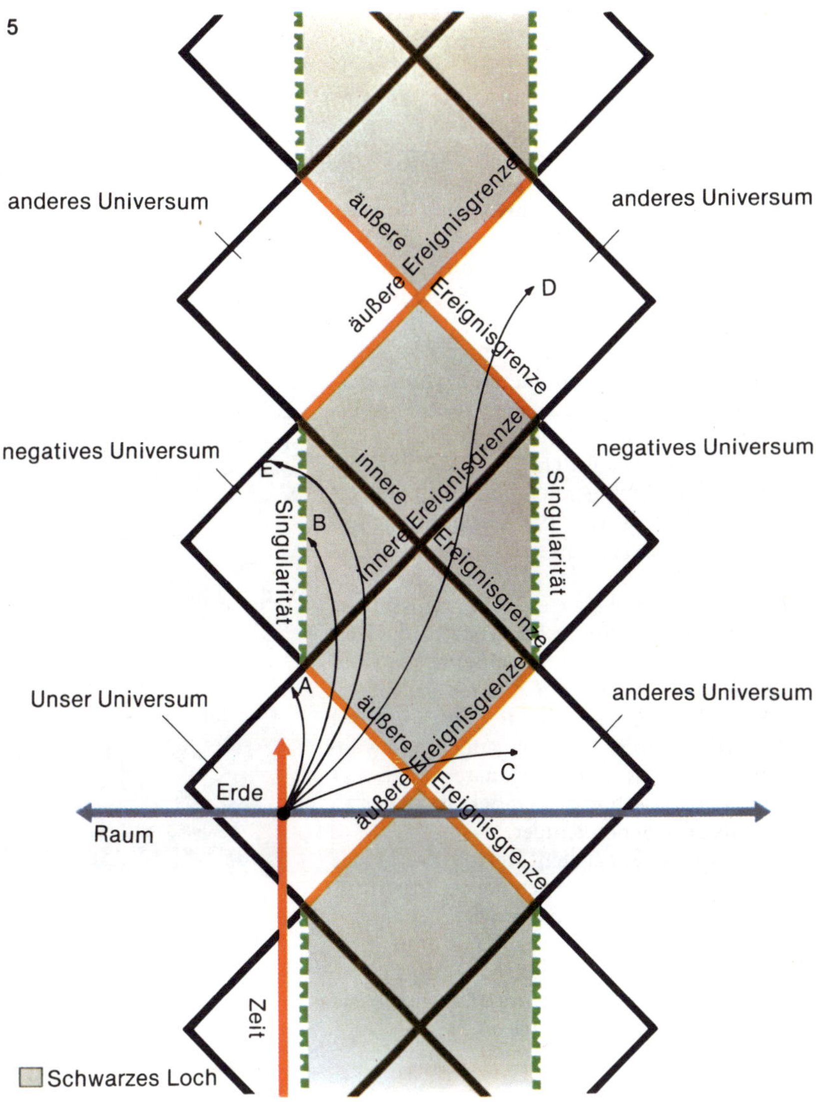

Rechts oben:
Diagramm 1 *zeigt die Struktur eines statischen Schwarzen Loches. Jenseits der Ereignisgrenze kann nicht einmal das Licht entweichen. Alles was in die Singularität fällt ist für immer verloren.*

Diagramm 2 *ist die Standort-Raum-Zeit-Koordinate. Reise A ist möglich, weil sie langsamer ist als die Lichtgeschwindigkeit. Reise B ist unmöglich, weil sie über der Lichtgeschwindigkeit liegt. Alle Reisen innerhalb des schattierten Bereiches sind denkbar.*

Das Diagramm 3 *demonstriert, daß es unmöglich ist, durch ein Schwarzes Loch in ein anderes Universum zu kommen. Reise A zeigt den möglichen Raumflug durch unser Universum; taucht das Raumschiff in ein Schwarzes Loch ein, schlägt es unweigerlich auf der Singularität auf und zerschellt. Reise C ist unmöglich, denn das Raumschiff müßte schneller fliegen als das Licht, um die Ereignisgrenze überschreiten zu können. Um eine derartige Reise ermöglichen zu können, müßte das Loch rotieren.*

Diagramm 4 *stellt ein elektrisch geladenes Schwarzes Loch dar. Die äußere Ereignisgrenze kapselt das Schwarze Loch von dem restlichen Universum ab. Geriete ein Astronaut jenseits der inneren Ereignisgrenze, könnte er überall hinfliegen, theoretisch auch in ein anderes Universum.*

kilometer die höchstmögliche Grenze für einen Raumflug an, die laut Einstein niemals überboten werden kann. Das Sechseck auf Diagramm 3 symbolisiert unser Universum bis zu seiner Unendlichkeit, von seinem Beginn bis zu seinem möglichen Ende. Die Sanduhrform (bei 45 Grad zur Vertikalen) stellt die Ereignisgrenze dar, über der die Singularität steht. Unser Astronaut nähert sich der Ereignisgrenze des rotierenden Schwarzen Loches, fällt aber niemals gerade hinein. Durch die schnelle Rotation wird er zur Seite gerissen, ganz gleich wie stark seine Raketen sind.

Die Astronomen, die sich mit der Theorie vom Schwarzen Loch beschäftigen, sind sich über die Ereignisfolge einig. Dann aber wird es schwierig. Manche meinen, ein Schwarzes Loch rotiere nicht nur, sondern sei auch elektrisch geladen. In diesem Fall hätte ein Astronaut Schwierigkeiten, in das Licht einzutauchen.

Rechts:
Der deutsche Astronom Karl Schwarzschild wandte als erster Einsteins Relativitätstheorie für die Untersuchung der Schwarzen Löcher an.

Raum, Zeit und Relativitätstheorie

Angenommen, Sie fliegen in einem Flugzeug mit einer Geschwindigkeit von 800 Kilometern pro Stunde und ein anderes Flugzeug kommt im gleichen Tempo auf Sie zu. Wie schnell nähern Sie sich einander? Anders ausgedrückt: Wie hoch ist Ihre relative Beschleunigung? Man addiert die Geschwindigkeit einfach und kommt zu einem Ergebnis von 1600 Kilometern pro Stunde.

Nun stellen wir uns vor, Sie bewegen sich in einem Raumschiff mit dreiviertel Lichtgeschwindigkeit auf einen Stern zu. Wie schnell erreicht Sie das Licht des Sterns? Normalerweise würde man die relative Geschwindigkeit mit dreiviertel Lichtgeschwindigkeit angeben; in Wirklichkeit sind es aber nur 300000 Kilometer pro Stunde.

Dieses scheinbar paradoxe Ergebnis erklärt die Spezielle Relativitätstheorie von Albert Einstein aus dem Jahre 1905. Sie besagt, daß die Lichtgeschwindigkeit konstant ist, unabhängig von der Geschwindigkeit der Quelle beziehungsweise von der Geschwindigkeit, mit der man sich ihr nähert. Uhren, die sich bewegen, gehen langsamer. Nicht nur die Uhren, sondern auch die Zeit selbst geht langsamer, je schneller man unterwegs ist. Wäre man mit einem Raumschiff schnell genug, könnte es sein, daß auf der Erde mehrere Jahre vergangen sind während man nur einige Monate unterwegs war. Theoretisch wäre es möglich, jünger zu sein als die eigenen Kinder.

Bei seiner Speziellen Relativitätstheorie verwendete Einstein einen neuen Begriff aus Raum und Zeit, indem er zu den bekannten drei Dimensionen eine neue Zeitdimension hinzufügte, die er „Raumzeit" nannte. Diese sollte bei seiner neuen Gravitationstheorie eine wesentliche Rolle spielen.

Unten:
Man würde eigentlich annehmen, die relative Beschleunigung zweier Flugzeuge, die mit 800 Kilometern pro Stunde aufeinander zufliegen, betrüge 1600 Kilometer pro Stunde. Die Relativitätstheorie aber besagt, daß die Lichtgeschwindigkeit nicht überschritten werden kann. Das Licht trifft mit 300000 Kilometern pro Sekunde auf ein stillstehendes Raumschiff. Selbst wenn sich das Raumschiff auf dieses Licht mit beispielsweise 225000 Kilometer pro Sekunde zubewegt, beträgt die relative Beschleunigung immer noch nur 300000 Kilometer pro Sekunde.

1915 veröffentlichte Einstein seine Allgemeine Relativitätstheorie. Sie definiert Gravitation nicht als eine Anziehungskraft zwischen zwei Körpern, sondern als Bestandteil von Raum und Zeit.

Stellen Sie sich einen horizontalen Rahmen vor, über den eine Gummimatratze gespannt ist. Auf ihr liegen Bälle, die verschieden groß und schwer sind. Jeder wird unterschiedlich tief in die Matratze einsinken, je nach Größe und Gewicht. Rollt man einen kleineren Ball über die Matratze, wird er von den schwereren angezogen werden und in ihre Vertiefung rollen.

Dies ist das Prinzip der Relativitätstheorie: Materie verzerrt die Raumzeit, die ihrerseits wiederum das Verhalten der Materie bestimmt. Im allgemeinen ist die Raumzeit relativ eben. In der Nähe großer Massen aber krümmt sie sich und beeinflußt so nicht nur die Bewegung kleinerer Massen, sondern die der Zeit. Die allgemeine Relativitätstheorie besagt, daß die Gravitation den Lauf der Zeit verlangsamt.

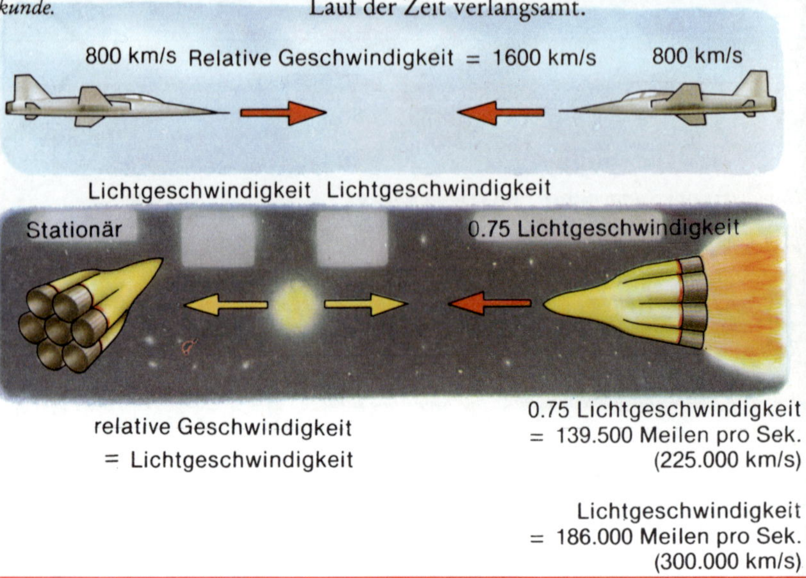

In einem elektrisch geladenen Schwarzen Loch (siehe Diagramm 4) gibt es noch eine zweite „innere“ Ereignisgrenze, die innerhalb der „äußeren“ liegt und das Loch vom Universum isoliert. Hier wechseln Raum und Zeit ihre Rollen. Also muß der Astronaut, wenn er die äußere Ereignisgrenze überschritten hat, sich seinen Weg nach innen bahnen. Erst wenn er die innere Grenze überwunden hat, kann er sich frei bewegen, obgleich er nicht weiß, wohin er gelangen wird. Einfachen Berechnungen zufolge kann er in einem anderen Universum auftauchen oder in unser Universum zurückkehren.

Ein anderes Universum

Die Reise eines Astronauten läßt sich auf dem Diagramm 5 verfolgen. Die Singularität kennzeichnen zwei vertikale Linien links und rechts eines „Tunnels“. Taucht ein Astronaut vertikal in den Tunnel ein, durchdringt er die äußere und die innere Ereignisgrenze und erreicht an der Spitze des Diagramms ein neues Universum.

Ein rotierendes, nicht elektrisch geladenes Schwarzes Loch (siehe Diagramm 6) hat ebenfalls eine innere Ereignisgrenze, durch die man ein anderes Universum erreichen kann. Hier ist die Singularität nicht ein einzelner Punkt, sondern ein Ring. Taucht der Astronaut durch diesen Ring, kommt er vielleicht in ein Universum, in dem die Gravitation nicht eine Kraft ist, die zwei Körper anzieht, sondern eine, die sie abstößt. Er findet ein „negatives Universum“ vor. Astronauten der Zukunft könnten möglicherweise in das Schwarze Loch eintauchen, das ihn von einem Universum ins andere führt.

Vorher aber wären noch einige Schwierigkeiten zu überwinden. Der Weltraumfahrer müßte ein schwieriges Problem lösen, bevor er noch das Schwarze Loch erreicht hat. Angenommen, er fiele mit den Füßen nach unten, dann würden diese einer größeren Gravitation ausgesetzt sein als der Kopf. Er würde in die Länge gezogen werden. Die Physiker Charles Misner, Kip Thorne und John Wheeler haben berechnet, daß es den Astronauten bereits Hunderte Kilometer vor dem Schwarzen Loch zerreißen würde.

Seltsamerweise ist die Gravitation gefährlicher, je kleiner das Loch ist, wo sich die Anziehungskraft innerhalb kurzer Strecken drastisch ändert. Die Gravitation der kleineren Löcher zerreißen die Struktur des Raumes, und es bilden sich Materiepartikel außerhalb der Ereignisgrenze. Diese strömen in den Raum und schwächen das Loch, indem sie ihm Materie entziehen. Dies sind die „entweichenden“ oder „explodierenden“ Schwarzen Löcher, die Stephan Hawking beschrieb.

Im Herzen der Galaxie

Nehmen wir an, ein Astronaut erreicht trotz alledem ein schweres Schwarzes Loch, dessen Gravitation sich mit größer werdender Distanz ändert. Solche Löcher bilden sich meist in Zentrum der Galaxie, wo die Materie zur Zeit ihrer Entstehung dicht zusammengepreßt wird. Es gibt die Theorie, daß unser Milchstraßensystem in der Mitte ein Loch hat, das fünf millionenmal schwerer ist als die Sonne. Auch existieren Hinweise für ein tausendmal schwereres Loch im Herzen der Galaxie M87. Obgleich es unsichtbar ist, verzerrt die ungeheure Anziehungskraft die Bahnen der umliegenden Sterne. Heute ist die Annahme verbreitet, daß die entfernten, sehr hellen Quasare einfach heiße Gasringe um ein Schwarzes Loch sind.

Es gibt vielleicht Schwarze Löcher mit einer so großen Masse, und vielleicht sind sie auch das Tor zu anderen Universen. Der Weltraumreisende taucht durch ein Schwarzes Loch ein und erreicht durch ein Weißes Loch eine ande-

Oben:
Albert Einstein (1875–1955) prägte den Begriff „Raumzeit“.

Bis 1960, fünf Jahre nach dem Tod Einsteins, entwickelten Wissenschaftler eine Uhr, die so genau ging, daß sie Einsteins Theorie bestätigte. Nimmt man zwei identische Uhren, vergleicht man sie und plaziert eine im Erdgeschoß, die andere in der obersten Etage eines Hochhauses, so wird man sehen, daß die Uhr im obersten Stockwerk langsamer tickt, weil sein Raumzeitbereich von den Gravitation stärker gekrümmt ist.

Nun stellen Sie sich vor, wir setzen ein kleines aber enorm schweres Objekt auf eine Gummimatratze, so daß diese sich unendlich dehnt, ohne zu reißen. Das ist das ganze Geheimnis des Schwarzen Loches.

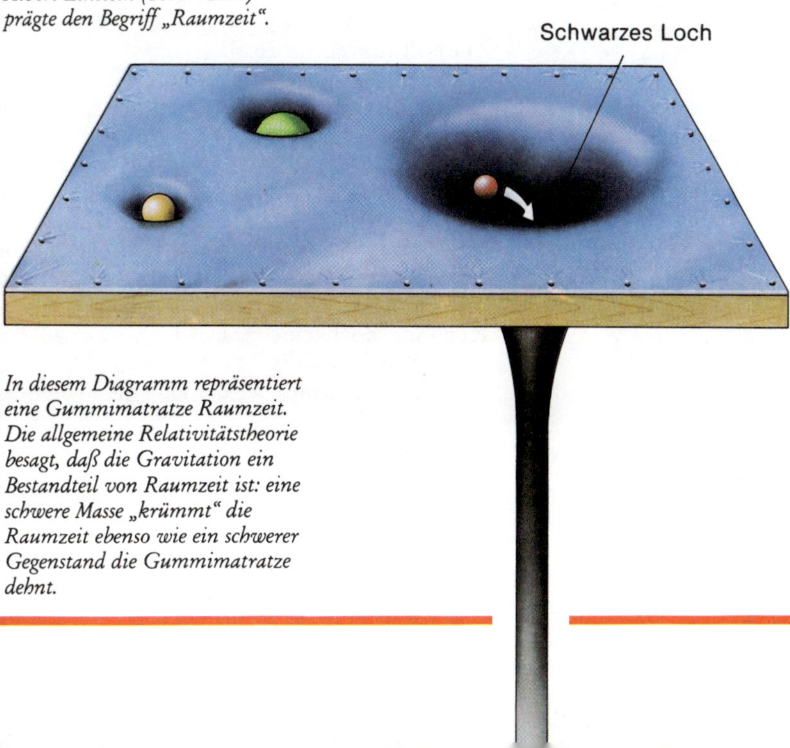

In diesem Diagramm repräsentiert eine Gummimatratze Raumzeit. Die allgemeine Relativitätstheorie besagt, daß die Gravitation ein Bestandteil von Raumzeit ist: eine schwere Masse „krümmt“ die Raumzeit ebenso wie ein schwerer Gegenstand die Gummimatratze dehnt.

re Welt. Alles, was in ein Schwarzes Loch hineinfällt, muß aus dem Weißen Loch entweichen und eine Ereignisgrenze passieren. Wenn diese Weißen Löcher existieren, dann funktionieren sie wie „kosmische Springbrunnen", die unermüdlich Materie und Licht ausspeien.

Weiße Löcher gibt es auch in den Penrose-Diagrammen. In Diagramm 2 zum Beispiel ist die untere Hälfte der „Sanduhr" ein Weißes Loch, die obere ein Schwarzes Loch. Alle Objekte müssen mehr oder weniger vertikal reisen, demzufolge schießt alles innerhalb des kleineren Dreiecks im Diagramm aus der Ereignisgrenze hinaus. Beim komplizierten rotierenden Schwarzen Loch (siehe Diagramm 3) ist die obere Spitze des Sechseckes das Weiße Loch, das in ein anderes Universum mündet.

Sollte es diese Weißen Löcher wirklich geben, wäre es faszinierend, hindurchzureisen. Ein Eindringen in ein Schwarzes Loch enthüllte nicht nur seine Singularität, sondern auch zwei andere Universen (siehe Diagramm 2): das negative Universum, das durch die ringförmige Singularität sichtbar wird, und das andere Weiße Loch, welches ein verzerrtes Bild von einem anderen Universum enthält, das hier reflektiert wird.

Das Weiße Loch weist aber auch theoretische Schwierigkeiten auf. Zunächst einmal sind sie trotz ihrer „Springbrunnen"-Eigenschaften, von starken Gravitationsfeldern umgeben. Sie entstehen nicht wie Schwarze Löcher, sondern müssen schon von Anbeginn des Universums vorhanden gewesen sein, also seit 15 Milliarden Jahren. Die meisten Astronomen sind sich einig, daß das Universum im Urknall entstand. Jedes Weiße Loch hätte so viel Strahlung eingefangen, daß die bloße Masse dieser Strahlung ein Schwarzes Loch um das Weiße Loch bilden konnte. Das Weiße Loch wäre dann vom Schwarzen Loch aufgesogen worden.

Da die sich ändernde Anziehungskraft im Weißen Loch die umliegende Materie zerreißen kann, ist die Singularität des Weißen Loches instabil. Obgleich endgültige Beweise fehlen, wird zunehmend die Theorie bezweifelt, daß das Schwarze Loch Universen miteinander verbindet.

Sollten diese Raum-Zeit-Diagramme aber stimmen, stellt sich die Frage, wie diese „anderen Universen" aussehen. Vielleicht sind sie vollkommen anders als unsere Welt; oder sie liegen in einer anderen Region oder in einer anderen Zeit unseres Universums. In diesem Fall wäre das Schwarze Loch eine Zeitmaschine, und eine Reise könnte uns in die Ära der Dinosaurier zurückversetzen oder uns in die Zukunft führen.

Während die Diskussionen über diesen Aspekt der Theorie bereits verhallt sind, sammeln Astronomen weiterhin Beweise für die Existenz der Schwarzen Löcher in unserem Universum; sowohl in Doppelsternen wie Cyg X-1 als auch in Zentren von Galaxien wie M87 und in Quasaren. Die Schwarzen Löcher bergen zweifellos noch viele Überraschungen. Bei dem Erkundungsdrang des Menschen ist es auch nur noch eine Frage der Zeit, daß bemannte Raumschiffe zum Schwarzen Loch fliegen, und dann wird sich herausstellen, wohin es führt.

7

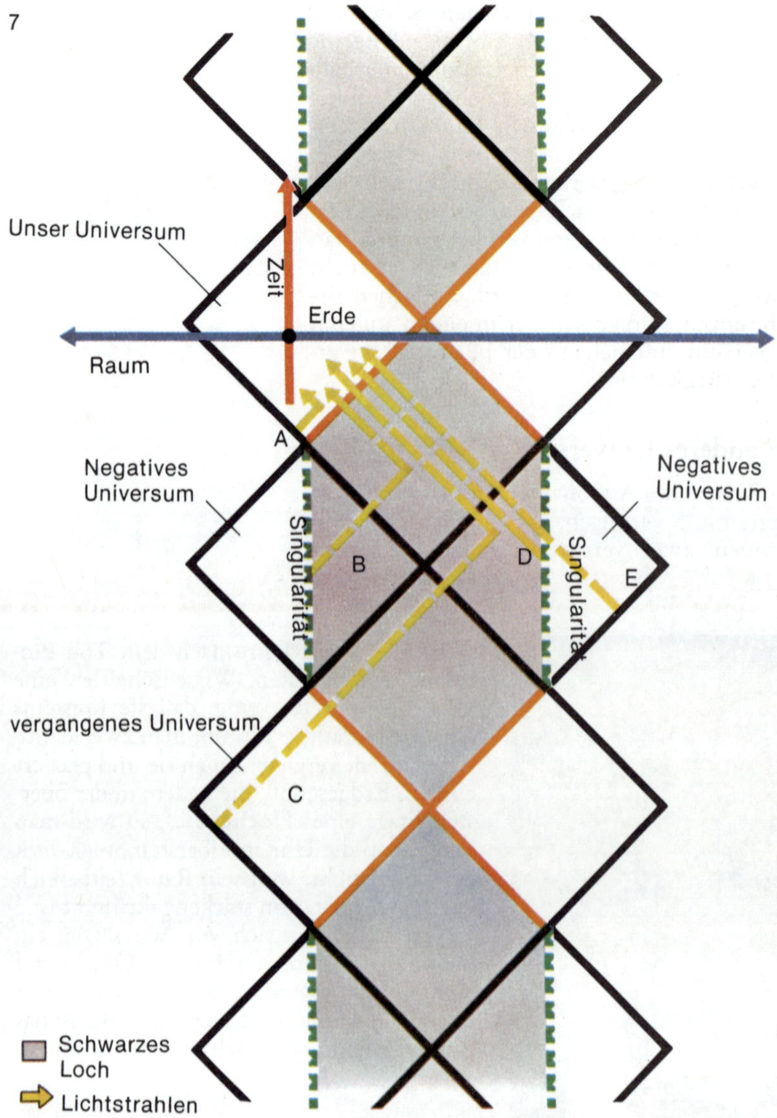

Oben:
Diagramm 7: *Von der Erde aus könnte man theoretisch Lichtstrahlen empfangen, die ein Weißes Loch im positiven Weltraum vom rotierenden Schwarzen Loch reflektiert. Von Punkt A wäre man in der Lage, Ereignisse weiterzuverfolgen, die sich vor Jahrmillionen im Universum abspielten. Von Punkt B und D könnte man ins Schwarze Loch sehen und von Punkt E das negative Universum mit den umgekehrten Naturgesetzen. Das Licht von Punkt E zeigt Ereignisse aus einem vergangenen Universum.*

6

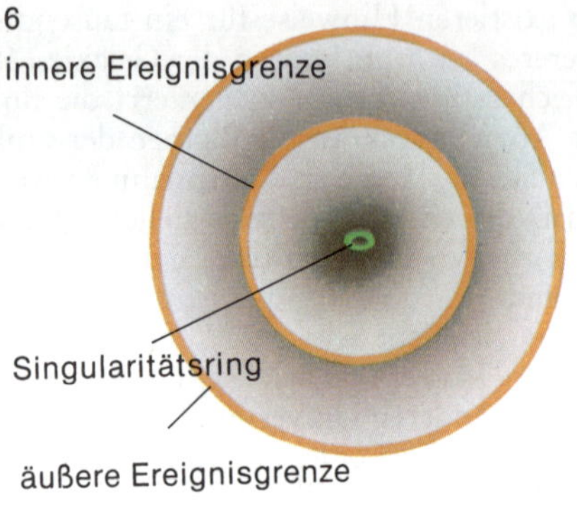

Links:
Diagramm 6 *zeigt ein rotierendes Schwarzes Loch von oben. Um in ein anderes Universum zu gelangen, müßte der Astronaut durch den Singularitätsring hindurch.*

Ein Schwarzes Loch entsteht

In nicht allzuferner Zukunft kreuzt vielleicht eine Flotte „kosmischer Bulldozer" durch unsere Galaxie, und es entstehen künstliche Schwarze Löcher, ein Lichtjahr von der Sonne entfernt. Dies ist nicht einmal so unmöglich wie es klingt.

Zur Zeit gibt es keine Möglichkeit, entferntere Teile der Milchstraße zu erreichen. Würde man ein künstliches Schwarzes Loch bauen, das in Reichweite eines Raumschiffes läge, könnten wir die Galaxien im Nu durchfliegen.

Oben:
Trotz der dichten Sternstaubwolke sehen die Astronomen genug von unserer Galaxie, um zu erkennen, daß sie spiralförmig ist, wie die Coma Berenices.

Links:
Das nächste Loch liegt 6000 Lichtjahre entfernt im Cygnus X-1. Ein künstliches Schwarzes Loch könnte aber näher zur Erde errichtet werden, etwa ein Lichtjahr von der Sonne entfernt.

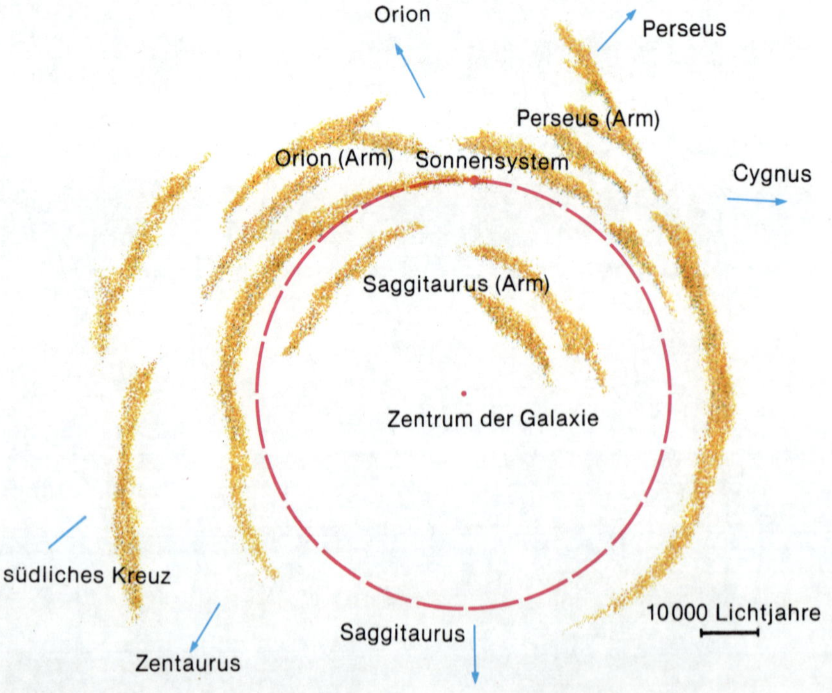

Oben:
Der Orion-Arm enthält große Mengen an Eisen, Nickel und andere Rohstoffe, die für den Bau eines künstlichen Schwarzen Loches verwendet werden könnten.

Unten:
Asteroiden eignen sich am besten als „kosmische Bagger". Ein Bussardsches Triebwerk an einem ausgehöhlten Asteroiden könnte alles Material in einem riesigen Magnetfeld zusammenbaggern.

Eine Reise zum nächsten Stern in der Milchstraße dauert in einem Raumschiff, das mit einer Milliarde Stundenkilometer fliegt, vier Jahre. Um entferntere Sterne zu erreichen, braucht man Jahrhunderte, vorausgesetzt, man besitzt ein Raumschiff, das annähernd mit Lichtgeschwindigkeit fliegt.

Dieses Problem scheint unsere Bewegungsfreiheit einzuschränken. Die Entdeckung der Schwarzen Löcher aber eröffnet eine völlig neue Form der Raumfahrt: Das Raumschiff taucht in eines der Löcher ein und erscheint durch ein anderes wieder in einer völlig neuen Region des Universums. Es umgeht damit eine Strecke zwischen zwei Punkten. Für eine solche Reise gibt es noch keine realistischen Pläne, sondern basiert lediglich auf wissenschaftlichen Prinzipien. Es gilt zunächst, ein praktisches Problem zu überwinden: Wie erreicht man den nächsten Stern?

Das nächste Schwarze Loch liegt wahrscheinlich etwa 6000 Lichtjahre weit entfernt in Cygnus. Das heißt, ein Raumschiff müßte 58 Milliarden Kilometer bis dort zurücklegen. Wie kann eine so unvorstellbare Strecke überwunden werden?

Adrian Berrys Vorschlag klingt zunächst wie haarsträubender Unsinn: Man sollte künstliche Schwarze Löcher in unserer Galaxie schaffen, durch die man dann in andere Teile des Universums gelangen kann.

Für ein Schwarzes Loch benötigt man natürlich mehr Energie als die Menschheit jemals gewinnen kann, es sei denn, es kommt ihm die Natur zu Hilfe. Seit dem 17. Jahrhundert gewinnt die Menschheit ihre Energie aus der Natur.

In einer Zone mit einem Radius von einem Lichtjahr um die Sonne liegt ein Gürtel aus kosmischem Staub, der „Arm des Orion". Dieser ist mehr als nur abgebröckelter Sternstaub. Aus den Millionen Tonnen, die zur Erde fielen, wissen wir, daß er zum Großteil aus Nikkel und Eisen besteht, also aus jenem Material, aus dem die Sonne vor Jahrmilliarden entstand. Dieser Stoff eignet sich hervorragend für ein Schwarzes Loch, weil es unter gewissen Bedingungen durch einen Magneten bewegt werden kann.

Das Problem, das unsere Nachfahren werden lösen müssen, ist, diesen Staub in eine magnetisierbare Form zu bringen.

Es gibt aber eine Lösung. Könnte der interstellare Wasserstoff, der in großen Mengen im „Arm des Orion" vorhanden ist, erhitzt werden, bis es zu Plasma wird, würde es auf ein Magnetfeld reagieren. Plasma, das vierte Stadium der Materie neben fest, flüssig und gasförmig, ist ein Stoff, bei dem die Elektronen von den Atomen getrennt werden. Alle Substanzen verwandeln sich zu Plasma, wenn sie auf 22000 Grad Celsius erhitzt werden.

Wie kann man interstellaren Wasserstoff erhitzen? Die Antwort ist sehr einfach: Mit Hilfe von Laserstrahlen, die direkt auf den Was-

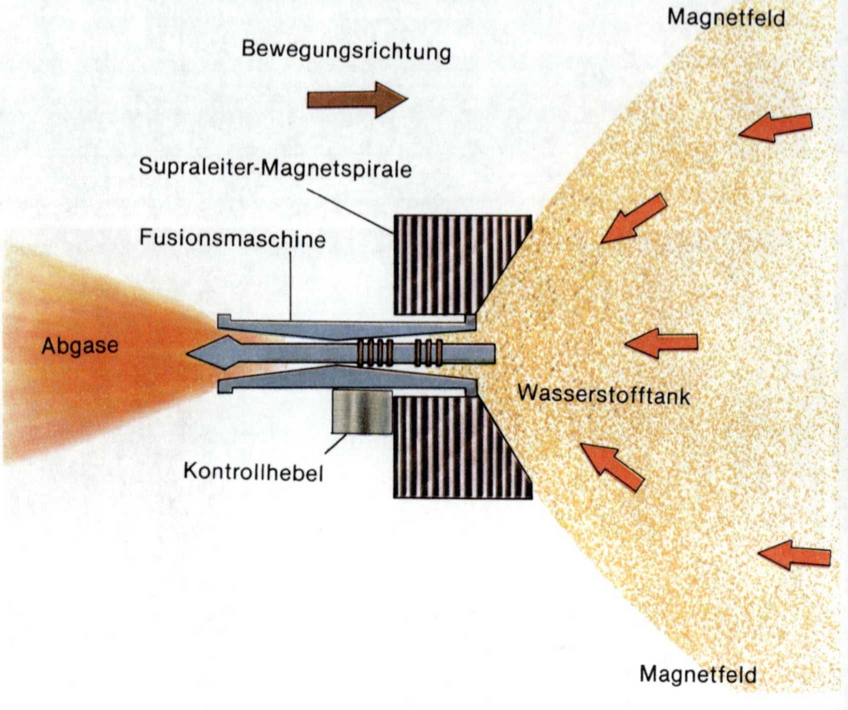

serstoff gerichtet sind, dessen Temperatur rasch erhöht wird, bis es ionisiert (das heißt, die Elektronen von den Atomen getrennt werden) und zu Plasma wird.

Eine Flotte von Raumschiffen müßten quasi als magnetische Bagger durch den „Arm des Orion" fliegen und das Plasma aus Eisen, Nickel und Wasserstoff und andere ionisierte interstellare Materie vor sich herschieben. Um diese Ionisierung zu erreichen, wäre es notwendig, daß die Raumschiffe den interstellaren Staub mit den mächtigsten Laserstrahlen bombardieren, die überhaupt entwickelt werden können.

Es wird schwierig sein, die magnetischen Felder im Weltraum als Bagger zu benutzen, um die Materie zu einem Punkt zu bewegen. Diese Möglichkeit ist aber leichter, als in einem geschlossenen Behälter eine Fusion zu bewirken, was zur Zeit versucht wird. Die Idee mit den magnetischen Bulldozern ist schon früher einmal aufgekommen, aber aus einem anderen Grund. Diskutiert wurde sie bei Überlegungen für die Möglichkeit einer Reise von Stern zu Stern, beziehungsweise das Problem der Beschleunigung bis zur Lichtgeschwindigkeit zu lösen.

Wie Robert Bussard 1960 sagte, könne ein Raumschiff nie Lichtgeschwindigkeit erreichen, weil es dann das Millionenfache seines Gewichtes an Treibstoff mitführen müßte. Sein Lösungsvorschlag für dieses Problem ist das Bussardsche „Staustrahltriebwerk".

Es funktioniert ähnlich wie ein Flugzeugtriebwerk, das die Luft vorn einsaugt und nach hinten abgibt. Bussards Konstruktion sieht vorn ein gewaltiges Magnetfeld mit mehreren Kilometern Durchmesser vor, das ionisierten Wasserstoff vor sich herschieben würde. Dieser strömt in den Tank des Raumschiffes, wo eine Fusionsmaschine es in Energie umwandelt. Mit derselben Methode könnte auch ein Schwarzes Loch gebildet werden, nur ein Lichtjahr von der Sonne entfernt.

Dieses Triebwerksystem würde allerdings niemals Lichtgeschwindigkeit erreichen. Der Grund dafür ist offensichtlich: Ingenieure, die sich mit diesem Problem befaßt haben, meinten, daß nur ein Prozent des interstellaren Materials als Treibstoff verwendet werden könne. Der Rest würde sich vor dem Raumschiff nur stauen, wodurch die Beschleunigung gebremst werden würde, da das Raumschiff das Plasma, das es selbst eingefangen hat, vor sich herschieben müsse. Die Geschwindigkeit wäre nur ein Bruchteil der Lichtgeschwindigkeit.

Das Tempo würde aber ohne weiteres ausreichen, um Materie zusammenzutragen und ein Schwarzes Loch zu schaffen.

Es bleiben noch einige praktische Fragen offen. Wie müssen die Raumschiffe beschaffen sein? Wo würden sie gebaut werden? Und vor allem: Wieviel interstellares Material könnten sie anhäufen, und wie lange würden sie dazu benötigen?

Zwischen den Umlaufbahnen des Jupiter und des Mars liegt ein dichter Ring aus kleinen Planeten, der „Asteroidengürtel". Er besteht aus etwa 50 000 Gesteinsbrocken. Der größte ist Ceres mit 690 Kilometern Durchmesser, die kleinsten haben einen Durchmesser von wenigen hundert Metern. Manche dieser mittelgroßen Asteroiden könnten als magnetische Triebwerke benutzt werden.

Asteroide wurden oft als Baumaterial für Konstruktionen im Weltraum vorgeschlagen. Da sie im Vergleich zu Planeten eine geringe Masse haben, sind sie leichter zu erforschen und nachzubauen.

Stellen wir uns nun 1 000 gigantische Raumschiffe vor, nachgebaute Asteroiden, die sich aus dem Sonnensystem, anders als nach strengen physikalischen Gesetzen, entfernen. Sie reisen zu einem Punkt ein Lichtjahr von der Sonne entfernt, um dort ein Schwarzes Loch zu errichten.

Unten:
Wie dieses Diagramm demonstriert, ist der Asteroidengürtel von einem Raumschiff durchaus zu erreichen. Sonden wurden schon zum Jupiter hinter dem Asteroidengürtel gesandt.

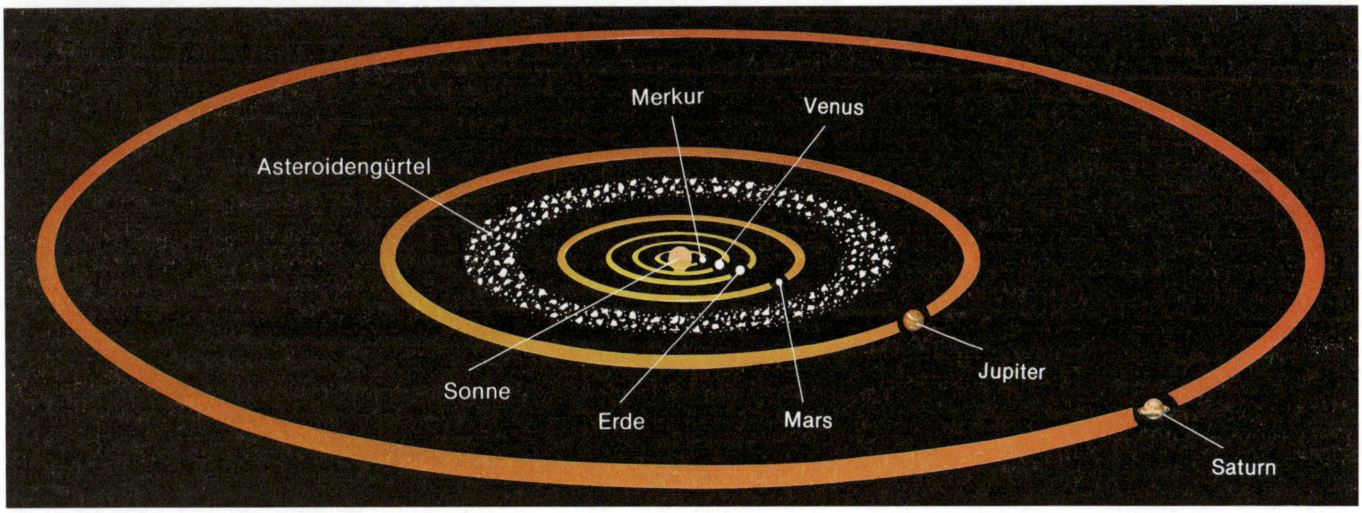

Welt und Zeit

Psychologen und Wissenschaftler sind sich einig, daß die physikalische Welt nur erklärt werden kann, wenn wir bereit sind, viele herkömmliche Ansichten über die Natur der Zeit abzulegen. Weshalb halten wir nach wie vor an ihnen fest?

Seit jeher übt die Zeit eine Faszination auf uns aus. Sie ist ein unbarmherziger Strom, der den Menschen mitreißt und seine Taten, Triumphe und Torheiten in das ewige Eis der Vergangenheit einfriert. Zeit entreißt ihm die Angehörigen und Freunde, die er liebt und führt ihn einer kalten Zukunft entgegen, vor der er sich fürchtet.

Wir sind Gefangene auf dem Schiff, das „Zeit" heißt und auf dem wir ein Leben lang fahren. Wir sehen die Szenen wechseln und erinnern uns der Bilder, die waren. Wir nehmen teil, prophezeien, versuchen den Kurs des Schiffes mitzubestimmen, bemühen uns, Riffe zu umgehen und sichere Häfen anzusteuern. Trotzdem sind wir uns bewußt, daß der unerbitterliche Strom der Zeit uns wohl oder übel mitreißt. Kein Anker ist stark genug, um gegen den Strom anzukommen. Zeit ist, wie der Hymnenschreiber Isaac Watts sagte, wie ein ewiger Strom, der seine Söhne davonträgt.

Alle Lebenwesen haben ihre eigenen biologischen Uhren, welche die Zeit messen, manche sind unangenehm, wie etwa das Hungergefühl, andere richten sich genau nach den Zyklen der Natur. Der Mensch hat noch eine zusätzliche Gabe, nämlich sein Unterbewußtsein, sein Ich, das über seine Existenz nachdenken, Vergangenes ins Gedächtnis rufen und im Geiste seine Stellung in Zeit und Raum bestimmen kann. Dazu gehört auch seine unermüdliche Neugier, das Universum zu erforschen.

Von dem Zeitpunkt an, da die Intelligenz den Menschen über seinen Instinkt hob, faszinierte ihn die Zeit und ihre Wirkung auf die Natur. Er sah die Sonne über den Himmel ziehen und die langsame jährliche Schwankung des Sonnenaufgangs- und Sonnenuntergangspunktes im Westen und im Osten. Und in diesem Zusammenhang lernte er, daß die Tage verschieden warm und hell waren, daß es Jahreszeiten gab und die Tiere von Zeit zu Zeit ihre Standorte veränderten. Wenn die Sonne lange am Himmel stand, waren die Tage warm, alles blühte und alle Lebewesen waren vital. Wenn die Tage kürzer wurden, fror die Natur, der kalte Wind blies, und die meisten Tiere hielten ihren Winterschlaf.

Unten:
Ein Buchenwald im Sommer, Frühling, Herbst und Winter. Die geheimnisvollen Zyklen der Natur, der Wechsel der Jahreszeiten, der zunehmende und abnehmende Mond und die Himmelsbewegungen ließen den Menschen annehmen, daß die Zeit stetig vorangeht, daß sich die Ereignisse aus der Zukunft herauskristallisieren zur Gegenwart, um dann zu unerreichbarer Vergangenheit zu werden.

Oben:
Lebenszyklen von Caspar David Friedrich (1774–1840). Die Personen repräsentieren verschiedene Generationen, die Schiffe unsere Reise durchs Leben.

Oben rechts:
Zeitrafferaufnahmen einer wachsenden Pflanze. Solche Veränderungen in der Natur sind sichtbare Zeichen einer vergänglichen Zeit, was aber sagen sie aus über das Wesen der Zeit?

Nachts sah man den Mond, der versuchte, den Auf- und Untergang der Sonne nachzuahmen und beobachtete die seltsamen Mondzyklen. So entstand der Monat. Die Menschen, die an der Küste lebten und die Fischer entdeckten sogar einen noch seltsameren Zusammenhang zwischen dem Mond und den Gezeiten.

Die geheimnisvollen Zyklen der Natur scheinen von den Himmelskörpern gelenkt zu werden. Aber die Sterne waren unveränderliche, kalte Lichterpunkte in der Ferne, die Gott zu Beginn der Zeit scheinbar wahllos am Himmelszelt der Nacht verteilt hatte und unbeweglich verharren, während die Welt sich dreht. Viele Jahre später bemerkte man, daß einige Sterne, die Planeten, sich mit unglaublicher Geschwindigkeit durch das All bewegten, um dann und wann wieder stillzustehen, als fielen sie in einen kosmischen Traum, oder ihre Bewegung zu verlangsamen, um Wochen oder Monate später die Wanderung wieder aufzunehmen.

Alles verändert sich – Geburt und Wachstum, Vergänglichkeit und Tod. Ein Baby wird zu einem Kind, das mit seinem Spielzeug, seinem Hund oder seinen Freunden spielt. Der Junge wird zum Jugendlichen, seine Persönlichkeit verändert sich, das Leben als Baby und kleiner Junge sind nur noch Erinnerung. Der Jugendliche entwickelt sich zum Mann, die Zeit verfliegt. Sie bringt Gutes und Schlechtes, Freunde und Feinde, Alter und Krankheit. Zeit war der eine Eindruck, den die Natur dem Menschen aufzwang, in der Form von Erfahrungen, die vor ihm ablaufen und aus der unvorhersehbaren und nicht existierenden Zukunft entstehen, sich in dem Heute herauskristallisieren bevor sie Vergangenheit werden. Eine Tücke der Zeit ist es, daß sie schneller zu vergehen scheint, je älter man wird, so daß der lange Frühling der Kindheit im Alter zum kurzen Intervall wird.

Die Zeit schleicht, für den Säugling der schläft und kreischt,
Die Zeit geht, für das Kind, das lacht und spielt,
Die Zeit rast, sobald das Kind zum Manne wächst,
Die Zeit fliegt, je älter man wird.

„Wenn die Zeit nur schon hinter mir wäre"; „Wenn ich nur wüßte, was mich erwartet"; „Ich fürchte mich vor der Zukunft!" „Wenn dieser Augenblick nur nicht verginge!" „Hätte ich damals gewußt, was ich heute weiß." Diese und ähnliche Aussagen spiegeln zahlreiche Zitate von Dichtern und Philosophen wider, die alle der Macht der Zeit huldigen.

So heißt es etwa in der Bibel beim Prediger Salomo, Kap. 3 Vers 1–2:

„Ein jegliches hat seine Zeit und alles Vornehmen unter dem Himmel hat seine Stunde: geboren werden und sterben, pflanzen und ausreißen, was gepflanzt ist ...“

Später, im zweiten Jahrhundert nach Christus, schrieb der Kaiser und Philosoph Marcus Aurelius Antoninus:

„Zeit ist wie ein Fluß, der besteht aus dem was geschieht, und sein Strom ist stark; nichts erscheint schneller als das er fortgeschwemmt, und anderes nimmt seinen Platz ein, um ebenso fortgeschwemmt zu werden.“

Ein unaufhaltsamer Fluß von Zeit, die Vergeltung bringt, bedroht Dr. Faustus von Christopher Marlow (1564–1593):

„Nun hast Du nur noch eine Stund' zu leben bis daß Du ewig seist verdammt. Stehet still, Ihr kreisenden Sphären des Himmels, daß die Zeit ende und Mitternacht niemals komme.“

Die Vergangenheit läßt Richard II. von Shakespeare ausrufen: „Oh! rufet zurück das Gestern, bittet die Zeit zurück.“

Wie viele Dichter seiner Zeit faszinierte auch Shakespeare die gnadenlose Zerstörung, welche die Zeit mit sich brachte. In der „Schändung der Lukrezia“ schreibt er:

„Du Zeit in Mißgestalt, Gefährte der düst'
ren Nacht,
Du eil'ger Bote, Träger graus'ger Pflichten,
Du Äther der Jugend, falscher Sklave
falscher Lust,
Du Wächter des Leids, Packesel der Sünde,
Schlange der Tugend, Du nährest alle und

Oben links:
Mephisto entführt Faut in die Hölle. Illustration von Willy Pogany. „Steht still ihr ewig kreisenden Sphären des Himmels, daß die Zeit ende und Mitternacht niemals komme“, sagt Mephisto, der weiß, daß dies nie geschehen kann und Fausts Verdammnis um Mitternacht unvermeidbar ist.

Links:
Ein Kupferstich von William Mulready aus dem 19. Jahrhundert stellt die sieben Altersstufen des Menschen dar. Interpretationen darüber waren vom 15. bis zum frühen 19. Jahrhundert sehr populär und zeichneten ein bedrückendes Bild des schlechten, kurzen und grausamen Lebens des Menschen.

tötest alle, die da sind. Oh, höre mich also
, verletzende, vergangene Zeit!
Sei schuldig meines Todes, ob meiner
Missetat."

Und Macbeth sprach die berühmten Worte:

„Morgen und morgen und dann wieder
morgen
Kriecht so mit kleinem Schritt von Tag
zu Tag
Zur letzten Silb' auf unserem Lebensblatt;
Und alle unsre Gestern führten Narr'n
Den Pfad des stäub'gen Todes. –
Aus kleines Licht! –
Leben ist nur ein wandelnd Schattenbild;
Ein armer Komödiant, der spreizt und
knirscht
Sein Stündchen auf der Bühn' und dann
nicht mehr
Vernommen wird ..."

Sir Thomas Browne (1605–1682) schreibt über das leidenschaftliche und vergängliche Wesen der Natur: „Die Nacht der Zeit überdauert den Tag."

Herbert Spencer (1820–1903) meint ironisch: „Zeit: Der Mensch versucht stets sie totzuschlagen, doch letztendlich schlägt sie ihn tot."

Zeit beherrscht alles, was der Mensch tut, seine Emotionen, seine Wünsche. Er wehrt sich vergebens, wenn die Zeit ihm schöne Stunden raubt und verdammt sie, wenn sie Langeweile, Schmerz und Unglück dauern läßt. Aber die Zeit ignoriert ihn. Sie führt ihn fort, wie ein Herr seinen Hund.

Das Concise Oxford Dictionary definiert Zeit über eine ganze Seite. Kein anderer Begriff wird so erschöpfend behandelt. Trotzdem gibt es nur 12 Synonyme für Zeit: Dauer, Existenz: der Fortschritt derselben soll Personen und Dinge beeinflußen. Keine dieser Definition scheint Aufschluß zu geben über das Wesen der Zeit. Seit Generationen beschäftigen sich die Menschen mit dem Begriff, in dem ständigen Bestreben, ihr Wesen zu ergründen. Für manche ist die Zeit eine Illusion, für andere ein linearer Prozeß, ein Begriff aus der Mathematik oder Dynamik; der eine sieht die Zeit als mehrdimensional, moderne Physiker prägten in diesem Zusammenhang den Begriff des „Universumblockes", wobei Zeit eine Dimension eines vierdimensionalen statischen Universums ist, die das Bewußtsein des einzelnen erforscht. In der Realität ist Elastizität gleich Zeit: Sie fließt zu verschiedenen Quoten an verschiedenen Orten. Die Ergebnisse der Quantenmechanik und Atomphysik führten sogar zu noch seltsameren Begriffen, wobei die fließende Zeit subatome Partikel enthalten soll, die sie ihre Richtung ändern lassen.

Sir Thomas Browne (1605 bis 1682) bemerkte in seinem Garten des Cyrus: *„Die Nacht der Zeit überdauert den Tag" und fährt fort „Wer weiß wann Tag und Nacht gleich waren?"*

Den faszinierendsten Einblick in das Wesen der Zeit bilden die paranormalen Ereignisse. Dazu gehören die Vorahnung, die Vorhersehung, das Übersinnliche, gewollte oder ungewollte Geistererscheinungen, also all jene Dinge, die viele als wissenschaftlich wertlosen Unsinn abtun. Trotzdem scheinen diese Berichte und die Studien hartnäckiger Philosophen und Wissenschaftler keineswegs so unsinnig oder unnütz zu sein, sondern geben Aufschluß über das Wesen der Zeit und der menschlichen Persönlichkeit.

Plus ça change ...

Die westliche Weltansicht wurde stets vom dynamischen Zeitbegriff geprägt. Der extremste Verfechter dieses Gedankens war der griechische Philosoph Heraclit (ca. 540–480 vor Christus), der sagte: „Alle Dinge sind vergänglich, nichts steht still" und „Nichts ist von Dauer, alles verändert sich."

Ganz anders hingegen ist die östliche Ansicht über Zeit und Veränderung. In Indien erachtet man die Zeit eher als statisch und weniger dynamisch; Veränderung hebt das Besondere hervor. „Das eine bleibt, vieles ändert sich und vergeht." Die indische Philosophie bestätigt nicht Heraclits Gedanken, daß „es unmöglich sei, zweimal denselben Fluß entlangzugehen". Es geht hier nicht um den Strom des Wassers, sondern um den unveränderlichen Aspekt des Flusses, eine Ansicht, die auch Maurice de Macmahon teilt, indem er sagt: „Plus ça change, plus c'est la même chose." (Je mehr die Dinge sich ändern, umso mehr bleiben sie gleich.) Dieser statische Weltbegriff spiegelt sich auch in alten Sanskrit-Schriften wider – (links). Hier wird Handlung mit wenigen Worten umschrieben. „John lief die Straße hinunter" wird zum Beispiel zu „John war beim Hinunterlaufen der Straße", wobei „beim Hinunterlaufen der Straße" nicht seine Handlung beschrieben wird, sondern das Stadium, in dem sich John gerade befand. Ebenso wird aus dem Satz „Wegen des Regens gedeiht das Getreide": „Wegen des Regens ist das Getreide im Gedeihen." Die Aussage des Heraclits: „Alle Dinge sind vergänglich", heißt im Sanskrit „Sarram anityam" und bedeutet „Alles, was existiert ist unbeständig."

In der modernen Hindusprache wird diese Weltanschauung in verwirrenden linguistischen Begriffen ausgedrückt. „Kal" bedeutet zum Beispiel sowohl „gestern" als auch „morgen", und „parson" sowohl „vorgestern" als auch „übermorgen". Der wahre Sinn des Wortes geht nur aus dem Zusammenhang hervor.

Die Zukunft wartet

Vorahnung und Übersinnlichkeit, also jene paranormalen Fähigkeiten, Vergangenes wachzurufen, gehören heute zu den wichtigsten psychischen Phänomenen.

Die Zeit wird im allgemeinen eingeteilt in die Vergangenheit, die schon war, die Zukunft, die noch kommen wird und daher noch nicht existiert, und die Gegenwart, unsere Realität. Denkt man tiefer darüber nach, stellt man fest, wie kompliziert diese scheinbar simple Einteilung ist. Fragen wir uns zum Beispiel, wie „lang“ denn nun ein Moment der Gegenwart ist, können wir zu den unterschiedlichsten Ergebnissen kommen: eine Millisekunde, eine Nanosekunde (eine Milliardstel Sekunde) oder vielleicht nur eine Pikosekunde (ein Tausendstel einer Nanosekunde). Eine Pikosekunde ist gleich einer Sekunde im Verhältnis zu 30000 Jahren! Führen wir die Theorie so weiter, laufen wir Gefahr, das gesamte Universum ins Absurde zu führen.

In der Psychologie ist man sich einig, daß das Wesen der Zeit, und somit auch das Wesen der menschlichen Persönlichkeit, nur verstanden werden kann, wenn man Fälle studiert, in denen Vorahnung und Übersinnliches eine Rolle spielen. Vorahnung ist die paranormale Fähigkeit, Ereignisse in der Zukunft zu sehen. Dieses Ereignis kann innerhalb der nächsten Stunden, Tage oder Jahre geschehen. Der Begriff „Vorahnung“ wird oft bei der Vorhersehung persönlicher oder allgemeiner Katastrophen in der Zukunft verwendet. Man muß hier erwähnen, daß zukünftige Ereignisse auch anhand von Trends oder der Gesetzeslage vorhergesagt werden können.

So werden etwa im *Astronomical Almanach* die zukünftige Stellung der Sonne, des Mondes und der anderen Planeten vorhergesagt; was

THE DAILY TE

VOLCANO DISASTER IN MARTINIQUE.

TOWN SWEPT AWAY.

AN AVALANCHE OF FLAME.

PROBABLE LOSS OF OVER 40,000 LIVES.

BRITISH STEAMERS BURNT.

One of the most terrible disasters in the annals of the world has befallen the once prosperous town of St. Pierre, the commercial capital of the French island of Martinique, in the West Indies.

ing fuller information about the disaster, and of giving whatever assistance may be necessary.

A STORM OF MUD AND FIRE.

From Our Own Correspondent.

WASHINGTON, Friday Evening.

The following cablegram has just been received by the American Government from Consul Aymé at Guadaloupe:

"At seven o'clock a.m. on the 8th inst. a storm of steam, mud, and fire enveloped the city and roadstead of St. Pierre, destroying every house in the city, and of the community not more than twenty persons escaped with their lives.

"Eighteen vessels were burned and sank with all on board, including four American vessels and a ...

Zeit und wieder Zeit

Einer der Pioniere der deutschen Zeitforschung war J. W. Dunne (unten rechts). Seine Bücher erschienen in den zwanziger und dreißiger Jahren. Sein Interesse für die Zeit entdeckte Dunne als Soldat im Burenkrieg. Hier träumte er oft von Katastrophen, die dann später wirklich eintrafen. Jedes Detail erschien so deutlich, daß er glaubte, das Ereignis hätte den Traum ausgelöst. Nur hatte er den Traum immer vor einer Katastrophe und nicht nachher. Am 8. Mai 1902 brach der Vulkan am Mount Pelé auf der Insel Martinique aus. Dunne hatte vorher schon davon geträumt, aber nicht, daß er den Vulkanausbruch miterlebt, sondern im *Daily Telegraph* davon gelesen hätte (oben).

Dunne schloß daraus, daß solche Träume das wirkliche Erleben eines Ereignisses waren, nur zeitverschoben. Er entwickelte eine Theorie von der Zeit, die auf solche außergewöhnliche Phänomene anwendbar war.

Er ging von dem bekannten Begriff des Block-Universums aus. Das „Jetzt“ ist ein Teil dieses Universums, das vom Ich erfaßt wird. Dunne nannte es „Beobachter Eins“. Dieser erlebt mehrere aufeinanderfolgende Teile des Universums. So weit so gut. Dunnes Meisterstück war die Vorstellung der „Zeit Zwei“, die den Weg des Beobachter Eins durch die Zeit messen sollte, und eines gleichwertigen Beobachters Zwei, der dem Weg des Beobachter Eins folgt und freie Hand über dessen Leben hat, seine Gegenwart, Vergangenheit und Zukunft, wenn Beobachter Eins schläft. Diese Hypothese führte Dunne zu der Theorie von der unendlichen Verdrängung von Zeiten und Beobachtern, analog zu der Verdrängung in

aber nichts mit paranormalen Fähigkeiten zu tun hat; sondern auf Erfahrung und Wissen beruht. Die „Übersinnlichkeit" ist die paranormale Fähigkeit, vergangene Ereignisse oder Szenen wachzurufen, ohne sich auf Aufzeichnungen, Bilder und anderes zu stützen.

Die Aufzeichnungen und Berichte der Gesellschaften für parapsychologische Untersuchungen über Fälle der Vorhersehung und Übersinnlichkeit klingen durchaus überzeugend. Es gibt stärkere und schwächere Beweise, manche handeln von Naturkatastrophen, wie Erdbeben, Überschwemmungen oder Vulkanausbrüchen, andere von Kriegen, Revolutionen, Zug-, Flugzeug- und Schiffsunglücken. Viele beziehen sich auf tragische Ereignisse im Leben des „Sehers" und seiner Angehörigen. Andere haben ständig Visionen, wie zum Beispiel Edgar Cayce, Jean Dixon, Eva Hellström, Gerard Croiset und Alan Vaughan. Die meisten sehen Ereignisse nur fallweise voraus, tragische Geschehnisse in der Familie oder banale Alltagssituationen.

Oben:
Turbulente Szenen der Rettungsarbeiten nach dem Unglück von Aberfan 1966. Eine Untersuchung von Vorhersehungen der Katastrophe bewies, daß es „Vor-Katastrophen-Syndrome" gibt, bei denen viele ein Unbehagen fühlen, das stärker wird, je näher die Katastrophe kommt. Der Psychiater Dr. J. C. Barker meinte, manche Leute reagierten auf zukünftige Unglücksfälle wie Seismographen.

Dunnes Bild, in dem er sich selbst malt (unten).

Obgleich Dunnes metaphysische Argumente allgemein abgelehnt wurden, bleibt seine Arbeit ein Pionierwerk zur Studie der Natur der Zeit. Seine experimentalen Ergebnisse, daß Vorahnungen in unseren Träumen erscheinen können, wurden später von Forschern wie Montague Ullman und Stanley Krippner bestätigt.

Katastrophen der Zukunft

Die Ereignisse werden unterschiedlich deutlich vorausgesehen. Wahrscheinlich hängt dies von der psychischen Fähigkeit des Mediums ab oder von dem Ausmaß der Katastrophe. Das muß nicht unbedingt ein Massensterben sein; auch ein einziger Toter kann gewaltige, unvergeßliche Auswirkungen haben. Viele erinnern sich noch an den Schock, den die Nachricht von der Ermordung John F. Kennedys in Dallas 1963 auslöste, zusätzlich zu den detaillierten Reportagen.

Dr. J. C. Barker besitzt eine bemerkenswerte Sammlung von Vorhersagen der Katastrophe von Aberlan. Er war Psychologe und hatte das Phänomen der Übersinnlichkeit jahrelang studiert. Durch einen Aufruf erhielt er 76 Briefe mit Vorhersagen, von denen 24 bestätigt werden konnten. Alle Details aus den Briefen ergaben ein klares Bild von der Katastrophe, sogar den Namen des Dorfes kannte man. Eine Kohlenhalde würde zusammenfallen und eine Schule verschütten, wobei zahlreiche Kinder ums Leben kämen. Viele, die diese Vorahnung hatten, fühlten eine mehr oder weniger starke innere Unruhe kurz oder lange vor der Katastrophe. Barker nannte es das „Vor-Katastrophen-Syndrom" und meinte, manche Menschen reagierten wie Seismographen auf die Zeit und hätten ein besonderes Gefühl für Katastrophen in der Zukunft. Der Parapsychologe J. Gaither Pratt ist der Ansicht, solche Menschen gäbe es ebenso selten wie Linkshänder.

Einer dieser „menschlichen Seismographen" war der Marquis de Cazotte, Mitglied der Gesellschaft französischer Akademiker. Bei einem Treffen vier Jahre vor der Französischen Revolution verblüffte er seine Kollegen mit Prophezeiungen über ihr Schicksal. Jean-Francois de la Harpe zeichnete diese Aussage

griffen werden und zerfallen. Der Mann aber würde verschwinden."

In seinem Buch *Telepathy and Clairvoyance* führt der berühmte holländische Parapsychologe Professor W. H. C. Tenhaeff zwei Beispiele aus seiner Sammlung für die Vorhersehung eines Krieges an. 1929 besuchte ein Medium eine Mrs. W. R. und ihre Familie in Graaf Ottolaan in Oogterbeek bei Arnheim. Der „Seher" war sehr aufgeregt und berichtete von Visionen über Mord und Hinrichtungen. Er hörte entsetzliche Schreie und sah Soldaten in ihm unbekannten Uniformen, die um eine Generalstabskarte standen. Er bedrängte den Ehemann von Mrs. W. R., das Haus zu verlassen und alles in Sicherheit zu bringen. 1944 brachen in Arnheim die Kämpfe zwischen alliierten Fallschirmjägern und den Deutschen aus. Die heftigsten Gefechte fanden in den Häusern und in deren Umgebung statt.

Im zweiten Fall hatte Mr. L. L. einen immer wiederkehrenden Traum, in dem er inmitten einer Gruppe von Männern stand, die zwar alle Zivil trugen, aber trotzdem militärischen

auf. Der Marquis sagte jedem der Gäste die Art und Weise seines Todes voraus – entweder würden Sie durch die Guillotine sterben oder durch Selbstmord. Cazotte prophezeite, Harpe würde als Christ enden. Dieser war ein überzeugter Atheist; einer der Kollegen lachte und meinte: „Nun habe ich nichts mehr zu befürchten, denn wenn wir darauf warten sollen, daß La Harpe Christ wird, dann leben wir ewig." Obgleich die Aufzeichnungen erst nach der Revolution veröffentlicht wurden, beeideten zuverlässige Zeugen, daß sie vor 1784 aufgeschrieben wurden. Die Prophezeiung traf übrigens bis ins letzte Detail ein.

Bei der zweiten internationalen Konferenz der Gesellschaft für Parapsychologische Forschung im Trinity College Cambridge im März 1978 verlas Professor Hans Bender einen Forschungsbericht über einen Fall, der Cazottes Vision an Präzision übertraf und offensichtliche Ereignisse in der Zukunft beschrieb.

Ein bayrischer Frontsoldat schrieb im Jahre 1914 an seine Familie über die Prophezeiung eines französischen Kriegsgefangenen. Der Brief klang ironisch und skeptisch, was durchaus verständlich war. Der Franzose riet seinen deutschen Feinden,

> „sie sollten die Waffen niederlegen, denn Deutschland und seine Alliierten würden den Krieg verlieren. Nach dem Krieg würden alle Deutschen Millionäre sein, und sie würden das Geld zum Fenster hinauswerfen. Aber niemand würde es aufheben, denn es wäre wertlos. 1932 würde ein Mann aus der Arbeiterklasse Deutschland regieren und zu einem neuen Krieg rüsten. Auch diesen Krieg, der 1939 beginnen würde, würde Deutschland verlieren, obgleich Italien an seiner Seite kämpfen würde und viele deutsche Soldaten in Italien fallen würden. 1945 würde Deutschland von allen Seiten ange-

Oben:
Marquis de Cazotte sagt seinen Freunden voraus, auf welche Art sie während der Französischen Revolution sterben würden. Die Vorhersagen trafen präzise ein.

Rechts:
Berge von Banknoten, die durch die Inflation in Deutschland wertlos wurden. Ein von den Deutschen 1914 gefangener Franzose hatte vorhergesagt, daß „nach dem Ersten Weltkrieg alle Deutschen Millionäre ihr Geld aus dem Fenster werfen werden. Niemand aber wird es aufheben, weil es wertlos ist."

Befehlen gehorchten. Mr. L. L. war zwar Soldat gewesen, doch die Details in seinem Traum zeigten ihm, daß er nicht von seiner Militärzeit träumte. Viele Jahre später wurde er in Indonesien von Japanern gefangengenommen, in ein Lager gebracht und erlebte exakt dieselben Szenen, die er geträumt hatte. Der Traum kam nie mehr wieder, nachdem er nach Europa zurückgekehrt war.

Der Untergang der „Titanic" im April 1912 löste die gleichen Gefühle der Hilflosigkeit, des Schreckens und des Entsetzens aus, wie die Tragödie von Aberlan 50 Jahre später. Das Passagierschiff, das allgemein als unsinkbar galt, war mit der Elite der westlichen Gesellschaft an Bord zu seiner Jungfernfahrt aufgebrochen. In der Nacht des 14. April um 23.40

Uhr fuhr die „Titanic" mit voller Kraft auf einen Eisberg, der den Schiffsrumpf aufriß.

Professor Ian Stephenson, der Berichte über paranormale Phänomene im Zusammenhang mit dem Untergang der „Titanic" sammelte, meinte, Katastrophen wie diese könnten psychische Schocks auslösen. Von Stephensons 19 gesammelten Fällen waren zehn Vorhersehungen.

Die Bewußtseinsschwelle

In den siebziger Jahren untersuchte W. G. Cox in einer bemerkenswerten Studie die Theorie, daß Vorhersagen das Verhalten des Menschen beeinflussen können, obgleich sie das Bewußtsein in erkennbarer Form nie erreichen. Cox wählte einige Eisenbahnzüge aus, die schon einmal in schwere Unfälle verwickelt waren und verglich die Anzahl der Passagiere, die den Zug nahmen, vor und nach dem Unfall. Analysen ergaben, daß Vorhersehungen von Katastrophen so stark waren, daß Menschen ihre Meinung änderten, beziehungsweise die geplante Reise stornierten, ohne die Bewußtseinsschwelle erkennbar zu überwinden. Andere sammelten zahlreiche Beispiele über Fälle, in denen die Vorhersage das Bewußtsein zwar erreichte, aber nicht „dechiffriert" werden konnte. Dr. Louisa Rhine führte folgendes Beispiel an:

„Mein Vater stellte Waschmaschinen her. Ein- bis zweimal im Jahr fuhr er zu den Großhändlern, um ihnen seine Erzeugnisse zu verkaufen. So besuchte er auch Kunden in Koekuk und wollte den 22.00-Uhr-Zug nach Davenport nehmen. Er ging zum Schalter und löste sich eine Fahrkarte, als ihn plötzlich das Gefühl überkam, er sollte lieber nicht fahren. Dieses Gefühl war so stark, daß er zurück ins Hotel ging und über Nacht in Koekuk blieb. Am nächsten Morgen, als er beim Frühstück die Zeitung durchblätterte, las er zu seinem Entsetzen, daß der Zug, den er Tags zuvor hätte nehmen wollen, entgleist war und fast alle Passagiere in den Raucherabteilen umgekommen waren. Vater war Raucher."

Oben:
So sah David Shepherd die verheerende Schlacht von Arnheim 1944. 1929 besuchte ein Medium eine Familie nahe der Stadt und hatte Visionen von dem Kampf. Es war so beeindruckt, daß es die Familie beschwor, das Gebiet zu verlassen.

Existieren die Ereignisse der Zukunft schon jetzt und werfen sie ihre Schatten voraus, besonders bei Katastrophen, so daß manche Menschen sie voraussehen? Hätte es dann einen Sinn, eine Agentur für Vorhersehungen zu eröffnen? Ein solches Büro wurde im Januar 1967 nach dem Unglück von Aberlan eröffnet. Mr. Andrew Mackenzie studierte die hier gemeldeten Fälle. In seinem Buch *The riddle of the future* („Das Rätsel von der Zukunft") beschreibt er einige Beispiele, die vielleicht erklären, wie eine solche Vorhersehung zustande kommt; was bedeuten würde, daß die Ereignisse der Zukunft schon „gegenwärtig" sind. Wenn ja, bleibt da der „freie Wille" nicht auf der Strecke?

Die Vierzeiler des Nostradamus

Die Prophezeiungen des Nostradamus (rechts) sind seit vier Jahrhunderten berühmt. Sie wurden in Vierzeilern geschrieben und sind sehr schwer verständlich. Zu den Standardinterpretationen gehört die Vorhersage des Nostradamus über die Französische Revolution, die Krönung eines Napoloron zum Kaiser und dem Aufstieg des Hister beziehungsweise Hitler.

Bei näherem Studium aber bemerkt man, daß seine Prophezeiungen nicht eindeutig

sind. Der Hinweis auf den Rückzug eines großen Mannes um einen kleinen Ort ist nicht die Vorhersage vom Exil Napoleons auf Elba, sondern die Abdankung Charles V., die kurz vor der Veröffentlichung der „Prophezeiungen" des Nostradamus stattfand. Der Hinweis auf politische Unruhen in der Bretagne beziehen sich nicht auf die Turbulenzen in der Geschichte Britanniens, sondern auf die Bretagne. Und schließlich stellte sich heraus, daß er mit Hister überhaupt nicht Hitler meinte, sondern die Donau.

„Die drei Lebensalter des Menschen" von Lorenzo Lotto (1480–1556). Manche Psychologen meinen, der Verlauf unseres Lebens sei in unser Unterbewußtsein eingeprägt und Vergangenheit und Zukunft immer gegenwärtig.

Zurück in die Vergangenheit

Zeitgleiter in die Vergangenheit deuten darauf hin, daß uns das Vergangene immer begleitet und Menschen mit übersinnlicher Begabung zugänglich ist.

Es gibt schlüssige Beweise für die Behauptung, man könne zurückgleiten in die Vergangenheit. Der Begriff „Übersinnlichkeit" beschreibt oft Ereignisse, in denen jemand Szenen aus der Vergangenheit wiedererlebt. Diese können sich vor kurzer Zeit oder vor vielen Jahrhunderten ereignet haben. Sie werden „gesehen" oder „gehört", oder beides.

Überraschenderweise ist es ebensoschwer, für eine „Übersinnlichkeit" einen unumstößlichen Fall zu finden, wie für eine Vorahnung. Die Schwierigkeit ergibt sich, wenn man zu beweisen versucht, daß dieses Ereignis wirklich durch Übersinnlichkeit nacherlebt wurde und keinesfalls auf Zeitungsberichten, Geschichtsbüchern, Dokumenten oder Erzählungen beruht. Die betreffende Person beschwört zwar, die Szene nie zuvor erlebt zu haben, doch ist das Erinnerungsvermögen trügerisch. Man weiß heute, daß sich viele Ereignisse unserer Vergangenheit im Unterbewußtsein eingenistet haben und gewollt niemals hervorgeholt werden können. Läßt nun die Sinnestäuschung, die ein Teil unseres geistigen Aufbaus ist, eine solche Szene wieder aufleben, ist es durchaus möglich, daß wir nicht merken, daß es sich um ein bereits erlebtes Geschehnis handelt und wir es für eine echte Übersinnlichkeit halten.

Die Möglichkeit, Vergangenes zurückzuholen bedeutet, daß es irgendwie gegenwärtig und zugänglich ist. Wie kompliziert dieser Gedanke auch sein mag, Vorhersagen sind noch viel komplexer. Hier muß man davon ausgehen, daß die Zukunft bereits existiert und zugänglich ist, was paradox klingt.

Man kann sagen, es gebe eher eine Maschine, die in die Vergangenheit blicken kann, als eine, die in die Zukunft sieht. Allgemein würde man sagen, was vergangen ist, gehört der Vergangenheit und läßt sich nicht mehr ändern, selbst wenn man es wieder wachruft. Bei der Zukunft allerdings stehe es uns frei zu ändern, was uns nicht gefällt. Ist das nicht möglich, gibt es keinen freien Willen.

Nehmen wir einige Beispiele für Übersinnlickeit: In seinem Buch *Human personality and its survival of bodily death* („Die menschliche Persönlichkeit und ihr Überleben des körperlichen Todes") beschreibt Frederic Myers Visionen, die eine junge Frau, bekannt als Miss A., in der Glaskugel hatte. Sie war eine Bekannte des Autors Archie Roy und der Countess of Radnor, die viele Visionen aus der Vergangenheit bestätigte.

Bei einem Besuch im Hause von Lord und Lady Radnor auf Longford Castle bei Salisbury in Wiltshire beschrieb Miss A. eine solche Vision:

„Lady Radnor war mit mir in einem Raum. Ich sah unter anderem einen großen verzierten Kamin mit einem Familienwappen in der Mitte und seltsamen Schlangenköpfen. Ich schien diesem Weg zu folgen, der zu einem Fluß führte, und ich sah altmodisch gekleidete Personen vorbeispazieren. Die Kristallkugel zeigte dann den Namen Edwye de Bovery, und Lady Radnor meinte, die Vision müsse falsch sein, weil der Name ganz anders geschrieben würde. Auch war in der Kugel der Name „White Web" zu erkennen, den ich nie zuvor gehört hatte. Einige Tage später fand ich in der Bibliothek ein altes Buch mit dem handgemalten Wappen, das ich in der Kristallkugel gesehen hatte ... Lady Radnor stellte fest, daß es sich um das Wappen der Erbin Miss Smith handelte. Etwas später entdeckte ich in einer Kirche auch den Namen Sir Edwye de Bovery in einem Register."

Lady Radnor berichtete dann später im Zusammenhang mit dieser Vision:

„Sir Edward des Bouverie, Kt., schrieb sich einmal ‚de Bovery', obgleich er selbst immer mit ‚des Bouverie' unterzeichnete. Er lebte in Red House, Cheshunt, Herts., und starb dort 1694. Sein Sohn Sir William verkaufte das Haus und lebte zeitweise im Pfarrhaus von Cheshunt. In der unmittelbaren Nähe gibt es einen Ort namens ‚White Web'. Sir Edwards Enkel, Edward des Bouverie, verkaufte das Anwesen und ließ sich 1717 in Longfort nieder. 1718 heiratete er Mary Smith, die Tochter und Miterbin von John Smith aus London, dem ersten Direktor der Bank von England. Es gibt viele Geheimnisse um Red House bei Cheshunt, ich habe aber nie versucht, das Haus bei White Web zu identifizieren."

Bei einer anderen Gelegenheit hatte Miss A. eine Vision in der Kathedrale von Salisbury. Sie sah eine Prozession prunkvoll geschmückter katholischer Geistlicher, die juwelenbesetzte Kreuze trugen. Einer von den Gläubigen kam näher, betrachtete sie traurig und sagte: „Ich bin ein großer Sünder. Ich war mitverantwortlich für die Hinrichtung Anne Boleyns. Dies ist umso trauriger, als ihr Vater und ich Jugendfreunde und Nachbarn waren." Man fragte ihn nach seinem Namen und er sagte: „Mein Name ist John Longland." Und er fuhr fort: „Mr. Barnbys Musik hat mich hergelockt, ich höre sie oft in der Kapelle von Eton."

Rechts:
Lady Radnor (1820–1879) und ihr Anwesen Longford Castle bei Salisbury, Wiltshire (unten). Auf Longford sah eine Miss A. in einer Kristallkugel ein Ereignis aus dem 17. Jahrhundert. Erstaunlicherweise enthielt diese Vision Details, die weder Miss A. noch die Gräfin kannten aber später bestätigt wurden.

Später stellte sich heraus, daß John Longland unter Heinrich VIII. Laienrichter in Salisbury war und in der Kapelle von Eton begraben wurde. Dies war allgemein nicht bekannt, weil Wandalen im 17. Jahrhundert die Grabplatte zerstört hatten. Mr. Barnby, „dessen Musik mich hergelockt hat", war Sir Joseph Barnby, ein bekannter Komponist zur Zeit Viktorias.

Glauben wir Miss A., daß sie echte Visionen beschrieb, bedürfen einige seltsame Faktoren einer Erklärung. Diese und all die anderen bemerkenswerten Visionen aus der Vergangenheit muten unumstößlich an. Einerseits sieht sie Menschen und Gebäude, wie sie Jahrhunderte zuvor wirklich existierten, andererseits unterhalten sich die Menschen mit ihr, und manchmal behaupteten sie noch, „da" zu sein und sich für neuere Ereignisse zu interessieren, zum Beispiel für Sir Joseph Barnbys Musik. Solche Fälle fordern eine einleuchtende Erklärung: Sie sind die übersinnliche Erfassung einer „toten" oder einer noch lebendigen Vergangenheit.

Musik und Geist

Gardner Murphy und Herbert L. Klemme berichten von einem Fall in den USA. Am 3. Oktober 1963 bat der Dekan Sam Dahl Mrs. Buterbaugh, Sekretärin an der Nebraska Wesleyan University in Lincoln (USA), seinem Kollegen, Professor Martin, eine Nachricht in sein Büro im nahegelegenen C. C. White Building zu bringen. Als sie das Gebäude betrat und durch die Halle ging, hörte sie die Stimmen von Studenten aus den Musikzimmern und den Klang einer Marimba. Sie öffnete die Tür zum ersten Zimmer. Ein modriger, unangenehmer Geruch schlug ihr entgegen. Sie hielt inne, sah auf und erblickte eine große schwarzhaarige Frau in einem knöchellangen Kleid, die gerade nach einem Buch in dem oberen Regal des Musikkabinetts langte.

Mrs. Buterbaugh sagte später aus:

„Zuerst schien alles normal, als ich das Zimmer betrat. Etwa vier Schritte von der Tür entfernt, schlug mir dieser Geruch entgegen. Das war so ein penetranter Geruch, der einen fast würgt. Ich sah zu Boden, wie man das oft beim Gehen tut, und als ich diesen Geruch bemerkte, wußte ich, daß noch jemand im Raum sein mußte. Erst jetzt war mir bewußt, daß es in der Halle ruhig war, totenstill. Ich sah auf und blickte zum Kabinett, und da stand sie, mit dem Rücken zu mir. Mit der rechten Hand griff sie nach einem Buch im Regal, aber sie bewegte sich nicht. Sie war nicht durchsichtig, trotzdem wußte ich, daß sie nicht wirklich existierte. Ich sah zu ihr hinüber, und sie verschwand langsam. Ihr Körper löste sich auf.

Als sie verschwunden war, wurde ich das Gefühl nicht los, daß noch jemand im Zimmer sein mußte. Zu meiner Linken stand der Schreibtisch, und ich hatte das Gefühl, daß ein Mann dort saß, aber ich sah niemanden. Ich weiß nicht, wie lange ich seine Gegenwart spürte ... Ich sah dann zum Fenster hinaus, Panik ergriff mich, und ich lief hinaus, denn was ich sah, hatte nichts mit heute zu tun. Ich erblickte weder die Straße noch das neue Willard House. Dann wurde mir klar, daß auch die Leute in einer Zeit vor unserer lebten und ich mich in der Vergangenheit befand.

Erst in der Halle hörte ich wieder die vertrauten Geräusche. Dies alles muß Sekunden gedauert haben, denn die Mädchen, die vorher in ihre Klassen gingen, waren nur ein paar Schritte gegangen, und irgendwo spielte noch jemand die Marimba."

Sichtlich bewegt ging Mrs. Buterbaugh in ihr Büro zurück. Sie versuchte weiterzuarbeiten, konnte sich aber nicht konzentrieren. Schließlich erzählte sie dem Dekan Dahl von ihrem seltsamen Erlebnis. Später meinte man, es könnte sich bei der schwarzhaarigen Frau, die Mrs. Buterbaugh gesehen hatte, um Miss Clarissa U. Mills handeln, die an der Universität Musiktheorie und Klavier unterrichtet und oft dieses Büro benutzt hatte. Sie starb völlig unerwartet 1936 in einem Nebenzimmer. In einem alten Jahrbuch (das Mrs. Buterbaugh nie zuvor gesehen hatte) fand man ein Bild von Miss Mills. Die Erscheinung hatte zwar mit dem Rücken zu Mrs. Buterbaugh gestanden, doch war sie ebenso groß und schlank gewesen wie Miss Mills und besaß schwarze Haare. Sie interessierte sich für Musik und Choräle; und in dem Kabinett, in dem sie Mrs. Buterbaugh erschienen war, standen alle Bücher über Choräle, auch aus der Zeit vor Miss Mills Tod. Überdies entsprachen Kleidung und Frisur der Mode um 1915. Miss Mills war 1912 an die Universität gekommen. In dem Jahrbuch hatte sie genau dieselbe Frisur. Mrs. Buterbaugh

Oben:
Das C. C. White-Gebäude der Nebraska Wesleyan University, Lincoln (USA). Am 3. Oktober 1963 hatte Coleen Buterbaugh eine Vision. Als sie das Musikzimmer betrat (oben rechts), sah sie eine große, schlanke Frau mit langem Kleid und altmodischer Frisur. Nachforschungen ergaben, daß eine Clarissa U. Mills, die der Gestalt ähnlich sah, 1936 in dem Büro gestorben war.

konnte auch genau beschreiben, was sie sah, als sie aus dem Fenster blickte:

„Das Fenster stand offen. Obgleich es früh am Morgen war, schien es ein warmer Sommernachmittag zu sein. Es herrschte Stille. Einige Bäume waren zu sehen, etwa zwei rechts und drei links. Vielleicht standen mehr da, ich kann mich aber nur an fünf erinnern. Alles andere war freies Feld. Das neue Willard-Kloster und auch die Madison Street fehlten. Ich erinnerte mich vage, Umrisse von Häusern in der Nähe gesehen zu haben, sonst war alles freies Feld."

Interessanterweise war dieser Professor Martin, dem Mrs. Buterbaugh die Nachricht hätte überbringen sollen, ein Gastprofessor aus Schottland. Er war gerade dabei, Choräle einzustudieren, eine Arbeit, die Miss Mills oft getan haben muß.

Miss Mills starb eines Tages im Büro gegenüber kurz nach 9.00 Uhr morgens, nachdem sie sich durch einen eisigen Wind ins C. C. White Building gekämpft hatte. Auch Mrs. Buterbaugh war kurz nach 9.00 Uhr gekommen.

Rechts:
Gardner Murphy, Psychologe, untersuchte zusammen mit Herbert L. Klemme die Aussagen von Coleen Buterbaugh an der Nebraska Wesleyan University.

Die einzelnen Fälle weisen oft Ähnlichkeiten auf. Die berühmteste Erscheinung ist wohl der Besuch von Miss Maberley und Miss Jourdain 1901 im Palast von Versailles zur Zeit Marie Antoinettes.

In seinem Buch *Human personality* („Menschliche Persönlichkeit") setzt sich Frederic Myers mit den Erscheinungen von Toten auseinander. Er wirft die Frage auf, ob das Phänomen mancher Häuser, Erscheinungen anzuziehen, in das breitere Umfeld der Übersinnlichkeit einzureihen ist.

„Erscheinungen in manchen Spukhäusern sind auf Geschehnisse vor langer Zeit zurückzuführen. Inwiefern hängen sie von diesem Ereignis in der Vergangenheit ab? Sind sie eine Folgeerscheinung oder nur ein Überbleibsel? Ist es ein neues Ereignis oder bereits Geschehenes? Oder läßt sich überhaupt Vergangenes von Wahrgenommenem unterscheiden?"

Diese Fragen stellen das Hauptproblem der Geistererscheinungen dar. Anders ausgedrückt, sie sind quasi parapsychologische „Aufnahmen", die sich dann und wann selbst abspielen. Oder „sieht" das Medium die Szenen aus der Vergangenheit direkt, oder hat das „Wesen" auf der anderen Seite nur den Wunsch, Unvollendetes zu Ende zu führen? Die Möglichkeit, daß die Vergangenheit noch „hier" und manchmal zugänglich ist, darf nicht außer acht gelassen werden, will man das Wesen der Zeit verstehen.

Links:
Ein brasilianischer Spiritist in Trance. Psychologen sind der Meinung, das Unterbewußtsein hätte Zugang zur Zukunft, und unter bestimmten Bedingungen, zum Beispiel in Trance, kann diese Information die Grenze zwischen Unterbewußtsein und Bewußtsein in Form einer Vorahnung überschreiten.

Zeit: Die Grenze zur Unendlichkeit

Menschen mit übernatürlichen Fähigkeiten können spontan oder gewollt sich in der Zeit zurück- oder vorversetzen. Wie paßt das mit der Theorie zusammen, daß das Universum keine Richtung hat?

Gibt es Vorahnungen und übernatürliche Kräfte? Geben sie Aufschluß über das Wesen der Zeit? Viele Philosophen und Psychologen akzeptieren diese Phänomene und halten die „allgemeinen" Interpretationen der Zeit für falsch und irreführend, genau wie die Physiker des späten 19. Jahrhunderts zugeben mußten, daß ihre Theorien von Raum und Zeit, besonders im Bereich der Atomphysik und Astronomie, nicht zutrafen. 1908 beschrieb Hermann Minkowski das Universum als vierdimensionalen Raum-Zeit-Bereich und prägte den Begriff des „Block-Universums". Das ist ein statisches Universum ohne Vergangenheit, Gegenwart und Zukunft, außer denen des Beobachters. Dessen Bewußtsein fährt durch das Block-Universum wie ein Scheinwerfer über eine dunkle Landschaft. Diejenigen Bereiche, welche der Scheinwerfer schon erleuchtet hat, sind für den Beobachter bereits Vergangenheit, die noch zu erhellen sind, nennt er Zukunft.

Rechts oben:
Hermann Minkowski (1864 bis 1909), ein deutscher Psychologe, umschrieb als erster das Universum als vierdimensionale Raum-Zeit.

William James, ein amerikanischer Psychologe, prägte den Begriff der „Scheingegenwart", ein kleiner Bereich von Raum-Zeit, der alles enthält, was der Beobachter in einem Augenblick bewußt wahrnimmt. H. F. Saltmarsh wandte diese Theorie für Vorahnungen und übernatürliche Kräfte an. Er meinte, die Scheingegenwart des Bewußtseins sei kleiner als die des Unterbewußtseins. Daher bestehe die Möglichkeit, daß ein Ereignis, welches für das Bewußtsein in der Zukunft liegt, für das Unterbewußtsein sich in der Scheingegenwart befindet. Ist dieses unangenehm oder gefährlich, kann es vorkommen, daß das Unterbewußtsein das Bewußtsein, etwa als Traum, warnt. Unter bestimmten Bedingungen kann die Warnung auch in Form einer Vision geschehen. Träume der Vorhersehung kommen aber häufiger vor, wenn der Geist entspannt und daher empfänglich ist, also kurz vor dem Einschlafen, beim Erwachen oder während des Fernsehens.

Oben:
Der amerikanische Psychologe Wiliam James (1842–1910) prägte den Begriff „Scheingegenwart", ein Teil von Raum-Zeit, der alles enthält, was der Beobachter in einem bestimmten Augenblick wahrnimmt.

Saltmarsh will diese Theorie aber nicht auf den freien Willen beziehen. Ist die Zukunft bloß eine Häufung von Ereignissen, aus denen das statische Block-Universum besteht und die Geschehnisse im Leben eines Menschen nur der Ablauf dieser Erlebnisse im Block-Universum ist, kann es gar keinen freien Willen geben. Saltmarsh korrigierte seine Theorie dahingehend, daß er erklärte, die Zukunft sei in gewisser Weise plastisch und veränderbar. Sie werde erst „fixiert", wenn ein Geschehnis erlebt und somit unabänderlich wird.

Man könnte jedoch auch eine Theorie aufstellen, wonach ein zukünftiges Ereignis nach einer Vorahnung nicht unbedingt unvermeidbar ist.

Nehmen wir an, das Scheinwerferlicht auf ein Block-Universum, das all das enthält, was der Mensch in einem Augenblick bewußt wahrnimmt, ist umgeben vom Ring des Unterbewußten, innerhalb dem alles liegt, was man unterbewußt wahrnimmt.

Dafür ein konkretes Beispiel: Ein Mädchen steht auf der Passagierliste der „Titanic" und soll im April 1912 ihre Reise antreten. Sie löst eine Karte, packt ihre Koffer, besteigt das Schiff. Kurz vor dem Ablegen blinkt im Unterbewußtsein das Bild vom Untergang des Schiffes auf, obgleich das Ereignis ja noch außerhalb ihres Bewußtseins, also in der Zukunft liegt. Irgendwie aber durchdringen diese furchtbaren Szenen die Schwelle vom Unterbewußtsein zum Bewußtsein. Das Mädchen ahnt ihren Tod voraus. Sie ändert also ihr Vorhaben und somit ihren Weg im dunklen Feld des Universums, verzichtet auf die Fahrt und entgeht so dem Tod. Wenige Tage später liest sie vom Untergang der „Titanic" und ist froh, die Katastrophe vorausgeahnt und somit ihr Leben gerettet zu haben.

Wesentlich ist hier, daß die beiden Ereignisse, der Tod des Mädchens beim Untergang der „Titanic" und ihr Entschluß, nicht zu fahren und somit zu überleben, im potentiellen Sinn gleichermaßen real sind, denn sie ereignen sich beide im dunklen Feld des Universums. Der Unterschied ist nur, daß das Bewußtsein des Mädchens ein Ereignis beleuchtet, das andere nicht.

Da das dunkle Feld des Universums alle möglichen Ereignisse und Wege enthält, müssen in der Folge auch beide Abzweigungen des Lebensweges des Mädchens existieren. Wir können also davon ausgehen, daß jeder Mensch viele Lebenswege und Kreuzungen hat und mit jeder bewußten oder unbewußten Entscheidung ein neuer Weg eingeschlagen wird. Dies besagt auch die Theorie des Psychologen Hugh Everett: Das Universum sei reich verzweigt, und jede Möglichkeit wird erwogen, aber nur ein Zweig beachtet. Die Erfahrungen, die ein Mensch in seinem Leben macht, vergleicht er mit dem Mann, der nachts in eine Galerie geht. Das einzige Licht, welches ihn führt, ist das über den Bildern. Er geht den Korridor entlang und sieht die Szenen seiner Kindheit und Jugend. Dann kommt er in der Dunkelheit zu einer T-Kreuzung und hat die Wahl zwischen dem linken und dem rechten Weg. Er entscheidet sich für links und be-

Rechts:
Die „Titanic" sticht zu ihrer Jungfernfahrt in See. Wie zahlreiche andere Katastrophen, wurde auch ihr Untergang von vielen vorausgeahnt. Die Spannung im Unterbewußtsein könnte die Katastrophe der Zukunft in das Bewußtsein dringen lassen.

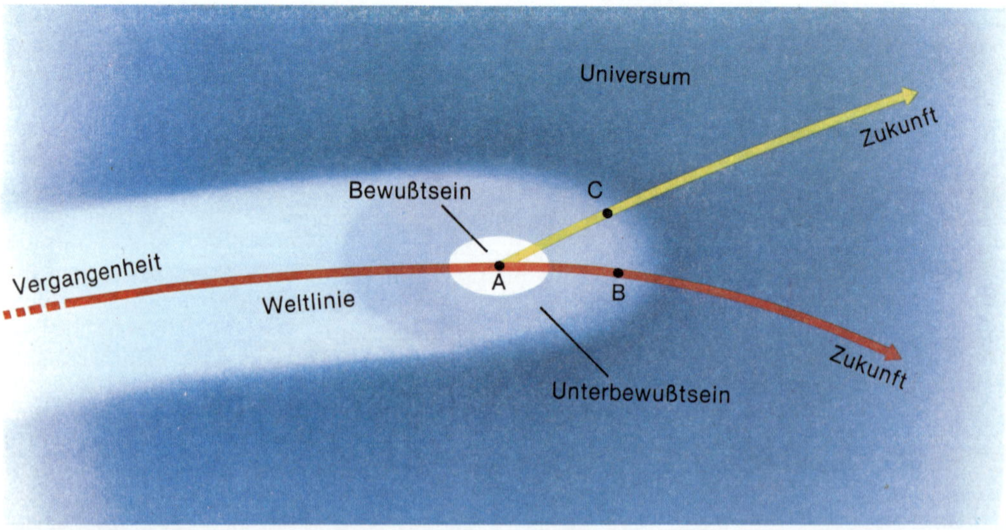

Oben:
Das Bewußtsein des Beobachters, das durch Raum und Zeit gleitet, kann verglichen werden mit einem Scheinwerfer, der über ein dunkles Feld bewegt wird. Um das helle Licht befindet sich ein halbdunkler Ring: das Unterbewußtsein A. Dieser Theorie zufolge kann eine Katastrophe B in das Unterbewußtsein des Beobachters treten und als Vorahnung erscheinen, die den Beobachter seinen Lebensweg ändern läßt und durch das Ereignis C geht, um der Katastrophe zu entgehen. Telepathische Fähigkeiten von Medien, wie Eileen Garett (unten links), sind erklärbar: Telepathie ist vielleicht möglich, wenn sich das Unterbewußtsein, aber nicht das Bewußtsein, zweier Menschen kreuzen (unten rechts).

leuchtet mit einer Taschenlampe die Bilder des linken Korridors. Er sieht sich in diesen Bildern als Jugendlicher, was er tut, wohin er geht und welche Freunde er hat, bis er schließlich zum Mann wird. Er erblickt aber niemals die Bilder des anderen Korridors und sein Schicksal, das ihn erwartet hätte, wäre er nach rechts gegangen: Zum Beispiel, daß er mit 23 bei einem Autounfall ums Leben gekommen wäre. Stattdessen sieht er, wie er die Universität beendet, später arbeitet, heiratet und eine Familie gründet.

Es gibt auch noch andere interessante Aspekte über diese Theorie von Zeit und Universum. Der Mensch besteht vielleicht aus Körper, Bewußtsein und Unterbewußtsein. Der Körper ist im Block-Universum eingebettet. Was wir unseren Körper nennen, ist nur ein Teil eines größeren Ganzen, der „Körperhülle", der Lebensweg, den das Licht des Bewußtseins beleuchtet. Es klingt vernünftig, den Menschen, der lebt und bei Bewußtsein ist, als die Summe von Bewußtsein, Unterbewußtsein und Körperhülle zu betrachten. Ist dann der Mensch, der träumt oder nicht bei Bewußtsein ist, nur die Summe von Unterbewußtsein und Körper?

Spirituelle Pfade

Vielleicht kann das Unterbewußtsein durch das Dunkel des Universums gleiten und versuchen, den Lebensweg einer anderen Person zu kreuzen. In diesem Fall bestünde eine bewußtlose oder träumende Person beziehungsweise der Geist, der durch das Medium erscheint, aus Unterbewußtsein und Körper. Treten zwei unterbewußte Bereiche ohne die dazugehörigen bewußten Bereiche miteinander in Kontakt, sind die Voraussetzungen für Telepathie gegeben.

Eine verbreitete Meinung sagt, daß vielleicht ein Ring unterbewußter Wahrnehmungen das ganze Leben eines Menschen umgibt. Aniela Jaffé vertritt zum Beispiel die Ansicht, daß der Mensch im tiefsten Unterbewußtsein den Verlauf seines ganzen Lebens kennt, und Professor Tenhaeff bemerkte, daß paranormale

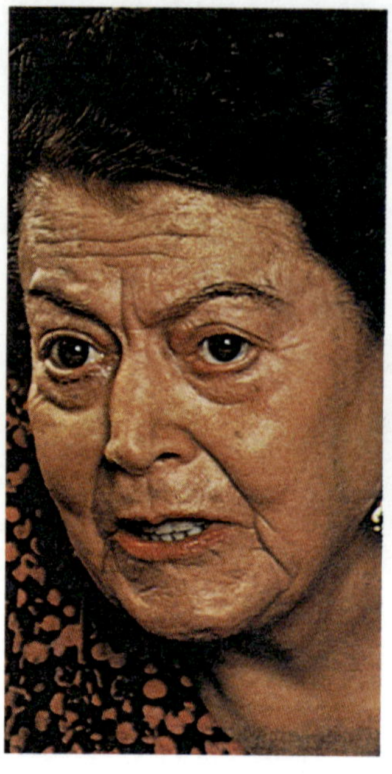

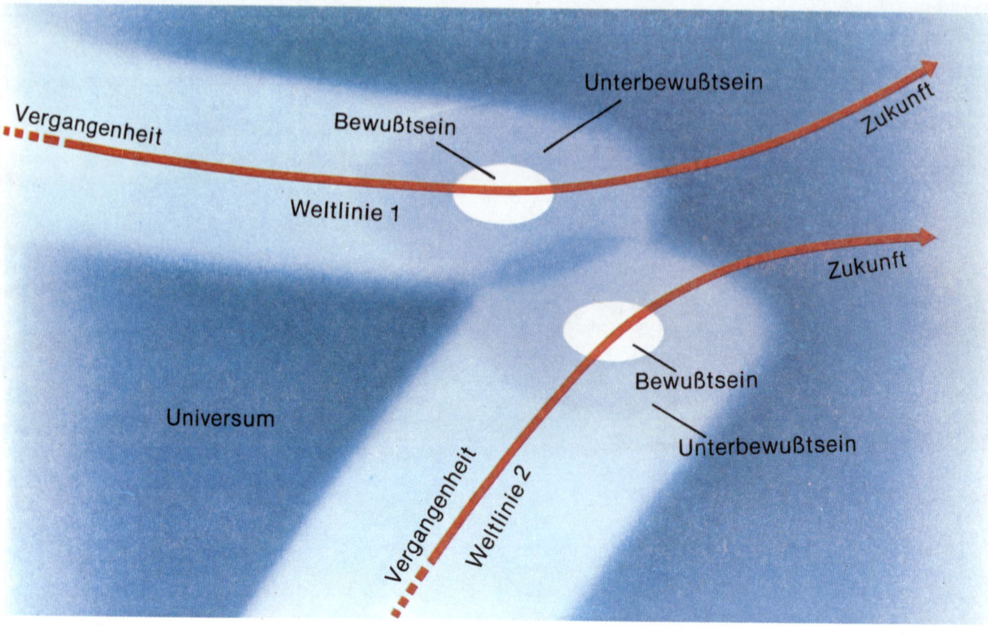

Fähigkeiten vielleicht mitvererbt werden. Der Philosoph Henri Bergson meinte, eine der Aufgaben des Gehirns sei wohl, Zeit auf einen bestimmten Augenblick zu verkürzen. Schon J. W. Dunns Theorie besagt, daß das Bewußtsein des Menschen auf den gegenwärtigen Augenblick beschränkt ist, doch das höhere Ich kann im Schlaf vergangene und zukünftige Ereignisse des Lebens hervorholen. Der amerikanische Parapsychologe Lawrence LeShan wies auf die Überzeugung vieler Mystiker und Medien hin, daß im Bewußtseinsstadium Zeit und Raum keine Rolle spielten; es gebe kein Gestern, kein Heute und kein Morgen, die Zeit scheint stillzustehen. Das Medium Eileen Garrett sagte dazu: „In der Unendlichkeit des Universums gibt es weder Raum noch Zeit." Diese Ansicht teilt auch die neue Lehre der Quantenmechanik.

Es sieht tatsächlich so aus, als schaffe unser Bewußtsein eine Zeit, die Illusion ist, was durchaus im Einklang steht mit der mystischen Lehre des Ostens. Zukünftige Studien über Vorahnungen und Übersinnlichkeit können die Probleme über das Wesen der Zeit vielleicht klarer definieren, so zum Beispiel die Frage des freien Willens und der Vorahnung, der Grundsatz, daß der Wirkung immer die Ursache vorausgeht, die Möglichkeit, daß bei einer Vorahnung die Zukunft geändert werden kann und so weiter. Die Philosophen C. D. Broad, C. W. K. Mundle, H. H. Price und viele andere haben ihre Meinung in dieser Sache schon geändert. Wenn renommierte Gelehrte Vorahnung und Übersinnlichkeit akzeptieren und mit Hilfe dieser Phänomene versuchen, das Wesen der Zeit zu erfassen, wird deutlich, daß dieses Gebiet von der Wissenschaft anerkannt und von größter Bedeutung ist.

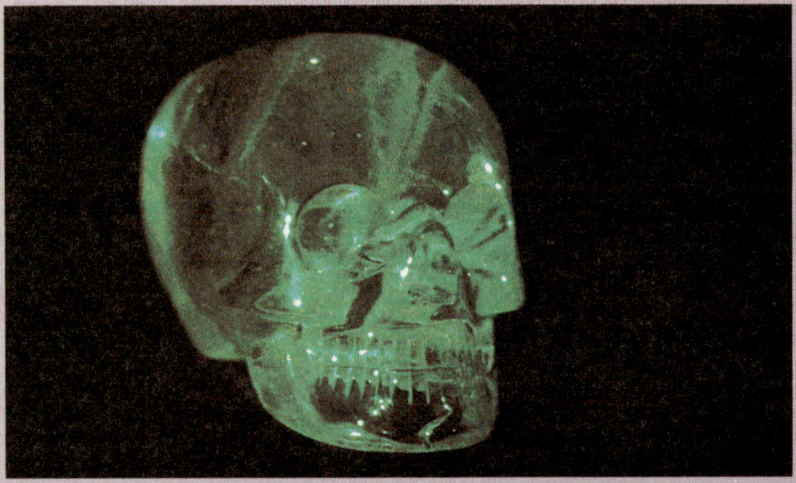

Die richtige Wahl

Weshalb können Medien mit Vergangenheit und Zukunft Verbindung aufnehmen? Haben sie ein geheimes Informationssystem?

Bibliothekare wissen, daß die Unordnung in einem System oft nur scheinbar ist. Man kann Bücher nicht nur nach Autor und Inhalt ordnen. Bücher können irgendwie archiviert, die Regale willkürlich gefüllt werden, solange man ein Informationssystem hat, mit dem man einen Titel findet.

Ein Werk über die Milchstraße kann zum Beispiel im Regal für Astronomie stehen, zwischen Barr und Bertlett, weil der Autor Barret heißt, oder bei den drei Büchern von Krupp, Nash und Lawrence, die ebenfalls die Milchstraße behandeln. Wird dieser Titel nun in das Informationssystem des Bibliothekars eingegeben, erscheinen diese vier Werke, obgleich das Buch von Lawrence sich über die bekannte Schokoladensorte „Milky Way" ausläßt! Kennt jemand dieses Informationssystem nicht, würde er annehmen, Lawrence's Buch sei zufällig oder auf Grund seiner Namensgleichheit in die Gruppe der astronomischen Bücher geraten.

Auch ein verschlüsseltes Bild ist auf den ersten Blick nichtssagend, doch sobald man es mit Laser bestrahlt, entsteht ein erstaunlich lebensechtes dreidimensionales Bild (links).

Angenommen, die scheinbare Unordnung des Lebens ergäbe mit dem richtigen Auswahlsystem einen Sinn, so wäre die Zeit nur eine Illusion des Bewußtseins, welches das Block-Universum durchstreift. Die Tücken der Zeit, wie Vorahnungen, Zeitreisen, Übersinnlichkeit und Ausflüge in die Vergangenheit und Zukunft, wären dann das Ergebnis eines Informations- und Auswahlsystems. Stimmt diese Hypothese, so stellen sich folgende Fragen: Nach welchen Regeln wird die Information ausgewählt? Kann man dies erlernen? Wer oder was bewirkt dieses System? Ist es etwas Physisches und kann man es lokalisieren?

Zeitreisen

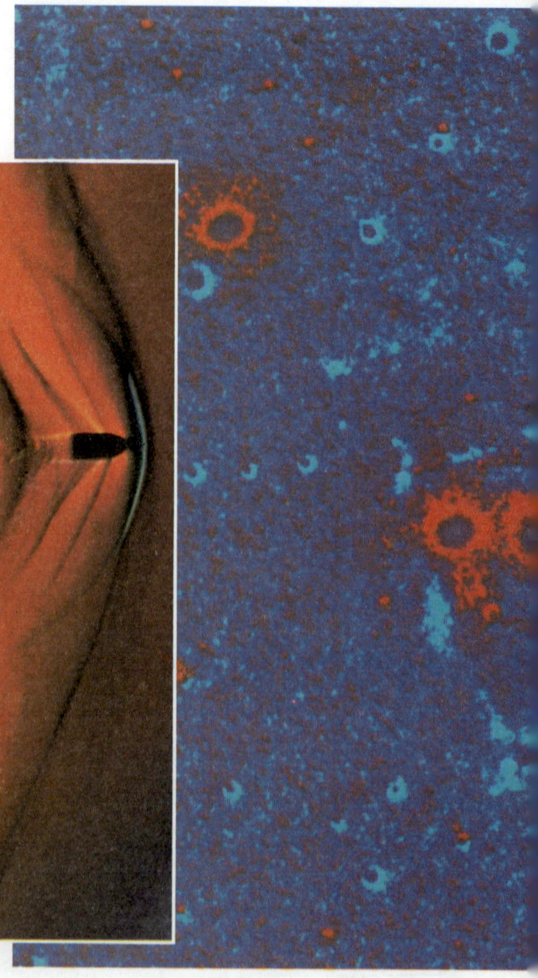

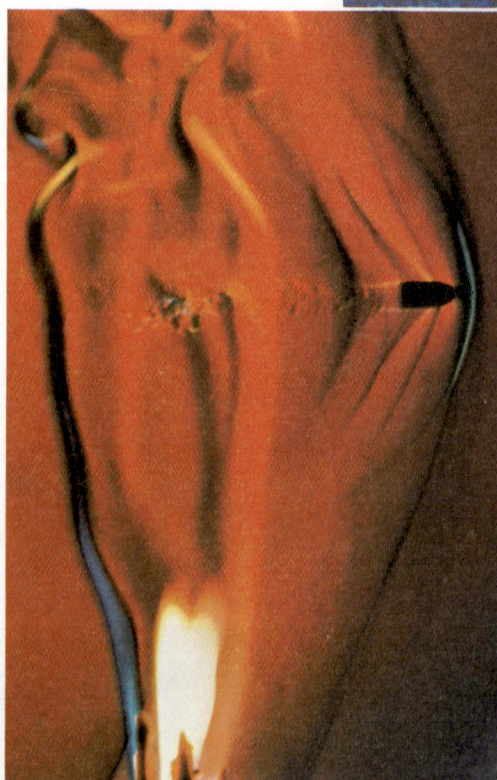

Die Annahme ist verbreitet, daß die Zeit „wie ein ewig fließender Strom" stetig dahingleite. Die moderne Wissenschaft hat aber festgestellt, daß die Wirklichkeit viel komplizierter ist und körperliche Zeitreisen durchaus im Bereich des Möglichen liegen.

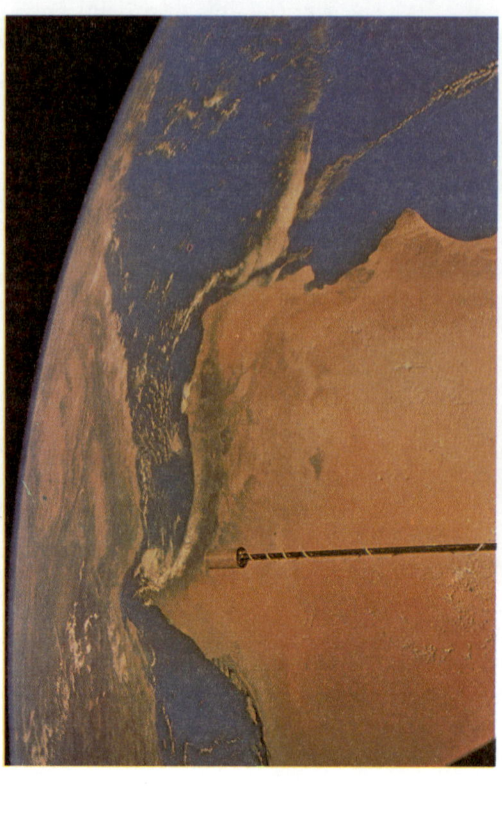

Die Wissenschaft basiert auf Kausalität: das heißt die Wirkung folgt auf die Ursache. Eine Kugel schießt aus der Pistole, nachdem man den Abzug drückt und nicht vorher. Aber was ist, wenn wir diese Kugel herauskommen sehen und dann in der Zeit zurückreisen, um zu verhindern, daß der Abzug gedrückt wird? Auf Grund solcher Fragen wird allgemein die Möglichkeit einer Zeitreise abgelehnt. Die Erfindung einer Zeitmaschine könnte diese Ansicht revidieren. Ebenso wie dieses Satellitenbild von der Erde (links) beweist, daß die Erde nicht flach ist, wie viele Wissenschaftler des 13. Jahrhunderts glaubten.

Wir sind alle Zeitreisende und legen mit jeder Erdumdrehung eine gewisse Zeitentfernung zurück, eine Entfernung, die für alle gleich ist. Dies ist die Realität des Lebens, doch wer hat nicht schon einmal darüber nachgedacht, wie es wäre, diesen Zeitlauf zu ändern und schneller oder langsamer zu reisen als alle anderen? Oder vielleicht dieselbe Straße zurückzukehren, um Vergangenes zurückzuholen und es vielleicht zu ändern? Selbst wenn körperliche Zeit-Reisen unmöglich sind, so besteht immer noch die Möglichkeit, durch Träume, Visionen oder Geister mit der Vergangenheit Kontakt aufzunehmen.

Überraschenderweise hält die Wissenschaft körperliche Zeitreisen unter bestimmten Bedingungen für möglich. Dazu muß aber die Realität ganz neu betrachtet werden. Um eine Brücke schlagen zu können zwischen unserer alltäglichen Erfahrung und der bizarren Möglichkeit, diese allgemein übliche Sicht aufzugeben, muß man zunächst einige Rätsel und scheinbare Widersinnigkeiten der Zeitreise näher analysieren. Ein Paradoxum erweckt sofort den Anschein, daß es unmöglich ist, doch mit etwas Phantasie führt eben dieses Paradoxum zur Lösung des Grundproblems.

Die Wissenschaftler werden oft beschuldigt, den gesunden Menschenverstand außer acht zu lassen. Die Idee vom steten Fluß der Zeit ist

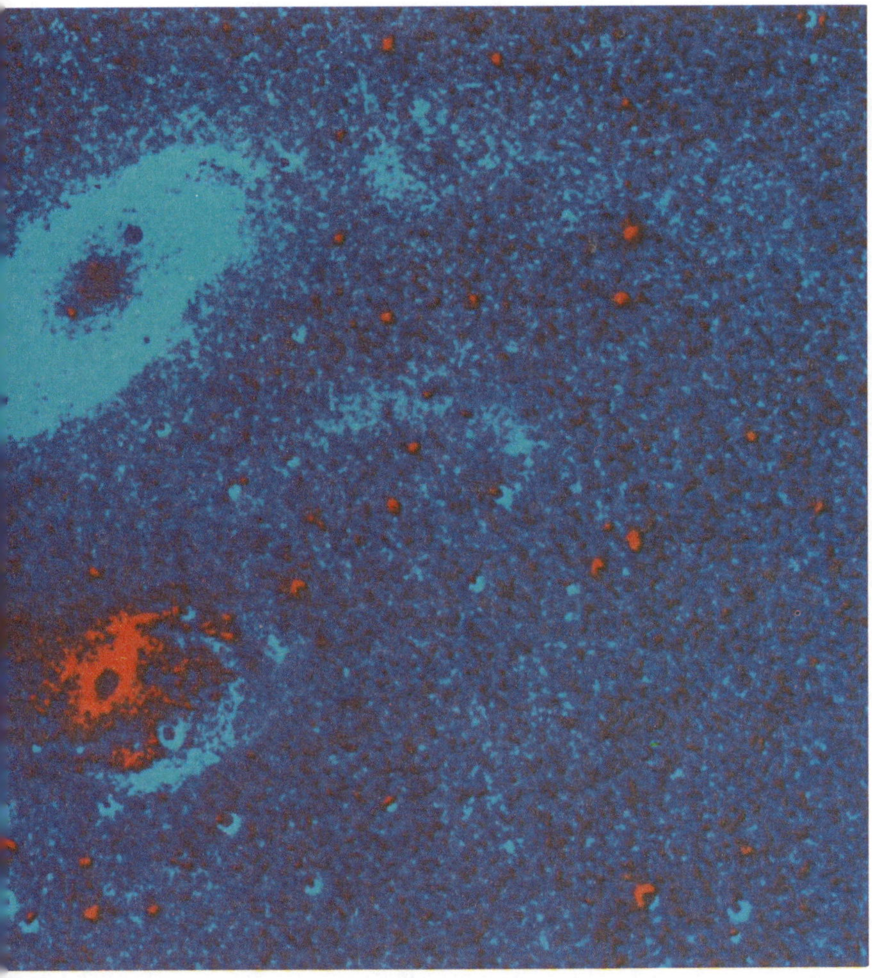

kühnen Astronauten schneller in die Zukunft gelangen lassen als uns. Auch wenn sie ihm nicht gefällt, gibt es für ihn kein Zurück. Wahrscheinlich ist die Zeit wirklich nicht jener stetig fließende Strom, sie ist aber, auch wissenschaftlich gesehen, eine Einbahnstraße. Man kann in die Zukunft eilen, aber niemals gegen den Strom schwimmen und zurückkehren. Es gibt da gewisse Paradoxa, die diese Möglichkeit schlichtweg verwerfen. Am häufigsten findet man sie in den Science-fiction Romanen.

Der Schlüssel des Rätsels heißt Kausalität. Das ist die scheinbar logische Annahme, daß Ereignisse in einem geordneten Ablauf der Ursache folgen. Die Kugel schießt aus dem Lauf, nachdem man den Abzug drückt und nicht vorher. Das Resultat des Pferderennens wird erst nach dem Zieleinlauf bekannt, wenn wir keine Tips mehr abgeben können. Logische Schlußfolgerung wäre, daß Zeitreisen unmöglich sind, wenn sie die Kausalität aufheben. Eine Theorie, die besagt, daß man ein gutes Abendessen genießen kann, nachdem man Selbstmord begangen hat, muß irgendwo einen Haken haben. Es handelt sich hierbei um keinen Beweis oder Gegenbeweis, sondern nur um Philosophie und Logik. Das Universum birgt so manche Überraschung für die Logiker.

Die Vertreter des Science-fiction haben ihre eigenen Theorien für diese Paradoxa. Ihre Version zeigt zwei Möglichkeiten auf, nämlich

längst überholt. Versuche mit Teilchen, die sich fast mit Lichtgeschwindigkeit bewegen und Einsteins Relativitätstheorie haben sich über die gewohnte Welt des gesunden Menschenverstandes hinweggesetzt und beschreiben die Funktionsweise des Universums. Zeit ist, ebenso wie der Raum, nicht elastisch oder fest. Einstein beschreibt sie als die zwei Seiten derselben Münze, als „Raum-Zeit-Münze“. Sowohl Zeit als auch Raum können gedehnt und geschmälert werden, und Zeit kann den Raum ersetzen, solange beide im Gleichgewicht sind. Dies sind nüchterne, solide wissenschaftliche Tatsachen.

Die Relativitätstheorie wird bestätigt durch direkte Messungen von Subatomen, die mit hoher Geschwindigkeit in einem „Atom-Zertrümmerer“ oder Beschleuniger herumwirbeln. Diese Atome haben eine längere Lebensdauer als solche in Ruhe; Tatsache ist auch, daß ein Astronaut, der mit 300000 Kilometer per Sekunde in den Weltraum geschossen wird, langsamer altert als wir hier auf der Erde.

Man kann die Zeit auch dehnen, wenn man in einem starken Gravitationsfeld sitzt, wie etwa in der Nähe eines Schwarzen Loches. Dazu muß man nicht unbedingt eintauchen. Es genügt, wenn man am Rand verharrt und das Universum im Zeitraffertempo vorbeiziehen läßt. Dies sind Arten der Zeitreise, die den

Oben:
Ein Bild von den Stephen-Quintet-Galaxien. Die Zeit in der Nähe von dichten Massen, wie Sternen oder Schwarzen Löchern, wird verzerrt. Zeitreisen werden möglich.

Rechts:
Ein elektrostatischer Beschleuniger von van de Graaff im Atomforschungszentrum in Harwell, Oxfordshire (England) zur Beschleunigung von Subatomen. Versuche haben gezeigt, daß solche Partikel länger leben als stillstehende Teilchen. Die Zeit vergeht für sie langsamer.

Oben:
Triumphaler Einzug Christi in Jerusalem. In seinem Roman Behold the man *beschreibt Michael Moorcock einen fanatischen Christen, der zurückreist in die Zeit Jesu, ihn aber nicht findet. Er versucht den Menschen, die Bibel näherzubringen und findet sich schließlich selbst in der Rolle des Heilands. 2000 Jahre später wird die Geschichte einen anderen Fanatiker inspirieren. Er wird zurückreisen und seine eigene Geschichte noch einmal durchspielen.*

Verzweigungen und Kehren in der Zeit. Als Paradoxon in der Zeitreise führen Science-fiction und Philosophie folgendes Beispiel an: Ein Zeitreisender geht in seiner Zeit zurück und verhindert, absichtlich oder zufällig, die Geburt seines Großvaters. Dies würde aber bedeuten, daß er selbst nie geboren würde; also muß sein Großvater trotz alldem geboren worden sein, und so muß auch unser Held in der Lage gewesen sein, zurückzureisen, um die Geburt seines Vorfahren zu verhindern und so weiter. Dieses Paradoxon erachten viele als den Beweis für die Unmöglichkeit der Zeitreise. Genau wie man damals meinte, die Natur „scheue das Vakuum", kann man heute sagen, sie „scheue die Zeitreise". Als Lösung für dieses Paradoxon kann man sich vorstellen, der Großvater sei einerseits geboren worden, andererseits gäbe es ihn nicht, so daß auch der Enkel einerseits existiert, andererseits wieder nicht. Die einfachste Antwort ist, daß die Wirkung der Handlungen des Zeitreisenden bereits in Zeit und Raum verankert sind. Seine Reise in die Vergangenheit vermag die Gegenwart nicht ändern, weil seine Reise schon Teil der Geschichte ist.

Michael Moorcock behandelte dieses Thema in seinem Roman *Behold the man* („Seht diesen Mann"). Der Zeitreisende ist hier ein Mann mit einer Neigung zu religiösem Wahn, der zurückreist in die Zeit Jesu, um die Kreuzigung zu sehen. Seine Zeitmaschine wird zerstört, und er findet nicht diesen Jesus, wie er in der Bibel beschrieben wird. Er versucht, den Menschen von Jesus zu erzählen und gerät unweigerlich selbst in die Rolle des Erlösers. Er spielt alle Szenen aus der Bibel bis zum bitteren Ende durch – der Kreuzigung. So entsteht Geschichte, und die Bibelgeschichten sind niedergeschrieben worden in der Gewißheit, daß 2000 Jahre später ein anderer zurückreisen und den Kreis schließen wird, wie eine Schlange, die ihren Schwanz frißt.

Diese Lösung sieht die Zeit als Teil eines Gefüges, in dem wir selbst nur vorbestimmte Rollen auf der Bühne von Raum und Zeit spielen. Eine Alternativlösung sieht Raum-Zeit als unendliche Variable, in der jeder von uns Meister seines eigenen Schicksals ist. Auch hier sei ein Beispiel aus dem Science-fiction-Roman *Lest darkness fall* („Es werde dunkel") von L. Sprague de Camp angeführt. Der Held wird auf mysteriöse Weise aus dem 20. Jahrhundert in das Italien des 6. Jahrhunderts zurückver-

Rechts:
Eine philosophische Theorie von der Zeit sieht alle Ereignisse irgendwie parallellaufen. Alles was man sich vorstellt, daß es geschehen kann, passiert auch – irgendwo in der Unendlichkeit parallellaufender Welten. Manche unterscheiden sich nur durch ein winziges Detail von der Realität, andere sind recht phantastisch. Sowohl Träume als auch paranormale Erlebnisse, wie etwa die Vorahnungen von Andrew Jackson Davis von einem Grubenunglück (ganz rechts), sollen aus der parallellaufenden Welt in unsere eigene „durchsickern".

setzt und wendet sich im Alleingang gegen das Mittelalter. Die Story an sich ist Unsinn, aber der Autor erklärt, daß der Held den Stammbaum der Geschichte zurückgereist ist und dadurch einen neuen Zweig schuf, indem er die Gedanken des 20. Jahrhunderts in die Welt des 6. Jahrhunderts einführte. Ähnlich äußert sich auch die Philosophie über parallele Universen, über Welten, die mit einer unendlichen Zahl von Variationen für die Geschichte nebeneinander laufen. Reist man zurück und ermordet seinen Großvater, so ist man in die parallellaufende Realität geglitten, in welcher der Großvater von einem Eindringling aus einer anderen Zeit ermordet wurde. Kommt man dann nach Hause und stellt fest, daß sich an der Geschichte nichts geändert hat, so ist dies nicht weiter verwunderlich. In der eigenen Zeitlinie ist nichts geschehen, was die Geschichte geändert hätte!

Diese Betrachtungsweise der Realität würde bedeuten, daß wir unser Schicksal vollkommen unter Kontrolle haben, weil ja alles möglich ist und irgendwo zwischen den parallellaufenden Universen geschieht. Es gilt nur, den Weg zu finden, um die Zeitgrenze zu überschreiten, nicht nach vor oder zurück, sondern seitwärts in der Zeit. Das ist leichter gesagt als getan, doch sollten Zeitreisen einmal möglich sein, dann sind Träume, Geister und andere Phänomene keine paranormalen Erscheinungen, sondern Informationsträger aus einer parallellaufenden Zeitwelt und keine Reise von unserer Zeit in eine andere.

Eine absurde Illusion

Eine der bemerkenswertesten philosophischen Theorien besagt, daß alles im Geist verankert ist. Sir Fred Hoyle, ein bekannter Astronom, der sich gerne mit Science-fiction befaßt, veröffentlichte diese These in *Ten faces of the Universe* („10 Gesichter des Universums") und arbeitete sie in seinem Science-fiction-Roman *October the first is too late* („Am 1. Oktober ist es zu spät") weiter aus. „Zeit trägt alle ihre Söhne fort, gleich einem ewig fließenden Strom." Dieses Bild der Zeit aus dem 90. Psalm ist eine „groteske und absurde Illusion". Alle Ereignisse, die unserer Meinung nach den Fluß der Zeit ausmachen und alle anderen unvorstellbaren Begebenheiten sind in einer Art Sortierstelle geordnet, jedes in seinem eigenen Fach. Hoyle meint weiter:

Oben:
Rod Taylor in dem Film Die Zeitmaschine *aus dem Jahre 1960 nach einem Roman von H. G. Wells. Solche Geschichten lassen die Frage aufkommen: Wird der Mensch eines Tages eine Zeitmaschine bauen können?*

„Nehmen wir an, jedes dieser Ereignisse schließt das Bewußtsein mit ein. Sobald ein bestimmtes Stadium ausgewählt ist und sobald ein imaginärer Verwalter prüft, was in dem bestimmten Fach liegt, ist das subjektive Bewußtsein dieses betreffenden Momentes erweckt und stellt die Gegenwart dar. Nehmen wir an, der Verwalter sieht zuerst in dem einen und dann in dem anderen Fach nach, und zwar nicht der Reihe nach, sondern willkürlich. Welche Wirkung hat das auf das subjektive Bewußtsein? Der Verwalter läuft also von Fach zu Fach, und das Bewußtsein verfolgt seine Bewegungen. Subjektiv wird der Eindruck erweckt, Zeit sei ein ewig-fließender Strom."

Wir machen vielleicht alle Zeitreisen durch und reisen von einem Universum ins andere, wir werden uns dessen aber nie bewußt werden.

Egal ob sie wahr sind oder nicht, solche Theorien zeigen, daß die Zeit mehr ist als wir von ihr wissen und es Wege gibt, philosophisch gesprochen, die Paradoxa der Zeit zu umgehen. Und wenn es solche Auswege gibt, steht dem Bau einer Zeitmaschine im Prinzip nichts mehr im Wege.

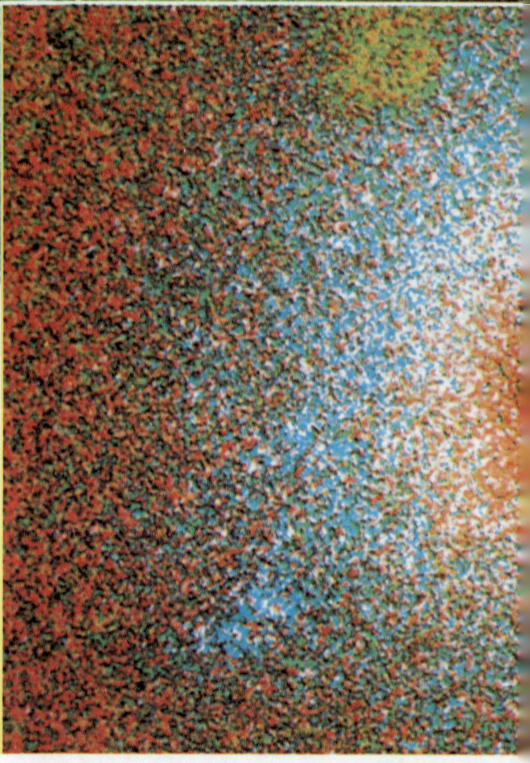

Der Entwurf für eine Zeitmaschine

Sollten Zeitreisen einmal möglich sein, wie könnten sie dann vor sich gehen?

Oben:
Ein künstlicher Satellit beleuchtet Tausende Sterne in der Ferne und schießt Nahaufnahmen. Viele Astronomen nehmen an, daß es in der Unendlichkeit der Galaxie zahlreiche Schwarze Löcher gibt. Wird man eines Tages mit ihrer Hilfe durch die Zeit reisen können?

Die Diskussion der Philosophen über die Möglichkeit einer Zeitreise macht eines klar: Es gibt vielleicht Wege und Mittel, das Universum so umzukonstruieren, daß irgendeine Art von Zeitreise physikalisch möglich wird.

In den siebziger Jahren erweckte die Nachricht großes Aufsehen, es gäbe Schwarze Löcher, und man könne sie für Zeitreisen verwenden. In diesem Weltraumbereich ist die Gravitation so stark, daß sich ein Loch in Raum-Zeit bildet, aus dem keine Energie, auch kein Licht, entweichen kann. Sie sind Bestandteil der modernen Astrophysik, mit dem die Wissenschaftler oft seltsame Phänomene zu deuten versuchen. Die aus den Schwarzen Löchern freiwerdende Energie kann zum Beispiel eine Erklärung sein für die starke Strahlung in unserer Galaxie und für die Energiequellen im Zentrum einzelner Galaxien. Ein Schwarzes Loch ist ein Loch im Weltraum; Einstein aber sagte, Raum und Zeit sind untrennbar, Teile der Raum-Zeit. Also muß angenommen werden, daß ein Loch im Raum auch eines in der Zeit ist, was immer das auch bedeuten mag. Ist es also möglich, durch das Loch zu reisen, kommt man wahrscheinlich an einen anderen Ort, in einem anderen Universum und wahrscheinlich auch in einer anderen Zeit an. Solche Spekulationen sind aber leider nur Science-fiction, denn eine Reise durch das Schwarze Loch würde den sicheren Tod bedeuten. Die Entdeckung der Schwarzen Löcher läßt aber trotzdem so manchen Theoretiker über die Möglichkeit der Zeitreise nachdenken.

Modernen Theorien über Raum-Zeit zufolge, ist nicht das Schwarze Loch der Schlüssel zu den Zeitreisen, sondern die „bloße Singularität", jener Ort, in dem die Gesetze der Physik versagen, wie etwa im Zentrum des Schwarzen Loches oder im Urknall, in dem das Universum entstand und wo Raum und Zeit aufhören zu existieren. Im Schwarzen Loch schützt der Ereignishorizont die Singularität und läßt keine Information entweichen. Die Anhänger der Theorie von der „kosmischen Zensur" glauben, daß dies immer der Fall ist: die Natur verbirgt stets ihre Singularität. Andere meinen, sie würde manchmal sichtbar. Stephen Haerkins hat gezeigt, daß Schwarze Löcher sich langsam auflösen und am Ende ihre Singularität freilegen. Das sind die „bloßen Singularitäten". Manche glauben, daß sie auch sichtbar werden, wenn sich die Materie zu schnell dreht und kein normales Schwarzes Loch und auch keine Ereignisgrenze entsteht.

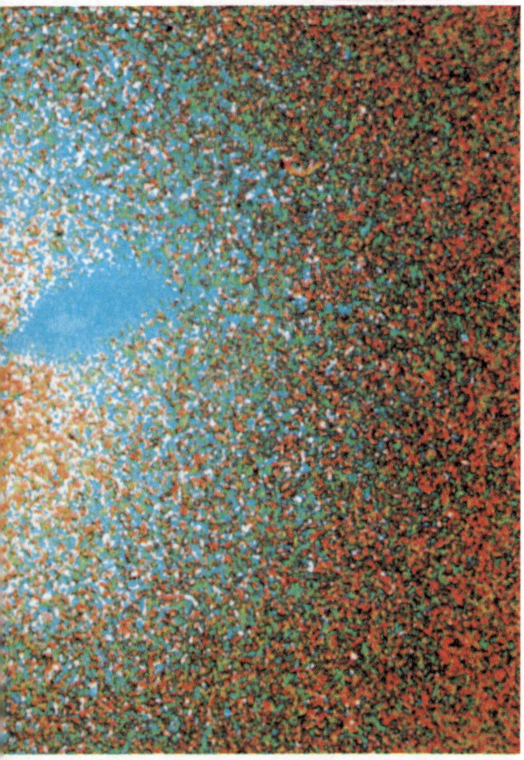

Zwei mögliche Stellen für Schwarze Löcher. Eines in der größten bekannten Galaxie U 87 (links), wo ein weißer heller Punkt inmitten der Galaxie zu sehen ist. Er gibt große Mengen an Energie in Form von Licht und Strahlen ab. Die Energie stammt vielleicht aus einem Schwarzen Loch im Zentrum der Galaxie, das auch die gewaltige Explosionen in der Ursa Major (unten) verursachen soll. Auch hier konnte das Schwarze Loch nicht eindeutig identifiziert werden.

Falls eine „bloße Singularität" im Universum existiert, ist es nach den Gesetzen der Physik möglich, sie in einer Umlaufbahn zu umkreisen, die uns in die Zukunft und in die Vergangenheit bringt und wieder zurück. Eine solche Bewegung nennt man „geschlossene zeitähnliche Gerade" und impliziert die Möglichkeit der Zeitreise und alle damit verbundenen physikalischen Probleme. Sie hat die Wissenschaftler in zwei Lager geteilt. Die eine Schule behauptet, daß es „bloße Singularitäten" nicht geben kann, weil sie die Existenz einer geschlossenen zeitähnlichen Gerade einschließt. Die andere Gruppe meint, der Urknall, aus dem das Universum entstanden ist, sei aus einer Singularität ausgebrochen, quasi ein umgekehrtes Schwarzes Loch; also gibt es mindestens ein Schwarzes Loch im Universum. Diese „bloße Singularität" muß auf Grund der geschlossenen zeitähnlichen Geraden fixiert und daher noch existent sein und die gesamte Zukunft der Raum-Zeit beeinflussen. Würden wir sie finden, hätten wir eine Zeitmaschine, mit der wir in jede Raum-Zeit seit Beginn des Universums reisen können.

Ein amerikanischer Theoretiker erklärt sogar, daß diese geschlossene zeitähnliche Gerade nicht nur existiert, sondern daß man sie eines Tages künstlich herstellen kann. Mit Hilfe der Physik und dem Maschinenbau des 20. Jahrhunderts erstellte Frank Tipler Pläne, die unsere Nachfahren vielleicht als Entwurf für eine Zeitmaschine verwenden werden.

Tiplers Arbeit, die in Fachzeitschriften wie *Physical Review* und *Annals of Physics* veröffentlicht wurde, ist hochmathematisch und für Laien schwer verständlich. Auf die Frage: „Sind Zeitreisen möglich?" antwortete er: „Meiner Ansicht nach gibt es theoretisch eine Möglichkeit im Zusammenhang mit der Relativitätstheorie, die Kausalität zu durchbrechen". „Durchbrechung der Kausalität" bedeutet in der Wissenschaft „Zeitreise"! Ein Teil der Studie Tiplers beschäftigt sich mit der mathematischen Berechnung, daß Zeitreisen innerhalb der Gesetze der Relativitätstheorie möglich sind. Das Universum läßt Zeitreisen zu. Es gibt keinen Grund, warum es in der Realität keine geschlossenen zeitähnlichen Geraden geben soll. Tipler beschäftigte sich außerdem mit der Frage, ob die Bedingungen für eine Zeitreise auch in der Natur vorkommen mit der Möglichkeit, eine künstliche Zeitmaschine zu bauen.

Der wichtigste Faktor, stellte Tipler fest, sei ein massives rotierendes Objekt, das gefunden oder gebaut werden müßte. Eine dichte Konzentration an Materie verzerrt Raum-Zeit durch ihre Gravitation. Dreht sich dieses Objekt auch noch, geschieht dies in noch stärkerem Maß, da die Gravitation versucht, die Raum-Zeit mitzureißen. Für manche Verbindungen von Masse, Dichte und Drehgeschwindigkeit kann eine Singularität ohne Ereignisgrenze geschaffen werden. Diesen verzerrten Raum-Zeit-Bereich um die bloße Singularität

nennt man „starkes Feld“ in bezug auf das Gravitationsfeld. Tipler konnte beweisen, daß ein Reisender aus einem schwachen Feld, etwa der Erde, in ein starkes Feld übergehen könnte und nahe einem rotierenden Objekt in die negative Zeit reisen und in der Lage sei, wieder in das schwache Feld zurückzukehren, ohne irgendein physikalisches Gesetz zu verletzen. Es wäre ihm möglich, in die Vergangenheit zurückkehren, in eine Zeit vor seinem Start. Es ist heute noch utopisch, eine Zeitmaschine zu bauen. Das kann sich aber in nächster Zukunft ändern.

Für eine Zeitmaschine braucht man im Prinzip nur ein Material mit genügender Dichte, das sich schnell genug dreht. Dieses müßte die Form eines unendlich langen Zylinders haben. Tipler aber glaubt, es genügt, wenn der Zylinder zehnmal so lang ist wie breit. Wieviel Masse braucht man dazu? Astronomen wissen, daß kurz bevor ein Schwarzes Loch entsteht, Neutronensterne das Universum beherrschen.

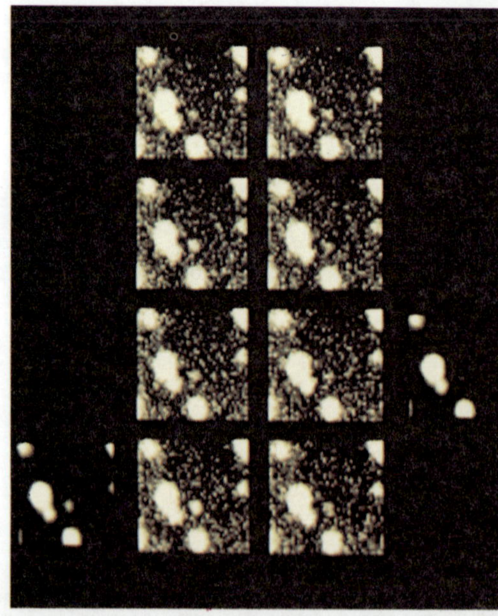

Rechts:
Ein blinkender Pulsar in der Konstellation der Vela. Diese Bilder stammen von einem hochempfindlichen elektronischen Detektor, der an ein Teleskop angeschlossen ist. Die acht Bilder werden von „Geräuschen“ gestört, ähnlich wie beim Fernsehgerät. Die Computerbilder zeigen die hellste und dunkelste Folge des Pulsars. Links ist der schwache helle Fleck unterhalb des Mittelpunktes noch vorhanden, rechts fehlt er. Theoretisch könnten Pulsare einmal für Zeitreisen verwendet werden.

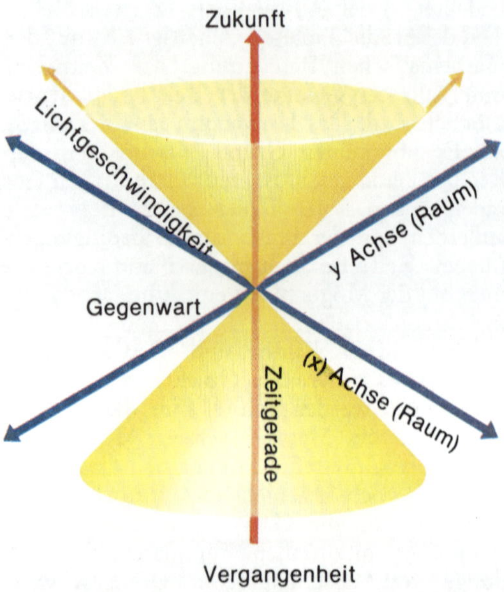

Raum-Zeit-Diagramm demonstrieren zwei Raumdimensionen, die dritte zeigt die Zeitdimension. Die Lichtkegel (links) repräsentieren die Lichtwellen, die ausstrahlen und wieder zusammenlaufen. Nur die Reisen innerhalb dieser Kegel (also unter Lichtgeschwindigkeit) sind heute möglich. Aber in der Nähe eines rotierenden Objektes (unten) mit großer Dichte werden die Lichtkegel umgestoßen. Hier führen Reisen im Kegel in die Vergangenheit.

So ein Himmelskörper kann die gesamte Masse der Sonne in sich vereinen. Der Name „Neutronenstern“ besagt, daß seine Dichte ähnlich ist wie im Atomkern. Nehmen wir die Masse der Sonne als Anhaltspunkt, müßte ein Neutronenstern zu einem Zylinder geformt werden, zehn Kilometer breit und 100 Kilometer lang, der sich mit halber Lichtgeschwindigkeit zweimal pro Millisekunde dreht.

Es klingt alles sehr gewagt. Aber in den späten sechziger Jahren wurden die Quellen einer schnell blinkenden Strahlung in unserer Galaxie, die „Pulsare“, entdeckt, welche die Erklärung für die schnell rotierenden Neutronensterne sind. Manche von ihnen drehen sich einmal pro wenige Millisekunden; die meisten haben dieselbe Masse wie die Sonne. Allerdings rotieren sie nicht schnell genug, um sie als Zeitmaschinen verwenden zu können. Die Neutronensterne haben auch nicht die Form eines langgezogenen Zylinders, aber die Pulsare ähneln auffallend der Vorstellung Frank Tiplers von einer Zeitmaschine.

So könnten zukünftige Generationen vielleicht eine Zeitmaschine bauen: Man suche einen geeigneten Pulsar, dehne ihn zu einem Zylinder, beschleunige seine Drehgeschwindigkeit und das Weltraumreisebüro kann eröffnet werden. Die Sache hat nur zwei Haken. So eine Zeitmaschine muß erst einmal hergestellt werden, und auch dann kann man sie nur für Reisen in die Zukunft und wieder zurück verwenden. Für Reisen in die Vergangenheit muß erst einmal eine bloße Singularität gefunden werden. Außerdem bedürfen Zeitreisen enormer Energie. Angenommen, man schickt ein Objekt durch die geschlossene zeitähnliche Schleife, die neben dem Objekt endet, dann hat es sich quasi verdoppelt. Einsteins Gleichung besagt, daß Masse gleich Energie ist ($E = mc^2$). Um eine Masse m zu erhalten, bedarf es der Energie mc^2, wobei c die

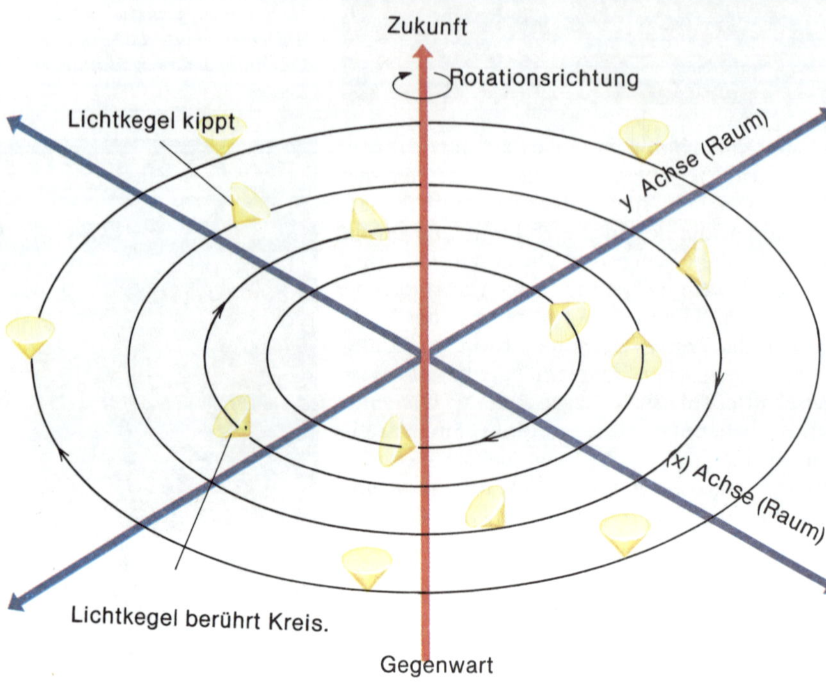

Oben:
„Wie sie sich trafen" gemalt von Dante Gabriel Rossetti. Dem erstaunten Paar erscheint sein eigener Geist. Frank Tiplers Theorie zufolge könnten Zeitreisende ihr körperliches Ebenbild treffen.

Lichtgeschwindigkeit von 300000 Kilometer pro Sekunde ist. Tipler meint, eine Zeitmaschine könne praktisch nur verwendet werden, um Botschaften, nicht aber Körper durch die Zeit zu senden. Andererseits, gelänge es unseren Nachfahren, die Neutronensterne in Zeitmaschinen umzuwandeln, könnten sie auch wahrscheinlich genug Energie erzeugen, um körperliche Zeitreisen zu ermöglichen.

Das Problem der Durchbrechung der Kausalität aber bleibt. Eine Kurzgeschichte des Science-fiction-Autors Larry Niven trägt den Titel *Rotierende Zylinder und die Möglichkeit einer globalen Durchbrechung der Kausalität.* Niven stahl die Formulierung, wie er selbst zugibt, aus einem Artikel von Tipler in der Zeitschrift *Physical Review.* Die Geschichte beschreibt eine Zivilisation in der Zukunft, die versucht, anhand Tiplers Arbeit eine Zeitmaschine zu bauen. Kurz vor der Fertigstellung bricht über die Konstrukteure jedesmal irgendeine Katastrophe herein. Als dann eine andere Zivilisation diese halbfertige Zeitmaschine entdeckt und beschließt, sie zu vollenden, explodiert die Sonne zu einer Nova und zerstört diese Zivilisation.

Wider die Natur

Nivens furchteinflößende Geschichte hebt das Argument hervor, daß der Durchbruch der Kausalität gegen die Natur ist und Folgen haben kann. Die Unlogik der Geschichte ist vielleicht eine doppelte Täuschung. Dem Leser soll mit der Reaktion „lächerlich!" die Alternative bleiben, daß die Durchbrechung der Kausalität vielleicht doch möglich ist. Tipler formuliert vorsichtig: „Es ist noch ein langer Weg bis zur endgültigen Lösung des Problems der Durchbrechung der Kausalität." Diese Aussage eines angesehenen Mathematikers, der Einsteins Theorie genau kennt, spricht aber Bände. Jemand der schlichtweg behauptet „Zeitreisen sind unmöglich", weiß nicht wovon er redet. Die faire Antwort auf die Frage: „Sind Zeitreisen möglich?" heißt „Wir wissen es nicht". Und das bedeutet, daß sie eines Tages vielleicht doch möglich sein werden.

Rechts:
Dr. Who, der berühmteste Zeitreisende, in seiner etwas unpraktischen Zeitmaschine.

Zeitgleiter

Links:
Ein Kupferstich nach „Der Triumph der Zeit" von Breughel zeigt eine mittelalterliche Vorstellung über den unaufhaltsamen Lauf der Zeit und der Unausweichlichkeit des Todes. Das Schicksal, dargestellt durch den Karren, trägt die Tierkreiszeichen und überführt den kläglichen Rest der materiellen Güter des Menschen – die Schatztruhen, Juwelen, und Musikinstrumente –, während der Sensemann und der Engel der Gerechtigkeit die Nachhut bilden. Solche Gemälde nennt man „memento mori", beziehungsweise „Erinnerungen an den Tod", der alle einholt, arm und reich. Als das Leben rauh, hart und oft brutal war, wurde die Zeit als der Tyrann angesehen, der den Menschen seinem Schicksal entgegenführt.

Wenn die Zeit entgleitet

Jeder ist sich der Vergänglichkeit der Zeit bewußt; wir werden alt und sterben, man kann die „Uhr nicht zurückdrehen". Manchmal aber verhält sich die Zeit sehr sonderbar und untypisch.

Rechts:
Das Geschäft in Great Yarmoth (England), wo „Mr. Squirrel" Plastikhüllen für seine Münzsammlung kaufte und in ein anderes Zeitalter trat.

Vieles auf unserem Planeten halten wir schon für selbstverständlich. Umso größer ist der Schock, wenn uns etwas Außergewöhnliches aus unserem gewohnten Zustand reißt. Am wenigsten stellen wir die Zeit in Frage. Wir akzeptieren sie von der Wiege bis zur Bahre als chronologischen Ablauf oder als Uhrzeit.

Von klein auf sind uns die Tage, Monate und Jahre vorgegeben. Man lehrt uns, die Zeit auf der Uhr „zu lesen". Wir lernen, auf dem Kalender die Monate zu erkennen und die Jahreszeiten zu bestimmen. Diese Zeiteinteilungen aber sind reine Zweckmäßigkeit, die der Mensch einführte, um zu wissen, wann er das Vieh füttern, säen und ernten muß. Uhr und Kalender sind Mechanismen, die unser Leben ordnen und Routine ins Chaos bringen sollen. Die Chronologie ist aber nicht nur eine Form der Zeit; der Kosmos selbst schafft zeitweise eine ganz andere Art von Mechanismus.

Vielleicht ist der Konflikt zwischen der kosmischen Zeit und der von Menschen geschaffenen Chronologie die Ursache für das außergewöhnliche Phänomen der Zeitgleiter, in dem zwei Zeitaspekte beziehungsweise Dimensionen zur gleichen Zeit auftreten und der Mensch plötzlich in der Gegenwart und in der Vergangenheit (oder Zukunft) lebt. Die Erfahrung ist für den Betroffenen höchst verwirrend, manchmal auch erschreckend und alarmierend.

Auf der Suche nach Stoff für ihr Buch *The mask of time* („Die Maske der Zeit") stieß Joan Forman auf einige bemerkenswerte Fälle von Zeitgleitern in die Vergangenheit. Da war zum Beispiel ein Mann aus Norfolk, nennen wir ihn Mr. Squirrel, ein Hobby-Numismatiker. Wie jeder Münzensammler verwendete auch er kleine Plastikhüllen für seine Sammlung. Irgendwann 1973 beschloß er, ein Geschäft in Great Yarmouth aufzusuchen, das passende Taschen führen sollte. Er wußte zwar, wo das Geschäft lag, war aber noch nie dort gewesen. Das Kopfsteinpflaster vor dem Geschäft und die hell bemalte Fassade beeindruckten ihn, ebenso wie das Innere des Ladens. Es standen dort Fotorahmen mit Blumenmuster, eine altmodische Registrierkasse und ein Ständer voller Spazierstöcke. Bevor er sich genauer umsehen konnte, kam die Verkäuferin. Nach der Aussage Mr. Squirrels trug sie einen langen schwarzen Rock und eine Bluse mit „Röhrenärmeln“. Die Haare hatte sie zu einem Knoten auf dem Kopf gebunden.

Da 1973 lange Kleider und Althergebrachtes durchaus Mode war, fiel dem Mann der Aufzug nicht sonderlich auf. Er bat um Plastikhüllen für seine Münzen, welche die Verkäuferin aus einer braunen Schachtel hervorholte. Als sich der alte Mann wunderte, daß sie so viele davon hatte, meinte sie, vor allem die Seeleute würden sie für ihre Angelhaken kaufen. Etwas erstaunt bezahlte er. Die Verkäuferin nannte als Preis einen Schilling, was 1973 noch durchaus üblich war, der Mann bezahlte mit dem adäquaten Wert von 5p. Die Verkäuferin sah die Münze verwundert an, legte sie dann aber doch in die Kasse. Etwas war dem Mann die ganze Zeit aufgefallen: In dem Geschäft war es totenstill, kein Verkehrslärm zu hören.

Eine Woche später ging er erneut zu dem Geschäft, um Hüllen zu kaufen. Er glaubte seinen Augen nicht zu trauen! Es war alles ganz anders als die Woche zuvor. Das Kopfsteinpflaster war verschwunden, der Laden innen und außen dunkel und verwittert, das Inventar ebenfalls verändert. Das seltsamste aber war, daß die Verkäuferin, eine ältere Frau, nichts von einer jungen Kollegin wußte, welche die Woche zuvor hier bedient haben soll. Außerdem meinte sie, niemals solche Plastikhüllen geführt zu haben, was der Geschäftsführer auch bestätigte. Der einzige Beweis dafür, wirklich etwas gekauft zu haben, bestanden aus einigen kleine Plastikhüllen. Der altmodische Laden aber und die altmodisch gekleidete Verkäuferin blieben verschwunden, als hätte es sie nie gegeben.

Später untersuchten Hersteller die Hüllen. Sie schätzten ihre Herkunft aus der Zeit vor dem Ersten Weltkrieg. Dies ist wohl ein außergewöhnlicher Fall von Zeitgleitern, einem Zusammenstoß von Vergangenheit und Gegenwart.

Die Pyrford-Kirche in Surrey, wo Mrs. Turrel-Clarke die Abendmesse besuchte und sich während eines Chorales ins 13. Jahrhundert zurückversetzt fühlte und Mönche genau denselben Choral sangen. Obgleich der Zeitgleiter nur wenige Sekunden dauerten, blieb diese Vision der Frau in lebhafter Erinnerung. Ihre Nachforschungen ergaben, daß jedes Detail stimmte.

Die Vergangenheit kehrt zurück

In der Vergangenheit fand sich plötzlich auch Mrs. Turrell Clarke, die damals in Wisley-cum-Pyrford in Surrey wohnte, wo sie dieses Erlebnis auch hatte. Sie fuhr mit dem Fahrrad eine moderne Straße entlang auf dem Weg zum Abendgottesdienst in der Dorfkirche, als sich die Straße plötzlich zu einem Feldweg verwandelte, auf dem sie entlangspazierte. Ein Bauer in Kleidung aus dem 13. Jahrhundert kam ihr entgegen und trat dann zur Seite, um sie vorbeizulassen. Sie hatte das Gefühl, die Tracht einer Nonne zu tragen.

Einen Monat später saß Mrs. Clarke in der selben Gemeindekirche (einer früheren kleinen Kapelle der Newark-Abtei, die wie durch ein Wunder bei der Zerstörung des Klosters unversehrt geblieben war). Der Chor sang einen Choral und plötzlich sah sie, wie sich die Kirche „verwandelte“. Der Boden war aus Lehm, der Altar aus Stein, die Fenster hatten einen Spitzbogen, und in der Mitte standen Mönche in braunen Kutten, die den selben Choral sangen. Gleichzeitig war Mrs. Turell-Clarke auch bewußt, daß sie zu einer kleinen Gruppe gehörte, die vom Eingangsportal alles beobachtete.

Sie ging der Sache nach und stellte fest, daß die Mönche der Newark-Abtei schwarze Kutten trugen. Sie konnte sie also nicht gesehen haben. 1293 aber hatte man den Mönchen der Westminsterabtei die Benutzung der Kapelle gestattet, diese trugen in der Tat braune Kutten.

Ein anderes erstaunliches Erlebnis hatte Mrs. Louisa Hand. Als Kind besuchte sie oft ihre Großmutter, die im ersten Haus eines kleinen Dorfes wohnte. Louisa war damals acht Jahre alt und durchaus in der Lage, sich zurechtzufinden.

Ein seltsames Haus

Sie spielte draußen und wollte dann ins Haus der Großmutter gehen, lief durch die offene Tür und fand sich plötzlich in einer völlig fremden Umgebung. Die Möbel waren verändert, älter, der Kücheneingang war verschwunden, alles schien dunkler und unnatürlich still.

Das Kind glaubte, den Eingang verwechselt zu haben und lief wieder hinaus. Es vergewisserte sich, daß es sich nicht geirrt hatte, ging wieder hinein und stieß erneut auf die seltsame Einrichtung. Verstört machte es kehrt. Als es nach wenigen Minuten wieder das Haus betrat, fand es alles so vor, wie sie es kannte. Ihre Tante arbeitete in der Küche. Alles war wie vorher.

Das Kind war zweifellos in die Vergangenheit des Hauses geglitten. Aber wie? Was für ein Mechanismus wird dabei ausgelöst? Es überschreitet eine Schwelle, begleitet von einer auffallenden Stille. Auch schien dem Kind der Raum viel dunkler, vielleicht, weil damals die Fenster viel kleiner waren. Es glitt von einem Moment zum anderen in die andere Zeit und wieder zurück, oder von einer Dimension in die andere?

Am 29. März 1973 besuchten Mrs. Anne May, eine Lehrerin aus Narwick, und ihr Mann die Clava-Gräber bei Inverness, eine Gruppe von drei Grabsteinen aus der Bronzezeit um 1800–1500 vor Christus. Es war ein klarer, heller Tag, und die Vögel zwitscherten. Mrs. May ging um die Grabsteine herum und wandte sich dann zu den Monolithen, die um die Steine standen. Schließlich lehnte sie sich gegen einen und schloß kurz ihre Augen, um für einen Moment – wie im Yoga – völlig abzuschalten. Als sie diese wieder öffnete, sah sie eine Gruppe von Männern in schäbigen Kitteln und über Kreuz gebundenen Hosen. Sie bewegten sich langsam vorwärts und zogen einen schweren Monolithen. Mrs. May fielen ihre langen schwarzen Haare auf. Die Vision verschwand, als plötzlich Touristen erschienen und Mrs. May ins 20. Jahrhundert zurückrissen.

Dies ist ein besonders deutliches Beispiel für einen Zeitgleiter. Die Person interessierte sich für die Umgebung, konzentrierte sich aber nicht sonderlich darauf; sie glitt in die Vergangenheit in dem Augenblick, in dem sie den Monolithen berührte und kehrte ebenso plötzlich wieder zurück.

Ein Monolith der Clava-Gräber aus der Bronzezeit in Inverness. Als eine Besucherin sich gegen den Stein lehnte, hatte sie ein Zeitgleiter-Erlebnis, in dem sie sah, wie die Gräber vor fast 2000 Jahren errichtet wurden.

Bei Materialbeschaffung für ihr Buch hatte Joan Forman ein ähnliches Erlebnis auf Haddon Holl in Derbyshire. Sie wollte dieses Haus schon lange einmal besuchen und ihre Ferien hier verbringen. Sie stand im Hof vor dem Haus und bewunderte die Architektur und die breiten Treppen, die zum Eingang führten. Ganz oben bemerkte sie plötzlich eine Gruppe von Kindern, ein kleines, zwei größere und ein etwa neunjähriges Mädchen, das mit dem Rükken zu ihr stand. Sie sah nur ihre schulterlangen blonden Haare, den weißen Hut und das lange graugrüne Seidenkleid mit Spitzenkragen. Die Kinder lachten ausgelassen, und die Autorin sah fasziniert zu. Sie wußte, daß das, was sie beobachtete, nicht wirklich und doch vorhanden war. Dann drehte sich das äl-

Zwei Definitionen für Zeit

Eine Definition der Zeit prägte J. W. Dunne, dessen Pionierarbeit in *An experiment with time* („Ein Experiment mit der Zeit“) veröffentlicht wurde. Dunnes Ansicht, daß die Zeit nicht nur chronologisch vorausschreitet, war für die zwanziger Jahre sensationell.

Die meisten seiner Theorien basierten auf eigenen Träumen, die oft Vorahnungen waren, die sich später verwirklichten. Dunne zeichnete seine Träume auf und stellte fest, daß sie Szenen aus der Vergangenheit, Gegenwart und Zukunft darstellten.

Er war sich seiner großartigen Entdekkung bewußt, machte aber den Fehler zu glauben, sein Erlebnis sei einzigartig. Und obgleich er den Begriff der Vorahnung aufgriff, verstand er dessen Bedeutung nicht und definierte Zeit als eine Dimension, die unendlich bis ins Nichts gehe.

Es war aber Dunnes Arbeit, der den zweitgrößten Zeit-Forscher des 20. Jahrhunderts inspirierte, den Schriftsteller J. B. Priestley (links). Für ihn ist Zeit ein dreigeteilter Prozeß: Zeit Eins = Uhrzeit; Zeit Zwei = die Zeit der möglichen Zukunft und Zeit Drei = Die Zeit der kreativen Vorstellungskraft. Sein Buch *Man and time* („Mensch und Zeit“), das in den vierziger Jahren geschrieben wurde, enthält faszinierende Einsichten in das mögliche Wesen der Zeit. Er behauptet, die chronologische Zeit sei nur eine Erfindung, um eine Erklärung dafür zu haben, weshalb ein Ereignis auf das andere folgt, das heißt, der Begriff ist abhängig von der Kausalität. Und ist, wie C. G. Jung meint, Akausalität eines der Hauptprinzipien des Universums, gibt es keinen Grund, weshalb die Zeit uns nicht an der Nase herumführen sollte.

tere Mädchen um. Sie hatte ein hübsches Kind erwartet, stattdessen blickte ihr ein recht häßliches, breites Gesicht mit großem Mund und Stubsnase entgegen. Joan ging einen Schritt vor, und die Szene verschwand. Zurück blieb das Bild von dem Mädchen.

Die Autorin streifte durchs Haus auf der Suche nach einem Bild dieses Mädchens. Sie war sicher, daß sie zu Haddon House gehört haben muß. In der Ahnengalerie fand sich das Bild eines kleinen Mädchens mit graugrünem Seidenkleid, Spitzenkragen und weißem Hut. Es stellte eindeutig das Mädchen vor dem Haus dar, der große Mund war unverkennbar.

Der Hausherr sagte, es sei Lady Grace Manners. Auch hier löste derselbe Mechanismus die Vision aus. Mrs. May lehnte gegen einen Stein, Joan Forman stand an einem bestimmten Punkt. Als sie sich bewegte, war das Bild verschwunden. Diese Visionen werden also von Gegenwärtigem ausgelöst.

Manche Zeitgleiter scheinen mit Reinkarnation in Zusammenhang zu stehen, andere mit Spukgeistern. Alle scheinen real zu sein und mit dem elektromagnetischen Feld des Menschen in Verbindung zu stehen.

Die Zeit ist also nicht nur Uhrzeit, sie ist viel mehr. Die Uhrzeit hat nichts zu tun mit der „echten“ Zeit des Universums.

In diesem Hof von Haddon Hall in Debyshire sah Joan Forman Kinder aus der Vergangenheit ausgelassen spielen. Auslöser für diese „Vision“ war ein bestimmter Standort.

Der Sprung in die Zukunft

Der Sprung in die Zukunft ist ein verwirrendes aber recht häufiges Phänomen.

Die Forscher gehen bei ihren Studien über Zeitgleitern davon aus, daß die Mehrheit der Medien Vergangenes erlebt, daß heißt, die Gegenwart wird von einer anderen Zeitdimension der Vergangenheit verdrängt. Die Vielzahl der Berichte beweist aber, daß dem nicht so ist.

Oben:
Die legendäre Prophetin Mutter Shipton. Sie wurde 1488 in einer Höhle bei Knaresborough in Yorkshire geboren und genoß bald den Ruf einer Hellseherin: Sie konnte die Zukunft voraussagen.

Unten:
Compton Winyates Warwickshire (England). Dieses stattliche Gebäude sah eine Frau in ihren Träumen, bevor sie es 20 Jahre später in Wirklichkeit erblickte.

Zeitgleiter in die Zukunft sind fast ebenso häufig. Sie beunruhigen das Medium allerdings oft sehr stark, weil sie meist nicht gedeutet werden können. Es gibt zwei Arten von Vorahnungen: im Wachzustand und im Traum, die wiederkehren können. Einmalige Träume sind aber die Regel. Bei der Vorahnung kann es sich um ein belangloses oder ein tragisches Ereignis handeln. Seltsamerweise haben dramatische Geschehnisse keinen besonderen Stellenwert und werden ebenso häufig voraus geahnt wie banale Dinge.

Nehmen wir etwa den Fall der Lehrerin aus Cheshire, nennen wir sie Mrs. Xenia Stafford. Im Juni 1948 träumte sie, sie würde Kleider aus einem Schrank in einen Schiffskoffer packen. „Ich packte Kleider, die ich nicht besaß, aus

einem Schrank, den ich nicht kannte, in einen Koffer, den ich noch nie gesehen hatte", sagte sie. Im folgenden Herbst ließ sie sich an der Manchester Universität immatrikulieren; erst jetzt dachte sie daran, daß sie neue Kleider brauchte.

Im September brachte ihr dann ein Onkel einen Schiffskoffer von einer Auktion mit, ihre Mutter nähte und kaufte ihr einige neue Kleider, und sie zog ins Studentenheim. Ihre Zimmerkollegin hatte schon das beste Bett und den besten Schrank belegt. Xenia blieb ein alter dreieckiger Schrank, den sie zu dieser Zeit noch nicht „erkannte".

Erst am Ende des Semesters, als sie ihren Koffer packte, fiel ihr plötzlich der Traum ein, den sie sechs Monate zuvor gehabt hatte. Sie erinnerte sich an jedes Detail. Kein weltbewegendes, aber signifikantes Erlebnis.

Auch Mrs. M. Bussell, hatte einen Traum, der ein banales Erlebnis vorahnte. Sie arbeitete in der Gray's Inn Road in London und nahm täglich die U-Bahn von Stockwell zur Chancery Lane.

Erstaunlich trivial

Eines Morgens träumte sie, sie ginge die Treppen der U-Bahn-Station in der Chancery Lane hinauf und sah auf der linken Seite eine Frau mittleren Alters, die wegen eines verkrüppelten Fußes vorsichtig und langsam die Treppen hinunterhumpelte.

Mrs. Russell erwachte und war etwas irritiert. Sie fragte sich, was dieser banale Traum wohl bedeuten könnte. Wäre sie einen anderen Weg zur Arbeit gegangen, hätte sie den Traum sicher vergessen. Sie fuhr aber mit derselben U-Bahn. Als sie die Treppe hinaufstieg und nach links blickte, sah sie die Frau aus ihrem Traum, die wegen eines versehrten Fußes tastend langsam die Treppe hinunterging.

Mrs. Russell konnte sich keinen Reim auf den Vorfall machen. Sie hatte diese Frau nie zuvor gesehen und traf sie auch später nie wieder. Der Traum hatte ihr lediglich ein Ereignis angekündigt, das wenige Stunden später passieren sollte, ohne jegliches Nachspiel, ohne tieferen Sinn, einfach eine Vorhersehung.

Schauplätze im Traum

Im Traum erscheinen dem Medium oft Schauplätze, die ihm unbekannt sind und dann später gefunden werden. Der Traum wird als Vorahnung gedeutet. Das ist aber nicht immer so. Im Geiste wird eine Information unterbewußt gespeichert, die bewußt gesehen, aber dann wieder vergessen wurde. Beim Wiedersehen des Schauplatzes glaubt man, ihn in einer Vorahnung erträumt zu haben.

Solche Bilder werden oft wiederholt geträumt. So erzählte jemand, seit seiner Kindheit von einem Landhaus im Tudor-Stil zu träumen, einem schönen Garten und Böschungen. Der Traum kehrte jedes Jahr zurück, das Haus aber sah das Medium erst in Leamington Spa im Warwickshire, als es Compton Wingates besuchte.

Dieses Gebäude war in keiner Weise wichtig für das Medium, und es ist unerklärlich, warum es 20 Jahre lang immer wieder davon träumte. Wir gehen vielleicht von der falschen Annahme aus, daß jedes paranormale Ereignis eine bestimmte Bedeutung haben muß. In Wahrheit sieht es anders aus; manche seltsamen Ereignisse haben eine Bedeutung, andere nicht. Sie treten im gleichen Verhältnis auf.

Noch öfter als im Traum erscheinen Vorahnungen im Wachzustand, unwillkürlich, meist kurz vor dem Ereignis. Sie sind eher Vorahnungen als Vorhersehungen und betreffen vor allem banale Ereignisse. Die Entwicklungszeit, daß heißt die Zeit zwischen Vorahnung und Geschehnis, ist in der Regel sehr kurz. Sie dauert oft Stunden oder Tage, selten Wochen oder Monate. Es gibt aber auch Fälle mit einer sehr langen Entwicklungszeit.

Eine der bemerkenswertesten Vorahnungen eines tragischen Ereignisses widerfuhr Miss R. H. Hodgskin aus Birmingham und ihrer Freundin Tessa G. Am 20. April 1974 ver-

Furchterregende Schreie aus der Zukunft hörte „Tessa G.", als sie den Tower von London besuchte. Ihre Freundin vernahm nichts dergleichen; aber Tessas Erschütterung war offensichtlich. Damals glaubte sie, die Rufe stammten aus der traurigen Vergangenheit des Towers, aber am 17. Juli 1974, vier Monate nach diesem Erlebnis, explodierte eine Bombe im Tower. 33 Menschen, darunter viele Kinder, wurden verletzt. Königliche Wächter halfen den Opfern (oben), während Polizei und Feuerwehr den Schaden am White Tower (rechts) begutachten. Als Tessa von dem Attentat las, war sie sicher, diese Schreie gehört zu haben.

brachten die beiden einige Zeit in London und beschlossen, den Tower zu besichtigen, das wohl bewegendste Denkmal von London mit seiner Geschichte von Königen, Prunk, Schmerz und Terror. Der Tag, an dem die beiden das Bauwerk besuchten, war friedvoll, und im White Tower befanden sich nur wenige Touristen in der Waffensammlung.

Nachdem sie eine Zeitlang die Waffen bestaunt hatten, fühlten sie eine unerklärliche Beklommenheit und beschlossen, ins Freie zu gehen. Auf halbem Weg sagte Tessa: „Ich höre Kinder schreien." Miss Hodgskin vernahm gar nichts, nur das leise Reden der Touristen hinter ihnen. Doch Tessa war ganz aufgeregt und wiederholte „Ich höre Kinder, die schreien und weinen." Ihre Freundin hörte immer noch nichts Außergewöhnliches, und jeder der beiden zweifelte am Hörvermögen des anderen. Tessa G. war überzeugt, Kinderschreie bemerkt zu haben. Draußen war der Vorfall bald vergessen.

Wenige Monate später explodierte im White Tower eine Bombe, die Terroristen dort deponiert hatten. Viele Menschen, darunter auch Kinder, wurden getötet und verletzt.

Was hatte Tessa G. gehört? Schmerzensschreie aus der traurigen Vergangenheit des Tower? Oder das Weinen der Kinder, die mehrere Monate später die Opfer des Anschlages werden sollten! Die letztere Möglichkeit scheint wahrscheinlicher, obwohl man die echten und die in der Vision gehörten Schreie vergleichen müßte. Offensichtlich werden Vorahnungen und Rückblenden entweder gesehen oder gehört, manchmal auch beides.

Die verschwundene Wäscherei

Der BBC produzierte zwei Fernsehserien über Zeitgleiter, woraufhin eine Flut von Briefen im Studio eintraf, in denen Zuschauer über eigene ähnliche Erlebnisse berichteten. Ein besonders interessanter Fall kam von einem Lehrer in Halt, Norfolk. Als er im Verkehr steckenblieb, bemerkte er, daß eine lange im Bau gewesene Wäscherei nun fertiggestellt und benutzbar war. Er erzählte es seiner Frau, die sich mit einem Berg Wäsche gleich auf den Weg machte. Dort angekommen, sah sie zu ihrer größten Überraschung, daß der Bau unvollendet war und nach wie vor die Arbeiter darin schafften.

Erst sechs Wochen später wurde die Wäscherei tatsächlich eröffnet. Der Lehrer hatte quasi das fertige Geschäft im voraus gesehen. Solche Ereignisse sind verwirrend und lassen den „Seher" an seinem Verstand zweifeln. Vielleicht aber ist eben der Verstand der Vermittler der Information aus der Zukunft.

Vorahnungen müssen für das Medium nicht immer einen Sinn ergeben. Das Ereignis steht nur in direkter Beziehung zu ihm. Nehmen wir etwa den Fall einer Cousine von Mrs. E. H. aus Bourne End.

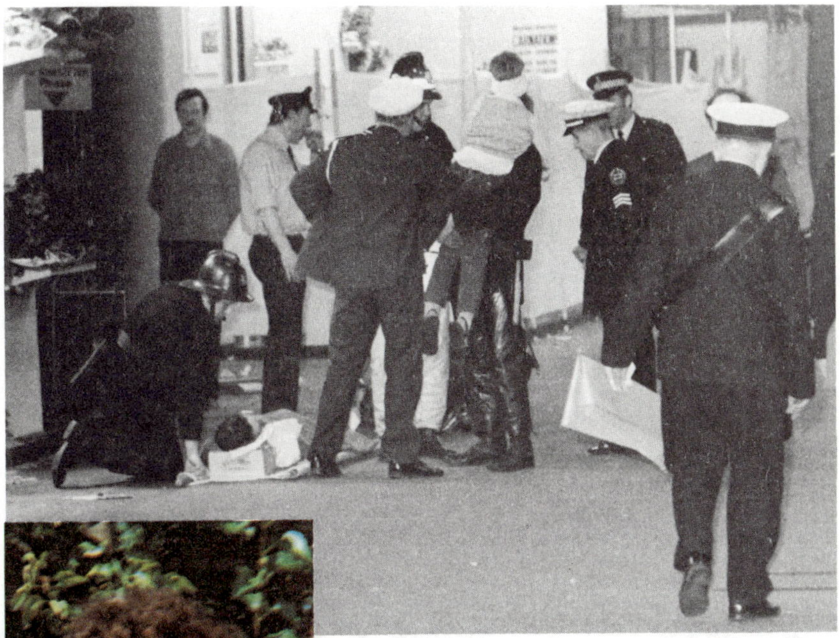

Ganz oben:
Der Notdienst versorgt die Verletzten nach einer Bombenexplosion in der Ausstellung für Ideales Wohnen in Olympia (London) am 27. März 1976

Oben:
Margaret Baker, ein Medium aus East Anglia, sah zweimal „echte" Plakate an den Zeitungsständen mit der Schlagzeile von dem Anschlag auf Olympia, und zwar mehrere Monate vor dem Unglück. Als die Ausstellung eröffnet wurde, fühlte sie sich bedrückt und warnte eine Kollegin, die Ausstellung zu besuchen. Am Tag vor dem Anschlag „sah" sie, wie die Bombe in einem Abfallkorb deponiert wurde und hörte Schreie. Der folgende Filmbericht bestätigte jedes Detail ihrer Vision.

Vor 1939 hatte diese Verwandte flüchtig einen jungen Piloten kennengelernt, den Freund einer ihrer Freundinnen. Bei Ausbruch des Krieges meldete sie sich zur RAF. Mehrere Monate später erlebte sie einen Wachtraum, in dem ihr deutliche Bilder erschienen.

Sie erkannte diesen jungen Mann, der auf einem Rettungsfloß mit dem Tode rang. Sie hörte, wie er sie bat, seiner Schwester zu erzählen, daß er verwundet worden sei und seit zwei Tagen auf dem Floß dahintreibe. Einige Tage später traf sie zufällig diesen Bekannten, der London gerade verlassen wollte. Sie war froh, ihn gesund und unversehrt zu sehen. Er schien auch nichts Unangenehmes durchgemacht zu haben. Die junge Frau tat die Vision als „dummen Traum" ab.

Zwei Jahre später las sie in der Zeitung von seinem Tod. Er wurde auf einem Rettungsfloß gefunden. Nachforschungen ergaben, daß er wirklich eine Schwester hatte, diese aber kurz zuvor verstorben war. Die „Botschaft" konnte also nicht weitergeleitet werden.

Dies ist wirklich ein seltsamer Fall, sowohl wegen des langen Zeitraumes zwischen Vision und Ereignis als auch der losen Verbindung zwischen der Erscheinung und dem Überträger der Information. Mrs. E. H.'s Cousine hat die Details eines zukünftigen Ereignisses „aufgenommen", was offensichtlich der Wille des Piloten war. Die Information sollte übertragen werden – ein faszinierendes Beispiel einer „Fern-Vorahnung". Es gibt unzählige Fälle von diesem Phänomen. Die Geschichte der Voraussagen ist fast so lang wie die der Menschheit; Propheten wurden stets in Ehren gehalten. Waren die Prophezeiungen allerdings düster (und trafen sie ein), erwies sich der Blick in die Zukunft oft als gefährlich. Vorahnungen gibt es nach wie vor, sie scheinen unkontrollierbar. Vielleicht lernen wir aber eines Tages, sie zu beherrschen.

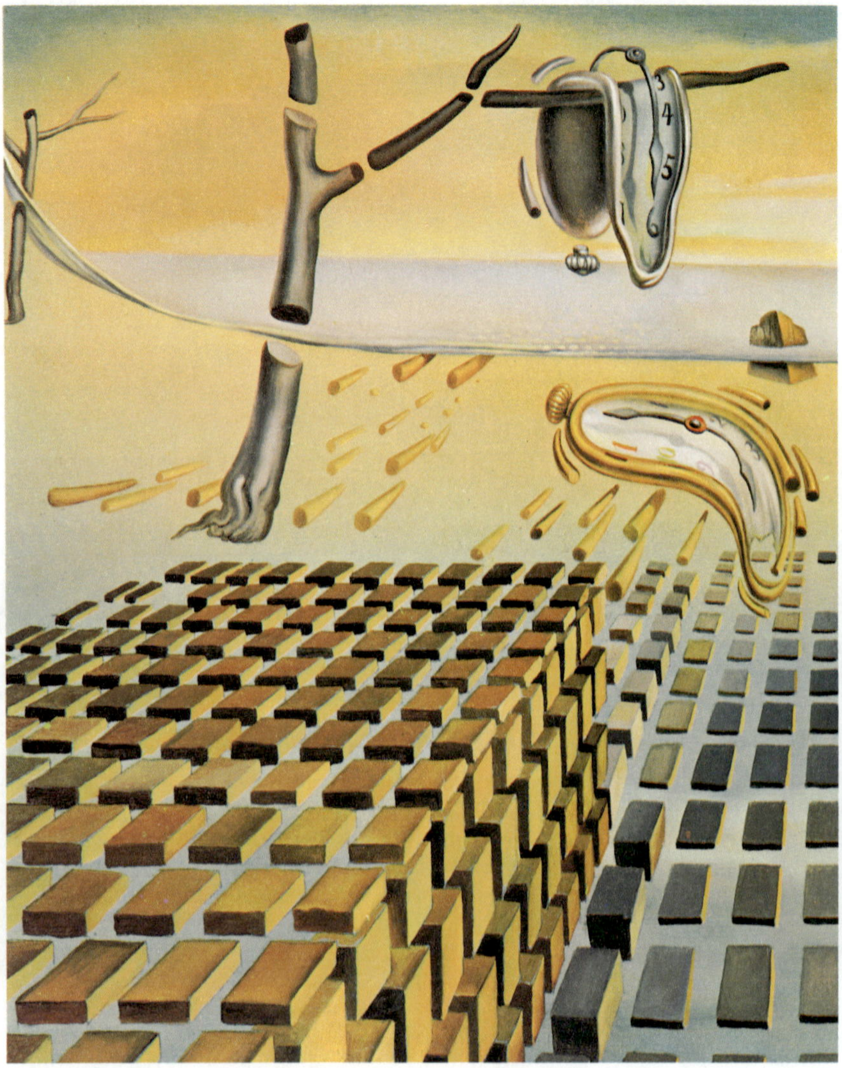

Undenkliche Zeiten

Könnten wir das Phänomen der Zeitgleiter analysieren, gewännen wir auch Aufschluß über das Wesen der Realität.

Für die meisten sind Zeitgleiter, sofern sie überhaupt darüber nachdenken, eindeutig etwas „Übernatürliches". Für sie ist der Fall damit erledigt. Es gibt aber nichts „Übernatürliches"; denn jedes Ereignis im natürlichen Universum muß einen natürlichen Ursprung haben. Wenn ein Phänomen nicht mit den bekannten Naturgesetzen erklärt werden kann, ist unser Wissen wahrscheinlich unvollständig.

Es liegt heute noch im Verborgenen, wie es zu Zeitgleitern kommen kann. Uns verbleibt nur, Beweise zu sammeln und einen gemeinsamen Nenner zu finden, beziehungsweise zu versuchen, eine Brücke zu einem bekannten physikalischen Gesetz zu schlagen. Bislang konnten folgende gemeinsamen Faktoren festgestellt werden:

Jede Erscheinung hat einen auslösenden Faktor.

Oben:
Ein Ausschnitt aus Salvadore Dalis „Zerinnende Zeit". Diese Szene aus einem Alptraum zeigt Uhren, die schmelzen, als Zeichen für die Nicht-Existenz der von Menschen geschaffenen Zeit.

Rechts:
Auf dem Hofe des Mandarins beobachtete man im 19. Jahrhundert eine Sonnenfinsternis. Die Astronomen verfolgten sie fasziniert durch ein Fernrohr, während die Abergläubischen sich furchtsam abwenden. Vielleicht wird man auch die Zeitgleiter eines Tages ebenso verstehen wie die Sonnenfinsternis.

Die Erlebnisse geschehen blitzschnell.

Das Medium lebt zur gleichen Zeit in zwei Zeitzonen, entweder Gegenwart und Vergangenheit oder Gegenwart und Zukunft.

Das Gefühl, im Erlebnis beteiligt zu sein.

Die völlige Stille während des Ereignisses.

Der Unterschied zwischen den Lichtverhältnissen der Realität und der Vision. Oft ist von einem „silbrigen Licht" die Rede.

Ein elektrifizierendes Erlebnis

Aus den oben stehenden Punkten geht hervor, daß physikalischen Regeln eine Rolle spielen. Das Medium sieht und hört anormal, ist verwirrt oder losgelöst. Manchmal berichten Medien von einer Erregtheit oder Übelkeit vor einem Zeitgleiter, genau wie sensible Menschen auf Erdbeben oder Stürme reagieren. (Interessanterweise kündigen solche Gefühle oft auch Geistererscheinungen und paranormale Ereignisse an). Einer der „Seher" beschrieb ein prickelndes Gefühl in Armen und Beinen, als würde er „angeschlossen" werden. Das dürfte insofern der Wirklichkeit entsprechen, als offensichtlich etwas Elektrifizierendes bei den paranormalen Ereignissen beteiligt ist.

Das „Anschließen" war auch der Auslöster bei Mrs. Anne May, der Lehrerin aus Norwick, die im Mai 1973 bei den Clava-Gräbern in die entfernte Vergangenheit zurückglitt. Typischerweise erlebte sie die Vergangenheit erst beim Anlehnen gegen einen Monolithen, als hätte sie einen Schalter betätigt. So ähnlich beschrieben auch viele andere ihr Zeitgleiterlebnis. Auch betonten alle die Plötzlichkeit des Ereignisses. Es scheint, als sei ein Gegenstand der Auslöser für die Zeitgleiter.

Dies ist gar nicht so abwegig wie es klingt. Wenn Zeitgleiter die Übertragung von Infor-

Captain Flowerdew (kleines Bild) fand am Strand einen rosaroten Stein und „erinnerte" sich plötzlich an eine Wüstenstadt, die aus solchen Steinen erbaut war und wo „er" Jahrhunderte zuvor im Kampf getötet wurde. Die Erinnerung war zwar recht detailliert, doch der Name der Stadt fiel ihm erst ein, als er im Fernsehen einen Bericht über die Ausgrabungen von Petra sah (oben).

mationen aus der Vergangenheit in die Zukunft sind, dann müssen diese ja schon irgendwo existieren. Vielleicht sendet jede einzelne Komponente der Welt, in der wir leben, ständig Informationen über sich selbst aus (seine Form, seine Farbe, Text, Situation usw.). Dies geschieht vermutlich mit Hilfe von Wellen, die noch unbekannt sind. Ein Teil dieser Informationen wird vom umliegenden Material möglicherweise absorbiert und unter günstigen Bedingungen von einem Empfänger projiziert. Das Gehirn des Menschen in dem bestimmten Bereich funktioniert dann auf derselben Frequenz wie der Überträger und nimmt Geräusche oder Bilder wahr, die der erste Sender auf der „Welle" überträgt. Das heißt, wir können, wenn wir sehr erregt sind, Wellen aussenden, die Jahre später ein sensibler Mensch aufnimmt. Die meisten (wahrscheinlich nicht alle) Geistererscheinungen funktionieren nach diesem Prinzip.

Was für Wellen sind das, die Bilder und Geräusche durch die Zeit weiterleiten können? Wir wissen es nicht. Fest steht nur, daß alle Gegenstände elektromagnetische Wellen aussenden. Lichtwellen, die uns ermöglichen, die Welt um uns wahrzunehmen, sind nur ein Beispiel; Radiowellen, Infrarot und Ultraviolett-, Röntgen- und Gammastrahlen sind alle elektromagnetisch geladen. Viele dieser unsichtbaren Strahlungen wurden erst im letzten Jahrhundert entdeckt; wer weiß schon welche Strahlungen noch gefunden werden?

Der faszinierendste Zweig der Physik ist die Quantenmechanik. Sie prägte den Begriff der Elektronen in Atomen, die sich vorwärts und rückwärts in der Zeit bewegen können. Vielleicht können Informationen deswegen durch einen noch unbekannten Mechanismus aus der Zukunft in die Gegenwart geholt werden.

Die Zukunft ist heute

Wenn die Zukunft in die Gegenwart übertragen werden kann, muß sie irgendwo in irgendeiner Form schon existieren. Und vielleicht tragen wir selbst, und alles aus Atomen bestehende, den Keim unserer eigenen Zukunft in uns.

Das Verhalten der einzelnen atomaren Partikel kann nicht vorhergesagt werden, man kann aber ungefähr ausrechnen, wie sie sich in der Masse verhalten werden. Das heißt, Ursache und Wirkung aller Ereignisse scheinen vorherbestimmt. Möglicherweise hat das instinktive Bewußtsein dieser Tatsache den Begriff „Schicksal" geprägt: nämlich daß wir so sind, wie wir sind und tun, was wir tun auf unsere genetische Konstruktion zurückzuführen ist.

Wenn das stimmt, ist die gesamte Geschichte der Menschheit vorherbestimmt, und auch vor der Zukunft gibt es kein Entrinnen. Es scheint aber, wir könnten unser „Schicksal", zumindest fallweise, durch unseren Willen ändern.

Bei einer Vorahnung empfangen wir vielleicht Informationen von einer bereits existierenden Materie (Menschen, Tiere, Gebäude, usw.) über den Verlauf ihrer Entwicklung. In einem kurzen Intervall zwischen Vorahnung und Ereignis erweisen sich diese vielleicht als richtig. In einem langen Zeitabstand wird der Mensch wahrscheinlich in Ursache und Wirkung eingreifen. Je mehr Zeit zur Verfügung steht, umso mehr Handlungsmöglichkeiten gibt es und somit mehr Chancen, die Dinge zu ändern.

Es bestehen aber auch Ausnahmen. Manchmal werden Vorahnungen erst Jahre später wahr. In zwei Fällen lagen zwischen Vorahnungen und Ereignisse sogar 20 Jahre.

Dies ist aber ungewöhnlich. Zeitgleiter in die Vergangenheit können nicht immer damit erklärt werden, daß vergangene Ereignisse gespeichert werden, obgleich dies auf viele Fälle zutrifft. Viele berichteten, an historischen Ereignissen selbst beteiligt gewesen zu sein. Mrs. D. Dove glitt während eines Spaziergangs bei Bootham Bar (York) plötzlich in die Vergangenheit. Das Sonnenlicht fiel auf das Wappen über dem Stadttor einer mittelalterlichen Stadt. Sie entschwebte der Gegenwart und fand sich inmitten einer Szene aus dem Mittelalter mit Karren, Kutschen und vielen Menschen. Sie sah, wie Reiter den Weg für eine hohe Persönlichkeit freimachten. Die Sonne verschwand hinter einer Wolke und ebenso das Bild. Mrs. Dove hat diese Situation aus dem Mittelalter zweifellos „gesehen" und daran teilgenommen; ebenso wie Mrs. Turrel-Clarke aus Pyrford für kurze Zeit eine Nonne aus dem 13. Jahrhundert war.

Auch hier war ein auslösende Faktor vorhanden, nämlich der Einfall der Sonne auf das

Das Mädchen aus Schottland

Eines Nachmittags des Jahres 1950 gingen der Brigardier K. Treseder mit Kollegen der britischen und amerikanischen Botschaften in Oslo Skifahren.

Kurz vor der Heimfahrt trennten sich der Brigadier, seine Frau und ein Freund von den anderen. Sie trafen auf eine große ältere Dame in Kleidung aus der Zeit Edwards, die sie unwirsch darauf aufmerksam machte, daß sie sich auf Privatgelände befänden. Sie sprach Englisch mit schottischem Akzent und war sehr aufgebracht. Man entschuldigte sich, doch sie ließ sich nicht beschwichtigen und schimpfte über die Manieren von heute.

Die drei hörten jemanden rufen. Sie blickten sich um, als sie sich wieder umdrehten, war die alte Dame verschwunden. Außer den dreien hatte sie niemand gesehen. Nachforschungen ergaben, daß heute zwar keine exzentrische schottische Dame mehr in der Umgebung wohnt, aber der Urgroßvater eines Gutsbesitzers einmal zur Jahrhundertwende ein „Mädchen aus Schottland" geheiratet hatte.

War es ein gesprächiger Geist gewesen? War alles nur eine Halluzination? Oder unterhielten sich die drei Skifahrer mit einer Frau aus der Vergangenheit – „dem Mädchen aus Schottland"?

Wappen über dem Stadttor. Ist es möglich, daß dieses Bild aus der Vergangenheit „gespeichert" und unter bestimmten Bedingungen, beziehungsweise durch den plötzlichen Lichteinfall, wieder hervorgeholt wurde? Wenn ja, warum wurde ausgerechnet dieser Schauplatz unter Millionen festgehalten? Und weshalb haben andere die Szene nie zuvor gesehen? Hatte sie eine bestimmte Bedeutung für Mrs. Dove? War sie eine spontane Erinnerung an ein früheres Leben? Oder war ihr Gehirn gerade empfänglich für diese Bilder?

Der passende Sender

Das menschliche Gehirn funktioniert elektrisch auf mehreren Frequenzen. Es ist möglich, daß Personen, die empfänglich sind für übernatürliche Phänomene, ihren „Sender" zufällig auf bestimmte Wellen einstellen und ihr Gehirn die andere Zeit empfängt. Der Wünschelrutengänger Tom Lethbridge gelangte zur selben Erkenntnis.

Viele Zeitgleitererlebnisse waren aber auch nur Halluzinationen. Das Gedächtnis des Menschen wird noch immer nicht richtig verstanden, und auch sein Unterbewußtsein ist höchst kompliziert. Träume und Hypnose decken eine weitere Stufe der Kreativität auf, die dem Bewußtsein unzugänglich ist. Trotzdem weiß man noch nicht viel über das genetische Erbgut. Dieses könnte Zeitgleiter ebenso verursachen wie Hysterie, Phantasie, Drogen oder Krankheiten. Zieht man auch diese Möglichkeiten in Betracht, bleiben immer noch eine Reihe von Fällen, die nirgends eingeordnet oder nur analog mit dem elektromagnetischen Feld des Menschen in Zusammenhang gebracht werden können, das zweifellos Informationen empfangen und abgeben kann. Bestünde die Möglichkeit, elektrische Daten, die dem Gehirn eingegeben werden, vom Gehirn in Bilder und Geräusche umzuwandeln, könnten viele übersinnliche Phänomene, einschließlich der Zeitgleiter, erklärt werden.

Oben:
Bootham Bar, eine der mittelalterlichen Stadttore in York, wo Mrs. Dove einen Zeitgleiter in die Vergangenheit der Stadt erlebte, als das Sonnenlicht das Wappen über dem Tor beleuchtete. War das der Auslöser für die historische Szene?

Ausflug in die Vergangenheit

Das Erlebnis zweier Engländerinnen in Versailles 1901 sollte Jahre später zu heftigen Debatten führen. Die beiden Damen behaupteten, in das 18. Jahrhundert, in die Zeit Marie-Antoinettes, zurückgeglitten zu sein.

An einem warmen Augusttag des Jahres 1901 beschlossen zwei ältere Lehrerinnen, Miss Ann Moberley und Miss Eleanor Jourdain, im Rahmen ihres Parisaufenthaltes das Schloß von Versailles zu besichtigen, das sie vorher noch nie gesehen hatten. Beide Frauen interessierten sich für Geschichte. Miss Moberley war Direktorin des St. Hugh's College in Oxford und Miss Jourdain leitete die Mädchenschule in Watford. Keine von ihnen galt in irgendeiner Weise als leichtgläubig oder überempfindlich.

Auf ihrem Rundgang durch den Palast kamen sie auch in die Spiegelgalerie. Der Duft der Blumen drang durch die offenen Fenster. Die Damen gingen hinaus in Richtung Petit Trianon. Das Schloß war von Ludwig XV. erbaut und von Ludwig XVI. an Königin Marie-Antoinette vererbt worden. Die beiden Lehrerinnen kamen an einen langgestreckten See mit Wald auf der rechten Uferseite und dann zu einem zweiten, neben dem sich das Grand Trianon erhob, ein von Ludwig XIV. errichteten Schloß. Sie gingen links daran vorbei und erreichten eine breite Auffahrt. Anstatt den Weg hinunterzugehen, der direkt zum Petit Trianon führte, bogen sie versehentlich links ab. Miss Moberley sah eine Frau, die in einem Fenster des Eckgebäudes ein weißes Tuch aus-

Als Anne Moberley und Eleanor Jourdain am 10. August 1901 Versailles besuchten, schien zunächst alles normal. Nachdem sie die Spiegelgalerie (rechts) verlassen hatten und sich auf die Suche nach dem Petit Trianon machten (unten), der Villa von Marie-Antoinette, fanden sie sich plötzlich in einer anderen Zeit wieder.

Anne Moberley (links) und Eleanor Jourdain (rechts). Um herauszufinden, was hinter ihrem Erlebnis lag, unternahmen sie weitere Reisen zum Petit Trianon, fanden den Garten aber, im Gegensatz zu ihrem ersten Besuch, völlig verändert vor.

schüttelte und wunderte sich, warum ihre Freundin sie nicht nach dem Weg fragte. Miss Jourdain, so stellte sich später heraus, hatte weder ein Eckgebäude noch eine Frau bemerkt.

Den beiden Damen fiel danach nichts Ungewöhnliches mehr auf. Sie unterhielten sich angeregt und bogen nach rechts ab, vorbei an einigen Gebäuden und erblickten eine Treppe durch eine offene Tür. Vor ihnen lagen drei kleine Wege, sie wählten den mittleren, weil links und rechts zwei Männer sich mit Spitzhacke und Schubkarre beschäftigten. Es waren wahrscheinlich Gärtner, obgleich die Damen ihre Kleidung seltsam fanden. Sie trugen lange, graue Mäntel und kleine, dreieckige Hüte. Die Männer wiesen ihnen den Weg, und die Freundinnen unterhielten sich weiter angeregt.

Mit der Zeit fühlten beide eine Beklommenheit (unabhängig voneinander, denn sie erzählten sich erst später davon). Sie nahmen ihre Umgebung unheimlich flach war, fast zweidimensional. Das Gefühl wurde noch stärker, als sie eine „kleine runde Gartenlaube erreichten, vor der ein Mann saß". Keiner der Damen gefiel der Mann mit dunklem, abstoßendem Gesicht. Er trug einen Umhang und eine Art Sombrero. Sie wußten zwar nicht genau, in welche Richtung sie gehen sollten, aber auf keinen Fall wollten sie an der Laube vorbeikommen.

Sie waren erleichtert, als sie Schritte hinter sich hörten, doch sahen sie niemanden. Miss Moberley bemerkte eine andere Gestalt in der Nähe, die plötzlich aufgetaucht sein mußte. Der Mann machte den Eindruck eines „Gentleman, groß, mit dunklen Augen und schwarzem, gelocktem Haare". Auch er trug einen Sombrero und einen Umhang. Aufgeregt wies er sie zu dem Haus. Er lächelte eigenartig, aber als sie an ihm vorbeischritten und sich noch einmal umdrehten, um ihm zu danken, war er verschwunden. Wieder hörten sie Schritte, konnten aber niemanden erblicken.

Rechts:
Dieser vergrößerte Kartenausschnitt zeigt den Weg, den Anne Moberley und Eleanor Jourdain am 10. August 1901 nahmen. Die Karte stammt von Richard Migue, dem Gartenarchitekten von Marie-Antoinette.

Rechts:
Marie-Antoinette (1775 – 1793), Königin von Frankreich, deren „Geist" Anne Moberley glaubt auf der Wiese sitzend von der Terrasse des Petit Trianon aus gesehen zu haben. Da ihre Begleiterin das nicht bemerkt hatte, beschlossen die Frauen, getrennte Berichte über das Erlebnis zu verfassen.

Schließlich überquerten sie die Brücke über einer kleinen Schlucht mit einem Wasserfall und kamen zu einem Landhaus mit einer Terrasse auf der Nord- und Westseite. Miss Moberley sah eine weibliche Gestalt im Gras sitzen, mit dem Rücken zu ihnen. Vermutlich malte sie. Sie musterte die beiden während sie vorübergingen. Miss Moberley meinte, sie sei zwar recht hübsch, aber nicht sonderlich sympathisch. Die Frau trug ein tiefausgeschnittenes Kleid aus leichtem Material, einen weißen Hut und hatte helles, dichtes Haar.

Die Engländerinnen betraten nun die Terrasse. Miss Moberley hatte das Gefühl, als wandle sie im Traum. Dann fiel ihr Blick wieder auf die Frau. Sie war erleichtert, daß Miss Jourdain nicht gefragt hatte, ob sie ins Haus gehen dürften. Ihre Begleiterin hatte die Frau nämlich nicht gesehen.

Auf der Terrasse erblickten sie ein zweites Haus, aus dem ein junger Mann kam („eine Art Lakai"), der sich anbot, ihnen den Weg zu

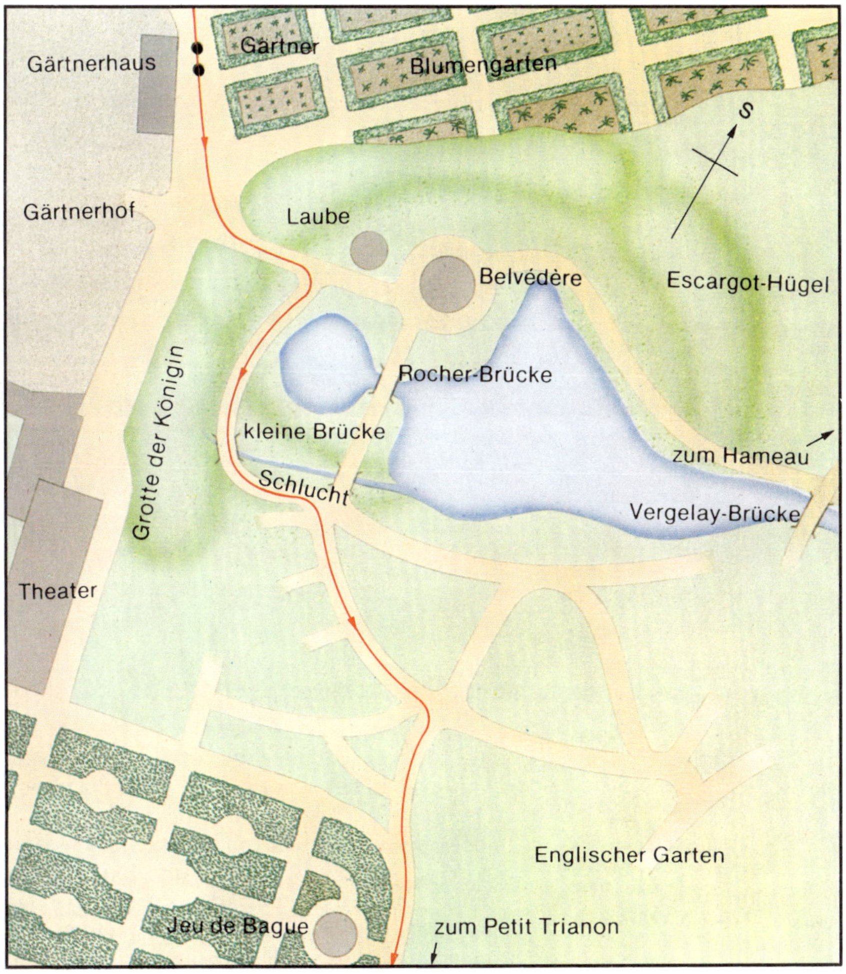

zeigen. Eine lebhafte Hochzeitsgesellschaft gesellte sich noch zu ihnen, dann war alles vorüber.

In den folgenden Wochen sprach keine von den beiden über ihr Erlebnis. Erst als Miss Moberley alles niederschrieb und sie erneut diese Beklommenheit fühlte, fragte sie Miss Jourdain: „Glaubst du, daß es im Petit Trianon spukt?“ Miss Jourdain bejahte sofort. Danach verglichen sie ihre Notizen und stellten fest, daß sie nicht dasselbe gesehen hatten.

Erst drei Monate nach ihrem Besuch schrieben beide Frauen vollständige Berichte, und eben diese Zeitspanne ließ später Zweifel aufkommen! Man könne Erinnerungen nach so langer Zeit niemals so genau rekonstruieren wie nach einigen Stunden. Das heißt, man warf Miss Moberley und Miss Jourdain vor, die Ereignisse nicht protokolliert, sondern phantasiert zu haben.

Die Behauptungen von Visionen beim Trianon-Schloß wurden aber bestätigt. Ein Freund aus Paris erzählte Miss Jourdain, daß Dorfbewohner auch Marie-Antoinette im August gesehen haben wollen, wie sie im Garten von Trianon saß. Sie trug ein rosarotes Kleid und einen Schlapphut. Der Platz, die Leute und die Spiele schienen eine genaue Rekonstruktion jenes schicksalhaften 10. August 1792. An jenem Tag wurden die Tuilerien zerstört, die königliche Familie floh nach Paris, das Herrscherpaar wurden gefangengenommen. Miss Moberley und Miss Jourdain fragten sich, ob sie eine Erinnerung der Königin wachgerufen haben, die sie auf Trianon oder die der Ort selbst ausstrahlte. Sie beschlossen, Versailles erneut zu besuchen und der Sache nachzugehen.

Der Einflußbereich

Miss Jourdain besuchte im darauffolgenden Jahr noch einmal Trianon. Wieder nahm sie das Geisterhafte des Ortes wahr, teils auf Grund der Atmosphäre, teils wegen ihres vorangegangenen Erlebnisses. Bestimmte Dinge waren anders als im Sommer. Die Laube zum Beispiel kam ihr fremd vor und hatte nichts Unheimliches mehr an sich. Erst als sie über die Brücke ging und Hameau erreichte, wo Königin Marie-Antoinette und ihre Freunde zu spielen pflegten, glaubte sie, eine gewisse Grenze zu überschreiten und in einen Einflußbereich zu treten. Sie bemerkte zwei Männer, die einen Karren mit Ästen beluden. Sie trugen lange Kittel und Kapuzenjacken. Sie betrachtete ausgiebig Hameau. Als sie wieder zurückblickte, waren die Männer verschwunden.

Sie sah außerdem noch einen Mann mit Umhang zwischen den Bäumen, hörte das Rauschen eines Samtkleides, hatte das Gefühl als würde sie von unsichtbaren Personen umringt werden und vernahm ein Orchester, das leise spielte. Aber diese Wahrnehmungen waren kein Vergleich zu dem, was sie im August 1901 gesehen hatte. Die beiden Freundinnen kamen später mehrmals nach Versailles, konnten aber nie wieder das erleben, was sie damals erfahren hatten. Im Gegenteil, sie stellten fest, daß sich der Park seit ihrem ersten Besuch wesentlich verändert hatte. Wälder und Wege waren verschwunden, die Gebäude sahen anders aus; die Laube existierte nicht mehr; Mauern waren abgerissen worden, und die Schlucht, die Brücke und den Wasserfall suchten sie vergeblich. Das Trianon des 20. Jahrhunderts hatte kaum Ähn-

Unten:
Diesen Entwurf von dem Garten des Petit Trianon fertigte der Obergärtner Antoine Richard 1774 an. Der Kreis zeigt die Laube, die Moberley und Jourdain sahen, es gibt aber keinerlei Beweise dafür, daß sie jemals gebaut wurde.

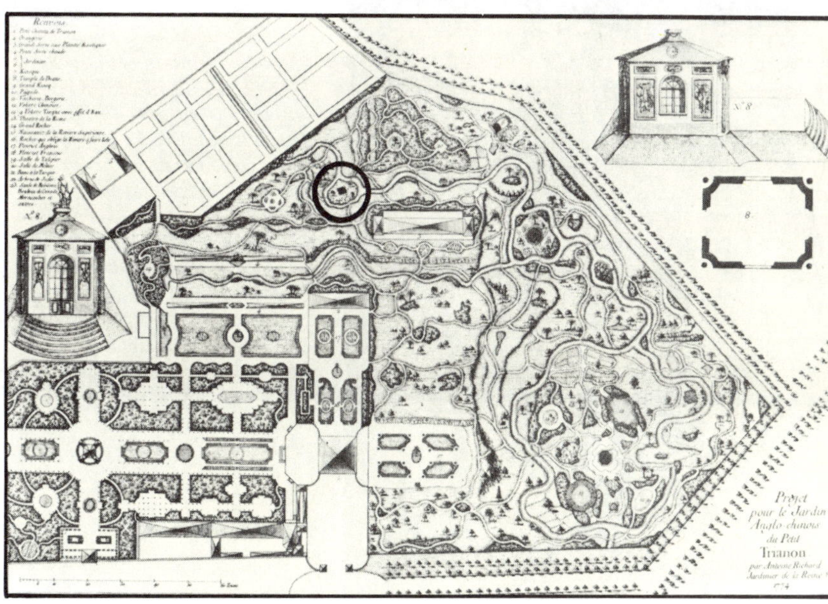

lichkeit mit dem, das die beiden Frauen früher gesehen hatten. Bewegt und erstaunt stellten sie eigene Nachforschungen an über das Trianon zur Zeit Marie-Antoinettes.

Damals wußte man noch recht wenig über das Phänomen der Zeitgleiter. Da das Erlebnis der beiden Damen so kompliziert und verworren war, neigte man dazu, es als Halluzination, Wunschtraum zweier älterer Damen oder einfach als unrichtige Wiedergabe des Geschehenen abzutun; dazu kam noch, daß keiner der beiden zu dem Zeitpunkt richtig bewußt wurde, daß sie Dinge sahen, die es nicht gab.

Miss Moberley und Miss Jourdain waren sich schon im klaren, daß ihr Erlebnis mehr als ungewöhnlich war und beschlossen daher, die Fakten genau zu prüfen. Die nächsten Jahre verbrachten sie damit, Details herauszufinden über die ursprüngliche Struktur von Trianon, den Gartenbau, die Gärtner, die für die Königin arbeiteten und die Kleidung, die sie trugen. Die Erlebnisse sprachen eindeutig gegen den Spott derjenigen, die behaupteten, die Damen hätten normale Arbeiter aus dem Jahre 1901 gesehen. Die graugrünen Uniformen und die dreieckigen Hüte der Gärtner wurden um die Jahrhundertwende sicherlich von keinen Arbeitern in Trianon getragen, denn „grün war die Farbe der königlichen Dienerschaft, die 1901 niemand mehr trug“. Waren die Erscheinungen kostümierte Personen und kam die Geistermusik von Orchestern irgendwo aus der Ferne? Vielleicht, aber warum liefen die verkleideten Leute an diesem heißen Augusttag des Jahres 1901 durch nicht-existente Wälder und über verschwundene Wege? Man könnte Moberley und Jourdain entgegenhalten, sie seien es selbst gewesen. Aber das war nicht der Fall. Und bezüglich der Musik, die Jourdain 1901 hörte, stellte sich heraus, daß kein Orchester in der Nähe im Freien spielte.

Ganz oben:
Der halbkreisförmige Jeu de Bague, der auf Trianon stand. Léon Rey, einer der Kritiker des Berichtes von Moberley und Jourdain, meinte, dies müsse die Laube gewesen sein, die sie angeblich sahen, aber die Damen dementierten. Ihre Recherchen bestätigten, daß sie in die Welt Marie-Antoinettes zurückgeglitten waren. Illustrationen von der Kleidung aus dieser Zeit (links) beweisen, daß sie mit dem der Leute übereinstimmt, die sie gesehen hatten. Eine Beschreibung des Comte de Vaudreuil (oben), einem engen Vertrauten der Königin, paßte auf den „unsympatischen“ Mann vor der Laube.

Phantasie und Einbildung?

Die Laube, auf die sie gestoßen waren, hatte Ähnlichkeit mit der, die im Originalplan von Trianon als Dekoration eingezeichnet war, doch wahrscheinlich ist sie niemals erbaut worden. Sie stellte Moberley und Jourdain vor einige Schwierigkeiten, denn es gelang ihnen nicht, die Originalbaupläne von Trianon und seinen Anlagen zu identifizieren. Sie zögerten und waren drauf und dran, ihre Behauptungen zu widerrufen. Sie meinten, die Laube sei im „chinesischen Stil“ gebaut gewesen. Der französische Kritiker Léon Rey, der für die *Revue de Paris* schrieb, erkannte das Bauwerk als das Jeu de Bague, das chinesische Stilelemente aufwies. Die Engländerinnen aber ließen sich nicht beirren und wiesen auf die Unterschiede zwischen dem Jeu de Bague und der Laube, die sie – und nicht Rey – am 10. August 1901 gesehen hatten, hin. Den „chinesischen Stil“ erwähnten die Frauen erst 1909, und es wurde der Verdacht laut, sie hätten sich diese „Beobachtung“ im Nachhinein eingeredet. Es ist aber durchaus denkbar, daß Marie-Antoinettes Obergärtner Antoine Richard 1774 Pläne mit einer solchen Laube angefertigt hatte.

Bei näherer Betrachtung der „Tatsachen“, die Moberley und Jourdain anführen, und die Argumente für und wider, die im Laufe der Jahre (bis Ende 1950) vorgebracht wurden, erscheint ihr Bericht und seine Deutung zunehmend verworrener. Der dunkle Herr, den die Damen so unsympatisch fanden, wurde als der Comte de Vaudreuil identifiziert, der in den letzten Monaten der Regentschaft Marie-Antoinettes eine Schlüsselrolle spielte, während andere meinen, es könne sich auch um den alten Ludwig XIV. gehandelt haben. Es gibt kaum einen Punkt im Bericht der alten Damen, der nicht in Frage gestellt und durch wilde Spekulationen interpretiert wurde.

Es würde zu weit führen, jeden Schritt der Nachforschungen, jedes Detail ihres Abenteuers zu beschreiben. Die Kritiker sagten, sie hätten sich von späteren Untersuchungen beeinflussen lassen und das Gesehene mit dem neu Erfahrenen ausgemalt. Mit anderen Worten, sie unterstellten Moberley und Jourdain, die Tatsachen systematisch verfälscht zu haben, um ihre Geschichte zu beweisen. Die beiden Frauen, die ihren Kritikern an Intelligenz in keiner Weise nachstanden, wurden als zwei verschrobene alte Jungfern hingestellt, deren Köpfe voll waren mit romantischem Unsinn über das tragische Schicksal der Königin von Frankreich.

Die Moberley-Jourdain-Berichte erwecken aber keinesfalls diesen Eindruck. Die beiden schienen überaus ausgeglichen, vernünftig und ebenso verwundert darüber, was sie an diesem Augusttag 1901 sahen, wie alle anderen auch. Ihre späteren Recherchen entsprachen durchaus dem Material und den Möglichkeiten, obgleich man ihnen vorwarf, ihre Geschichte nach den Fakten frisiert zu haben. Es wird aber eher so gewesen sein, daß sie erst im Zuge der Nachforschungen verstanden, was sie gesehen hatten. Peinlich genaue Aufzeichnungen und bestätigte Berichte konnten Moberley und Jourdain aber nicht aufweisen. Sie dachten wohl nicht daran, daß sie notwendig wären, um ihre Glaubhaftigkeit zu beweisen.

Man wird nie erfahren, was wirklich an diesem 10. August 1901 geschah. Wahrscheinlich hatten die beiden eine Halluzination, gekoppelt mit einem Zeitgleiter-Erlebnis. Am interessantesten aber ist der Wechsel zwischen den Personen aus der Vergangenheit und denen der Gegenwart. Das Abenteuer in Versailles war keinesfalls einzigartig, denn 50 Jahre später hatten zwei Engländerinnen in Dieppe ein ähnliches Erlebnis. Liegt es an der Luft oder an der Geschichte Frankreichs, die solche seltsamen Begebenheiten bewirkt?

Oben:
Das Hameau, ein Miniature-Dorf, daß auf Trianon für Marie-Antoinette erbaut worden war. Als Eleanor Jourdain im Januar 1902 allein nach Versailles zurückkehrte, bemerkte sie zunächst nichts Ungewöhnliches. Doch als sie Hameau erreichte, überkam sie wieder dieses „bedrückende Gefühl" wie im Jahr zuvor.

Unten:
„Der Tempel der Liebe", den viele Skeptiker für die besagte Laube hielten; doch auch hier erklärten Moberley und Jourdain, es sei nicht das Gebäude, das sie 1901 gesehen hatten.

Ein Gefühl für Katastrophen

Was haben die beiden Engländerinnen 1951 in Puys in Nordfrankreich gehört? War es wirklich der Lärm eines verheerenden Sturmangriffs aus dem Zweiten Weltkrieg?

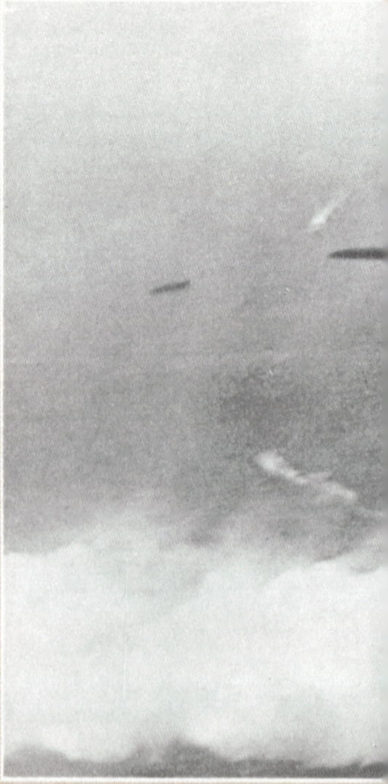

Um die Jahrhundertwende hatten die Engländerinnen Miss Jourdain und Miss Moberley im Petit Trianon des Versailles eine längere Halluzination oder ein übersinnliches Erlebnis vom Leben im Schloß zu seiner Blütezeit. Ein höchst ungewöhnlicher Fall; doch 50 Jahre später geschah zwei Engländerinnen, Mrs. Dorothy Norton und Miss Agnes Norton (Pseudonyme), etwas Ähnliches.

Auch sie verbrachten ihren Urlaub in Frankreich, in der kleinen Ortschaft Puys, unweit von Dieppe. Obgleich sie Schwägerinnen waren, hatten sie noch nie zuvor ihren Urlaub gemeinsam verlebt. Sie bewohnten ein Zimmer im zweiten Stock eines dreistöckigen Hauses nahe am Meer.

Am 4. August 1951 um 4.20 Uhr morgens stand Agnes auf und tastete sich im Dunkeln durch das Zimmer. Als sie bei der Tür war, fragte Dorothy, ob sie das Licht einschalten sollte, aber Agnes verneinte. Nachdem sie einigen Minuten später wieder zurückkam, sagte sie: „Hörst du auch diesen Lärm?" Dorothy hatte tatsächlich „schon seit etwa 20 Minuten", wie sie später schrieb, diese Geräusche vernommen. Auch Agnes vernahm den Lärm etwa ebensolange. Die Frauen lagen wach und lauschten dem seltsamen Gedröhn, das vom Strand kam. Dorothy beschrieb den Spektakel später als „Getöse, das mal lauter, mal leiser wurde". Schließlich schalteten sie das Licht ein und gingen auf den Balkon, um festzustellen, was den Lärm verursachte. Doch sie konnten weder den Strand sehen noch den Grund für die Geräusche ausmachen.

Sie kamen zweifellos vom Strand und wur-

den zunehmend lauter. Die Frauen konnten verschiedene Arten von Geräuschen unterscheiden. Dorothy identifizierte „Schreie, Gewehrschüsse und Sturzbomber", ferner Detonationen von Granaten. Agnes sprach von einer Mischung aus „Gewehrschüssen, Sturzbombern, Landetruppen und Menschengeschrei". Sie meinte auch, sie hätte den Eindruck gehabt, der Schlachtenlärm kämen von weit her, wie etwa die Tonwellen bei einer Übertragung aus Übersee.

Als sie dem Lärm lauschten, kamen sie zunehmend zu der Überzeugung, daß die Geräusche auf irgendeinem übernatürlichen Weg zu ihnen gelangen mußten. Dorothy war das nichts Neues, denn sie hatte vorher schon mehrere Wahrnehmungen gehabt, aber nur eine deutlich vernommen. Fünf Tage zuvor

Bilder vom Angriff der Alliierten auf Dieppe am 19. August 1942, dessen Geräusche zwei Engländerinnen neun Jahre später wieder hörten. Es war ein kombinierter Land-, See- und Luftangriff. Geplant war eine komplette Invasion der von den Deutschen besetzten französischen Gebiete, doch die Operation mißlang: von fast 6100 britischen und kanadischen Soldaten wurden 3648 getötet, verwundet, gefangengenommen oder für vermißt erklärt.

war sie von ähnlichen Geräuschen geweckt worden, sie beschrieb sie als viel schwächer und weiter weg. „Am Ende hörte ich viele Männer singen." Der Spektakel hörte bei Tagesanbruch auf. Ihre Schwägerin aber hatte damals nichts dergleichen bemerkt.

Skeptiker stützten ihre Kritik besonders auf einen Punkt. Dorothy und Agnes besaßen eine Beschreibung von dem verheerenden Angriff der britischen und kanadischen Truppen am 19. August 1942 auf Dieppe. Die Frauen gaben gegenüber G. W. Lambert und Kathleen Gay, die über den Fall in der Zeitschrift der Gesellschaft für übernatürliche Phänomene im Mai 1952 berichteten, zu, daß ihnen die Vorgänge über die Ereignisse bekannt waren, sie aber erst nach dieser Nacht im Reiseführer davon gelesen hatten. Kritiker wandten ein, die Frauen wären bereits eine Woche in Puys gewesen, bevor sie dieses Erlebnis hatten. Es wäre ungewöhnlich, daß sie sich vorher nicht für diese so schicksalhafte Schlacht interessierten, die ganz in der Nähe stattgefunden hatte.

Ihre Wahrnehmungen spiegelten zweifellos den Angriff auf Dieppe 1942 wider. Die Frauen hatten drei Stunden auf dem Balkon gestanden und hielten schriftlich fest, welches Geräusch sie wie oft hörten. Am nächsten Tag verfaßten sie über ihr Ergebnis voneinander unabhängige Berichte, die nur kleinere Abweichungen voneinander aufwiesen. So sind sich zum Beispiel beide einig, daß die Geräusche zum ersten Mal um 4.50 Uhr schwächer wurden. Agnes schrieb dann, sie nahmen um 5.07 Uhr wieder zu, während ihre Schwägerin 5.05 Uhr protokollierte. Jede hatte eine eigene Uhr, und Dorothy gab zu, daß die ihre Schwägerin verläßlicher sei und ihre oft nachginge. Eine Tatsache könnte kleinere Diskrepanzen wie diese erklären: Während des Zweiten Weltkrieges war Agnes Angehörige des Königlichen Marinecorps für Frauen (WRNS). Hier

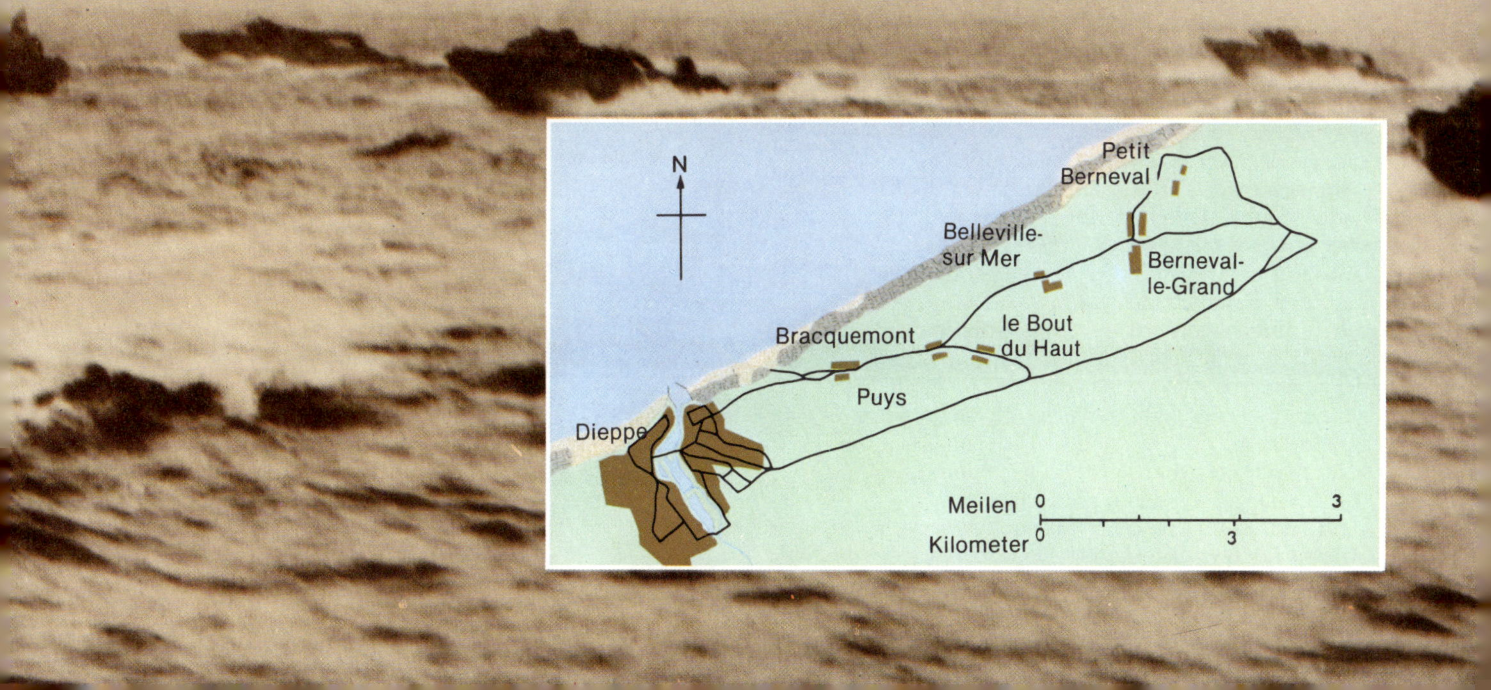

war sie, im Gegensatz zu ihrer Schwägerin, auf präzises Beobachten gedrillt worden.

Lambert und Gay erstellten eine detaillierte Tabelle mit den Beobachtungen von Agnes und Dorothy und verglichen sie mit den Kriegsberichten über den Angriff auf Dieppe. Die Ereignisse begannen am 19. August 1942 um 3.47 Uhr, als die Briten in Berneval auf einen deutschen Konvoi stießen. Es wurde sofort geschossen. Die Deutschen schienen auf diesen Überraschungsangriff nicht gefaßt gewesen zu sein, denn als die Alliierten in Puys landeten, fügten sie den „Krauts" große Verluste zu. Lambert und Gay meinten, die Schreie, welche die Frauen gehört hatten, stammten wohl von den deutschen Soldaten.

Die Panzer sollten um 4.50 Uhr in Puys und Berneval landen, die Operation wurde aber auf 5.07 Uhr verschoben. Fünf Minuten später begannen die Zerstörer, Dieppe zu bombardieren. Das Gros landete in Dieppe um 5.20. Die Gebäude am Meeresufer standen seit 5.15 Uhr unter Beschuß der RAF-Bomber, und um 5.40 Uhr wurde die Bombardierung von der Seeseite her endgültig eingestellt. Genau nach zehn Minuten erreichten 48 weitere RAF-Flugzeuge die Stadt und setzten die Bombardierung fort. Die genauen Details entnahmen Lambert und Gay der Studie *Norway, the Commandos, Dieppe* (Norwegen, Kommandos, Dieppe) von Christian Buchley. Keine der beiden Frauen hatte den Bericht in diesem Buch je zuvor gelesen oder von seiner Existenz gewußt. Auch als Angehörige des WRNS hatte Agnes niemals Zugang zu geheimen Marineberichten gehabt.

„Ein unbeschreibliches Geräusch"

Im allgemeinen stimmen die von den Frauen aufgezeichneten Geräusche mit dem Zeitablauf im Kriegsbericht überein. Kritisiert wurde vor allem die Interpretation und Identifizierung der Geräusche und daß beide den Lärm schon gehört hatten, bevor Agnes das Zimmer verließ (Das Argument ist unhaltbar, da Agnes vorher ja nicht wußte, daß Dorothy wach war). Es gab auch Haarspaltereien über die Reihenfolge in dem Bericht der Engländerinnen, diese vermochten aber die Theorie von einer übersinnlichen Wahrnehmung nicht zu erschüttern, ebenso wie die „natürliche Erklärung" eines Skeptikers für die Geräusche.

Im September 1968 berichtete Mr. R. A. Eades der Gesellschaft für Parapsychologie über einen ähnlichen Fall. Während eines Urlaubs in Frankreich Ende August 1951 hatte er und seine Familie eines Nachts bei Dieppe gezeltet, als sie plötzlich ein „unbeschreiblicher Lärm" aus dem Schlaf riß, der mehrere Stunden andauerte". Man versuchte, die Geräusche zu identifizieren. Es hörte sich wie ein „wildgewordener Zoo", ein Jahrmarkt, ein „Fußballstadion" an. Am nächsten Tag erfuhren sie, daß ein Bagger im Hafen gearbeitet hatte.

Nachforschungen beim Hafenmeister von Dieppe ergaben, daß der Bagger in der Nacht des 4. August 1951 tatsächlich eingesetzt war, und zwar von 0.15 – 8.15 Uhr des nächsten Tages. Er hatte also fast vier Stunden vor dem Spektakel begonnen und erst etwas über eine Stunde nach dem festgestellten Lärm aufgehört. Der Bagger allein konnte deshalb für die Geräusche nicht verantwortlich sein.

Nach längerem Briefwechsel mit der Zeitschrift *Journal* bezüglich dieses Falles schlug Mr. Eades vor, die Sache von einer unabhängigen Kommission prüfen zu lassen. Dies geschah auch 1969 unter der Leitung von Robert J. Hastings. Er untersuchte alle hier geschilderten Fälle im Detail und stellte fest:

Obgleich die beiden Damen eine Diskrepanz von zwei Minuten zugaben, überzeugten sie sich nicht, wessen Uhr richtig ging.

Sowohl Dorothy als auch Agnes wußten von dem Angriff, kannten aber keinerlei Details.

Die Frauen gaben zu, einen französischen Reiseführer mit einer Beschreibung des Angriffes zu besitzen und diesen auf dem Balkon irgendwann zwischen 5.07 und 5.40 Uhr, also während des Ereignisses, gelesen zu haben. Sie hätten den Bericht nie zuvor studiert und machten keinen Versuch, diese Information zu verheimlichen.

Hastings wies auch auf den Jahrestag der Vision im Petit Trianon hin und dem möglichen Einfluß auf das Erlebnis der Engländerinnen. Der bemerkenswerteste Aspekt aber war für ihn, daß beiden Frauen in Dieppe die Übersinnlichkeit ihrer Wahrnehmung bewußt war. Sie bemerkten, daß die Geräusche ungewöhnlich waren und konnten diese als Kriegslärm identifizieren. Ein solches Bewußtsein ist überaus selten, denn während einer übersinnlichen Wahrnehmung ist das Bewußtsein im allgemeinen ausgeschaltet und der Betreffende zu sehr mit dem Phänomen beschäftigt, als ihre Irrealität wahrzunehmen.

Oben:
Panzer und Landungsboote brannten Minuten nach Kampfbeginn völlig aus. Dorothy und Agnes Norton behaupteten den Kriegslärm 1951 gehört zu haben. Er kam von der Küste her, und sie erkannten Maschinengewehrgeknatter, Detonation von Granaten, Bombenabwürfe, Landungsboote und Menschengeschrei.

Unten:
Guy W. Lambert untersuchte mit Kathleen Gay diesen Fall im Auftrag der Forschungsgesellschaft für Übersinnliches.

Zwei Ansichten von der Küste von Dieppe, dem Hauptangriffspunkt der Alliierten am 19. August 1942 zur Zeit des Angriffes (links) und nach dem Krieg (unten).

Hastings störte, daß die Frauen die Flugzeuge nicht erwähnten, die um 5.07 Uhr gelandet sein sollen, besonders, da er selbst noch Augenzeugen dieses Flugzeugangriffes von 1942 fand. Agnes und Dorothy erwähnten zwar Flugzeuge, aber Hastings stellte fest, daß Puys in der Schneise der regelmäßigen London-Paris-Turin-Flüge lag. Hatten die beiden Damen vielleicht diese gehört?

Die Geschichte vom Angriff auf Dieppe enthält einige Ungereimtheiten, ebenso wie die Story von Versailles mit Moberley und Jourdain. Ausgedehnte übernatürliche Wahrnehmungen stimmen selten 100prozentig mit den bekannten Tatsachen überein. Vielleicht, weil ein übernatürliches Element gegenwärtig ist, das heißt, übersinnliche Quellen geben Informationen ab. Auch normale Quellen nehmen „normale" Informatioaen auf. Aber eine Frage bleibt offen: War das, was die vier Engländerinnen erlebt haben, wirklich übersinnlich?

Die Zeitgleiter in Frankreich

Haben die vier Engländerinnen in Frankreich wirklich Vergangenes wiedererlebt? Beweise für und gegen die Zeitgleiter in Dieppe und Versailles.

Die Erlebnisse von Miss Moberley und Miss Jourdain in Versailles 1901 und von Mrs. und Miss Norton in Puys bei Dieppe 1951 weisen Parallelen auf. Beide Erlebnisse widerfuhren je zwei Engländerinnen, beide Paare machten in Frankreich Urlaub und beide Male war es August.

Damit sind die Gemeinsamkeiten aber auch schon erschöpft. Moberleys und Jourdains Erlebnis war visuell und auditiv, Nortons nur auditiv. Außerdem haben die beiden Frauen in Versailles mit den Erscheinungen nicht nur gesprochen, sondern auch Antworten erhalten (Von dem Mann, der sie zum Haus wies und dem Diener, der ihnen den Weg zeigen wollte). Agnes und Dorothy Norton hingegen waren nur Zuhörer, die keine Rolle in diesem unsichtbaren Stück spielten, das sich hinter ihrem Balkon abspielte.

Waren diese Erlebnisse übernatürlich? Betrachten wir noch einmal die Fakten.

Oben:
Das Belvédère auf dem Petit Trianon von Versailles, das zur Zeit Marie Antoinettes erbaut wurde. Kritiker des Zeitgleiter-Erlebnisses von Moberley und Jourdain meinten, dies sei die „Laube", die von ihnen beschrieben wurde. Bei dem erneuten Besuch von Versailles 1902 verwarf Eleanor Jourdain diese Annahme und behauptete, die Laube, die sie gesehen habe, sei nicht auffindbar.

Miss Moberley und Miss Jourdain schienen nicht genau zu wissen, was sie im Petit Trianon finden würden. Sie kannten in etwa die Geschichte Frankreichs im 18. Jahrhundert und das Leben Marie-Antoinettes in Versailles, aber der Besuch des Schlosses der Königin in Versailles sollte in erster Linie ein anregender Spaziergang an einem warmen Sommernachmittag werden.

Als sie aber am Petit Trianon ankamen, wurde ihre Laune getrübt; denn sie fühlten sich bedrückt und verwirrt. Sie hatten Schwierigkeiten, sich auf den Wegen und im Wald zurechtzufinden. Die seltsamen Leute, die ihnen begegneten – der Mann vor der Laube, die unsichtbaren Menschen, der Herr, der Diener und die Frau mit dem ausgeschnittenen Kleid, alle trugen zu ihrem Unbehagen noch bei. Der Bericht, den sie erst drei Monate später verfaßten, strahlte noch immer etwas von dieser Unruhe aus. Das klingt alles sehr ehrlich, fast schon naiv. Wollten sie betrügen, eine glaubhafte Geschichte erfinden oder einen Schwindel inszenieren, hätten sie ihre Nachforschungen wohl sorgfältiger betrieben. Ihre Unwissenheit und mangelnde Sachkenntnis, die sich bei den nachfolgenden Recherchen herausstellte, beweisen eher die Glaubwürdigkeit der Damen. Sie hofften, dem, was sie gesehen hatten, einen Sinn zu geben, und zwar an Hand der Tatsachen, die sie über Trianon feststellten und seiner Geschichte, die Aufschluß geben könnte über die Plätze und die Menschen, die sie an jenem Nachmittag wahrgenommen hat-

ten. Für die moderne Parapsychologie war dies der falsche Weg. Aber der Fall ereignete sich zur Jahrhundertwende, als dieser Zweig der Wissenschaft noch nicht so entwickelt war.

Miss Moberleys und Miss Jourdains Berichte waren nicht peinlich genau, um Skeptiker zu überzeugen, aber viele Kritiker machten den Fehler, Gegenargumente vorzubringen, die noch weniger glaubhaft waren als die Theorie von der übersinnlichen Erscheinung. Manche meinten, die Frauen hatten Personen aus dem 20. Jahrhundert gesehen und sich eingebildet, sie kämen aus einer anderen Epoche. Aber auch der Garten, die Brücke, der Wasserfall und die Wälder waren ganz anders angelegt als 1901. Wie also konnten die Menschen von heute und die Umgebung von damals sein?

Links:
Der kombinierte Angriff auf Dieppe durch die Alliierten am 19. August 1942 und die Verwüstung des Ferienortes Dieppe (oben). 50 Jahre nach dem Zeitgleiter-Erlebnis in Versailles behaupteten Agnes und Dorothy Norton, in ihren Ferien in Frankreich in die Vergangenheit zurückversetzt worden zu sein. Sie hatten den „unverwechselbaren" Kriegslärm der Invasion gehört. Da ihr Erlebnis nur auditiv war, wurden eine Reihe „natürlicher" Erklärungen vorgebracht. Niemand wird aber je 100prozentig beweisen oder widerlegen können, daß die Nortons neun Jahre nach dem Krieg diese Geräusche noch einmal hörten.

Nun zum Erlebnis von Agnes und Dorothy Norton in Puys. Auch sie verfügten nur über ein geschichtliches Allgemeinwissen von ihrem Ferienort. Trotzdem standen sie drei Stunden lang auf dem Balkon und hörten eine unsichtbare Schlacht, die am Strand von Dieppe wütete. Ihre Aufzeichnungen stimmten mit den Kriegsberichten von 1942 überein. Ein derartiges Erlebnis ist nicht einmalig, denn schon andere haben Kriegsszenen aus der Vergangenheit wiedererlebt. So hörte und sah man regelmäßig im Morston Moor die blutigen Zusammenstöße zwischen den Puritanern und den Royalisten im englischen Bürgerkrieg.

Ein vernünftiges Argument

Angegriffen wurden vor allem die Unterschiede zwischen den Berichten von Dorothy und Agnes. Die Frauen hätten einander den Lärm nicht erwähnt, als sie ihn zum ersten Mal wahrnahmen, und die Reihenfolgen stimmte nicht überein. Zur Verteidigung der Nortons muß vorgebracht werden, daß Dorothy und nicht Agnes für derartige Erscheinungen empfänglich war. Vielleicht fungierte Agnes nur als Medium oder Kanal für Dorothy und entdeckte das Übersinnliche erst später. Außerdem erleben zwei Menschen niemals gemeinsam eine Erscheinung, und so können auch ihre Berichte nicht völlig übereinstimmen.

Die Behauptung der Nortons, ihr Erlebnis sei übersinnlich gewesen, wird auch noch aus anderen Gründen abgelehnt: Es gebe eine ganz natürliche Erklärung für die Geräusche, zum Beispiel der Bagger, der im Hafen gearbeitet hatte: War es das, was sie gehört hatten? Das Geräusch eines Baggers ist unverkennbar. Er kann keine Schlachtgeräusche nachmachen, wie „Maschinengewehrsalven", „Sturzbomber", „Granaten", „Landungsboote" und „Schreie". Wer einmal einen Sturzbomber gehört hat, wird nie mehr vergessen wie das klingt. Und die Landungsboote? Kann man sie auf diese Entfernung einwandfrei identifizieren? Hier hakten die Kritiker ein, doch ist es durchaus möglich, das Agnes dieses Knattern aus ihrer Zeit als WRNS-Angehörige bekannt ist. Das Flugzeuggeräusch: War es das Dröhnen von zivilen Linienmaschinen auf dem Weg nach Turin? Könnte der Lärm durch eine ungewöhnlich hohe Flut an der Küste von Puys entstanden sein? Eine sehr unwahrscheinliche Annahme, weil sie noch lange nicht die „Schreie" und „Gewehrsalven" erklärt.

Manche Fragen bleiben offen. Die Nortons versicherten, gewußt zu haben, daß die Geräusche übernatürlich waren. Dies ist mehr als ungewöhnlich. Das Besondere an übernatürlichen Ereignissen ist, daß dem Betroffenen dies erst später bewußt wird. Er fühlt sich oft während des Ereignisses unbehaglich und verstört, was darauf zurückzuführen ist, daß er von verschiedenen Seiten gleichzeitig Informationen bekommt: die Sinne, die durch die chronologische Zeit beschränkt sind und eine übernatürliche Quelle, die unbegrenzt ist.

Außerdem scheinen solche Erlebnisse durch die Alpha-Gehirnströme ausgelöst zu werden, das ist der „neutrale" Strom, wobei der Betroffene sich auf nichts Besonderes konzentriert. Sobald man sich auf das Ereignis einstellt, wird der Alphastrom durch einen anderen ersetzt und der Betroffene aus dem Erlebnis gerissen. Wenn Agnes und Dorothy Norton wirklich bewußt war, daß die Geräusche übersinnlich waren, ist erst höchst sonderbar, daß sie nicht sofort „aufgewacht" sind.

Es gibt noch einen Punkt, der ungeklärt ist. Am 30. Juli, wenige Tage bevor die beiden Frauen den Angriff auf Dieppe hörten, wurde Dorothy von ähnlichen Geräuschen aufgeweckt. Sie sagte ihrer Schwägerin aber nichts davon. Warum nicht? War ihr nicht bewußt, daß sie etwas Übersinnliches gehört hatte? Wenn nicht, warum glaubten sie es wenige Tage später?

Das Erlebnis von Miss Moberley und Miss Jourdain in Versailles besitzt alle Merkmale einer lang andauernden übersinnlichen Erscheinung: die veränderte Landschaft, die Menschen aus der anderen Epoche, der Wechsel zwischen diesen Personen und den beiden Frauen aus dem 20. Jahrhundert. All dies weist auf einen Zeitgleiter hin.

Der Fall aus Dieppe ist weniger deutlich. Vielleicht war es ein Zeitgleiter-Erlebnis, wenn auch nur auditiv – und begrenzter. Was an der Übersinnlichkeit dieses Falles zweifeln läßt, ist die Tatsache, daß Agnes einen ausführlicheren Bericht mit viel mehr Details schrieb, obgleich es Dorothy war, die übersinnliche Fähigkeiten hatte.

Wird man ein Erlebnis aus der Vergangenheit jemals eindeutig als übernatürlich beweisen können? Wahrscheinlich nicht; denn selbst wenn mehrere eine detaillierten Bericht über ein Erlebnis bezeugen, wird sich sicher jemand finden, der ihn als Halluzination oder Telepathie abtut.

Die Schlacht von Marston Moor am 2. Juli 1644 endete mit der ersten großen Niederlage der Royalisten im englischen Bürgerkrieg. Es gibt mehrere Berichte darüber, daß Menschen in der Gegend von Marston Moor (wenige Kilometer von York entfernt) plötzlich in Szenen dieses Kampfes verwickelt waren oder den Lärm vernommen haben, genau wie die Nortons den Angriff auf Dieppe gehört haben wollen.

Ein Streifzug durch die Zeit

Der Mensch scheint endlos in der Zeit reisen zu können.

Zeitgleiter, jene erstaunliche Verlagerung von Ereignissen von einer Zeit in die andere, weisen einen außerordentlichen Zeitradius auf. Bei einem Zeitgleiter in die Zukunft können ebenso Minuten zwischen der Vorahnung und dem Ereignis vergehen wie Jahre oder gar Jahrhunderte. Manchmal liegen die Ereignisse so weit entfernt, daß man sie gar nicht mehr zeitlich einordnen kann. Ebenso verhält es sich mit den Zeitgleitern in die Vergangenheit.

Ein Zeitgleiter-Erlebnis geschieht immer plötzlich. Die einzige Vorwarnung ist ein leichtes Kribbeln oder eine Übelkeit, ähnlich wie vor einem Sturm oder Erdbeben. Manche aber erleben Zeitgleiter völlig unerwartet, wie etwa die Engländerin M. Rawlings aus Barnet (London). Sie „sah" eine römische Prozession, die in die Arena von Verulamium (dem heutigen St. Albans) einzog. Sie erkannte deutlich die uniformierten Legionäre in Reih' und Glied und die Standorte mit dem Adler. Zuletzt kam ein hoher Beamter in einer weißen Toga und einem Lorbeerkranz auf dem Kopf. Er nahm in einem Sessel in der Mitte der Tribüne Platz. Links und rechts standen je ein Standartenträger. Hier war die Vision zu Ende. Mrs. Rawlings sah vielleicht eine Szene, die vor rund 2000 Jahren in Verulamium stattfand.

Die Römer spielen eine wichtige Rolle in der britischen Geschichte, und viele Zeitgleiter in dieser Periode handeln von den römischen Besetzern. Diese wiedererlebten Teile römisch-britischer Historie haben eine gewisse Ähnlichkeit mit dem traditionellen Geisterspuk. Die Grenze zwischen den Zeitgleitern in die Vergangenheit und bestimmten Geistererscheinungen ist recht verschwommen.

Ein Beispiel dafür ist der folgende Fall aus Oldbury Camp in Wiltshire (Südengland) und die Vision von einer Kohorte von Römern, die durch einen Keller in York zogen. Alle Fälle

Das römische Verulamium-Theater in St. Albaus (England), einst der Schauplatz pompöser Zeremonien (unten). Eine solche „sah" eine Frau in unserer Zeit zwischen den Ruinen von heute (ganz unten).

Die Zeit marschiert voran

Eine römische Kohorte scheint zum Teil in eine englische Kathedrale von York, die zur Zeit der römischen Besetzung Eburacum hieß, nach über 1500 Jahren zurückgekehrt zu sein. Als der Heizungsmonteur Harry Martindale an Rohren im Keller eines Schatzhauses aus dem Mittelalter (rechts) arbeitete, hörte er Fanfaren. Zu seinem Entsetzen sah er eine Person in einem Lendenrock und mit einem runden Schild durch die Wand marschieren, gefolgt von einem Feldherrn hoch zu Roß und einer Gruppe von 14–16 ungepflegten und undisziplinierten Legionären. Martindale versteckte sich in einer Ecke und beobachtete, wie die Männer diagonal durch den Keller marschierten und in der Mauer verschwanden.

Am bemerkenswertesten war, daß die Soldaten brusttief durch den Kellerboden gingen. Ihre Füße sah Martindale erst, als sie eine Grube im Boden durchquerten. Er glaubte, sie marschierten eine alte römische Straße entlang, die einmal unter dem Haus verlief.

Verwirrung stiftete die Tatsache, daß Martindale von runden Schildern sprach, die bei den Römern aber nicht üblich waren. Später stellte sich heraus, daß die in York stationierte VI. Legion, zusätzlich ausgerüstet wurde, und zwar mit runden Schilden.

haben eines gemeinsam: sie handeln von römischen Soldaten. Die Legionen waren hervorragend organisiert, Routine und Ordnung prägte das Leben der Soldaten, und das scheint die „Speicherung“ solcher Ereignisse zu begünstigen, ebenso wie die Disziplin in den Klöstern Geistererscheinungen zu bewirken scheint.

Und noch eine übersinnliche „Aufnahme“ aus der Zeit der römischen Herrschaft über England sei hier erwähnt: „das Licht von Cammeringham.“ Cammeringham ist ein kleines Dorf bei Lincoln im Nordosten Englands, unweit der Ermine-Straße aus der Römerzeit. Eines Morgens ging Mr. Lucas auf dem Weg zur Arbeit diese Straße entlang, als eine Nebelwolke vor ihm auftauchte, was zu Beginn eines warmen Tages nichts Außergewöhnliches war. Aus ihr erschien plötzlich eine Kutsche, die eine Frau lenkte. Den Wagen zogen zwei Pferde, ein schwarzes und ein weißes. Die Frau trug ein langes, weites Kleid, und ihr Haar bedeckte die Schultern. Sie trieb die Pferde an, und Lucas sah Gold, das im Licht der Morgensonne glänzte, als das Fahrzeug wieder im Nebel verschwand.

Erst dann wurde Lucas bewußt, daß es während dieses Ereignisses totenstill gewesen war. Er war überzeugt, Boudicca, die Königin der Ikener, gesehen zu haben. Das Gebiet der Ikener verlief tatsächlich bis zum südlichen Teil von Lincolnshire. Diese Vision, wegen der besonderen Lichtverhältnisse bei der Erscheinung „Das Licht von Cammeringham“ genannt, wurde mehrere Male in den vergangenen Jahrhunderten gesehen.

Rechts oben:
Boudicca, die Königin der Ikener und Heldin im englischen Widerstand gegen die römischen Unterdrücker. Öfter „sieht“ man sie im „Licht von Cammeringham“ in Lincolnshire.

Rechts:
Der Devil's Beef Tub, eine große Senke bei Moffat in Dumfrieshire an der schottischen Grenze. Dieses Denkmal zu Ehren eines Märtyrers aus dem 17. Jahrhundert steht auf dem Platz einer ehemaligen römischen Signalstation. Das Zeitgleiter-Erlebnis einer Frau, die hier vorbeifuhr, kann, wie viele andere ähnliche Erscheinungen, mit der römischen Besatzung in Zusammenhang stehen.

Erlebnisse aus der fernen Vergangenheit müssen aber nicht immer mit Menschen zu tun haben. Manchmal sind es nur Schauplätze aus längst vergangener Zeit. Meist stellt sich dann hinterher heraus, daß sie mit dem Ort in Verbindung stehen, wo sie gesehen werden. Es gibt Fälle, in denen bereits abgerissene Gebäude an ihren früheren Standorten erscheinen. Auch können ganze Landschaften in ihrem alten Aussehen auftauchen, wie in jenem Zeitgleiter-Erlebnis einer Frau, die am Tweed-Fluß an der Grenze zu Schottland entlangfuhr.

Der größte Teil dieses wunderschönen Tales gehört der Forstverwaltung. Zur Zeit dieses Erlebnisses war noch nicht mit der Aufforstung begonnen worden. Seit dem 15. Jahrhundert wurde das Tal landwirtschaftlich genutzt. Es diente als Weidefläche für Rinder und Schafe und war ein beliebtes Ziel für Wilderer von beiden Seiten der Grenze. Als also die Frau von Moffat nach Edinburgh fuhr, war das Tal eine offene Hügellandschaft. Sie aber kam durch dicht bewaldetes Gebiet mit hohen Bäumen, wie Eichen, Eschen und Föhren. Genau aus diesen Bäumen bestanden die alten Wälder in Schottland. Zur späteren Aufforstung verwendete man andere Baumarten, nämlich Pinien, Lärchen und Fichten.

Nachdem die Römer in dieses Gebiet einzogen, errichteten sie in einer Senke namens „Devil's Beef Tub" eine Signalstation. Obgleich es entlang des Tweed-Tales nie eine römische Straße gegeben hatte, führte vielleicht ein Pfad dorthin. Möglicherweise überschneidet sich dieser mit der heutigen Straße und löste so die Visionen aus.

Manchmal haben diejenigen, die einen solchen Zeitgleiter erleben, das Gefühl, sich physisch zu verändern, nicht ihr Körper, sondern ihre Kleidung, Erscheinung und ihr Verhalten. Eine derartige Umwandlung verstört den Betroffenen und gibt ihm das verwirrende Gefühl, an zwei Orten gleichzeitig und vielleicht eine Reinkarnation zu sein.

Eben dies widerfuhr Phyllis Hester. Während sie an einem Tisch in der alten Halle des St. William's College stand, einer alten Kathedrale in York, hatte sie plötzlich das Gefühl, in ein langes Kleid gehüllt und in der Zeit zurückversetzt zu sein. Sie war überrascht, als sie unversehens wieder in „ihrer" Zeit war und moderne Kleidung trug.

In eine Periode, die nicht so weit zurückliegt, wurde C. Maddison zurückversetzt, als sie in Südengland mit dem Bus fuhr. Es war ein bitterkalter Tag im Februar und es schneite. Sie trug Stiefel, Hosen und einen Wintermantel. Auf einmal überkam sie ein „seltsames Gefühl":

„Statt der Hosen, den Stiefeln und des Mantels trug ich eine Haube, ein Cape und ein langes Kleid. Ich rieb mir die Hände und fühlte den Samt meines Rockes. Ich zwang mich zurück in die Realität und sah hinaus auf die schneebedeckten Dächer. Da kam dieses Gefühl wieder. Es rüttelte und schüttelte, als führe ich in einer Pferdekutsche. Ich kniff mich in die Hand und hatte Angst. Ich verspürte den Zwang, davonzulaufen, wußte aber nicht wohin. Wir fuhren weiter, und ich fühlte die Haarlocken im Hals."

Mit einem Schlag war Frau Maddison wieder in der Gegenwart. Eine Pelzkappe, die sie am Hals kitzelte, hatte dieses Gefühl verursacht.

Das Erlebnis aber sollte noch weitergehen. Sie erkannte nicht die vielen kleinen Geschäfte des Dorfes, durch das sie fuhr. Die Straße war nicht asphaltiert, sondern aus Kopfsteinpflaster. Plötzlich überkam sie ein Gefühl der unendlichen Einsamkeit. Dann war sie unversehens wieder in der Gegenwart. Als sie an eine Kreuzung kamen, standen statt Ampeln Richtungspfeiler, von denen einer nach „St. Albanse" wies. Die Kreuzung war schlammig und zeigte tiefe Räderspuren, es handelte sich aber um keine Autoreifen. Das Erlebnis dauerte so lange, bis Frau Maddison an ihrem Ziel angekommen war.

Zukunftsschock

Zeitgleiter in die Zukunft sind vielleicht noch verwirrender als die in die Vergangenheit, denn sie lassen darauf schließen, daß unser Leben vorbestimmt ist.

Vorahnungen sind sicherlich die seltenste Art der Unterbrechung unseres Zeitbegriffes. Manchmal ist sie kurzfristig, so daß nur wenige Minuten, Tage oder Wochen zwischen ihr und dem Ereignis liegen. Manchmal aber vergehen 20 oder mehr Jahre zwischen Vorahnung und Erfüllung. Meist ist sie schon längst in Vergessenheit geraten und lebt erst bei dem bestimmten Ereignis wieder auf.

Nach einer Serie über Zeitgleiter schrieb ein englischer Geistlicher dem BBC über drei Träume in Abständen von zwei Monaten, in der er ein Ereignis vorausahnte. Dies war 1965 geschehen, als er Vikar einer Gemeinde in Nottinghamshire war.

Jeder Traum begann in dem Pfarrhaus, in welchem er seine Kindheit verbracht hatte. Immer schien dieses Haus zu einer anderen Kirche zu gehören. Im ersten Traum verließ er das Pfarrhaus, um die Kirche zu inspizieren, ein schöner Bau aus dem Mittelalter. Im zweiten erschien die Kirche als großes, dunkles viktorianisches Gebäude. Im dritten ging der Träumer nicht vom Pfarrhaus in die Kirche, sondern ans Ende des Kirchhofes, von wo aus er die Ruinen von Schloß Hadleigh bei Benfleet in Essex sah.

Der Geistliche vergaß diese Träume und erinnerte sich erst wieder daran, als er in eine andere Gemeinde versetzt wurde, in der die Kirche genau so aussah wie in seinem ersten Traum.

Fünf Jahre später übernahm er eine andere Pfarrei, und er war sicher, der zweite Traum würde sich nicht erfüllen, denn er mochte keine viktorianischen Kirchen und würde eine Berufung in eine solche ablehnen. Als man ihm aber 1971 eine Stelle in Bechenham (Kent) anbot, nahm er sie sofort an und bemerkte erst später, daß hier eine riesige viktorianische Kirche stand, nämlich jene, die er im Traum gesehen hatte.

Er und seine Frau waren beeindruckt, daß beide Träume eingetroffen waren. Der dritte sollte sich aber erst 1977 bewahrheiten. Der Geistliche wurde zum Vikar der St. Mary's Kirche in Bury St. Edmunds in Suffolk bestellt. Am Fuße des gewaltigen Kirchhofes entdeckte er die Ruine einer alten Abtei, die der von Schloß Hadleigh ähnelte.

Der Geistliche war sicher, daß die Träume keinerlei Einfluß auf seine Entscheidung hatten. Er erinnerte sich an die Träume immer erst, nachdem er in die jeweiligen Pfarren gezogen war.

Ein mittelalterliches Gotteshaus bei Saxmundham in Suffolk. 1966 zog ein neuer Pfarrer in die Gemeinde und erkannte die Kirche als diejene, die er im Traum Jahre zuvor gesehen hatte.

Furchterregende Landschaften

12 Jahre waren seit dem letzten Traum des Vikars und der Erfüllung vergangen. Noch größer war die Zeitspanne zwischen einem Traum von 1955 und dem Ereignis. Eine verheiratete Engländerin träumte immer wieder von einer ebenen Landschaft mit Feldern und einer Windmühle in der Ferne, inmitten von kahlen Bäumen und einer Hecke. Auch die

Handlung war immer dieselbe: Sie lief durch Gras und Sumpf auf die Windmühle zu, und hinter ihr hörte sie die Schritte eines Verfolgers. Die Windmühle war ihr rettender Hafen, in dem sie in Sicherheit wäre, aber sie konnte ihn nie erreichen.

Die Träume wurden von Mal zu Mal klarer. Mit der Zeit sah sie den Schatten des Verfolgers auf dem Gras, und sie wußte, daß er sie einholen würde. Der Traum wurde zum furchterregenden Alptraum. Sie wurde zwar von dem Verfolger nie eingeholt, konnte sich aber auch nie in Sicherheit bringen.

1970 zogen die Frau und ihr Mann nach East Anglia. Obgleich die Gegend um ihr Haus in Sutton (Norfolk) vorwiegend ländlich war, assoziierte die Frau sie nicht mit ihrem Traum.

Kurz nach ihrem Umzug starb der Ehemann, erst jetzt entdeckte sie, daß die Landschaft mit der in ihrem Traum identisch war. Sie hatte die Windmühle von Sutton schon oft gesehen, aber nicht erkannt. Als dann eines Tages die Straße zur Mühle saniert wurde und sie von der anderen Seite zur Mühle gehen mußte, fand sie sich plötzlich genau in der Landschaft, die sie im Traum gesehen hatte: das Gras, die Felder, die kahlen Bäume und die Windmühle. Im Traum war es Winter gewesen; ihr Mann war im Januar gestorben.

Plötzlich fühlte sie, daß der Verfolger der Tod oder zumindest das Unheil gewesen war, das ihr widerfuhr, als sie ihren Mann verlor. Nach seinem Tod hatten auch die Träume ein Ende. Kann es sein, daß sie im Traum dieses Bild aus ihrem Unterbewußtsein hervorgeholt hat? Obgleich sie vor ihrem Umzug noch nie in Norfolk gewesen war, kann sie einmal ein Bild von der Mühle gesehen und es wieder vergessen haben. Es wäre aber sicher zu weit hergeholt anzunehmen, daß sie zufällig einmal in die Nähe dieser Mühle zieht und sie diese Furcht und Beklommenheit genau an der Stelle überkommt, wo sie es geträumt hat.

Folgende Seite oben:
Die Windmühle von Sutton in Norfolk. Eine Frau, die erst kürzlich hierher gezogen war, erkannte die Landschaft wieder, die sie 15 Jahre zuvor im Traum gesehen hatte. Es war ein Alptraum, in dem sie einem Verfolger zu entrinnen versuchte. Die Landschaft identifizierte sie, als sie noch immer an dem schmerzlichen Verlust ihres Gatten litt.

Zeitgleiter auf zwei Ebenen

Ein weiteres Beispiel einer unheimlichen schier unerklärlichen Vorahnung:

1896 wurde in Hanley, Staffordshire (Midlands), ein kleiner Junge für ein geringfügiges Vergehen von einem sadistischen Schulmeister mit Prügel bestraft. Der Junge war sieben Jahre alt und sehr sensibel.

„Am Nachmittag schwänzte ich die Schule. Ich erinnere mich noch heute, wie ich die Straße entlanglief, daß meine mit Eisen beschlagenen Absätze Funken schlugen. Dann blieb ich stehen und lauschte der Orgelmusik, die aus der Kirche kam; sie war leer und verschlossen. Auf der anderen Straßenseite befand sich damals wie heute ein Arkadengang, der zu einer Querstraße in die Hinterhöfe der Häuser und Läden führte. Links war sie kürzer als rechts, denn hier standen nur zwei Häuser, glaube ich. An diesem Tag war ein Tor in der Mauer, und als ich hin-

Unten:
Die Ruinen einer Abtei bei Bury St. Edmunds in Suffolk. Auch diese hatte der Geistliche in seinen Träumen vorausgeahnt, doch hielt er die Ruine für die von Hadleigh Castle aus Essex, bis er dann die Überreste der Abtei sah.

Links:
Die prunkvolle Kathedrale aus dem 15. Jahrhundert von St. Mary's bei Bury St. Edmunds. 12 Jahre nach seinem Traum sah der Geistliche diese Kirche in der Wirklichkeit. Seine Vorahnung hatte sich also bewahrheitet.

durchging, war ich in einer ganz anderen Welt, in einer Stadt mit Häusern, die ich nie zuvor gesehen hatte. Ich lief eine Straße entlang, aber alle Häuser waren leer. Dann betrat ich eines der Häuser und stieg hinauf in den ersten Stock. Von dort aus sah ich auf eine Landschaft, die ich nicht kannte. Das Feld mündete in ein Tal, dahinter erhoben sich bewaldete Hügel. Schon in dem Alter interessierten mich Sonne und Sterne, also wußte ich, daß ich nach Osten blickte."

Das war meine Vision. Was mein Körper tat, weiß ich nicht. Aber eins ist klar: Ein Siebenjähriger schwänzt nicht die Schule, um dann zu schlafen.

Dies erzählte ein Professor für Elektrotechnik i. R. Jahrzehnte später. Die Vision bewahrheitete sich dann im Ersten Weltkrieg.

„Anfang 1917 brachen die Deutschen die Kämpfe an der Somme ab und zogen sich 65 Kilometer zurück. Der Befehl kam überraschend. Sie hinterließen eine Wüstenlandschaft.

Man sandte mich zum Hauptquartier der IV. Armee, das östlich des verwüsteten Dorfes Villers Carbonnel lag, nahe der Somme, die nach Norden fließt und dann bei St. Quentin plötzlich eine Biegung nach Westen macht.

An einem freien Abend durchstreifte ich einige verlassene Dörfer in der Gegend und machte Skizzen (die ich noch habe). Ich kam zu dem Dorf „Misery" (ein treffender Name übrigens) und hatte ein haarsträubendes Erlebnis. Ich stand in der Straße meiner Vision. Es war kein Mensch da, abgesehen von einigen toten Deutschen in dem einen oder anderen Haus. Dann fand ich ein Haus ohne diese „unerfreulichen Bewohner" und ging hinauf. Ich stand in demselben Fenster und blickte in dieselbe Landschaft im Osten. Das Tal war das Somme-Tal, doch Misery lag zu weit weg, um den Fluß sehen zu können."

Oben:
Misery im Somme-Tal (Westfrankreich) nach dem Rückzug der Deutschen 1917. Diesen Ort sah Hanley als Kind 21 Jahre zuvor und als Offizier der Britischen Armee 1917 wieder. In seinem Zeitgleiter-Erlebnis war das Dorf unbewohnt. Als er ihm wiederbegegnete, fand er nur die Leichen deutscher Soldaten. Hat der Kosmos dem Jungen einen Streich gespielt, als er in seinem „Elend" ein gleichnamiges Dorf „sah"?

Dieser Fall weist auch noch einen anderen ungewöhnlichen Faktor auf. Als Kind war ihm in der „Halluzination" der Name der Straße „Windmill Street" aufgefallen. Als der Professor 1960 Hanley erneut besuchte, bemerkte er einen neuen Gebäudekomplex, der auf dem Grundstück stand, auf dem er die „andere Welt" betreten hatte. Eine der Straßen hieß heute „Windmill-Street".

Dies ist einer der kompliziertesten und überzeugendsten Fälle einer Vorahnung auf lange Zeit. Die Vision beschrieb dem Professor nicht nur den Ort genau, den er 20 Jahre später sehen sollte, sondern zeigte ihm auch den späteren Namen der Straße, in der er die Vision hatte. Sie war also zweistufig: Eine bezog sich auf die persönliche Geschichte des Jungen nach 20 Jahren und die andere auf den Ort der Vision 65 Jahre später. Es wäre interessant zu erfahren, ob es in dem französischen Dorf Misery eine „Rue de Moulin" gibt.

Dieses außergewöhnliche Phänomen der Vorahnung, der Blick in die Zukunft, die Minuten oder Jahre von dem „Jetzt" des Beobachters liegt, kann auf Grund der Menge an Beweisen, die sich im Laufe der Zeit angesammelt haben, kaum mehr angezweifelt werden. Zu den hier geschilderten Fällen könnte man einen Vergleich ziehen zwischen der Vision und dem eingetroffenen Ereignis. Zweifellos sind viele Vorahnungen zu unklar und daher nicht eindeutig als solche identifizierbar. Es gibt aber auch Vorahnungen, die so weit in die Zukunft weisen, daß sie gar nicht mehr in unsere Zeit eingeordnet werden können. Der Betreffende gleitet in eine Zeit und eine Umgebung, die uns noch unbekannt ist.

Rätselhafte Vergangenheit

Legende vom versunkenen Atlantis

Plato, der größte griechische Philosoph, gab eine ausführliche Beschreibung von Atlantis, der faszinierenden antiken Zivilisation, die durch eine Naturkatastrophe hinweggefegt wurde. Er stellte diese Beschreibung als historische Tatsache dar. Heute sind die geographische Lage und sogar die Existenz von Atlantis sehr umstritten.

Mehr als 9000 Jahre vor Christi Geburt waren ganz Nordafrika nördlich von Ägypten und Europa von Spanien bis hin nach Norditalien unter der Herrschergewalt von Atlantis, einem Inselstaat westlich der Säulen des Herakles (Straße von Gibraltar). In Atlantis lebten die Abkömmlinge des Meeresgottes Poseidon, der sich mit einer sterblichen Frau zusammengetan hatte. Der Inselkontinent war nach dem Riesen Atlas benannt, einem Sohn Poseidons. „Über viele Generationen hin, solange die göttliche Natur in ihnen anhielt, verabscheuten sie alles, außer der Tugend. Aber als der göttliche Teil langsam dahinschwand, wurden sie von sündhaftem Ehrgeiz und Machtstreben erfüllt."

Die Bewohner von Atlantis begannen einen Krieg mit ihren Nachbarn in Europa und Asien. Das feindliche Lager wurde von den Griechen angeführt, vor allem von den Athenern. Das ist auch nicht verwunderlich, denn die Geschichte wurde von einem Athener überliefert, und zwar von dem Philosophen Plato, der im 4. Jahrhundert vor Christus lebte. Seinem Bericht zufolge waren die Athener

> „außerordentlich mutig und militärisch geschickt und die Führer der Hellenen. Als die übrigen Griechen von Athen abfielen, stand die Stadt alleine da, und nachdem sie die äußersten Gefahren auf sich genommen hatten, besiegten die Athener ihre Feinde triumphal, bewahrten diejenigen, die noch nicht unterworfen waren, vor der Sklaverei und befreiten großmütig alle anderen, die innerhalb der Säulen wohnten. Aber später gab es gewaltige Erdbeben und Überschwemmungen, und innerhalb eines Tages und einer Nacht versanken alle kriegsfähigen Männer (der Athener) auf einmal in der Erde, und die Insel Atlantis ging auf gleiche Art und Weise in den Tiefen des Meeres unter."

Plato sagt, diese Geschichte sei von dem weisen Staatsmann Solon von Ägypten nach Athen gebracht worden. Dieser war kurz nach 600 vor Christus in Sais gewesen, der Hauptstadt von Niederägypten und dem kulturellen Zentrum der zivilisierten Welt. Dort hatte ihm Sonchis, der ägyptische Oberpriester, die berühmten Archive des antiken Ägyptens gezeigt, die viele tausend Jahre zurückgingen (und leider nicht erhalten sind). Sie enthielten einen Bericht über die Geschichte von Atlantis.

Rechts:
Plato und sein Schüler Aristoteles (rechts außen), der erste von vielen Kritikern, die Atlantis für eine Erfindung Platos hielten.

Unten:
Die geographische Lage von Atlantis nach den Theorien von Ignatius Donnelly aus dem Jahr 1882. Er stellte die Behauptung auf, die hellen Gebiete seien durch die Bewohner von Atlantis kolonialisiert worden. Platos Beschreibung lautete vollkommen anders (unten rechts). Er glaubte, die Welt, so wie er sie kannte, sei vom Atlantik umgeben, der seinerseits wiederum von einem Riesenkontinent eingeschlossen sei.

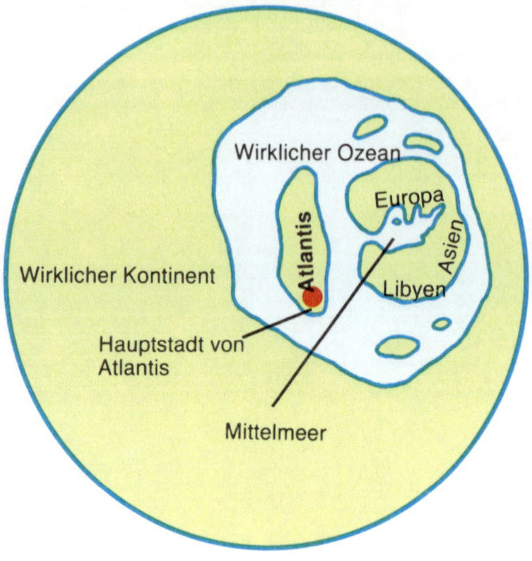

Der Staatsmann Solon erfuhr angeblich von Atlantis, als er im Jahr 600 vor Christus in Ägypten war.

Rechts:
Atlas, der auf ewig dazu verdammt war, den Himmel auf seinen Schultern zu tragen. Dem griechischen Mythos zufolge lebte die Tochter des Atlas auf einer westlichen Insel. Das veranlaßte vielleicht Plato dazu, dem halbgöttlichen ersten Herrscher der von ihm beschriebenen Insel den Namen Atlas zu geben. Er war Teil des ältesten Zwillingspaares, das der Meeresgott Poseidon mit einer sterblichen Frau namens Kleito gezeugt hatte.

Platos Erzählung ist die einzige antike Quelle der Atlantislegende. Jedoch sind die dramatischen Ereignisse derart beeindruckend – ein reicher, mächtiger und korrupter Kontinent wird plötzlich von einer Naturkatastrophe überschwemmt und geht unter –, daß die Vorstellungskraft der westlichen Welt seither davon in Bann gehalten wird.

Obwohl die Darstellung der athenischen Frühzeit recht schmeichelhaft ist, äußerten manche von Platos Landsleuten Zweifel an ihrer historischen Wahrheit. Zu den Skeptikern gehörte auch Platos bedeutender Schüler Aristoteles. Dennoch wurde Atlantis jahrhundertelang allgemein als Realität angesehen. Mittelalterliche Seekarten zeigten oft legendäre Inseln im Atlantik, und man glaubte, daß auf diesen sehr angenehme klimatische Bedingungen herrschten und die Menschen dort ein idyllisches Leben führten. Im 15. Jahrhundert zeigten portugiesische Karten eine mythische Insel Antilia; diese Bezeichnung war vielleicht von „Atlantis" abgeleitet. Auf der Insel hatte es angeblich zu der Zeit, als die Mauren Spanien und Portugal besetzt hatten, eine ideale christliche Lebensgemeinschaft gegeben.

Wissenschaftler diskutierten während der folgenden Jahrhunderte darüber, ob Atlantis

Rechts:
Teil des königlichen Palastes von Knossos auf Kreta. Niemand hatte geahnt, daß es auf dieser Insel im östlichen Mittelmeer eine uralte Seefahrerzivilisation gab, ehe Sir Arthur Evans 1900 seine bahnbrechenden Ausgrabungen machte. Viele orthodoxe Archäologen glauben inzwischen, daß die „minoische" Zivilisation höchstwahrscheinlich der historische Ursprung der Atlantissage ist. Der Palast erstreckte sich über 20000 Quadratmeter und hatte ein hochentwickeltes Röhren- und Abwässersystem. Die Bekleidung der Wasserkrüge schleppenden Sklaven ist typisch für die Minoer. Auf ägyptischen Wandgemälden werden ausländische Gesandte ähnlich gekleidet dargestellt. Ägypten ist angeblich die Quelle der Atlantissage.

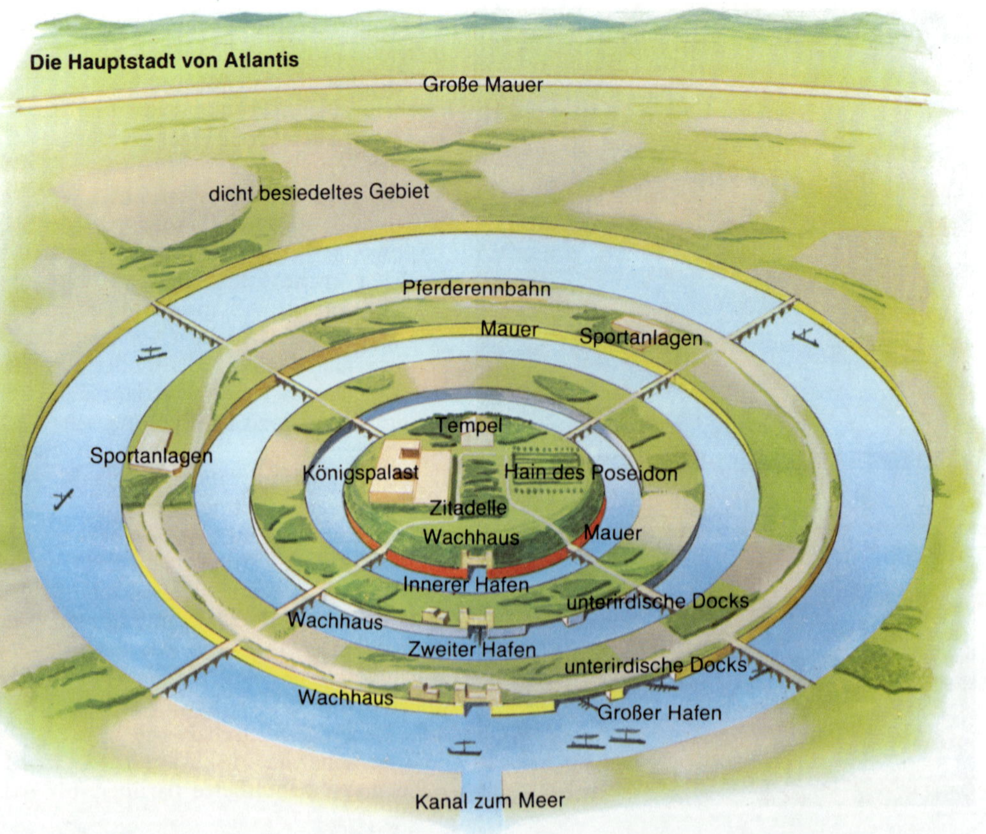

Links:
Die Hauptstadt von Atlantis, rekonstruiert nach den detaillierten Beschreibungen Platos. Der Gott Poseidon hatte um den Hügel im Zentrum drei kreisförmige Kanäle gegraben. Diese konnte man nicht überqueren, denn „zu der Zeit gab es keine Schiffe, und die Kunst der Schiffahrt war damals unbekannt". Generationen später wurden Brücken über die Kanäle geschlagen und durch Tunnel verbunden, jeder groß genug für eine Trireme (Boot mit drei Ruderbänken). Metallverkleidete Mauern umgaben die Landkreise und ein jenseits davon liegendes Gebiet, das sich über 50 Stadien erstreckte, etwa 10 Kilometer. Der größte der zahlreichen Tempel der zentralen Zitadelle war Poseidon und Kleito gewidmet. Der königliche Palast zeichnete sich durch luxuriöse Einrichtungen aus, einschließlich kalte und warme Bäder. Wilde Stiere befanden sich auf dem Gebiet des Königspalastes. Wenn die Könige zusammentrafen, um zu regieren, mußten sie zuerst einen dieser Stiere fangen und opfern. Das Stierblut sollte über eine Säule laufen, in welche die Gesetze eingeritzt waren.

eine Realität gewesen sei. Aber populär wurde die Sage erst im Jahr 1882, als der amerikanische Schriftsteller und Politiker Ignatius Donnelly sein Buch *Atlantis: the antediluvian world* (Atlantis: die Welt vor der Sintflut) veröffentlichte. Er ordnete Atlantis den Azoren im mittleren Atlantik zu. Während er den Leser mit einer Unmenge lose zusammenhängender Fakten über die Anthropologie und Mythologie von Völkern auf der ganzen Welt bombardierte, versuchte er nachzuweisen, daß Atlantis das uralte Paradies der Mythen der Welt sei und es die Neue wie auch die Alte Welt kolonialisiert habe.

Atlantis wurde zum Gegenstand wortreicher Spekulationen. Helena Blavatsky, die Gründerin der Theosophischen Gesellschaft, veröffentlichte *The secret doctrine* (Die geheime Lehre). In diesem Buch finden sich Lehren, die angeblich zuerst in Atlantis niedergeschrieben worden waren, in einer heute vergessenen Sprache. Helena Blavatsky verweist auch auf die Existenz mehrerer anderer Kontinente, einschließlich Lemuria, das zum Liebling der Atlantis-Anhänger werden sollte.

Der Österreicher Rudolf Steiner, Gründer der Anthroposophischen Gesellschaft, setzte sich weiter mit der Geschichte der versunkenen Kontinente auseinander. Er schrieb den Einwohnern von Lemuria die Fähigkeit zu, Gewichte mit reiner Willensanstrengung zu heben. Die Bewohner von Atlantis konnten seiner Meinung nach die „Lebenskraft" meistern und ihre Luftfahrzeuge damit in Bewegung setzen.

Im 20. Jahrhundert wurde der Mythos immer ausgefeilter. Colonel James Churchward fügte den Kontinent Mu hinzu, wie Lemuria im Pazifik gelegen. Churchward behauptete, er habe durch antike indianische Inschriften auf Steintafeln davon erfahren. Heute gibt es florierende Gesellschaften wie die Atlantiker und in Amerika „Atlantis Rising".

Auch orthodoxe archäologische Untersuchungen wurden durch Atlantis angeregt. K. T. Frost stellte in einem Artikel, der 1909 in *The Times* veröffentlicht wurde, die These auf, Atlantis sei eine minoische Zivilisation gewesen, die ihre Basis auf der Insel Kreta im östlichen Mittelmeer hatte. Diese Annahme sollte zur Lieblingstheorie der akademischen Zirkel werden.

Links:
Ignatius Donnelly, Kongreßabgeordneter, Wissenschaftler und Schriftsteller. Er rief die neuzeitliche Faszination mit der Atlantissage ins Leben.

1968 jedoch wurde in einem unerwarteten Kontext archäologisches Beweismaterial gefunden, das die These unterstützte, der versunkene Kontinent habe im Atlantik existiert. Unter den niedrigen Gewässern der großen Bahama-Bank wurden zahlreiche Steinplatten entdeckt, die genau zusammenpaßten und die „Bimini-Straße" bildeten.

War das uralte Rätsel endlich gelöst? Hatte man Atlantis gefunden? Die Zeitungen nahmen es auf jeden Fall an, vor allem in den Vereinigten Staaten. Aber die Tatsache bleibt bestehen, daß wir trotz jahrhundertelanger Untersuchungen, Spekulationen und Diskussionen immer noch so klug als wie zuvor sind: Die Existenz von Atlantis ist bisher weder bewiesen noch widerlegt.

Aber das Fehlen von Beweisen ist etwas anderes als eine Widerlegung. Und es gibt in der Geschichte zahllose „mythologische" Städte und Zivilisationen, bei denen durch archäologische Forschungen herausgefunden wurde, daß es sich um Realitäten handelte. Beispiele dafür sind Ninive, das von Layard entdeckt wurde, Schliemanns Ausgrabung von Troja und die minoische Kultur, die Evans aufspürte.

Und wenn Atlantis je gefunden werden sollte, dann könnte dadurch vielleicht eine Kontroverse über die Ursprünge der Menschheit beigelegt werden, die zu einer dreifachen Spaltung geführt hat: in „Rationalisten", „Okkultisten" und „Randwissenschaftler".

Rechts:
Rudolf Steiner ist einer der Mystiker, die behaupteten, sie hätten auf spirituellen Wegen von Atlantis erfahren.

Unten:
Hier stand Troja. Lange hatte man geglaubt, die Stadt, die belagert und zerstört wurde, weil Paris die schöne Helena entführt hatte, sei eine reine Erfindung. Heinrich Schliemann bewies mit seinen Ausgrabungen, die zwischen 1870 und 1890 durchgeführt wurden, daß Troja wirklich existiert hatte und etwa 1250 vor Christus vernichtet wurde. Diese Ruinen, die aus der Zeit einer späteren griechischen Besatzung stammen, markieren die Lage der Stadt. Wird sich herausstellen, daß hinter der Atlantislegende eine reale Zivilisation steht?

Die Rationalisten bestehen auf Beweismaterial, das den üblichen naturwissenschaftlichen Maßstäben entspricht, um die Existenz von Atlantis glaubhaft nachweisen zu können. Die Randwissenschaftler stimmen dem zu, aber sie haben andere Vorstellungen davon, was man als Beweismaterial ansehen kann und wie dieses Material zu interpretieren ist. Die Okkultisten sagen, daß Atlantis existiert habe, weil ihre Intuition, ihre Inspiration oder ihre Kontakte mit dem „Jenseits" dafür sprechen. Andere Beweise sind für sie nicht notwendig. Ihrer Meinung nach war Atlantis eine Zivilisationsform, die der unseren voranging und die Quelle alles „Magischen" ist. Das „Magische" ist die sogenannte alte oder geheime Weisheit, die hinter allen okkulten oder mysteriösen Lehren steht und mit anderen Überresten der Vergangenheit zusammenhängt, etwa mit Stonehenge, den ägyptischen Pyramiden und den Sagen von den Riesen, die überall auf der Welt zu finden sind.

Wenn Atlantis je entdeckt wird, kann dadurch nach Meinung der Okkultisten der Beweis erbracht werden, daß die Annahme, auf der die konventionelle Wissenschaft beruht, falsch ist, die differenzierte menschliche Zivilisation (zumindest was städtische Siedlungen betrifft) begänne vor 10000 Jahren in Mesopotamien. Es würde bedeuten, daß wir nicht die erste „Superrasse" auf der Erde sind, vielleicht nicht einmal die zweite, sondern nur einfach die augenblicklich letzte in einer langen Reihe von Zivilisationen, die 65000 bis 650000 Jahre zurückgehen. Und diese untergegangenen Zvilisationen sind, so behaupten die Okkultisten, voll und ganz für die „unerklärlichen" Phänomene verantwortlich, die es überall auf der Welt gibt, von den Megalithen bis hin zur Magie. Lemuria und Mu sind Teil eines logischen kosmischen Evolutionskonzepts, das Zeit und Raum in ihrer Gesamtheit einschließt. Die tatsächliche Entdeckung von Atlantis würde diese Vision bestätigen.

Oben:
Santorini, oder Thera, die südlichste Insel der griechischen Zykladen. Möglicherweise lag Atlantis hier.

Wo lag die Insel Atlantis?

Hat es Atlantis wirklich gegeben? Neuere Forschungsergebnisse weisen darauf hin, daß die Insel möglicherweise existiert hat, allerdings nicht im Atlantischen Ozean, wie Plato, der Urheber des Mythos, behauptet.

„Atlantis: Realität oder Fiktion?" So lautete das Thema eines Symposiums, das im April vom *Department of Classical Studies* an der Indiana University veranstaltet worden war. Es trafen sich Experten der verschiedensten Wissensgebiete, von der Altphilologie bis zur Geologie: Sie wollten versuchen, das Atlantis-Problem ein für allemal zu lösen. Viele meinen, daß nachgewiesen wurde, Platos Erzählung, die 2300 Jahre alt ist, sei eine Erfindung.

Aber die abschließenden Worte von Professor Edwin Ramage, dem Herausgeber des auf der Konferenz basierenden Buches, waren alles andere als endgültig: „Niemand", so schreibt er, „hat bisher eine befriedigende Lösung des Problems angeboten – das heißt, falls es überhaupt ein Problem gibt." Und selbstverständlich tauchen auch weiterhin neue Theorien und Bücher auf.

Wenn Atlantis ein Mythos ist, dann wird er niemals aussterben. Das liegt vor allem an Donnellys Bestseller. Der Autor zählt am Anfang des Buches „eine Reihe von entschiedenen und neuartigen Vorschlägen" auf, wie er es nennt, und faßt damit seine außergewöhnliche These zusammen:

1. Im Atlantischen Ozean lag einmal eine große Insel gegenüber der Öffnung des Mittelmeers. Es handelte sich um die Überreste eines Kontinents, der im Altertum unter dem Namen Atlantis bekannt war.

2. Die Beschreibung dieser Insel, die Plato gibt, ist nicht, wie lange angenommen wurde, eine Fabel, sondern historische Wahrheit.

3. Atlantis war das Gebiet, wo sich die Menschen erstmals von der Barbarei zur Zivilisation entwickelten.

4. Im Laufe der Zeit wurde Atlantis ein dicht bevölkerter und mächtiger Staat. Von hier aus strömten Menschen zum Golf von Mexiko, zum Mississippi, zum Amazonas, zu der Pazifikküste Südamerikas, zum Mittelmeer, zur Westküste von Europa und Afrika, zum Baltikum, zum Schwarzen Meer und zum Kaspischen Meer und bildeten dort zivilisierte Staaten.

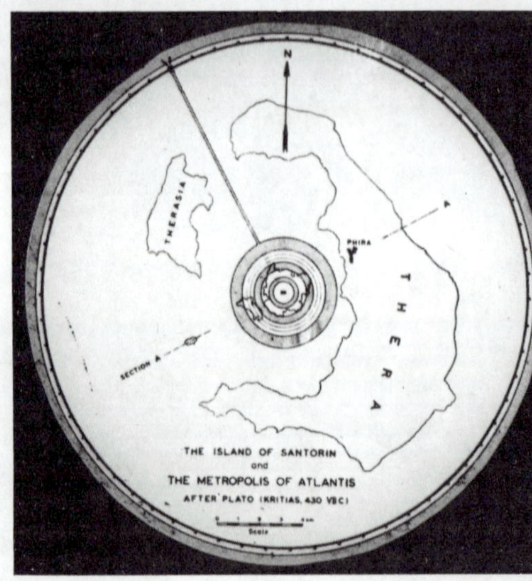

Rechts:
Eine Karte der Thera-Inselgruppe, angefertigt von dem griechischen Wissenschaftler Dr. Angelos Galanopoulos. Er stellt die These auf, daß die Krater im Zentrum der Gruppe der Sitz von Atlantis waren, das etwa 1500 vor Christus durch einen Vulkanausbruch zerstört wurde.

5. Es handelt sich hier um die eigentliche vorsintflutliche Welt: der Garten Eden, der Garten der Hesperiden, die elysischen Gefilde, die Gärten des Alkinoos, der Mesomphalus, der Olymp der Griechen, der Asgard oder Avalon der Edda (mittelalterliche isländische Gedichte) – das, worauf die Traditionen der Völker des Altertums ausgerichtet waren. Atlantis repräsentiert eine weltweite Erinnerung an ein großes Land, in dem die Menschheit viele, viele Jahrhunderte lang glücklich und in Frieden lebte.

6. Die Götter und Göttinnen der alten Griechen, der Phönizier, der Hindus und der Skandinavier waren die Könige, Königinnen und Helden von Atlantis, und die Taten, die ihnen in der Mythologie zugeschrieben wurden, wa-

ren undeutliche Erinnerungen an reale historische Ereignisse.

7. Die Mythologien von Ägypten und Peru sind die ursprüngliche Religion von Atlantis: eine Form der Sonnenanbetung.

8. Die älteste Kolonie der Einwohner von Atlantis war vermutlich Ägypten. Ihre Zivilisation entsprach daher der atlantischen Kultur.

9. Die Werkzeuge und Geräte des Bronzezeitalters in Europa waren von Atlantis übernommen. Die Einwohner von Atlantis stellten auch als erste Eisen her.

10. Das phönizische Alphabet, auf dem alle europäischen Alphabete basieren, geht auf das atlantische zurück, das auch zu den Mayas nach Zentralamerika gelangte.

11. Atlantis war der ursprüngliche Sitz der arischen oder indogermanischen Völkerfamilie, der semitischen Stämme und möglicherweise auch der Turanischen Rassen.

12. Atlantis wurde durch eine schreckliche Naturkatastrophe zerstört, bei der die ganze Insel mit fast allen Einwohnern im Atlantik versank.

13. Einige wenige Menschen entkamen auf Schiffen und Flößen und gelangten zu den Völkern östlich und westlich der Überschwemmungskatastrophe, die bis zu unserer Zeit in den Sintflut-Legenden der verschiedenen Nationen in der Alten und der Neuen Welt weiterlebt.

Donnelly hatte Platos Originalbericht, der etwa 7000 Wörter umfaßt, erweitert, um eine neue Version der Vorgeschichte der Menschheit aufzuzeigen und „viele Probleme zu lösen, die der Menschheit heute ein Rätsel sind". Und Donnellys „mutige neue Vision" ist bis heute die Grundlage einer Bücherflut über Atlantis, von okkulten bis hin zu „rebellischen naturwissenschaftlichen" Büchern, die auch weiterhin aus der Druckerpresse kommen.

Donnellys Thesen basieren oft auf falschen oder ungenügenden Informationen, wie Forscher genüßlich nachweisen. Aber ihre eigenen Behauptungen sind auch oft suspekt. Jeder, der nach der Wahrheit der Atlantislegende sucht, sollte beide Seiten unberücksichtigt lassen und zu Platos Darstellung zurückgehen. Selbst wenn dieser Bericht viele Entstellungen und literarische Kunstgriffe enthält, birgt er doch irgendwo eine verborgene Wahrheit in sich.

Oben:
Der griechische Archäologe Professor Spyridon Marinatos inspiziert antike Ruinen auf der Vulkaninsel Thera in den griechischen Zykladen. Seiner Meinung nach lag Atlantis hier.

Wenn man von dieser Annahme ausgeht, sind zwei seiner Thesen mit Argwohn zu betrachten: daß Atlantis nämlich eine Zivilisation im östlichen Mittelmeer gewesen sei, deren Zentrum Kreta oder Thera war oder es in Nordeuropa, einschließlich Skandinavien, lag.

Dr. James Mavors Werk *Voyage to Atlantis* (Reise nach Atlantis) löste 1969 eine kleinere Sensation aus. Das Buch unterstützt die These, die zuerst von den griechischen Wissenschaftlern Dr. Angelos Galanopoulos und Professor Spyridon Marinatos aufgestellt worden war: Atlantis sei eine minoische Zivilisation gewesen und wurde zerstört, als um 1500 vor Christus ein Vulkan auf der Insel Thera ausbrach.

Die alte Zivilisation von Kreta erhielt die Bezeichnung „minoisch" von dem britischen Archäologen Sir Arthur Evans, der 1900 begann, ihre Überreste auszugraben. Er glaubte, daß schattenartige Erinnerungen an diese Zivilisation hinter dem griechischen Mythos von Minos standen, dem Sohn des Zeus, der König von Kreta war und ein stierköpfiges Ungeheuer, den Minotaurus, in einem Labyrinth gefangen hielt. In Knossos entdeckte Evans die Ruinen eines eleganten Palastes, in dem sich eine Stierkampfarena befand. Auf den Reliefs und Wandgemälden, die den Palast schmückten, und auf den Bildern, die auf den zahlreichen

Viele Menschen glauben, angeregt durch Donnellys berühmtes Buch Atlantis: the antediluvian world *(1882), daß die Menschheit in Atlantis zuerst den Zustand der Zivilisation erreichte. Sie sind überzeugt, daß die Sonnenanbetung, die man überall auf der Welt finden kann – zum Beispiel bei den Sonnenmotiven auf den geheimnisvollen Zeichnungen in der Nazca-Ebene (oben links) und der Kult von Ra, dem Sonnengott des alten Ägyptens (oben) –, Überreste der ursprünglichen Religion von Atlantis sind. Die christliche Sintflutlegende, die hier auf einem koptischen Manuskript aus Äthiopien dargestellt ist (rechts), wird als eine entstellte Erinnerung an den endgültigen Untergang von Atlantis angesehen.*

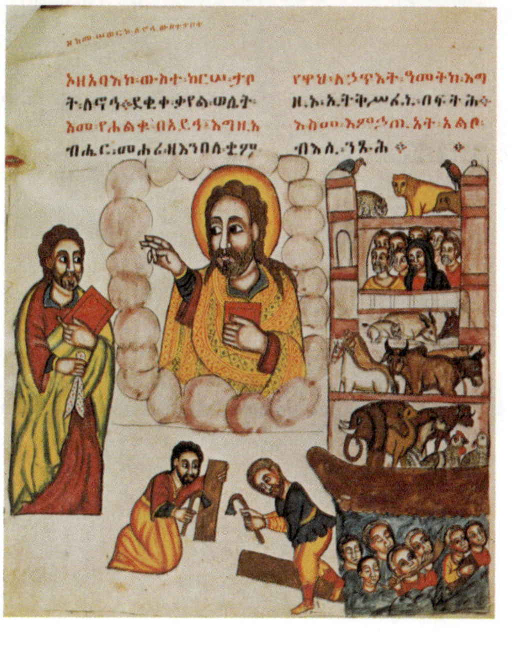

dort aufgefundenen Tongegenständen gemalt waren, gab es Darstellungen von Stierjagden und Stierkämpfen.

Plato zufolge existierte in Atlantis ebenfalls ein Stierkult: Alle vier bis fünf Jahre mußten die zehn Könige der Insel den Stieren unbewaffnet gegenübertreten, einen von ihnen einfangen und opfern.

Untergang des Paradieses

Im Jahr 1500 vor Christus war Kreta das Zentrum eines einflußreichen Seefahrerimperiums. Aber seine Macht brach innerhalb kurzer Zeit zusammen. Zahlreiche Tempel und andere Gebäude wurden zerstört, die minoischen Kolonien und Handelsstützpunkte im Ausland ihrem Schicksal überlassen oder verwüstet; die künstlerischen Stile veränderten sich abrupt, und die Produktion von Töpfereiwaren ging stark zurück; ein großer Teil der kretischen Bevölkerung zog zum westlichen Teil der Insel. Bald übernahm die politische Macht in der Ägäis Mykene, eine Stadt auf dem griechischen Festland.

Marinatos und Galanopouos behaupteten, daß der Ausbruch auf Thera, der sich bekanntlich etwa 1500 vor Christus ereignete, die Ursache für den Zusammenbruch sein könnte. Die Sturmflut, die durch die Explosion ausgelöst wurde, war mindestens so stark wie die von Krakatoa im Jahr 1883 und ertränkte wahrscheinlich viele Küstenbewohner in der ganzen Ägäis. Die vulkanische Asche und der Staub, der überall vermutlich 50 Zentimeter hoch lag, vernichtete sicherlich über Jahre hinaus die Ernte. Marinatos und Galanopoulos glauben, daß Thera die Hauptstadt der minoischen Kultur war und nicht nur ein Vorposten, wie allgemein angenommen wird.

Die minoische Kultur war also 900 Jahre bevor Solon von den ägyptischen Priestern Berichte über Atlantis erhielt untergegangen, während Plato davon spricht, Atlantis sei 9000 Jahre zuvor versunken. Kreta war wahrscheinlich das Land, das die Ägypter „Keftiu“ nannten, mit dem sie regelmäßige Handelsverbindungen und politische Kontakte hatten, das für sie aber „ganz im Westen“ lag und „der Weg zu anderen Inseln und zu dem Kontinent jenseits davon“ war – und genauso hat Plato Atlantis beschrieben.

Die Behauptung, die minoische Zivilisation sei Atlantis gewesen, ist in vieler Hinsicht sehr glaubwürdig, aber Mavor und seiner Anhänger mußten einen geschickten wissenschaftlichen „Salto“ machen, um ihre These beweisen zu können.

Stimmt die minoische Zivilisation wirklich mit Platos Beschreibung von Atlantis so genau überein? Gegner dieser These, die Kreta oder Thera mit Atlantis gleichsetzt, ist der deutsche Wissenschaftler Dr. Jürgen Spanuth, der den Anhängern dieser Auffassung vorwirft, sie würden einem „groben logischen Irrtum“ aufsitzen:

„Weder Thera noch Kreta liegen im Atlantik. Keine der beiden Inseln liegt an der Mündung eines großen Flusses, sie wurden nicht vom Meer verschluckt ... In Wirklichkeit ist dieser große Durchbruch in der Archäologie eine Seifenblase, die längst geplatzt ist.“

Oben:
Dr. Jürgen Spanuth brachte recht überzeugende Argumente für die These vor, daß Atlantis in Wirklichkeit nicht im Atlantik oder im Mittelmeer lag, sondern auf Inseln vor der deutschen Küste.

Spanuth selbst unternimmt in seinem 1976 erschienen Buch *Das Atlantis des Nordens* den Versuch, nachzuweisen, daß Atlantis sich auf den versunkenen Inseln in der Nähe von Helgoland vor der nordwestdeutschen Küste befand und in Wirklichkeit ein bronzezeitlicher Vorläufer der Wikingerzivilisation in Nordeuropa und Skandinavien war, die auch als Atland bezeichnet wird.

Spanuth legt zwar eine sehr überzeugende Studie vor, aber auch er macht den gleichen wissenschaftlichen „Salto“, den er anderen vorwirft: Er verlagert seine Version der Ereignisse vom Atlantik in die Nordsee. Robert Scrutton macht in seinen Büchern *The other Atlantis* (Das andere Atlantis) und *The secrets of lost Atland* (Die Geheimnisse des verlorenen Atland) so ziemlich dasselbe; auch er setzt sich für die Annahme ein, Atlantis sei eine vorwikingische Zivilisation gewesen.

All diese neueren Versuche, die geographische Lage von Atlantis festzulegen und die Existenz des Inselkontinents zu beweisen, verdienen Anerkennung, weil sie offen sind für die Idee, daß Platos Berichte auf Fakten beruht. Aber sie gehen dann dazu über, die Geschichte so zu verändern, daß sie historischen Ereignissen entspricht, die zu einer anderen Zeit an einem anderen Ort stattgefunden haben.

Oben:
Ein Wandgemälde aus dem Palast von Knossos auf der Insel Kreta zeigt das rituelle Stierspringen, ein integraler Bestandteil der minoischen Kultur. Plato, der Urheber des Atlantismythos, berichtet von einem Stierkult auf Atlantis; dies hat dazu geführt, daß manche glauben, Atlantis wäre in Wirklichkeit die alte Zivilisation auf Kreta.

Ein Plato, der den Bedürfnissen des 20. Jahrhunderts angepaßt ist, scheint sehr weit von dem Plato des 4. Jahrhunderts vor Christus in Griechenland entfernt zu sein. Es ist reizvoll, sich vorzustellen, ob er wohl die modernen Detektivgeschichten billigen würde, die sich aus seinem Bericht entwickelt haben. Wäre er der Ansicht, daß sie der Wahrheit näherkommen oder sich weiter von ihr entfernen, sie helfen, die wirklichen Ursprünge und Ziele der Menschheit zu entdecken oder ein Hindernis sind? Liegt die historische Wirklichkeit immer noch dort begraben, wo Plato sie angesiedelt hat – auf einer großen Landmasse, westlich von Gibraltar, die vor fast 12000 Jahren nach einer kolossalen Naturkatastrophe im Meer versunken ist?

Die Legende lebt weiter

Wenn Atlantis tatsächlich existiert hat, wodurch ist es dann zerstört worden? Wo sollte man am besten nach den Überresten suchen?

Theorien über Atlantis, welche die untergegangene Zivilisation im Atlantis ansiedeln, stehen nicht notwendigerweise im Widerspruch zu anderen Hypothesen, die Atlantis ins Mittelmeer, nach Nordeuropa oder an viele andere Orte in der Welt verlegen. Denn bei allen könnte es sich um Atlantier handeln: um überlebende Kolonien, die eine ähnliche Kultur weiterfürten, auch nachdem die Mutterzivilisation durch die Katastrophe vernichtet worden war. Die alten Gesellschaftsformen von Kreta, Sumer, Ägypten, Skandinavien, Britannien, den Azoren, der Bretagne und im Baskenland werden dann zu Abkömmlingen dieses untergegangenen Imperiums.

Der Archäologe und Spiritist T. C. Lethbridge aus Cambridge hob die Ähnlichkeit zwischen der Geschichte von Atlantis und anderen Legenden über versunkene Länder hervor, beispielsweise das bretonische Land Ys, das Land Lyonesse in Cornwall, das Avalon der Artuslegende, das walisische Tir Nan Og und so weiter. Er wies außerdem darauf hin, daß die Werkzeuge und Schmuckstücke der frühen Zivilisationen in Europa und Amerika einander gleichen. Lethbridge glaubte, daß es sich bei Atlantis vielleicht um Tartessos (das biblische Tarschisch) handelte. Der keltischen Mythologie zufolge wurde Tartessos von Lugh mit dem silbernen Arm regiert, und es hatte eine Geschichtschreibung, die bis ins Jahr 6000 vor Christus zurückging, die aber nicht erhalten ist. Tartessos lag zwischen zwei Flüssen in Südspanien, in der Nähe der Säulen des Herakles (Straße von Gibraltar), genau wie Atlantis in Platos Bericht.

Danach war das Meer jenseits der Säulen des Herakles zu seiner Zeit nicht mit Schiffen befahrbar, und zwar auf Grund der schlammigen Untiefen, die Überbleibsel des Untergangs von Atlantis waren.

Einer der überzeugendsten Atlantis-Theoretiker war Otto Muck, ein sehr produktiver Ingenieur, auf den die Erfindung des Schnorchels und 2000 weitere Patente zurückgehen. In dem Buch *Das Geheimnis von Atlantis* legt Muck verschiedene Beweisstränge vor, die darauf hindeuten, daß Atlantis im Atlantischen Ozean lag und im 9. Jahrtausend vor Christus

Ein Berggipfel von Atlantis, jedenfalls nach Meinung derer, die glauben, die Azoren seien die Überreste des versunkenen Kontinents. Es handelt sich hier um Fayal, eine der Inselgruppen, die sich von einem Unterwasserplateau im Atlantik erheben.

eine Überschwemmung stattgefunden hat, von der die ganze Erde betroffen war.

Die Tatsache, daß im Atlantis eine uralte Landmasse versunken ist, würde die mysteriösen Wanderungen von Aalen und Vögeln erklären. Man kann beobachten, wie große Vogelscharen beim Flug über den Atlantik oft stundenlang über einer leeren Stelle im Ozean kreisen, ehe sie ihre Reise wieder aufnehmen. Es könnte sein, daß dies auf einen Ort hinweist, wo sie früher Land gefunden hätten.

Die Atlantikwanderung der europäischen Aale ist ein noch größeres Rätsel. Sie laichen im Saragossa-Meer im südwestlichen Teil des Nordatlantik. Dann schwimmen die winzigen Larven los und folgen den warmen Wassern des Golfstroms drei Jahre lang nach Osten. Wenn diejenigen, welche die Gefahren der Reise überlebt haben, europäische Gewässer erreichen, ziehen sie flußaufwärts, erlangen die Geschlechtsreife und kehren um. Sie reisen dann wieder nach Westen. Weil sie jetzt ausgewachsen und kräftig sind, dauert die Wanderung nur 4 Monate. Im Saragossa-Meer produzieren sie Nachkommen, die sich dann bald darauf nach Europa in Marsch setzen.

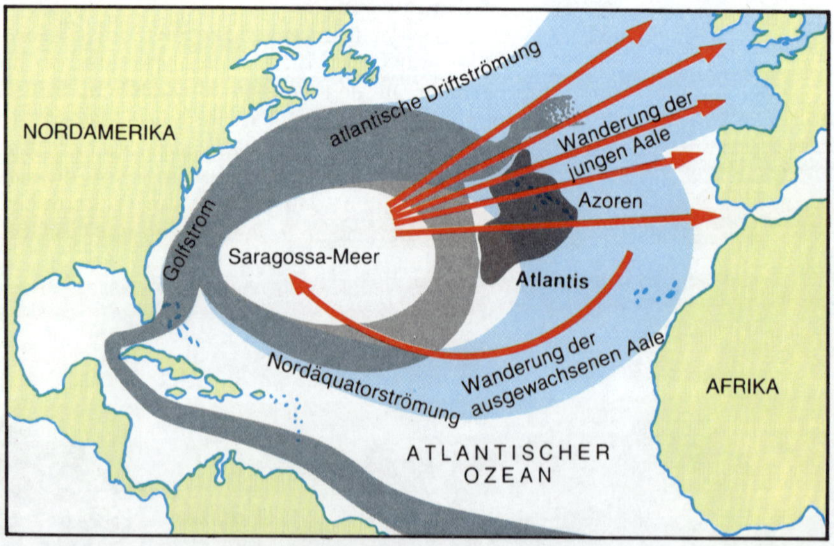

Unten:
Die Strömungen im heutigen Atlantik (blau) helfen den europäischen Aalen bei ihrer langen Wanderung (Pfeile) zu und von den Gebieten im Saragossa-Meer, wo sie laichen. Dieses rätselhafte Verhalten ist vielleicht ein Überbleibsel aus einer Zeit, als die Aale über den Meereskreislauf jener Gegend (grau) die kürzere Reise zu den Flüssen von Atlantis unternahmen.

Es ist nachgewiesen, daß Aale Süßwasser brauchen, um sexuelle Reife zu erlangen. Aber wozu diese weite Reise?

Muck stellt die These auf, daß der Kurs des Golfstroms durchbrochen wurde, als sich Atlantis noch im mittleren Atlantik befand. Zu jener Zeit also war die Wanderung nach Osten für die Aale der direkte Weg zum Süßwasser, und dieser Instinkt ist noch lange nach dem Untergang von Atlantis erhalten geblieben.

Bombardierung aus dem Weltall

Aber was verursachte diese Überschwemmung, durch die jene hypothetische Landmasse zerstört wurde?

Muck verweist auf Beweismaterial, demzufolge eine kolossale Körpermasse im südwestlichen Atlantik mit der Erde zusammengestoßen ist. Es gibt im Meeresboden in der Nähe von Puerto Rico zwei parallele Einschnitte, beide etwa 7000 Meter tief. Westlich davon befindet sich auf dem nordamerikanischen Festland in der Gegend von Charleston, South Carolina, ein riesiges Gebiet, das Spuren einer kosmischen Bombardierung aufweist. Luftaufnahmen, die erstmals 1931 durchgeführt wurden, zeigen 3000 flache Mulden, die Teil einer ellipsenförmigen Zone sind, die sich bis in den Atlantik erstreckt. Muck nimmt an, daß dies durch die Bruchstücke eines riesigen Flugkörpers hervorgerufen wurde, der vom Nordwesten auf die Erde herabstürzte.

Von dem Ausmaß der Erdvernarbung berechnete Muck, daß der Asteroid 10000 Meter breit war und die Erde mit einer Explosionskraft von 30000 Megatonnen Nitroglyzerin traf; das entspricht 3000 mittelgroßen Wasserstoffbomben. Der Aufprall löste die Erdbeben aus, auf die Platos Erzählung Bezug nimmt, spaltete den Atlantik entlang der heutigen Furche im mittleren Atlantik und versenkte einen großen Teil Zentralamerikas, woraus dann der Golf von Mexiko und die Karibik entstanden.

Unten:
Verbreitet ist auch die Meinung, daß im Altertum ein Asteroid mit der Erde zusammengeprallt sei. Trümmer regneten auf Atlantis nieder, gefolgt von Springfluten, welche die Insel überschwemmten.

Unten rechts:
Diese Steinfigur ist nach Ansicht von Lewis Spence eine Abbildung eines atlantischen Soldaten.

Außerdem verschoben sich die Pole der Erde, und ganz abrupt begann ein neues geologisches Zeitalter. Die Jahreszeiten unterschieden sich erstmals ganz klar voneinander. Muck erklärt nicht, wie auf der Erde Leben erhalten bleiben konnte, als dem Planeten ein derartiger Schlag versetzt wurde, aber er beschreibt die Verwüstungen. Riesige Wolken aus Feuchtigkeit, Asche und Giftgasen zogen von dem Aufprallgebiet nach Nordosten und Südwesten. Über weite Gebiete hin erstickten Tiere und Menschen. Wolkenbruchartige Regengüsse folgten und verursachten vielerorts Überschwemmungen, auf welche die Sintflutlegenden zurückgehen.

Zu den vielen kollektiven Erinnerungen an dieses traumatische Ereignis gehört nach Mucks Überzeugung auch, daß die Maya diese Katastrophe als Beginn ihrer Kalenderrechnung ansetzen. Muck akzeptiert die Berechnungen einiger Forscher, die den 5. Juni 8498 vor Christus als Datum dafür fixieren. An dem Tag standen Mond, Sonne und Venus in einer Reihe – und astronomische Kombinationen dieser Art waren den Mayas sehr wichtig. Muck glaubt, daß diese spezielle Konstellation bei der weltweiten Katastrophe eine Rolle spielte. Es war die Schwerkraft, die von Mond und Venus ausgeht, die den Asteroid aus seinem Kreislauf herausholte, als er sich gerade in der Nähe der Erde befand. Muck schätzt sogar die Uhrzeit des Aufpralls, und zwar etwa 8 Uhr abends auf dem Längengrad, wo der Asteroid landete.

Muck bestätigt Donnellys Meinung, daß zwischen den Sitten und Legenden der Alten und der Neuen Welt enge Parallelen bestehen. Er glaubt, daß es sich bei den rothäutigen Indianern und bei den europäischen Cro-Magnon-Menschen, welche die Neandertaler verdrängten, um direkte Nachfahren der Atlantier handelte, die ihren ethnischen Typ bewahrten. Die Cro-Magnons waren größer als die Neandertaler. Angeblich spiegeln die Sagen von Riesen und Zwergen ihre kurzzeitige Koexistenz wider.

Ein weiterer Theoretiker, der Atlantis im Atlantischen Ozean ansiedelt, ist der französische

Rechts: *Die keltische Mythologie hatte ihr eigenes „Atlantis", das „Gelobte Land der Heiligen" im westlichen Ozean. Angeblich besuchte St. Brendan dieses Land auf einer Reise, der eine irische Sage gewidmet ist.*

Unten: *War der Cro-Magnon-Mensch ein atlantischer Kolonialist?*

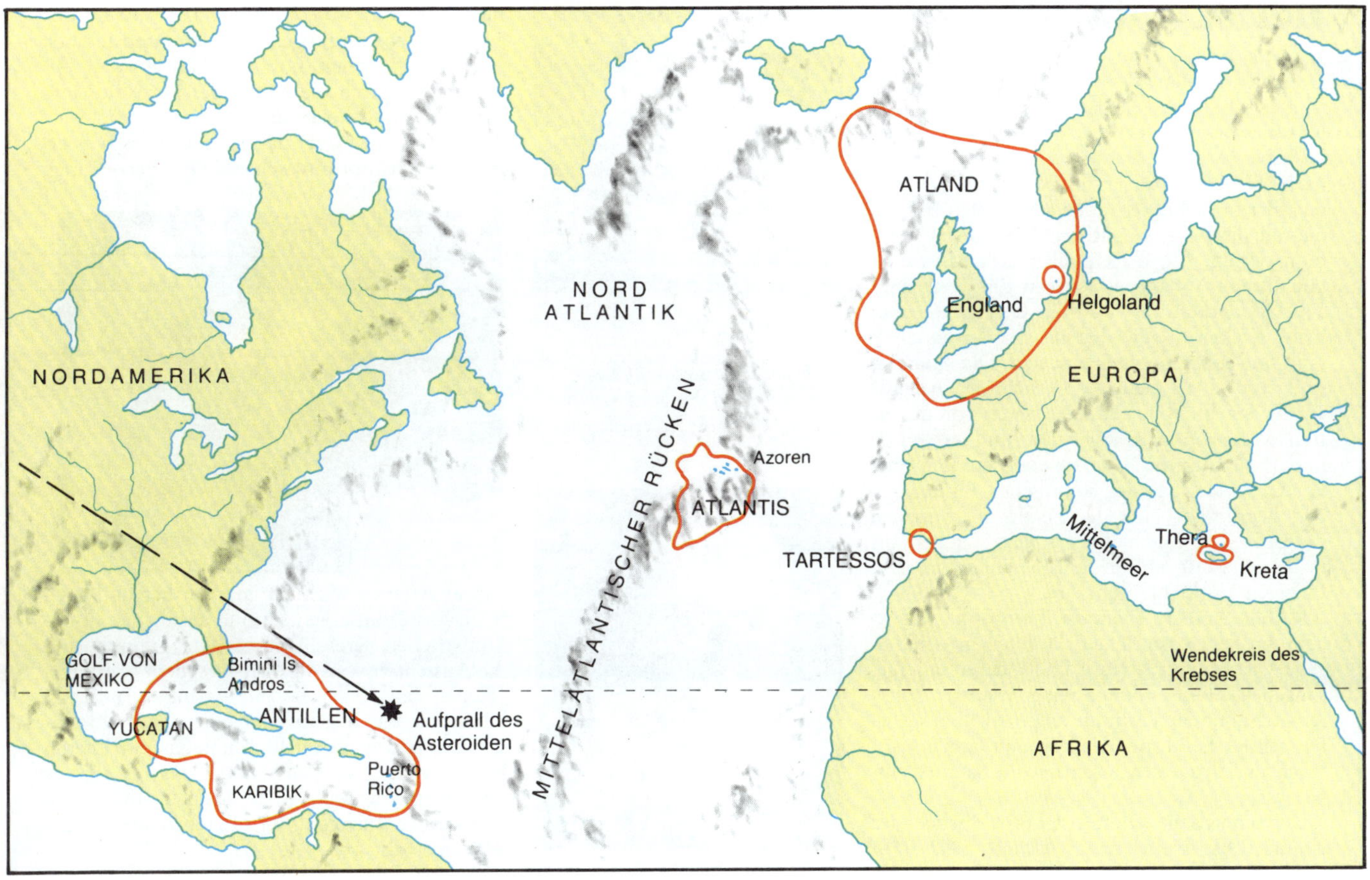

Unten: *Es gibt sehr große Differenzen über die Frage, wo Atlantis lag und wie groß es war. Die hier angegebenen Stellen sind nur ein Bruchteil der Möglichkeiten. Die Theorien über den Untergang von Atlantis sind genauso unterschiedlich. Die Markierung des Aufpralls des Asteroiden wird von Otto Muck unterstützt. Atland-Anhänger glauben die Stelle in der Arktis zu finden.*

Weltraumforscher Maurice Chatelain, der bei den Apollo-Unternehmen für die NASA arbeitete. Er glaubt nicht, daß der Ausbruch von Thera 1500 vor Christus derart verheerend gewesen ist, um den Untergang der kretischen Zivilisation herbeizuführen und die Atlantislegende ins Leben zu rufen. Seiner Aussage nach wäre ein Ereignis dieser Art zweifellos in der Bibel festgehalten, und die Griechen hätten sich im Jahr 600, als Solon von der Atlantissage hörte, bestimmt noch daran erinnert.

Chatelain akzeptiert ohne Zögern die These, daß die Phönizier und sogar die Hindus vor 2900 Jahren im östlichen Mexiko Baumwolle und Jute anbauten und die Sumerer sowie die Phönizier vor 4300 Jahren in Peru und Bolivien Kupfer- und Zinnbergwerke betrieben. Aber er ist der Ansicht, daß diese Gesellschaftsformen für Atlantis nicht weit genug zurücklägen. Er stimmt mit Plato überein, der die Inselzivilisation um 9000 vor Christus ansiedelt und gründet dies auf angebliches Beweismaterial aus antiken Schriftstücken, die ausgerechnet aus Tibet stammen. Dort wird berichtet, daß ein sehr großer Teil des Landes im Jahr 9564 vor Christus im Meer versank, und zwar dort, wo jetzt die Karibik und der Golf von Mexiko sind. Und wie kommt es, daß die Tibetaner über Dinge Bescheid wußten, die sich so weit entfernt ereigneten? Chatelain geht davon aus, daß atlantische Flüchtlinge bis nach Tibet zogen, um sicherzugehen, festen Boden unter den Füßen zu haben, der nicht in den Wellen verschwinden würde.

Die Pyramide von Kukulcan bei Chichen-Itzá im Yucatán (Mexiko). Die Maya-Pyramiden gleichen den frühesten ägyptischen Stufenpyramiden. Sie gelten als eines der Argumente, daß die Zivilisationen der Alten und der Neuen Welt einen gemeinsamen Ursprung hatten – vielleicht in Atlantis.

Den endgültigen Beweis liefern nach Chatelains Ansicht Unterwasserfunde bei den Bahamas. Vor der Insel Andros wurden Überreste eines „uralten Tempels" gefunden, dessen Umfang 23 mal 27 Meter betrug. Die Sache ist jedoch sehr zweifelhaft, weil ein Einwohner von Nassau behauptet, er habe mitgeholfen, diese

Ein unerschütterlicher Glaube

Seit das Interesse an Atlantis durch Ignatius Donnelly wieder belebt wurde, belegten dieses Thema Okkultisten begeistert mit Beschlag. Helena Blavatsky, in Rußland geboren, behauptete, sie habe *The secret doctrine* (Die geheime Lehre) nach den Anweisungen der Mahatmas geschrieben, der im Tibet lebenden spirituellen Führer, die mit ihr auf einer „ätherischen Ebene" kommunizierten. Ihr Bericht über Atlantis wurde von ihrem Anhänger W. Scott-Elliot zu einer außerordentlich verwickelten Geschichte über frühe Völker ausgeweitet, die der Wissenschaft samt und sonders unbekannt sind. Die Atlantier sind nur einer dieser Volksstämme. Atlantis wurde angeblich vor 800 000 Jahren von der ersten Katastrophe heimgesucht, und es sollten noch viele folgen. Die letzte ereignete sich 9564 vor Christus. Jede der atlantischen Untergruppen begründete eine der heutigen ethnischen Gruppen. Die Geschichte erstreckt sich bis weit in die Zukunft, wenn die Menschheit zu dem Planeten Merkur ziehen wird.

Rudolf Steiner, ebenfalls Theosoph, gibt in dem Artikel „Kosmische Erinnerungen" seine eigene Version von Atlantis und anderen untergegangenen Zivilisationen. Seine Atlantier konnten nicht mit der Vernunft umgehen, aber sie beherrschten die Magie. Die Vernunft kam erst ins Spiel, als sich aus den Atlantiern die Semiten entwickelten.

Der schottische Okkultist Lewis Spence, der einmal Oberdruide war, schrieb 1942 *Will Europe follow Atlantis?* (Wird Europa Atlantis folgen?). Er war nicht der letzte, der aus der atlantischen Vergangenheit die Zukunft der Welt herauslas. Seine These lautete, daß es in Europa zu Überschwemmungen, Erdbeben und anderen Naturkatastrophen kommen werde, weil der Kontinent durch die Kräfte des Nazismus und des Faschismus korrumpiert sei.

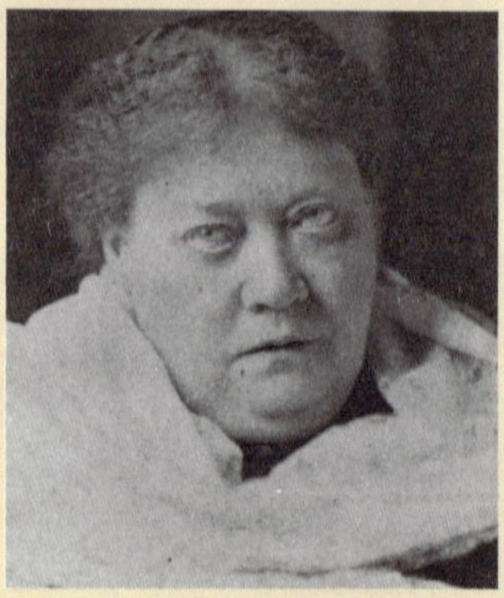

Helena Blavatsky (oben), Lewis Spence (unten) und Alex Sanders (rechts) haben die Atlantislegende neu belebt.

Spekulationen über das „Zeitalter des Wassermanns" sind optimistischer. Die Überzeugung,

daß es Atlantis wirklich gegeben hat und auch noch weiterhin einen Einfluß ausübt, ist in okkultistischen Kreisen verbreitet. Typisch sind die Ansichten von Alex Sanders, dem britischen „Hexenkönig", der fest an Atlantis glaubt. Er behauptet, daß diejenigen, die heute zur okkultistischen Avantgarde gehören, in einem früheren Leben weitergekommen sind, etwa in Atlantis oder in einer anderen Zivilisation, die im Gegensatz zu der unsrigen von uraltem esoterischem Wissen erfüllt war.

Rechts:
Diese Maya-Handschrift enthält möglicherweise einen Bericht über die Zerstörung früherer Zivilisationen. Die Bilderschrift ist sehr anschaulich, aber die Bedeutung bleibt unklar. Der französische Ethnograph Brasseur de Bourbourg behauptete 1869, er habe dieses Dokument entziffert. Seine Übersetzung spricht von zwei Ländern, die vor Jahrtausenden untergingen: Sie wurden durch starke Erdstöße erschüttert und „verschwanden plötzlich in der Nacht" mit 64 Millionen Menschen.

Struktur in den dreißiger Jahren zu bauen, und zwar als Gehege für Schwämme, die verschifft werden sollten. Chatelain scheint von dieser Aussage nichts zu wissen, da er mit keinem Wort darauf eingeht.

Die Bimini-Straße

Vor der Küste von Nord-Bimini entdeckten Dimitri Rebikoff und J. Mason Valentine eine Baustruktur, die sie „Bimini-Straße" nannten. Es handelte sich um

> „ein ausgedehntes Straßenpflaster aus rechteckigen und vieleckigen Steinen verschiedener Größe und Dicke, die offensichtlich geformt und sorgfältig angeordnet sind, so daß sie ein eindeutig künstlich hergestelltes Muster bilden ... Manche waren genau rechteckig und andere fast quadratisch."

Wahrscheinlich handelt es sich hier nicht um eine Straße; aber spätere Forscher glauben immer noch, daß es eine menschliche Konstruktion ist, möglicherweise eine niedrige Mauer.

Unten:
Die Unterwasserstruktur, die „Bimini-Straße" genannt wurde. Sie hat die Form eines J und ist offensichtlich künstlich hergestellt. Es gibt die These, daß es sich hier um den unteren Teil einer Meeresmauer handelt, die sich früher über Wasser befand.

Das Beweismaterial dafür, daß zumindest einige der Kulturen auf beiden Seiten des Atlantiks auf eine gemeinsame Quelle zurückgehen, wird von Chatelain um eine Einzelheit bereichert. Er berichtet von einem Missionar aus dem Baskenland, der zum Yucatán reiste, der Heimat der Azteken und davor der Mayas. Dieser fand heraus, daß er sich den Indios verständlich machen konnte, indem er seine Muttersprache redete. Baskisch unterscheidet sich von allen anderen europäischen Sprachen, und es ist immer noch nicht klar, woher sie kommt. Könnte die Tatsache, daß es auf der anderen Seite des Atlantiks eine ähnliche Sprache gibt, ein Hinweis auf einen mittelatlantischen Ursprung sein?

Atlantis bleibt nach wie vor ein Geheimnis und ist auch weiterhin von Spekulationen umgeben. Manche glauben, es sei bereits gefunden worden – in der Ägäis oder auf den Bahamas. Andere meinen, daß es demnächst entdeckt werden wird, und zwar auf den Abhängen des Mittelatlantischen Rückens. Vielleicht werden sie alle recht bekommen, wenn an diesen Orten Spuren des ausgedehnten Atlantischen Imperiums festgestellt werden.

Die Okkultisten haben wenig Interesse an der Entdeckung greifbarer Überreste von Atlantis. Sie blicken vielmehr freudig dem Wiederaufleben seiner Ideen entgegen. Das heißt nicht, daß die Insel tatsächlich physisch wieder auftauchen wird, sondern die „atlantischen" Tugenden und Kräfte wieder erwachen. Sie sehen voraus, daß mit dem Übergang vom Zeitalter des Fisches zur Ära des Wassermanns jene geistigen und spirituellen Kräfte wiederentdeckt werden, die ihrer Überzeugung nach die Grundlage der Kultur von Atlantis waren.

In der Zwischenzeit beschäftigt uns das Geheimnis auch weiterhin. Warum ist die Atlantis-Frage derart faszinierend? Ist es vielleicht so, daß die Menschheit solche Geheimnisse braucht? Oder lebt in uns allen die Erinnerung an ein Goldenes Zeitalter in einem versunkenen, vom Glück gesegneten Land?

Das verlorene Paradies?

Die Legende von dem versunkenen Kontinent Atlantis ist allgemein bekannt, aber gab es vielleicht noch andere Länder dieser Art? Einige Gelehrte des 19. Jahrhunderts glaubten, daß es im Pazifik ein ähnliches Königreich namens Mu gab.

Im Jahr 1926 veröffentlichte der in Indien lebende Brite James Churchward die Ergebnisse seiner lebenslangen Forschungsarbeit. Sein Buch *The lost continent of Mu* (Der untergegangene Kontinent Mu) beginnt mit folgenden Worten:

„Der Garten Eden befand sich nicht in Asien, sondern auf einem heute versunkenen Kontinent im Pazifischen Ozean. Die biblische Schöpfungsgeschichte – das Epos von den sieben Tagen und den sieben Nächten – stammt nicht von den Völkern am Nil oder im Euphrattal, sondern von diesem heute untergegangenen Kontinent namens Mu, dem Mutterland des Menschen."

Churchward fährt fort, er habe umfassende Berichte entdeckt über

„dieses seltsame Land mit 64 Millionen Einwohnern, die vor 50000 Jahren eine Zivilisation entwickelt hatten, die in vieler Hinsicht unserer heutigen überlegen war. Diese Berichte beschrieben unter anderem die Entstehung des Menschen auf der geheimnisvollen Insel Mu."

Allerdings war der exzentrische Churchward nicht der erste, der die Geschichte von dem versunkenen Kontinent Mu „entdeckt" hatte. Der französische Abbé Charles-Etienne Brasseur de Bourbourg war 1864 auf eine Abhandlung über die Kultur der Mayas und ein seltenes Maya-Buch gestoßen. In diesen Texten sollte von einem Land berichtet werden, das von den Gewässern des Ozeans umschlossen gewesen und durch einen Vulkanausbruch zerstört worden sei.

Brasseurs Ankündigung stieß zwar damals auf lebhaftes Interesse, aber wir wissen heute, daß seine Übersetzung vollkommen unzutreffend war. Die Abhandlung, die er in der Bibliothek der historischen Akademie von Madrid gefunden hatte, war von Diego De Landa verfaßt worden, dem spanischen Bischof der Provinz Yucatán. Dieser zeichnete verantwortlich für einen der schlimmsten Akte kulturellen Wandalentums: Er hatte die umfassende Literatur der Mayas bis auf drei Bücher vollkommen vernichtet.

Es war eine Ironie des Schicksals, daß De Landa sich für die Kultur der Mayas zu interessieren begann, nachdem er diese unersetzlichen Dokumente zerstört hatte. Er versuchte, ihre Schrift zu erlernen, ein kompliziertes System aus Wortglyphen. Er stellte ein „Maya"-Alphabet zusammen und nahm dies in seiner Abhandlung über die Angelegenheiten des Yucatán auf. Brasseur verwendete dieses Alphabet – und seine eigene lebhafte Phantasie –, um den Codex Troano zu „übersetzen", die eine Hälfte des zweiteiligen Codex Tro-Cortesianus, der sich in Madrid befindet. (Die beiden anderen Bücher, die De Landas Zerstörungswut entgingen, befinden sich in Dresden und Paris).

Als andere Wissenschaftler versuchten, mit

Unten:
Auf dieser Illustration aus James Churchwards Buch The sacred symbols of Mu *(Die heiligen Symbole von Mu, 1933), erhebt sich Mu aus dem Pazifik. Churchward glaubte, daß dieses Bild aus einer 2500 Jahre alten Inschrift stammte. Das Symbol T, oder tau, bedeute Mu und sollte heißen „die Sterne, die das Wasser bringen".*

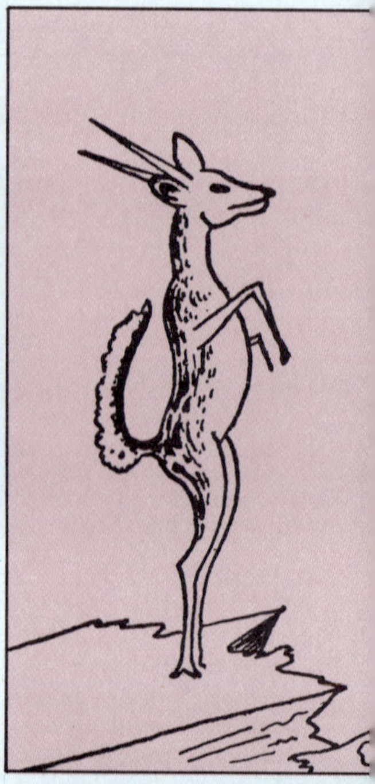

Rechts:
Ein alter Maya-Text, bekannt als „Codex Dresdensis". Dieser ist gemeinsam mit zwei anderen das einzige Überbleibsel einer einst umfassenden Literatur; der Rest wurde im 16. Jahrhundert zerstört. Abbé Charles-Etienne Brasseur de Bourbourg glaubte, daß in dem Dokument von einem versunkenen Kontinent die Rede sei. Er gab diesem Land den Namen „Mu", weil zwei rätselhafte Buchstaben des Maya-Alphabet wie M und U aussahen.

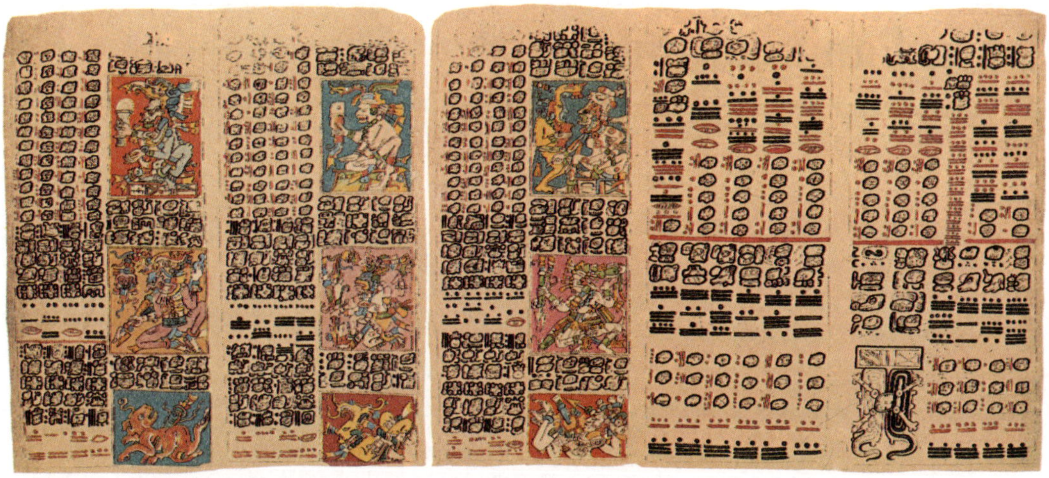

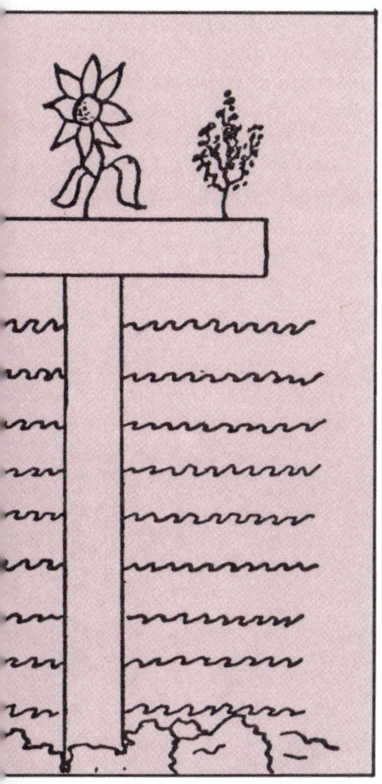

Hilfe des Alphabets die übrigen Maya-Bücher zu übersetzen, war das Ergebnis ein zusammenhangloser Unsinn. Bis zum heutigen Tag ist uns nur ein Drittel der Maya-Glyphen verständlich, aber wir wissen genug, um mit Sicherheit sagen zu können, daß es im Codex Troano um Astrologie geht und nicht um einen Vulkanausbruch.

Aber etwas hatte Brasseur bei seiner Übertragung verwirrend gefunden. Zwei „Buchstaben" in der Maya-Handschrift konnte er nicht entziffern. Sie glichen den Buchstaben „M" und „U" in De Landas Alphabet. Also fügte er sich zusammen, um dem untergegangenen Land einen Namen zu geben: „Mu".

Obwohl seine unermüdliche Arbeit nicht mehr ernstgenommen wird, lebt der Name, den Brasseur für die Insel erfunden hat, weiter. Das nächste Kapitel in der Geschichte des untergegangenen Kontinents wurde von Brasseurs Landsmann Augustus Le Plongeon verfaßt, einem Arzt und Archäologen. Und auch seine Theorien waren durch die Mayas inspiriert.

Le Plongeon war der erste, der die Maya-Ruinen im Yucatán ausgrub, wo er jahrelang mit seiner Frau Alice lebte. Er fertigte eine eigene „Übersetzung" des Codex Troano an, beeinflußt von Brasseurs Arbeit und von seiner Interpretation der Bilder auf den Mauern der Ruinenstadt Chichen-Itzá. Nach Le Plongeons Aussage war das Ergebnis ein sehr anschaulicher Bericht über das Leben auf Mu.

Coh und Aac, die beiden Prinzen von Mu, warben als Rivalen um die Hand ihrer Schwester Moo, der Königin von Mu. Prinz Coh war der Sieger, aber er wurde von seinem eifersüchtigen Bruder umgebracht, der dann das Land von der Königin übernahm. Auf dem Höhepunkt dieses Inzestdramas begann Mu zu sinken. Die Prinzessin konnte entkommen und gelangte nach Ägypten, wo sie zum Andenken an Prinz Coh die Sphinx baute. Unter dem Namen Isis wurde sie zur Begründerin der ägyptischen Zivilisation.

Viele Einwohner von Mu flohen nach Südamerika; im Yucatán schrieben sie ihre Geschichte nieder und errichteten Tempel für ihre Führer. Zur Bestätigung seiner Theorie führte Le Plongeon an, die Schrift der Mayas und die ägyptischen Hieroglyphen seien ähnlich – aber leider wird diese Ansicht von den Experten nicht geteilt.

Nach 1880 zogen Augustus und Alice Plongeon nach Brooklyn und schrieben eine Reihe von Büchern über ihre Entdeckungen. Am bekanntesten ist *Queen Moo and the Egyptian Sphinx* (Königin Moo und die ägyptische Sphinx), 1896 erschienen und heute immer noch im Handel erhältlich. Hier stellt Le Plongeon die Behauptung auf, er habe bei seinen Ausgrabungen in einer Steinurne die verkohlten Überreste des Prinzen Coh gefunden.

Untergang einer Rasse

In Le Plongeons Übersetzung des Codex Troano heißt es, Mu

> „wurde zweimal emporgehoben … dann verschwand es plötzlich in der Nacht, wobei das Talbecken ununterbrochen von vulkanischen Kräften erschüttert wurde. Da der Kontinent (vom Meer) eingeschlossen war, ging er auf Grund dieser Erschütterun-

Links:
Die Sphinx blickt über die Wüste in der Nähe von Kairo. Augustus Le Plongeon, ein begeisterter Anhänger von Mu, erzählt uns eine sehr anschauliche Geschichte über die Ursprünge des Kontinents. Angeblich floh Moo, die Königin von Mu, aus ihrer Heimat, nachdem einer ihrer beiden Brüder bei dem Streit, welcher sie heiraten solle, ums Leben kam. Sie gelangte nach Ägypten, reiste dort unerkannt als die Göttin Isis (rechts) und ließ als Denkmal für ihren toten Bruder die Sphinx bauen. Moo gilt als die Begründerin der ägyptischen Zivilisation.

Die Panik nimmt zu

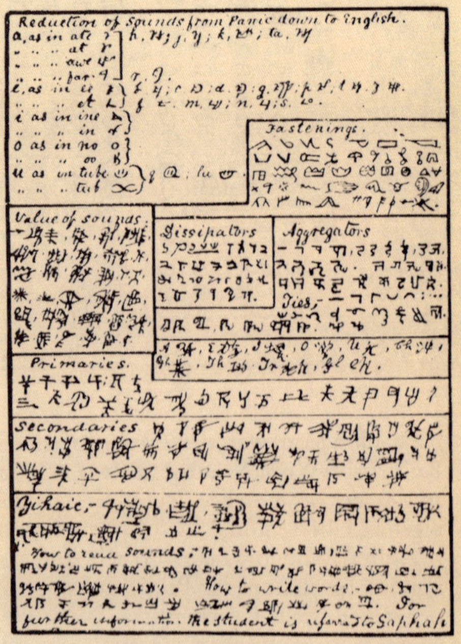

Auf sehr ungewöhnliche Weise wird in den Werken von Dr. John Ballou Newbrough, einem New Yorker Zahnarzt und spiritistischem Medium, die These unterstützt, daß es einen pazifischen Kontinent gegeben habe. Automatisch schreibend verfaßte er ein Buch mit dem Titel *Oahspe: Eine Kosmonbibel in den Worten Jehovahs und seines Engelsbotschafters.* Das Buch wurde 1882 veröffentlicht. Seine These lautet, daß der Mensch vor 72000 Jahren auf die Erde kam, und zwar durch eine Vereinigung zwischen Engeln und seehundartigen Tieren. Eine Landkarte, die angeblich von Geistern übermittelt wurde, zeigt unseren Planeten vor der Sintflut. Ein dreieckiger Kontinent namens Panzu ist zu sehen, der angeblich vor 24000 Jahren in den Wellen des Pazifiks versank.

Aber dieses Land im Pazifik ist nicht für immer verloren. Oahspe zufolge wird es wieder auftauchen, und zwar beginnt dieser Prozeß im Jahr 1980. Wir werden bei der Übersetzung von Dokumenten über die Zivilisation von Pan bestimmt keine Schwierigkeiten haben: Dr. Newbrough hat in seinem Buch ein Pan-Alphabet und ein Lexikon gleich mitgeliefert.

Rechte Seite Mitte:
Ein Gemälde des nordamerikanischen Nootka-Stammes, auf dem ein Donnervogel und ein Wal gezeigt sind. Churchward glaubte, daß dies die Zerstörung und den Untergang des Kontinents Mu darstellen sollte.

gen unter und tauchte einige Male an verschiedenen Stellen wieder auf. Aber schließlich gab die Oberfläche nach, und zehn Länder wurden auseinandergerissen und versprengt. Sie konnten der Macht der Erschütterung nicht standhalten und versanken mit allen 64 Millionen Einwohnern …“

Sowohl Brasseur als auch Le Plongeon waren überzeugt, daß es sich bei Mu und Atlantis um denselben Kontinent handele. Le Plongeon siedelte diesen Kontinent östlich von Zentralamerika an, in der Nähe des Golfs von Mexiko und der Karibik. Andere haben versucht, Atlantis im Atlantischen Ozean zu lokalisieren. Aber wenn je ein Ozean einen Kontinent verschlungen hat, dann ist das beim Pazifik eher anzunehmen. Immerhin ist er der größte Ozean der Erde und mit seinen 176 Millionen Quadratkilometern doppelt so umfangreich wie der Atlantik.

Als erster hat der Franzose Louis Jacolliot im Pazifik einen untergegangenen Kontinent vermutet. Während eines Indienaufenthaltes hatte er Sanskrit-Mythen gesammelt. Er schrieb etwa zur gleichen Zeit wie Le Plongeon, und seine These lautete, daß die Mythen von einem Land namens Rutas berichteten, das im Indischen Ozean versunken sei. Seine eigene Interpretation jedoch lief darauf hinaus, daß es sich bei Rutas um eine Landmasse handelte, die früher das Gebiet bedeckt hatte, wo heute die Polynesischen Inseln liegen.

Diese Theorie fand in den achtziger Jahren des letzten Jahrhunderts immer mehr Anhänger. Damals wurden allerdings noch außergewöhnlichere Behauptungen aufgestellt, wie zum Beispiel in der *Kosmonbibel* (siehe Kasten). Aber selbst diese kann nicht mit Churchwards *The lost continent of Mu* konkurrieren. Schon bald nach der Veröffentlichung wurde sein Name ein Synonym für Mu.

Churchward fügte die Geschichte von Mu aus mehreren Quellen zusammen. Am wichtigsten waren zwei Gruppen von beschrifteten Tafeln. Die erste hatte er seiner eigenen Aussage nach in Indien oder im Tibet gefunden – je nach dem, welches seiner Bücher wir als Quelle benutzen –, und zwar in einem Tempel, in dem er Basreliefs studierte. Zwei Jahre lang lehrte der Oberpriester dieses Tempels Churchward, wie man die Wandinschriften entziffert, die seiner Überzeugung nach in der „Ursprache der Menscheit“ verfaßt sind.

Während dieser Zeit enthüllte ihm der Priester, daß sich in den Geheimarchiven des Tempels uralte Tafeln befänden, und Churchward überredete ihn, er solle ihm erlauben, sie zu überprüfen. Sie waren in derselben Sprache abgefaßt, die er gerade studiert hatte und berichteten davon, wie die Erde entstand und der Mensch auf dem Kontinent Mu auftauchte. Er nannte sie die „Nacaal“-Tafeln.

Die zweite Gruppe von Tafeln, die seiner Meinung nach mehr Licht in die Geschichte von Mu brachten, war eine Sammlung von 2500 Steinobjekten, die der amerikanische Ingenieur William Niven in Mexiko gefunden hatte. Sie waren von den Azteken und von anderen alten mexikanischen Völkern hergestellt worden. Obwohl sonst niemand in ihnen etwas fand, das zu entschlüsseln sich gelohnt hätte, behauptete Churchward, sie enthielten Symbole, die von Mu stammten und, wie die Nacaal-Tafeln, Auszüge aus den „Heiligen Schriften von Mu“ waren.

Kolibris und urzeitliche Mastodonten

Auf der Grundlage dieser und anderer Forschungsergebnisse konnte Churchward die

Unten:
Churchward behauptet, dies sei „eine der ältesten bekannten Bronzefiguren auf der Welt. Es ist eine symbolische Darstellung von Mu als Herrin und Regentin der ganzen Erde. Die Figur befand sich vor über 18000 Jahren entweder in Mu oder in der Hauptstadt Uighur.“

Links:
Eine Sandsteintafel mit Hieroglyphen, wie sie nur die Nagas verwendeten. Churward kaufte diese einem mexikanischen Indio ab, der behauptete, er habe sie in einer Ruine gefunden. In The sacred symbols of Mu *gibt Churchward eine ausführliche „Übersetzung" dieser Zeichen und sieht darin eine Bestätigung seiner Hypothese über die Zerstörung von Mu.*

Unten rechts:
Vulkanausbruch. Anhänger von Mu glauben, daß der Kontinent in einer ähnlichen Szene sein Ende fand. Viele sind davon überzeugt, daß unsere eigene Zivilisation bald von einem solchen Schicksal ereilt werden wird.

Geschichte des untergegangenen Kontinents mit einiger Genauigkeit beschreiben. Die Bewohner setzten sich aus zehn Volksstämmen zusammen, die eine gemeinsame Regierung und einen Kaiser hatten, den Ra Mu. Auf dem ausgedehnten Kontinent erstreckten sich Ebenen mit fruchtbaren Weiden und bestellten Feldern. „Gebirge", fügte er hinzu, „waren damals noch nicht aus dem Inneren der Erde herausgepreßt worden." Es gab Flüsse und bewaldete Hügel, bunte Schmetterlinge und Kolibris, Mastodonten und Elefanten.

Verschiedene Volksstämme lebten auf Mu, Menschen mit gelber, brauner und schwarzer Hautfarbe, aber Churchward zufolge war die weiße Rasse dominant, „ungeheuer schöne Menschen, mit heller oder olivfarbener Haut, großen, sanften, dunklen Augen und glatten schwarzen Haaren".

Ein idyllischer Ort. An kühlen Abenden vergnügten sich geschmückte Männer und Frauen auf eleganten Luxusschiffen; sie genossen ihr gutes Leben. Aber alles Schöne muß einmal enden.

Die südlichen Teile von Mu wurden plötzlich durch Erdbeben und Vulkanausbrüche erschüttert, viele Städte zerstört. Sturmfluten überschwemmten das Land. Nach einiger Zeit konnten die Überlebenden ihre Häuser neu bauen, und das Leben ging weiter. Aber die endgültige Katastrophe war nur hinausgezögert worden – als sie Generationen später eintraf, gingen fast alle Bewohner zugrunde.

Mu wurde schließlich von 130 Millionen Quadratkilometern Wasser bedeckt. Aber auch das genügte nicht, um den großartigen Kontinent in Vergessenheit geraten zu lassen. Die früheren Vulkanausbrüche auf Mu hatten dazu geführt, daß sich aus dem Lava hohe Bergkegel gebildet hatten, und diese waren nun, nachdem das Land unter den Wellen verschwunden war, der einzige sichtbare Beweis für die Existenz des Kontinents. Wir kennen sie heute als die Pazifischen Inseln.

Die Überlebenden klammerten sich an diese Inselketten; aber ohne Nahrung, Kleidung und Obdach wurden diese ehemals so friedliebenden Menschen bald zu Kannibalen, um zu überleben. Die Kolonien – einschließlich Atlantis – existierten noch eine Weile, aber ohne die Unterstützung des Mutterlandes verfielen sie schnell. Ein paar Jahrtausende nach dem Untergang von Mu ereilte Atlantis ein ähnliches Schicksal, schrieb Churchward.

Aber man braucht keinen untergegangenen Kontinent zu erfinden, um das Geheimnis zu enthüllen. Thor Heyerdahls Kontiki-Expedition und die darauf folgende Erforschung der Osterinsel haben gezeigt, daß möglicherweise die Bewohner der Pazifischen Inseln Handelsverbindungen mit Südamerika hatten.

So verlockend die Geschichte von Mu auch sein mag, wir können mit Sicherheit feststellen, daß es diesen Kontinent nie gegeben hat. Und doch lebt der Glaube daran auch heute weiter.

Lemuria – eine glaubhafte Geschichte?

Lemuria, einer der sagenumwobenen versunkenen Erdteile, wurde von Naturalisten des 19. Jahrhunderts ernsthaft gesucht: Sie wollten die Urheimat der Lemuren finden. Seither existiert der geheimnisvolle Kontinent allerdings nur noch in den Köpfen versponnener Sonderlinge.

Von all den Legenden über untergegangene Erdteile ist die Geschichte von Lemuria die absurdeste. Und doch nimmt sie in naturwissenschaftlichen Spekulationen des 19. Jahrhunderts einen festen Platz ein.

Die Möglichkeit, daß es einen untergegangenen Kontinent gegeben habe, wurde als Erklärung für die Entdeckung des Lemur vorgebracht. Er ist ein affenähnliches Säugetier, entfernt mit dem Menschen verwandt und in den Ländern um den Indischen Ozean zu Hause. Allerdings sind einige dieser Gebiete so weit voneinander entfernt, daß es nicht zu erklären war, wie diese kleinen Tiere über den Ozean dorthin gelangen konnten.

Charles Darwins Theorie über die Entstehung der Arten war 1859 veröffentlicht worden, und die Anhänger der Evolutionstheorie führten erhitzte Debatten mit denjenigen, die annahmen, daß Gott die verschiedenen Gattungen nach Gutdünken auf unserem Planeten verteile.

Manche Wissenschaftler, unter ihnen der deutsche Naturalist Ernst Heinrich Haeckel, glaubten nicht nur daran, daß das versunkene Land existiert habe – es hatte seinen Namen von dem Säugetier, durch welches die Theorie ins Leben gerufen wurde –, sie waren auch bereit, dieses Land für die „Wiege der Zivilisation" zu halten. Haeckel schrieb:

„Es gibt eine Reihe von Umständen (insbesondere chronologische Fakten), die darauf hinweisen, daß die Urheimat des Menschen ein Kontinent war, der heute unter der Oberfläche des Indischen Ozeans versunken ist und der sich entlang der Südküste Asiens erstreckte, so wie sie heute verläuft (wahrscheinlich hatte er eine direkte Verbindung mit Südasien), und zwar ostwärts bis nach Hinterindien und zu den Sunda-Inseln; im Westen bis nach Madagaskar und der Südostküste Afrikas.

Wir haben bereits erwähnt, daß viele Tatsachen auf dem Gebiet der animalischen und vegetativen Geographie die einstmalige Existenz eines südindischen Kontinents sehr wahrscheinlich machen. ... Wenn wir annehmen, daß Lemuria die Urheimat des Menschen war, erleichtern wir die Erklärung der geographischen Verteilung der menschlichen Spezies durch Migration ganz erheblich."

Oben:
Ernst Haeckel, der deutsche Naturalist aus dem 19. Jahrhundert, der glaubte, Lemuria sei die „Wiege der Zivilisation" gewesen.

Es ist heutzutage schwierig, Überlebende aus Lemuria zu finden, obwohl der affenähnliche Lemur (oben links), der dem Kontinent seinen Namen gegeben hat, munter weiterlebt. Die australischen Eingeborenen (links) und die Urbevölkerung in Papua (Neu Guinea) (unten), sind angeblich die einzigen menschlichen Überlebenden, aber in keiner der beiden Kulturen taucht der Lemuria-Mythos auf.

Aber mit der Zeit kamen neue Theorien auf, die einleuchtendere Erklärungen für die Abstammung des Menschen und das Auftreten der Lemuren lieferten. Diese Theorien hätten eigentlich auch den Kontinent Lemuria begraben sollen. Aber die Okkultisten hatten sich des „untergegangenen" Kontinents inzwischen bemächtigt, als handle es sich um eine reiche Quelle mystischen Wissens, genauso wie sie es mit Atlantis und Mu gemacht hatten; wissenschaftliche Erwägungen blieben unberücksichtigt.

1888 hatte Lemuria die entschiedene Unterstützung von Helena Blavatsky gewonnen, der bedeutendsten Okkultisten unserer Zeit. Die Begründerin der Theosophischen Gemeinschaft war eine rätselhafte Frau. In diesem Jahr veröffentlichte sie das Buch *The secret doctrine* (Die geheime Lehre), in dem sie ihre Philosophie darstellte und uralte Weisheiten vermittelte, die ihr von der Bruderschaft der Mahatmas mitgeteilt worden waren, einer Gruppe ätherischer Wesen, die nach Ansicht von Helena Blavatsky vom Tibet aus die Welt regierten.

Dem okkulten Wissen von Helena Blavatsky zufolge waren die Lemurier die dritte „Wurzelrasse". Es ist der Erde angeblich vorbestimmt, sieben solche Wurzelrassen hervorzubringen. Aber es blieb späteren Theosophen, vor allem W. Scott-Elliot, überlassen, die Geschichte von Lemuria weiterzuentwickeln. Die Lemurier gingen zuerst durch eine Phase, in der sie Eier legten, dann paarten sie sich mit Bestien, was zu der Existenz der heutigen großen Affen führte (oben). Schließlich entstand aus ihnen der Cro-Magnon Mensch, der zum Teil in Höhlen wohnte. Vielleicht stammen die Höhlenbilder von Altamira in Nordspanien von ihm (ganz oben).

Die Schrift basierte angeblich auf einem uralten Werk, dem Buch von Dyzan, das ihr die Mahatmas bei ihren astralischen Besuchen gezeigt hatten. Es wäre in Atlantis verfaßt worden, in der heute vergessenen Senzar-Sprache, und es behandelte die Geschichte von Atlantis und Lemuria.

The secret doctrine ist in englischer Sprache geschrieben, aber sein Inhalt wird dadurch auch nicht leichter verständlich. Zum Beispiel:

> „Nach ungeheuerlichen Wehen warf sie ihre alten Drei ab und legte ihre neuen Sieben Häute an und stand da in ihrer ersten ... Das Rad drehte noch 30 Kreise. Es konstruierte Rupas: weiche Steine, die sich erhärteten, und harte Pflanzen, die weich wurden. Sichtbares vom Unsichtbaren, Insekten und kleine Bienenkörbe ..."

Den Mahatmas zufolge ist die Erde dazu bestimmt, sieben „Wurzelrassen" zu besitzen. Die erste blieb verborgen, die zweite kaum sichtbar. Die dritte Rasse waren die Lemurier, riesige, affenähnliche Wesen ohne Gehirn. Als nächstes kamen die Atlantier, richtige Menschen, die aber durch Schwarze Magie zerstört wurden. Wir sind die fünfte Wurzelrasse. Die sechste wird sich aus uns entwickeln und nach Lemuria zurückkehren. Wenn die siebte und letzte Wurzelrasse erschienen ist, wird das Leben auf der Erde seiner Bestimmung gemäß zu einem Ende kommen und auf dem Merkur wieder neu beginnen.

Helena Blavatskys okkulte Kräfte konnten die untergegangene Welt von Lemuria wieder zum Leben erwecken. Einige der Bewohner dieses Kontinents hätten vier Arme, andere ein Auge im Hinterkopf, das ihnen „übersinnliche Sehkräfte" verlieh. Sie brauchten keine gesprochenen Worte, weil sie sich mittels Telepathie verständigten. Die Lemurier lebten in Höhlen, und ihr Kontinent bedeckte fast die ganze südliche Hemisphäre, vom Fuß des Himalajas bis einige Breitengrade unterhalb der Antarktik. Ihre Nachfolger seien die Eingeborenen Australiens, die Papuas und Hottentotten.

Die Geschichte entwickelt sich

Der Bericht von Helena Blavatsky war zwar faszinierend – vor allem für die Theosophen –, aber vieles blieb dabei unklar. Dieser Mangel wurde nach ihrem Tod 1891 durch ihre Nachfolgerin, Annie Besant, und W. Scott-Elliot behoben. Beide schrieben sehr ausführlich über Lemuria und seine Einwohner.

Scott-Elliot behauptete, er habe von den „Theosophischen Meistern" nicht nur okkulte Offenbarungen erhalten, sondern auch eine Sammlung von Landkarten, auf denen die entscheidenden Stadien der Evolution der Welt gezeigt würden. Diese bildeten die Grundlage

Rudolf Steiner, Begründer der Anthroposophischen Gesellschaft und Verfasser des Buches Atlantis und Lemuria, *meinte, die Lemurier seien geistesschwach gewesen, hätten aber erstaunliche PK-Leistungen erbracht. Allerdings glaubte Scott-Elliot, die überlebenden Lemurier, die auf Atlantis wohnten, hätten Bomben und Flugzeuge erfunden, die vertikal starten konnten, vielleicht so ähnlich wie ein Harrier jump jet (oben). Die Lemuirer machten weiterhin Schlagzeilen, als der amerikanische Reporter Edward Lanser die Behauptung aufstellte, sie lebten auf Mount Shasta in Nordkalifornien (rechte Seite unten). Er zitierte den „bedeutenden Wissenschaftler Professor Edgar Lucin Larkin", der die scheuen Lemurier oft mit einem Teleskop beobachtete und meinte, ihre Gebäude könnten es mit der Schönheit der Maya-Tempel aufnehmen (rechte Seite oben). Aber als Lansers Story erschien, war Larkin bereits acht Jahre tot, und die Lemurier machten anscheinend von ihrer ererbten Fähigkeit Gebrauch, sich für immer unsichtbar zu machen.*

seiner sechs Weltkarten, die in seinem Buch *The story of Atlantis and the lost Lemuria* (Die Geschichte von Atlantis und dem untergegangenen Lemuria) abgebildet sind. Das Werk erschien 1892 und ist noch heute im Handel erhältlich.

Seine These lautete, daß die Manus, die das Universum unter sich haben, Lemuria für die Evolution der dritten Wurzelrasse auswählten; aber ihr erster Versuch, die menschliche Rasse zu erschaffen, ergab nur gallertartige Wesen. Mit der Zeit wurden die Lemurier jedoch härter, entwickelten ein Skelett und konnten deshalb aufrecht stehen.

Sie waren zwischen 3,5 und 4,5 Meter groß, hatten ein flaches Gesicht, braune Haut, einen vorstehenden Mund und keine Stirn. Ihre Augen standen so weit auseinander, daß sie sowohl zur Seite als auch nach vorne sehen konnten. Sie hatten ein drittes Auge im Hinterkopf, daraus hat sich die Zirbeldrüse in unserem Gehirn entwickelt. Die Fersen gingen bei den Lemuriern so weit nach hinten, daß sie vorwärts und rückwärts laufen konnten; deshalb war das Auge im Hinterkopf ganz besonders nützlich.

Lemurische Bestialität

Anfangs waren die Lemurier Hermaphroditen und legten Eier, mit der Zeit entwickelten sich verschiedene Untergruppen, und sie begannen, sich so zu vermehren wie die Menschen. Während dieser Periode der sexuellen Veränderung paarten sie sich jedoch mit Bestien. Das Ergebnis waren die heutigen großen Affen.

Dies beleidigte einige der übernatürlichen Wesen, die eigentlich in menschlichen Körpern auf die Erde kommen und der Evolution der Lemurier behilflich sein sollten. Zu unserem Glück erklärten sich Wesen vom Planeten Venus bereit, für sie einzuspringen. Sie brachten den Lemuriern bei, wie man unsterblich wird und wiedergeboren werden kann.

Scott-Elliots Buch beschäftigt sich nicht nur damit, wie sich die Untergruppen der jeweiligen Wurzelrassen entwickelten, sondern setzt sich auch mit den geographischen Veränderungen auseinander, die sie beeinflußten, und vor allem mit dem Auseinanderbersten von Lemuria, bei dem Teile des Kontinents versanken. Atlantis ist eine der übrig gebliebenen Halbinseln, und hier erschien die vierte Wurzelrasse. Diese wurde ständig heller und kleiner, bis dann der Cro-Magnon-Mensch entstand.

Die Atlantier erbrachten große Leistungen, unter anderem erfanden sie die Banane. Ihre Wissenschaftler konstruierten Bomben und sogar Luftfahrzeuge, die mit vril-Kraft (sehr starker Willenskraft) angetrieben wurde, allerdings nur für die Reichen. Sie konnten mit einer Geschwindigkeit von 160 Stundenkilometern in einer Höhe von 300 Metern fliegen. Erstaunlicherweise war sogar ein vertikaler Start möglich, und zwar mit einer Technik, die an die heutigen Jets erinnert.

Und als wäre das noch nicht genug, erschien 1923 eine neue Version des Lebens auf Lemuria, verfaßt von Rudolf Steiner. Er hatte 1907 die okkulte Gemeinschaft von Helena Blavatsky verlassen und eine eigene Gruppe gegründet, die Anthroposophische Gesellschaft. In seinem Buch *Kosmische Erinnerung: Atlantis und Lemuria* beschreibt Steiner die Lemurier als schwachsinnige Wesen, die aber fähig waren, mit Willenskraft schwere Gewichte zu heben. Offensichtlich kamen sie zu der Zeit, als sie noch eierlegende Hermaphroditen waren, mit nur einem Auge aus. Als sie jedoch die Sexualität entdeckten, verbesserte sich ihre Sehfähigkeit.

Ende der Bisexualität

Solange die Seele den Körper regierte, waren die Lemurier bisexuell, aber als unser Planet in ein neues Stadium der „Verdichtung" eintrat und der Körper wichtiger wurde, führte dies zu einer Trennung der Geschlechter.

Nach diesen Berichten sieht es so aus, als wäre Lemuria nur interessant für Menschen, die sich mit okkulten Phänomenen beschäftigten oder die leichtgläubiger sind als die meisten. Aber in den zwanziger Jahren wurde der untergegangene Kontinent allgemein bekannt.

Der Mann, der, ohne es zu wissen, dafür verantwortlich zeichnete, war Frederick Spence Oliver. Er hatte 1894 unter dem Namen „Phylos the Tibetan" den okkulten Roman *A dweller on two planets* (Ein Bewohner zweier Planeten) geschrieben. Hier wird von dem Chinesen Quong berichtet, einem Meister, der auf dem nordkalifornischen Mount Shasta lebt, wo weise Menschen eine Gemeinschaft gegründet hatten, deren Ziel es war, die geheimnisvolle Weisheit der Menschen des Altertums zu bewahren – und dazu gehörte auch die der Lemurier.

Das Buch war zwar nicht besonders populär, aber es beeinflußte zweifellos einen anderen Schriftsteller, den Reporter Edward Lanser.

im Gebirge abgebaut hatten. All dies hätte unter normalen Umständen dazu geführt, daß noch mehr mutige Forscher Expeditionen zum Mount Shasta unternommen hätten, um die Lemurier zu besuchen. Aber Lansers Geschichte enttäuschte in einem wichtigen Punkt. Die Nachkommen der Lemurier, die seit vielen hunderttausend Jahren in Amerika lebten, besaßen die „geheime Kraft der tibetanischen Meister". Sie hatten die Fähigkeit, sich unsichtbar machen und konnten ihre Siedlung mit einem unsichtbaren Schutzwall umgeben, der alle Eindringlinge abhielt. Das erklärte, warum sie so lange unentdeckt blieben.

An diesem Punkt mußten die meisten Leser des *Los Angeles Times Star* erkennen, daß Lansers Geschichte mehr Dichtung als Wahrheit enthielt. Nachforschungen ergaben, daß selbst sein einziger Augenzeuge, Professor Larkin, kein „bedeutender Wissenschaftler" war, wie Larkin behauptet hatte, sondern ein Okkultist, der das Mount-Lowe-Observatorium

Am 22. Mai 1932 stellte dieser im *Los Angeles Times Star* eine sensationelle Behauptung auf. Die Abkömmlinge einer Rasse, die früher auf Lemuria ansässig waren, lebten jetzt an den Hängen vom Mount Shasta.

Lanser sagte, er habe von den Lemuriern erfahren, als er nachts mit dem Zug auf dem Weg nach Portland, Oregon, am Mount Shasta vorbeikam. Er bemerkte rote und grüne Lichter auf dem Berg, und der Schaffner erzählte ihm, das seien die Lichter der Lemurier, die irgendwelche Zeremonien veranstalteten.

Der unerschrockene Reporter witterte eine großartige Geschichte. Er unternahm eine Expedition zum Mount Shasta, um die Lemurier zu finden. Er kam nach Weed, einer kleinen Stadt, und redete dort mit Leuten, die ebenfalls behaupteten, sie hätten seltsame Lichter gesehen und wüßten, daß es ein mystisches Dorf gebe. Aber niemand hatte diese Siedlung je betreten – oder wenn jemand es getan hatte, dann war er nicht zurückgekehrt.

Professor Larkin aus Weed

Lanser jedoch fand einen Experten, der über die Lemuriersiedlung genau Bescheid wußte: Professor Edgar Lucin Larkin. Anscheinend hatte sich dieser so nahe an das geheime Dorf herangewagt, wie man nur konnte und ein Teleskop auf einen Felsenvorsprung gelegt, um das Treiben dort beobachten zu können. Auf diese Weise erblickte er einen großen Tempel, der aus Marmor und Onyx bestand und es an Schönheit mit den Maya-Tempeln aufnehmen konnte. Die Lemurier blieben unter sich, obwohl die Einwohner von Weed sie manchmal zu Gesicht bekamen. Sie waren groß, freundlich und sahen sehr edel aus, mit kurz geschnittenen Haaren und makellos weißen Gewändern.

Die Lemurier kauften große Mengen Schwefel, Salz und Schmalz in den Geschäften von Weed und bezahlten mit Goldklumpen, die sie

in Kalifornieren leitete. Im Gegensatz zu dem benachbarten Mount-Wilson-Observatorium handelte es sich hier nicht um eine wissenschaftliche Institution. Es war nichts anderes als eine Touristenattraktion, die von der Pacific Electric Railway finanziert wurde. Die Besucher konnten dort durch ein kleines Teleskop die Sterne beobachten. Und Larkin stand – wie die Lemurier – nicht zu einer Stellungnahme zur Verfügung, denn er war 1924 gestorben, acht Jahre bevor Edward Lansers unglaubwürdige Geschichte publiziert wurde.

Das Geheimnis der stehenden Steine

Seit Jahrhunderten beschäftigt sich die Forschung mit den stehenden Steinen in Europa. Die Megalithgruppen in Afrika, Amerika und im fernen Osten sind weniger bekannt.

Die megalithischen Monumente gehören zu den dauerhaftesten und geheimnivollsten Überresten der Urvölker. Sie sind überall auf der Welt zu finden, und dies zeigt, daß sie von vielen verschiedenen Völkern und zu ganz unterschiedlichen Zeiten erbaut wurden. Da gibt es die berühmten Steinkreise in Großbritannien, zum Beispiel Stonehenge, die Anordnung von Menhiren bei Carnac in der französischen Bretagne, die Steinringe in Nordafrika und die lange Zeit nicht als solche erkannten „stehenden Steine" in Nordamerika. Aber es wurden auch an unerwarteten Stellen Megalithen entdeckt. In Indien gibt es bearbeitete Steine, *nagakallu* genannt, Kreise aus phallusartigen Steinen in Mexiko, Dolmen in der Nähe der tibetischen Grenze, einen Steinkreis beim Jangtse-Fluß in China, fast vergessene Megalithen in Japan und so weiter.

Die verwirrende terminologische Vielfalt spiegelt den unterschiedlichen Charakter der steinernen Zeugen wider. Das Wort Megalith stammt aus dem Griechischen und bedeutet großer Stein (*mega* heißt groß, *lithos* Stein), und im allgemeinen wird darunter ein stehender Stein aus der Jungsteinzeit verstanden. Menhir (Hünenstein) ist das bretonische Wort für stehender Stein, während ein Dolmen (Hünengrab) – ebenfalls ein bretonischer Ausdruck – ein prähistorischer Steintisch ist, der aus stehenden Steinen besteht, auf denen ein Megalith liegt, wodurch eine primitive Kammer entsteht, die nicht vor der Witterung geschützt ist.

Viele der stehenden Steine haben etwas mit Begräbnisritualen zu tun, und vor allem in Dolmen wurden menschliche Skelette gefunden. Einige der britischen Steinkreise hatten nachweisbar eine astronomische Funktion. Wenn sich in einem Land eine neue Religion ausbreitete, wurden die Tempel oft in der Nähe der Megalithen errichtet, wie dies beispielsweise bei christlichen Kirchen überall in Europa der Fall ist. Ein Beweis dafür, daß diese Orte als heilig angesehen wurden. Es wäre wahrscheinlich töricht, für alle diese stehenden Steine eine allgemeingültige Erklärung zu suchen; man kann nur soviel sagen, daß sie Ausdruck einer allgemein menschlichen Reaktion auf die natürliche Umgebung sind. Um mehr herauszufinden, beschäftigt man sich vielleicht am besten mit den vergleichsweise gut erforschten Steinen in England und Nordwesteuropa.

In England wurden von der Jungsteinzeit (etwa 4000 bis 2000 vor Christus) bis zum Mittelalter von mehreren Kulturen einzelne stehende Steine errichtet. Die wahrscheinlich ältesten Monolithen sind am geheimnisvollsten und beeindruckendsten. Einer davon, der größte Monolith in England (acht Meter) ist die jungsteinzeitliche Steinsäule im Friedhof von Rudston, Humberside. Neben dem Monolithen wurde eine Kirche gebaut, möglicherweise ein Hinweis darauf, daß es sich auch früher um einen heiligen Ort handelte. Auf alle Fälle ist der große Stein als „Großmutter der Kirche" bekannt.

Viel spektakulärer als die Monolithen sind in technischer Hinsicht jedoch die Gruppie-

Die „Teufelspfeile" (unten) in Yorkshire sind die größten stehenden Steine in England. Sie messen bis zu 6,8 Meter Höhe. Die Stall Moor-Reihe in Dartmoor ist die längste Megalithenreihe: Sie erstreckt sich über 3 Kilometer.

rungen und Reihen stehender Steine, etwa die Gruppe von drei Menhiren in der Nähe von Boroughbridge in Yorkshire, die „Teufelspfeile" genannt werden. Diese jungsteinzeitliche Gruppierung ist nicht linear angeordnet. Wahrscheinlich gehörten ursprünglich noch ein oder zwei Steine dazu, wodurch dann ein unregelmäßiges Zackenmuster entstand. Die Höhe der übrigen Monolithen variiert zwischen sechs und über sieben Meter. Der nächste Steinbruch, von dem diese Steine stammen könnten, liegt elf Kilometer entfernt, in der Nähe von Knaresborough: Der Transport und das Aufstellen muß daher die Erbauer viel Zeit und Mühe gekostet haben – ein Zeichen dafür, wie wichtig der Ort gewesen sein muß, auch wenn seine Bedeutung noch immer unklar ist.

Megalithen im Westen

Die größte Megalithkonzentration in England befindet sich in Cornwall, wo es eine große Anzahl von Kreisen, Menhiren und Dolmen gibt. Viele der Steine in diesem Gebiet stammen wahrscheinlich aus dem frühesten Abschnitt der Bronzezeit (zwischen 1800 und 900 vor Christus).

Dartmoor, das im benachbarten Devon liegt, ist ebenfalls ein wichtiges Gebiet mit einer Vielzahl megalithischer Monumente. Man nimmt an, daß sie, wie die Steine in Cornwall, in der frühen Bronzezeit errichtet wurden. Die Monumente bestehen aus relativ kleinen stehenden Steinen, die normalerweise eher ein Zackenmuster als eine gerade Linie bilden, und sie tauchen sowohl in parallelen als auch in einzelnen Reihen auf. Die längste dieser Formationen befindet sich in Stall Moor in der Nähe von Ivybridge im südlichen Dartmoor. Sie erstreckt sich von einem kleinen Steinzirkel bis zu einem Grabhügel auf Green Hill – eine Entfernung von vier Kilometern.

Unten:
Die „Rollright Stones" in Oxfordshire, auch als „King's Men" bekannt. In der Nähe steht ein Dolmen, den man „Whispering Knights" nennt (rechts). Die Legende will, daß einige dieser Steine nachts zu dem nahegelegenen Fluß gehen, um zu trinken. Mit vielen stehenden Steinen auf der ganzen Welt sind ähnliche Sagen verbunden, und dies ist vielleicht eine bruchstückartige Erinnerung an einen bestimmten religiösen Glaubensaspekt, der die Megalithenbauer inspirierte.

In Großbritannien sind fast 900 Steinkreise bekannt. Die Forschungsarbeit von Professor Alexander Thom hat gezeigt, daß ihre Form variiert: von echten Kreisen bis zu allen Arten von Ellipsen, eiförmigen und abgeflachten Formen. Einer der echten Kreise, der als „The Kings Men" oder als „Rollright Stones" bezeichnet wird, befindet sich 30 Kilometer nordwestlich von Oxford. Er hat einen Durchmesser von etwa 30 Metern, und es geht die Legende, daß es unmöglich ist, die Steine zu zählen – tatsächlich hat jede Vermessung der Stelle eine andere Anzahl ergeben! Einige hundert Meter von dem Kreis entfernt steht ein hoher Monolith, der „Kingstone". (Königsstein). Die Legende will, daß der Königsstein und der Dolmen „Whispering Knights" (Flüsternde Ritter), der 400 Meter entfernt ist und keinen Deckstein besitzt, nachts gemeinsam zu dem naheliegenden Fluß gehen, um zu trinken.

Nicht weit von den Rollright Stones liegt im Südwesten das Cotswold-Gebiet, bekannt für seine jungsteinzeitlichen kammerartigen Grab-

hügel. Auf den ersten Blick sehen sie zwar aus, als seien sie aus Erde geformt, aber in Wirklichkeit ruhen sie auf einer recht komplizierten Steinstruktur, die mit Steinen ausgelegte Passagen bildet und in eine oder mehrere Kammern führen. In England sind etwa 600 dieser Grabhügel erhalten; am interessantesten ist wahrscheinlich „Bryn Celli Ddu" in Anglesey: Die zentrale Kammer dort enthält einen zwei Meter großen Monolithen.

Die Vorstellung, die man im allgemeinen von Megalithen hat, ist von den Steinen von Stonehenge bei Salisbury geprägt. Es gibt in England viele solcher „Henges" (Erdkreise aus der Jungsteinzeit), aber nur wenige sind durch stehende Steine markiert. Die kleinsten Steine in Stonehenge sind die Kupfervitriolsteine, die vermutlich aus Südwales hierher gebracht wurden. Später kamen dann die größeren und bekannteren aufrechtstehenden und querliegenden Sandsteinfindlinge hinzu. Es gibt sonst nirgends in England prähistorische megalithische Strukturen mit solchen Querbalken.

Ein Monolith außerhalb des unterkammerten Grabhügels von Bryn Celli Ddu auf der Insel Anglesey, Wales. Auch wenn sie nur wie von Menschen hergestellte Hügel aussehen mögen, enthalten die jungsteinzeitlichen Grabhügel in England in Wirklichkeit oft verwirrende Strukturen aus Stein.

Die vielen stehenden Steine im Großbritannien hatten zur Folge, daß hier auch die meisten archäologischen Forschungen betrieben wurden. Daher sind die Überreste gut dokumentiert – auch wenn ihre Funktion nicht immer verstanden wird. Auf Grund dieser Faktoren ist die Literatur zu diesem Thema tendenziell oft voreingenommen, und manchmal entsteht der Eindruck, als gäbe es außerhalb von England nur ganz wenige Megalithen. Aber dem ist nicht so.

Selbst in Irland, das ja nun wirklich nicht weit entfernt ist, fällt auf, daß sehr viel weniger über Forschungsarbeit berichtet wird. Und doch sind hier mehr Megalithen vorhanden als in England, und viele von ihnen scheinen sogar noch älter zu sein.

Es bestehen in Irland über 1000 Megalithgräber. Am bekanntesten sind die Gräber im Boyne-Tal, etwa 50 Kilometer nördlich von Dublin, wo die gewaltigen Hügel von Newgrange, Knowth und Dowth die Landschaft beherrschen. Newgrange ist mit Quartz bedeckt und umgeben von einem großen Kreis aus massiven stehenden Steinen. Der Eingang führt zu einer zentralen Passage, die über 20 Meter lang ist und in einer großartigen Steinkammer endet. Die Entstehungszeit dieses Bauwerks verlegt man heute etwa in die Mitte des 4. Jahrhunderts vor Christus, Knowth und Dowth sind möglicherweise noch älter.

Auf den Inseln im Ärmelkanal kann man seltene megalithische Überreste, die zum Teil aus der Jungsteinzeit und aus der Bronzezeit stammen, finden. Dazu gehört auch eine ganz spezielle Form von Monolith – der Statuenmenhir. Diese Monumente sind Steinplatten oder Säulen, in welche abstrahierte menschliche Gesichtszüge eingemeißelt sind. Auf Guernsey beispielsweise befindet sich „La Gran'mère" (die Großmutter), und zwar im Friedhof von Câtel. Ein über zwei Meter hoher Block aus dem regionalen Granit, der so bearbeitet ist, daß er einen weiblichen Kopf und Torso darstellt; zwei nahe nebeneinander liegende Vorsprünge in der Mitte der einen Steinseite verkörpern die Brüste. Auf solche Menhire stößt man auch in Frankreich, Italien und Korsika.

In Frankreich existieren viele Megalithen, unter ihnen einige der ältesten in Europa. Die bekanntesten Funde wurden in der Gegend von Carnac, in Morbihan, Bretagne, gemacht. Dieses Gebiet ist ein megalithisches Disneyland. Fast 3000 Menhire bilden Gruppen von parallelen Reihen, die in verschiedene Richtungen laufen. Auch sonst bestehen in der ganzen Region sehr viele interessante Anlagen: Steine, die Kreise, Vierecke und Rechtecke bilden, und massive Monolithen.

Wie in Frankreich begegnet man auch in Spanien und Portugal vielen Megalithen, vor allem in Form von Grabhügeln mit Kammern, und in manchen von ihnen befinden sich Monolithen. Auf vielen der Mittelmeerinseln gibt es ebenfalls prähistorische Denkmäler; am bekanntesten sind wohl die tempelartigen Bau-

Rechts:
Karte mit den Standorten von stehenden Steinen in Europa und Nordafrika. Die bedeutenderen Megalithen sind namentlich genannt, die wichtigsten Gebiete schattiert.

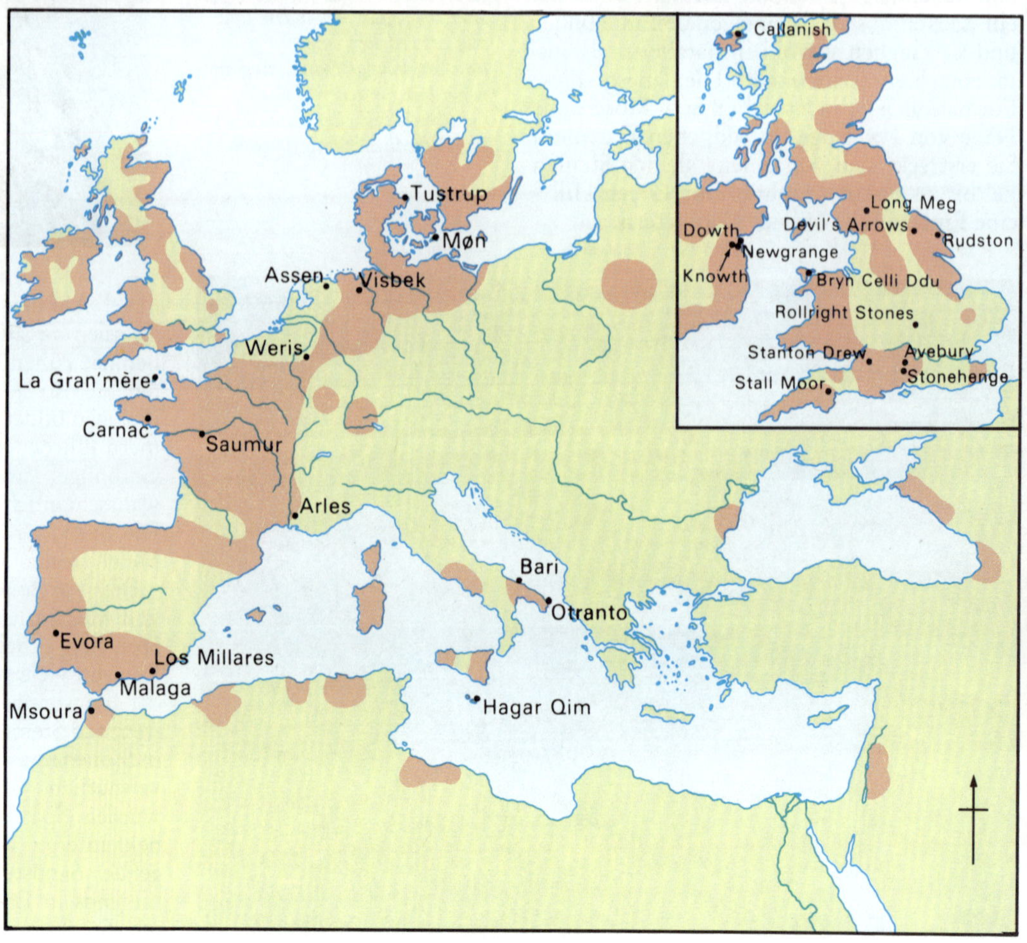

werke, wie etwa „Hagar Qim“ auf Malta. Interessanterweise finden sich bei diesen Baustrukturen Pfeiler und Querbalken (Oberschwellen), die an Stonehenge erinnern.

In archäologischer Hinsicht bleibt Afrika ein dunkler Kontinent. Es gilt aber weithin als gesichert, daß die versteinerten Überreste des frühesten Menschen auf diesem Erdteil gefunden wurden. Auch die großartige Megalithenstadt von Zimbabwe ist sehr berühmt. Weniger bekannt ist, daß es überall in Afrika Orte gibt, an denen konzentriert Monumente aus stehenden Steinen auftreten; an der Nordküste zum Beispiel kann man den Steinkreis von Msoura in Marokko, der einen Durchmesser von 60 Metern hat, durchaus mit den großen Kreisen in Europa vergleichen. Zwischen den Flüssen Salum und Gambia, im senegambischen Gebiet an der afrikanischen Westküste, findet man ebenfalls zahlreiche Megalithen. In dieser Region, die 39000 Quadratkilometer umschließt, sind 803 Steinkreise entdeckt worden, das heißt, fast so viele wie in Großbritannien. Die Steine bestehen aus dem regionalen Eisenstein, sind bis zu 2,5 Meter hoch und meist in einem Kreis oder D-förmig angeordnet. Auch auf der anderen Seite des Kontinents gibt es stehende Steine, etwa in Kenia; die meisten bilden Kreise oder Reihen. Eine Gruppe solcher Monumente steht in der Nähe des Turkana-Sees. In die Steine dort sind geometrische Formen und Tiermotive eingemeißelt. An einer Stelle kann man zwei Reihen mit je 12 unbehauenen Steinsäulen bewundern; die eine Reihe geht von Norden nach Süden, die andere von Osten nach Westen.

Es gibt sicherlich in Afrika noch sehr viele stehende Steine zu entdecken. Manche Experten glauben, daß die Megalithenbauer sogar aus Afrika kamen und über die iberische Halbinsel nach Norden vordrangen, bis sie schließlich zu den Britischen Inseln gelangten. Es gibt viele Theorien: Die Ursprünge werden sowohl in Indien als auch im Nahen Osten, in der russischen Steppe – oder sogar in Atlantis vermutet. Es ist allerdings bezeichnend, daß schon im 12. Jahrhundert Geoffrey of Monmouth in seiner Schrift *History of the kings of Britain* (Geschichte der Könige Britanniens) berichtet, die großen Steine des „Riesenrings“ – vermutlich meinte er Stonehenge – seien ursprünglich von einem Riesengeschlecht „aus den fernsten Gegenden Afrikas“ nach Irland gebracht worden. Geoffrey behauptet, Merlin habe die Steine später nach England transportiert, mit seinem „Geschick“, das heißt mit Zauberei. Es ist interessant, daß sich auch um die senegambischen Steine eine Legende rankt, die besagt, sie seien von Riesen errichtet worden. Es scheint da eine fast vergessene, bruchstückhaf-

Oben:
Die vier Teile des „Grand Menhir Brisé“ (des großen zerbrochenen Menhir) in der Nähe von Locmariaquer bei Carnac in der französischen Bretagne. Dieses außergewöhnliche Monument war 21 Meter hoch und wog etwa 340 Tonnen. Der zum Bau verwendete Stein stammt von einem 80 Kilometer entfernten Steinbruch.

Unten:
„Mont de la Ville“ (Berg der Stadt) – Megalithen, die im 18. Jahrhundert von ihrem ursprünglichen Standort in Jersey nach Henley-on-Thames, Oxfordshire, gebracht wurden.

te Volksguterinnerung zu geben. Vielleicht bringt weitere Forschungsarbeit über die afrikanischen Steine nachvollziehbare Verbindungen zu ihren Gegenstücken in Europa ans Licht.

Wenn die Steine Afrikas noch schlafen, erwacht in den Vereinigten Staaten das Interesse für die uralten Geheimnisse der eigenen Landschaft. Die erstaunlichsten Monumente sind aus Erde geschaffen – Grabhügel, die geometrische Form haben oder wie Tiere oder Menschen aussehen, aber es existieren auch einige Steindenkmäler, die manche Forscher in Aufregung versetzen.

In der waldigen Landschaft von Neuengland gibt es Dutzende von Grabhügeln mit megalithischen Steinkammern. Einige, wie zum Beispiel „Calendar 2" in der Nähe von South Woodstock, Vermont, scheinen erstaunliche astronomische Ausrichtungen und seltsame Bodenpläne zu haben. Trotzdem behaupten Kritiker, es handle sich hier nur um Keller aus der Kolonialzeit, die aus Stein gebaut wurden, um den Inhalt vor umherstreifenden Tieren zu schützen. Aber wenn das der Fall ist, dann glaubte bei „Calendar 2" jemand, es lohne sich, Megalithen heranzuschleppen, die vier Meter lang waren, um damit ein Dach zum Schutz seiner Rüben zu bauen!

In New Hampshire gibt es eine Fundstelle, die zweifellos alt ist – oder es handelt sich um eine Fälschung. Es ist ein 1,2 Hektar umfassender Hügel, bekannt als „Mystery Hill" (Geheimnishügel), der eine ganze Reihe von megalithischen Kammern, Dolmen und Monolithen enthält und eine seltsame horizontale Platte mit Rillen, die als „Opferaltar" bezeichnet wird. Vom Zentrum dieses Komplexes führen deutliche Linien zu den umgebenden stehenden Steinen; dies weist auf eine astronomische Nutzung hin. Erstaunlicherweise hat der britische Archäologe Professor Glyn Daniel die ganze Sache als eine „unbedeutende Exzentrizität" abgetan. Neuere Datierungsversuche mit der Radiocarbon-Methode besagen allerdings, daß die Anlage etwa 4000 Jahre alt sein könnte.

Während die hitzige Debatte über die Steine in Neuengland weitergeht, ist weiter im Südwesten, in Arizona, eine bemerkenswerte Entdeckung gemacht worden. Forscher behaupten, sie hätten vor einigen Jahren einen Steinkreis mit einem Durchmesser von 40 Metern gefunden. Die Stelle, welche sie „Zodiac Ridge" (Tierkreisrücken) nennen, wird aus Angst vor Wandalismus geheimgehalten. Ihre Untersuchungen ergaben, daß der Steinkreis Sonnen- und Mondereignisse genau anzeigen konnte; und das Volksgut regionaler Indianerstämme spricht von „Sternpriestern", die diese Anlage für astronomische Zwecke verwendeten. Wenn diese frühen Berichte stimmen, dann ist dies die beste Verbindung von Überlieferung und der Verwendung einer bestimmten Stelle für einen festgelegten Zweck, die bisher irgendwo auf der Welt festgestellt wurde.

Amerika besitzt viele alte und faszinierende Baustrukturen, wie etwa in den Rockies die Kreise aus relativ kleinen Steinen, die man „Medizinräder" nennt (zumindest einer von ihnen weist eine ähnliche Geometrie wie der britische Steinkreis „Barbrook II" in Leicestershire auf), und die Tafeln, die von den Anasazi-Indianern im Chaco Canyon in New Mexico errichtet wurden. Die These, daß es in Amerika megalithische Kulturen oder gar zwischen der Alten und der Neuen Welt prähistorische Kontakte gab, ist für orthodoxe Wissenschaftler undenkbar. Aber mit dem Fortschreiten der megalithischen Forschung wird man diese Ideen ernstnehmen müssen.

Die „balancierenden Steine" (rechts), Teil einer Gruppe von Megalithen gleich außerhalb von Salisbury, Zimbabwe, und die Megalithen von Msoura in Marokko (unten). In ganz Afrika werden immer wieder aufsehenerregende stehende Steine entdeckt. Vielleicht ist doch etwas an der alten Geschichte, daß Stonehenge von einem Riesengeschlecht „aus den entlegensten Gegenden Afrikas" nach England gebracht wurde. Die meisten Experten glauben zumindest, daß die Megalithenbauer nach Norden und Osten zogen, durch Spanien ins übrige Europa.

Unten:
Ein stehender Stein in South Woodstock, Vermont. Die Megalithen scheinen nach einem astronomischen Plan angeordnet zu sein.

Die heiligen Schlangen von Amerika

Die Urlandschaft Nordamerikas war reich an Erdhügeln, welche die Form von Vögeln und anderen Tieren hatten.

Als die europäischen Siedler durch die weiten Ebenen, Wälder und Flußtäler von Zentralnordamerika nach Westen vordrangen, stießen sie immer wieder auf Zeugnisse einer mächtigen, volkreichen Zivilisation, die aber bereits schon untergegangen war. Vor allem auf der Hochebene zwischen den großen Flüssen Mississippi, Miami und Ohio fanden sich Relikte riesiger alter Werke in Form von Erdhügeln, Deichen und Einfriedungen, die sich oft über Tausende von Morgen Land erstreckten. Außerdem gab es riesige künstliche Hügel, wie etwa der bei St. Louis, auf dem einst ein Tempel gestanden hatte. Einer von ihnen in der Nähe von Natchez wurde damals noch von Indianern bewohnt. Von dem Bergtempel aus regierte ein geweihter König, dem magische Kräfte zugeschrieben wurden; diese konnten nur dadurch bewahrt werden, daß er mit Hilfe seiner Diener nie mit der Erde in Berührung kam.

Am seltsamsten von den uralten Monumenten in Nordamerika waren diejenigen, die Siedler im frühen 19. Jahrhundert vorfanden, als sie in die Indianergebiete am Mississippi und weiter westlich vordrangen. Diese Denkmäler bestanden aus niedrigen Erdhügeln, die wie riesige Vögel, Menschen, realistische oder mythische Tiere geformt waren. Es kamen aber auch geometrische und andere Formen vor, deren Bedeutung unklar war. Die meisten dieser großen Erdskulpturen wurden an den Flüssen von Wisconsin entdeckt, andere in Iowa und Illinois, im Süden bis nach Georgia. Die heute noch vorhandenen liegen meist auf Hochebenen und dehnen sich über ein relativ großes Gebiet aus.

Seltsamerweise kann man vom Boden aus die Figuren nur schwer erkennen, und eine

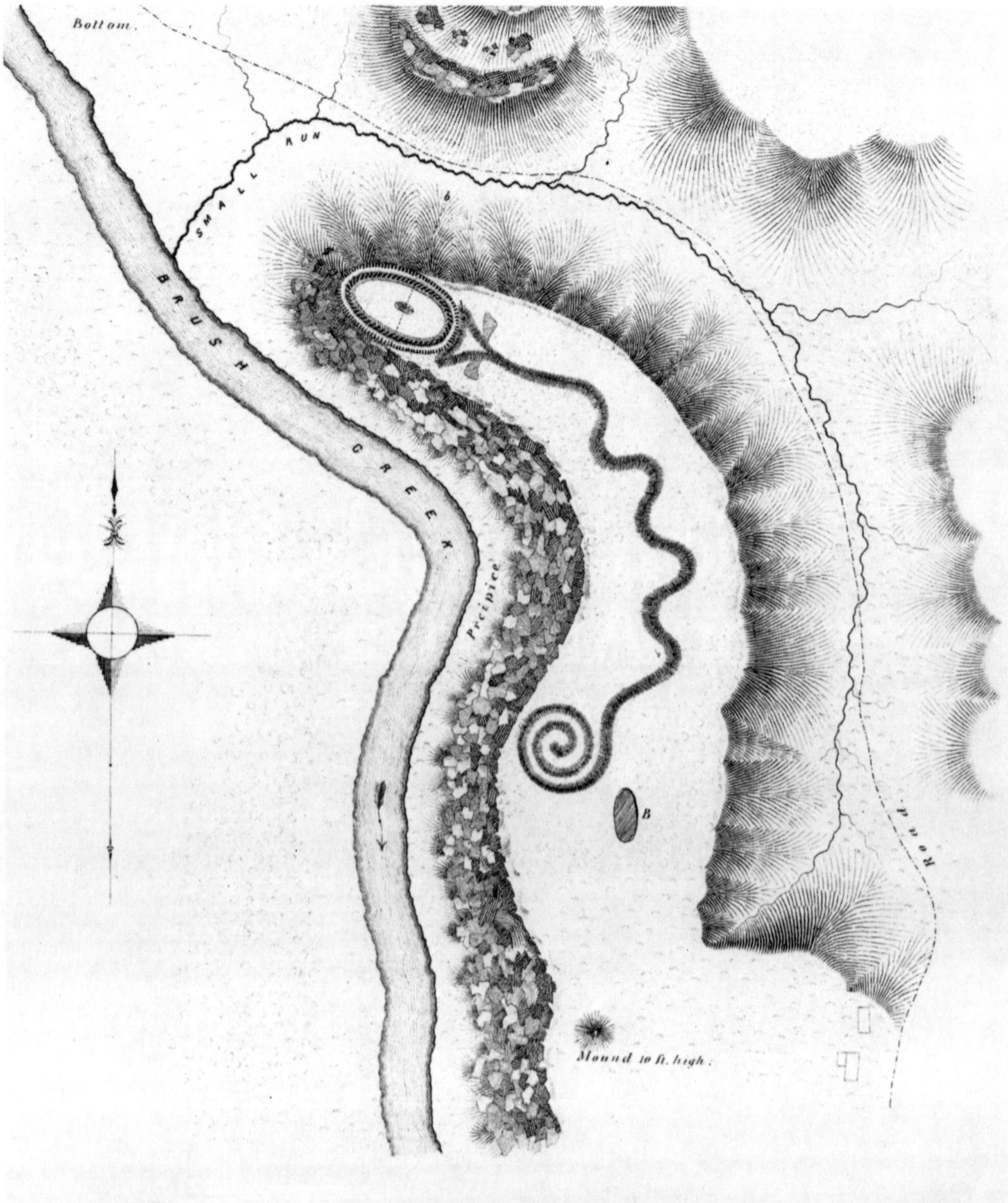

Vorhergehende Seite:
Der Schlangen-Erdhügel in Adams County, Ohio, das berühmteste der alten indianischen Erdwerke in Nordamerika. Es wird vermutet, daß das Motiv der ein Ei verschlingenden Schlange ein astronomisches Ereignis darstellt, das religiöse Bedeutung hatte.

Eine frühe Übersicht der Ohio-Schlange (links), angefertigt von den amerikanischen Archäologen Edwin Hamilton Davis (unten) und Ephraim George Squier (ganz unten). Die Schlangenform kann eigentlich nur aus der Luft richtig wahrgenommen werden; die Zeichnung von Davis und Squier beruht auf sorgfältigen Bodenvermessungen.

ganze Gruppe ist nur aus der Luft auszumachen. Und selbst dann ist es nur möglich, viele der Erdfiguren, die sich nicht einmal einen Meter über die Erde erheben, zu bestimmten Tages- oder Jahreszeiten wahrzunehmen, wenn nämlich die Umrisse durch Schatten und Sonnenlicht hervorgehoben werden.

Der erste gedruckte Hinweis auf diese alten Hügel stammt aus dem Jahr 1838. Zehn Jahre später wurden in den bedeutendsten aller amerikanischen Archäologiebücher, *Ancient monuments of the Mississippi valley* (Alte Monumente im Mississippi-Tal) von Squier and Davis, einige Beispiele beschrieben und abgebildet; aber einer größeren Öffentlichkeit sind sie erst 1858 bekannt geworden, als William Pidgeon, ein Kaufmann, der gleichzeitig ein begeisterter Archäologe war und indianische Volkssagen sammelte, sein Buch *Traditions of De-coo-dah* veröffentlichte. Pidgeon war kein Schriftsteller, und so ist sein Buch voller Widersprüche, aber es löste eine Sensation aus.

„Ungeheuerliche und wunderbare Werke“

Nachdem Pidgeon viele Jahre lang zu den Indianern Nord- und Südamerikas gereist war, hatte er eine Handelsniederlassung eröffnet, und zwar an den Mauern von Fort Ancient, einem riesigen Erdhügel oberhalb des Little Miami River in Ohio. Oft kamen Bildungsreisende, um diese „ungeheuerlichen und wunderbaren Werke“ zu bestaunen. Von ihnen erfuhr Pidgeon, daß niemand auch nur die geringste Ahnung hatte, wer die großen Erdwälle erbaut und welchem Zweck sie gedient hatten. Es gab zahllose Theorien, in manchen war von den „untergegangenen Stämmen Israels“ die Rede oder von verschwundenen Riesengeschlechtern. Es existieren tatsächlich Berichte, nach denen bei Ausgrabungen in den Erdhügeln Riesen gefunden worden sein sollen. Aber für nichts liegen Beweise vor, und niemand war bisher auf den Gedanken gekommen, die regionalen Indianer zu befragen. Pidgeon beschloß, die Wahrheit selbst herauszufinden. Er baute sich ein Segelboot und begann 1840, ausgedehnte Inlandfahrten quer durch den amerikanischen Kontinent zu unternehmen, indem er bis nach Wisconsin hinaufreiste und sich in die Indianergebiete der Winnebagos und Sioux begab. Unterwegs trieb er Handel und suchte nach antiken Gegenständen.

Pidgeon fuhr durch eine uralte amerikanische Landschaft, die seither niemand mehr gesehen hat, weil ein Großteil der Monumente und Erdwälle durch Siedlungen zerstört wurde. Viele Bilderhügelgruppen fielen der Spitzhacke zum Opfer als Madison, Milwaukee und andere Städte gebaut wurden. Manche wurden von Kolonisten dem Erdboden gleichgemacht, weil die Siedler nicht an die Eingeborenen erinnert werden wollten, die sie vertrieben hatten.

Als Pidgeon die alten Werke erblickte, standen sie unter der Aufsicht indianischer Hüter und waren noch intakt. Er sah die Erdskulpturen, die langen Hügelprozessionen aus irdenen Bären, Panthern, Echsen, Schildkröten und riesigen Vögeln und folgte einer Reihe von Erhebungen, die quer durch die Landschaft eine große Schlange bildeten, entdeckte Ketten von Erdwällen, an deren Schnittpunkten sich Tierbilder befanden. Schließlich fand er auch jemanden, der ihm erklären konnte, was sie bedeuteten.

Während Pidgeon alte Erdwälle in der Nähe von Prairie la Crosse am oberen Mississippi untersuchte, zog er die Aufmerksamkeit eines ehrwürdigen indianischen Propheten namens De-coo-dah auf sich. Er stellte sich als Angehöriger der Elch-Nation vor, die Abkommen der Erdhügelbauer, und freute sich, daß Pidgeon den Denkmälern seines Volkes so viel respektvolles Interesse entgegenbrachte. Völlig entwaffnet war er, als Pidgeon seine Archäologenschaufel in den Fluß warf und schwor, er werde die heiligen Orte der Indianer nie wieder entweihen. De-coo-dah erklärte sich bereit, ihm von den alten Kunstwerken zu erzählen. Er berichtete von bestimmten Traditionen, während er allerdings ganz offensichtlich viele andere für sich behielt, denn Pidgeons Schilderungen über das, was er erfuhr, ist sehr fragmentarisch und alles andere als klar. Es wird in den De-coo-dah zugeschriebenen Worten zusammengefaßt:

> „Als dieses Land von meinen Vorfahren bewohnt wurde, gab es viel Wild, und man konnte es mühelos jagen; deshalb hatten meine Vorfahren in Friedenszeiten viel Muße, die sie darauf verwendeten, ihre Geschichte mit Figuren auf die Erde zu schreiben ... Die Erdoberfläche ist das Buch des roten Mannes, und jene Hügel und Wälle sind einige seiner Buchstaben."

Die Vorstellung, daß die Bilderhügel und die anderen großen Erdwerke, die man überall in Nordamerika findet, hieroglyphische Überlieferungen sind, ist dazu angetan, die Philologen, die sich mit der Entschlüsselung vergesse-

Unten:
Die Ohio-Schlange, vom Boden aus gesehen. Weil es so schwierig ist, die Form aus dieser Position zu erkennen, entstand die Spekulation, daß die nordamerikanischen Indianer möglicherweise fähig waren, in der Luft zu schweben.

Ganz unten:
Zeichnung eines Künstlers aus dem 19. Jahrhundert. Wiedergabe der Ausgrabung eines indianischen Grabhügels. Die Entweihung ihrer heiligen Stätten war einer der Gründe, weshalb die Indianer den Weißen nicht freundlich gesinnt waren.

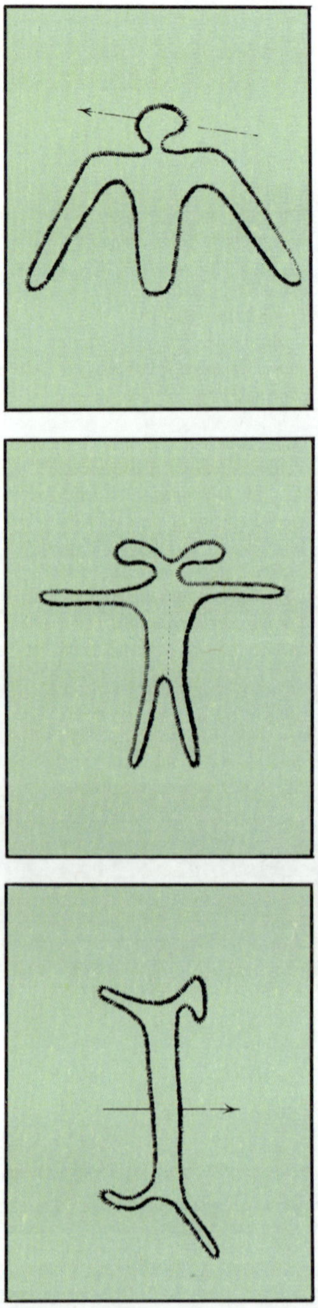

Oben:
Darstellungen alter indianischer Erdarbeiten in Wisconsin. Von den Archäologen E. G. Squier und E. H. Davis in ihrem Buch Ancient monuments of the Mississippi valley *1848 veröffentlicht. Die Formen variieren in der Größe von 50 Zentimentern bis 2 Metern. Heute bestehen nur noch wenige – die meisten wurden von europäischen Siedlern zerstört.*

ner Sprachen beschäftigen, in Aufregung zu versetzen. In dem wissenschaftlichen Bericht von S. F. Haven, *Archeology in the United States*, wird diese These unterstützt. Havens schreibt:

„Die Monumente der Ureinwohner von Wisconsin sind außergewöhnlich und seltsam, sie wirken nicht wie Bauwerke, die irgendeinem religiösen oder gesellschaftlichen Zweck dienen, sondern eher wie hieroglyphische oder symbolische Zeichen. Wenn sie nicht auf der Erdoberfläche angehäuft, sondern auf Felsen und Steine gemalt wären, würde man versuchen, sie wie Dokumente zu lesen. Man würde ihnen größeres Interesse entgegenbringen, weil man annähme, es handle sich um die ‚Totems' von Volksstämmen, wie schon vermutet wurde – vielleicht um Denkmäler für Freundschaften oder Bündnisse, die dort auf den Boden geschrieben wurden, wo feindliche Nationen sich der Sitte entsprechend in Frieden begegneten. Man muß zugeben, daß eine Bilderschrift in so riesigem Maßstab, der ein unabhängiger Staat als Tafel dient, in der Monumentengeschichte ohne Beispiel ist."

Bis heute hat noch niemand die Botschaft der Hügel entschlüsselt, aber es muß eine seltsame Art von Dokument sein, das nur aus der Luft gelesen werden kann, sei es von Göttern oder von Menschen. Unter den Bildern in Wisconsin kommen große Vögel mit Menschenköpfen vor, ähnlich wie die Donnervögel der indianischen Legende oder wie der Garudavogel, der im Osten der Repräsentant des magischen Fluges ist. Und neben den Vögeln gibt es Schlangen, wodurch der alte Symbolismus der universalen Lebensenergie in seinen beiden Aspekten bestärkt wird, der Kraft der Sonne und dem Geist der Erde entsprechend.

Die Schlange und das Ei

Der berühmteste Schlangenhügel ist die Skulptur in Adams County, Ohio. Den Windungen entlang gemessen, hat die Schlange eine Länge von 382 Metern. Ein Aussichtsturm gibt Besuchern die Möglichkeit, einen Überblick über dieses große irdene Reptil zu bekommen, aber als Squir und Davis ihre Vermessung durchführten und William Pidgeon das Monument nach den Anweisungen von De-coo-dah untersuchte, konnten sie nur einen Eindruck davon gewinnen, indem sie den sieben Windungen der Schlange entlang gingen, von dem eng aufgerollten Schwanz bis zum Schlund, der weit geöffnet ist, weil das Reptil gerade dabei ist, ein Ei zu verschlingen. Pidgeon hatte weiter westlich noch andere Schlangenhügel angetroffen und von De-coo-dah erfahren,

„wenn die Reptilienanbeter durch Kriegsereignisse geschwächt waren und sich gezwungen sahen, die Sonne, den Mond und andere Himmelskörper als einzige anbetungswürdige Objekte anzuerkennen, bestatteten sie heimlich ihre Götter in den Symbolen aus Erde, welche die Himmelskörper repräsentieren."

Er legte deshalb das Bild von der Schlange und dem Ei in Ohio als astronomisches Symbol aus. Heute neigt man dazu, ihm zuzustimmen. 1975 verfaßte T. M. Cowan von der Kansas University einen Beitrag zu A. F. Avenis Buch *Archaeastronomy in pre-Columbian America.* Sein Artikel hatte den Titel *Effigy mounds and stellar representation* (Bilderhügel und Sternenrepräsentation) und stellt die These auf, die Bilderhügel und andere alte Erdmonumente seien so angelegt, daß sie der Anordnung der Sterne und ihren Konstellationen entsprachen. In Asien ist es die traditionelle Darstellung

Links:
Erdhügelbauer beim Getreidesammeln. Es wird vermutet, daß die Erdhügel den indianischen Bauern als astronomischer Kalender dienten.

einer Mondfinsternis, daß der Mond von einer Schlange verschluckt wird, und dies ist vielleicht ein Teil der Bedeutung des Hügels in Ohio. Aber die sieben Körperschleifen und der eng gewundene Schwanz stellen nach Cowans Ansicht die sieben Sterne des kleinen Bären dar, sowie die Tatsache, daß diese sich im Verlauf des Jahres um den Polarstern drehen. Die Interpretation scheint, wie er sagt, verlockend groß.

Die Schlange und andere Erdwerke dieser Art wurden vielleicht für astronomische Beobachtungen verwendet und um astrologische Überlieferungen festzuhalten. Aber an ihrer Position ist noch etwas anderes, das nicht so leicht zu erklären ist. Auf den ersten Blick gibt es keinen einleuchtenden Grund, weshalb der Schlangenhügel in Ohio ausgerechnet an der Stelle angelegt wurde, an der er sich befindet. Andere Hügel in der Umgebung sind höher und erlauben eine bessere Aussicht. Es gibt dort größere Flächen, oder die Hügel sind für die Arbeiter, welche die Erde herbeischaffen, leichter zugänglich. Und doch hat der Ort eine spürbare Eigentümlichkeit; es scheint, daß die Schlange diese Eigenart zum Ausdruck bringen soll. Sie ist das uralte Symbol des Erdgeistes: des Lebensstroms, der die Erde zu einer lebendigen Kreatur macht, deren magnetische Zentren auf der ganzen Welt mit seltsamen Stimmungen, Spukphänomenen und Geistererscheinungen in Verbindung gebracht werden und die auch zu den geheiligten Stätten der Frühmenschen gehören.

Es gibt viele Geschichten über den großen Schlangenhügel, in denen Einheimische und Besucher von seltsamen Erlebnissen erzählen. Ein Bericht dieser Art, der im wahrsten Sinn des Wortes haarsträubend ist, wurde von dem Soziologieprofessor Robert W. Harner für *Fate*-Magazin geschrieben (Juni 1977). Als Harner an einem klaren, sonnigen Herbsttag alleine auf dem Kopf der Schlange stand, geschah etwas, was in ihm „das kälteste, widerwärtigste, hoffnungsloseste Grauèn, das ich je gespürt hatte", auslöste. Er fühlte so etwas wie die Gegenwart einer bösen Elementarkraft, und während er spürte, daß sie sich auf ihn zu bewegte, sah er ihre Gestalt in Form von herumwirbelnden Blättern. Das Laub hüllten ihn ein, tanzten immer näher an ihn heran, und er merkte, wie er vor Entsetzen das Bewußtsein verlor – plötzlich war der Bann gebrochen. Der Energiewirbel ließ nach, die Blätter hörten auf sich zu bewegen, und Harner ging zu seinem Auto zurück. Er schwor sich, nie wieder zu diesem Hügel zurückzukehren. „Vielleicht", schloß er, „errichteten sie dieses Gebilde auf diesem speziellen Hügel, weil sich dort ganz absonderliche Dinge ereignen."

Oben:
Bilderhügel in der Nähe von McGregor, Iowa. Solche Tierprozessionen waren im vorkolumbianischen Nordamerika weit verbreitet. Die Erdwerke sollen eine religiöse Bedeutung gehabt haben.

Rechts:
Der Campbell-Hügel in der Nähe von Columbus, Ohio. Trotz der Verwüstungen gibt es im Norden der USA noch viele solcher Hügel.

Unten:
William Pidgeon, ein früher Forscher, der die Formen vieler nordamerikanischer Tiererdwerke sah und festhielt, ehe sie von europäischen Siedlern zerstört wurden.

Schlangenbilder

In allen Urzivilisationen Zentralamerikas wurde die Schlange als Symbol des Erdgeistes verehrt. Weshalb wird dem Bild der Schlange auf der ganzen Welt so viel Macht zugeschrieben?

Die spanischen Eroberer, die ersten Europäer, die im frühen 16. Jahrhundert tief in den amerikanischen Kontinent eindrangen, entdeckten dort eine Welt, die völlig neu für sie war. Hier, in Mexiko und in Peru, hatten sich, völlig isoliert vom Rest der Welt, Zivilisationen entwickelt, deren Errungenschaften in der Architektur, Kunst, Astronomie und Mathematik ein Niveau erreicht hatten, das dem zeitgenössischen Stand der Entwicklung in Europa gleichkam und ihn manchmal sogar übertraf. Und doch waren es primitive Gesellschaften, denn sie beruhten auf Ackerbau und waren noch unentwirrbar mit der Natur verbunden, mit der Angst und der Unsicherheit, die durch die Launen der Natur hervorgerufen werden.

Wie die nordamerikanischen Indianer, die in technischer Hinsicht weniger fortgeschritten waren, hatten auch die Mesoamerikaner – die Einwohner Zentralamerikas – Götter des Getreides, der Erde, des Himmels und vor allem der Sonne und des Regens. Und wie die Menschen, welche die Ohio-Schlange und andere Erdwerke dieser Art schufen, konnten auch sie den Himmel „lesen" und astronomische Beobachtungen festhalten. Aber sie empfanden die Naturkräfte trotzdem als geheimnisvoll und ehrfurchterregend und glaubten, man müsse sie dauernd besänftigen. Eine weitere Gemeinsamkeit zwischen den Mesoamerikanern und den nördlichen Stämmen bestand auch, daß sie beide Schlangengötter verehrten und ihrem Glauben durch schlangenförmige Symbole Ausdruck gaben.

Eine Wand voll furchterregender Masken

Der größte Schlangengott, Quetzalcoatl, die Gefiederte oder Schöne Schlange, war eine Eigenheit Mesoamerikas. Komplizierte, dauerhafte architektonische Werke und eine hochentwickelte Kunstform ermöglichten es den Mesoamerikanern, ihre Symbole zu stilisieren und sie über die einfacheren Formen hinaus zu entwickeln, die ihre nördlichen Nachbarn verwendeten. Schlangenmotive sind in Mesoamerika sogar derart verbreitet, daß man beim Besuch der bedeutenden archäologischen Anlagen das Gefühl hat, man würde fast hinter jeder Ecke auf eine Schlange stoßen.

Der Eingang zum Tempel der Krieger in Chichen Itzá auf der mexikanischen Halbinsel Yucatán wird von zwei fetten Klapperschlangen flankiert. Gewundene Schlangenkörper stützen die Wand des Tempels des Quetzalcoatl in Teotihuacan am Rand von Mexiko City: Von der Wand kommen dem Besucher große geöffnete Schlangenmäuler entgegen, teilweise mit furchterregenden Masken. Eine Schlange bildet den Tempeleingang bei Chenes im nördlichen Campeche, und die Fassaden dort sind reich mit Himmelsschlangenmasken verziert. Ähnlich sah früher der Eingang des großartigen Zwillingspyramidentempels aus, der das Kennzeichen von Tenochtitlan, der Hauptstadt der Azteken, war.

Das Schlangenelement war seit frühester Zeit charakteristisch für die zentralamerikanischen Kulturen. Eine behelmte Schlange war eine der olmekischen Gottheiten, die früheste der bekannten Zivilisationen in Amerika: sie geht bis etwa 1500 vor Christus zurück. Zusammen mit dem seltsamen Motiv eines Menschenkopfes, der aus dem Rachen einer Schlange herauskommt, wurde auch dieses Motiv in späteren Kulturen beibehalten, zu denen die Maya und die Zapoteken gehören. Bei den Azteken, die sich 1325 auf einer kleinen Insel am Texoco-See im Tal vom Mexiko nie-

Unten:
Quetzalcoatl, der große „Schlangengott" Zentralamerikas. Diese Toltekenfigur, die mit Muschelmosaik belegt ist, zeigt den Gott, wie er der Tradition gemäß dargestellt wird: Er kommt aus dem Rachen einer Schlange, welche die Erde verkörpert.

Links:
Die Gefiederte Schlange, das Wahrzeichen des Gottes Quetzalcoatl. Sie steigt zwischen den Symbolen zweier Jahre hinunter. Das Bild stellt möglicherweise den Morgenstern dar, wie er vom Himmel kommt, um der aufgehenden Sonne zu begegnen.

Unten links:
Der Eingang zum Tempel der Krieger in Chichen Itzá im Yucatán. Das Tor wird von zwei riesigen Klapperschlangen flankiert, die von den Azteken verehrt wurden.

Unten:
Eine toltekische Steinskulptur, die Quetzalcoatl als Morgenstern zeigt, wie er aus dem Schlund einer stilisierten Schlange auftaucht.

derließen, wurden zwei ihrer drei Erdgöttinnen in Schlangengestalt dargestellt. Eine davon war Chicomecoatl (Sieben Schlangen), Geist der Erde und Herrin der Fruchtbarkeit. Die andere, Coatlicue, galt als die Erdmutter. Ihre schaurige Statue, die 2,4 Meter hoch ist, wurde 1824 in Mexico City unter dem Kathedralenplatz entdeckt. Sie gehört zu den monströsesten und erschreckendsten Statuen, die je geschaffen wurden. Das Haupt besteht aus zwei Klapperschlangenköpfen, auf ihrem Rock winden sich überall Schlangen, und Reptilien dienen auch als Epauletten auf den Schultern.

Die Azteken brachten Klapperschlangen besondere Ehrfurcht entgegen und glaubten, daß

jemand, der von ihnen gebissen wurde, von den Göttern berührt worden sei. Die ruckartige Bewegung des Kopfes, die dadurch entsteht, daß das Gift den Rückgratsnerv angreift, schien für sie ein Zeichen dafür zu sein, daß ein Geist sich dieses Menschen bemächtigt habe.

Aber nirgends wurde das Abbild der Schlange so häufig verwendet wie bei den Maya. Sie stellten sich die Erde als den Rücken eines Krokodils vor, das in einem Wasserlilienteich schwimmt. Der Himmel war für sie eine doppelköpfige Schlange. Diese symbolisierte die kostbarste Flüssigkeit des dürren Yucatán, wo sie lebten – das Regenwasser. Zu den Schlangensymbolen, die in den „heiligen gemalten Büchern" der Maya auftauchen, gehört eine rote, von einem Pfeil durchbohrte Schlange, die Trockenheit und Hungersnot darstellt; eine Schlange wurde als Bildbuchstabe für die Sonne benutzt, und eine schlangenartige Hieroglyphe stand für *Nohoch Ek* oder den Planeten Venus. Leider ist das Beweismaterial der gemalten Bücher nur sehr bruchstückhaft, weil viele nach der spanischen Eroberung zerstört wurden und die Maya-Hieroglyphen bis heute nicht vollkommen entschlüsselt sind. Die Hauptbelege sind also archäologischer Art, und der mexikanische Maya-Kenner José Diaz-Bolio ist der Ansicht, daß die Klapperschlange, die nur auf dem amerikanischen Kontinent auftritt, im alten Yucatán quasi ein Motivmonopol innehatte.

Dieses Thema ist, so behauptet Bolio, in den Maya-Bauwerken in Uxmal und Palenque zu finden, wo die Torbogen aus stilisierten Versionen von Klapperschlangen in verschiedenen Posen bestehen. Die Maya-Pyramide soll dem Muster auf der „canamayte", der Rassel der Klapperschlange, nachempfunden sein. Die offenen Federschwänze der Schlangen in Chichen Itzá stellten die beiden Sonnwenden dar,

Der weiße Gott kehrt zurück

Ehe der mexikanische Gott und Volksheld Quetzalcoatl mit seinem Boot dem Sonnenaufgang entgegensegelte und von Flammen verzehrt wurde, versprach er, er werde eines Tages zurückkehren, seinen Rivalen Tezcatlipoca absetzen und Mexiko wieder für sich beanspruchen. Der Weissagung zufolge sollte diese Rückkehr stattfinden, wenn das Jahr „Ce Acatl" (Ein Schilfrohr), das Quetzalcoatl gewidmet war, wieder auf dem Kalender auftaucht. Dieser Zeitpunkt war im westlichen Kalender das Jahr 1519 – und genau damals fuhr Hernando Cortéz auf der Suche nach Gold von Spanisch Kuba los und landete in Mexiko. Montezuma, der aztekische Herrscher, scheint Cortéz für den zurückkehrenden Gott gehalten zu haben; deshalb leistete er den Eindringlingen keinen bewaffneten Widerstand. Das grauenhafte Ergebnis erschien den Azteken als die Erfüllung der Prophezeiung. Cortéz-Quetzalcoatl kam aus dem Osten nach Mexiko; er war puritanisch schwarz gekleidet und entsetzt über die Menschenopfer. Außerdem trug er ein Kreuz, eines der Symbole des Gottes. Cortéz konnte Tenochtitlan 1521 mit einigen hundert Spaniern einnehmen, während die Zahl der Gegner mehrere Tausend betrug. Mexiko wurde daraufhin eine Kolonie des Neuen Spaniens und blieb es bis 1821. Es kommt der Verdacht auf, daß die spanischen Mönche und Geschichtsschreiber, die unsere Hauptinformationsquelle sind, die Legende zurechtgestutzt haben, damit sie den Ereignissen entsprach und die spanische Eroberung rechtfertigte. Es wäre nicht schwierig für sie gewesen, Quetzalcoatl mit ihrem Erlöser Christus gleichzusetzen, zumal die Mexikaner wahrscheinlich glaubten, die Gefiederte Schlange sei das Produkt einer Jungfrauengeburt. Es bleibt eine Ermessensfrage, ob die spanischen Eroberer mit ihrer Arroganz und ihrem glühenden Kreuzfahrereifer es wirklich für nötig gehalten hätten, ihre Aktionen so umständlich zu rechtfertigen. Zeigen also die christusähnlichen Attribute des Quetzalcoatl den Einfluß längst vergessener christlicher Missionare in Mexiko? Oder war der größte Verwechslungsfall, der uns in der Geschichte bekannt ist, gleichzeitig auch ein reiner Zufall, der nicht zu erklären ist?

Oben:
Hernando Cortéz erobert 1521 die Aztekenstadt Tenochtitlan. Diese Darstellung eines zeitgenössischen Malers übertreibt die Zahl der spanischen Soldaten ganz ungemein – in Wirklichkeit konnte Cortéz mit nur ein paar hundert Spaniern eine Stadt mit Tausenden von Azteken unterwerfen.

die Klapperschnur geht als Symbol der Nachtgleiche durch das Zentrum. In Zama-Tulum an der Ostküste des Yucatán verkörpern zwei Klapperschlangen mit gesenktem Kopf die untergehende Sonne, die am Horizont verschwindet; die in entgegengesetzte Richtung zeigenden Schwänze symbolisieren den täglichen Weg der Sonne über den Himmel. Bolio entdeckte 1942 in Chichen Itzá Beweise für seine Theorie und kommt zu dem Schluß, daß die Klapperschlange das komplexeste Symbol in der Geschichte der Weltreligionen sei.

Der Schlangengott

Zu diesem Symbolismus gehört auch die „Gefiederte Schlange", die für den weithin verehrten Volkshelden und Götterkönig Quetzalcoatl steht. Der Name bedeutet Schlange *(coatl)*, geschmückt mit den herrlichen Federn des *quetzal*-Vogels. Dieser ist ein wunderschönes, inzwischen selten gewordenes Tier, das man im Südosten Mexikos und in Guatemala finden kann. Professor Cottie Burland weist allerdings darauf hin, daß man Quetzalcoatl nicht im engen Sinn mit der Gefiederten Schlange gleichsetzen sollte, sondern mit dem Gott, der sich aus der Schlange erhebt. Eine Kalksteinskulptur, die sich heute im National Museum in Mexico City befindet, zeigt Quetzalcoatl, wie er sich beim Sonnenuntergang in das Maul der Schlange zurückzieht. Im Britischen Museum ist eine Statue aus Jade ausgestellt, die ihn bei der gegenteiligen Handlung zeigt: Er taucht aus dem Schlund der Schlange auf, wie die Sonne bei der Morgendämmerung.

Oben:
Die Hexengöttin Tlazolteotl, eine Assistentin von Tezcatlipoca, verführte Quetzalcoatl; er schämte sich danach derart, daß er sich freiwillig ins Exil begab.

Als Volksheld und Gott war Quetzalcoatl bei den alten Mexikanern letztlich für den ganzen Bereich der Natur und des menschlichen Lebens zuständig. Er war der Herr der Winde und der Gott des Frühlings, des Wachstums, der Zauberkräuter, der Gott der Zeit und des Jahres, des Wassers und der kleinen Wellen an der Wasseroberfläche. Was aber vielleicht noch wichtiger ist: Er war Venus, der Morgenstern – für die alten Mexikaner der beglükkendste Anblick am Himmel, weil die Venus ankündigte, daß die Sonne zur Erde zurückkehrt und das schreckliche Grauen der Nacht vorüber ist.

Quetzalcoatl wurde auch mit dem Geist der Buße identifiziert, mit Heilkunst, Lernen und

Dichtung. Er war der Friedensbringer, der „Atem des Lebens", der Schöpfer des göttlichen Königtums und der Gegner des Blutopfers, des finstersten Aspekts der religiösen Rituale im alten Mexiko. Für eine Religion, in der Sex und Gewalt eine so wichtige Rolle spielten, ist es erstaunlich, daß Quetzalcoatl frauenlos war, ein priesterlicher Asket, in puritanisch schwarzer Kleidung, ganz im Gegensatz zu den leuchtenden, wilden Farben, in denen andere mexikanische Götter dargestellt wurden.

Der Gesichtspunkt des Gott-Königs bei Quetzalcoatl hatte für die Azteken sehr große Bedeutung. Sie stellten als vorherrschende Macht in Mexiko die Nachfolger der Tolteken dar. Quetzalcoatl war dem eigentlichen Schutzgott der Azteken, dem Huitzilopochtli, dem Sonnen- und Kriegsgott, so gut wie gleichgeordnet. Dadurch war in das spirituelle Leben der Azteken eine verhängnisvolle Zweiteilung eingebaut. Denn Huitzilopochtli war eine Seite des bösen und gefährlichen Demiurgen Tezcatlipoca, des Herrn des Schicksals, dessen Name so viel wie „rauchender Spiegel" bedeutet. Und Tezcatlipoca und Quetzalcoatl galten als die klassischen Rivalen in der mexikanischen Kosmologie.

Untergang durch eine Katastrophe

Die Legende berichtet, daß die moralisch reine Gefiederte Schlange durch einen Trank berauscht wurde, den ihm die Hexengöttin Tlazolteotl gereicht hatte. Sie arbeitete für Tezcatlipoca; und nachdem sie den betrunkenen Gott verführt hatte, schämte dieser sich so, daß er Mexiko verließ und ins Exil ging. Er stieg auf ein Floß aus Schlangenhaut und segelte von der Küste bei Tabasco los, der aufgehenden Sonne entgegen, wo sein Gefährt von der glühenden Hitze zerstört wurde. Es ist verblüffend, daß man dieses Ereignis zeitlich genau fixieren kann. Im *Teoamoxtli*, dem heiligen gemalten Buch der Azteken, das sich heute in Wien befindet, ist die Abfahrt des Quetzalcoatl als Sonnenfinsternis dargestellt, bei der auch der Planet Venus ganz in der Nähe zu sehen ist. Daß die Sonne und der Morgenstern so nahe nebeneinanderstehen, ist derart selten, daß das Königliche Observatorium in Greenwich den Zeitpunkt dieses Ereignisses auf den 16. Juli 750 nach Christus festlegen konnte.

Seltsamerweise war in der aztekischen Mythologie der gefährliche Tezcatlipoca der Schöpfer der Welt, nicht der reine und wohltätige Quetzalcoatl. Danach gab es, ehe die Erde erschaffen wurde, nur weite Urgewässer, in denen der bösartige, unberechenbare Erdgeist lebte. Aber Tezcatlipoca brachte dieses Wesen dazu, an die Oberfläche zu kommen, indem er seinen Fuß als Köder benutzte. Der Erdgeist biß ihm den Fuß ab, aber Tezcatlipoca riß dem Geist dafür den Unterkiefer heraus. So konnte er nicht zu den Tiefen zurückkehren, wo er lebte. Stattdessen schwamm er an der Oberfläche, und sein Rücken wurde zur Erdoberfläche.

Oben: *Der Hinterkopf des Gottes Xipe Totec, ein Aspekt des Demiurgen Tezcatlipoca. Man kann das Hauptsymbol des Tezcatlipoca erkennen, den rauchenden Spiegel: Aus einem runden Spiegel kommen Rauch und eine Flammenzunge.*

Unten:
Tezcatlipoca überlistet das Erdungeheuer, an die Meeresoberfläche zu kommen, indem er seinen Fuß als Köder benutzt. Die Azteken glaubten, daß sie auf dem Rücken eines Alligatorungeheuers lebten, das den drachenformigen Erdgeistern gleicht, die in anderen Kulturen auftauchen, allerdings ohne deren Flügel.

Sowohl die Azteken als auch die Maya glaubten, der Erdgeist sei ein krokodilartiges Wesen; die nordamerikanischen Indianer haben die Schlange für heilig gehalten und an Orten, wo der Erdgeist besonders stark ist, schlangenförmige Erdhügel erbaut (das erstaunlichste Beispiel ist das Erdwerk in Ohio). In China wurde der Erdgeist als Drache dargestellt, und die Kaiser erbauten ihre Paläste seinem Pfad entlang. In England verbinden *ley*-Linien, die den Energieadern in der Erde folgen sollten, alte Heiligtümer miteinander, welche oft mit dem Drachensymbol in Zusammenhang gebracht werden.

Alligator, Drache, Schlange – in Ländern, die so weit voneinander entfernt sind wie China, der amerikanische Kontinent und England, wird das Abbild dieser schlangenartigen Wesen mit der launischen und Leben schenkenden Kraft der Erde verbunden. Die Schlange ist eines der ältesten und verbreitetsten Symbole, das der Mensch geschaffen hat; es findet sich in fast allen Religionen und Mythologien der Welt und taucht immer als Doppelaspekt von Gut und Böse auf. Warum hat das Schlangensymbol eine solche Durchsetzungskraft? Ist es nur eine mythische Schöpfung der menschlichen Vorstellungskraft – oder gibt es vielleicht eine Entsprechung dazu in der physischen Realität?

Skizzenbuch der Götter

Das peruanische Luftvermessungsteam traute 1927 seinen Augen kaum. Unter ihnen befand sich ein riesenhafter zweidimensionaler Zoo, der die Wüste bedeckte, so weit das Auge reichte: die Linien von Nazca.

Unter den vielen archäologischen Geheimnissen Südamerikas gibt es keines, das die Wüstenzeichnungen von Nazca in Peru übertreffen würde. Schon allein das Ausmaß, die optische Schönheit und das Mysterium dieser Linien fasziniert seit ihrer Entdeckung Archäologen und Abenteurer gleichermaßen. Sie sind zwar so alt wie Stonehenge, aber sie blieben der Allgemeinheit unbekannt, bis Toribio Mexta Xesspe, ein Mitglied des peruanischen Luftvermessungsteams, sie im Jahr 1927 überflog. Ehe sie entdeckt werden konnten, mußte zuerst das Flugzeug erfunden werden – denn sie können nur aus der Luft gesehen werden.

Oben:
Die Wüstenzeichnungen von Nazca, markiert durch das Symbol des riesigen Kondors, eine der eindrucksvollsten Figuren der Wüste.

Karte:
Die Lage von Nazca im Verhältnis zum Rest Südamerikas.

Links:
Toribio Mexta Xesspe, der Entdecker der Linien.

Auch heute noch ist es ein sehr eindrucksvoller und ehrfurchterregender Anblick, wenn man diese Linien von oben aus sieht, obwohl sie inzwischen ja sehr bekannt sind. Die kahle Hochebene von Nazca, die sich über 500 Quadratkilometer erstreckt, ist bedeckt mit wunderschönen Zeichnungen von Vögeln und anderen Tieren, Kolibris, deren Flügelspannweite 60 Meter beträgt, ferner riesigen Spinnen, einem Fuchs und einem Walfisch. Außerdem gibt es mehr als 100 Spiralen, sternförmige Liniengruppierungen, elegante, sich verjüngende Dreiecke und über 13 000 gerade Linien.

Aber vom Boden aus sind sie alle unsichtbar. Die „Panamerika-Straße" wurde sogar durch diese Linien gebaut, und niemand bemerkte ihr Vorhandensein. Das einzige, was man von den Linien sehen kann, sind flache Vertiefungen, wo die Oberfläche weggekratzt wurde und die darunter liegende gelbe Erde hervorkommt. Aber aus der Luftperspektive stellen sie sich als leuchtend gelbe Umrisse eines „Wüstenzoos" heraus.

Von der Luft aus gesehen – und dafür waren sie zweifellos geplant –, vermitteln die Nazcalinien den Eindruck, daß sie irgendeine wichtige Botschaft oder eine Geheimschrift enthalten. Manche, die über die Linien geflogen sind, stufen die gigantischen Pfeilen, Linien und ab-

Oben:
Die Kathedrale von Cuzco, die im 17. Jahrhundert auf dem Fundament eines Inkatempels für den Gott der Schöpfung erbaut wurde. Nach Ansicht des Astronomen Rolf Müller, der in den 30er Jahren arbeitete, verstanden die Inkas einiges von Astronomie und errichteten oft ihre Tempel in Übereinstimmung mit dem Stand der Sonne bei der Sonnwende. Müllers Arbeit über prähistorische Astronomie inspirierte Maria Reiche dazu, in Nazca nach ähnlichen Ausrichtungen zu suchen.

geräumten Stellen als Flugplätze ein – aber doch bestimmt nicht als *prähistorische?*

Erich von Däniken behauptet, die Linien von Nazca hätten vorgeschichtlichen Astronauten als Landebahnen gedient, aber Raumschiffe, die angeblich vertikal landeten und starteten, hätten keine derart riesigen Landeplätze gebraucht, außerdem ist der Boden in dieser Gegend so weich, daß ein größeres Fahrzeug dort nicht hätte landen können und die Raumschiffe vermutlich verunglückt wären, weil die Pfeile oft auf Bergabhänge deuteten. Wenn also die Nazca-Linien nicht dazu dienten, Raumschiffen bei der Landung behilflich zu sein, wozu wurden sie dann geschaffen?

Die beiden Forscher, die viele hilfreiche Hinweise entdeckt haben, sind der inzwischen verstorbene Professor Paul Kosok von der Long Island University und die deutsche Astronomin Maria Reiche. Sie widmet sich seit 40 Jahren den Geheimnissen von Nazca, und diese Hingabe hat ihr den liebevollen Spitznamen „Nazcas Hausarchäologin" eingebracht.

Professor Kosok untersuchte zwölf Jahre nach ihrer Entdeckung als erster systematisch die Linien. An einem Abend im Jahr 1940 beobachtete er, daß die Sonne genau am Ende einer der Linien unterging. Es war der 22. Juni, die Sommersonnwende in der südlichen Hemisphäre. Dies bestätigte seine Theorie, daß die Linien astronomische Konstellationen markierten – sie also, um mit seinen Worten zu reden, „das größte Astronomiebuch der Welt" seien.

Maria Reiche war die Idee einer prähistorischen Astronomie nicht fremd. Während sie vor dem Zweiten Weltkrieg in Cuzco (der alten Inkastadt in Peru) als Erzieherin arbeitete, hatte sie von den Arbeiten ihres deutschen Kollegen Rolf Müller erfahren. Er hatte die Möglichkeit erörtert, daß zwischen der Kathedrale in Cuzco (die auf den Fundamenten des Tempels des Schöpfergottes erbaut ist) und dem Sonnentempel der Inkas eine Verbindungslinie bestünde. Also hatten die Inkas wahrscheinlich ihre Gebäude so geplant, daß sie auf die Sonnwende ausgerichtet waren.

Nach dem Krieg kehrte Maria Reiche nach Südamerika zurück, um mit Paul Kosok in Nazca zu arbeiten. Ein Großteil ihrer Tätigkeit hatte sehr praktischen Charakter, beispielsweise säuberten sie die Linien, indem sie mit schweren Stiefeln den Linien entlang schlurften oder große, an einem Seil befestigte Steine hinter sich herzogen. Außerdem reinigte Maria Reiche die Linien und Figuren mit dem Besen, um sie fürs Fotografieren aufzupolieren.

Kosok trat in den Ruhestand, zog sich zurück und starb 1959. Maria Reiche setzte ihre Untersuchungen in der Wüste fort. Zuerst wohnte sie in dem einzigen, armseligen Hotel Nazcas. Als sie dann in der Gegend besser bekannt wurde, bekam sie eine Unterkunft in den Bauerngehöften in der Nähe des Dorfes Ingenio angeboten, nicht weit von der größten Ansammlung von Linien und Mustern entfernt.

Fast 40 Jahre lebte die Einzelgängerin in der Nähe des „Geheimnis der Wüste" (so lautet der Titel ihres Buches über Nazca). Und obwohl viele ihrer ursprünglichen Ideen modifiziert wurden, ist sie letztlich immer noch der festen Überzeugung, daß es sich bei den Linien um einen riesigen Kalender handelt. Die Bewohner von Nazca waren ihrer Ansicht nach vor allem Bauern, die die richtige Jahreszeit für das Säen und Ernten berechnen mußten. Eine Linie, die genau auf die Stelle ausgerichtet ist, an der ein Stern oder heller Planet aufgeht, würde als wichtiger Hinweis dienen. Manche Linien markierten vielleicht sogar an einem Ende den Ort, an der ein Stern auf, und am entgegengesetzten Ende die Stelle, an der ein anderer unterging.

Maria Reiche hat beobachtet, daß viele dieser schnurgeraden Linien, von denen manche über 40 Kilometer lang sind, nur etwa 2 Grad voneinander abweichen, obwohl sie sich in völlig verschiedenen Teilen der Wüste befinden. Dies scheint ein Beleg zu sein, daß sie auf die Sonne, auf den Mond oder auf bestimmte Sterne ausgerichtet waren.

Kritiker wendeten ein, daß nur einige der Linien diese Ausrichtung haben; aber diejenigen, bei denen es der Fall ist, sind zweifellos ausgesprochen wichtig. Möglicherweise gibt es viel mehr Richtlinien in diesem Muster, von denen wir bis jetzt noch keine Ahnung haben.

Aber ganz abgesehen vom Sinn und Zweck dieser Linien – ihre Präzision und Schönheit sind ein Beweis dafür, daß es sich um eine kultivierte und ästhetisch hochentwickelte Zivilisation handelte. Maria Reiche verweist auf noch andere Fakten, die das bestätigen. Die wunderschönen, elegant geschmiedeten Goldgegenstände, die fein gewobenen Stoffe und die Tongefäße, die in den aufrechten Gräbern in der Nazca-Wüste gefunden wurden, sind Zeichen einer differenzierten Kultur. Aber Nazca ist nicht einmalig – auch nicht für Südamerika.

Ganz oben:
Professor Paul Kosok. Er glaubte, daß es eine astronomische Erklärung für die Linien gibt.

Oben:
Maria Reiche. Sie widmete ihr Leben den Nazca-Linien.

Andere Anlagen weisen klare Ähnlichkeiten auf. Linien, kahlgeschlagene Stellen und Figuren wurden in einer Entfernung von bis zu 950 Kilometern gefunden. Und sogar noch in den entlegeneren Teilen Südamerikas, gibt es enorme Linien, die in die Oberfläche der Wüste eingraviert sind.

Haben diese Linienzentren in irgendeiner Weise etwas miteinander zu tun? Vielleicht sind sie durch *ley*-Linien miteinander verbunden oder durch unsichtbare Kanäle elektromagnetischer Energie, die unter der Erde verlaufen und auf welche die Menschen des Altertums angeblich die Pyramiden, Stonehenge und andere „magischen" Monumente gebaut haben.

Aber es können auch andere, nüchternere Zusammenhänge hergestellt werden. Als Maria Reiche 1976 gebeten wurde, die Nazca-Linien in der Reihenfolge ihrer Bedeutung aufzulisten, nannte sie an erster Stelle die geraden Linien. Obwohl die meisten Menschen von den Tierdarstellungen am stärksten beein-

druckt sind, besteht sie darauf, daß die Linien, weil sie so gerade sind, eine ganz besondere Faszination haben: Sie verlaufen, ohne abzuweichen, durch sehr unwegsames Terrain, manchmal durch dichte Vegetation, über Hügel und durch ausgetrocknete Schluchten, die oft Hunderte von Metern breit sind. Aber wenn nur manche von ihnen astronomische Markierungspunkte vermuten lassen, weshalb sind sie dann so gerade, so zielgerichtet? Immer wieder kommt man bei Nazca so nahe an die Lösung des *Warum* heran, und dann entgleitet sie wieder. Aber vielleicht ist wenigstens das *Wie* nicht ganz so rätselhaft, dank Maria Reiche und ihrer jahrelangen, unermüdlichen Forschungsarbeit.

Als sie 1946 das erste Mal nach Nazca kam, wurde ihr erzählt, daß sich früher, zu einer Zeit, die noch in der Erinnerung lebendig war, entlang den Linien in regelmäßigen Abständen Holzpfähle befunden hätten. Dies bedeutete ein Hinweis auf eine Konstruktionsweise, die den begrenzten Mitteln der Erbauer entsprechen würde. Maria Reiche kam zu dem Ergebnis, daß sie Modelle in verkleinertem Maßstab verwendeten und diese Abschnitt für Abschnitt auf den Wüstenboden übertrugen, wobei jeder Pfosten eine Teilstrecke markierte. Sie behauptet, daß sie die ursprünglichen Abschnitte der Linien lokalisieren könne, und kennzeichnete sie mit Holzpflöcken. Die präzisen mathematischen Berechnungen erklärt sie damit, daß ein standardisierter Maßstab verwendet wurde, der vielleicht, wie die biblische Elle, auf durchschnittlichen menschlichen Körpermaßen beruhte.

1976 kam sie nach England, um die dortigen alten Monumente zu besichtigen. Sie suchte nach Hinweisen, welche Methoden die prähistorischen Erbauer verwendeten und welches Maßsystem sie gebrauchten. Die Einheit, die bei der Erbauung von Stonehenge benutzt wurde, war – wie inzwischen weithin angenommen wird – der megalithische Meter, den Dr. Alexander Thom entdeckte. Dieser entspricht etwa 83 Zentimentern, und es sieht so aus, als sei dies die Grundmaßeinheit bei vielen prähistorischen Anlagen in England und in Frankreich.

Wenn Maria Reiches Annahme zutrifft, daß der megalithische Meter von den Schöpfern der Nazca-Linien verwendet wurde, weshalb war diese Maßeinheit in jenen „primitiven“ Zeiten derart weit verbreitet? Und warum haben sich die prähistorischen Gesellschaften auf der einen Seite des Atlantiks dafür entschieden, dauerhafte Monolithen zu errichten, während auf der anderen Seite jene gigantischen Wüstengemälde entstanden, die man nur aus der Luft sehen kann?

Oben:
Das gigantische Spinnenmuster am Rand der Pampa de San José, vermischt mit Dreiecken und geraden Linien.

Links:
Die Flügel eines großen stilisierten Vogels bedecken hier den Wüstenboden, aber für viele Nazca-Forscher werfen die absichtlich geräumten Flächen genau so viele Fragen auf wie die Tierfiguren und die geraden Linien.

Äronauten – und nicht Astronauten?

Kannten die frühen Bewohner von Nazca die Geheimnisse des Fluges? Die Beschreibung eines modernen Experiments zeigt, auf welche Art und Weise die damaligen Menschen sich möglicherweise in die Luft erheben konnten.

Während Maria Reiche durch die Nazca-Wüste wanderte, die rätselhaften Linien vermaß und Tabellen anlegte, schrieb Erich von Däniken, ein ehemaliger Hotelbesitzer aus der Schweiz, einen Bestseller. Ironischerweise war es nicht Maria Reiches aufopferungsvolle Forschungsarbeit, sondern Dänikens Buch *Zurück zu den Sternen,* das die Linien von Nazca über Nacht weltberühmt machte.

Wie die meisten Touristen, die diese Linien besichtigten, war auch Däniken allein schon von den Ausmaßen stark beeindruckt. Die riesigen Tier-„Zeichnungen" und die langen, vollkommen geraden Linien bedecken fast alle flachen Stellen der Wüstenebene in der Gegend um Nazca, ein Gebiet, das sich über mehrere hundert Quadratkilometer erstreckt. Noch faszinierender ist, diese Formen kann man nur richtig sehen, wenn man über sie hinweg fliegt. Die Zeichnungen waren also offensichtlich so geplant, daß man sie aus der Luft betrachten sollte.

Däniken meinte, die Nazca-Wüste ähnele einem Flugplatz. Mehrere Jahre nach der Veröffentlichung von *Zurück zu den Sternen* und nachdem schon einige Millionen Exemplare verkauft worden waren, erläuterte Däniken seine Ideen ausführlich in einer Fernsehsendung des BBC. Er stellte die Hypothese auf, daß die Eingeborenen des alten Nazca möglicherweise die Landung eines Raumschiffes beobachtet hätten. Später scharrten sie kunstvolle Linien in die Wüstenoberfläche, um den Göttern mitzuteilen: „Landet hier – es ist alles für euch vorbereitet".

Oben:
Luftansicht der Pampa de San José, die ein abgeräumtes Gebiet zeigt und konvergierende Linien, die jetzt durch die Spuren von Touristenautos durchkreuzt sind.

Die Sendung zeigte, daß kein normales Fahrzeug mit Rädern, geschweige denn ein Raumschiff, sich auf der weichen Wüstenoberfläche gefahrlos fortbewegen konnte; der Kommentator wies darauf hin, daß die Räder sich in die Erde eingegraben hätten.

Aber die Wüste von Nazca ist nicht nur mit den Linien bedeckt, sondern auch mit den Fahrspuren vieler Autos, und es gibt fotografische Beweise dafür, daß zumindest ein Kleinflugzeug sicher auf der sogenannten „Landebahn" in der Pampa de San José gelandet ist.

Das einleuchtendste Argument gegen die „Flugplatz"-Hypothese stammt allerdings von dem amerikanischen Astronomen Carl Sagan, der ebenfalls in einer Fernsehsendung des BBC darauf hinwies, bei dieser Art von Denken handle es sich um eine Art von Zeitchauvinismus. Mit anderen Worten: Warum sollten Reisende, die technisch so weit entwickelt waren, daß sie Hunderte von Lichtjahren im Weltraum zurücklegen konnten, überhaupt eine Landebahn nötig haben?

Aber auch bei anderen, weniger zweifelhaften Theorien über das Geheimnis von Nazca mangelt es an Beweismaterial. Der amerikanische Geschäftsmann Jim Woodman, Begründer von Air Florida, unternahm einen sehr einfallsreichen Versuch, den Sinn und Zweck dieser Linien und ihre technische Gestaltung zu erklären. Woodman, der von mehreren lateinamerikanischen Regierungen Auszeichnungen für seine Verdienste um den Tourismus erhalten hatte, gewann die Unterstützung der peruanischen Reisegesellschaft ENTURPERU und des britischen Ballonfahrers Julian Nott.

Wie viele Menschen, die über die Linien fliegen, war auch Woodmann beeindruckt von der Tatsache, daß man diese Erdbilder nur aus der Luft wahrnehmen kann. Zusammen mit Julian Nott und einer Gruppe der *International Explorers Society,* die ihre Basis in Miami hat, machte Woodland sich auf, um zu beweisen, daß die frühen Einwohner von Nazca fliegen konnten, und zwar mit primitiven Heißluftballons. Seiner Ansicht nach konnten sie

Rechts:
Jim Woodman und Julian Nott wollten beweisen, daß die frühen Bewohner von Nazca möglicherweise mit primitiven Heißluftballons über die Wüste geflogen sind.

Links:
Woodman und Nott sitzen recht riskant auf der Schilfrohrgondel des „Condor 1". Sie übernahmen den Entwurf von alten Gefäßen aus Nazca, auf denen ein Ballon und eine Gondel abgebildet zu sein schienen.

Unten:
Triumphal erhebt sich im November 1975 „Condor 1" über die Wüste und wirft Ballast ab, um höher fliegen zu können.

man entdeckt hatte. Auf diesen Bildern war – so scheint es wenigstens – eine Kugel zu sehen und etwas, das Woodman für einen Hinweis auf eine stilisierte Gondel hält.

Wenn man annimmt, daß Jim Woodmans Theorie über die frühen Flugunternehmungen der Bewohner von Nazca zutrifft, dann sind die Implikationen geradezu revolutionär, und zwar nicht nur für Nazca, sondern auch für die Geschichte der Luftfahrt. Die offizielle Version des ersten Fluges des Menschen ist schon vorher in Frage gestellt worden. Woodman verweist außerdem darauf, daß Loureno de Gusmao, ein brasilianischer Jesuit, im Jahr 1709 dokumentarisches Beweismaterial für Heißluftballons lieferte – also ein dreiviertel Jahrhundert vor dem berühmten Flug der Montgolfier-Brüder, der am 4. Juni 1783 bei Annonay in Frankreich stattfand. Woodmans experimentelle Archäologie mag zwar die Theorie stützen, daß die Bewohner von Nazca fliegen konnten, aber die These wird von Wissenschaftlern immer noch entschieden abgelehnt.

ihre Linien nur auf diese Art entwerfen und zu schätzen wissen.

Obwohl die Hypothese, daß die Menschen der Frühzeit fliegen konnten, von den führenden Archäologen nie anerkannt wurde, stellte Woodman seine These unter Beweis. Er baute einen Heißluftballon, den er „Condor 1" nannte, und verwendete dafür nur Material, das in der Gegend vorhanden ist. Gesammelte Stoffreste aus alten Gräbern in Nazca zeigten, daß das Gewebe dieser Stoffe, die 1500 Jahre alt waren, fest genug war, um es für eine Ballonkonstruktion zu benutzen.

Die Suche nach großen Stoffstücken, die sich für die Herstellung des Ballons eignen könnten, blieb erfolglos; also mußte das Material von „Condor 1" neu hergestellt werden, aber so, daß es möglichst genau der alten Webtechnik entsprach. Das Ergebnis war ein schwerer und gefährlich poröser Stoff, aber wenn er „geräuchert" wurde, dann verstopften kleine Partikel des Holzfeuers die Poren, wodurch er durchaus brauchbar wurde.

Die Bewohner von Nazca hätten Feuer benötigt, um die Ballons aufzublasen und sie in Gang zu setzen. Woodman fand Steinhaufen, die am Ende mancher Linien oder auf den großen abgeräumten Flächen errichtet waren, und er vermutete, daß sie intensiver Hitze ausgesetzt gewesen waren. Diese Steinhaufen hatten jeweils in der Mitte eine Vertiefung, die von Woodmans Team als „Brennhöhle" bezeichnet wurde. Mike DeBakey, der an dem Condor-Projekt beteiligt war, sah in den „Landebahnen" zeremonielle Bereiche und nahm an, daß die hypothetischen Feuer zu den Ritualen gehörten.

Im November 1975 erhob sich der Ballon dramatisch vom Wüstenboden; Woodman und Nott saßen rittlings auf der aus Schilfrohr gebauten Gondel. Die Idee dafür stammte von Zeichnungen auf Vasenscherben, die Wood-

Das Rätsel der Zeichnungen

Generationen von Indios arbeiteten an den großartigen Wüstenzeichnungen in Nazca, und jede fügte dem Gesamtmuster noch mehr mysteriöse Figuren und Linien hinzu.

Über die peruanische Wüste in der Nähe von Nazca erstreckt sich ein riesenhafter zweidimensionaler Zoo. Zwischen diesen Zeichnungen befinden sich lange, gerade Linien, welche die „Hausarchäologin" Maria Reiche für die wichtigsten Aspekte der Anlage hält. Aber allein die Größe und Schönheit der Tierfiguren und die Verlockung, ihre Bedeutung herauszufinden, hat schließlich Maria Reiches Interesse geweckt.

Genau wie die Linien wurden die Figuren „gezeichnet", und zwar durch Wegscharren der Oberfläche der Wüste, um die darunterliegende leuchtend gelbe Erde aufzudecken. Gerade Linien, Spiralen, Ansammlungen von sternartigen Mustern, gekrönte Menschen und seltsame Formen, die sich nicht eindeutig bestimmen lassen, verzieren die Nazca-Wüste, aber es sind die Tierfiguren, welche vor allem die Aufmerksamkeit auf sich ziehen.

Manche Bilder – wie etwa der riesige Kolibri – sind mehrere hundert Meter lang, während andere wieder recht klein sind. Der „Große Wal" mißt nur ganze 27 Meter. Die Zeichnungen unterscheiden sich nicht nur in der Größe, sondern auch im Stil voneinander. Bestimmte Darstellungen gleichen bekannten Tieren, bei anderen könnte es sich um die Kritzeleien irgendeines Exzentrikers handeln. Jeder Versuch, die Linien zu analysieren, muß sofort scheitern, weil die Linien ganz willkürlich sind. Man findet Zeichnungen, die mit Linien und Spiralen vermischt sind. Durch die Arbeit von Maria Reiche sind noch mehr Zeichnungen ans Tageslicht gekommen. Ein Puzzle mit 1000 Teilen wäre im Vergleich dazu übersichtlich.

Auf den ersten Blick ist man dankbar, daß das „Puzzle" zweidimensional ist, denn fast alle Muster wurden auf dem ebenen Wüstenboden gezeichnet; nur wenige befinden sich auf Hügeln. Aber vielleicht liegt darin der erste deutliche Unterschied zwischen den Figuren. Die meisten Hügelzeichnungen sind Abbilder von Menschen. Einige von ihnen haben eine Mütze aus drei oder vier vertikalen Linien, die möglicherweise die Federn eines zeremoniellen Kopfschmucks darstellen. (Manche peruanischen Mumien trugen Kopfbedeckungen aus Gold und Federn).

Die Figuren auf den Hügeln scheinen weniger konturiert als die in der offenen Wüste. Es könnte sein, daß Steine den Hügel hinuntergerollt sind und die Einzelheiten verdeckt haben. Dennoch besitzen die Hügelfiguren einen individuellen Stil, der den Mustern auf alten Töpferwaren gleicht, die in der Gegend von Nazca gefunden wurden. Diese Keramiken zeigen ebenfalls gekrönte Gestalten und stammen aus einer Zeit, die vor der eigentlichen Blüte der Nazca-Kultur liegt, vielleicht aus dem Jahr 1000 vor Christus.

Oben: *Maria Reiche, die 30 Jahre damit verbrachte, die Linien von Nazca zu erforschen.*

Unten:
Die schmalen Linien einer der Zeichnungen, die von Maria Reiche gesäubert wurden.

Die Töpfe aus Nazca geben einigen Aufschluß über das Alter der Wüstenzeichnungen und möglicherweise auch über ihren Zweck und ihre Bestimmung. Der Anfang und das Ende der Nazca-Kultur werden von Archäologen der University of California auf das Jahr 400 vor Christus und 600 nach Christus geschätzt. Während dieser Zeitspanne stellten Handwerker in Nazca Töpfereien her, die unter den ausgegrabenen präkolumbianischen Keramiken in Südamerika einzigartig sind.

Sie sind mit Farben bemalt, die aus Mineralien gewonnen waren, sorgfältig gemahlen und dann mit Wasser oder Saft aus regionalen Pflanzen vermischt wurden. Die Quellen der sieben wichtigsten Erdfarben sind inzwischen identifiziert und die Malereien gewissenhaft klassifiziert worden. Dabei stellte sich heraus, daß sich die Kunststile von Nazca sehr langsam verändert haben.

Der geschickte Pinselstrich des Künstlers, die Anzahl von Punkten oder eine Veränderung der Farbe weisen darauf hin, daß die Nazca-Kultur neun verschiedene Stadien durchlief. Und was vielleicht überraschend ist: Bei Töpfen, die aus weit voneinander entfernten Gegenden stammen, findet man oft diesel-

be künstlerische Stilrichtung, was vermuten läßt, daß es zwischen entlegenen Dörfern eine Verbindung gab.

Es ist nicht möglich, zwischen den Mustern auf den Töpfen und den Wüstenzeichnungen einen Vergleich im eigentlichen Sinn des Wortes anzustellen. Ein Gefäß kann eine deutliche Abbildung eines Kolibri aufweisen, während die großen Vögel in der Pampa de San José nur Umrisse sind und in einem kraftvolleren, geometrischeren Stil entworfen wurden. Die einzige Wüstenzeichnung, die einer auf einem Gefäß dargestellten Form sehr ähnelt, ist der Walfisch, der sich am Ende einer abgeräumten Fläche ganz im Osten der Pampa de San José befindet. Er hat zwar große Ähnlichkeit mit einem stilisierten Walfisch, aber es ist eigentlich unwahrscheinlich, daß dieses Tier wirklich das Modell war; denn die Figur befindet sich so weit vom Meer entfernt.

In den frühen Epochen der Nazca-Kunst liegt das Schwergewicht eindeutig auf Tier- und Spiralenmotiven, vor allem während der zweiten Phase (etwa 300 vor Christus). Die Einwohner von Nazca waren zu der Zeit ganz offensichtlich beeindruckt von ihrer natürlichen Umgebung. Auf ihre Gefäße malten sie alle möglichen Tiere: Spinnen, Fische, Pelikane, Papageien, Füchse und Kolibris und gleichzeitig auch Spiralen. Im Gegensatz dazu wandten sich in späteren Epochen die Maler abstrakteren Formen zu, die schwieriger zu deuten sind. Die Meinungen gehen zwar auseinander, aber auf Grund des Beweismaterials erscheint es denkbar, daß die späteren Bewohner von Nazca sehr stark mit gottähnlichen Figuren beschäftigt waren, die von den Archäologen noch nicht identifiziert worden sind.

Ganz oben:
Eine riesige fischartige Figur, die auch als speiender Walfisch interpretiert worden ist – sicher eine Absonderlichkeit in einer Wüstengegend!

Oben:
Gefäß aus der 2. Phase der Nazca-Kultur. Man nimmt an, daß es sich bei der Verzierung um einen Walfisch handelt.

Rechts:
Einer der gekrönten Männer, deren Umrisse in die Hügel der westlichen Anden gescharrt sind.

Da es keine genaue Datierungsmöglichkeiten gibt, etwa mit C14-(Kohlenstoff-)Analysen, sind die Bodenzeichnungen nur mit Vorbehalt als das Werk der frühen Bewohner von Nazca einzustufen. Wir werden vielleicht nie viel mehr darüber herausfinden, weil die Anlagen inzwischen beschädigt sind und die Oberfläche verändert worden ist. Die Linien müssen jahrhundertelang unberührt gewesen sein, bis man sie zu Beginn dieses Jahrhunderts entdeckte.

Das Problem der genauen Datierung erschwert alle Versuche, die Beziehung zwischen den Zeichnungen und den Linien zu ergründen. Aber man kann immerhin Vermutungen anstellen. Eine Deutung lautet, daß die Linien und die Tierzeichnungen verschiedene Phasen der kulturellen Entwicklung von Nazca repräsentieren. Es gibt in der Tat viele Fälle, bei denen die Linien die Figuren ohne jede Rücksicht auf deren Umrisse durchkreuzen.

Duncan Masson, Experte für dieses Gebiet, kam aus Schottland, um als Ingenieur hier zu arbeiten. Er kennt die Anlagen seit 1929, also gut 15 Jahre länger als Maria Reiche. Masson sagt, er sei am Anfang mit seinem Ford T über die Linien gefahren, denn damals gab es die Panamerika-Straße noch nicht. Er weist darauf hin, daß ein offizieller Weg durch die Wüste nach Nazca existierte, der vermutlich benutzt wurde, seit die Spanier begonnen hatten, in den Tälern Ackerbau zu betreiben. (Man bezeichnete die Linien als „Furchen", weil sie vom Boden aus so aussahen; dieser Aspekt sagte vermutlich Paul Kosok besonders zu, denn er war in erster Linie Agrarforscher).

Als Masson über Nazca flog, wunderte er sich darüber, wie manche der Linien die Tierfiguren durchkreuzen, ohne daß man jedoch den Eindruck hat, es bestehe tatsächlich eine Verbindung. Noch rätselhafter sind die Tierfiguren, die direkt in Linien übergehen; ein Beispiel dafür ist der Affe. Dieses Tier ist überhaupt die große Ausnahme unter den Tierzeichnungen in der Wüste. Nicht nur, weil ein Teil seines Schwanzes eine Spirale ist, sondern auch, weil seine Geschlechtsteile zuerst in gerade Linien übergehen, dann in Zickzacklinien und schließlich in ein Gittermuster aus parallel verlaufenden Linien. Dies könnte eine sexuelle Bedeutung haben und mit Fruchtbarkeitsriten der Bewohner von Nazca in Verbindung stehen, aber das ist keineswegs gesichert. Der Spiralenschwanz des Affen könnte auch symbolisieren, daß die Sterne sich immerfort um den Pol drehen. Es wäre sehr bemerkenswert, wenn die Bewohner von Nazca dieses Prinzip erfaßt hätten, denn der Polarstern befindet sich für sie immer unterhalb des Horizonts. Maria Reiche stellte eine weitere astronomische Beziehung her: Sie sieht in der Figur eine Darstellung des Großen Bären.

Das Außergewöhnlichste an dem Affen ist allerdings, daß er sich überhaupt in dieser Wüste befindet. Es gibt hier heutzutage keine Affen – und sehr wahrscheinlich hat es nie welche gegeben. Die einleuchtendste Erklärung ist, daß Händler die Tiere mitbrachten, möglicherweise vom Amazonas oder von der peruanischen Küste, die näher am Äquator liegt. Man kann sich gut vorstellen, daß ein Affe auf Grund seiner Ähnlichkeit mit einem Miniaturmenschen die Bewohner von Nazca fasziniert hätte.

Aber die meisten Tiere, die in der Wüste dargestellt sind, kamen in der Gegend wahrscheinlich häufig vor. Vielleicht hatte jede der Zeichnungen eine besondere Bedeutung. Es könnte beispielsweise sein, daß manche etwas mit Fruchtbarkeitsriten zu tun hatten oder einen erzürnten Gott besänftigen sollten.

Nach Ansicht von Arthur C. Clarke sind die Nazca-Zeichnungen keineswegs geheimnisvoll. Er sieht in den Linien nichts anderes als das Verlangen des Menschen, auf der Erde Spu-

Ganz oben:
Duncan Masson, ein schottischer Ingenieur, kannte die Anlagen von Nazca schon seit 1929.

Oben:
Dieser Topf aus der dritten Phase der Nazca-Kultur trägt das Spiralmotiv.

Oben: *Eine ungewöhnliche Konzentration von Wüstenmarkierungen in den felsigen Ausläufern eines ausgetrockneten Tales zwischen Palpa und Nazca. Zu diesen „Linien" gehören Gitter, Trapezoide, Zickzacklinien und verschiedene Spiralen.*

Unten:
Die bizarre Figur des Nazca-Affen.

ren zu hinterlassen. Seiner Theorie nach könnten die Zeichnungen Sternbilder darstellen.

Maria Reiche ist allerdings der Überzeugung, daß die Antwort nicht so einfach ist. Seit 40 Jahren hat sie es sich zur Aufgabe gemacht, das Geheimnis der Bilder zu lüften und hinter das Wie und das Warum zu kommen. Ihre Schlußfolgerungen sind zwar noch keineswegs vollständig, aber sie ist sicher, daß sie herausgefunden hat, wie die Muster hergestellt wurden.

Die Bewohner von Nazca besaßen, so glaubt sie, die Fähigkeit, abstrakt zu denken. Sie kannten arithmetische und topographische Methoden. So vermitteln die Zeichnungen einen Einblick in die Denkvorgänge und den intellektuellen Status dieser Menschen.

Maria Reiche, selbst Mathematikerin, ist besonders gut geeignet, um die Hinweise zu verstehen, die in den Zeichnungen zu finden sind. Aus Luftaufnahmen hat sie abgeleitet, die Figuren waren so geplant, daß sie einen Bogen aus Kreisen bilden sollten, und wirklich bestehen manche ausschließlich aus Kreisen. Da die Kurven nicht durchbrochen sind, kann man folgern, daß die Bewohner von Nazca etwas von Geometrie verstanden, denn nur dann waren sie in der Lage, die großartige Leistung fertigzubringen, zwei Kreise mit verschiedenen Durchmessern in einer durchgehenden Kurve zu malen.

Maria Reiche behauptet, daß sie sogar kleine Steine identifizieren könne, welche verwendet wurden, um die komplizierten Vermessungen zu markieren. Ihrer Überzeugung nach benutzten sie als Meßgeräte Seile, die an vorher festgelegten Stellen geknotet waren, vielleicht basierend auf menschlichen Körpermaßen (wie die antike Elle). Und sie glaubt, daß die Grundmaßeinheiten der Kreisdurchmesser möglicherweise Zahlen repräsentierten, die in den Zeichnungen gut versteckt sind – eine Art mathematischer Code. Außerdem meint sie, daß Zeitabschnitte durch Zahlen wiedergegeben wurden. Da bestimmte Zahlen zwischen den Figuren mit großer Regelmäßigkeit auftreten, legt das die Vermutung nahe, daß sie etwas mit der Periodizität der Bewegung von Sternen und Planeten zu tun haben. Paul Kosok entdeckte bereits eine mögliche Verbindung zwischen der Astronomie der Maya und den rätselhaften Bildern.

Es ist fast mit Sicherheit anzunehmen, daß die Bewohner von Nazca ein festes Standardmaß besaßen, und es gibt dokumentarische Beweise, daß die Inkas etwa 700 Jahre später Maßeinheiten verwendeten, die vom menschlichen Körper abgeleitet waren. Aber die Grundeinheit muß noch bestimmt werden. Nach Maria Reiche beruht die Maßeinheit darauf, daß ein Stück Sisalschnur mit ausgebreiteten Armen und geschlossenen Fäusten eng über die Brust gehalten wurde, was eine Grundeinheit von 1,35 Metern ergibt. Dazwischenliegende Werte würden beispielsweise von der Länge des Unterarms genommen.

Aber ist das eine legitime Vermutung, wenn man sich überlegt, daß wahrscheinlich zwischen den Körpermaßen der heutigen Menschen und der Größe der Bewohner von Nazca ein ziemlicher Unterschied besteht? Angesichts derartig vieler Imponderabilien scheint es unmöglich, zu einem eindeutigen Schluß zu kommen. Jede Entdeckung, die in Nazca gemacht wird, scheint das Geheimnis nur noch zu vertiefen.

Nazca – das Ende des Weges?

Astronomen und Archäologen haben die modernsten Techniken angewandt, um den Code von Nazca zu knacken, aber, sind sie dem Ziel, die Markierungen in der Wüste zu verstehen, wirklich nähergekommen?

Könnte es sein, daß es sich bei den Zeichnungen in der Nazca-Wüste um einen riesigen uralten Computer handelt? Eine astronomische Rechenmaschine, ähnlich wie Stonehenge? Oder ist die Antwort viel einfacher?

Professor Paul Kosok war fest davon überzeugt, daß die Erklärung der „Wüstenzeichnungen" auf astronomischem Gebiet liege. Der Augenblick der Erleuchtung kam für ihn, als er beobachtete, daß die Sonne am 22. Juni genau entlang einer der geraden Linien unterging – das ist die Wintersonnwende in der südlichen Hemisphäre. Sicher mehr als ein Zufall. Maria Reiche, ebenfalls Astronomin, glaubt, daß sie bei den Hunderten von Linien noch viele andere astronomische Ausrichtungen entdeckt hat. Aber das ist bis heute leider unbewiesen.

Das Lebenswerk von Paul Kosok, *Land life and water in ancient Peru* (Land, Leben und Wasser im alten Peru), beschäftigt sich damit, wie wichtig eine gewisse Form von Kalender für die primitiven Völker war, die Ackerbau betrieben: Sie mußten wissen, wann sie säen und wann sie ernten sollten. Und da die Bewohner von Nazca in der Wüste lebten, mußten sie außerdem das Land bewässern. Deshalb war es für sie lebensnotwendig, das An- und Abschwellen der wenigen Flüsse vorausberechnen zu können. Vermutlich wurde ein Wissen, das eine derart zentrale Bedeutung hatte, von einer mächtigen Priesterschaft eifersüchtig bewacht. Überall in der alten Welt waren die Priester gleichzeitig auch Astronomen und Astrologen, und auf Grund ihrer „Magie" wurden sie verehrt.

Als Kosok von Nazca wegging, um sich anderen Forschungsprojekten zuzuwenden, blieb Maria Reiche allein zurück. Sie war beeindruckt von den endlosen Fragen, die diese seltsamen Linien aufwarfen. Wozu dienten die Steinhaufen, die seit Jahrhunderten zwischen den Linien liegen? Maria Reiche neigt zu der Annahme, daß die Steine vermutlich eine Art primitives Rechengerät sind, ähnlich wie ein Abakus, da die Zeichnungen ihrer Forschungsarbeit zufolge eindeutig von Menschen in die Wüste gescharrt wurden, die über gute mathematische Kenntnisse verfügten. Eine primitivere Erklärung wäre, jeder Steinhaufen ist das Ergebnis der Arbeit eines Mannes, der die Wüstenoberfläche abräumte, um die Linien zu ziehen.

Auf jeden Fall sind Berechnungen, seien sie einfacher oder komplizierter Art, mit Nazca unentwirrbar verbunden. 1968 begann der amerikanische Astronom Gerald S. Hawkins, sich den mysteriösen Zeichen zu widmen. Er hatte mit seinen revolutionären Theorien, welchen Zwecken Stonehenge diente – daß es

Unten:
Die „Finger" einer Riesenechse, gereinigt von Maria Reiche. Ein Mitglied des Forschungsteams steht auf den Linien, um die Größenverhältnisse zu zeigen.

sich nämlich um einen hochentwickelten astronomischen Computer handle –, bereits die konventionelle Archäologenwelt in Aufregung versetzt. Als bekannt wurde, daß er sich für Nazca interessierte, wurde selbstverständlich erwartet, daß seine Entdeckungen über Sinn und Zweck der Linien nur die Theorie vom astronomischen Kalender, die Kosok und Reiche aufgestellt hatten, bestätigen würde.

Hawkins war entschlossen, die Behauptungen und Gegenbehauptungen, die über den „astronomischen Kalender" von Nazca aufgestellt wurden, ein für allemal auseinanderzudividieren. Dafür verwendete er ein Team erprobter Experten und modernste Computertechniken. Eine Gruppe von Computerfachleuten des Observatoriums der *Smithsonian Institution* in Arequipa in Südperu arbeitete mit professionellen Vermessern und Fotografen der peruanischen Luftwaffe zusammen, um die Daten für das Nazca-Programm auszuwerten.

Unten: *Landvermesser aus Gerard Hawkins' Team legen 1968 eine Karte der Linien in der Pampa de San José an. Nachdem Hawkins nachgewiesen hatte, daß es sich bei Stonehenge um einen astronomischen „Computer" handelt, beschäftigte er sich mit den Nazca-Linien, weil er glaubte, daß sie einem ähnlichen Zweck dienten.*

Maria Reiche hatte jahrelang „von Hand" mühselige Kalkulationen angestellt – aber im Zeitalter der Weltraumfahrt konnte ein Computer dieselben Arbeiten innerhalb von Sekunden verrichten. (Hawkins schätzte, daß es über 50 Jahre gedauert hätte, wenn alle für dieses Projekt notwendigen Rechenvorgänge von Menschen durchgeführt worden wären).

Die verwendeten Daten stammten von speziell dafür angelegten Landkarten, die das Gebiet in der Pampa de San José zeigen, wo die Zeichenkonzentration am dichtesten ist und auch die geräumten Stellen sind. Das Computerprogramm war im Grunde das gleiche wie beim Stonehenge-Projekt, aber wegen der Höhenlage von Nazca waren Korrekturen notwendig. Es war so entworfen, daß es die Position der Sonne zu bestimmten entscheidenden Zeitpunkten genau festlegte, beispielsweise wo sie im Verhältnis zu den Linien in der Wintermitte untergeht oder in der Sommermitte aufgeht. Außerdem wurde noch eine spezielle Routine eingebaut, mit deren Hilfe das Verhältnis zwischen der Position der Ster-

ne und den Linien in der Wüste bestimmt werden konnte. Die Information über die Linien, die in den Computer eingegeben wurde, stammte von 72 der geraden Linien und von Details über die Richtung, in die 21 der „Pfeile“ zeigen. Der Rechner würde dann alle signifikanten astronomischen Ausrichtungen feststellen. Deuten nun also die Linien auf irgend etwas am Himmel?

Die Antwort kam sehr schnell: Es gab keine signifikante Korrelation zwischen den Linien und Figuren von Nazca und irgendwelchen Himmelskörpern. Das war keineswegs das Resultat, das Hawkins erwartet hatte, auch seine Kritiker hatten nicht damit gerechnet.

Es stimmt, daß einige Linien auf die Winter- und Sommerpositionen der Sonne hinweisen, aber das reicht kaum aus, um dem ganzen „Zoo“ von Nazca den Status eines komplexen Observatoriums zu verleihen. Die Überzeugung, daß es sich bei Nazca um einen Kalender handelte, war für die Anhänger von Reiche und Kosok nun also fast zu einer Glaubensfrage geworden.

Aber Forschungsarbeiten, die sich mit der Geschichte der Inkas beschäftigen, zeigen, daß diese über primitive, aber außerordentlich praktische astronomische Kenntnisse verfügten. Tom Zuidema, Professor an der University of Urbana, Illinois, ist Experte auf dem Gebiet der Inkamethode, mit Markierungszeichen am Horizont östlich und westlich von ihrer Hauptstadt Cuzco einen einfachen „Kalender“ abzustecken. Mit dem Fortschreiten der Jahreszeit wurde die Stelle, an der die Sonne untergeht, sorgfältig am Horizont gekennzeichnet, und es wurden Steintürme errichtet, an denen man sich später orientieren konnte. Auf diese Art wußten die Inkas, wann der richtige Zeitpunkt zum Säen, Pflanzen oder Ernten gekommen war. Uns erhaltene Dokumente erläutern, wie die Jahreszeiten mit bunten Festen und religiösen Ritualen gefeiert wurden.

Zuidema vertrat die Theorie, daß auch bei den religiösen Schreinen, die den Inkas so wichtig waren, möglicherweise die Kalenderfunktion der Horizontmarkierungen eine Rolle spielte. Sie waren in Reihen aufgestellt, die „ceques“ genannt wurden, ursprünglich in Gruppen von 40 oder 41, die um einen zentralen Schrein versammelt waren, wie Speichen bei einem Rad. Aber in der Praxis wurde dieses regelmäßige Stystem durchbrochen, und manche der „ceque“-Reihen scheinen stattdessen zwischen einfachen Markierungen wie Quellen, Hügeln und hervortretenden Felsen zu liegen. Vielleicht hatten diese natürlichen „Schreine“ eine religiöse Bedeutung, ähnlich wie die vermutlichen Schlüsselstellen entlang einer „ley“-Linie (Erdenergie-Ader) in Europa, die als „magisch“ angesehen wurden.

Zuidema ist überzeugt, daß die landwirtschaftliche Astronomie bei den Inkas eng mit ihrer Religion zusammenhing und deshalb die Plazierung der Schreine durchaus auch astronomische Bedeutung haben konnte.

Gerald Hawkins, der dazu neigte, die Vorstellung, daß Nazca eine astronomische Funktion gehabt haben könnte, strikt zurückzuweisen (was nach den Ergebnissen des Computerexperiments nicht weiter überraschend ist), glaubte trotzdem immer noch an einen Zusammenhang zwischen den astronomischen Kenntnissen der Inkas und den Nazca-Linien. Die Arbeit, die auf dem Gebiet der „ceques“ und Schreine der Inkas geleistet wurde, schien neue und vielversprechende Forschungsmöglichkeiten zu eröffnen, denn die Inkas kamen

Rechts:
Drei parallele Wege, die von einem bolivianischen Bergdorf ausgehen. Die durch niedrige Büsche verlaufenen Pfade führten ursprünglich zu heiligen Schreinen. Sie werden auch heute noch als Fußwege benutzt.

Unten:
Eine Reihe von Steinhaufen auf der Pampa de Media Luna im Santa-Cruz-Tal an der Küste Perus. Sie wurden vielleicht als simple Rechenhilfen verwendet oder als Schreine. Möglicherweise sind sie aber auch nur die Überreste, die angehäuft wurden, als die Wüstenoberfläche abgetragen wurde, um die Linien zu ziehen.

sieben Jahrhunderte nach den Bewohnern von Nazca, und es könnte sein, daß irgendwelche Überreste der Praktiken oder Glaubensgrundsätze aus Nazca von den Inkas übernommen wurde. Aber handelt es sich bei den Nazca-Zeichnungen einfach um etwas Originelles, um rätselhafte Ausnahmen, die es in der Geschichte nur einmal gibt?

1968 erforschte der Autor ähnliche Linien in den Hochebenen von Bolivien, bei denen es fast genauso wenige Hinweise zur Entschlüsselung gibt. Die Linien in Bolivien, von denen manche mehr als 32 Kilometer lang sind, gingen, wie ihre peruanischen Gegenstücke, nicht von ihrer Richtung ab. In beiden Fällen beträgt die Abweichung bei 1,5 Kilometern nur wenige Meter; sie ziehen sich als vollkommen gerade Linien über Hügel und Täler hin und durchqueren natürliche Hindernisse, wie etwa ausgetrocknete Schluchten, ohne abzuschweifen. Es sieht so aus, als würden sie offensichtliche Marksteine miteinander verbinden, aber man kann eigentlich kein Prinzip entdecken. Viele der neueren Linien laufen auf niedrigeren Erdwällen oder Hügeln zusammen. Und obwohl die „Landeplätze" oder Lichtungen aus der Luft nicht sofort zu erkennen waren, sind sie doch vorhanden, als natürliche „Schreine", den Geistern gewidmet, die in der Gegend heilig sind.

Die bolivianischen Linien wurden in den dreißiger Jahren von dem französischen Anthropologen Alfred Métraux entdeckt. Er war vor allem davon beeindruckt, daß sie so vollkommen gerade verliefen, auch die große Zahl von kleinen Kapellen oder Schreinen am Ende der Linien beschäftigte ihn.

Oben:
Ein gerader Pfad, der durch bolivianisches Buschland führt. Er wird von Pilgern auf dem Weg von einem heiligen Schrein zum andern benutzt. Aber auch für „normale" Reisende, welche die Wüste durchqueren, ist dieser Pfad eine direkte Route.

Für die Indios in Bolivien ist es immer noch selbstverständlich, die Vorfahren zu verehren. Vielleicht war dies auch für die Menschen, die die seltsamen Linien zu Peru und Bolivien geschaffen haben, von zentraler Bedeutung. Es wurde schon die Hypothese aufgestellt, daß manche der Schreine, welche die Linien säumen, errichtet wurden, um zu markieren, an welcher Stelle die Sonne stand, als ein bestimmtes Familienmitglied starb. Vielleicht glaubten sie, daß dadurch die Richtung bezeichnet wurde, in die seine oder ihre Seele entschwunden war.

Die Bauern in den Anden benutzen die Linien auch heute noch als Pfade, um zu ihren heiligen Schreinen und leichter zu Dörfern auf der anderen Seite der Wüste zu gelangen.

Sehen wir die Dinge bei der Suche nach dem Sinn und Zweck der südamerikanischen Linien zu kompliziert, vor allem bei den Nazca-Linien? Liegt das eigentliche Problem möglicherweise darin, daß wir heute unfähig sind, die tiefe persönliche Beziehung zu verstehen, welche die frühen Menschen zu ihren Göttern hatten? Vielleicht zeichneten sie die vollkommen geraden Linien, um den Pilgern einen Pfad zwischen den Schreinen zu geben, und schufen ganz bewußt einen zweidimensionalen Zoo, der etwas so besonderes war, daß nur die Götter ihn sehen konnten?

Seit es den Jetztmenschen gibt, etwa seit 40 000 Jahren, ist er im Prinzip befähigt, das zu denken, was auch wir denken können. Dennoch erstaunt es uns immer wieder, wenn wir auf schwer erklärbare Vorwegnahmen unseres modernen Weltbildes und unseres Gedankengutes stoßen.

Erinnerungen an einen fernen Stern?

Der Dogon-Stamm in Westafrika verfügt über detaillierte Kenntnisse des Universums, die erstaunlich exakt sind. Wie haben sie dieses Wissen erworben? Wurde es vielleicht von Astronauten der Frühzeit an sie weitergegeben?

Wie viele afrikanischen Stämme haben auch die Dogon in der Republik Mali eine unklare Vergangenheit. Sie ließen sich irgendwann zwischen dem 13. und dem 16. Jahrhundert auf der Bandigara-Hochebene nieder, wo sie noch heute leben, etwa 300 Kilometer südlich von Timbuktu. Es ist ein felsiges Gebiet, die meiste Zeit des Jahres über unfruchtbar und trocken, mit Klippen und Schluchten, in denen sich kleine, aus Lehm und Stroh gebaute Dörfer befinden.

Die meisten Anthropologen würden zwar die zwei Millionen Angehörigen des Dogon-Stammes und der Stämme in der Umgebung als „primitiv" klassifizieren, aber die Menschen selbst wären mit dieser Bezeichnung kei-

Unten:
Eine Dogon-Siedlung am Fuß der Bandiagara-Kliffe. Die Dogon, ein primitiver Volksstamm, sind fest davon überzeugt, daß sie ihr Wissen und ihre Zivilisation ursprünglich aus dem Weltraum erhalten haben, von dem Sternsystem des Sirius.

Rechts:
Der Sirius gehört zu dem Sternbild Canis maior in der Nähe des Fußes des Orion. Man kann ihn leicht erkennen, weil er mit den drei hellen Gürtelsternen des Orion eine Linie bildet.

neswegs einverstanden. Und der Begriff trifft auch nicht zu, höchstens in dem Sinn, daß sich ihr Lebensstil über die Jahrhunderte hin wenig verändert hat. An der westlichen Technologie sind sie nicht interessiert, aber ihre Philosophie und ihre Religion sind bemerkenswert und komplex. Außenseiter, die mit ihnen zusammengelebt und gelernt haben, die Einfachheit dieses Lebens zu akzeptieren, beschreiben sie als glückliche, zufriedene, erfüllte Menschen, deren zentrale Wertvorstellungen Jahrtausende zurückreichen. Das klingt nicht besonders aufregend, aber die Dogon stellen eine sehr erstaunliche Behauptung auf. Sie sind fest davon überzeugt, daß sie ihr Wissen und ihre Zivilisation ursprünglich von Wesen aus dem Weltraum bekommen haben: genauer gesagt, von dem Sternsystem Sirius, das 8,7 Lichtjahre entfernt ist.

Und sie stützen diese Behauptung mit astronomischen Kenntnissen, die für einen so „primitiven" und isolierten Volksstamm außerordentlich genau sind. Sie wissen, daß der Sirius, der hellste Stern am Himmel, einen Begleitstern hat, den man mit dem bloßen Auge nicht sehen kann und der klein, dicht und extrem schwer ist. Diese Aussage stimmt genau. Aber bis zur Mitte des 19. Jahrhunderts hatten westliche Astronomen keine Ahnung von der Existenz dieses Sterns; erst in den zwanziger Jahren unseres Jahrhunderts wurde er genauer beschrieben.

Diese astronomische Tatsache ist das Zentrum der Dogon-Mythologie. Sie ist in den meisten ihrer geheimen Rituale verewigt, wird in Sandzeichungen dargestellt und taucht in ihren heiligen Bauwerken auf. Man kann sie in Schnitzereien entdecken, in gewobenen Dekken, deren Muster mit Sicherheit Hunderte von Jahren alt sind. Man hält dies für den bis jetzt überzeugendsten Beweis dafür, daß die Erde in vergleichsweise jüngster Vergangenheit interplanetarische Verbindungen hatte – so etwas wie eine Begegnung der erzieherischen Art. Das Wissen der Dogon wurde mit größter Skepsis untersucht. Man wollte herausfinden, ob alles, was sie sagen, wahr ist und die Informationen, wenn sie stimmen, nicht von einer ganz irdischen Quelle stammen könnten, beispielsweise von einem durchreisenden Missionar.

Die erste Frage: Wie haben wir im Westen von dem Glauben der Dogon erfahren? Es gibt nur eine Quelle, die aber zum Glück sehr gründlich und tiefschürfend ist. 1931 beschlossen zwei der angesehensten Anthropologen Frankreichs, Marcel Griaule und Germaine Dieterlen, eine umfassende Untersuchung über die Dogon. Die nächsten 21 Jahre lebten sie fast ununterbrochen mit dem Stamm zusammen. 1946 wurde Griaule von den Dogon-Priestern aufgefordert, ihre innersten und heiligsten Geheimnisse kennenzulernen. Er nahm an ihren Ritualen und Zeremonien teil; und soweit das für einen Menschen aus der westlichen Zivilisation überhaupt möglich ist, lernte er den außerordentlich komplexen Symbolismus kennen, der auf ihren zentralen Glaubensgrundsatz zurückgeht, daß es amphibische Wesen gibt, die sie „Nommo" nennen und die aus dem Weltraum gekommen sind, um der Erde die Zivilisation zu bringen. Griaule wurde mit der Zeit von den Dogon wie ein Priester verehrt. Zu seiner Beerdigung 1956 in Mali fanden sich 250000 Stammesmitglieder ein, um ihm die letzte Ehre zu erweisen.

Die Forschungsergebnisse der beiden Anthropologen wurden 1950 veröffentlicht, und zwar in einem sehr vorsichtigen wissenschaftlichen Artikel mit dem Titel *A Sudanese Sirius System*, der in der Zeitschrift *Journale de la Société des Africanistes* erschien. Nach Griaules Tod blieb Germaine Dieterlen in Paris. Sie wurde zum Generalsekretär der *Société des Africainistes* am *Musée de l'Homme* ernannt. Sie schrieb die gemeinsame Forschungsarbeit in einem umfangreichen Buch nieder.

Beide Arbeiten zeigen mit großer Deutlichkeit, daß das religiöse System der Dogon auf erstaunlich genauen astronomischen Kenntnissen beruht, verbunden mit Astrologie. Im Zentrum steht der Sirius und die verschiedenen Sterne und Planeten, die sich ihrer Ansicht nach um den Sirius bewegten. Sie sagen, daß sein Begleitstern, „po-tolo" genannt, aus einem Material besteht, das sehr viel schwerer ist als alles, was es auf der Erde gibt und er sich

Oben:
Marcel Griaule und Germaine Dieterlen (ganz oben), die beiden französischen Anthropologen, lebten mehr als zwanzig Jahre lang mit dem Dogon-Stamm zusammen. Ihrer sorgfältigen Untersuchung verdanken wir einen Großteil unseres Wissens über die Dogon-Mythologie.

Rechts:
Diese Höhlenzeichnungen stellen die Mythen des Dogon-Stammes dar.

Rechts:
Eingang zu einem Dogon-Schrein.

Ganz rechts:
Mitglieder des Stammes führen einen rituellen Tanz auf. Die Muster auf den Masken, welche die Tänzer tragen, stellen die Landung einer Nommo-„Arche“ dar.

Unten: *Figur eines Dogon-Vorfahren. Holzschnitzereien dieser Art sind sehr wichtig bei den vielen Ritualen des Stammes.*

in einem 50 Jahre dauernden elliptischen Kreislauf bewegt.

Das ist richtig. Westliche Astronomen stellten vor 150 Jahren das erste Mal fest, daß in der Umgebung des Sirius etwas Seltsames stattfand. Sie beobachteten Unregelmäßigkeiten in seinen Bewegungen, die nur so erklärt werden konnten, daß sich ganz in der Nähe noch ein Stern befinden mußte, der auf Grund seiner Schwerkraft die Bewegungen des Sirius störte. 1862 entdeckte der amerikanische Astronom Alvan Graham Clark den Stern, als er ein neues Teleskop ausprobierte; er nannte ihn Sirius B.

Nachdem die Besonderheiten des Sirius entdeckt worden waren, dauerte es allerdings noch ein halbes Jahrhundert, bis eine mathematische und physikalische Erklärung dafür gefunden wurde, weshalb ein so kleines Objekt eine so große Kraft besaß. In den zwanziger Jahren stellte Sir Arthur Eddington die Theorie auf, daß bestimmte Sterne „weiße Zwerge“ seien, das heißt Sterne, die am Ende ihrer Lebenszeit stehen und in sich zusammengesunken sind, wodurch ihre Materie extrem dicht geworden ist.

Die Beschreibung entsprach genau der Dogon-Version. Aber wie hätten sie davon erfahren sollen? Zwischen der Veröffentlichung von Eddingtons Thesen, die 1928 in einem sehr populären Buch dargestellt wurden, und Griaules und Dieterlens Ankunft bei den Dogon im Jahr 1931 waren nur drei Jahre vergangen. Die beiden Anthropologen waren verblüfft: Das Problem ist noch nicht gelöst, wie Menschen, welche über keinerlei Instrumente verfügen, die Bewegungen und gewisse Merkmale praktisch unsichtbarer Sterne kennen konnten.

Zu diesem Zeitpunkt betrat ein weiterer Forscher die Szene: Robert Temple, ein amerikanischer Sanskrit-Experte und Orientalist, der in Europa lebte. Ihn faszinierten die beiden Fragen, die das Dogon-Rätsel aufwirft.

Die erste war, ob man dem Beweismaterial über die astronomischen Kenntnisse der Dogon Glauben schenken konnte. Die zweite lautete: Wenn die Information korrekt ist, wie kann man sich dann erklären, daß die Dogon über dieses Wissen verfügen?

Er studierte das Quellenmaterial sehr intensiv und erörtete die Probleme in Paris mit Germaine Dieterlen. Nach einiger Zeit war er davon überzeugt, daß die Dogon tatsächlich ein uraltes Wissen besaßen, nicht nur in bezug auf Sirius B, sondern über das Sonnensystem im allgemeinen. Sie sagten, der Mond sei „trocken und tot, wie trockenes, totes Blut“. Auf ihren Bildern hat der Planet Saturn einen Ring (Es gibt noch zwei weitere Beispiele von primitiven Stämmen, denen diese Information bekannt ist). Sie wußten, daß sich die Planeten um die Sonne drehen, und sie hielten die Bewegungen des Planeten Venus in ihren heiligen Bauwerken fest. Sie kannten die vier „größeren Monde“ des Jupiter, die Galilei als erster gesehen hat. Bis heute sind mindestens 14 Jupitermonde festgestellt worden. Sie nahmen an, daß die Erde sich um ihre eigene Achse dreht. Ferner waren sie davon überzeugt, daß es eine unendliche Zahl von Sternen gibt und bei der Milchstraße, zu der die Erde gehört, eine Spiralkraft wirksam ist.

Diese Erkenntnisse drückten sich größtenteils als Mythos und Symbolismus aus: Gegenstände auf der Erde verkörpern, was am Himmel vor sich ging, und ein „Zwillingskonzept“ machte viele der Berechnungen undurchschaubar. Deshalb kann man nicht sagen, daß das Beweismaterial völlig eindeutig sei. Aber vor allem bei Sirius B schien man die zentralen Fakten nicht bestreiten zu können. Die Dogon wählten als Symbol für Sirius B bewußt den kleinsten und doch wichtigsten Gegenstand, den sie finden konnten: ein Korn ihres lebensnotwendigen Getreides. „Po tolo“ heißt wörtlich, ein Stern aus *fonio*-Samen. Sie strengten ihre ganze Phantasie an, um zu beschreiben, wie ungeheuer schwer sein Mineralgehalt ist: „Alle irdischen Wesen zusammen können ihn nicht hochheben.“

Temple fand die Sandzeichnungen besonders beeindruckend. Die eiförmige Ellipse könnte man vielleicht damit wegerklären, daß sie das „Ei des Lebens“ darstelle oder eine ähnliche symbolische Bedeutung habe. Aber die Dogon beharrten darauf, daß es sich um eine Planetenbahn handelt – dies Faktum hatte Kepler im 16. Jahrhundert entdeckt, aber es ist nicht anzunehmen, daß dies einem ungeschulten afrikanischen Stamm bekannt war. Und sie legten die Position des Sirius genau an der Stelle fest, wo er hingehört, und nicht dort, wo man es eigentlich annehmen würde: an einem Brennpunkt in der Nähe des Ellipsenrandes und nicht in der Mitte.

Unten:
Kornspeicher in einer Dogon-Siedlung. Die Türen der Kammern (rechts) sind mit gemalten Figuren verziert, welche die himmlischen Vorfahren des Stammes darstellen.

Wie sind die Dogon nun zu diesem unirdischen Wissen gekommen? Es gab für sie, zumindest was die Priester angeht, keinerlei Zweifel über die richtige Antwort: Vor langer Zeit landeten amphibische Wesen von einem Planeten aus dem Sirius-System auf der Erde und teilten den Erwählten dieses Wissen mit, das dann über die Jahrhunderte weitergereicht wurde. Sie nennen diese Wesen „Nommo“ und beten sie an als „Mahner des Universums, Väter der Menschheit, Hüter der spirituellen Prinzipien, Handhaber des Regens und Beherrscher des Wassers“.

Temple entdeckte, daß die Dogon Sand-Diagramme zeichneten, mit denen sie die Ankunft einer sich drehenden, wirbelnden Nommo-„Arche“ darstellten. Seiner Meinung nach handelt es sich dabei um ein Raumschiff.

> „Die Beschreibungen der Landung der Arche sind extrem präzise. Angeblich landete die Arche nordöstlich des Dogon-Territoriums, und die Dogon behaupten, daß sie ursprünglich aus dieser Gegend stammen.“

Die Dogon beschreiben das Geräusch, das die Arche bei der Landung machte. Sie sagen, daß Nommo das „Wort“ in die vier Himmelsrichtungen geworfen habe, als er herunterkam, und es klang wie das Echo der vier großen Steinblöcke, die von den Kindern in einem ganz bestimmten Rhythmus mit Steinen geschlagen werden, und zwar in einer kleinen Höhle in der Nähe des Debo-Sees. Vermutlich

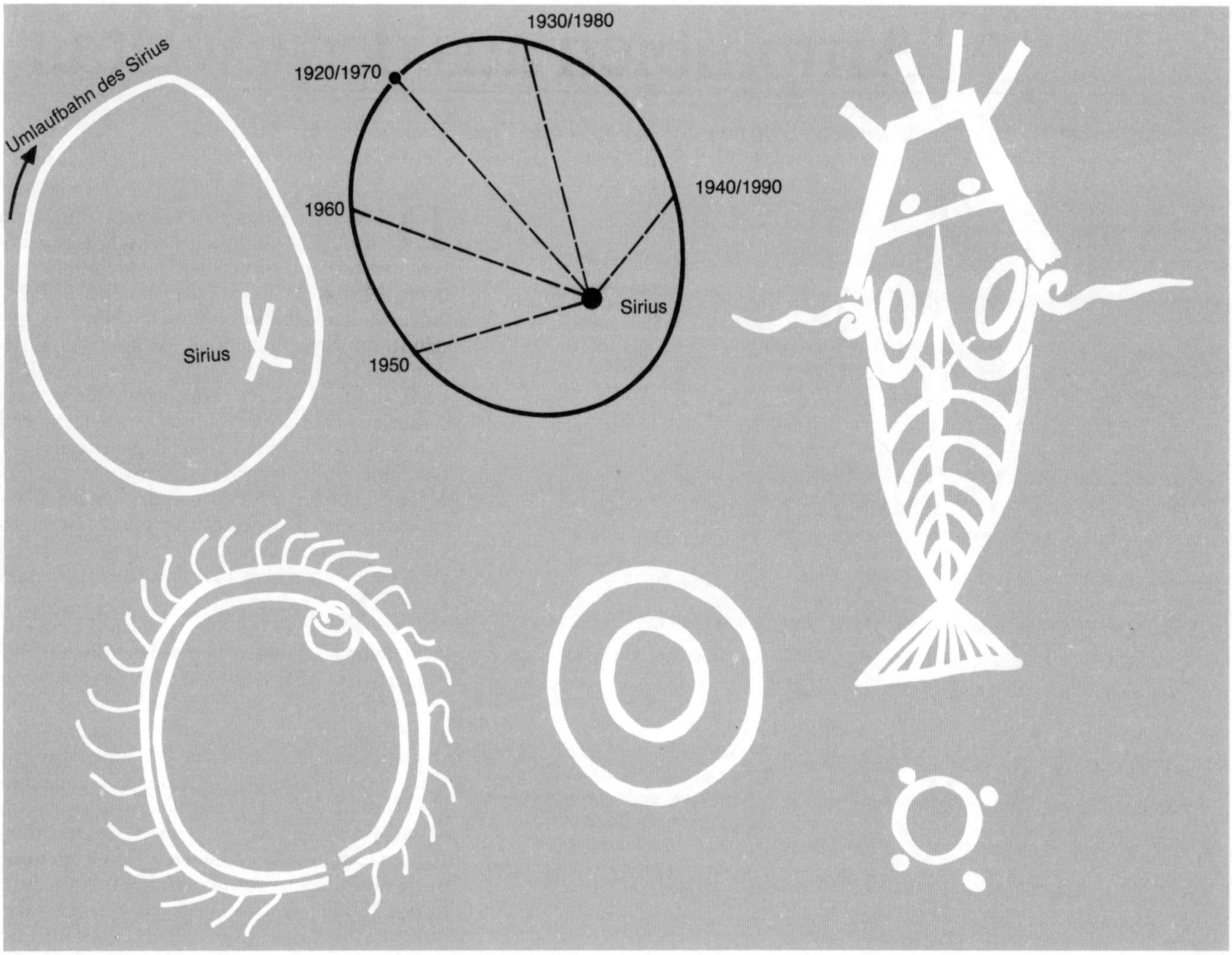

Dogon-Zeichnungen von Nommo (ganz oben rechts), der Wesen, die den Dogon angeblich ihr Wissen über das Sonnensystem vermittelt haben, und der Landung der Arche (oben), des „Raumschiffes", in dem die Nommo reisten. Die astronomischen Kenntnisse der Dogon werden in ihren Zeichnungen deutlich: Die Darstellung der Umlaufbahn des Sirius B um den Sirius (ganz oben links) hat erstaunlich große Ähnlichkeit mit einem neuzeitlichen astronomischen Diagramm (ganz oben Mitte). Saturn wird mit seinem Ring gezeigt (oben Mitte), und die 4 „größeren Monde" des Jupiter, die Galilei entdeckte, sind zu sehen (oben rechts).

wollen die Dogen ein lautes, vibrierendes Geräusch nachahmen. Man kann sich vorstellen, daß man sich, wenn man in der Höhle steht, bei dem Lärm die Ohren zuhalten muß. Die Landung der Arche muß sich angehört haben, als würde man sich auf einem Flughafen ganz in der Nähe der Rollbahn befinden. Außerdem beschreiben die Priester, die Arche habe bei der Landung die trockene Erde berührt und eine Menge Staub aufgewirbelt, weil sie einen regelrechten Wirbelwind verursachte. Der Aufprall machte die Erde rauh, und die Arche rutschte.

Robert Temples Schlußfolgerung, die er 1976 erstmals in seinem Buch *The Sirius mystery* (Das Geheimnis des Sirius) veröffentlichte, ist zwar provokativ, aber sehr genau belegt. Die Ergebnisse wurden von Leuten, die glauben, daß die Erde in ihrer formativen Vergangenheit außerirdische Besucher hatte, als Munition gebraucht – aber auch von denjenigen, die solche Vorstellungen für Unsinn halten, wozu die Mehrzahl der Naturwissenschaftler und Historiker gehört.

Erich von Däniken, bei dessen Bestsellern sich inzwischen herausgestellt hat, daß sie zum großen Teil auf entstelltem Beweismaterial beruhen, hatte beispielsweise das Wissen und die Überlieferungen der Dogon als eindeutige Belege für frühe Astronauten angeführt. Ihm steht eine Reihe naturwissenschaftlicher Schriftsteller gegenüber (unter anderem Carl Sagan und Ian Ridpath), die meinen, daß keineswegs genügend Beweise vorliegen und Temple zu viel in die Mythologie der Dogon hineingelesen habe. Er sieht keinen Grund, die Antwort zurückzunehmen, die er seinem Verleger gab, als dieser seinen grundlegenden Zweifeln an dem Manuskript Ausdruck gab und fragte: „Glauben Sie das wirklich selbst?" Temple antwortete: „Ja, ich glaube es. Meine eigene Forschungsarbeit hat mich davon überzeugt. Am Anfang habe ich nur Untersuchungen angestellt. Ich war skeptisch. Ich suchte nach Schwindeleien, weil ich annahm, daß es einfach nicht stimmen konnte. Aber dann entdeckte ich immer mehr Teile, die zusammenpaßten. Und die Antwort lautet: ‚Ja, ich glaube es'."

Die entscheidende Frage ist, ob die Dogon ihr Wissen vielleicht auf ganz einfache Art erwerben konnten. Hatten sie dieses offensichtlich geheimnisvolle, obskure und detaillierte astronomische Wissen von den Nommo erhalten – oder wurde es ihnen etwa von westlichen Reisenden vermittelt, und haben sie es dann sehr schnell in ihre Mythologie aufgenommen?

Amphibien aus dem Weltall

Haben frühe Astronauten der Erde die Zivilisation gebracht? Könnte es sein, daß sie von einem dritten Stern im Sirius-System kamen, den Astronomen noch nicht entdeckt haben?

Links:
Oannes, die babylonische Gottheit mit dem Fischkörper. Nach babylonischer Tradition war er das Oberhaupt der Annedoti, einer Gruppe amphibischer Wesen, welche die Zivilisation begründeten.

Der westafrikanische Dogon-Stamm, dem etwa zwei Millionen Menschen angehören, besitzt eine umfassende Mythologie, in deren Mittelpunkt der Glaube steht, daß vor langer Zeit amphibische Wesen, „Nommo" genannt, die Erde besuchten, um sie zu zivilisieren. Die Dogon verehren die Nommo, welche nach ihren Aussagen von dem Sternsystem stammen. Ihre Sandzeichnungen zeigen, daß der Sirius zwei unsichtbare Begleitsterne hat. Der eine ist klein, massiv, schwerer als alles Material auf der Erde, der andere dagegen angeblich viermal so leicht mit einer fast kreisförmigen Umlaufbahn. Die Nommo kamen angeblich von einem Planeten, der zu diesem zweiten Stern gehört.

Es ist schwierig, in die moderne Naturwissenschaft Geschichten von außerirdischen Besuchern zu integrieren. Deshalb überrascht es keineswegs, daß die Behauptungen der Dogon umfassenden und skeptischen Prüfungen unterzogen werden. Autoren, die eine plausible realistische Erklärung für das etwas unheimliche Wissen der Dogon geben wollen, haben darauf verwiesen, daß es in ihrer Gegend französische Schulen gibt, die seit 1907 Geographie und Naturgeschichte auf dem Lehrplan haben; in der Nähe von Timbuktu seit dem 16. Jahrhundert eine Moslem-Universität existiert und die Dogon im Ersten Weltkrieg für die Franzosen in den Schützengräben gekämpft haben. Robert Temple jedoch glaubt, daß derartige Erklärungen zu einfach sind:

> „Die beiden französischen Anthropologen (Marcel Griaule und Germaine Dieterlen) begannen ihre Arbeit 1931, und sie wissen genau, daß die Dogon bei ihrer Ankunft detaillierte Kenntnisse über Sirius B hatten ... Eddington entdeckte die Superdichte von Sirius B etwa 1926 ... Es ist also ein sehr begrenzter Zeitraum ..., wenn man sich vorstellen will, daß eine Gruppe westlicher Astronomen nach Mali eilte und dieses Wissen in die angeblich so fügsamen Köpfe der Dogon einpflanzte."

Temple wird von Germaine Dieterlen unterstützt, die mehr als zwei Jahrzehnte mit den Dogon zusammenlebte. Alle Spekulationen, daß das astronomische Wissen des Stammes aus modernen westlichen Quellen kommt, sind ihrer Meinung nach absurd.

Dies ist auch die Ansicht anderer Wissenschaftler, die in der Gegend gelebt und geforscht haben. Aber das Beweismaterial bleibt dünn. Es bestehen nur zwei Möglichkeiten, um ein endgültiges Urteil über die außerordentlichen Kenntnisse und Informationen der Dogon fällen zu können: Zuerst muß festgestellt werden, ob es in Legenden aus anderen

Oben:
Die beiden Medaillons, die diese Dogon-Frau trägt, sollen das „Zwillingskonzept" der Dogon-Mythologie symbolisieren: Jedes Element der Natur ist Teil eines Gegensatzpaares.

Gegenden Beweismaterial gibt, das ihre Behauptungen stützen würde; zum zweiten sollte man versuchen, irgendeine der Thesen, die von den Dogon aufgestellt werden, wissenschaftlich zu überprüfen.

Wir sind in der glücklichen Lage, beiden Ansätzen nachgehen zu können. Die Beschreibung der Dogon von den Nommo ist eindeutig: Sie waren Amphibien und spielten eine zivilisierende, lebenspendende Rolle. Ihre Darstellung der beiden unsichtbaren Sterne, die um den Sirius kreisen, ist ausgesprochen interessant: Einer dieser Trabanten (ein „weißer Zwerg") ist zwar von westlichen Astronomen bereits entdeckt worden, der andere aber nicht. Wenn sich herausstellen sollte, daß die Dogon in diesem Punkt recht haben, wäre das eine überzeugende Bestätigung für den Rest ihrer Mythologie.

Im Altertum waren die Dogon mit großer Sicherheit Nachbarn der Ägypter und lebten in Nordafrika an der Mittelmeerküste. Man muß also die klassischen Mythologien überprüfen – Ägypten, Mesopotamien und Griechenland –, um herauszufinden, ob es dort Parallelen gibt, in denen der Sirius als eine Besonderheit beschrieben wird und als die Heimat amphibischer Besucher aus dem Weltraum. Das ist selbst für Altertumsexperten eine schwierige Aufgabe. Robert Temple weist in seinem Buch *The Sirius Mystery* (Das Siriusgeheimnis) darauf hin, daß das Wissen der Dogon heilig war und nur der Priesterschaft bekannt, bis die beiden französischen Anthropologen, denen die Dogon vertrauten, eingeweiht wurden.

Nach Temples Ansicht wird aus den Hinweisen eine wahre Lawine. Aber über das Siriussystem teilen uns die Mythen enttäuschend wenig mit. Für Peter Little, Althistoriker an der London University, ist es keineswegs besonders erstaunlich, daß die Menschen im Altertum den Sirius für einen wichtigen Stern hielten und ihm mythologische Motive zuwiesen. Er ist nicht nur der hellste Stern am Himmel: Sein heliakalisches Aufgehen fiel jahrhundertelang mit der Überschwemmung des Nils zusammen, wodurch er eine besondere Bedeutung für den Kalender erhielt. Keiner der vorhandenen Mythen beschreibt dasselbe Wissen über die unsichtbare Astronomie des Sirius, das die Dogon allem Anschein nach besaßen – nichts weist darauf hin, daß Sirius B auch ihnen bekannt war.

Als Beispiel dafür, wie weit man die Auslegung von Mythen dehnen muß, um sie als okkulte Kenntnisse des Begleitsterns des Sirius verstehen zu können, zitiert Peter James die Beziehung Isis zu Osiris, Robert Temples beste „Spur"! Sie ist, milde gesagt, obskur:

> „Isis, die Göttin des Sirius, hatte einen Ehemann namens Osiris, der als dunkel oder schwarz galt. Einer seiner Aspekte war Anibis, ein schakalköpfiger Gott. Das bedeutet zwar nicht viel, aber zumindest legt es die Vermutung nahe, daß die Ägypter etwas von einem unsichtbaren Gefährten des Sirius A wußten."

Die Parallelen zwischen griechischen Mythen und den Dogon-Legenden über amphibische Wesen, die Zivilisation bringen, sind da vielversprechender. Fremde Wesen mit Fischkörpern gibt es in der griechischen Mythologie sehr viele, vor allem auf der Insel Rhodos, deren Kultur von den Telchinen getragen wurde. Der griechische Geschichtsschreiber Diodorus Siculus nannte sie die Entdecker gewisser Künste; sie führten Dinge ein, die für das Leben der Menschheit von Nutzen sind. Andere Texte beschreiben sie als magische Unterwassergeister und Dämonen der Tiefe des Meeres; sie besaßen angeblich Hundeköpfe und Flossen als Hände.

Bei Berossus, einem babylonischen Priester, gibt es eine sehr ähnliche Beschreibung von

Rechts:
In der alten ägyptischen Mythologie wird der Hundegott Anubis oft mit Osiris gleichgesetzt, dem Gefährten der Göttin Isis. Der Historiker Robert Temple glaubt, da Isis selbst mit Sirius identifiziert wurde, gebe es Grund zu der Annahme, daß dies auch auf ihren Gefährten mit dem Begleiter des Sirius zutraf. Er schließt daraus, daß die alten Ägypter von der Existenz des Sirius B wußten.

Oben:
Ein Altargegenstand aus einem Nommo-Schrein, der sieben Nommo-Figuren darstellt.

Oben rechts:
Die Dogon-Zeichnung stellt das heliakalische Aufgehen des Sirius dar. Die Dogon behaupten, daß sie ihre Kenntnisse über astronomische Ereignisse dieser Art von den Nommo übernommen hätten. Allerdings wußten auch die alten Ägypter, wann dieser Stern aufging, ihr Kalender basierte darauf. Könnte es sein, daß sie die Information an die Dogon weitergegeben haben?

Links:
Die Hunde des Aktaeon. Der griechischen Legende zufolge waren sie die Nachfahren der Telchinen, der amphibischen, lebenspendenden Götter von Rhodos.

Lebewesen, die „Annedoti" (die „Widerwärtigen") genannt wurden, Fischmenschen, die Zivilisation schenkten. Der erste und berühmteste hieß „Oannes" oder „Oe", und man glaubte, er stamme aus einem großen Ei und habe den Babyloniern alles beigebracht, „was die Sitten mildern und die Menschheit humanisieren konnte".

Peter James' vorsichtige Folgerung lautet: „Es scheint ein Substrat des griechischen Mythos zu geben, das Fischgottheiten mit der Einführung der Zivilisation und des Orakels in Verbindung bringt. Hier finden sich Parallelen zu den Traditionen der Dogon und der Babylonier."

Aber all dies ist nicht so überzeugend, wie es die Entdeckung eines dritten Sterns im Siriussystem wäre. Im Augenblick sind die Zeichen nicht besonders verheißungsvoll, aber es liegt doch im Bereich des Möglichen. Es gibt sogar eine große astronomische Debatte über diese Frage. In den zwanziger Jahren behaupteten einige Astronomen wiederholt, sie hätten einen dritten Stern gesehen. Sie nannten ihn Sirius C. Er erschien rot, es könnte sich also um einen „roten Zwerg" handeln, der weniger dicht sei als ein „weißer Zwerg". Das würde mit den Aussagen der Dogon übereinstimmen, die meinen, der dritte Stern sei viermal so leicht wie Sirius B.

Es ist seither nicht mehr gelungen, diesen Stern wahrzunehmen. Außerdem hat sich herausgestellt, daß Störungen in der Bewegung von Sirius A nicht – wie angenommen – mit einem möglichen dritten Stern zu tun haben. Irving W. Lindenblatt vom *Naval Observatory* in Washington, D. C., der diese These widerlegte, glaubte, daß die Existenz eines dritten Sterns höchstwahrscheinlich ist; theoretisch könne zwar die Möglichkeit eines weit entfernten dritten Himmelskörpers nicht ausgeschlossen werden, aber es gebe absolut keine Beweise dafür. Zwei Astronomen der London University zeigten sich in einem Artikel der technischen Zeitschrift *Astrophysios and space science* etwas optimistischer: Sie hatten auf einem Computer für einen dritten Stern fast kreisförmige Umlaufbahnen produziert (der Beschreibung der Dogons entsprechend), die mit den Bewegungen von Sirius A übereinstimmen und zwischen 275 und 425 Jahren dauern würden.

Zu welchem Schluß können wir also angesichts dieser Argumente und Gegenargumente gelangen? Sind die Traditionen der Dogon ein unanfechtbarer Beweis für die Existenz außerirdischer Besucher?

Man kann berechtigterweise folgern, daß sie über astronomische Kenntnisse verfügen, die sie „normalerweise" nicht haben können. Das ist die wohldurchdachte Ansicht von Germaine Dieterlen, und es scheint angemessen, ihr Urteil aus erster Hand dem ihrer (und Temples) Kritiker vorzuziehen, welche die Mythen aus zweiter Hand uminterpretieren.

Aber woher stammt dieses Wissen? Reicht die verschwommene Verbindung zwischen den Amphibien der griechischen und babylonischen Legenden und den Nommo der Dogon aus, um sicher sein zu können, daß die Erde in der Vergangenheit außerirdische Besucher hatte? Es ist eine derart unwahrscheinliche Möglichkeit, daß wir auch andere unwahrscheinliche Erklärungen in Betracht ziehen sollten, ehe wir uns für diese Ansicht entscheiden: Die Priester des Altertums gewannen ihre Kenntnisse des Universums durch übersinnliche Wahrnehmungen, indem sie geheime Orakelmethoden anwendeten, von denen wir schon lange nichts mehr wissen, die aber in die Mythologie der Dogon-Priester eindrangen. Vielleicht flammte der dritte Stern des Sirius-Systems, ein vermutlicher „roter Zwerg", entgegen allen astronomischen Wahrscheinlichkeitsberechnungen so stark auf, daß er gesehen und seine Umlaufbahn berechnet werden konnte. Es handelt sich hier, so könnte man sagen, um ein Gleichgewicht der Unwahrscheinlichkeiten.

Rechts:
Vishnu reitet auf dem Vogelgott Garuda.

Götter von den Sternen?

Wesen, die vom Himmel kommen, geflügelte Kutschen und Kreaturen, die halb Mensch, halb Tier sind, tauchen in Mythen auf und werden vielfach auf Kunstwerken dargestellt. Die faszinierende Mannigfaltigkeit dieser Phänomene wird zuweilen als Beweis angesehen, daß es Besuche von fremden Wesen aus dem Weltraum gegeben hat.

Den Aussagen der Bibel zufolge, stammen wir von dem ersten menschlichen Paar ab, von Adam und Eva, und so wird es im Kindergottesdienst überall gelehrt. Heute nehmen zwar nur wenige Menschen diese Geschichte wörtlich, aber wir glauben alle, daß der biblische Mythos so zu verstehen ist. Es gibt allerdings eine interessante Textmodifikation, die im allgemeinen übergangen wird. In der Genesis steht nämlich ausdrücklich, daß dem menschlichen Gene-Pool noch ein zweites Charakteristikum hinzugefügt wurde, und

Autoren, die sich mit den „frühen Astronauten" beschäftigen, sagen, daß sich der Mensch nicht nur aus irdischen Wesen entwickelt habe (oben).

zwar ein Merkmal, das nicht von dieser Welt ist, sondern eine „himmlische Quelle" hat. Unmittelbar vor der Beschreibung der Sintflut, im 6. Kapitel des 1. Buch Moses, steht (in der Übersetzung der Zürcher Bibel):

> „Als aber die Menschen anfingen, sich auf der Erde zu mehren, und ihnen Töchter geboren wurden, sahen die Gottessöhne, daß die Töchter der Menschen schön waren, und sie nahmen sich zu Weibern, welche sie nur wollten ... Zu jenen Zeiten – und auch nachmals noch –, als die Gottessöhne zu den Töchtern der Menschen sich gesellten und diese ihnen Kinder gebaren, waren die Riesen (‚Nephilim', die ‚Gefallenen') auf Erden. Das sind die Recken der Urzeit, die hochberühmten."

Diese biblischen Verse unterscheiden sich auffällig von dem Rest der Schöpfungsgeschichte und haben Übersetzern und Theologen einige Probleme bereitet. Wer waren die „Götter", um die es hier geht? Die Bibel leugnet aus-

drücklich die Existenz „anderer Götter". Das Wort für „Götter" – *elohim* – kann genauso gut auch mit „Gott" übersetzt werden (dessen Name fast in der ganzen Schöpfungsgeschichte im Plural verwendet wird). Aber warum mischen sich hier „Gottessöhne" in die irdischen Angelegenheiten ein, wenn doch Gott angeblich Adam nach seinem Bild geschaffen hat, als seinen Stellvertreter auf Erden?

Die Episode von den Gottessöhnen liest sich wie ein Stück veralteten Heidentums, das späteren Generationen frommer jüdischer Schreiber bei ihrer sonst so sorgfältigen Textbearbeitung entgangen war. Es könnte gut und gerne als ein Problem der Bibelauslegung weiterschmoren, wenn es sich um einen isolierten Vorfall handeln würde. Aber der seltsame Glaube, daß „himmlische" Wesen kamen und sich menschliche Bräute nahmen, findet sich nicht nur in diesen obskuren Bibelversen, er taucht beispielsweise auch in den griechischen Mythen über die Liebesabenteuer der Götter auf. Und im Altertum versuchte jeder bessere Grieche, der etwas auf sich hielt, seinen Stammbaum über Prinzen und Helden bis zum einen oder anderen olympischen Gott zu verfolgen.

Affären zwischen Sterblichen und Wesen aus einer anderen Welt kommen auch im Volksgut der nordamerikanischen Indianer häufig vor. Die Thompson-Indianer in Britisch Columbia erzählten, wie „Himmelsmenschen" einmal eine verheiratete Frau stahlen. Empört begannen alle Lebewesen auf der Erde einen sinnlosen Krieg gegen die mächtigen Entführer. Um zu ihnen zu gelangen, bauten die „Erdmenschen" instabile Strukturen, die zusammenbrachen, als die „Himmelsmenschen" zum Gegenangriff übergingen. Das Ergebnis war, daß viele Menschen ums Leben kamen und zahlreiche Tierarten ausstarben. In der Version der Quinalt-Indianer aus dem Staat Washington kamen die Angreifer aus dem „Himmelsland, wo die Sterne sind". Die Entführung zweier Jungfrauen brachte dem Stamm Streit und Unglück.

Oben:
„Der Sturz der aufständischen Engel" von Pieter Brueghel. Die gefallenen Engel oder Nephilim wurden als Erklärung der Entstehung des Bösen angesehen. Im Buch Enoch, das im 2. und 1.Jahrhundert vor Christus geschrieben wurde, heißt es, daß die aufständischen Engel aus dem Himmel vertrieben und gezwungen wurden, auf der Erde zu leben, wo sie verbotenes Wissen an die Menschen weitergaben.

Unten:
Dieses neo-assyrische Zylindersiegel (950–612 v. Chr.) stellt seltsame Kreaturen dar, teils Mensch, teils Fisch, teils Vogel. Sind es fremde Lebewesen?

Solche Aktionen endeten nicht immer in einer Tragödie. Die Maori führen ihre Zivilisation indirekt auf eine heimliche Liebesaffäre zwischen einer Häuptlingstochter und einem Prinzen aus „dem Land im Himmel" zurück. Der Eindringling wurde von dem Maori-Häuptling gefangen, aber schließlich als Schwiegersohn akzeptiert. Eine Maori-Gesandtschaft durfte das „Himmelsland" besuchen; sie lernten dort unschätzbare Künste von den höher stehenden Wesen. Ähnliche Geschichten aus den Tagen, als es eine enge Verbindung zwischen himmlischen Wesen und der Menschheit gab, finden sich in sehr weit voneinander entfernten Kulturen. Die Machinguenga-Indianer im peruanischen Dschungel erzählen von „Menschen im Himmel, die auf einer strahlenden Himmelsstraße auf die Erde kamen". Japanische Mythen besagen, daß es früher eine Brücke zwischen Himmel und Erde gab, was den Göttern ermöglichte, häufig zu Besuch zu kommen.

Unbeantwortete Fragen

Was können wir mit diesen seltsamen, unglaubwürdig klingenden Legenden über Beziehungen zwischen Menschen und „Himmelswesen" anfangen? In der orthodoxen Anthropologie gibt es keine Antwort auf diese Fragen. Die Verbindung zu dem, was wir heute als „paranormale" Phänomene bezeichnen, ist nicht zu übersehen. Manche dieser Legenden ähneln unseren heutigen UFO-Entführungsgeschichten. Und man sollte daran denken, daß ein guter Teil der angeblichen UFO-Kontakte eine sexuelle Begegnung mit den Fremden einschließt – was genauso unwahrscheinlich klingt wie die Mischehen zwischen „Göttern" und „Menschentöchtern".

Diese Skizze einer nicht ausgegrabenen 30 m hohen Figur wurde von T. C. Lethbridge entworfen, und zwar auf Grund von Informationen, die er erhielt, als er bei Wandlebury einen Stab aus rostfreiem Stahl als Wünschelrute verwendete. Nummer 1 bedeutet eine Halskette aus Metall; 2 ist ein Schild, 3 sind möglicherweise Schleudersteine; 4 markiert die Stelle, wo ein altes Gleis die Beine zerstörte; 5 bezeichnet, wo die heutigen Rohre verlaufen. Die Zeichnung stammt aus Lethbridges Buch A step in the dark *(Ein Schritt im Dunkeln).*

Haben wir es hier mit einer mysteriösen Eigenschaft der menschlichen Psyche zu tun, die weit voneinander entfernt lebende Völker dazu bringt, ähnliche Phantasien zu entwickeln und an intelligente Lebewesen zu glauben, die dem Menschen überlegen sind? Die Alternative, daß nämlich diese Erzählungen tatsächlich auf einen historischen Kontakt zwischen Mensch und fremden Wesen beruhen, kann man nur schwer akzeptieren. Trotzdem haben sich einige Theoretiker mit Überzeugungskraft dafür eingesetzt, und ihre Argumente sollte man nicht ohne weiteres beiseite schieben.

Ein ernsthafter Versuch, das Gewirr von Mythos und Glauben in bezug auf die „Gottessöhne“ auseinanderzudividieren, wurde von T. C. Lethbridge unternommen, einer der interessantesten Köpfe der englischen Archäologie. Er war 1957 verbittert von seinem Posten als Direktor der angelsächsischen Antikenabteilung des Archäologischen Museums in Cambridge zurückgetreten. Schon lange ärgerte ihn der Phantasiemangel seiner Mitarbeiter. Den letzten Anstoß gab die skeptische Beurteilung der Kollegen hinsichtlich seiner Behauptung, unter dem Rasen von Wandlebury Camp, Cambridgeshire, befänden sich riesige Götterfiguren aus Kalk und astralische Symbole. Lethbridge zog nach Devon und ging dort seinem alten Interesse, dem Rutengehen, nach. Er entwickelte verfeinerte Techniken dafür und wandte sie bei seinen archäologischen Forschungen auch erfolgreich an. Seine Untersuchungen und Schriften beschäftigten sich ebenfalls mit *ESP* (außersinnliche Wahrnehmung) und anderen parapsychologischen Problemen. Seine Arbeit gipfelte in einer umstrittenen Studie *The Legend of the sons of God* (Die Legende der Gottessöhne). „Es war so“, erläuterte Lethbridge, „daß ich mich seit Jahren für das Problem interessierte, wer die ‚Gottessöhne‘ waren, und ich hatte in Cambridge und anderswo bei Archäologen, Anthropologen und Theologen nach erhellenden Erklärungen gesucht, ohne irgendeine befriedigende Auskunft zu bekommen. Niemand wußte die Antwort.“

Lethbridge war sich im klaren, wie umfangreich das Problem ist, denn es berührt ganz fundamentale Fragen: Was waren die Götter? Und warum hatte die Mehrzahl der Menschen immer geglaubt, daß es so etwas wie Götter gäbe? Selbstverständlich hatte er von seinen akademischen Kollegen jede Menge „Erklärungen“ bekommen, je nach deren eigenen Lieblingstheorien, aber die Legende von den „Gottessöhnen“ schien jeder Analyse zu trotzen: „Wie paßt nun also dieses Stück Legende in irgendeinen der bekannten ‚Ismen‘?“ fragte Lethbridge. „Es ist kein Totemismus, Anthropomorphismus oder irgend etwas Derartiges, sondern eine eindeutige Tatsachenfeststellung, daß zwischen einer Rasse, die als ‚Gottessöhne‘ und einer anderen, die als ‚Menschentöchter‘ bekannt waren, Heiraten stattfanden.“

Erstaunliche Flugmaschinen

Lethbridge ging auf andere mythologische Erwägungen der Fahrzeuge zurück, die die alten „Götter“ benutzten. Elias wurde von einer feurigen Kutsche in den Himmel gebracht. Die griechischen Götter reisten in Luftfahrzeugen. Es handelte sich nicht nur um ein Produkt griechischer Phantasie, meinte er, denn es gebe auch Hindu-Geschichten über gottartige Wesen, die bemerkenswerte Flugmaschinen und zerstörerische Waffen besaßen. Für Lethbridge war die Ähnlichkeit zwischen solchen Maschinen und den UFO-Berichten unserer Zeit offensichtlich, und dies führte zu einer unumgänglichen Schlußfolgerung über die „Gottessöhne“. Mit einer Spur von Verlegenheit stellte er die These auf, bei den Mythen handle es sich um Erinnerungen an außerirdische Visitationen; vor vielleicht 5000 oder mehr Jahren seien Wesen aus einer anderen Welt hierher gekommen und hätten die Menschheit durch Kontakte und Kreuzungen eine oder zwei Sprossen auf der Zivilisationsleiter weitergebracht.

Solche Gedanken waren selbstverständlich nicht neu, aber Lethbridge gelangte unabhängig dorthin. Gerade als er dabei war, sein Manuskript abzuschließen, erschien 1968 das Buch von Däniken *Erinnerungen an die Zukunft.* Eine ganze Reihe von Autoren hatten sich mit den „frühen Astronauten“ beschäftigt, lange bevor Däniken durch seine geschickte Art der Selbstdarstellung den Eindruck erweckte, als sei er der Urheber dieser Idee. Helena Blavatsky stellte im vorigen Jahrhundert schon die Behauptung auf, daß die Zivilisation, wenn nicht sogar die Menschheit selbst, von einem anderen Planeten stamme. Und das mythologische und anthropologische Material, das Däniken verwendete, war in den vierziger Jahren von anderen Forschern gesammelt worden, vor allem von den Franzosen Louis Pauwels und Jacques Bergier und

Gegenüberliegende Seite:
Demeter und ihre Tochter Persephone geben Triptolemus das Korn als Geschenk für die Menschheit, ehe sie ihn auf die Reise zur Erde schicken. Die griechische Vase aus dem 5. Jahrhundert vor Christus zeigt Triptolemus auf einer geflügelten Kutsche.

Unten rechts:
Hesekiels Vision Gottes war ein erschreckendes Erlebnis. Mitten in einem feurig hellen Licht sah der Prophet Wesen mit Flügeln „von Menschenart", die wie „blankes Erz funkelten", über ihnen stand ein Thron und ein in Flammen eingehüllter Mensch: „Dies war die Erscheinung der Herrlichkeit Gottes."

den englischen Schriftstellern Raymond Drake, John Michell und Brinsley le Poer Trench. Gemeinsam haben diese Autoren eine Fülle Belege unterschiedlicher Qualität zusammengetragen, Traditionen und Religionen aus jeder Ecke des Globus. Dadurch entsteht ein faszinierendes Bild, das beweisen soll, daß außerirdische Wesen in die Geschichte der Menschheit eingegriffen haben. Am unwiderstehlichsten sind die allgegenwärtigen Mythen von „Kulturheroen" mysteriöser Herkunft, die dem Menschen angeblich alle Zivilisationskünste beibrachten. In Lethbridges Worten:

„Viele Legenden versichern, daß der und der Gott der Menschheit die und die Kunst beibrachte. Hu der Mächtige lehrte beispielsweise nach der walisischen Bardda die Menschen, wie man Ackerbau betreibt. Der Mensch hat es selbst nicht geschafft, indem er mühselig mit einem spitzen Stock in der Erde herumkratzte: Ein Gott hat es ihm gezeigt."

Die australischen Eingeborenen glauben, daß Wesen, die „Wondjina" (oben) genannt werden, die Erde erschufen und Ordnung in das Chaos brachten. Manche sind davon überzeugt, daß die Wondjina in UFOs auf die Erde kamen.

Oben:
Die älteste hebräische Münze, aus dem 4. Jahrhundert v. Chr. Sie zeigt Jehova auf einer Kutsche mit Flügeln sitzend, die an das Gefährt des Triptolemus auf der griechischen Vase erinnert.

Links:
Die Babylonier berichteten von Lebewesen, die dem Menschen praktisches und künstlerisches Wissen vermittelten. Sie wurden mit Fischschwänzen dargestellt, wie die Göttin auf diesem Bronzemonument.

Zahlreiche dieser Legenden über „Kulturheroen" scheinen einen schlüssigen Beweis für die Theorie der „frühen Astronauten" zu liefern. Die Babylonier erzählten von Wesen mit Fischschwänzen, die Tag für Tag aus dem Persischen Golf auftauchten, um ihre Vorfahren in allen Künsten und Wissenschaften zu unterrichten. Parallelen dazu finden sich in dem griechischen Mythos über amphibische Götter, die „Telchinen" hießen und metallurgische Kenntnisse verbreiteten. Ähnliche Fischwesen, die „Nommo", sind nach Aussagen des westafrikanischen Dogon-Stammes in einem wirbelnden, donnerartigen Gefährt zur Erde heruntergekommen. Die Dogon schreiben ihre Zivilisation diesen Außerirdischen zu. Ihre Traditionen über den unsichtbaren Stern Sirius B sind so beunruhigend zutreffend, daß das „Sirius-Geheimnis" eines der stärksten Argumente dafür geworden ist, in der Vergangenheit hätten außerirdische Kontakte stattgefunden. Australische Eingeborene glauben, daß die Welt von Lebewesen geschaffen und geordnet wurde, die sie „Wodjina" nennen. Felsengemälde der Wodjina sind erhalten, und die Eingeborenen sind davon überzeugt, daß diese Wesen in den rätselhaften Lichtern am Himmel wohnen, die von weißen Australiern UFOs genannt werden.

Aus den Kulturbringern dieser Mythen werden dann besonders glaubwürdige „außerirdische" Wesen, wenn sie mit einer fliegenden Maschine in Verbindung gebracht werden. Wie die alten Waliser, so glaubten auch die Griechen, daß der Ackerbau eingeführt und nicht erfunden wurde. Die Göttin Demeter schickte ihren Schützling Triptolemus in einer fliegenden Kutsche, deren Räder Flügel hatten und die von Drachen gezogen wurde, rund um die Welt, um Korn zu verteilen und allen Menschen beizubringen, wie man das Land bestellt und Brot bäckt. Vasenbilder stellen ihn auf einer zweirädrigen Kutsche sitzend dar, überragt von Flügeln und Schlangen. Man muß sofort an die berühmte Vision Gottes des Propheten Hesekiel denken, die in so vielen Büchern über die frühen Astronauten einen stolzen Platz einnimmt. Als Hesekiel am Fluß Chebar in Baylonien saß, sah er aus der Ferne einen Sturmwind herannahen, der sich dann in eine feurige Wolke verwandelte und schließlich mit einem lauten Geräusch landete, das wie ein Donner wirkte. Er sah sich einem leuchtenden Fahrzeug gegenüber, das aus Rädern, Flügeln und Lebewesen zu bestehen schien. Es trug einen Thron, auf dem „eine Gestalt von Menschenart" saß. Die Ähnlichkeit mit der fliegenden Kutsche des Triptolemus kann kein Zweifel sein – eine jüdische Münze aus dem 4. Jahrhundert vor Christus zeigt Jehova auf einem Gefährt, das dem griechischen Gegenstück sehr ähnelt.

Aber für diejenigen, die an eine außerirdische Intervention glauben, muß die beste Ideologie aus Indien stammen. Die bildhaften Erzählungen enthalten fast alle zentralen Elemente der übrigen Legenden über die „Gottessöhne". Götter und Halbgötter steigen vom Himmel herunter, verbreiten Wissen und heiraten sterbliche Frauen. Sie fliegen auf seltsamen Bestien oder mit großartigen Fahrzeugen, die schneller als der Wind sind. Die Epen beschreiben Luftschlachten, bei denen blitzähnliche Geschosse eingesetzt werden, die das Land in eine Einöde verwandeln können. Eine dieser Waffen besitzt die Kraft des Universums und produziert ein Licht, das heller als zehntausend Sonnen ist. Schriftstellern wie Raymond Drake und Erich von Däniken zufolge muß man nur statt „Götter" „außerirdische Wesen" einsetzen, und es stellt sich heraus, daß die indischen Legenden eine Geschichte der frühzeitlichen Raumfahrt ganz im Stile von „Star Wars" sind.

Die Autoren, die über die frühen Astronauten schreiben, reihen eine Geschichte über Himmelsgötter, Kulturheroen und fliegende Kutschen an die andere, und man bekommt den Eindruck, als wäre es eine fast natürliche Erklärung, daß hinter all dem irgendwelche außerirdischen Wesen stehen. Die Idee ist so faszinierend, daß ein „harter" Beweis erforderlich ist. Oder eine Widerlegung. Wir sollten vorsichtig sein und nicht eine Unbekannte, wie die Legende von den „Gottessöhnen", mit einer anderen Unbekannten, nämlich außerirdisches Leben, erklären. Das mythologische Bild ist nur eine Andeutung – vielleicht verweist es auf ein unerforschtes Gebiet der menschlichen Geschichte. Die Legenden Homers wurden viele Jahrhunderte später bestätigt, als Schliemann die Ruinen von Troja und Mykene ausgrub – aber haben die „Weltraumgötter" ihren Schliemann schon gefunden?

Angesichts des Beweismaterials

Erich von Däniken versetzte die Welt in Aufregung und wurde weltberühmt durch seine Behauptung, daß vor langer, langer Zeit überlegene Wesen aus dem Weltraum die Erde besuchten. Aber wieviel Glauben kann man seinen Ansichten schenken?

Alle wirklichen Mythen enthalten ein Gramm Wahrheit. Es kann sich um die Sehnsucht handeln, einen höheren Zustand zu erreichen, wie etwa bei den Mythen vom „Übermenschen". Oder es kann ein Hinweis darauf sein, daß einem bestimmten Ort früher eine ganz besondere Bedeutung zugeschrieben wurde, die wir heute nicht mehr verstehen, beispielsweise bei den Megalithen. Andere Mythen spiegeln Erinnerungen an historische Ereignisse und Menschen wider, wie etwa König Artus oder Karl der Große. Manchmal kann es sogar sein, daß wir in prähistorische Zeiten versetzt werden. Die nordamerikanischen Indianergeschichten, die von einer Zeit berichten, als die Welt von dem „Großen Schnee" beherrscht wurde, klingen wie Beschreibungen der späten Eiszeit, die vor 10000 Jahren endete.

Aber wie können wir die Mythen verstehen, die wie reine Phantasie klingen, aber in den Traditionen der Frühvölker und in ganz unterschiedlichen Stammeskulturen in jeweils etwas abgewandelter Form auftauchen? Dazu gehören die Geschichten über die „Götter" oder „Himmelsmenschen" sowie Wesen von anderen Sternen, die auf die Erde kamen und der Menschheit die Zivilisation brachten. Manchmal heißt es, sie seien in geflügelten oder feurigen Kutschen angeflogen gekommen; einige auserwählte Sterbliche durften mitfahren oder wurden entführt. Diese Besucher vom Himmel nahmen sich angeblich sogar sterbliche Partner und zeugten Halbgötter, die dann Könige und Weise wurden. Worauf beruhen diese Geschichten? Sollten wir versuchen, sie mit den psychologischen Bedürfnissen des Menschen zu erklären, wie etwa den Glauben an ein Leben nach dem Tod? Oder entgeht uns das Wesentlichste, wenn wir nicht einmal den Versuch unternehmen, sie ganz wörtlich auszulegen?

Eine mögliche Erklärung

Viele Menschen meinen, daß wir dank der inzwischen erworbenen naturwissenschaftlichen Kenntnisse fähig sind, diese Mythen auf eine Art und Weise zu verstehen, die den Wissenschaftlern vergangener Jahrhunderte nicht zugänglich war. Heutzutage ist es gang und gäbe zumindest an die Möglichkeit außerirdischer Lebensformen zu glauben. Der Mensch hat die lange Reise ins Sonnensystem angetreten und mit der Erforschung anderer Welten begonnen. Die Frage, ob unser Planet bereits von irgendwelchen anderen intelligenten Lebewesen besucht worden ist, hat sich daraus ganz folgerichtig entwickelt. Könnte es sein, bei der Vorstellung, „im Himmel" gebe es Götter, handelt es sich um einen Versuch der Frühmenschen, ihre Erfahrungen mit Wesen aus anderen Welten zu beschreiben, die stattfanden, ehe man wußte, daß diese überhaupt existieren? Und wären dann die Geschichten von den Feuerkutschen, die durch die Luft flogen, einfach die einzige Art, wie die Menschen der Frühzeit die Formen von Luft- und Raumfahrt beschrieben, die unserem heutigen Wissen zufolge durchaus möglich sind?

Diese simple Argumentationsweise, die, aber dem gesunden Menschenverstand zu entsprechen scheint, wendet Erich von Däniken in seinem Buch *Erinnerungen an die Zukunft* und in den darauf folgenden Werken an. Er vertritt immer diesselbe Theorie: Die Erde wurde zu prähistorischen Zeiten und in der historischen Frühzeit von intelligenten Wesen einer weit entfernten Milchstraße besucht; die Menschheit wurde von ihnen ins Leben gerufen, und zwar durch genetische Manipulationen an Af-

Links:
Nach Dänikens Ansicht stellt diese faszinierende Figur auf einem Felsengemälde im algerischen Tassiligebirge einen Raumfahrer dar, der vor vielen Jahrhunderten der Erde einen Besuch abstattete. Die ätherische Form bildet einen Kontrast zu den eher kompakten übrigen Zeichnungen in der Gruppe.

Die eindrucksvollen Skulpturen und Monumente in Tiahuanaco, Bolivien (unten), zeigen, zu welch enormen Bauleistungen die Menschen der Frühzeit fähig waren. Oder handelt es sich hier um das Ergebnis einer außerirdischen Intervention?

fen. Die Menschen, die von den technologischen Wunderwerken dieser außerirdischen Wesen ungemein beeindruckt waren, verehrten sie als Götter. Die Essenz von Dänikens Annahme kann man mit der Frage zusammenfassen: War Gott ein Astronaut?

Däniken ist zwar nur einer von vielen Autoren, die derartige Argumente vorbringen, aber er wurde mit der Veröffentlichung seines ersten Buches sofort weltberühmt und gilt als der führende Vertreter der These, daß es in der Geschichte des Menschen außerirdische Eingriffe gegeben habe. Der überwältigende Erfolg von *Erinnerungen an die Zukunft* – es wurden weit über 5 Millionen Exemplare in mindestens 26 Sprachen verkauft – machte aus dem ehemals bankrotten Schweizer Hotelier, der gerne Reisen machen wollte, den Vorreiter der „Weltraumgötter"; und er ist nun mit fast messianischem Eifer dabei, überall auf der Welt nach einem endgültigen Beweis zu suchen. Sein Erfolg ist vor allem auch deswegen so erstaunlich, weil kaum ein Gedanke in seinem Buch neu ist. Jeder Schritt in Dänikens Argumentation kann in den Werken früherer, oft viel gewissenhafterer Exponenten dieser Theorie gefunden werden. Archäologen und Theologen reagierten jedoch empört und bezeichneten ihn als Betrüger und Scharlatan.

Däniken versichert, er habe viele eindeutige Beweise dafür, daß außerirdische Wesen auf der Erde waren und physische Zeichen ihrer Anwesenheit hinterlassen haben. Er stopft sein Buch voll mit alten Kunstwerken, die angeblich Darstellungen von Raumfahrern, Raketen, Antennen und sogar von Herztransplantationen sind, ferner beschreibt er Errungenschaften in der Maschinenbaukunst, welche die Menschen der Frühzeit seiner Meinung nach unmöglich ohne Hilfe von außen zustande bringen konnten.

Aber der größte Teil seines Beweismaterials ist ein Mischmasch aus Halbwahrheiten, zusammengebraut aus Anspielungen in Frageform. Die Argumente sind manchmal so fadenscheinig, daß Däniken seine Technik, beim Schreiben Fragen ohne Antworten einzuführen, auch dann angewandt hat, wenn er von Kritikern dabei ertappt wurde und versuchte, sich aus der Schlinge zu ziehen. Die berühmten Bodenzeichnungen von Nazca in Peru wurden von ihm in *Erinnerungen an die Zukunft* mit folgenden Worten beschrieben: „Uns vermittelt die ... Ebene von Nazca – aus der Luft betrachtet – eindeutig die Idee eines Flugplatzes!". Und seine übrigen Kommentare machen ganz klar, daß er möchte, daß seine Leser das auch glauben. Die eigentliche Funktion der Nazca-Zeichnungen wurden seit 1946 von Maria Reiche aus erster Hand studiert. Sie fand keinerlei Hinweise auf Landungen außerirdischer Wesen. Als einmal Dänikens Landebahn erwähnt wurde, lächelte sie und meinte: „Wenn man die Steine entfernt hat, ist der Untergrund ziemlich weich. Ich befürchte, die Raumfahrer wären steckengeblieben."

In einer Diskussion mit dem skeptischen Colin Wilson versuchte Däniken in der Zeitschrift *Secon Look* (Januar 1979) in bezug auf das Nazca-Problem leise zu treten: „Ich habe nicht behauptet, daß außerirdische Wesen die Linien bei Nazca gemacht hätten. Ich habe nur gesagt, diese Linien seien das Resultat einer Art von Fracht-Kult der dortigen Eingeborenen." Er forderte Wilson auf, er solle doch ein Zitat aus einem seiner Bücher bringen, das die Behauptungen aufstellen würde, die Linien seien von oder mit Hilfe von außerirdischen Wesen hergestellt worden. Stellvertretend für Wilson zitieren wir aus Dänikens Buch *Zurück zu den Sternen:*

> „In der Nähe des heutigen Städtchens Nazca landeten auf der menschenleeren Ebene irgendwann einmal fremde Intelligenzen und errichteten einen improvisierten Flugplatz für ihre Raumfahrzeuge, die in Erdnähe operieren sollten. Auf dem idealen Gelände legten sie zwei Pisten an."

Und in *Erinnerungen an die Zukunft* behauptete Däniken, die Linien könnten im allgemeinen auch „nach Weisungen aus einem Flugzeug gebaut worden sein".

Er sah sich gezwungen, bei vielen anderen Thesen Abstriche zu machen. Bezüglich der rostfreien Säule bei Meharauli in Indien, die er falsch datierte und unzutreffend beschrieb, gab er später in einem Playboy-Interview zu:

> „... als ich *Erinnerungen an die Zukunft* schrieb, war der Stand der Information über diese Eisensäule so, wie ich es darstellte. In der Zwischenzeit habe ich herausgefunden, daß Untersuchungen gemacht wurden und zu völlig anderen Ergebnissen kamen, also können wir dieses Eisending beiseite lassen."

Ein weiterer klassischer Fall ist das Problem des geheimen Tunnelsystems unter den Bergen in Ecuador, das mysteriöse Schätze enthielt: prähistorische Kunstwerke und eine „Bibliothek" aus Metallplatten mit Berichten über einen Besuch von „Weltraumgöttern". Die Beschreibung dieser angeblichen Relikte bildet den Schwerpunkt von Dänikens *Aussaat und Kosmos* (1970). Er behauptet, er habe dieses großräumige unterirdische Netzwerk erforscht, und zwar mit Hilfe von Juan Moricz, dem selbsternannten Entdecker und „Aufseher" der Tunnel. Er beschrieb seine Erlebnisse ganz ausführlich:

> „... wir schalteten unsere Taschenlampen an und die Lampen an unseren Helmen, und direkt vor uns war ein gähnendes Loch, das in die Tiefe führte ... Wir glitten an einem Seil zur ersten Terrasse hinunter."

Während er die Wunderwerke in dem Tunnel bestaunte, wie etwa die Metallplatten, die mit bizarren und unbekannten Schriftzeichen bedeckt waren, fühlte sich Däniken seiner eigenen Aussage nach unglaublich glücklich, aber er hatte gleichzeitig das Gefühl, dauernd beobachtet zu werden.

Diese „Expedition" zu dem Tunnel von Ecuador wurde zum Gegenstand einer absur-

den Kontroverse zwischen Däniken und Juan Moricz. Vier Monate nach der Veröffentlichung von *Aussaat und Kosmos* gab Däniken zwei *Spiegel*-Redakteuren gegenüber zu, er sei nie in dem erwähnten Teil von Ecuador gewesen, aber er habe 100 Kilometer von der Stadt Cuenca entfernt Untergrundforschungen betrieben. Und in seinem *Playboy*-Interview räumte er ein, die dramatischen Einzelheiten seines Tunnelabenteuers seien großenteils erfunden, aber als „dichterische Freiheit" zu entschuldigen. Moricz hingegen stellte in einem Interview ganz kategorisch fest, Däniken habe die Höhlen nie betreten. Wenn er sage, er habe die Bibliothek und die anderen Sachen persönlich gesehen, dann sei das eine Lüge. Moricz behauptet, er habe Däniken nur den Eingang zu dem Tunnelsystem gezeigt, durch den man allerdings nicht in die Höhlen gelangen könne, weil er blockiert sei. Die „Schätze", so meint Moricz, seien von Däniken in einem regionalen Museum fotografiert worden, wertloses Zeug.

Moricz ist ein recht zweifelhafter Charakter: daß er der „Besitzer" der Tunnel sei, wird bestritten, und bisher hat anscheinend kein Archäologe oder Geologe von Ruf die Erlaubnis bekommen, sich diesen mysteriösen Höhlen mit der Bibliothek auch nur zu nähern. Moricz hält auch weiterhin die Behauptung aufrecht, die Tunnel seien authentisch. Zwar sagt er, er habe Däniken nichts von Bedeutung gezeigt, aber er strengte immerhin einen Prozeß gegen ihn an mit der Forderung, er wolle an den Tantiemen beteiligt sein, da Dänikens Entdeckungen widerrechtlich veröffentlicht wurden.

Obwohl der Autor gewisse Einschränkungen gemacht hatte, behauptete er in dem Artikel *Second Look* (Ein zweiter Blick) immer noch, daß alles, was er in *Aussaat und Kosmos* geschrieben habe, wahr sei. Er besteht darauf, die Metallbibliothek mit eigenen Augen gesehen zu haben; und seinem Biographen Peter Krassa zufolge weiß er intuitiv, daß die Tunnel den Beweis für seine Theorie enthalten.

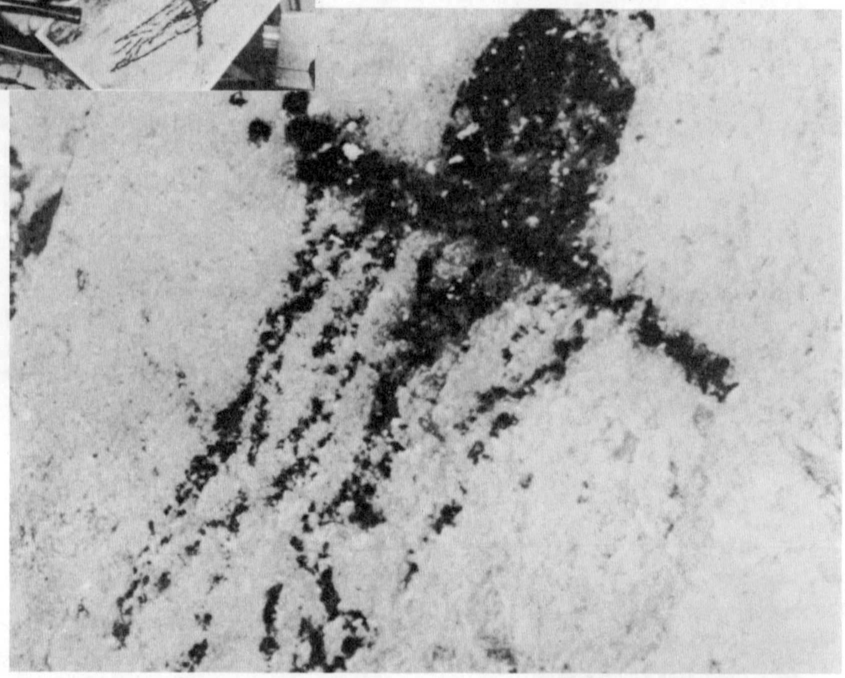

Ganz oben:
Erich von Däniken, der populärste Vertreter der Theorie von den „frühen Astronauten".

Oben:
Diese Höhlenzeichnung, die von der mexikanischen Baja-Halbinsel stammt, zeigt angeblich eine Fliegende Untertasse, die Flammen ausspuckt. Ist dies ein „Beweis" für Besuche von Raumschiffen im Altertum?

Links:
Der kandelaberähnliche „Baum des Lebens" oberhalb von Pisco in Peru ist eine rätselhafte Linienkomposition. Er soll nach der 190 Kilometer entfernten Stadt Nazca weisen. Es gibt allerdings auch die These, daß es sich um eine Navigationshilfe aus dem 19. Jahrhundert handelt.

Mangel an Beweismaterial

Trotz der Behauptungen Dänikens hat bisher noch niemand den geringsten Beweis dafür erbracht, daß an diesen Entdeckungen irgend etwas „Außerirdisches" ist. Selbst wenn es sich um künstliche Tunnel handelt (ein regionaler Geologe glaubt allerdings, sie seien auf natürliche Art entstanden) und sie Goldgegenstände sowie eine „mysteriöse" Bibliothek in einer nicht entzifferten Schrift enthalten – was heißt das schon? Was soll dies den „frühen Astronauten" genützt haben? Däniken wiederholt Moricz' These, die Bibliothek gebe möglicherweise eine Synopse der Menschheitsge-